Ullstein

ÜBER DAS BUCH UND DIE AUTORIN:

Liselotte Pulvers Erinnerungen zeichnen den Weg einer bis heute erfolgreichen Künstlerin und einer klugen, dem Leben positiv gegenüberstehenden, tapferen Frau nach. Aus einer an ungewöhnlichen Persönlichkeiten reichen Familie stammend, wuchs sie sehr »schweizerisch« in Bern auf. Bereits 1949 wurde sie an das renommierte Zürcher Schauspielhaus verpflichtet und sofort für den Film entdeckt. Seit 1950 stand sie in rund 60 Produktionen vor der Kamera. Ihre größten Erfolge hatte sie in Filmen von Kurt Hoffmann und Helmut Käutner (*Ich denke oft an Piroschka, Heute heiratet mein Mann, Die Zürcher Verlobung, Das Wirtshaus im Spessart, Bekenntnisse des Hochstaplers Felix Krull* u.v.a.). In ihrer Glanzzeit gehörte sie neben Maria Schell und Ruth Leuwerik zu den populärsten Stars des deutschsprachigen Films. Die Leidenschaft zu Ehrlichkeit und Präzision, die die künstlerische Laufbahn von Liselotte Pulver kennzeichnet, prägt auch ihren schonungslosen Lebensbericht: Ohne Rücksicht auf Imagepflege schildert sie humorvoll und detailreich Begegnungen und Situationen – basierend auf Tagebuchaufzeichnungen von Kindheit an.

Liselotte Pulver

... wenn man trotzdem lacht

Tagebuch meines Lebens

Mit 87 Fotos
sowie Verzeichnissen der
Theater-, Film-, Fernsehrollen
und Sketch-Auftritten

Ullstein

Ullstein Buchverlage GmbH,
Berlin
Taschenbuchnummer: 22918

Ungekürzte Ausgabe
5. Auflage März 1997

Umschlagentwurf:
Hansbernd Lindemann
Foto: Teldec
Alle Rechte vorbehalten
Taschenbuchausgabe mit freundlicher Genehmigung
der F. A. Herbig Verlagsbuchhandlung GmbH, München
© 1990 by Langen Müller in der
F. A. Herbig Verlagsbuchhandlung GmbH,
München
Printed in Germany 1997
Druck und Verarbeitung:
Ebner Ulm
ISBN 3 548 22918 2

Die Deutsche Bibliothek –
CIP-Einheitsaufnahme

Pulver, Liselotte:
. . . wenn man trotzdem lacht: Tagebuch meines
Lebens/Liselotte Pulver. – Ungekürzte Ausg.,
5. Aufl. – Berlin: Ullstein, 1997
(Ullstein-Buch; Nr. 22918)
ISBN 3-548-22918-2
NE: GT

Inhalt

Humor ist,
wenn
man trotzdem lacht

Otto Julius Bierbaum

Heute dumm, faul, frech, leichtsinnig,
morgen raffiniert, ehrgeizig, kühl,
enthaltsam. Mal nachgiebig, mal dickköpfig,
mal toller Hecht, mal armes Würstchen.
Immer von einem Extrem ins andere.
Überängstlichkeit wechselt ab mit Tollkühn-
heit, Großzügigkeit mit Pedanterie,
Weltkarriere mit Weltuntergang. Habe
ich Fieber, denke ich sofort an den Tod,
sinkt es unter 37 Grad, reiße ich
schon wieder Bäume aus . . .

L. P.

Das Findelkind

Sie lag auf der Türschwelle eines französischen Millionärs und wurde von ihm aufgenommen, erzogen, verwöhnt und geliebt. Sie erbte ein Riesenvermögen . . . «

So steht es in Backfischromanen und so lautet eine Version über die Herkunft unserer Großmutter Liéonette.

Die zweite Fassung klingt schon wesentlich realistischer: »Liéonettes Mutter war Engländerin, hieß Ward und heiratete einen Schweizer, der sich als Reiseführer und Maler betätigte. Als Liéonette elf Jahre alt war, verlor sie beide Eltern kurz nacheinander und wurde von einem reichen Freund der Familie in Frankreich aufgenommen. Mr. Degousé erzog und verwöhnte die kleine Waise wie sein eigenes Kind, adoptierte sie jedoch nicht, denn er hatte bereits eine Tochter. Oder gab es noch einen anderen Grund, der gegen eine Adoption sprach? Gerüchte kreisten in der Familie. Man munkelte von einem braunen und einem blauen Auge, das Mr. Degousé ein so merkwürdiges Äußeres verlieh, und daß sich diese Augen auf den ältesten Sohn Liéonettes vererbt hatten . . . «

Wessen Tochter war Liéonette wirklich?

Das Findelkind wäre mir am liebsten gewesen, denn es erschloß mir ungeahnte Möglichkeiten einer vielleicht fürstlichen Herkunft – aber meine Familie stand mit den Füßen fest auf der Erde und glaubte nicht an Ammenmärchen. So fand ich mich damit ab, eine gewöhnliche Sterbliche zu sein.

Liéonette (wahrscheinlich eine Mischung aus dem englischen Lionette und dem französischen Léonette) heiratete ebenfalls einen Schweizer, Charles Bürki, den sie vergötterte, aber früh verlor. Nun saß sie mit sechs Kindern und einer winzigen Rente in Bern, das sie haßte, denn sie konnte kein Wort Deutsch. Alle sechs Kinder wurden bei Pflegeeltern untergebracht, bei Onkeln und Tanten die Mädchen, bei Bauernfamilien die Buben. Sicher bemühten sich die Pflegeeltern vor allem um das körperliche Wohl der ihnen anvertrauten Kinder. Aber wahrscheinlich hatten die heranwachsenden

Buben und Mädchen nur ein Ziel vor Augen, ihren neuen Erziehern möglichst rasch, durch Heirat zum Beispiel, entrinnen zu können. Edouard, mit dem braunen und dem blauen Auge, starb als junger Mann, die drei anderen Buben lernten ein Handwerk, Germaine und Elsi, die beiden Mädchen, heirateten. Liéonette, unsere winzige, noch mit siebzig Jahren dichtende und malende »Gramama«, verbrachte ihre letzten Jahre in Kliniken, die sie nur noch selten verlassen durfte, da sie an Arteriosklerose litt. Als sie im Sommer 1947 ein paar Tage bei Tante Elsi verbrachte, sprang sie aus dem Fenster.

Der Malerweg

Germaine war Liéonettes drittes Kind, klein und stupsnasig, romantisch und temperamentvoll. Sie war »in die Liebe verliebt« und heiratete den ersten Mann, der ihr einen Heiratsantrag machte, Fritz Eugen Pulver, Kulturingenieur im Kanton Bern und der erste der Familie, der nicht Apotheker wurde. Er baute Straßen, Sennhütten und Wasserleitungen und wollte eigentlich Maler werden, wagte aber nicht, in den kritischen 2oer Jahren einen freien, wahrscheinlich brotlosen Beruf zu ergreifen. So landete er beim Staat, wo er es fertigbrachte, mit seinem sicheren, aber kargen Beamtenlohn seine Frau und drei Kinder samt Einfamilienhaus durchzufüttern. Ich war die Jüngste und einzige, die meinem abgerackerten Vater hie und da ein Schmunzeln entlockte, zum Beispiel, wenn ich ihn mittags, während er uns Jeremias Gotthelf vorlas, so plötzlich und ungestüm umarmte, daß er nicht mehr weiterlesen konnte.
Mein Vater und seine beiden Schwestern waren in ihrer Jugend von ungewöhnlicher Schönheit gewesen, was wir auf alten, bräunlichen Photos oft bestaunten. Alle drei waren blond, hatten strahlende, hellblaue Augen, klassische Nasen und wunderbare Zähne. Die Natur hatte an diese Kinder alle Vorzüge verschwendet, die man sich nur wünschen konnte. Aber der Schein trog. Die Familie war tragikumwittert, von Pech und Krankheit verfolgt. Seit Generationen vererbten die Väter ihre Apotheken den Söhnen (daher der Name Pulver?), waren tüchtig und wohlhabend ... bis Papas Vater

kam, der sein ganzes Vermögen verlor und ebenfalls früh starb. Zwar hatte meine Großmutter noch Reserven an Grundstücken und eigenen Ersparnissen, aber ihr Innerstes war verbittert und fand nur noch einen letzten Halt in unbeugsamer Strenge gegen sich und andere. Während sie selbst ihre Einsamkeit wie ein würdiger, alter General mit einer gewissen Größe ertrug, hungerten die Kinder nach Liebe und Wärme. Als Mama meinen Vater heiratete, war Gertrud, die jüngste Schwester und hochbegabte Schülerin Paul Klees, bereits unheilbar geisteskrank. Die ältere, Anna, ließ sich scheiden und verübte nach Jahren verzweifelter und vergeblicher Männerjagd Selbstmord.

Ähnlich wie Mama hatte sich mein Vater vor seiner Familie in die Ehe geflüchtet. Aber er ließ sich von der Fröhlichkeit unserer lebenshungrigen Mama nur vorübergehend anstecken. Er tat zwar seine verdammte Pflicht und Schuldigkeit sowohl seinen hysterischen Schwestern wie auch seiner verhärmten Mutter gegenüber, aber er zog sich immer mehr in sein Schneckenhaus zurück und suchte die Entspannung weniger bei seiner jungen Frau, als bei seiner wahren Geliebten, der Malerei.

Er wurde immer wunderlicher, züchtete Geranien im Schlafzimmer und bewahrte den Blumenmist unter seinem Bett auf. Er ging in seinen ausgefranstesten Hosen ins Büro, besuchte weder Konzerte noch Theater, nur hie und da eine Kunstausstellung, kurz er kümmerte sich um nichts und um niemanden. Abend für Abend saß er an seinem Schreibtisch, arbeitete, klopfte seine Pfeife aus und zog punkt 22 Uhr sämtliche Uhren im Haus auf. Dann ging er ins Bett und schlief sofort ein, nachdem er die zärtlichen Scherze Mamas abgewehrt hatte.

Als Mama ihm trotzdem in regelmäßigen Abständen drei Kinder geboren hatte, begann das Geld knapp zu werden, Sorgen und Spannungen stellten sich ein, die noch verschärft wurden, als die strenge Großmutter Papa ein Häuschen zur Verfügung stellte, unter der Bedingung, selbst darin wohnen zu können.

Das ging nicht lange gut. Vergeblich versuchte Mama die Gunst der unerbittlichen Alten zu gewinnen. Wenn Besuch kam, hörte Mama durch die geschlossenen Türen, wie die Schwiegermutter über sie herzog, weil sie Gesangstunden nehme, anstatt zu kochen. Die meist schwerhörige Verwandtschaft konnte nicht genug kriegen und kam von weither angereist, um sich an den neuesten Katastrophenmeldungen zu erlaben, die sie sich in allen haarsträubenden Einzelheiten wiederholen ließ, und das nicht nur wegen der schlechten Ohren.

Der arme Papa flüchtete bei solchen Invasionen in sein Büro, ersuchte aber nach ein bis zwei Jahren seine Mutter, das dringend benötigte Zimmer zu räumen.

Ich war das jüngste von drei Kindern und wie meine Geschwister Trägerin eines stolzen Vornamens, der von unseren Eltern nach ihren Lieblingsbüchern ausgewählt worden war. Mein Bruder Emanuel, der Älteste, hatte Immanuel Kant als Namensonkel (wurde allerdings zeit seines Lebens nur »Buebi« gerufen), meine Schwester Corinne hatte Madame de Staël als Vorbild, und ich Liselotte von der Pfalz.

Mein Bruder war sicher das originellste Familienmitglied. Er hatte schwarze Locken, braune Augen, rote Backen und zeichnete sich vor allem durch unerschöpfliche Einfälle aus, wenn es galt, seine Schwestern zu ärgern. Aber wir waren nicht seine einzigen Opfer und konnten von Glück reden, daß er uns nicht für voll nahm, sondern höchstens als Versuchskaninchen. Er kam zum Beispiel auf die Idee, unseren Nachbarinnen statt Blumen schön eingewickelte Stecken mit Roßäpfeln abzugeben, einen schneeweiß angezogenen Spielkameraden in eine mit Dreck gefüllte Grube zu locken oder unserer zerstreuten Gramama einzureden, an einem lose in der Mauer steckenden Eisenring zu ziehen. Statt seine Aufgaben zu machen verbrachte er seine Freizeit auf dem Rangierbahnhof, um uns zu Hause beim Essen Vorträge über die verschiedenen Lokomotiven zu halten, deren Typen und Nummern er auswendig kannte. Seine Zeugnisse waren entsprechend, und der geplagte Papa, selbst ein brillanter Mathematiker, ließ sich dann zu dem Satz hinreißen: »Aus dir wird nie etwas!« Buebi bestand natürlich später Matura und Staatsexamen und machte seinen Doktor ing. agr. – obwohl er an Musik und Geschichte viel mehr Freude gehabt hätte.

Vorläufig drückte er aber noch die Schulbank, büffelte darstellende Geometrie, was er haßte, und stellte seinen Schwestern nach. Während ich ihn in seinen Streichen meistens unterstützte, lief meine Schwester Corinne ihm wütend oder ängstlich davon, manchmal warf sie sogar Steine oder andere feste Gegenstände nach ihm, damit er sie in Ruhe lasse. Sie hatte vor allem und jedem eine angeborene, unüberwindliche Angst, schon als ganz kleines Kind: vor dem Loch in der Badewanne, weil sie glaubte, es wolle sie verschlingen, vor Fliegen, die ihr riesig vorkamen, und vor einem Bierkrug, dessen Mönchskopf man aufklappen konnte. Gerade mit diesem Bierkrug wurde sie von Buebi unablässig verfolgt. Und wenn sie sich wie viele Kinder im Dunkeln fürchtete und vor dem Einschlafen wieder Licht machte, so wurde die Lampe garantiert von Papa oder Buebi ausgelöscht.

Eines Abends, als sie gleichzeitig einen defekten Lichtschalter und einen Radiator berührte, entging sie um Haaresbreite einem tödlichen Schock. Von da an schlug ihre nächtliche Angst in Panik um. Wenn abends das Licht ausgemacht wurde, fing sie an zu schreien, weil sie glaubte, das furchtbare Erlebnis wiederhole sich. Es brauchte Wochen, bis sie sich beruhigte, denn damals kam niemand auf die Idee, ein Kind mit brennender Nachttischlampe einschlafen zu lassen. Stundenlang lag sie wach und hörte überdeutlich alles, was um sie herum vorging. Zum Beispiel, wenn Mama das Haus verließ, um nach dem aufreibenden Alltag Konzerte oder andere Zerstreuungen zu genießen. Daß Mama sie so im Stich ließ, wie sie meinte, konnte ihr Corinne auch später nie verzeihen. Nach dem Unfall hatte sie sich in einer fast tierhaften Schutzbedürftigkeit an Mama geklammert, die sie ja auch in letzter Sekunde von dem Radiator weggerissen hatte.

Aber Mama war eine vielbeschäftigte Hausfrau, machte das Unmögliche möglich, besorgte das Achtzimmerhaus mal mit, mal ohne Mädchen, fabrizierte zehn vor zwölf himmlische Essen, denn vorher hatte sie Gesang- und Gymnastikstunden und besserte ihr mageres Haushaltsgeld oft auch noch als Verkäuferin auf. Wen wundert es, wenn die lebenslustige Mama wenigstens abends Pflichten und Probleme an den Nagel hängen wollte? Aber Corinne lag wach, bis sie von weitem Mamas eilige, heimkehrende Stöckelschritte vernahm, dann erst wurde sie ruhig und schlief ein.

Mein Bruder und ich machten uns über Mamas Abwesenheit keine Gedanken, dafür waren wir abends viel zu müde, und außerdem war ja Papa da. Nur einmal, als ich nachts den Schnee vom Dach poltern hörte, fuhr mir der Schreck in die Glieder. Seit ich »Heidi« gelesen hatte, fürchtete ich mich vor dem Nachtwandeln, und da ich Mama nicht in ihrem Zimmer vorfand, glaubte ich, sie schlafwandle auf dem Dach. Als aber Mama am nächsten Morgen frisch und munter am Frühstückstisch saß und mir die heruntergerollten Eisbrocken im Garten zeigte, war der nächtliche Spuk bald vergessen.

Das erste Erlebnis, an das ich mich erinnere, war der Umzug in dieses schindelbedeckte Haus am Malerweg neben der Universität – wohl wegen unserer hoch auf dem Gepäck mitfahrenden Katze, die ich heiß und innig liebte. Aber ich liebte überhaupt alles, was mir über den Weg lief. Regenwürmer und Schnecken mit Häuschen waren meine Favoriten, massenhaft rettete ich sie auf den regennassen Straßen und kam dann zu spät in die Schule. Zu Hause hatte ich einen ganzen Schneckenwald mit den seltensten und buntesten Exemplaren, und Papa wunderte sich, wo die Schneckeninvasion in seinem Salatbeet herrührte. Es gibt wirklich nichts Entzückenderes als Schnecken, wenn sie mit ihren braunen, gelben, rosa oder schwarzweiß gestreiften Häuschen leise schwankend davonziehen. Die zwei großen und die zwei kleinen Fühler mit dem kleinen schwarzen Punkt obendrauf werden bei der leisesten Berührung eingefahren wie Antennen, und wenn die Störung anhält, die ganze Schnecke.

Ich betrieb meine Schneckenstudien sehr intensiv. Einmal legte ich im Gartenhäuschen eine offene Schachtel voller Schnecken auf den Tisch und ging Salat holen. Als ich zurückkam, war die Schachtel leer. Sämtliche Schnecken waren abgehauen und ich fand keine einzige mehr. Um ihnen auf die Schliche zu kommen, wiederholte ich das Ganze und stellte wieder eine offene Schachtel mit neuen Schnecken auf den Tisch. Ich setzte mich auf eine Bank und wartete. Die Schnecken verloren keine Minute Zeit, krochen heraus, auf den Tischrand zu und zogen sich dort blitzschnell in ihre Häuschen zurück. Plumps machte es. Zehnmal plumps. Sie ließen sich einfach auf den Boden fallen. Dort kamen sie sofort wieder aus den Häuschen, winkten mit den Fühlern und verschwanden unter den dunklen Bänken.

Aber meine Freitzeitbeschäftigung bestand nicht nur aus Schnekkendressuren. Mein Tatendrang war unerschöpflich, und wenn ich nicht gerade von benachbarten Tannen in fremde Zimmer guckte, konnte mich die schreckensbleiche Mama unversehens auf unserem Hausdach erblicken, wo ich mich am Kamin angeseilt hatte. Der

Schatz, den ich unter einem Glasziegel in einer höchst geheimnisvollen und unbetretbaren Dachluke vermutete, entpuppte sich dann leider als zerbrochener Gartenstuhl.

Die Jagd nach einem Schatz betrieb ich jahrelang ebenso eifrig wie erfolglos. Dabei brauchte ich gar nicht lange zu suchen, denn ich stolperte täglich darüber oder daran vorbei: Schätze aus Fleisch und Blut, groß und schlank, meist schwarzhaarig und dunkeläugig, manchmal auch blond, junge Götter, die an der nahen Universität studierten, an die Mama drei Zimmer vermietete und in die ich mich der Reihe nach verliebte. Hatte ich im Treppenhaus einen Blick ergattert oder ein paar Püffe, konnte sich der Betreffende kaum mehr retten vor Blumensträußen, Briefchen und Bonbons, die ich in sein Zimmer schmuggelte. Jedem dieser »Zimmerherren«, auch dem späteren Bundesrat Gnägi, konnte es passieren, daß ich im Hausgang unvermutet vor ihm auftauchte, ihm einen Kuß gab und davonrannte. Ich war völlig besessen von diesen Küssen, und da ich freiwillig nie welche bekam, betrieb ich diese Überfälle als eine Art Sport, den mir so leicht niemand nachmachte.

Natürlich gab es in meiner Kindheit noch andere Meilensteine als die Zimmerherren. Zum Beispiel meine Darstellung des Rumpelstilzchen in einer Schüleraufführung; am Schluß des Dramas war ich fest entschlossen, mir ein Bein auszureißen, wie es im Märchen steht, hielt aber, als ich mit großem Getöse auf den Boden gekracht war, zum Glück nur das gelbe Pyjamabein in der Hand. Bei Mama hinterließ ich mit meiner Darbietung einen unauslöschlichen Eindruck, und hinfort war meine Zukunft beim Theater besiegelt.

Dieser Zwischenfall war charakteristisch für mich. Bewegung war mein Lebenselement. Statt mit der Straßenbahn ans andere Ende der Stadt zu fahren, wo die Klavierlehrerin wohnte, machte ich es mir zur Pflicht, die ganze Strecke zu rennen, ohne ein einziges Mal anzuhalten. Ich schaffte es meistens, trotz zahlreicher Hindernisse wie Straßen und Kreuzungen. Auch der Kopfsprung vom Fünfmeterbrett gelang, aber erst, nachdem ich einen ganzen Nachmittag zitternd und zaudernd auf dem Sprungbrett zugebracht hatte, um mich dann plötzlich, halb ohnmächtig vor Angst, kopfüber hinunterzustürzen. Da ich zu meiner Überraschung ganz unversehrt wieder an die Wasseroberfläche kam, sprang ich nun ununterbrochen, bis das Schwimmbad zumachte. Zu Hause war es mir dann so übel, daß ich eine ganze Woche das Bett hüten mußte.

Ich war ein glückliches Kind und verbrachte eine unvergeßliche Kindheit. Ich hatte keine Probleme, außer meinem chronischen Liebeskummer, und bemerkte auch die Probleme der anderen nicht. Daß Papa und Mama sich beim Essen häufig stritten, weil das magere Haushaltsgeld wieder mal nicht reichte, war zwar schade, aber bald wieder vergessen. Ich liebte meine Mutter abgöttisch, während ich mich vor Papa ein wenig fürchtete, wie sich das gehört. Doch die Furcht bestand gleichzeitig aus Bewunderung, denn er wußte alles und hatte immer recht. Was man ihn auch fragte, er wußte es. Mürrisch und unfehlbar beurteilte er Gemäldeausstellungen, philosophische Abhandlungen oder Politiker, diskutierte aber nicht lange, sondern stand mitten in einem Gespräch plötzlich auf, um in ein anderes Zimmer zu gehen.

Leider behandelte er nicht nur unsere Verwandten und Bekannten mit dieser abweisenden Einsilbigkeit, sondern auch unsere fröhliche Mama, die sich zunächst mit ihren Gesangstunden tröstete. Da der überarbeitete Papa abends keine Lust mehr für Zerstreuung hatte, machte sich Mama immer öfter selbständig. Oft war Papa auch verreist, manchmal mehrere Tage, um den Bau seiner Wasserleitungen und Alphütten zu beaufsichtigen; dann kochte uns Mama die herrlichsten Leckerbissen, und wir durften manchmal sogar die Schule schwänzen. Daß ab und zu freundliche junge Herren zu diesen Freudenessen eingeladen wurden, störte uns nicht, es war eben Besuch. Vielleicht ahnte Corinne, die Eifersüchtige, daß Mama anfing, sich von uns zu entfernen. Und Papa? Hatte er etwas von dem lustigen Treiben in der »Pulverfarm« gemerkt? Er verlor nie ein Wort darüber. Nach seinem Tod fand man allerdings zuhinterst in seinem Sekretär einen anonymen Brief, in dem stand, daß . . .

Auf jeden Fall fuhr Papa manchmal allein mit uns in die Ferien, und Mama blieb zu Hause. Sie erhole sich dort am besten, meinte sie. Natürlich waren wir anfangs gar nicht damit einverstanden, denn sie sorgte immer für gute Laune und vor allem für die köstlichsten sommerlichen Delikatessen aller Zeiten. Da sie nun aber lieber in Bern blieb, fanden wir uns damit ab, denn auch Papa hatte seine

Vorteile. Er organisierte und bezahlte schließlich alles, erklärte vom Zug aus die Landschaft und ließ uns im übrigen in Ruhe, denn er erwartete dasselbe von uns.

Das Vieux Clos

Unauslöschlich ist die Erinnerung an die Sommerferien, die wir fast jedes Jahr im geißblatt- und jasminumwucherten Häuschen unserer Großmutter am Genfer See verbrachten: ein märchenhaftes, verträumtes Paradies.

In Wirklichkeit war es ein altes Gemäuer aus dem 17. Jahrhundert mit schiefem Dach und verhutzeltem Kamin, ohne Heizung und warmes Wasser. Es hieß »Vieux Clos« und lag in einem winzigen Dörfchen namens Coinsins im französischsprachigen Kanton Waadt, das weder Bahnhof noch Postamt besaß, nur einen winzigen Krämerladen mit einer achtzigjährigen Verkäuferin. Dafür prangte am anderen Ende des Dorfes ein riesiges Schloß, das immer zu war und niemandem zu gehören schien.

Als wir noch klein waren, mußten wir die Milch in der Käserei holen und das Trinkwasser am Brunnen des Nachbarn. Der große, verwilderte Garten mit den riesigen Platanen und Ahornen roch nach Heu und wilden Rosen, und nachts wurden wir von der ohren- und sinnenbetäubenden Sommermusik der Grillen in den Schlaf gezirpt. Tagsüber war es so heiß und trocken, daß sich die Luft in der Nacht kaum abkühlte, und wir konnten vom Bett aus durch die weitgeöffneten Fenster direkt in den klaren Sternenhimmel gucken. Die Schlafzimmer waren im ersten Stock, von einer verwinkelten Galerie aus über mehrere Stufen und Treppchen zu erreichen und nur mit Großmutterbetten, Holzschränken und Waschschüsseln möbliert. Im Erdgeschoß hatte Papa das Eßzimmer und die Küche bemalt, was sie lustig und gemütlich machte, besonders die Küche, denn hier wurde noch auf einem jahrhundertealten Holzherd gekocht. Auch die ehrwürdige Toilette hatte eine persönliche Note, eine ungewöhnlich breite Sitzbank, kein Licht und Spülung aus dem Wasserkrug. Das war aber schon ein Fortschritt, denn ganz früher befand sich das Klosett im Garten.

Der Salon war das Prunkstück des Hauses. Man mußte erst einen hohen, unbeleuchteten Vorraum durchqueren, bis man zu zwei Holzstufen gelangte, die man im Dunkeln häufig hinunterfiel, bevor man die dahinterliegende Salontür gefunden hatte. In diesem hellen, niedrigen Wohnzimmer mit den handgebrannten Kacheln am Boden, lag der einzige Teppich des Hauses, standen antike Stühle und Gestelle auf krummen Beinen herum, luden zwei hölzerne Einbauschränke zum Spielen mit vergilbten Schachteln, Hüten und Puppen ein, und wenn man vor dem brennenden Kamin mit dem Marmorsims saß, wurde es einem ganz aristokratisch zumute. Im ganzen Haus roch es nach einem Gemisch von altem Holz, Mückenvertilgungsmitteln, Jasmin und Kräutertee. Papa ging immer in aller Herrgottsfrühe Tee sammeln, jedes zweite Unkraut war ja eine Heilpflanze, und diese Gräser trockneten dann unter den riesigen Balken im Estrich. Corinne, Buebi und ich hatten später ebenfalls große Freude an dieser Kräuterjagd.

Ich kann mich nicht erinnern, daß es in diesen Ferien auch mal regnete. Jeden Tag fuhren wir mit unseren Fahrrädern in ein Strandbad des nahen Genfer Sees, wo wir, während Papa malte, im Wasser herumtobten, an der Sonne brieten oder heimlich im Park des benachbarten Wasserschlosses herumlungerten und uns vorstellten, er gehöre uns. Papas Picknick war unübertroffen, er braute uns auf seinem Spirituskocher Bouillon, Tee von frischgepflückter Wasserminze, bestrich die frischen Wecken mit Gänseleberkonserven und verteilte den mitgebrachten Kuchen. Papa war in den Ferien ganz anders. Er erlaubte uns fast alles, besonders Schleckereien. Und wenn wir abends braungebrannt und ausgedörrt ins Vieux Clos zurückkamen, fiel er genauso wie wir über die herrlichen Beerenspeisen her, die Mama oder eine Tante hergerichtet hatte.

Heute ist diese wilde, unberührte Landschaft durch Autobahnen und Wochenendsiedlungen weitgehend entzaubert. Das romantische Vieux Clos wurde von einem Vetter umgebaut und unterscheidet sich nur noch durch seine dicken Mauern von den braven Reihenhäuschen ringsum. Aber die weiten, mattschimmernden Felder und Weinberge, die geheimnisvollen Schlösser, die verlorenen Dörfchen in der Sommerhitze, die helle Bläue des Sees, über dem manchmal wie eine Fata Morgana der Montblanc leuchtet, die gibt es noch. Hier kaufte ich mir fast dreißig Jahre später einen kleinen Besitz direkt am See, hier wohne ich mit meiner Familie, und hier gehe ich nie wieder fort.

Junge Götter

Ich glaube, ich bin als Baby im Krankenhaus verwechselt worden. Mein Sternzeichen, die Waage, ist ein Zeichen der Luft. Aber ich war immer wie verhext vom Wasser und verbrachte schon als Dreikäsehoch meine ganze Freizeit in Berns Hallen- und Flußbädern. Schwimmen lernte ich, als ich mit fünf Jahren ins Nichtschwimmerbecken fiel und sofort wie ein Hund ans Ufer paddelte. Den Hundestil gewöhnte ich mir nur langsam ab und auch das nur, weil ich nicht schnell genug vorwärtskam. Ich wollte von meinen Eltern und Geschwistern mitgenommen werden, denn wir gingen fast jedes Wochenende ins Aarebad, das berühmteste Flußbad Europas. Abgesehen davon, daß es noch heute nichts kostet, verfügte es schon damals über riesige Grünflächen, getrennte Männer- und Frauenabteilungen und sogar ein Frauen-Nacktbad, das »Paradiesli«. Am beliebtesten war aber das Familienbad, sommerlicher Treffpunkt von jung und alt und all denen, die in der offenen Aare schwimmen wollten. Unter sechzehn Jahren durfte man den Sprung in den munteren Fluß nur in Begleitung wagen. War man am Badewärter vorbei, der einen immer wieder, trotz Lippenstifts und Hochfrisur, zurückschickte, konnte man am romantisch-wilden Ufer kilometerweit hinaufspazieren, ließ sich dann genießerisch vom rasch fließenden Wasser ins Bad zurücktragen und hechtete irgendwo am Ufer einen der vielen Eisenstege an, wenn man aussteigen wollte.

Dieses Aarebad wurde, zumindest vorübergehend, Stätte unzähliger Enttäuschungen, dünngesäter Triumphe und voreiliger Hoffnungen, je nachdem, ob der angehimmelte Jüngling anwesend war oder nicht, mich oder eine andere grüßte. Die Sekundarschule, die ich vom elften bis fünfzehnten Lebensjahr besuchte, war ca. dreißig Minuten von dem beliebten Flußbad entfernt, und im Sommer verbrachte die halbe Schule ihre Mittagspause dort. Für wenig Geld konnte man sich an fürstlichen Broten erlaben, auf den weiten

Liegewiesen an der Sonne braten und vor allem wonnevoll auf einen Blick seines Auserkorenen hoffen; denn auch die Schüler des nahegelegenen Gymnasiums hatten hier ihre Jagdgründe.

Nach welchen Gesichtspunkten ich mich pausenlos in alle möglichen Knaben verknallte, war sonnenklar: Er mußte größer sein als ich, schön wie ein Gott und das Gymnasium besuchen, denn sonst war ich ja womöglich klüger als er. Er mußte von Dingen sprechen, die ich nicht verstand und zunächst unerreichbar sein, um sich dann wie Zeus zu mir herabzulassen. Diese Bedingungen, insbesondere die letztere, wurden ziemlich selten erfüllt, so daß ich meistens gar nicht wußte, wie die jungen Götter eigentlich hießen. Um sie auseinanderzuhalten, erhielten sie Übernamen, die sie auch dann nicht mehr loswurden, wenn ich längst ihre Adressen und Telephonnummern kannte.

Wie ich aus meinem allerersten Tagebuch entnehme, hatte ich als Dreizehnjährige alle Hände voll zu tun, am richtigen Tag um die richtige Zeit im Aarebad zu erscheinen, und meine Gedanken drehten sich von morgens bis abends ausschließlich darum, wer sich heute wohl im Bad zu mir setzen werde. Obwohl ich eine lange, dürre Bohnenstange war und mir fast jeder neue Schwarm von meinen Freundinnen abgejagt wurde, mußte ich selten allein die Aare hinunterschwimmen. Aber ob blond oder schwarz, spätestens auf dem Heimweg hatte ich genug von meinen Begleitern, und sie wohl auch von mir, denn schon am nächsten Tag grüßten sie mich nicht mehr.

Als die Badesaison zu Ende ging und mit ihr so mancher sommerliche Traum, erhielt ich meinen ersten Liebesbrief:

Bern, den 2. Oktober 1943

Liebe Liselotte!

Warum trägst Du meinen silbernen Ring mit der roten Koralle gar nie? Ich schickte ihn Dir in einer »Gwundernase«, worin noch allerlei andere Sachen, wie Reißnägel, Gufen und das Charnier eines Meters eingepackt waren. Ich wollte Deine Geduld auf die Probe stellen, darum legte ich anderes bei. Nun hast Du die Probe nicht bestanden. Du hast wohl in Deiner Hast und Ungeduld, als Du nur so dummes Zeug fandest, alles fortgeschmissen und auch meinen Ring, für den ich so lange mein Sackgeld zusammengespart hatte. Da Dich beim Auspacken die Geduld verließ, so beweist das, daß Du ungeduldig, aufbrausend und daher untauglich für mich als Frau bist; und ich will nichts mehr wissen von Dir.

Dein ehemaliger Freund.

»Nach dieser Bäckerlehrlingsgeschichte war der Herbst gekommen«, steht es weiter in meinem Tagebuch. »In dieser Zeit, dem darauffolgenden Winter, war ich eigentlich auf niemanden scharf.« »Scharf« hieß unter uns Schulmädchen »verliebt«, und »scharf tun« bedeutete »küssen«. Ich wurde also scharf auf unseren Geographielehrer, weil ich das Bedürfnis hatte, einen Mann zu lieben. »Wahrscheinlich habe ich das von Mama geerbt«, vermutete ich. Sicher ist, daß Jacqueline, meine Freundin, zuerst scharf war, und ich kurz darauf natürlich auch. Ich konnte die Stunden kaum erwarten, die er in unserer Klasse gab. Als ich an einem Samstagabend bei Jacqueline eingeladen war – ihre Eltern waren verreist, und ich durfte bei ihr schlafen –, hatten wir natürlich im Sinn, spät ins Bett zu gehen. Auf einmal hatte ich einen Gedankenblitz: den Klassen- und Geographielehrer, Herrn Bigler, anzurufen und irgendeinen Blödsinn zu sagen!

Nach endlosem Zögern nahm ich meinen ganzen Mut zusammen, aber meine Hände zitterten so, daß ich kaum den Hörer halten konnte.

Ich wählte. »Wer ist da?« fragte Herr Bigler. Ich antwortete: »Ein Uhrbewohner mit H.« Herr Bigler begriff nicht, dabei war es einer seiner Witze. Er fragte nochmals, wer anrufe, und ich antwortete jedesmal blöderes Zeug. Schließlich hängte ich in meiner Verwirrung einfach ab.

Als ich am Montagmorgen »nichtsahnend« in der Zeichenstunde saß, kam in der Neunuhrpause ein Mädchen und richtete mir aus, ich solle ins Lehrerzimmer kommen. Wie eine Halbtote schlich ich die Treppe hinunter. Wie ging diese Geschichte wohl aus? Zwanzig Minuten war ich mit Herrn Bigler allein im Lehrerzimmer. Er wollte wissen, warum gerade er das Opfer gewesen sei. Immer wieder fragte er und wollte, daß ich ein Geständnis mache, aber ich traute mich nicht. Da stand er auf und verließ das Zimmer, ohne ein Wort zu sagen. Jacqueline, die vor Ungeduld fast verzappelte, verkündete ich anschließend, es sei »verrückt bäumig« gewesen.

Kreuz Karo und Herz Bubi

Karo 7 war, das kann ich wohl sagen, meine erste richtige Liebe. Ich sah ihn zum ersten Mal, als eine Mitschülerin ihn mir auf der Straße zeigte. Sie war ganz hin in ihn und ich natürlich auch sofort. Das war kein Wunder, denn er war einen Kopf größer als alle anderen, hatte schwarzgewellte Haare, eine gerade Nase und schmale, spöttische Lippen. Er ging immer ein wenig gebeugt, wahrscheinlich war es ihm peinlich, immer aus all seinen Kameraden herauszuragen.

Ich schrieb darauf meiner Schwester Corinne nach Brienz, wo sie eine Haushaltungsschule besuchte. »Ich habe einen wahnsinnig bäumigen Gymeler entdeckt.«

Sie antwortete postwendend, der Beschreibung nach sei es Karo 7, auf den sie auch schon mal scharf gewesen sei.

Wenige Tage nach dieser ersten Begegnung saß ich mit Jacqueline im Aarebad und noch ein paar von meiner Klasse. Da ging Vox vorbei, ein Freund von Mama, und warf mir einen Sack Kirschen zu. Der Sack ging kaputt, und die Kirschen flogen in alle Richtungen davon. Der größte Teil landete in einem Knäuel von Gymnasiasten, darunter Karo 7 und Rolf Schmied. Letzterer war ein bekannter Gymeler Don Juan. Er benützte die Gelegenheit, mit mir und Jacqueline anzubändeln. Karo 7 schwieg und schaute mich immer an. Ach, wäre ich doch allein mit ihm gewesen! Wieder einmal war meine Liebe entbrannt, diesmal mehr denn je! Denn er war nicht nur schön, sondern gescheit, und über seine Witze lachte man sich halb tot. Eines hatte ich allerdings auszusetzen, nämlich, daß er dem Fußball huldigte. Er war Torwart! Na ja. Deswegen kam er wohl immer so selten ins Aarebad.

Aber in den Sommerferien wurde das plötzlich anders. Tag für Tag zwei Wochen lang war ich mit Karo 7 im Bad, und jeden Tag war ich verliebter. Das Wetter war wolkenlos und wir brieten an der glühendheißen Sonne; mit geheimer Freude konstatierte ich, daß Frösch, meine andere Busenfreundin, noch nicht im Bad erschienen war. Sie war viel schöner und voller gewachsen als ich und ihr Gesicht war richtig tschent (gent), während ich das meinige eher mittelmäßig fand. Natürlich fürchtete ich, daß sie Karo besser gefallen würde als ich.

Aber Frösch Erscheinen im Bad blieb nicht aus. Und ich Kuh nötigte sie auch noch, sich zu uns zu setzen. Sofort drehte sich alles nur noch um sie. Karo raubte ihr Photos und wollte sie ihr nicht mehr zurückgeben. Auch auf dem Nachhauseweg sprach Karo immer nur mit Frösch.

Ich dachte schon, alles sei aus, aber am nächsten Tag war ich schon wieder voll der wildesten Hoffnungen, als Karo sich im Bad allein mir setzte und fragte, ob wir einmal ganz weit die Elfenau hinaufgehen sollten. Sofort stimmte ich zu und hoffte im geheimen, Karo werde dasselbe machen was Roger mit Corinne. Unterwegs begegneten wir einer Frau, die ganz krumme Beine hatte. »Hast du das gesehen?« fragte ich Karo. Und er antwortete: »Wenn ich mit dir bin, schaue ich niemand anderen an.« O Karo! Nach einer Pause fragte ich weiter: »Und Frösch, gefällt sie dir? Sie ist die Hübscheste in unserer Klasse.« Karo: »Außer dir!« Nun war es ganz aus. Ich war sicher, daß er in der einsamen Elfenau, wo es so betörend nach wilden Blumen duftete, den Arm um mich legen würde, um dann lange ... lange mit mir scharf zu tun. Ich wäre vielleicht ein wenig weggerannt, aber er hätte mich sofort eingeholt, mich heftig an sich gerissen, und ich hätte seinen Körper gespürt ...

Als wir in der Elfenau angekommen waren, wo die eigentliche Wildnis begann, und wo man sich zwischen den blühenden Büschen so wundervoll hätte einfangen lassen können, sagte Karo plötzlich: »So, Liselott, wer ist zuerst im Wasser?« Und weg war er, mit einem riesigen Satz, und tauchte erst in der Mitte des Flusses wieder auf.

Karos Bruder hieß Erich und war Leutnant. Ich ging einige Male mit ihm tanzen, weil ihm die Uniform so phantastisch stand. Als er aber eines Tages in Zivil kam, durchrieselte mich beim Abschied am Gartentöri kein wonniges Gefühl mehr, sondern nur die schmerzliche Erkenntnis, daß er ja nur Karos Bruder war. Was zum Kuckuck war bloß in mich gefahren, als ich Karo einen Korb für seinen Klassenabend gab? Wegen diesem Erich, seinem Bruder, der eineinhalb Köpfe kleiner war als er! Natürlich hatte es mir wohlgetan, Karo auch mal die kalte Schulter zu zeigen, aber nun saß ich da, und beide ließen sich nicht mehr blicken.

Was sollte ich nun in den Herbstferien anfangen? Widerwillig nahm ich die Einladung meiner Patin an den Murtensee an, denn schließlich bekam ich jede Weihnachten einen silbernen Löffel von ihr. Aber sonst kannte ich sie kaum, und ich befürchtete, ununterbrochen artig sein zu müssen und mich infolgedessen zu Tode zu langweilen. Aber ich fühlte mich in ihrem großen, heimeligen Chalet sofort zu Hause, und die Patin entpuppte sich als Witzbold mit Herz und einem unerschöpflichen Vorrat an Kraftausdrücken.

Kurz nach unserer Ankunft bekamen wir schon Besuch von ihrem Neffen Bubi, einem Gymnasiasten, der mit zwei Freunden im Haus nebenan wohnte. Er saß mir gegenüber, und ich bemerkte, daß er mich in einem fort anschaute. Er war blond, hatte strahlende blaue Augen und wunderbare Zähne. Wie ein Filmstar, dachte ich schaudernd und hörte und sah nichts mehr um mich herum als Bubi.

»Zeig doch Liselott das Städtchen«, schlug meine Patin vor, als wir Bubi am nächsten Tag auf dem Bahnhof trafen. Bubi lächelte verführerisch und nahm mich mit auf die Stadtmauer, wo sein Freund Fisch malte. Bald hatten wir die anfänglichen Förmlichkeiten abgelegt, und wir sprachen von aktuellen Sachen. Zum Beispiel, daß ich schon im »Chikito« gewesen sei zum Tanzen. Diese Angeberei verfehlte ihre Wirkung nicht, denn das Chikito hatte etwas Verruchtes an sich. Bubi warf mir solche Blicke zu, daß ich ganz rot wurde. Wie viele Mädchen hat er wohl schon auf dem Gewissen? fragte ich mich erwartungsvoll.

Ach, wie schnell war der Nachmittag verstrichen, und wir mußten uns heimwärts wenden. Aber nun erwartete mich die allerschönste Krönung dieses Tages. Bubis Freund schlug vor, ich solle noch ein wenig mitkommen; er hatte noch meine Mantelkapuze und gab sie nicht mehr her. Wie günstig. Kaum waren wir bei Bubi und ich hatte nach meiner Kapuze gefragt, zog mich Bubi auf das Kanapee und legte sein Gesicht an meines. Wie schade, daß Fisch immer dabei war und seine Wange von der anderen Seite an meine legte.

Als ich nach Hause mußte, war es schon dunkel. Bubi begleitete mich bis vor die Türe, hob mich auf seine Arme und trug mich die hölzerne Treppe hinunter. Unten stellte er mich ab, sah aus wie Clark Gable und tat mit mir scharf.

Am nächsten Tag reiste ich nach Bern zurück. Ich wartete täglich auf einen Brief oder ein Telephon von Bubi, denn in vierzehn Tagen war der Gymerball. Tag und Nacht stellte ich mir vor, wie ich mit dem schönsten aller Gymeler die ganze Nacht durchtanzte, nur mit ihm, engumschlungen, Wange an Wange.

Aber nichts kam. Statt dessen lag ein Brief von dem dicken Peterhans im Briefkasten mit einer Einladung zu einem Hausball. Verzweifelt und trotzig sagte ich zu. Zwei Tage später kam Bubis Einladung. Ich mußte Bubi absagen, in den ich so abgrundtief verliebt war! Peterhans, dieser Egoist, wollte nicht verzichten, und ich hatte einfach nicht den Mut, nein zu sagen. Diese Eigenschaft wurde mir später noch oft zum Verhängnis.

Frösch war am Gymerball gewesen und erzählte mir, sie habe Karo gesehen, und er habe phantastisch ausgesehen. Diese Schilderung genügte, und wieder glühte meine Liebe auf für diesen bäumigsten der Bäumigen. Ich klebte sein Photo ins Tagebuch und nicht Bubis. Nach Karo hielt ich von nun an wieder Ausschau, wenn ich mit meinen Freundinnen das Rohr auf und ab spazierte. Das Rohr ist der rechte Teil der Spitalgasse, die, von Lauben überdeckt, vom Bahnhof zum Bärenplatz führt, und »rohren« hieß, auf dem langsamsten Weg durchs Rohr von der Schule nach Hause schlendern, um von den Angehimmelten wenigstens von weitem einen Blick zu ergattern.

Wenn mir Karo im Rohr also einen Blick zuwarf, erweckte das in mir die wildesten Hoffnungen, und wenn er wegschaute, weinte ich nachts mein Kissen naß.

Bis ich auf dem Garbujoball, dem Ball des großen Tanzinstituts der Stadt, wieder Bubi traf. Wie gerne hätte ich Karo in seinen Armen vergessen, aber Bubi tanzte den ganzen Abend mit einer anderen. Beim Katerbummel am nächsten Tag glänzte er durch Abwesenheit. Dafür hatte ich nun Peter Roth, der mich eingeladen hatte, am Rockzipfel und den Heimweg mit dem berüchtigten Gartentöri vor mir. Vergeblich versuchte ich zu entwischen, Peter riß mich zurück und drückte seine ewig nassen Lippen auf die meinen. Mit Händen und Füßen um mich schlagend stürzte ich schließlich laut heulend ins Haus und schwor mir, nie mehr mit einem auszugehen, der mir nicht gefiel.

Vierzehn Tage später sagte ich Klaus für einen Verbindungsabend zu, weil Bubi auch hinging. Wäre ich doch meinem Grundsatz treu geblieben: Bubi tanzte den ganzen Abend nur mit seinem Zof oder saß mit ihr in einer Ecke und lächelte sie süß an. Ich lächelte auch, aber sauersüß. Einmal küßte er sie auf die Wange, drehte sich zu mir um und blickte mich triumphierend an. Ich war wie gelähmt in meinen Lachmuskeln. Nur einmal tanzte ich mit Bubi, und nun kam der Spruch, den ich von jedem zu hören bekam: »Weißt, du bist halt noch ein wenig jung . . .«

Als das Lokal geschlossen wurde, machte Bubi den Vorschlag, alle, die Lust hätten, sollten noch zu ihm heim, ins Schloß Bümpliz, kommen. Ich war als einziges Mädchen einverstanden, außer Bubis Rosmarie natürlich. Unter ausgelassenem Lachen und Singen gingen wir zum Bahnhof, wo wir auf ein Taxi warteten. Fast glaubte ich selber an meinen Übermut, als Bubi mit Rosmarie an uns vorbeiging und sie dreimal küßte. Meine ohrenbetäubende Louis-Armstrong-Imitation blieb mir im Halse stecken und endete in einem verzweifelten Lachkrampf. Im Taxi brachte ich keinen Ton mehr heraus und wäre am liebsten wieder ausgestiegen. Oh, warum war ich nur mitgegangen?

Das Ganze endete auf einem Kanapee in einer Art Ritterkammer bei Bubi zu Hause. Rosmarie saß links, Klaus rechts außen, in der Mitte Bubi und ich. Es war fast dunkel in dem Gemach, nur das Kaminfeuer flackerte. Klaus schnarchte auf der einen Seite, und auf der anderen küßte Bubi seine Rosmarie, daß mir Hören und Sehen verging. Ich gab mir die größte Mühe auszusehen, als ob ich schliefe. Als Bubi aber die Frechheit hatte, sich auch noch umzudrehen um mir einen triumphierenden Blick zuzuwerfen, sprach ich tiefverwundet den fühllosen Satz: »Kannst du nicht woanders liegen?« und sank in die übriggebliebenen Kissen zurück.

Als wir gegen sechs Uhr früh ein Taxi kommen ließen, wandelte ich wie im Traum die Treppe hinunter. Die ganze Fahrt über saß Rosmarie auf Bubis Knien, Wange an Wange. Ich schaute zu Boden, um nichts sehen zu müssen. Das Taxi fuhr zuerst Rosmarie, dann mich nach Hause. Der Abschied war kurz. Und kaum lag ich im Bett, als ich in einen solchen Tränenstrom ausbrach, daß ich glaubte, ich könne nie mehr aufhören zu weinen.

Im Winter nie

Ungefähr in dieser Leidenszeit beschloß ich plötzlich, ebenfalls das Gymnasium zu besuchen. Der Verdacht, daß ich mich auf diesem Wege so unauffällig wie möglich an die Träume meiner schlaflosen Nächte heranschleichen wollte, ist natürlich völlig unbegründet. Nein, ich fand, es sei nun höchste Zeit, Lateinisch und Griechisch zu lernen, die modernen Sprachen seien doch nur ein Klacks für mich.

Keinen Augenblick zweifelte ich daran, daß ich das Aufnahmeexamen schaffen würde. Außerdem las ich ja auch wahllos alles, was ich in Papas Bibliothek vorfand, von Platon bis Hölderlin, ohne ein Wort davon zu verstehen, und damit wollte ich im Examen schon die nötigen Punkte sammeln. Vorbereitung hielt ich also nicht für nötig. Außer meinem Bruder wußte niemand, daß ich mich für das Aufnahmeexamen angemeldet hatte. Und so war er auch der einzige, der erfuhr, daß ich mit Glanz und Gloria durchfiel.

Das hinderte mich aber nicht daran, mich in anderweitige Unternehmungen zu stürzen, denn mein Tatendrang war unerschöpflich, und meine pausenlos verliebten Gedanken brauchten Ablenkung. So hatte ich auch dieses Jahr bereits im August angefangen, Weihnachtsgeschenke zu stricken, zu häkeln oder zu nähen, und niemand, der sich meiner Gunst erfreute, wurde von meinen Wunderwerken verschont. Für nähere Familienangehörige strickte ich Kniesocken, Pullover, Wollhemden, ja sogar Unterhosen, für entfernte Verwandte und Bekannte gab es immerhin noch gestickte Deckchen, Buchhüllen und Topflappen. Und natürlich Socken in allen Größen und Farben.

Die gestrickten Ungetüme, die aus Zeitmangel in der Schule unterm Pult, beim Lesen oder abends im Bett entstanden, zeichneten sich hauptsächlich durch beträchtliche Länge und ungewöhnliche Formen aus, denn natürlich konnte ich bei einer solchen Massenproduktion bei niemandem Maß nehmen. Das hatte den Vorteil, daß mir zu eng geratene Pullover oder Strümpfe hin und wieder zurückgegeben wurden, worauf ich sie dann selber trug.

Die Winterferien waren in diesem Jahr endlos. In der ganzen Stadt traf man keinen einzigen Gymnasiasten, sooft man auch das Rohr auf und ab wandelte. Kein Bubi, kein Karo weit und breit. Da hatte man es im Sommer mit dem Aarebad schon leichter. Aber der Sommer war in weiter Ferne, und so blieb einem nichts anderes übrig, als Ski zu fahren.

Das brachte natürlich einige Probleme mit sich, denn Skier und Skihosen hingen nicht an den Bäumen, und unser vielgeplagter Papa kaufte uns prinzipell keine anderen Kleidungsstücke als Mäntel und Schuhe. Dafür war unser Taschengeld für damalige Verhältnisse sehr großzügig. Jedes Kind erhielt monatlich Fr. 20,–, und davon besorgten wir uns alles, was die andern auch hatten, wenn auch meistens aus zweiter Hand.

So folgte dem »Weihnachtsgeschäft« das Unternehmen »Skiausrüstung«. Mit Hilfe von Zeitungsannoncen organisierte ich fast neue Seehundfelle und eine braune Überfallskihose, die nach Abänderung sogar eine entfernte Ähnlichkeit mit einer Keilhose erlangte. Gebrauchte Ski und Skistöcke schenkte mir meine Murtener Patin, und im Ausverkauf erstand ich eine herrliche neue grasgrüne Skijacke sowie weiße Gamaschen, die gewisse Nähte an der Skihose verhüllten. Pullover, Socken und Handschuhe aus grüner Wolle fertigte ich selbst an, denn sie mußten ja zu der grünen Skijacke passen. Auch meine Unterwäsche strickte ich selbst oder stellte sie aus alten Morgenröcken Mamas her, manchmal auch aus Regenmänteln. Mit Hilfe unserer unverwüstlichen Nähmaschine, Marke Pfaff, entstanden wahre Prunkstücke an Reizwäsche, auch sie vorwiegend in grünen Tönen.

Ich muß sagen, ich konnte mich sehen lassen, wenn ich so in vollem Kriegsschmuck auf den Skipisten der Berner Alpen herumkurvte. Aber leider erspähte ich nirgendwo meine geliebten Gymnasiasten und machte auch sonst keine nennenswerten Eroberungen. Sei es, weil in der Kälte kein Gefühl aufkam, oder weil ich eine ziemlich mittelmäßige Skiläuferin war – ich erinnere mich, daß meine Skier nach kapitalen Stürzen häufig ohne mich zu Tal fuhren –, auf jeden Fall verliebte ich mich nie in den Skiferien.

April 1945

Stiefmütterlich an den Rand einer Seite verbannt steht das Datum »April 1945« in meinem Tagebuch, als ob es völlig belanglos sei. Mit keinem Wort wurden die Schreckensnachrichten, die man täglich im Radio hörte, erwähnt. Daß wir in unserem Haus nur die unteren drei Zimmer mit einem Holzofen heizen konnten, Pullover aus Zellwolle trugen und Margarine statt Butter aufs Brot strichen, waren so ziemlich unsere einzigen Kriegserlebnisse. Wie Mama jeden Tag mit den immer knapper werdenden Lebensmittelkarten und ihrem kläglichen Haushaltsgeld würzige Eintöpfe, saftige Maiskuchen, Kartoffel-, Brot- oder Obstaufläufe fabrizierte, ist mir heute noch ein Rätsel, denn wir hatten immer das Gefühl, satt zu sein. Sicher lag es an ihrer unerschöpflichen Phantasie, mit der sie die gleichen Nahrungsmittel immer wieder anders zubereitete und würzte. Wenn Papa völlig ausgehungert vom Büro nach Hause kam und mit furchterregender Stimme nach dem Essen rief, so war das in Anbetracht der himmlischen Düfte, die ihm in die Nase stachen, verständlich. Schade, daß er unserer zartbesaiteten Mama seine Vorfreude nicht etwas weniger grimmig zu verstehen gab.

Aber was auch auf dem Tisch stand, und was Papa auch für ein Gesicht machte, ich war mit meinen Gedanken sowieso ganz woanders. Besonders jetzt im Frühling, wo die Amseln so sinnbetörend jubilierten, verschmachtete ich fast vor Sehnsucht, und je zärtlicher sie flöteten, desto hitziger wurden meine Liebesqualen.

Doch eines Abends, endlich, hatte das Schicksal Erbarmen mit mir. Karo rief an . . .

»Ich wurde für einen Klassenabend eingeladen!!!!!!!!!!!!«

Dieser Freudenschrei mit seinen zwölf Ausrufezeichen ist rot unterstrichen und bis auf weiteres der einsame und einzige Höhepunkt meiner Aufzeichnungen. Vergessen war der schöne Bubi, dem ich wohl immer noch zu jung war! Immerhin war ich vor kurzem fünfzehn geworden! Sicher hatte Karo davon gehört und nahm mich jetzt endlich ernst! Aber wie sollte ich es bis zum nächsten Samstag aushalten? Tag und Nacht, ja sogar in den Schulstunden träumte ich von ihm, und meine tollkühnen, verliebten Phantasien füllten seitenweise mein geduldiges Tagebuch . . .

»... da umfaßt sein Arm meine Schultern, er preßt mich an seine Brust, langsam neigt er seinen schönen Kopf zu mir herunter – noch berührt sein Mund den meinen nicht – er blickt mir fragend in die Augen – er muß die richtige Antwort darin gelesen haben, denn – nun nähert sich sein Mund dem meinen, und plötzlich reißt er meinen Kopf zu sich herüber, seine Lippen liegen auf den meinen und er preßt meinen Körper ganz nahe an den seinen, mehrere Minuten ununterbrochen ...«

Der Abend kam und verflog in atemberaubendem Tempo. Karo tanzte pausenlos, aber nicht nur mit mir, mußte ich leider bemerken, sondern mit einer verrückt herzigen Gymnasiastin, mit der er sich viel besser zu verstehen schien als mit mir. Aber den letzten Tanz machte er mit mir, und da löschte er plötzlich das Licht. Jetzt, dachte ich und fiel vor Aufregung fast in Ohnmacht, jetzt ...

Aber es wurden protestierende Rufe laut, so daß Karo wieder anzündete. Hätte er wohl sonst ...?

Aber nun kam ja noch der Heimweg! Doch Karo wollte nicht das schmale Weglein über die romantische Schanze nehmen, wie ich vorschlug. Beim Gartentöri gab er mir die Hand: »Tschau, Liselott, vielleicht sehen wir uns wieder mal«, sagte er und ging, ohne sich nochmals umzudrehen, davon.

Höhere Tochter

Die Diskussion mit meinem Vater war schnell beendet. Als ich ihm eröffnete, daß ich Schauspielerin werden wolle, antwortete er kurz und bündig: »Du gehst auf die Handelsschule. Dann sehen wir weiter!«

Ich machte also die Aufnahmeprüfung in die Töchterhandelsschule der Stadt Bern. Beim Vergleichen der Resultate mit meinen Mitprüflingen mußte ich feststellen, daß ich im Schriftlich-Rechnen nur zwei von sechs Aufgaben richtig gelöst hatte. Ich war also durchgefallen! Der Durchschnitt wäre nur mit Traumnoten in den anderen Fächern zu retten gewesen, und das war leider nicht sehr wahrscheinlich.

Armer Papa! Wie sollte ich ihm das beibringen? Und dann die Blamage vor meinen Freundinnen!

Die Ergebnisse der Prüfung wurden natürlich schon bekannt, bevor der Klassenlehrer sie verlas. Anne-Dorli, die im Turnen immer noch etwas besser war als ich, wußte, daß alle Prüflinge aufgenommen worden waren. Sie wußte auch, daß ich nur 35 statt 36 Punkte erreicht hatte und trotzdem angenommen worden war.

Ich sprang fast an die Decke vor Freude und vergaß in meiner Begeisterung völlig, daß ich ja eigentlich Schauspielerin werden wollte, nicht Handelsschülerin. Aber ein bestandenes Examen ist nun mal ein Triumph, ein Sieg, macht stark und selbstbewußt, auch wenn man sein Ziel vorübergehend aus den Augen verliert. Ich verliebte mich im voraus in meine zukünftigen Lehrer und war entschlossen, ihnen zu beweisen, daß ich schon könne, wenn ich wolle.

Die Töchterhandelsschule war mitten in der Stadt und hatte den Vorteil, fast unmittelbar neben dem Rohr zu liegen. Da ich nun höhere Tochter war, erwartete ich, daß sich manches ändern werde. Ich hatte auch eine stolze Zahl von Verehrern, die mich zu allen möglichen Anlässen einluden. Nur leider, Karo war nicht darunter. Er hatte gerade die Matura bestanden und war jetzt in der Rekrutenschule. Ich schrieb ihm immer deutlichere Briefe und erhielt immer kühlere Antworten, in denen dann auch mal die verhängnisvollen Worte standen: »Ich rufe Dich an . . .«

Nach beinah endlos scheinenden Wochen war endlich der Tag seines großen Urlaubs gekommen. Ab Samstagmittag saß ich am Klavier und hörte den ganzen Nachmittag nicht mehr auf mit meinen Fingerübungen. Alle wunderten sich über meinen Fleiß, nur Corinne grinste verständnisvoll, denn neben dem Klavier stand das Telephon, und ich brauchte nicht einmal aufzustehen, um beim ersten Klingeln den Apparat an mich zu reißen. »Er ist schon seit Freitagmorgen hier«, teilte sie mir mit, als ich nun schon zum fünften Male den Hörer an Mama weitergegeben hatte. »Heiri hat ihn im Rohr gesehen.«

Das kleinste Fünklein Mut erlosch. Ich sank auf meinem Klavierstuhl zusammen und begann, wie immer bei solchen Gelegenheiten, den »Liebestraum« von Franz Liszt zu spielen. Da schrillte wieder das Telephon: Karo! Es war Karo! Er erklärte, er habe heute

Familienschlauch und könne mich erst morgen sehen. »Ich rufe dich morgen an«, versprach er. Ich war im siebten Himmel.

Am nächsten Morgen stand ich ganz früh auf, um ja den Anruf nicht zu verpassen, und wartete fiebernd vor Glück und Aufregung auf das Klingeln, das da kommen sollte.

Aber es kam nicht. Auch am Nachmittag nicht. Ich konnte nichts anderes mehr tun, als weinen, und als ich abends verzweifelt und verquollen ins Bett schlich, mußte ich mir auch noch Buebis Komplimente über die schönen Röschen anhören, die sich auf meinen Wangen gebildet hatten. Ich verstand die Welt nicht mehr. Zwar erfand ich tausend Entschuldigungen, aber die Enttäuschung blieb, und als Karo mir nach einer Woche schrieb, er habe sich verschlafen und das offenbar völlig in Ordnung fand, beschloß ich mich zu rächen. Ich nahm wahllos alle Einladungen an, und es gab kaum einen Klassenabend, wo ich nicht bis in die frühen Morgenstunden das Tanzbein schwang. Da Corinne und ich das oberste Zimmer unseres Hauses bewohnten, hörte mich Papa nicht nach Hause kommen, und Mama hatte es sowieso erlaubt.

Ich wurde immer kühner, und meine Sehnsucht, geküßt zu werden, verwickelte mich allmählich in Abenteuer, die nicht mehr ganz so harmlos waren wie bisher.

Die ganze Stadt war voller amerikanischer Soldaten, die einen siebentägigen Urlaub in der Schweiz verbringen durften, bevor sie nach Amerika oder Deutschland weiterflogen. Zuerst schimpften Jacqueline und ich auf diese Frauenzimmer, die den Amerikanern nachliefen. Aber dann wurden unsere Blicke immer weniger abweisend, wenn sie sich nach uns umdrehten, und wir begannen unsere beachtlichen Englischkenntnisse an den Mann zu bringen, wenn sie uns grüßten. Als aber Jacqueline mir immer alle wegschnappte, ging ich alleine auf Soldatenfang.

Der erste, der anbiß, war ein Matrose, er durfte mich ins »Bellevue« zum Tanzen und am nächsten Tag zum Mittagessen einladen. Das ganze dritte Tagebuch befaßte sich fast ausschließlich mit diesem neuen Sport und vermerkte getreulich, wie viele Amerikaner mich nun schon angesprochen hatten. Als das erste Dutzend voll war, wunderte ich mich allerdings, daß die versprochenen Briefe nicht eintrafen, denn meistens blieben die Soldaten nur ein oder zwei Tage in Bern und reisten dann in eine andere Schweizer Stadt. Aber ich ließ mich nicht entmutigen. Meine Stadtführungen wurden immer länger und endeten immer häufiger auf der großen Schanze auf einem verschwiegenen Bänklein. Mr. Miller durfte mich küssen, aber auch er schrieb mir keinen Brief. Dann kam Vinnie mit auf das Bänklein, aber er mußte schon nach einer Stunde wieder abreisen. Er war der erste, der mir schrieb, und ich klebte seine Briefe überglücklich in mein Tagebuch. Doch Vinnie war bald vergessen, und das Bänklein auf der Schanze wurde zur ständigen Einrichtung für Abschiedsküsse. Ich war geradezu versessen darauf, nach den vielen Kirchen und Brunnen der Stadt den freudestrahlenden Soldaten auch noch die schöne Aussicht von der großen Schanze aus zu zeigen, wo die vielen, einsamen Bänklein standen. Ich heimste meinen Kuß ein, den ich ja redlich verdient hatte, und kam gar nicht auf den Gedanken, auch mal an den Falschen geraten zu können. Kein einziger von all den Urlaubern machte Gebrauch von den geradezu idealen Voraussetzungen, einen ahnungslosen Backfisch im dunklen Park zu verführen. Dabei fehlte es nicht an Ermunterungen meinerseits. Dem großen Blonden aus Texas versprach ich sogar, auf sein Hotelzimmer zu kommen, wenn er nichts gegen meinen Willen unternehme – es war jedoch vielleicht gut, daß der Portier mich daran hinderte, mit der Begründung, es sei verboten. Mein Schutzengel, von dem Mama immer sprach, muß damals alle Hände voll zu tun gehabt haben, um mich vor allen möglichen Abgründen zurückzureißen, und das ist auch die einzige Erklärung, warum mir auf all diesen Expeditionen kein Haar gekrümmt wurde.

Unterdessen war ich sechzehn Jahre alt geworden, sah aber immer noch aus wie vierzehn und benahm mich auch so. Als die Amerikanerwelle abflaute, wurde ich überraschend von Bubi zu einem Klassenabend eingeladen und von ihm geküßt, worauf er mir sofort verleidete. Zerknirscht stellte ich fest, daß das immer so war. Wenn sie Feuer gefangen hatten, dann o Heimatland, ade!
In den Ferien begann ich mit einem Verehrer von Corinne zu flirten, einem bekannten Berner Don Juan, wie ich in meinem Tagebuch befriedigt feststellte: »Er war heißblütig wie der Teufel und immer ohnmächtig anzüglich, aber das war mir Wurscht. Gegen abend, wenn niemand mehr außer uns auf der Hütte war, zwang er mich scharf zu tun . . . wenn er nur nicht so einen großen Mund gehabt

hätte! Sein heißes Blut und seine Liebesbezeichnungen!? waren mir nun doch fast zu stark, doch alle Abfertigungen halfen nichts, ich wurde gezwungen, ihn zu küssen. Sonst zwang er mich zu nichts, obschon er gut gekonnt hätte. Aber er wußte, daß ich keusch bleiben wollte, und das respektierte er, sonst wäre ich wahrscheinlich nicht mehr, was ich bin. «

Von Karo hörte ich nichts mehr, er studierte jetzt in Zürich. Als ich ihn einmal im Rohr traf, erklärte er, Bern locke ihn nicht mehr, er bleibe lieber auch Samstag/Sonntag in Zürich.

Das war nicht gerade schmeichelhaft für mich, und ich merkte, wie gleichgültig ich ihm war. Da ich keine Aussicht auf ein näheres Verhältnis zu ihm hatte, beschloß ich, mich zu bilden. Ich wollte jeden Tag französische und englische Zeitungen lesen, dazu von sämtlichen Klassikern sämtliche Werke, auch wenn es zehn Bände waren pro Dichter. Auch meine Klavierlehrerin verblüffte ich dadurch, daß ich Sonaten und kleinere Klavierkonzerte prinzipell nur noch auswendig und doppelt so schnell spielte wie nötig. Mein Fleiß grenzte an Selbstvernichtung. Vielleicht erfuhr es Karo zufällig und merkte, was er an mir verloren hatte.

Die Sommerferien hatten endlich angefangen. Jetzt war ich genau zwei Jahre scharf auf Karo! Alle meine Pläne, ihn zu erobern, oder doch wenigstens ein bißchen zu erwärmen, waren gescheitert. Manchmal starb ich fast vor Sehnsucht und weinte mich in meinem Tagebuch nur noch in Stoltze-Schreischer Kurzschrift aus, auf daß niemand sie jemals entziffern könne!

Auch an einem bestimmten Mittwochnachmittag wartete ich wieder einmal auf ein Wunder, aber Karo kam ja erst am Wochenende.

Da ging plötzlich das Telephon und Swing, meine neue Busenfreundin, verkündete, Karo sei im Aarebad. Als ich mein Badekleid endlich gefunden hatte und im Bad erschien, verging ich fast vor Aufregung, denn er grüßte die längste Zeit nicht. Da faßte ich einen unerhörten Mut, ging zu ihm hin und fragte ihn, ob er nicht ein wenig bei Swing und mir sitzen wolle. Ich kam fast um vor Schärfe! Dann ging Swing nach Hause, und Karo lud mich mit seinem Freund ins »Wölfli« ein. Dort steckte er mir seine Pfeife in den Mund mit den Worten, ich solle sie ihm anzünden. Beim Abschied schaute er mich ganz lange an!

Am Donnerstag grüßte er mich kaum.

Am Freitag ließ er mich wieder allein.

Am Samstag saß er wieder den ganzen Nachmittag bei mir, dann gingen wir ins Wölfli, aber es wäre ihm nicht im Traum eingefallen, mich einmal für den Abend einzuladen.

Sonntag war schlechtes Wetter, da sah ich ihn nicht.

Am Montag begegnete ich ihm im Rohr, aber ich grüßte ihn nur kurz. Da rief er mich zurück: »Warum so stolz?« fragte er, und ich erwiderte so spöttisch wie möglich: »Weil ich in die Klavierstunde muß.« Anschließend konnte ich fast nicht spielen vor Aufregung.

Am Dienstag ging Karo schon um vier Uhr nach Hause. Sein Freund Rolli blieb und eröffnete mir, das mit Karo sei hoffnungslos, um vier Uhr habe er, Karo, ein Rendezvous mit einem Zof, der wahnsinnig gut aussehe.

Mittwoch. Ich spielte mit ihm Tennis. Wir waren ganz allein auf dem Tennisplatz, aber nichts geschah.

Am Donnerstag war 1. August. Mama hatte die Glanzidee, ich solle ihn zu Tante Margrit und Onkel Viktor einladen, ein berühmtes, bernisches Malerehepaar, Mamas Onkel und Tante. Ich konnte es fast nicht glauben, Karo sagte zu, aber er war wie immer und küßte mich nicht.

Freitag: Kälter als kalt.

Samstag: Tennis, aber auf dem Heimweg war er wieder kühl.

Sonntag: Letzter Tag, bevor ich mit Papa ins Wallis fahren mußte. Karo erlaubte mir, ihm zu schreiben. Das war schon ein Fortschritt, ich war ja wirklich mit wenig zufrieden . . .

Naja, die Ferien gingen auch vorbei, und der Uniball rückte heran. Ich wäre so unsäglich, so undenkbar gerne gegangen, aber niemand lud mich ein. Dafür hatte ich das Vergnügen, allen meinen Bekannten, die eingeladen waren, mit Rat und Tat zu helfen: Corinne hatte, außer dem Ballrock, meine sämtlichen Requisiten an, Täschchen, Kämme, Tanzschuhe, Schmuck, sogar den Lippenstift; meinen Nagellack hatte Jacqueline, einer dritten mußte ich Blumen besorgen.

Ich hielt es zu Hause nicht aus. Mama war verzweifelt wegen Geld, Papa schimpfte und Buebi auch. Ich ging ins Kino, und auf dem Weg sah ich Heiri und Corinne, Jacqueline und Güschtl. Vor der Uni, die zwei Minuten von uns entfernt ist, fuhren eine

Menge Taxis vor, und die ganze Stadt wimmelte von Verliebten in Ballkleidern.

Ich fühlte ihre mitleidigen Blicke und konnte die Tränen nicht mehr zurückhalten. Warum heißt es eigentlich »Aus dem Lächlein wird ein Bächlein« und nicht umgekehrt? fragte ich mich und wünschte mir von Herzen ein Erdbeben herbei, das die ganze Welt begraben würde, aber möglichst schmerzlos.

Das Erdbeben kam nicht. Aber dafür eine andere Katastrophe: Ich machte Schluß mit Karo. Ich!

Ausschlaggebend war ein Film, den ich gesehen hatte, und nun war mein Entschluß gefaßt: Ich wollte mit Karo brechen und mich ausschließlich auf mein »Ideal« freuen, das, ich wußte es, mir irgendwann begegnen mußte.

Als Karo mich am 24. Dezember anrief, erklärte ich ihm kurz und bündig: »Ich bin lange genug dein Hampelmann gewesen.« Zwar geruhte ich, ihm eine letzte Zusammenkunft zu gewähren, weil er mir seinen Standpunkt klarmachen wollte, doch wußte ich, daß es die letzte war.

Ich hielt eine längere Ansprache in der »Frisco Bar«, schleuderte ihm noch ein paarmal den Hampelmann ins Gesicht und mit dem Mut der Verzweiflung dann auch noch mein eigenes Todesurteil: »Bei mir kommt nur richtige Liebe in Frage oder nichts, gar nichts.« Dann schlug ich voller Schrecken, aber unaufhaltsam vor, Schluß zu machen und uns nie wieder zu sehen.

»Ich glaube, daß es auch Menschen gibt, die mich befriedigen, ohne gerade ein Ideal zu sein, denn ein Ideal ist dieses nur, wenn es nicht in Erfüllung geht.«

Mit diesem Tagebuch-Vermerk war das Kapitel Karo abgeschlossen, und das Leben ging weiter.

Das nächste Opfer war mein Chemielehrer.

Das fing so an: Es hatte geläutet und seine hohe Gestalt, breitschultrig und kerzengerade, erschien in der Tür. Die weiße Schürze hing lose um seine starken Glieder, die etwas abfallenden Schultern trugen einen Charakterkopf, auf dessen Gesicht eine eisige Ruhe ausgebreitet war. Die tiefe Falte, die sich von der kräftig geformten, geraden Nase zu seinem energisch zusammengekniffenen Mund hinzog, deutete auf einen starken Willen und zurückgehaltenen, aber desto beißenderen Humor hin, der bei den meisten Schülerinnen verhaßt war, auf mich aber immer großen Eindruck machte. Der Mund war durch einen Schmiß aus der ursprünglichen Richtung gewichen, aber nicht verunstaltet. Er gab dem Gesicht einen etwas harten Anstrich, konnte aber einem romantischen Mädchen nicht vormachen, daß er weniger weich küssen konnte. Die Augen waren von durchdringendem hellen Blau, das durch die struppigen Augenbrauen noch mehr zur Geltung kam. Oft war die ganze Antwort auf einen dummen Ausspruch eines Mädchens ein spöttischer Blitz aus diesen Augen, der mehr vernichtete als ein viertelstündiges Donnerwetter. Diese Augensterne konnten auch sprühen vor Witz oder heimlicher Belustigung, denn die Kälte war nur Maske, ständig lauerte ein verborgenes Grinsen oder unverhohlene Schadenfreude in den Augenwinkeln.

Noch im Türrahmen stehend, von keinem Mädchen in der Hitze des Geplappers bemerkt, überflog er kurz die herrschende Unordnung. Die Falte zwischen den Augenbrauen deutete ein Unwetter an. Eine schnelle Bewegung mit der rechten Hand, und ein Pfiff gellte durch die Klasse, so daß augenblicklich Totenstille herrschte. Die Schülerinnen duckten die Köpfe. Die Stunde begann.

Langsam ging Dr. Röthlisberger auf die Tafel zu und begann Formeln aufzuschreiben. Alle zitterten im geheimen, denn alles deutete darauf hin, daß im nächsten Moment eine von uns mündlich geschlaucht würde. Sein Blick blieb auf mir haften. Dadurch verlegen gemacht, stieß ich ein halblautes Grunzen hervor, das ich den Schweinen von Walt Disney abgelauscht hatte. So unerwartet der Ton gekommen war, so verblüffend war die Bemerkung des Chemielehrers: »Wenn schon, dann hättest du das Schwein schon etwas besser nachmachen können.« Und nun begann er zu schmatzen, zu grunzen und zu quietschen, daß es einer Sau gegraust hätte und die ganze Klasse in brüllendes Gelächter ausbrach. Doch plötzlich hielt er inne und sein gebieterisches »Silentium« ließ das Gewieher sofort verstummen. Da mir nichts Lustiges mehr in den Sinn kam – den Wecker hatte ich schon ein paar Tage vorher beim Geographielehrer losgelassen –, begnügte ich mich, die majestätische, an Odysseus gemahnende Gestalt zu bewundern.

Der Unterricht ging weiter, seine Stimme war wieder so unbeteiligt wie immer, und man merkte, wie gleichgültig ihm der ganze Schul-

betrieb im Grunde war. Er wechselte selten mit einem anderen
Lehrer ein Wort, saß immer allein im Lehrerzimmer und verabschiedete sich nach den Schulfeiern sofort. Auch mit den Schülerinnen war er äußerst kurz angebunden. Ich schien da eine kleine
Ausnahme zu machen, denn öfters ruhte sein Blick wohlwollend auf
mir, so lange, bis ich verlegen wurde und wegsah. Wenn ich ihn
nach der Stunde etwas fragen ging, was ihn offensichtlich freute,
verwirrte er mich mit seinen kühlen, amüsierten Augen und packte
meinen Arm mit festem freundschaftlichen Griff. O warum war er
mein Lehrer! Warum war er verheiratet! Warum war ich ihm soviel
Respekt schuldig!

Dr. Röthlisberger war neben seinem Lehrerberuf am Heimat-
schutztheater der Stadt Bern und spielte viel später mit mir eine
große Rolle in dem Schweizer Film *Uli der Pächter*.

Bergfried

Es war stockdunkel, der Weg miserabel und Heiri sternhagelvoll.
Wir kamen vom Essen, und Heiri sollte uns ins Dörfchen Wattenwyl fahren, wo der diesjährige Tennisball stattfand. Niemand
bemerkte, daß er mehr getrunken hatte als sonst und kaum das
Zündschloß fand, als er in seinen Packard stieg. Als wir aber schon
nach wenigen Metern von der Straße abkamen und im Begriff
waren, einen Kartoffelacker umzupflügen, verging uns das Lachen.
Mit einem wilden Fluch schüttelte Heiri seinen Freund ab, der ihn
zwingen wollte anzuhalten und raste im Zickzack durch Stauden
und Gestrüpp querfeldein, wobei er zufällig wieder auf den Feldweg stieß. In diesem Augenblick tauchte vor uns im Scheinwerfer-
licht ein schmales Brücklein auf – ein Schreckensschrei meiner
Schwester –, haarscharf schoß der schwere Wagen darüber hinweg
und erwischte auf der anderen Seite krachend einen Meilenstein.
Weiter ging die Höllenfahrt über den Straßenrand einen Abhang
hinunter, das Fahrzeug drohte zu kippen, schleuderte, stotterte und
knallte gegen etwas Dunkles, Blechernes, einen geparkten Wagen,
wie sich herausstellte. Schlotternd stiegen wir aus und stellten fest,
daß wir uns auf dem Gutshof des Gastgebers, Dr. Frey, befanden,

der uns bereits erwartete. Der fröhlich lallende Heiri wurde in irgendein Bett verfrachtet und wir wie Matadore begrüßt.

So begann der Abend, der meine leicht entflammbare Mädchenseele in einen solchen Strudel glühender Leidenschaft stürzte, daß alles bisher Dagewesene nur noch an ein freundliches Geplätscher erinnerte. Dr. Bergfried Frey, Chirurg und aktives Mitglied mehrerer Sportvereine, zum Beispiel des Tennisklubs Bellevue, dem ich auch angehörte, war vierunddreißig Jahre alt, als ich mich unsterblich in ihn verliebte, also doppelt so alt wie ich. Er war groß, muskulös, hatte eine kurzrasierte Glatze, die ihm, da er immer braungebrannt war, eine unwiderstehliche männliche Ausstrahlung verlieh. Er war ein übermütiger Draufgänger, fuhr mit einem seiner vier Autos gelegentlich durch die ehrwürdigen Lauben Berns und je nach Laune auch noch ein paar Treppen hinunter, wenn sie im Weg standen. Obwohl er verheiratet und Vater zweier kleiner Kinder war, verdrehte er ganzen Legionen junger Mädchen den Kopf, flirtete, küßte, verführte und gab auf seinem Gut bei Wattenwyl die rauschendsten Feste, die Bern je gesehen hatte.

Hier waren wir soeben leicht lädiert angekommen. Dieser lebenslustige, brillante Don Juan, der noch dazu in Verhältnissen lebte, von denen ich arme Kirchenmaus nur träumen konnte, erschien mir wie ein Gott. Auf dem Tennisplatz hatte ich ihn nur von fern und heimlich bewundert. Aber hier stolperte ich geradewegs aus dem Unglücksauto in seine Arme. Er nahm mich sanft und ruhig bei der Hand und begann sofort mit mir zu tanzen. Er lächelte, zog mich fest und zärtlich an sich und flüsterte: »Jetzt sagen wir uns du.« Er hörte auf zu tanzen und küßte mich. Wie im Traum folgte ich ihm dann in den Park, wo wir uns auf ein Bänklein setzten. Als die Musik wieder anfing zu spielen, stand er auf, nahm mich in die Arme und tanzte mit mir langsam, engumschlungen einen Blues. Als der Tanz beendet war, lösten wir uns nicht, Lippen auf Lippen verharrten wir minutenlang, versunken, alles vergessend. Dann gingen wir wieder hinein und tanzten, ohne uns um die Zuschauer zu kümmern.

Als der Morgen zu grauen begann, mußten wir uns trennen, das Fest war zu Ende. Da hörte ich, wie Bergfried zu einem Bekannten sagte: »Morgen fahre ich mit meiner Familie drei Wochen nach Italien.«

Natürlich schrieb ich ihm in die Ferien, und er antwortete auch.

Aber seine Rückkehr verzögerte sich. Ich brannte lichterloh und war bereit alles über Bord zu werfen, Stolz, Ehre und alle guten Vorsätze. Im Tagebuch, in den Schulheften, in Schränken, Schubladen und Shakespeares Gesammelten Werken, überall stand stürmisch hingekritzelt: »Bergfried Bergfried Bergfried, ich liebe Dich.«

Nach zwei Wochen Verspätung begegneten wir uns wieder auf dem Tennisplatz. Er lud mich zum Tee ein, auch meine Schwester, leider, aber ich saß neben ihm in seinem schwarzen, offenen Delahaye. Ab und zu warf er mir einen dieser verhängnisvollen Blicke zu, die nur noch mehr Öl ins Feuer gossen, so daß ich mich immer fester an ihn schmiegte. Als wir von dem ländlichen Gasthof zurückfuhren, setzte Bergfried Corinne am Tennisplatz ab und fuhr mich nach Hause. Ich weiß nicht, wo ich den Mut hernahm, ihn zu fragen, ob er mich heute abend vom Casino abholen komme, wo wir wegen Personalmangels von der Schule aus beim eidgenössischen Turnerfest servieren mußten.

Um 23 Uhr hielt der schwarze Delahaye vor dem Lokal, ich stieg ein, und er fuhr langsam stadtauswärts. Bebend vor Erwartung saß ich neben ihm. Warum sprach er kein Wort? Warum schaute er mich nicht an?

Auf einem Waldweg hielt er den Wagen an. Noch immer schwieg er, drehte sich aber plötzlich zu mir um – und machte mir eine Liebeserklärung. Ich war so verwirrt, daß ich nicht viel mehr herausbrachte als: »Ich auch«, worauf er mich mit zarten, endlosen Küssen bedeckte.

Am nächsten Tag fuhren wir an den Murtensee, lagen im Sand, küßten uns oder sprangen kurz ins Wasser, aber nur, um uns sofort aufs neue zu umarmen. Doch der heimlich erhoffte, höchste Liebesbeweis fand nicht statt. Er überhäufte mich mit Zärtlichkeiten, aber er rührte mich nicht an. Sehnsuchtsvoll und bereit zur süßen Kapitulation lag ich in seinen Armen, aber er tastete meine Jugend nicht an. Was hätte ich darum gegeben, seine Sklavin zu sein, sein Geschöpf, sein Opfer . . .

Das letztere war ich bereits. Schon am nächsten Tag bekam ich einen Vorgeschmack der »Prüfungen«, die er mir vorausgesagt hatte. Seine Frau, sein Beruf, sein Charakter, hatte er mich gewarnt, seien zu harte Nüsse für mich. Aber ich lachte über seinen plötzlichen Ernst und schwor, ich werde ihn auch noch lieben, wenn er mich zu Tode quäle. Zu Tode quälen, das wäre wengistens etwas gewesen, etwas Konkretes, Persönliches. Auf alle Fälle etwas, was seine Gegenwart erforderte. Aber das, wovor er mich gewarnt hatte, war viel schlimmer. Es war das Nichts!

Von nun an erschien er zu keinem Rendezvous mehr. Am nächsten Tag nicht, am übernächsten nicht und am überübernächsten nicht. Ich rief an, er tröstete mich und versprach, auf den Tennisplatz zu kommen. Aber vergeblich hielt ich nach seinem schwarzen Jeep mit den roten Sitzen Ausschau, mit dem er zum Tennisplatz zu fahren pflegte.

Inzwischen hatten die Sommerferien angefangen, und wir mußten mit Papa und Mama ins Wallis fahren. Die Ferien wurden eine Tortur. Ungewißheit, Hoffnung und Tränen verfolgten mich bis in meine Träume. Als wir zur Beerdigung von Gramama nach Bern fahren mußten, war ich über mich selbst entsetzt, daß ich nur einen Gedanken hatte: wie ich Bergfried treffen könne. Ich hatte die Gelegenheit benützt, ihm einen Brief zu schreiben, in dem stand, wann er mich anrufen könne.

Auf der Heimfahrt nach Bern schwankte ich zwischen wilden Hoffnungen und bösen Ahnungen, er rufe wieder nicht an, hin und her. Ich betete, beschwor Gott, mir dieses entsetzliche, vergebliche Warten zu ersparen. Aber Gott hörte meine Hilfeschreie nicht. Ich wartete den ganzen Nachmittag, fing irgendeine Arbeit an und ließ sie wieder liegen. Das Telephon grinste mich höhnisch an und schwieg.

Abends überwand ich meinen Stolz und rief ihn an. Er war reizend wie immer und versprach, am Sonntagmorgen auf den Tennisplatz zu kommen. Dort saß ich von neun bis zwölf Uhr auf dem Bänklein vor den Kabinen. Von Viertelstunde zu Viertelstunde wurde ich unruhiger, sprang auf, ging pfeifend auf und ab. Es nützte nichts, er kam nicht. Oh, warum warf ich mich nicht auf den Boden und zerschlug meinen Kopf auf dem Pflaster?

Ich ging nach Hause. Umsonst wünschte ich mir wieder einmal ein Erdbeben. Nicht einmal die Tränen wollten mir zu Hilfe kommen. Und da malte ich mir aus, daß ich einmal etwas ganz Großes vollbringen werde im Leben, etwas, was wenige können, und das beruhigte mich etwas.

Die Ferien gingen zu Ende. Woche um Woche verstrich, ohne das geringste Lebenszeichen meines Angebeteten. Um ihn zu bestrafen, begann ich wieder zu rauchen, obwohl ich ihm versprochen hatte, es nur in seiner Gegenwart zu tun. Er hatte ja seine Versprechen auch gebrochen.

Dann, plötzlich erschien er wieder auf dem Tennisplatz, versprach, am Wochenende mit mir nach Zürich zu fahren, er rufe mich aber am Donnerstag noch an! Der Donnerstag kam, die Zeit verstrich, meine Nerven drohten zu zerreißen, umsonst, alles umsonst. Zitternd vor Furcht und Scham rief ich ihn an, erreichte ihn endlich und erhielt kurz und bündig die Erklärung, daß er die Reise verschieben müsse. Abends traf ich ihn zufällig auf dem Tennisplatz, aber das hinderte mich nicht daran, daß ich abends in Tränen aufgelöst im Bett lag und verzweifelte Gebete zum Himmel schickte. Unter hemmungslosem Schluchzen schleuderte ich Gott die bittersten Anklagen entgegen, er peinige mich zum Zeitvertreib und lache, ja, er lache über meine Qualen!

Natürlich fand die Reise nach Zürich nie statt. Ich rief einige Male mit verstellter Stimme in seiner Praxis an. Doch seine hübsche Cousine Suzanne, die bei ihm Sprechstundenhilfe war und meine größte Rivalin, begrüßte mich mit »Grüß Gott, Fräulein Pulver«, und so wagte ich auch das nicht mehr.

»Ich werde stark sein«, schrieb ich in mein Tagebuch. »Keine liebt ihn so wie ich! Ich werde ihn wie eine Löwin verteidigen, auch wenn er ein Verbrecher würde. Es ist unmenschlich, was ich oft wünsche, nämlich daß er einmal vom Unglück und Pech verfolgt wird, damit ich ihm beistehen und noch mehr lieben könnte als alle die, die ihn verließen . . .«

Es vergingen Wochen um Wochen, erfüllt von bangem, vergeblichem Warten, trostlosem Schuleinerlei, aussichtslosen Versuchen, ihn zu vergessen. Aber es genügte, daß ich eines seiner Autos an einer Straßenecke entdeckte, und schon schmiedete ich die abenteuerlichsten Pläne, wie ich ihn sehen könnte. Eine der glorreichsten Ideen war, mich recht verrucht und chinesisch herzurichten, um den göttlichsten, edelsten, wunderbarsten, hinreißendsten aller Männer endlich, koste es was es wolle, zu erobern. Ich ließ mir die Augenbrauen auszupfen, zog sie mit einem schwarzen Stift schlitzäugig nach oben, schnitt eigenhändig die Ponys kurz und ließ meine langen, dünnen Haare steckengerade an beiden Gesichtshälften herunterhängen. Den Mund malte ich dunkelrot, die Fingernägel ebenso. Dazu trug ich grobmaschige, gehäkelte rote Netzstrümpfe. Natürlich ging ich auch so in die Schule, kreuzte wie ein Kriegsschiff voll aufgetakelt im Rohr und auf dem Tennisplatz auf, hoffend, irgendwann dem Traum meiner schlaflosen Nächte zu begegnen. Statt dessen befand ich mich schon nach wenigen Tagen meinem Direktor gegenüber, der mich bekümmert, aber nicht ganz ohne Neugier betrachtete und mir den väterlichen Rat gab, das doch lieber zu lassen. Geschmeichelt, sein Interesse erregt zu haben, ließ ich Lippenstift und Nagellack weg und wenig später auch die Netzstrümpfe.

Die Zeit verging und die Herbstferien kamen. Statt mich aber darüber zu freuen, fürchtete ich mich vor der Untätigkeit, die mir den Rest zu geben drohte. Um mich abzulenken, nahm ich eine Halbtagsstelle bei einem Rechtsanwalt an.

Da geschah etwas ganz Unerwartetes. Bergfrieds Frau lud mich zum Kaffee in ihre Wohnung ein! Ich machte mir tausend Gedanken, was dahinter stecken könne. Ein Racheakt? Ein Hinterhalt? Eine Blamage? Aber wenigstens passierte endlich etwas! Ich empfand eine Art zufriedener Sensation und hatte doch Angst, es mit etwas ganz Alltäglichem zu tun zu haben.

Und so kam es auch. Ich wurde weder ermordet, noch in ein Eifersuchtsdrama verwickelt. Frau Doktor war konventionell freundlich und sprach ununterbrochen von ihrem Mann, der sich natürlich nicht blicken ließ. Ich machte fröhliche Konversation, während ich am liebsten laut geschrien hätte vor Haß und Verzweiflung. Aber meine Verstellungskunst siegte, und das schalkhafte Lachen reichte noch gerade, bis ich endlich »Auf Wiedersehen« sagen durfte, die Türe hinter mir zuwarf und die Treppe hinunter auf die Straße stürzte. Vergessen – vergessen, hämmerte es in meinem Kopf.

Ja, vergessen – bis zum nächsten Mal!

Einmal lud er mich unerwartet zu einem Anlaß ein, »weil Mädchenmangel herrschte«. Aber der kurze Freudentaumel stürzte mich anschließend nur noch tiefer in einen Abgrund von Traurigkeit und Leere.

Was erwartete ich denn eigentlich von ihm? Absolute, bedingungslose Liebe? Wußte ich nicht, daß er eine Frau und Kinder hatte? Ging mich das alles gar nichts an?

Vor Wochen hatte er behutsam versucht, mir beizubringen: »Die Grenzen sind erreicht, und ich werde Dinge verlangen, die zu weit gehen würden . . .«

Aber ich mißverstand seinen Wink, die Finger von ihm zu lassen und überschüttete ihn mit Treueschwüren, so daß ihm nichts anderes übrigblieb, als zu seufzen: »Natürlich liebe ich dich.«

Und so triumphierte ich denn wieder einmal: »Oh, alle, die ihn für oberflächlich halten, sind Esel: Niemand kennt ihn außer mir. Ich weiß, wie stark, wie edel er ist, und die ganze Welt kann mich nicht vom Gegenteil überzeugen!«

Zum Glück fing endlich die Schule wieder an, aber nun geriet ich auch dort in ernste Schwierigkeiten. Diesmal war der Direktor nicht mehr so wohlwollend. Empört hatte ich mich bei ihm angemeldet und ihm erklärt, ich gehe nicht mehr ins Englisch, die Englischlehrerin habe mich eine zweideutige Person genannt.

Ich hatte an einem Ball unserer Schule auf die Bitte eben dieser Lehrerin die Organisation übernommen, Negertänze, Urwaldgesänge und Wildwestwitze zum besten gegeben und war fest davon überzeugt, daß es ein großer Erfolg war. Fest stand jedenfalls, daß ich mich selbst übertroffen haben mußte angesichts der Hoffnung, von Bergfried abgeholt zu werden.

Der Direktor schüttelte den Kopf, als ich ihn bat, mich vom Englisch zu dispensieren. »Wie stellen Sie sich das vor?« fragte er und entließ mich mit ernstem Blick.

Aber in der nächsten Englischstunde erschien ich nicht. Ich fühlte mich im Recht. Ich war keine zweideutige Person, und ich ließ mich von niemandem beleidigen. Am gleichen Abend, ich konnte es gar nicht glauben, erschien die Englischlehrerin bei uns zu Hause. Sie wollte jetzt alles ganz anders gemeint haben. Nun war es mir schon wieder peinlich. Ich mochte Triumphgefühle nicht. »Vielleicht habe ich Sie falsch verstanden«, meinte ich verlegen und machte sofort Frieden.

Es war höchste Zeit, denn ich konnte mir jetzt keine Schnitzer mehr leisten. Ich war im dritten und letzten Schuljahr, und bis zum Diplom waren es nur noch ein paar Monate.

Ich stürzte mich auf meine Schulbücher und büffelte, was das Zeug hielt. Meine Noten waren verblüffend, insbesondere in den Fächern, die der Direktor bei uns gab, und sein anerkennendes Schmunzeln, wenn ich das Handelsrecht herunterrasselte, entschädigte mich für vieles.

Aber eben nicht für alles. Ich war und blieb unausgefüllt und beschloß, so schnell wie möglich berühmt zu werden. Ich lernte nebenbei die Liebesszene der Marwood aus Lessings *Miss Sara Sampson*. Ich hatte keine dramatischere Szene in der klassischen Literatur gefunden und meldete mich bei Kurt Hirschfeld an, dem Dramaturgen des Schauspielhauses Zürich, um vorzusprechen.

Die rosarote Wolke

Kurt Hirschfeld war ein ernst wirkender, aber im Grunde humorvoller Typ. Dramaturg und zweitwichtigster Mann am Zürcher Schauspielhaus. Er hatte seine Haare mit viel Mühe und noch mehr Brillantine nach hinten gekämmt, wo sie sich widerspenstig hinter den Ohren kräuselten. Er lachte unerwartet laut, und auch auf seine ungewöhnlich langen und gelben Zähne, die er dann entblößte, war man nicht ohne weiteres gefaßt; aber irgendwie beruhigte einen sein Raubtiergebiß.

Vor diesem Herrn stand ich nun, dünn und zerzaust und sagte mit fester Stimme: »Ich möchte vorsprechen.«

Kurt Hirschfeld nickte, denn ich war angemeldet, und rief zur Theatersekretärin hinüber: »Ist Schüri noch da? Fragen Sie ihn doch, ob er die Stichworte geben kann.«

Schüri (Siegfried Schürenberg) kam. Alle Mitglieder des Schauspielhauses hatten einen Spitznamen, der ersten Silbe des Namens wurde einfach ein »i« angehängt. Kurt Hirschfeld hieß Hirschi. »Was wollen Sie denn vorsprechen?« fragte er.

»Die Marwood«, antwortete ich laut und überreichte ihm das Textbuch. Schüri verzog keine Miene, nahm das Textbuch, das ihm Hirschi hinhielt und setzte sich. Er hatte gerade noch Zeit, die Seite aufzuschlagen, da schleuderte ich ihm schon die glühenden Liebeserklärungen der alternden Buhlerin Marwood entgegen, die gerade von ihrem Liebhaber verlassen wird.

Schüri suchte fieberhaft nach dem Stichwort, denn mein Tempo war atemberaubend, aber ich ließ mich durch die Pause nicht aus der Fassung bringen, keuchte und schluchzte, stürzte zur Tür und wieder zurück, bis die Antwort kam und legte nun erst recht los. Ich war so in Fahrt, daß ich Schüri, der sich inzwischen eingelesen hatte, gar nicht mehr zu Worte kommen ließ und sein letztes »Genug Madame, genug« einfach abschnitt, denn nun kam der Höhepunkt. Ich dachte an Bergfried, und die Tränen flossen in Strömen, als ich meinen beiden erschrockenen Zuhörern die Schilderung von »zärtlichen Blicken, feurigen Umarmungen und nahender Wollust« ins Gesicht schrie und mit den Worten »Tod von Ihren Händen« zusammensank.

Schüri verschwand mit steinernem Gesicht, und Hirschi lehnte sich ziemlich lange in seinen Sessel zurück. Dann riet er mir, erst einmal die Schule fertig zu machen und dann in Bern Schauspielunterricht zu nehmen. Als er mir die Hand gab, lächelte er. Wohlwollend blitzten seine Raubtierzähne.

Ich war wie berauscht, als ich mit dem Zug wieder nach Bern zurückfuhr.

»Er hat sich günstig ausgesprochen«, jubelte ich in meinem Tagebuch, »jetzt werde ich berühmt! Ich werde arbeiten wie ein Pferd. Nur so kann ich mein Leid vergessen, das in mir schwelt!«

Die stadtbernischen Zünfte, auch »Burgerliche Gesellschaften« genannt, sind etwas Besonderes: Im Gegensatz zu den anderen Schweizer Städten, in denen die Zünfte mehr gesellschaftlichen Zielen dienen, erfüllen die bernischen Zünfte heute noch Fürsorge- und Vormundschaftsfunktionen, die sie schon in der Zeit vor der Französischen Revolution ausübten. Wer einer dieser Zünfte angehört, ist Bernburger (nicht Bernbürger).

Einer der großen Vorteile, Bernburger zu sein, besteht darin, im Alter einen Platz im Burgerspital beanspruchen zu können und als Kind zum alljährlichen Zunftfest eingeladen zu werden. Dieses Fest begann damit, daß wir uns in einem großen Saal des Zunfthauses aus einem Berg von himmlischen Gegenständen ein Geschenk aussuchen durften. Unvergeßlich die Ungeduld, bis wir drankamen, das

Bestaunen, Betasten, Vergleichen, Sich-nicht-Entschließen-Können, um uns schließlich auf irgendeinen Schatz zu stürzen, mit dem wir uns dann aus dem Staube machten – das anschließende Herumtoben in einem Gartenrestaurant, wo wir uns mit Erdbeerkuchen die Bäuche vollstopften... einfach wie Weihnachten im Sommer.

Fast wie am Zunftfest kam ich mir vor, als Papa mir die Freudenbotschaft überbrachte, die Zunft zu Zimmerleuten, der unsere Familie seit 1831 angehört, habe mir ein Stipendium für die Schauspielschule bewilligt. Das war kein Feld-, Wald-, Wiesengeschenk, das war eine Schicksalsgabe.

Ich meldete mich also im Berner Konservatorium, Abteilung Schauspiel, an, wo Margarethe Schell-von Noé, Maria Schells Mutter, unterrichtete. Nun konnte mir nichts mehr passieren. Ich hatte meinen Liebeskummer abgeschüttelt und sah mich schon auf der rosaroten Wolke des Erfolges davonsegeln. Aber immer wieder fiel ich herunter, immer wenn ich mich besonders sicher fühlte, und das blieb auch später so.

Ich war mitten im Abschlußexamen für die Handelsschule und büffelte Buchhaltung, mein schwächstes Fach, weil es am nächsten Tag drankam – da rief Bergfried an. Er lud mich ein, abends mit ihm auszugehen. Das ging ja eigentlich überhaupt nicht! Aber natürlich ging ich trotzdem. Wir fuhren zum Essen aufs Land, und dann ging ich noch mit in seine Wohnung, wo wir im Dunkeln engumschlungen tanzten. Es war Mitternacht, als er mich nach Hause brachte, und ich sank grenzenlos verliebt und überglücklich in mein Bett, obwohl er mich wieder »nur« geküßt hatte. Mit viel zu wenig Schlaf lieferte ich am nächsten Tag meine besten Buchungen seit Menschengedenken ab.

Ich erhielt das Diplom am 25. März 1948 mit dem Durchschnitt 4,8 (beste Note 6). Die zwei einzigen Sechser hatte ich bei unserem Direktor bekommen.

Für meine Verhältnisse war das einfach maximal. Ich hatte allen Grund, vor Freude bis an die Decke zu springen – nur mit Bergfried war es aus. Er grüßte mich kaum noch auf dem Tennisplatz und erschien ständig mit seiner Cousine Suzanne, mit der er auch wieder in einem nagelneuen roten Studebaker wegfuhr. Man munkelte, er habe ihr den Wagen geschenkt.

Meine Qualen steigerten sich ins Unermeßliche, und es gab kein Entrinnen. Dabei begann für mich jetzt das reinste Schlaraffenleben. Buebi studierte an der ETH in Zürich Ingenieur-Agronom, Corinne besuchte nach ihrem Graphikerdiplom Kurse in England, beide mit Hilfe eines Stipendiums der Zunft. Mama hielt sich bei Corinne in London auf, und ich hauste mit Papa und einer Haushälterin allein am Malerweg. Mein Stundenplan sah folgendermaßen aus:

7.00 Sprechübungen

7.20 – 7.45 Toilette und Frühstück

7.45 Rollenstudium oder Stunden im Konservatorium

14.00 – 15.00 Ruhe oder Zusammenfassung Geschichte

15.00 – 16.30 Klavier

16.30 – 17.30 Singen

17.30 Stunden im Konservatorium, Rollenstudium, Tanz, Fechten, Schwimmen, zweimal pro Woche Spanisch (dazu kam ich aber nicht).

Papa fragte nicht, wo ich hinging oder wann ich nach Hause kam. Zerstreut und manchmal belustigt hörte er mir zu, wenn ich meine Weisheiten von mir gab, redete wenig, zog abends seine Uhren auf, klopfte die Pfeife aus und kratzte noch etwas in der Zentralheizung. Etwa um dieselbe Zeit machte ich meine grünen, gelben und roten Lampen aus, die ich zwecks Inspiration installiert hatte, und dann gingen wir schlafen. Er mit seinen Geranien im ersten Stock, ich mit meinen Träumen im Dachzimmer.

Am 29. Juni 1948 fand im großen Saal des Konservatoriums das Sommerexamen der Schauspielklasse statt. Auf dem Programm, das 20 Rappen kostete, standen zehn Schauspielschüler und -schülerinnen, darunter ich, mit Rezitationen und Theaterszenen. Ich hatte die »Schilflieder« von Nikolaus Lenau übernommen, die »Neidischen Kapellen« von Carl Spitteler und Goethes »Zauberlehrling«, meine erste Hosenrolle. Frau Margarethe Schell-von Noé hatte von Anfang an die Weichen für die leichte Muse gestellt, womit ich gar nicht einverstanden war. Zwar lachten die versammelten Eltern und auch Papa über meine Kleopatra, Edrita und sogar über das Lieschen im *Faust*, aber ich war überzeugt, zur Tragödin geboren zu sein; schließlich weinte ich fast jeden Abend vor Liebeskummer die Kissen naß. Ich mußte es also wissen.

Es folgte unsere Schüleraufführung von *Des Meeres und der Liebe Wellen* von Franz Grillparzer, in der ich neben Marie Luise Willi und Maximilian Schell die Dienerin spielte, »die im letzten Akt bewies, daß sie nicht nur reizend auszusehen vermag«. Na also.

Auch am Stadttheater Bern spielte ich in *Sappho* von Grillparzer eine Dienerin, mußte einen Satz sagen und eine Kerze anzünden. Abgesehen davon, daß das gar nicht so einfach ist, wenn einem achthundert Menschen dabei zusehen, war mit der Kerze offenbar auch in meinem Inneren ein Licht aufgegangen. Ich war fasziniert von Paul Kalbeck, der Regie führte, von seiner majestätischen Erscheinung, dem weißhaarigen Löwenhaupt mit dem kühnen Profil, den treffenden Regiebemerkungen, und setzte mir in den Kopf, seine Privatschülerin zu werden.

Ich mußte ihm vorsprechen und schleppte Papa mit, denn er mußte ja seine Erlaubnis geben, wenn ich woanders Unterricht nahm. Zum Vorsprechen wählte ich Gretchens Kerkerszene aus *Faust*. Ich war mir meiner Sache sicher, denn ich machte pro Tag eine Stunde Sprechübungen, und alle meine Lehrer lobten meine laute Stimme und das fehlerfreie Herunterrasseln von Texten. Davon gab ich meinem zukünftigen Lehrer und Papa nun eine Kostprobe, daß beiden Hören und Sehen verging. Während ich mich schreiend am Boden wälzte und Papa immer mehr in seinem Stuhl zusammensank, betrachtete mich Paul Kalbeck ganz ungeniert wie ein Bauer auf dem Markt, der sich fragt, ob er das Kalb kaufen soll oder nicht.

Papa war sehr erleichtert, als der Professor es plötzlich eilig hatte, »süße Person« murmelte und den Preis seiner Stunden nannte. Ich war also aufgenommen! Juhu – sicher konnte ich nun am Theater, er war ja Oberregisseur, in seinen Stücken spielen, große, tragische Rollen, und Bergfried las von meinen Erfolgen in der Zeitung.

Aber vorerst war Schweigen im Walde. Ich zermarterte mein Gehirn mit Zweifeln, Vorwürfen und Fragen. Was war los mit Bergfried? Verachtete er mich wegen meiner Liebesbriefe? Lachte er über mich, war ich ihm lästig? Aber warum hatte er mich plötzlich wieder angerufen und mich aus meiner Resignation gerissen? Und warf er mir auf dem Tennisplatz nicht Blicke voller Liebe zu? Aber warum redete er kein Wort mit mir? Und warum fuhr er mit seiner Cousine weg und nicht mit seiner Frau? Liebte er die Cousine, seine

Frau oder überhaupt nichts auf der Welt als Genuß, Geld und Ehre? Aber wenn er so leichtsinnig war, warum verführte er mich damals nicht, nachts in seiner Wohnung? Rätsel über Rätsel, unversiegbare Quelle von Erniedrigung und Weltekel! Und das sollte die heilige Liebe sein, dieser Götterfunke?

Ich arbeitete wie eine Wilde die ganze Woche, lernte, übte, tanzte, las und führte in einem Modesalon namens Roth für zwei Franken pro Stunde Kleider vor. Ich nahm sogar an einer Modenschau teil, um die trüben Gedanken zu vescheuchen. So fieberte ich dem Samstag entgegen, um ihn auf dem Tennisplatz zu sehen – nur zu sehen –, und dann regnete es, oder er kam nicht.

Eines Tages hielt ich es nicht mehr aus. Nachdem ich einen ganzen Nachmittag zitternd und Selbstgespräche führend neben dem Telephon gesessen hatte, rief ich ihn an. Unter Vorspiegelung übermütigster Lustigkeit erinnerte ich ihn an eine längst fällige Wette, in der es um ein Nachtessen ging. Und, o unbeschreiblicher Jubel, er versprach, mich am Donnerstag um 20 Uhr abzuholen. Am Mittwoch abend beschlichen mich schon wieder Zweifel, aber ich lernte bis spät in die Nacht die Medea und hatte keine Zeit mehr zum Nachdenken.

Donnerstag morgen. Entsetzlicher Donnerstag! Eine halbe Stunde übte ich, dann ging ich in die Gesangstunde. Vorher öffnete ich noch den Briefkasten – da – das Blut erstarrte mir im Herzen – ein Brief von Bergfried! Ich öffnete – las – ». . . nicht zum Nachtessen einladen . . . aussichtslos . . .«

Ich war wie betäubt. Zwar hielt mich mein Stundenplan noch etwas aufrecht, und abends schraubte ich die rote Birne in die Stehlampe, um eine besonders traurige Szene zu lernen. Aber dann entlud sich mein monatelanges Herzeleid in einer stundenlangen Zwiesprache mit diesem »Gott, der täglich neue Martern ersinnt, um mich zu quälen und mein Leben zu verteufeln«. Halb erstickt in Tränen schleuderte ich die gotteslästerlichsten Anklagen gegen den Himmel, daß ich mich diesem grenzenlosen Elend niemals wortlos und demütig fügen werde: »Ich bin kein Knecht, und ich füge mich weder Gott noch dem Schicksal, und ich werde mein Glück erzwingen. «

Wenige Wochen später erfuhr ich, daß Bergfried verhaftet worden sei. Abtreibung mit Todesfolge, hieß es. Drei Jahre Zuchthaus,

Ende seiner Arztkarriere. Seine Freunde ließen ihn fallen und verbreiteten die abenteuerlichsten Einzelheiten über den Zwischenfall. Ehemalige Bewunderer seines Übermuts hatten die Katastrophe natürlich schon lange kommen sehen. Ja, er war erledigt, vernichtet.

Grenzenloses Mitleid erfüllte mich, denn sicher hatte er nur helfen wollen. Oh, wie ich dieses Geschwätz verachtete und diese falschen Freunde! Wie konnte ich ihm nur zeigen, daß mich das alles nicht beeindruckte? Aber am unheimlichsten war mir ein Traum, den ich lange vor dem Unglück gehabt hatte: Seine Cousine Suzanne, meine Erzrivalin, nähte ein großes Loch in meinem Bauch mit goldenen Kreuzen zu; und Bergfried mistete einen Kuhstall aus . . .

Aller Anfang ist lcicht

Ich trauerte noch einige Wochen um mein »Ideal« und versuchte, mich mit Gewalt neu zu verlieben. Aber ich war nicht recht bei der Sache, wer konnte Bergfried schon das Wasser reichen? Um so leidenschaftlicher stürzte ich mich auf meine Rollen, hinter denen ich mich verstecken konnte und die mich vor dem eintönigen Alltag beschützten. Die quälende Ungewißheit war nun zwar vorbei, aber damit auch die schaurig-süßen Spannungen und verzweifelten Hoffnungen, ihm unvermutet über den Weg zu laufen. Davon blieb nichts übrig als meine Arbeitswut.

Um mich vor weiteren Schicksalsschlägen zu bewahren, heckte ich in einsamen Stunden einen Plan aus, der einer zukünftigen Tragödin alle Ehre machte und mit dem ich von nun an alle Hindernisse aus dem Weg zu räumen gedachte. Der »Schlachtplan« bestand aus acht Punkten:

1. Nie eine Äußerung über ein Gefühl, eine Person oder einen Plan machen.

2. Nie die Beherrschung verlieren, nie meine eigentliche Gesinnung zeigen.

3. Keinen Mann an mich herankommen lassen, der mir nicht gefällt, und trotzdem keine Brücken abbrechen.

4. Für jeden Tag ein Programm von einem gewissen Quantum Arbeit festlegen und eisern durchhalten.
5. Mich zu nichts zwingen lassen.
6. Auf kein Geschwätz hören, im allgemeinen auf das Gefühl verlassen.
7. 1. Linie: Gesundheit
   2. Linie: Beruf
   3. Linie: Liebe.
8. Trachten, was ich einmal gelernt habe, nicht mehr zu verlieren durch Faulheit, Nachlässigkeit oder andere Gründe.

Bei einem solchen Programm war es eigentlich kein Wunder, daß die spartanische Rechnung aufging.

Mein glühendster Wunsch war damals, ans Reinhardt-Seminar nach Wien zu gehen, wo ich entdeckt zu werden hoffte. Aber Paul Kalbeck riet mir ab und deutete an, in Bern gehe das viel schneller. Einen Monat später besetzte er mich im *Clavigo* von Goethe mit der Hauptrolle. Ich bekam zwar keine Gage, aber das Versprechen, unter Umständen engagiert zu werden. Marie Beaumarchais, die in dem Stück an ihrer Liebe und einer Lungenkrankheit zugrunde geht, war so richtig eine Rolle nach meinem Geschmack. Weinend und von Hustenanfällen geschüttelt, erzählt sie im ersten Akt von ihrer unglücklichen Liebe. Ich vergoß auf den Proben nach Herzenslust Tränen und war ziemlich erstaunt, daß mich weder meine Partner Peter Arens und Adolph Spalinger noch Paul Kalbeck nach der Probe beglückwünschten. In der zweiten Probenwoche flossen die Tränenbäche schon spärlicher, und in der dritten, kurz vor der Premiere, versiegten sie ganz. Ratlos und völlig trocken quetschte ich meine Sätze heraus und konnte mir nicht erklären, warum auch bei den traurigsten Gedanken, an Bergfried im Zuchthaus zum Beispiel, »kein Gefühl« kommen wollte.

Im Leben geht alles vorüber, auch Premieren. Am 17. Februar 1949 war es soweit. Buebi, der gerade Ferien hatte, begleitete mich ins Theater und gab mir den Rat, vor meinem Auftritt tief durchzuatmen, wenn ich Herzklopfen habe. Und ob ich Herzklopfen hatte! Bei der Generalprobe war ich ins Orchester gefallen und in einer Pauke gelandet – was wartete wohl heute für eine Überraschung auf mich? Jetzt hieß es: Vogel friß oder stirb! Denn unten saß nicht nur meine ganze Verwandtschaft und die halbe Töchterhandelsschule, sondern auch einige Kritiker und der Direktor, von dem es abhing, ob ich engagiert wurde oder nicht. Aber das Kostüm und das gedämpfte Licht beflügelten mich, und als am Ende des ersten Aktes doch noch ein paar Tränen über meine Backen kullerten, war ich sicher, es geschafft zu haben. Der Applaus am Schluß war so großartig, daß ich vor den eisernen Vorhang treten mußte, wo eine meiner Schulfreundinnen immer noch klatschte.

Ich war im siebten Himmel, nicht nur weil ich ein wenig in meinen Clavigo verliebt war, sondern weil ich trotz der mäßigen Begeisterung Paul Kalbecks felsenfest überzeugt war, am nächsten Tag den Vertrag unterschreiben zu können. Aber nichts kam. So leer hatte mich noch selten ein Briefkasten angegähnt wie in den folgenden Tagen. Herr Direktor Kohlund hüllte sich in Schweigen und ließ mir schließlich ausrichten, er habe keine Vakanz.

Nun hatte ich wieder mal einen Grund, mir die Augen auszuweinen, aber diesmal aus Wut, und ich beschloß, mich für Paul Kalbeck zu rächen. Natürlich wollte man mich nicht haben, um ihm eins auszuwischen. Warum wurde denn *Clavigo* trotz ausgezeichneter Kritiken nur viermal gespielt? Ging nicht auch das Gerücht, Kalbeck werde von einem gewissen Hans Lietzau als Oberregisseur abgelöst?

»Ich zahle es dem Stadttheater heim, was sie dem genialen Kalbeck antun, einem der letzten großen, aussterbenden Regisseure«, schimpfte ich. »Ich werde ein neues Theater gründen! Ein intimes, kleines Theater im Zentrum der Stadt, und die berühmtesten, deutschen Schauspieler werden in Scharen kommen, um hier zu spielen, denn alle sehnen sich nach der Schweiz, in diesen zerrütteten Verhältnissen da draußen. Dann wird Bern der Mittelpunkt der deutschen Bühne überhaupt, Paul Kalbeck Direktor und ich seine Hauptdarstellerin!«

Das Haus hatte ich bald ausfindig gemacht. Es war ein sechs- oder achteckiges Gebäude, das etwas an eine Arena erinnerte und nicht mehr benützt zu werden schien. Ich meldete mich bei der Brauerei Gasser an, der es gehörte und erfuhr, es sei zu verkaufen. So ein Bombenglück! Nun mußte man nur noch Geld auftreiben, das war doch gelacht. Mit Feuereifer machte ich mich an die Arbeit. Ich besuchte Warenhausbesitzer, Universitätsprofessoren, befreundete Juristen, ja sogar einen Minister.

Am 28. April 1949 wurde das Komitee einberufen. Aber es erschien niemand. Es war und blieb eine glänzende Idee, zur falschen Zeit, am falschen Ort und in den falschen Händen. Der Kampf mit den bernischen Windmühlen war kurz und endete mit einer Kapitulation auf der ganzen Linie. Zehn Jahre später schossen die bernischen Kleintheater wie Pilze aus dem Boden. Aber da war Paul Kalbeck längst tot.

Schon bald nachdem *Clavigo* abgespielt war, begann er zu kränkeln, unterrichtete mich aber trotzdem weiter. Er paukte mit mir Szenen zum Vorsprechen, denn der theoretische Unterricht genügte mir nicht mehr. Ich wollte spielen.

Schwanenweiß, *Arm wie eine Kirchenmaus*, Gretchen im *Faust*, das waren meine Paraderollen mit unverkennbarem Paula-Wessely-Einschlag (sie war mein Vorbild), mit denen ich mich eines schönen Tages am Luzerner Stadttheater vorstellte. Die Meinungen über meine Leistung gingen ziemlich auseinander. Der Direktor soll sich sehr abfällig über meinen violetten Pullover geäußert haben.

Aber ich hatte mich auch am Schauspielhaus Zürich zum Vorsprechen angemeldet, wo ich ja keine Unbekannte war. Oskar Wälterlin, Leonard Steckel und Kurt Hirschfeld waren die drei Theatergötter, deren Gunst es zu erobern galt. Da saßen sie in Fleisch und Blut, die drei Gewaltigen, die alle Fäden des deutschen Theaterlebens in der Hand hatten und deren Ja oder Nein damals über Legionen deutscher Schauspielerschicksale entschied.

Da stand ich nun im hellerleuchteten Foyer der berühmtesten Bühne deutscher Sprache und spielte um mein Leben. Ich sah ihre Gesichter unmittelbar vor mir, von keiner Rampe, keinem stimmungsvollen Scheinwerfer beschützt, und sie ließen mit keiner Miene erkennen, wie es ihnen gefiel. Aber sie hatten sehr aufmerksam zugehört und mir am Schluß freundlich zugenickt.

»Kommen Sie bitte ins Büro«, rief Oskar Wälterlin mir zu, als er das Foyer verließ. »Wir suchen einen Euphorion und einen Wagenlenker in *Faust II*«, erklärte er mir auf der Treppe. »Das sind zwei Knabenrollen, wir glauben, daß Sie dafür richtig sind. Haben Sie Lust?«

Ich konnte es gar nicht fassen! Im *Faust II* mit Will Quadflieg, Ernst Ginsberg, Gustav Knuth, Käthe Gold, Anneliese Römer und fast dem ganzen berühmten Ensemble! Da durfte ich mitspielen?

»Ja, ja, natürlich«, jauchzte ich und hätte den ehrwürdigen Direktor am liebsten umarmt.

»Gut, Fräulein Pulver, geben Sie Ihre Adresse ab im Sekretariat, wir schicken Ihnen den Vertrag.«

Aber das war nicht alles. Bevor die Proben anfingen, erhielt ich durch einen Bekannten Mamas, der Filmproduzent war und den ich hin und wieder auf dem Klavier begleitete, eine Dreitagerolle in dem Schweizer Film *Swiss Tour B XV*. Es ging um die Erlebnisse amerikanischer Soldaten, die nach dem Krieg einen mehrtägigen Urlaub in der Schweiz verbringen durften, wie mir ja bestens bekannt war.

Regie führte Leopold Lindtberg, Hauptdarsteller war Cornel Wilde, der weltberühmte Chopin-Darsteller. Er war so unvorstellbar schön, daß ich mich wieder mal unsterblich verknallte. Bei den Außenaufnahmen in Montreux mußte ich allerdings voller Schrekken feststellen, daß nicht mehr ich Cornel Wilde auf dem Schiff umarmen durfte, wie es im Drehbuch stand, sondern eines der Lausanner Mädchen, das mir sowieso schon einige Sätze abgeknöpft hatte.

Als ich am ersten Tag nach Drehschluß mit Lindi ins Hotel zurückfahren durfte, redete ich so auf ihn ein, mir doch die Kußszene zurückzugeben, daß er sich völlig entnervt in einen Wald verirrte, wo der Weg plötzlich aufhörte und das Benzin ausging. Auf dem Fußmarsch ins nächste Dorf verlor ich auch noch einen Absatz und fing so an zu lachen, daß ich Lindi ansteckte und damit die Situation rettete. Am nächsten Tag drehte ich die Kußszene.

Sie fiel hitziger aus als erwartet, und ich bemerkte voller Verwirrung, daß Cornel Wilde sich für mich zu interessieren begann. Am letzten Tag, etwa eine Stunde vor Drehbeginn – es war gar nicht leicht gewesen, den allgegenwärtigen Garderobier abzuschütteln –, brachte ich Mr. Wilde einen Mantel, den er mir geliehen hatte, in sein Zimmer. Er empfing mich in einem kurzen seidenen Morgenrock und schien nicht die Absicht zu haben, mit mir über das Wetter zu sprechen. Er küßte mich, was ich ja auch insgeheim gehofft hatte, aber als ich merkte, daß er unter dem Morgenrock nichts anhatte, ergriff ich die Flucht.

Draußen auf dem sicheren Korridor ärgerte ich mich grün und blau »über diesen starren Widerstand, der wie eine zackige Barrikade vor meinem schmachtenden Herzen aus dem Boden wuchs« – mein Tagebuch hatte gerade eine klassische Phase –, andererseits dachte ich an eine meiner täglichen Sprechübungen: »O wie lang oft und wie langsam wird bereut manches, was da war, in einem Nu getan.«

Schauspielhaus Zürich

Ich hatte keine Zeit, meinem Cornel lange nachzuweinen. Die Proben zu *Faust II* hatten im Mai 1949 begonnen, ich fuhr jeden Morgen von Bern nach Zürich und abends wieder zurück.

Da, gleich am ersten oder zweiten Tag, fing es plötzlich an: Es war hochsommerlich warm und alle Fenster in den Waggons offen; die ersten Kirschbäume und Wiesen blühten, und man sah viele Bauern mit ihren Pferdefuhrwerken auf die Äcker fahren; die prächtigen Höfe, die man in diesem zarten Frühlingslicht wie durch einen dünnen Schleier behäbig und verschlafen daliegen sah, strahlten Ruhe und Frieden aus; ich war rundherum glücklich. Aber was war bloß mit meinen Augen los? Sie brannten und tränten, daß es schon peinlich war, und die Nase begann so zu jucken, daß ich überhaupt nicht mehr aufhören konnte zu niesen. Ich war in größter Verlegenheit, schon in der Schule hatte ich nie ein Taschentuch dabei, geschweige denn jetzt. Erst auf der kühlen, spärlich beleuchteten Bühne hörte die Nase auf zu rinnen.

So begann mein Heuschnupfen, den ich nie wieder loswerden sollte. Ich glaube, meine Natur, an eine ruhige Gangart gewöhnt, reagierte auf die neue, hektische Lebensweise mit Beißen und Bocken, wie ein Esel, den man in ein Hindernisrennen schickt und der doch zu Hause ganz artig gewesen war. Der Kampf mit diesem Esel blieb mir zeitlebens erhalten und spitzte sich immer dann dramatisch zu, wenn ich es am wenigsten brauchen konnte, nämlich wenn ich glaubte, von einer Rolle hänge mein Seelenheil ab.

Und das war, wenn überhaupt jemals, jetzt der Fall. Während der Proben standen meine großen Kollegen Will Quadflieg, Ernst Ginsberg und Gustav Knuth oft an meinem Auftritt, machten mir Mut, gaben mir geheime Tips und trösteten mich, wenn trotzdem etwas schiefgegangen war.

»Du schaffst es«, prophezeite Gustav Knuth schon ganz am Anfang. Ich bewunderte sie alle grenzenlos, und für unseren Regisseur Leonard Steckel wäre ich durchs Feuer gegangen. Um ihm zu gefallen, arbeitete ich wie eine Besessene an meinen beiden Rollen. Wenn er morgens mit seinem schwarzen Wildwesthut auf die Probe kam und mich mit seinen feurigen Augen anblitzte oder anlächelte, bekam ich eine Gänsehaut. Aber ob er lachte oder die Schauspieler mit den unvorstellbarsten Ausdrücken in Grund und Boden donnerte, ich starrte ihn voller Verzückung an, ihn, den gefürchteten, allmächtigen Steckel, der so herrlich brutal und gefährlich war. Und wie sanft nannte er mich »Mistbock«, wenn er manchmal im Vorübergehn meine Wange streichelte!

Einmal rief er mir in einer Szene aus dem Zuschauerraum zu: »Können Sie sich das nicht endlich merken, Sie Arschloch!« Während alle um mich herum erstarrten, trat ich einen Schritt vor und antwortete höflich: »Zu meinem Arschloch können Sie ruhig du sagen.« Dieser Satz war einer meiner größten Erfolge, und Stecki mußte so lachen, daß er beinahe vom Stuhl fiel.

Kurz vor der Premiere mußte ich Direktor Wälterlin nochmals vorsprechen, zusammen mit Aldona Ehret, einer anderen Schauspielschülerin, sozusagen auf Engagement. Stecki, der nicht dabei war, riet mir zum Euphorion. Und falls das nicht reichte, hatte ich ja noch Schwanenweiß und Ophelia auf Lager. Aber ich strampelte umsonst. Engagiert wurde Aldona Ehret.

Von den beiden Kritiken, die ich von *Faust II* noch besitze, ist eine gut und eine schlecht. In der ersten war ich »ein in Wort und Bewegung herrlich schwebender Euphorion«, in der zweiten »ein Revuegirl«. Die Aufführung selbst war umstritten, aber immer ausverkauft und wurde den ganzen Juli über gespielt.

Dann kamen die Theaterferien, die ich mit Paul Kalbeck und einigen Schauspielschülern in Salzburg verbrachte. Paul Kalbeck probierte mit uns *Was ihr wollt* von Shakespeare und hatte die Absicht, es als Schüleraufführung während der Festspiele herauszubringen. Als die Inszenierung fix und fertig war, wurde die Aufführung untersagt, weil das Stück ausgerechnet im nächsten Jahr auf dem Festspielprogramm stand. Wieder ein Tiefschlag für Paul Kalbeck, dem nichts anderes übrigblieb, als die Situation wenigstens mit einem Vorsprechen zu retten, das am 27. August stattfinden sollte. So lernte ich die berühmtesten Wiener Schauspieler und Regisseure kennen, darunter Helene Thimig, Kalbecks erste Frau, Hans Thimig, Ernst Lothar. Aber beinahe wäre auch das ins Wasser gefallen, denn Leonard Steckel hatte mir telegraphiert, er habe mich in seinem nächsten Stück *Die Launen der Doña Belisa* von Lope de Vega besetzt, und die Proben begännen am 18. August. Unter tausend Ängsten hielt ich meinem Lehrer die Treue, denn das Schauspielhaus drohte mit Umbesetzung, wenn ich nicht rechtzeitig erschien. Dieser fast unlösbare Konflikt zwischen Ehrgeiz und Treue brachte mich zeit meines Lebens an den Rand der Verzweiflung und sorgte für pausenlose, alles in Frage stellende Verwicklungen. Diesmal ging die Sache glimpflich aus, ich erhielt die Rolle der Doña Celia trotzdem und stürzte mich, der Gunst des Schicksals und Leonard Steckels gewiß, in die neue Aufgabe.

Aber die herrlichen Zeiten der *Faust*-Proben waren vorbei. Stecki war nicht wiederzuerkennen. Kaum war ich aufgetreten, fiel er brüllend über mich her, unterbrach mich in jedem Satz oder drehte mir den Rücken zu und überschüttete mich mit Dutzenden von »Mistböcken«. Ich konnte nichts mehr essen und bekam Durchfall vor lauter Angst, wenn meine Szenen drankamen. Will Quadflieg und Jane Tilden, meine Partner hingegen, kamen mit geringfügigen Korrekturen davon und machten einige aussichtslose Versuche, mich zu beschützen. Als Stecki der Schreckliche auch noch die Hauptprobe unterbrach, um mich vor vollzählig versammelter Direktion zur Schnecke zu machen, war der Höhepunkt meiner Qualen erreicht und damit auch beendet: Die Premiere war die Erlösung, denn da konnte mir niemand mehr reinreden.

Das Stück war ein großer Lacherfolg, Stecki wieder der alte und ich um mehrere Kilo leichter. Als wäre nichts gewesen, besprach er mit mir, wie es nun weitergehen solle und vermietete mir zum Zeichen seiner Freundschaft sein Einzimmerappartement, da er für mehrere Monate nach Berlin ging. Alles schien wie am Schnürchen zu laufen. Ich arbeitete schon wieder an einer neuen Rolle, die Emily in Thornton Wilders Stück *Unsere kleine Stadt* unter der Regie von Oskar Wälterlin. Die absolute Hauptrolle. Alles fiel mir in den Schoß, und auch das feste Engagement war nur noch eine Frage der Zeit. Es war fast zu schön, um wahr zu sein.

Dieses ungetrübte Glück war allerdings nur von kurzer Dauer.

Wie ein Blitz aus heiterem Himmel traf mich die Schreckensnachricht aus Bern, Mama sei zusammengebrochen. Als sie mich in Zürich besucht hatte, war mir nichts Besonderes an ihr aufgefallen. Was war passiert? Sie bekam plötzlich hohes Fieber, phantasierte und wurde in eine psychiatrische Klinik eingeliefert, wo man sie ohne viel zu fragen mit Morphium behandelte. Sie vertrug die Spritzen nicht und geriet in ein beinahe tödliches Delirium. Erst jetzt machten die Ärzte eine Blutuntersuchung, die ergab, daß sie sich mit einem Hämoglobinspiegel von unter 50 Prozent in höchster Lebensgefahr befand.

Es brauchte Wochen, bis sie sich erholte. Aber Corinne und ich taten ihr keinen Gefallen, als wir sie nach Hause holten. Zwar hatte sie eine Pflegerin, die ihr alles abnahm, aber das ängstliche und vorsichtige Wesen Papas beunruhigte und deprimierte sie. Ihre Kinder waren ihr ein und alles, und diese Kinder verließen sie jetzt eines nach dem anderen. Sie fürchtete sich vor dem dunklen, einsam gewordenen Haus am Malerweg und vor dem Alter mit ihrem einsilbigen Ehemann.

In meiner Angst versprach ich ihr, sie nach Zürich mitzunehmen, wenn sie wieder gesund sei. Aber das war leichter gesagt als getan. Vorläufig hatte ich jeden Tag Probe und Vorstellung und spielte alles quer durch den Garten. Mal die Emily in *Unsere kleine Stadt*, die mir einen kleinen Durchbruch in Zürich eingebracht hatte, mal Buben und Pagen – man nannte mich deswegen »Lord Pulver« –, mal ein Weihnachtsmärchen.

Ich wohnte jetzt in einer möblierten Zweizimmerwohnung in der Spiegelgasse, weil erstens Stecki zurückgekommen war, und zweitens, weil Corinne bei mir wohnte. Ich hatte ihr bei Teo Otto, dem vielbeschäftigten Bühnenbildner des Schauspielhauses, eine Volontärstelle besorgt. Manchmal kam uns Buebi besuchen, der in der Nähe von Zürich ein Praktikum absolvierte. Es war ein richtiges geschwisterliches Idyll.

Mama war immer noch in Bern, und ich machte mir die größten Vorwürfe, mein Versprechen noch nicht eingelöst zu haben. Aber in den zwei kleinen Zimmerchen war einfach zu wenig Platz, und die Vermieterin gab sie nur für ein paar Monate her. Corinne und ich fuhren so oft wie möglich nach Bern auf Besuch, aber die fröhliche Mama war nur noch ein Schatten ihrer selbst. Sie weinte oft und ohne Grund, und wenn wir wieder weg mußten, brach uns fast das Herz. Natürlich tat uns Papa auch leid, aber er hatte ja seine Arbeit und seine Malerei. Wenn Mama jetzt etwas zustieß, weil ich sie hatte sitzenlassen, war ich schuld. Dieses Gefühl ließ mich nicht mehr los, und ich konnte die Freuden meiner ersten, bescheidenen Erfolge gar nicht richtig genießen. Ich mußte einfach alles daran setzen, mehr Geld zu verdienen und eine größere Wohnung zu finden.

Über mangelnde Beschäftigung konnte ich mich nicht beklagen. Um die Weihnachtszeit hatte ich manchmal drei Vorstellungen am Tag. Samstag und Mitwochnachmittag im Schauspielhaus *Wilhelm Tell* und am gleichen Nachmittag im Stadttheater (heute heißt es Opernhaus) das Weihnachtsmärchen; abends irgendein Stück im Schauspielhaus. Normalerweise ging das zeitlich genau aus. *Wilhelm Tell* fing um 14 Uhr 30 an, ich hatte als Seppi im ersten Akt zu sagen: »Die braune Liesel kenn' ich am Geläut«, dann »Des Landvogts Reiter kommen angesprengt« und ging mit »Oh, meine Lämmer« wieder ab. Um zehn vor drei war ich fertig und erschien etwa 15 Minuten später im nahe gelegenen Stadttheater, wo der *Gestiefelte Kater* bereits lief; ich spielte die Prinzessin und kam viel später dran.

Ella Büchi, später Gründgens' Lieblingsgretchen und damals ebenfalls Anfängerin am Schauspielhaus, erzählte mir folgende Geschichte über diesen Drahtseilakt.

Eines Tages kam ich auf Ella zu und verwickelte sie in ein längeres Gespräch, in dem ich ihr klarmachte, wie merkwürdig ähnlich wir doch aussähen. Wirklich, einmal auf der Straße habe ich sie gesehen, und gedacht, ich komme mir selber entgegen. Ella wußte gar nicht, was sie davon halten sollte, aber dann kam ich zur Sache und fragte, ob sie nicht für mich den Seppi spielen könne. Irgendeine Katastrophe war eingetreten, entweder fing *Wilhelm Tell* später an oder der *Gestiefelte Kater* früher, oder es kam sonst etwas dazwischen, denn ich unterschrieb mit Vorliebe mehrere Verträge gleichzeitig, auf jeden Fall ging es zeitlich nicht.

Ella sagte ja, es waren doch nur zweieinhalb Sätze; aber die Theatersekretärin war mit dieser eigenmächtigen Umbesetzung nicht einverstanden, und es gab einen Riesenwirbel, insbesondere, weil sie mich schon mal wegen Seppi zu Hause hatten anrufen müssen, um mir zu sagen: »Vor fünf Minuten war Ihr Auftritt.« Ich hatte die Vorstellung völlig vergessen – übrigens das einzige Mal!

Aber bei so vielen verschiedenen »Hochzeiten« war das ja kein Wunder. Denn zwischen Proben und Vorstellungen machte ich auch noch Radiosendungen oder Reklamephotos. Das summierte sich allerdings mit meinen Tagesgagen beträchtlich. Nun konnte ich mir endlich Kleider, Schuhe und Dauerwellen leisten, Mama ein Geschenk schicken und ein Bankkonto mit 1100,– Franken eröffnen.

F. A. Mainz – FAMA-Film

Diese lukrative Phase nahm leider ein Ende, als ich Anfang 1950 für 450,– Franken im Monat fest engagiert wurde.

Kaum hatte ich meinen Vertrag unterschrieben, klopfte das Schicksal schon wieder an, in Person eines kleinen, energischen Männchens, das sehr wenig Zeit hatte, aber dafür eine der größten deutschen Filmproduktionen, die FAMA-Film. F. A. Mainz hieß das Männchen und wünschte mich an meinem einzigen spielfreien Abend zu sprechen. Er suchte für seinen nächsten Albers-Film *Föhn* eine junge sportliche Schauspielerin, denn es handelte sich um einen Bergfilm. Robert Freitag, der auch mitspielte, hatte mich empfohlen.

Der Filmgewaltige mit den hellwachen, hellblauen Augen bestellte mich in den »Goldenen Widder«, ein elegantes Eßlokal in der Altstadt, denn er hatte keine Zeit, bis morgen zu warten, um mich im Theater anzusehen.

Trotzdem wollte er eine Kostprobe meiner schauspielerischen Fähigkeiten und zwar sofort, kaum hatte ich das überfüllte Lokal betreten und mich an seinen Tisch gesetzt. »Ich weiß ja gar nicht, ob Sie überhaupt ernst sein können«, begründete er das etwas peinliche Ansinnen. »Machen Sie mir eine Eifersuchtsszene, weil ich Sie mit einem Kind sitzenlasse«, schlug er vor.

Ich traute meinen Ohren nicht. Hier, in diesem ehrwürdigen Lokal, wo sich die Gäste nur im Flüsterton unterhielten und die Ober auf

Zehenspitzen herumhuschten, wie in einem Allerheiligsten? Hier sollte ich . . .?

Aber ich hatte keine Wahl. Jetzt oder nie – das hatte ich begriffen. Ich warf einen letzten Blick auf unsere Tischnachbarn, die so nah neben uns saßen, daß sich unsere Ellbogen fast berührten, und fing an. Ganz leise. Grenzenlose Enttäuschung zitterte in meiner Stimme, und das Zittern war echt, denn ich genierte mich zu Tode. »Lügner, Betrüger«, zischte ich meinem Gegenüber ins Gesicht. »Du hast mich zugrunde gerichtet, nun sitze ich da mit dem Kind ohne einen Rappen Geld.«

Die Leute nebenan blickten irritiert von ihren Speisekarten auf.

»Aber ich zahle es dir heim«, fuhr ich hitzig fort, und dann kamen noch ein paar markante Sätze, bis mir nichts mehr einfiel als: »Ich hasse dich, ich hasse dich.« Diese wohlartikulierten Zischlaute waren bis in die hinterste Ecke zu hören.

In dem Lokal herrschte plötzlich eine lähmende Stille. Man hörte nicht einmal mehr das diskrete Gläser- und Silbergeklirr. Die Köpfe der Essenden drehten sich wie auf Kommando zu unserem Tisch herüber, und die Ober erstarrten zu Salzsäulen.

»Ja, ja, ist schon gut, danke, danke«, begütigte F. A. Mainz, der es gar nicht so genau wissen wollte. Dann sagte er so laut, daß alle es hören konnten: »Das genügt, Fräulein Pulver, Sie sind engagiert.«

Ich bekam die Rolle. Aber Robert Freitag, der sich so für mich eingesetzt hatte, wurde umbesetzt. Er passe nicht mehr zu mir, hieß es. Adrian Hoven spielte an seiner Stelle.

Das Schauspielhaus beurlaubte mich für den Film, und ich fuhr nach München zu Probeaufnahmen. Ich lernte eine Menge neuer Leute kennen, Rolf Hansen, den Regisseur, Henry Sokal und Dr. Hermann Schwerin, die Co-Produzenten, und natürlich – Hans Albers. Auch er war mit mir einverstanden. Eine Managerin hatte ich auch schon: Elli Silman, sie hatte ein Recht auf mich, denn sie hatte F. A. Mainz ein Photo von mir gezeigt. Nun wich sie mir nicht mehr von der Seite, erledigte alles und jeden, insbesondere mich, denn alle fünf Minuten flatterte ein neuer Vertrag auf den Tisch. Zuerst der Managervertrag für sie selbst, dann einer für den Albers-Film, und dann noch ein 3 ½-Jahrsvertrag. Ich unterschrieb alles, trotz Schauspielhaus. Ich konnte ja jede Rolle ablehnen, das hatte ich heimtückisch hineingeschmuggelt. Was sollte also passieren?

Und dieser Optionsvertrag sicherte mir monatliche Zahlungen zu, die mir mit dem nächsten Film verrechnet wurden. Damit war ich mit einem Schlag alle Geldsorgen los. Den hätte ich sehen wollen, der da nein gesagt hätte!

Die Filmarbeit an *Föhn* in München gehört zu meinen schönsten Erinnerungen. Endlich saß ich längere Zeit ungestört auf meiner rosaroten Wolke. Ich wohnte auf dem Ateliergelände der Bavaria in Geiselgasteig in meiner Garderobe für 2 DM pro Tag. Das taten damals viele. Sogar Hans Albers. Man sparte so eine Menge Zeit. Denn die Arbeit war anstrengend, alle drei Hauptdarsteller waren fast ständig im Bild. Es war wirklich eine Riesenchance für mich, und damit ich das nie vergaß, hatte ich in meinem Zimmer viele Zettel mit Stanislawskis Lehren aufgehängt, zum Beispiel: »Höhere Aufgabe«, »Emotionales Gedächtnis«, »Wechselbeziehung«, »Öffentliche Einsamkeit«. Nach einer Woche wechselte ich sie aus.

Am Wochenende war es in den Ateliers wie ausgestorben, die Bewohner der Garderoben nach Hause gefahren und ich der einzige »Gast«. Ich ging auf dem riesigen Gelände im veilchenübersäten Wäldchen spazieren, wiederholte meinen Text, las dicke Wälzer, aß im Filmcafé oder wurde von einem der vielen Verehrer, die ich sofort hatte, eingeladen. So war ich noch nie verwöhnt worden.

Schon während der Produktion erschien mein Bild auf den Titelseiten der deutschen Filmillustrierten. Ich war ein Star, bevor der Film herauskam. Glaubte ich.

Ich genoß die Arbeit. Es war fast eine Erholung für mich, denn die Filmeinstellungen gingen selten über mehr als zwei Seiten. Dann war Pause, weil das Licht umgestellt wurde. Ich fand das angenehm, denn da konnte man blödeln, Kaffee trinken oder flirten, je nachdem. Das letztere besorgte ich ausgiebig.

Die Außenaufnahmen in Pontresina waren ein einziges Abenteuer. Wir kletterten mit Steigeisen den ganzen Tag auf dem Gletscher herum, auch Hans Albers. Und während er mit hellem Seemannsblick mit dem Berg kämpfte, vertrieben Adrian Hoven und ich uns die Zeit mit allerhand Unfug, zum Beispiel mit Wetten, wer über die breiteste Gletscherspalte springen könne. Nach einem Donnerwetter von Henry Sokal ließen wir das allerdings wieder bleiben.

Die neue Spielzeit am Schauspielhaus, 1950/51, fing damit an, daß ich Mama nach Zürich kommen ließ, eine neue Wohnung mietete und ein Auto kaufte. Es kostete 6000,– Franken, genausoviel wie ich bei *Föhn* verdient hatte. Nun stand der Citroën in der Garage und ich ohne Führerschein da. Ich spielte fast jeden Abend die Nerissa im *Kaufmann von Venedig*, probierte tagsüber die Luise in *Kabale und Liebe* und nahm nebenbei noch Fahrstunden.

Eines Tages quetschte ich auch noch die Fahrprüfung in meinen ohnehin schon chaotischen Tagesablauf. Sie fand in Bern statt, da der Wagen noch eine Berner Nummer hatte. Um 16 Uhr. Abends Vorstellung in Zürich.

Die Theorie ging gut. Aber sie nahm kein Ende. Es war 17 Uhr 15, und wir wurden immer noch abgefragt. Um 17 Uhr 45 ging mein Zug. Verfehlte ich ihn, fand die Vorstellung in Zürich nicht statt. Ich hörte überhaupt nicht mehr zu und sagte dem Experten schließlich, ich müsse in einer halben Stunde auf den Bahnhof. Als wir endlich in meinen Citroën stiegen, um den praktischen Teil abzuwickeln, war ich schon völlig aufgelöst, schaltete zwar geräuschlos in den ersten, unsynchronisierten Gang, fuhr aber anschließend in eine Einbahnstraße und rammte beim Abbiegen einen geparkten Wagen. Obwohl ich bereits durchgefallen war, mußte ich noch manövrieren – es war jetzt zwanzig vor sechs –, endlich war auch das vorbei. Wir rasten zum Bahnhof, wurden von einem Verkehrspolizisten aufgehalten, zwei Minuten vor Abfahrt, Halle, Treppe, eine halbe Minute noch – da stand der Zug, nichts wie hinein . . . da fuhr er auch schon ab. Wenigstens diese Sorge war ich los!

Aber in Zürich erwartete mich eine ganze Lawine von Katastrophen. F. A. Mainz hatte einen Film für mich schreiben lassen, *Dr. Holl*, und verlangte, ich müsse sofort nach München kommen. Das Schauspielhaus gab mich nicht frei und drohte mit einer Konventionalstrafe. Telegramme aus München, Sitzungen im Schauspielhaus, Proben, Textbüffeln, Reklamephotos, weil ich kein Geld mehr hatte.

Die Ereignisse überstürzten sich. Die Premiere von *Kabale und Liebe* kam. Meine private Verzweiflung kam mir sehr zustatten. Elisabeth Brock-Sulzer, die gestrengste Kritikerin Zürichs, war »überrascht«. Kunststück, mit Walter Richter und Kurt Horwitz als Partner!

Aber kaum war dieser Albdruck erledigt, überfiel mich schon der nächste, die zweite Fahrprüfung. Wirklich, ich gab fast den Geist auf vor Angst und legte das feierliche Gelübde ab, nie mehr zu rauchen, wenn diese fürchterlichste Stunde meines Lebens vorbeigehe. Ich bestand die Prüfung, und seitdem habe ich keine einzige Zigarette mehr geraucht.

Aber diese Randerscheinungen gingen unter in dem gewaltigen Gewitter, das nun unaufhaltsam schwarz und dräuend näherrückte. F. A. Mainz bombardierte mich mit Briefen und Anrufen, das Schauspielhaus stellte sich taub. Corinne und die Kollegen hackten auf mir herum, ich solle mir nichts gefallen lassen und einen Anwalt nehmen. Ich und ein Anwalt! Ha! Dann kamen diese rasenden Zahnschmerzen und achtstündige Zahnbehandlungen. Vielleicht gab mir das den Rest. Denn was sich jetzt ereignete, kann ich heute noch nicht begreifen.

Plötzlich gab mich das Schauspielhaus frei. Ich wurde in allen Rollen umbesetzt und konnte nach München fahren. Am Tag vor meiner Abreise erzählte ich einem Bekannten von meiner Vertragsmisere und der Konventionalstrafe, die die Hälfte meiner Filmgage verschlang. Dieser ergriff sofort den Telephonhörer und schickte mich zu seinem Anwalt. Es ging so schnell, daß ich gar nicht reagieren konnte. Zehn Minuten später saß ich ihm gegenüber, ihm, der mir den dümmsten Rat gab, den ich je bekommen habe: »Sie erklären den Filmvertrag für ungültig, denn Sie waren bei Vertragsabschluß nach deutschem Recht nicht volljährig. Sie zahlen keine Konventionalstrafe und verlangen mehr Gage.« Er ließ den Brief tippen und ich steckte ihn ein.

Ich fuhr nach München, wo die Vorbereitungen zu *Dr. Holl* auf vollen Touren liefen. Die dunklen Wolken begannen sich zu lichten, die Probleme lösten sich. Da übergab ich F. A. Mainz das Schreiben.

Zwei Tage später war ich umbesetzt. F. A. Mainz hatte eine andere engagiert: Maria Schell, sie bekam später den Bambi für die Rolle.

Jetzt war alles aus. In Zürich war ich meine Rollen los und in München meine Filmkarriere. Da entschloß ich mich zum Gang nach Canossa, beziehungsweise nach Hamburg. Ich reiste direkt in die Höhle des Löwen. Ich entschuldigte mich.

Das war mein Glück. F. A. Mainz nahm die verlorene Tochter

wieder auf. Wir tranken sehr viel roten Champagner, und ich hatte an diesem Abend meinen ersten Vollrausch.

Ich fuhr dann nach Zürich zurück. Zwar durfte ich die letzten Vorstellungen von *Kabale und Liebe* wieder selbst spielen, aber es war halb leer, abgespielt, vorbei. Vorbei waren auch die großen Rollen. Ich spielte nichts mehr. In einem Nestroy hatte ich zwei Sätze und in einem Offenbach nicht einmal mehr das.

Das war hart. Mein fröhlich aufblühendes Selbstvertrauen war zerrupft, der Höhenflug beendet. Ich hatte Hinz und Kunz um Rat gefragt, aber weder Hinz noch Kunz halfen mir jetzt aus der Patsche, die sie mir eingebrockt hatten.

Als *Föhn* herauskam, lächelte man mitleidig und in einer Zürcher Tageszeitung erschien eine Glosse über die »Schweizer Diva«. Und dann die Geldsorgen! Das Geld aus Deutschland ließ wochenlang auf sich warten. Mama hatte in meiner Abwesenheit Schulden gemacht, um ihre Gesangstunden bezahlen zu können. Sie war gereizt und nervös, da sie unter Schlaflosigkeit litt. Corinnes Unordnung brachte mich zur Verzweiflung. Ich konnte nicht leben in Unordnung. Arbeiten schon gar nicht.

Ich wollte weg. Nach der letzten Vorstellung von *Kabale und Liebe* wurde ich auch noch auf die Direktion bestellt und gefragt, warum ich plötzlich alles ganz anders spiele. Ich hätte viel zu früh angefangen zu weinen. Ich antwortete, das sei wie mit dem Lachen, wenn man mal angefangen habe, könne man nicht mehr aufhören. Die Direktion: »Darauf sind Sie wohl sehr stolz?«

Nein, auf solchem Boden konnte ich nicht gedeihen. Obwohl ich am Ende der Spielzeit noch zwei Rollen spielte, in Shakespeares *Viel Lärm um nichts* die Hero und in Georges Bernanos' *Die begnadete Angst* die Constance, erneuerte ich den Vertrag nicht.

Im Sommer 1951 verließ ich Zürich und fuhr nach Wiesbaden, wo F. A. Mainz mir einen Film verschafft hatte.

Endlich Arbeit, nachdem ich über ein halbes Jahr herumgesessen war! Ich platzte fast vor Tatendrang, und so himmelstürmend waren auch meine Ziele. Ich wollte in Deutschland filmen und an allen berühmten Theatern spielen. Dann kamen Frankreich, Italien und England dran, wo ich in der jeweiligen Landessprache zu filmen und Theater zu spielen gedachte.

Wenn diese Periode abgeschlossen war, wollte ich in allen vier Sprachen Opern singen und diese Opern anschließend verfilmen.

Dann mußte ein Stück für mich geschrieben werden, in dem ich tanzen, singen, Klavier spielen, schwimmen, fechten, skifahren und Tennis spielen konnte.

Das waren so meine nächsten Pläne.

Aber in Wiesbaden tat sich überhaupt nichts. Der Film, für den ich schon Reitstunden genommen hatte, verschob sich von Woche zu Woche. Mühsam bändigte ich meine Arbeitswut mit täglichen Ballett- und Sprechübungen oder mit einer Zusammenfassung über Literaturgeschichte, die länger als das Original zu werden drohte. Ich freundete mich mit O. W. Fischer an, der ebenfalls im »Bären« wohnte und auch auf irgendeinen Film wartete. Ich schrieb Bergfried, der wieder »draußen« war. Er besuchte mich in Wiesbaden. War ich noch in ihn verliebt? Oder suchte ich in meinem Lebenshunger nur eine Ablenkung?

Im September endlich war die Wartezeit zu Ende. O. W. Fischer und ich drehten zusammen *Heidelberger Romanze*, die später den Bundesfilmpreis bekam.

Als die Außenaufnahmen in Heidelberg beendet waren, fuhr ich nach Köln, wo Bergfried sich wieder einarbeitete. Hier erlebte ich das, was mich seit Jahren bis in meine Träume verfolgte, mich mit wonnevoller Sehnsucht, aber fast noch mehr mit Angst und Schrecken erfüllte: Die Übergabe der Festung.

Endlich! Ich mußte also nicht als alte Jungfer sterben! Ich mußte mir nicht vorwerfen, mich an einen Unwürdigen vergeudet zu haben. Ich war nicht abnormal, wie man mir am Schauspielhaus angedeutet hatte. Nein, der Herrlichste von allen hatte mich erobert. Aber – war er noch der Herrlichste? War ich nicht insgeheim erleichtert, als ich nach ein paar Tagen nach Zürich weiterfuhr? Bergfried hatte einen Rivalen bekommen: meinen Beruf. Meine Gedanken drehten sich fast ausschließlich nur noch um meine Rollen.

Zwar besuchten wir uns noch ein paarmal, aber als die ersten Spannungen auftraten – er war ja immer noch, und mehr denn je, verheiratet –, verging mir nach und nach die Lust, und das Abenteuer wurde zum Alltag.

Nun saß ich wieder in Zürich bei Mama und Corinne, wieder in einer neuen, noch größeren Wohnung. Und wieder einmal ohne

Geld. Die Gage der *Heidelberger Romanze* kam nicht. Und der nächste Film, *Klettermaxe*, verschob sich nicht um Wochen, sondern um Monate.

Ich stürzte mich in Gesangs- und Ballettunterricht und ins Zürcher Nachtleben, das bekanntlich um 23 Uhr 30 zu Ende ist. An Kavalieren fehlte es nicht. Mit Kurt, dem Piloten, machte ich Autoausflüge, mit Max, dem Fabrikbesitzer, ging ich skilaufen. Wäre ich nicht so theater- und filmbesessen gewesen, hätte ich das schönste Leben gehabt! Meine beiden Verehrer verwöhnten und beschenkten mich. Aber ich wollte spielen!

Das Jahr 1951 ging zu Ende, und kein *Klettermaxe* war in Sicht. Ich mußte Papa anpumpen, um meine Stunden bezahlen zu können. Dann baute ich auch noch einen Unfall mit Kurts Volkswagen. Ich schleuderte bei Glatteis aus einer Kurve und krachte rückwärts in einen Sandhaufen. Das hatte gerade noch gefehlt!

Das erste Wochenende mit Corinne und Max in Arosa war sehr lustig. Wir liefen Ski, tanzten und unterhielten uns bis in die Nacht. Max war ein Original und hatte immer die verrücktesten Einfälle.

Da es uns gut gefallen hatte, wollten wir das wiederholen und fuhren am folgenden Samstag wieder, Corinne, Max und ich. Diesmal nach Sankt Moritz. Wir starteten erst nachmittags, da ich noch Ballettstunde hatte, und natürlich reichte es nicht mehr zum Mittagessen; immerhin schüttete ich noch eine Bouillon herunter.

Unterwegs gerieten wir in dichtes Schneegestöber, aber Max fuhr weiter, obwohl er keine Winterreifen an seinem alten Ford hatte. Umkehren war auch nicht mehr möglich, da wir uns bereits auf der steilen Paßstraße befanden; anhalten oder manövrieren hatte keinen Sinn, wir wären unweigerlich steckengeblieben. So schlitterten wir bei Nacht und Nebel von Kurve zu Kurve, ich muß sagen, es war erstaunlich, wie Max das machte. Mit letzter Kraft erreichte das brave alte Auto die Paßhöhe, und wir waren gerettet!

Wir fuhren zuerst in das ziemlich mittelmäßige Hotel, dann in ein Lokal, wo wir einen Aperitif zu uns nahmen, aßen und ziemlich viel Weißwein tranken. Nach einigen Tänzen war ich so müde, daß ich mich von Max etwas früher ins Hotel fahren ließ. Aber er ließ mich nicht aussteigen, sondern begann stundenlang zu diskutieren, weil ich nichts von ihm wissen wollte. Es war eiskalt in dem ungeheizten Wagen und ich fror entsetzlich.

Endlich verließen wir den Wagen und gingen ins Hotel, wo er weiter auf mich einredete. Als Corinne endlich zurückkam, verschwand Max in sein Zimmer. Corinne und ich gingen ins Bett. Ich war todmüde.

Da fing es an. Erst begannen die Oberschenkel zu zucken, dann die Arme, Schultern, zuletzt der ganze Körper. Es schüttelte mich, als wäre ich an einen Stromkreis angeschlossen. Mein Herz schlug wie wahnsinnig. War das der Tod?

Ich wartete und hoffte, daß es vorbeigehen möge. Aber es wurde immer schlimmer. Schließlich ging ich zu Max und fragte ihn, ob er ein Beruhigungsmittel habe. Er sagte nein. Plötzlich wurde mir schlecht, und ich mußte mich übergeben. Da hörte es auf.

Am nächsten Morgen erwachte ich völlig zerschlagen und voller Angst, der Zustand wiederhole sich. Wir fuhren nach Zürich zurück, und ich schien mich zu erholen. Nur essen konnte ich nichts mehr.

Die Ärzte, die ich fragte, konnten nur Vermutungen anstellen. Sie waren ja nicht dabei gewesen. Vergiftung? Unterzuckerung? Der Anfang einer Gelbsucht? Vertrug ich die Höhe nicht? Hatte mich das Ballett überanstrengt? Oder war es Unterkühlung? Eine verspätete Reaktion auf meinen Autounfall? Niemand konnte mir darauf eine Antwort geben.

Als am nächsten Tag ein Telegramm eintraf, ich müsse sofort nach Hamburg kommen, der *Klettermaxe* fange jetzt an, vergaß ich in meinem Jubel, was geschehen war.

Ich bestieg das Flugzeug, eine DC 3, und war selig vor Glück, endlich wieder arbeiten zu können.

In Frankfurt mußten wir zwei Stunden warten und flogen dann weiter nach Hamburg. Es war ein gewaltiger Sturm aufgekommen, und das kleine Flugzeug wurde ganz jämmerlich durcheinandergeschüttelt. Es war eiskalt in der Kabine, und ich fror trotz Kissen und Decken wie in einem Eisschrank.

Da – ging es wieder los. Ein leichtes Vibrieren in den Oberschenkeln, das allmählich auf Arme und Oberkörper überging. Dann wurde es stärker. Wie ein Schütteln. Die Zähne schlugen aufeinander. Es war furchtbar.

Ich war halb ohnmächtig vor Schreck, als ich nach überstandener Landung im Hotel Graf Moltke ankam. Ich legte mich ins Bett und dachte an den Tod. Vorbei war der Traum einer großen Karriere, vorbei die Hoffnung auf eine große Liebe, vorbei das sorglose Faulenzen in den Ferien, vorbei das ehrgeizige Pauken, Üben, Trainieren, Bücherverschlingen. Ich war zerstört, vernichtet. Von jetzt an wurde alles anders!

Nachher

Ich fühlte mich sterbenselend, als ich am andern Morgen wie aus einer tiefen Bewußtlosigkeit erwachte. Schon beim Anblick des Frühstücks wurde mir übel.

Sonst hatte ich mich voller Ungestüm in jede neue Rolle gestürzt, aber jetzt schreckte ich mit Grausen vor den Filmstrapazen zurück, die mich erwarteten. Nur ein Wunder konnte mich retten, dessen war ich sicher.

Und ich glaubte an Wunder. Es hieß Dr. Alfred Teichmann und wohnte an der Heilwigstraße in Hamburg. Er war ein ca. vierzigjähriger Naturheilarzt, hatte blaue Augen, eine Brille und hessischen Akzent. Bei ihm wohnte ich während der Dreharbeit auf Anordnung von F. A. Mainz, der sich die größten Sorgen um meine Gesundheit machte.

Ich war überglücklich. Jetzt konnte nichts mehr passieren. Und obwohl Dr. Teichmann eher klein war, eigentlich gefielen mir ja nur muskulöse Männer, verliebte ich mich schon kurz nach meiner Ankunft in ihn. Das ging mir immer so mit meinen Rettern.

Er fand mit Hilfe von Augendiagnostik und Pendel heraus, daß Leber und Milz nicht in Ordnung waren. Dann murmelte er noch etwas von Lunge und Sonnengeflecht. Ich bekam Bestrahlungen in allen Farben, Kurzwellen, Langwellen, Dauerwellen und eine kräftige Diät. Er brachte mir autogenes Training bei, rechnete meinen Biorhythmus aus und machte Akupunktur, alles Dinge, die erst Jahrzehnte später in Deutschland Furore machten.

Aber obgleich schon nach ein paar Tagen meine Lebensgeister wieder erwachten, hatte sich meiner sonst so unbeschwerten Natur ein selbstzerstörerischer Zweifel bemächtigt, den ich vorher nicht einmal vom Hörensagen kannte, und der meine Gesundheit, Arbeit, ja meine ganze Existenz in Frage stellte. Bei Besprechungen, Kleider- und Schminkproben dachte ich heimlich: Wozu das alles, den Film schaffe ich doch nie! Kurt Hoffmann, mit dem ich zum ersten Mal arbeitete, lächelte über meine Mager- und Appetitlosigkeit und flüsterte mir zu: »Wir armen Dünnen.«

Die Dreharbeiten begannen, und wir verstanden uns phantastisch. Er fand einfach alles komisch, was ich machte: meinen südamerikanischen Akzent, den er sich für mich ausgedacht hatte, meine arkrobatischen Bemühungen als exzentrische Tänzerin und vor allem meine lange Leitung, wenn ich seine Regieanweisungen nicht gleich verstand. Dadurch ermutigt stand ich die Dreharbeit und das anstrengende Tanztraining an drehfreien Tagen durch. Jeden Abend betete ich heiß und angstvoll um Kraft, Mut, Gelingen, und daß kein Rückfall mehr komme.

Ich hielt durch. Mit unsichtbarer Hilfe, Willen und absoluter Diätkost. Mein Gedächtnis, dessen Versagen ich am meisten gefürchtet hatte, funktionierte wie ein Uhrwerk. Langsam kam sogar wieder ein Anflug von Appetit. An den letzten Drehtagen verschlang ich schon wieder Schokolade und stürzte mich abends heißhungrig auf die Kartoffeln. Mein Partner, Albert Lieven, der den Klettermaxe spielte, hatte übrigens nach der Scheidung von seiner Frau eine ähnliche Krise hinter sich. Auch das beruhigte mich.

Ich war noch einmal davongekommen! Der Tänzerin Corry, die ich in dieser Kriminalkomödie spielte, war nichts von Hangen und Bangen im stillen Kämmerlein anzumerken. Wie eine etwas verhungerte, aber kreuzfidele Heuschrecke surrte ich über die Leinwand, Kurt war zufrieden und ich von jetzt an der Lausbub des deutschen Films.

Dr. Teichmann fuhr sofort nach Beendigung des Films mit Frau und Sohn in die Ferien. Nun mußte ich mich wieder allein zurechtfinden, ohne seine Hilfe. Ich fürchtete mich wie ein kleines Kind vor dem Abschied, der Heimreise, ohne die rettende Nähe des Arztes. Als es soweit war, weinte ich wie ein Schloßhund, aber gerade das Unaufschiebbare der Trennung war mein Glück und stellte mich wieder auf eigene Füße.

Max holte mich in Hamburg ab, und nachdem seinem Ford bei Bremen ein Vorderreifen geplatzt war, kamen wir zwei Tage später gerädert, aber gesund in Zürich an. Mama und Corinne erwarteten mich schon. Und dann war ja auch noch Kurt da. Er hatte jetzt einen Porsche und ließ Max, der ja »nur« einen Ford hatte, meilenweit hinter sich. Außerdem imponierte mir Kurt immer wieder aufs neue mit seinen Abenteuern als Swissair-Pilot, die um so aufregender klangen, je trockener er sie erzählte. »Letzte Woche haben wir über der Wüste gebrannt«, sagte er zum Beispiel. Ich: »Und was habt ihr gemacht?« Er: »Gelöscht.«

In den nächsten Wochen war für Abwechslung gesorgt. Kurt ließ mich mit seinem Porsche fahren, und Max bot mir seinen Ford an. Ich fuhr abwechselnd mit ihren Autos herum, und natürlich durfte keiner etwas vom anderen wissen. Aber es war unvermeidlich, daß sie sich ständig über den Weg liefen, besonders wenn Mama den einen zum Essen einlud, während mich der andere gerade von zu Hause abholen wollte.

Ich war so beschäftigt, die beiden Verehrer voneinander fernzuhalten und mich doch von beiden verwöhnen zu lassen, daß die Erinnerung an Dr. Teichmann langsam zu verblassen begann.

Die Pille auf dem Nachttisch

Im Mai/Juni 1952 spielte ich zum ersten Mal im Ausland Theater. Nach langem Bitten und Betteln hatte mir F. A. Mainz erlaubt, an den Münchner Kammerspielen die Rolle der Gwendolyn in Oscar Wildes *Bunbury* zu spielen. Aber keinen Tag länger als bis zum 15. Juni. Da fing der Film *Fritz und Friederike* an, in dem ich sowohl den Fritz als auch die Friederike spielen sollte.

Nur zehn Vorstellungen also als Gwendolyn in einer Inszenierung, in der ich »puppig, kühl und irgendwie sehr englisch aussah«. Das behaupteten die Münchner. Sie mochten mich also. Und ich mochte die Münchner. Und noch mehr mochte ich Peter Pasetti, der auch mitspielte. Naja. Schwamm drüber. Es gab offenbar nur verheiratete Männer auf dieser Welt.

Mitte Juni brach ich schweren Herzens meine Zelte in der heimlichen Hauptstadt ab. Aus dem erhofften Engagement an den Kammerspielen, wo ich mich mit Trude Hesterberg, Rudolf Vogel, Hans Reiser und Gertrud Kückelmann angefreundet hatte, wurde nichts. Wieder waren ein paar glückliche Wochen vorbei, und die romantische Pension Erna Morena an der Königinstraße, wo ich von meinem Himmelbett aus direkt in den Englischen Garten hinübergeträumt hatte, gehörte schon wieder der Vergangenheit an.

In Wiesbaden hatte mich F. A. Mainz vorsichtshalber im Sanatorium Nerothal einquartiert, damit ich die Strapazen der Doppelrolle durchstand. Ich fühlte mich unter den vielen Omas und Opas sehr wohl und erfreute sie so oft wie möglich mit den neuesten Schnurren aus dem Filmatelier, die sie sich atemlos und verschwörerisch blinzelnd anhörten. Ich war so etwas wie eine Frischzelle für sie und ließ mich von ihnen pausenlos in alle möglichen Gespräche verwickeln. Aber auch mir wurden von Schwestern und Ärzten alle Wünsche von den Augen abgelesen. Es hatte sich sehr schnell herumgesprochen, daß ich Breie und Aufläufe liebte, und so erhielt ich jeden Abend Breie und Aufläufe. Und jeden Abend fand ich auf meinem Nachttisch eine Pille vor, die mir der Oberarzt zu nehmen empfohlen hatte. Ich fragte nicht, was es war, mein Vertrauen in Ärzte war unerschütterlich.

Ja, es war »kein Spaziergang«. Die Rolle, vielmehr die Rollen, denn es waren ja zwei, waren mir auf den Leib geschrieben. Vierzig Drehtage! Nach Drehschluß, um 19 Uhr, Reit- und Fechtunterricht. Man hatte mir ein besonders photogenes, schwarzes Pferd ausgesucht, Dagobert, einen ehemaligen Traber. Er warf mich in jeder Reitstunde ab und biß mich verschiedene Male ins Bein. Aber dafür stürmte er in der Schlußszene ungerufen von der hintersten Ecke der Weide auf mich zu und blieb wie ein Denkmal vor mir stehen, bis die Kamera aufhörte zu surren.

Dieses Militärlustspiel, in dem Otto Gebühr säbelklirrend meinen Onkel spielte und Albert Lieven aus dem Soldaten Pulver wieder ein Mädchen machte, kam um einige Jahre zu früh. 1952 konnte man in Deutschland über Soldaten noch nicht lachen. Nur wir Schauspieler hatten einen Heidenspaß an der Geschichte und vor allem an der ungarischen Übermacht, die Regisseur Geza von Bolvary um sich versammelt hatte.

Trotzdem, nach sieben Wochen Knochenarbeit hatten wir genug.

Wieder war ein Kapitel zu Ende in diesem zauberhaften, damals noch sehr kleinstädtischen Wiesbaden mit seinen sommerlich wilden Wald- und Wiesendüften. Wieder hatte ich einen Schritt nach vorn getan – und zwei zurück.

Die Pille auf dem Nachttisch im Sanatorium Nerothal war ein Schlafmittel. »Völlig harmlos«, hatte man mir gesagt. Aber nun konnte ich auf einmal nicht mehr einschlafen.

Bei meinem nächsten Film *Hab' Sonne im Herzen* mit Carl Wery verbrachte ich drei verregnete Oktoberwochen in St. Gilgen am Wolfgangsee. »St. Galgen« nannten wir das ausgestorbene österreichische Dorf voller Verzweiflung. Endlos und trübe schlichen die Stunden vorbei, und wir drehten tagelang keinen Meter. Der österreichische Außenminister, der hie und da in die »Post«, wo wir wohnten, zum Essen kam, war der einzige Lichtblick, obwohl ich nicht zu den Glücklichen gehörte, die an seinem Tisch saßen.

Ich versuchte mich durch stundenlange Ausflüge im strömenden Regen abzulenken, aber wenn ich dann in den gottverlassenen Gasthof zurückkam und nach einem einsamen Nachtessen wohl oder übel und viel zu früh ins Bett ging, konnte ich nicht einschlafen. Alle möglichen Schauergeschichten fielen mir ein: mordende Nachtwandler, herumirrende Gerippe, unheilbare Krankheiten, der hohe Ton im Ohr von Robert Schumann. Und vor allem Mamas Schlaflosigkeit.

Immer häufiger nahm ich eine Schlaftablette. Und plötzlich, in der Nacht vor unserer Abreise nach Göttingen, konnte ich auch mit einer Tablette nicht einschlafen. Ich nahm eine zweite und machte trotzdem kaum ein Auge zu.

Die Fahrt nach Göttingen, wo wir die Innenaufnahmen drehten, nahm kein Ende, und im Siebengebirge fing es an zu schneien. Durch knietiefen Matsch watete mein Citroën auf einer einzigen Mittelspur aufwärts. Wenn einer entgegenkam, konnte keiner ausweichen. Es kam keiner.

In Göttingen schlief ich wieder besser. Ich wohnte bei einer jungen Witwe an der Gaußstraße, und irgendwie beruhigte mich das grasgrüne Badezimmer mit ebenso grüner Badewanne, das zu meinem Zimmer gehörte. Oder war es das Ständchen unbekannter Studenten unter meinem Balkon? Oder der nahende Drehschluß? Auf einmal konnte mir niemand mehr etwas anhaben. Nicht einmal Carl Werys Ausspruch: »Da unten, im Atelier, da hilft dir kein Gott. Da bist du ganz allein.« Nach mir die Sintflut, sagte ich mir, als ich mir in meinem grünen Badezimmer zum letzten Mal die Zähne putzte.

Am nächsten Morgen fuhr ich mit meinem altersschwachen Karren Richtung Köln, wo ich Werbeaufnahmen machen sollte; Weltstars wie Jean Simmons, Elizabeth Taylor, Greer Garson und fast alle deutschen Stars versicherten in allen deutschen Illustrierten, daß sie nur »Happy End«-Make-up, Puder, Dermatographen und Lippenstifte benutzten. Warum also nicht auch ich? Herr und Frau Direktor luden mich ein, privat bei ihnen zu wohnen. Ich sagte freudig zu, denn ich erwartete, mindestens, in einer Zehn-Zimmer-Villa untergebracht zu werden. Aber die Villa entpuppte sich als Nebengebäude der Fabrik, und ich wurde im Schlafzimmer der Eheleute, die gar keine waren, einquartiert. Ich fand es im dritten Bett, das dort stand, ganz gemütlich – als aber beide sich splitternackt vor mir auszogen, war ich nicht mehr so sicher, ob ich nicht mein Hotelzimmer etwas voreilig aufgegeben hatte. Wahrscheinlich mußte ich mich erst an die große Welt gewöhnen. Dachte ich. Mitten in der Nacht schlich ich allerdings dann aus dem Ehegemach in die glücklicherweise vorhandene Mansarde auf der gleichen Etage – teils dieserhalb, teils außerdem.

Der Prinzipal ließ sich mit den Photos Zeit, ich mußte meinen Aufenthalt verlängern und mich der »Hausordnung« anpassen: nicht vor 22 Uhr essen gehen, einige Bars besuchen bis 3 Uhr früh. Morgens ausschlafen bis 12 Uhr. Ich erholte mich ausgezeichnet, mußte mich aber nach zwei Wochen dann doch – vor beiden – in Sicherheit bringen.

Von Liebe reden wir später war das nächste Meisterwerk, in dem ich mitwirkte. Mit Willy Fritsch, Gustav Fröhlich, Paul Hörbiger, Grethe Weiser. Eine Bombenbesetzung. Das Drehbuch zu lesen, war ja dann wohl überflüssig. Ich wußte nur, daß ich als Nachtklubnudel tanzen und singen mußte.

Das war dann auch so ziemlich alles. Als ich in Berlin endlich das Buch zu Gesicht bekam, suchte ich vergeblich nach meiner Rolle. Hier ein Szenchen, dort ein Szenchen. Böse Ahnungen überfielen mich. Hatte man mich hereingelegt? Spielte ich nur noch Nebenrollen?

Und wieder diese Schlaflosigkeit. War ich nicht zehn Stunden, bevor ich aufstehen mußte, im Bett, schlief ich überhaupt nicht ein. Wieder nahm ich Schlafmittel. Und ich war ganze 23 Jahre alt.

Ich wurde ängstlich und unsicher. Kein Dr. Teichmann weit und breit. Ich konnte niemanden um Rat fragen. Ich kannte keine Seele in Berlin.

Aber dann wurde ich wütend. Wirklich, das beste Mittel gegen die Angst ist die Wut! So geht das nicht mehr weiter, beschloß ich ausgerechnet am Abend vor meinem Spitzentanz als Osterhase und legte die Tablette wieder in das Röhrchen zurück. Und wenn ich die ganze Nacht kein Auge zumache, dachte ich trotzig.

Ich weiß nur, daß ich morgens um 4 Uhr noch wach war. Um 6 Uhr 30 stand ich auf. Gerädert, aber verbissen war ich entschlossen, trotzdem bis zum Umfallen im Studio herumzutoben, wie die Szene es verlangte.

Alles ging glatt, außer daß der Kameramann meine zu knapp sitzende Korsage beanstandete. Da zog ich kurzerhand eine schwarze Wollhose über das glitzernde Mieder – ich konnte es schon damals nicht ausstehen, wenn man auf mich wartete –, und dazu sang ich auf Spitze und mit wehenden Plüschohren: »Rate mal, rate mal, rat' mal wer ich bin . . . «

Das heißt, ich tat nur so. Das Chanson, auf das ich alle meine Hoffnungen gesetzt hatte, war gedoubelt worden. Als dem Produzenten meine Version vorgespielt worden war, hatte er einen Tobsuchtsanfall bekommen, »wer singt denn das?« geschrien und Sonja Ziemann engagiert.

An diesem Tag war mir alles egal: die Wollhose, die schmerzenden Spitzenschuhe, die Schlappe mit dem Singen. Wenn nur der Tag zu Ende ging.

Er ging zu Ende. In der darauffolgenden Nacht schlief ich wie eine Tote. Von da an nahm ich keine Schlafmittel mehr.

Das war wohl nichts, dachte ich nach der Premiere dieses Blindgängers, als ich mit Kurt, dem Piloten, nach Hause fuhr. In Heilbronn rief ich Corinne an und glaubte an einen Witz, als sie sagte, das Schauspielhaus Zürich habe angefragt, ob ich Kleists Käthchen von

Heilbronn spielen wolle. Ich hatte wirklich keine Ahnung davon gehabt. Das ist einfach kein Zufall mehr, sondern Schicksal!

Die Besetzung war bemerkenswert: je kleiner die Rolle, desto größer der Schauspieler. Hubert Berger aus Kiel und ich in den Hauptrollen waren kleine Fische gegen Gustav Knuth als Gottschalk, Heinz Woester als Kaiser, Felix Hurter, späterer Fernsehboß des Schweizer Fernsehens, als Statist.

Regie führte der Direktor des Schauspielhauses, Oskar Wälterlin, der sich vor allem durch Opernregie einen Namen gemacht hatte, und mit dessen Eigenart, Satzmelodien im Takt vorzusprechen, ich glänzend zu Rande kam. Ich kopierte sie pedantisch, änderte sie aber unmerklich, bis sie in der Generalprobe wieder natürlich klangen. Erfolgreich waren dazumal Stücke, die mindestens 25mal gespielt wurden, das *Käthchen* brachte es auf 18mal.

Unterdessen begannen die Proben für die *Sechste Etage* von Alfred Gehri mit Erwin Kalser und Therese Giehse. Ich spielte das hinkende, unglücklich verliebte Mädchen Thérèse; die Rolle kam mir sehr entgegen, denn auch ich war wieder einmal hoffnungslos verknallt. Dauernd lief mir Peter Pasetti über den Weg, und wenn er mich besuchte, spielte er nur Klavier. Dann ging er wieder.

Die Premiere am 18. April 1953 verlief planmäßig. Meine große Verzweiflungsszene kam nach der Pause dran. Ich stand an meinem Auftritt und wartete auf das »Gefühl«. Es wurde dunkel. Es tat sich nichts in meinen Augen. Da tauchte ein Schatten neben mir auf. Werner Kraut, der Regisseur . . . »Bitte geben Sie mir eine Ohrfeige«, hauchte ich hastig. Er überlegte keine Sekunde und langte zu. Das half. Ein wahrer Wasserfall stürzte aus meinen Augen – Stichwort – Auftritt. Ich war sehr gut. Der Zweck heiligt die Mittel. Schließlich konnte ich nicht riskieren, daß meine Tränendrüsen, zum Beispiel durch plötzliches Nasenjucken, im entscheidenden Augenblick versiegten!

Die *Sechste Etage* wurde ein Volltreffer, und wir spielten das Stück fast jeden Tag, bis ich nach Hamburg mußte, wo das *Nachtgespenst* auf mich wartete. Nach einigen Kostümproben und Besprechungen flog ich wieder nach Zürich zurück, wo ich noch drei bis vier Vorstellungen spielen mußte. Dr. Marius Meng, Frauenarzt und Dirigent, mein neuester Verehrer, holte mich am Flughafen ab und fuhr mich in die Mühlebachstraße, wo ich damals wohnte. Es war niemand da, und ich begann auszupacken. Nach etwa einer Stunde kam Corinne, und ich fragte wohlgelaunt und vielbeschäftigt nach Mama. Es entstand eine große Pause, dann teilte sie mir mit: »Mama ist wieder in der Klinik.«

Ich war wie gelähmt vor Schreck. Ich brachte kein Wort heraus. Es war fast so schlimm, als hätte sie gesagt: »Mama ist tot.«

Grausame Selbstvorwürfe überfielen mich. War ich zu kleinlich gewesen mit Geld? Hatte ich zu oft zu Hause gegessen? Sie mit meinen Liebesgeschichten aufgeregt? Ja, jetzt fiel es mir ein, und Corinne bestätigte es, daß Mama am Tag vor meiner Abreise von fieberhafter Hektik gewesen war, als sie sich um einige Gäste bemühte, die sie eingeladen hatte. Von da an, aber wahrscheinlich schon lange vorher, habe sie unter völliger Schlaflosigkeit gelitten.

Es war wie in einem grausigen Traum, in dem man sich immer wieder damit beruhigt, daß es ja nur ein Traum sei. Aber es war Wirklichkeit, es gab kein Erwachen. Ich reiste wieder ab, ohne sie gesprochen zu haben. Der einzige Trost war, daß sie in einer teuren Privatklinik untergebracht war, die mehr an ein Hotel als an eine Klinik erinnerte.

Damit beruhigte ich mich, als ich wieder in Hamburg war und auf den Beginn der Dreharbeiten wartete. Aber es waren keine guten Nachrichten, die ich von Corinne erhielt. Mama wollte nicht gesund werden. Da einnerte ich mich an ein Gespräch mit Dr. Teichmann über Fernhypnose, mit der man Kranke heilen könne. Ich legte mich also jeden Abend etwa um die gleiche Zeit auf mein Bett, entspannte mich und dachte so fest es ging an Mama und daß sie sofort gesund werde. Nach etwa zehn Tagen schrieb mir Corinne, Mama habe von einem Tag auf den anderen ihre Krankheit überwunden, und es gehe ihr wieder gut. Naja, es war ja egal, wie und warum; Hauptsache, sie war wieder gesund, und ich konnte mit der anstrengenden Hypnose wieder aufhören.

Aber kaum war ich von diesem Albdruck befreit, wälzte sich bereits ein neuer heran in Form einer hübschen Blondine, der Frau unseres Regisseurs. Er hieß Carl Boese, und *Das Nachtgespenst* war sein 206. Film. Er war bekannt dafür, eine Filmszene ausschließlich nach seiner Stoppuhr zu beurteilen, meist ohne die Schauspieler eines Blickes zu würdigen. Das wurde mir jedenfalls von meinen Partnern erzählt, denn ich saß nun schon über eine Woche im Hotel und hatte noch keinen Meter gedreht. Als ich endlich losgelassen wurde, war der halbe Film im Kasten. Statt nun wie alle andern dem Affen Zucker zu geben, machte ich aus Verzweiflung über die wilden Possen um mich herum mein zusammengeschrumpftes Zimmermädchen zur Tragödin und um ein Haar einen Schlußstrich unter meine Filmkarriere.

Ein Totalverlust jagte den andern. Auch das *Nachtgespenst* ging in die Binsen, das hatte ich kommen sehen. Normalerweise hätte mich jetzt kein Produzent mehr beschäftigt, aber mein Jahresvertrag rettete mich. F. A. Mainz hatte es sich außerdem in den Kopf gesetzt, aus mir einen Star zu machen. Er überredete Alfred Weidenmann, einen der erfolgreichsten Nachkriegsregisseure, mich in seiner Ehekomödie *Ich und Du* zu beschäftigen und arrangierte ein Treffen im Hotel Atlantik.

Dieser riesige Hotelkasten an der Alster war schon damals mein Lieblingshotel, und, obgleich ich nur ein kleines Zimmer im vierten Stock mit Blick auf den Bahnhof bewohnte, gehörte ich für das langjährige Personal von Anfang an zum Inventar. Ich genoß eine Menge augenzwinkernder Vergünstigungen und Aufmerksamkeiten, und daran änderte sich während 30 Jahren, die ich dort wohnte, nichts. Hier also sollte sich mein Schicksal entscheiden.

Alfred Weidenmann und mein zukünftiger Partner Hardy Krüger hatten zum Glück sehr viel übrig für meinen verwilderten Heuschreckencharme und lachten schallend über meinen Lebenslauf, obwohl ich ihn doch mit gebührendem Ernst geschildert hatte. Sie verabschiedeten sich vergnügt und versicherten, die Rolle sei mir auf den Leib geschrieben. Ich schaute ihnen nach, wie sie dem Ausgang zuschlenderten, meine beiden rettenden Strohhalme, und es war sonnenklar, daß ich mich in einen von beiden verlieben werde.

Aber bevor die Dreharbeiten begannen, hatte ich noch einige private Nüsse zu knacken. Als ich nach Zürich kam, fand ich in unserer Wohnung zwei riesige Hunde vor, die Corinne angeschafft hatte, und eine völlig erschöpfte und abgemagerte Mama. Ich packte sie ohne lange nachzudenken in meinen Citroën und fuhr mit ihr in die Ferien an den Thuner See. Aber schon nach ein paar Tagen kam ein Hilferuf von Corinne, weil die Vermieter sie und ihre Bobtails aus der Wohnung werfen wollten. Ich fuhr also nach Zürich, versuchte, die Vermieter zu besänftigen und Corinne zu überreden, einen Hund wegzugeben.

Am nächsten Tag fuhr ich mit Papa und Mama nach Coinsins, um mit ihnen ein paar Ferientage am Genfer See zu verbringen. Aber sie stritten sich unaufhörlich, so daß ich abends im Bett Zustände bekam. Scheußliche Gedanken ängstigten mich; die Erinnerung an eine Fliege, die ich hier in Coinsins einmal erschlagen hatte, und an den fürchterlichen Schrecken, den ich bei der Vorstellung empfunden hatte, wenn das nicht eine tote Fliege wäre, sondern ein toter Mensch, zum Beispiel Corinne. Panische Furcht vor allem Toten ergriff mich jedesmal, wenn ich nur daran dachte. Vielleicht, weil ich als kleines Mädchen einen Mann hatte vom Dach stürzen sehen. Ich tröstete mich damit, daß schließlich jedermann Angstzustände bekommt, wenn er sich so schreckliche Dinge vorstellt, und daß ich ja sowieso nicht mehr lange hier-blieb.

Ich war nicht mehr gerne in Coinsins. Das alte Gemäuer, das unser Kinderparadies gewesen war, kam mir jetzt einsam, unge-mütlich, ja feindselig vor. Ich war froh, als ich wegfahren konnte, nach München, wo diesmal ein ganz großer Film auf mich war-tete, dessen war ich sicher.

»Herzlichen Glückwunsch, Frau Krüger«

Wir drehten in München in einem kleinen Studio an der Tulbeck-straße, und ich hauste wieder in meiner geliebten Pension Erna Morena.

Hardy und ich spielten ein junges Ehepaar, das sich nach einem handgreiflichen Krach scheiden lassen will. Es war eigentlich ein Zweipersonenstück, mit ein paar brillanten Nebenrollen garniert, die durch Peer Schmidt, Claus Biederstaedt und Lucie Mannheim besonderes Gewicht erhielten. Nichts ist langweiliger als monologi-sierende Hauptdarsteller, das hatte Alfred Weidenmann längst erkannt.

Hardy war schon ein großer Star, und ich bewunderte seine kesse Berliner Schnauze, die unseren Szenen etwas unheimlich Direktes und Rasantes gab. Natürlich nicht nur dem Spiel. Vom ersten Drehtag an entbrannte ich lichterloh, und wenn ich nach dem gemeinsamen Abendessen – meistens war Alfred dabei – in mein Himmelbett in der Königinstraße sank, war ich fast wunschlos glücklich. Fast, weil ich leider wieder das Opfer eines Gelübdes war. Ich sage nicht warum, aber ich durfte mich ein halbes Jahr nicht mehr verführen lassen.

»Wann läuft denn der Schwur ab?« erkundigte sich Hardy.

»Am 15. November«, bekannte ich verzweifelt, denn natürlich war dann der Film längst abgedreht.

Das hinderte Hardy natürlich nicht, mich ganz entsetzlich auf die Probe zu stellen! Tantalus war gegen mich ein Waisenknabe und so war es kein Wunder, daß ich während dieser harten Zeit so ziemlich den größten Blödsinn meines Lebens machte.

Ich mußte zur Premiere vom *Nachtgespenst* nach Hagen und vergaß den Spiel-Ehering abzulegen. Hardy zog mich damit auf und rief mir nach, als ich schon mit einem Bein auf der Straße stand, um wegzufahren: »Laß ihn doch an und sag, du seist verheiratet.«

»Mit wem denn?« fragte ich verblüfft.

»Mit mir«, grinste er, »aber du traust dich ja doch nicht.«

Das hätte nicht kommen dürfen. »So, so, ich trau' mich nicht«, antwortete ich, »wir werden ja sehen.«

Schon bei der Zwischenlandung in Frankfurt wurde der Ring von einer Journalistin bemerkt. Sie fragte natürlich danach, und ich erklärte, über meinen eigenen Mut erstaunt: »Ja – ich bin heimlich verheiratet. Mit Hardy Krüger.«

Ob man das in die Zeitung setzen dürfe?

Mir war es nicht mehr ganz geheuer. Aber ich konnte nicht mehr zurück. »Ja klar«, sagte ich kühn und bereute es sofort.

Die Premiere war am nächsten Tag, und ich spielte die Komödie weiter, obwohl ich längst keine Lust mehr dazu hatte. Bei einer Pressekonferenz fragte mich dann ein Mann von der dpa, ob man das publizieren dürfe. Ich dachte, dpa sei irgendein Käseblatt und sagte ja. Es wurde mir aber immer ungemütlicher, und ich weihte schließlich einen Vertreter der Europa-Film ein, der das sehr komisch fand. Ein zweiter Herr des Verleihs hingegen war nicht ganz so begeistert und fragte mich, ob ich wisse, daß die dpa sämtliche deutschen Zeitungen beliefere.

Ich kriegte fast einen Herzschlag, gab den Schwindel sofort zu und meine Zustimmung, die Meldung zu annullieren.

Aber es war bereits zu spät. Die Nachricht war raus. Nachdem die Premiere vorbei und das *Nachtgespenst* in die Hose gegangen war, brach eine Flut von Anrufen und wilden Zeitungsmeldungen auf mich herein, daß mir das Lachen endgültig verging. Ich mußte daraus entnehmen, daß »Hardy mir den Spaß nicht übelgenommen« habe. Von seiner Frau erhielt ich ein Glückwunschtelegramm.

Männer im gefährlichen Alter mit Hans Söhnker und Carl-Heinz Schroth als Regisseur war eine Pygmaliongeschichte und der letzte Vertragsfilm bei F. A. Mainz. Nun war ich wieder frei. Langfristige Verträge erfüllten mich immer mit Unbehagen. Freiwillig machte ich alles, unter Zwang nichts. Der Argwohn Verträgen gegenüber verfolgte mich mein Leben lang. Wahrscheinlich eine Art Platzangst. Oder es waren die schlechten Erfahrungen. Immer wieder wurde ich übers Ohr gehauen, oder man versuchte, mich zu Szenen zu zwingen, die ich ablehnte. In *Fritz und Friederike* sollte ich oben ohne drehen, in *Griff nach den Sternen* rauchen. Ich sagte nein. Um die verhaßten Kräche im Atelier zu vermeiden, ließ ich mir vor Drehbeginn alle Bedingungen schriftlich bestätigen, und meine Verträge wurden von Film zu Film endloser. Nur so, das war meine Überzeugung, konnten sie eingehalten werden, denn nie wieder, das hatte ich mir geschworen, wollte ich einen unterschriebenen Vertrag brechen.

Nicht unterschrieben war der Vertrag bei der Kleinen Komödie in München, wo meine erste Begegnung mit Curd Jürgens damit endete, daß wir beide nach der ersten Probe die Rollen zurückgaben. Das Theaterchen war mir zu klein, das Stück zu nichtssagend. »Ich brauche ein richtiges Schauspielhaus«, stellte ich mit typischem Anfängerdünkel fest und nahm den erstbesten Film an, der mir ins Haus schneite. Bei *Schule für Eheglück* spielte die banale Geschichte plötzlich keine Rolle mehr, denn ich hatte Paul Hubschmid als Partner, den schönsten Schweizer weit und breit. Ich wußte von der ersten Begegnung an, daß ich mich in ihn verknallen werde, das war mir wichtiger als die Tatsache, daß wir außer einer mittelmäßigen Story auch noch drei Regisseure auf einmal hatten: Rainer Gais, Peter Berneis und Toni Schelkopf. Trotzdem verlief die Arbeit wie in einem Traum. Ich himmelte meinen Paul an, und die drei Regisseure überließen uns größtenteils die Gestaltung der Szenen, in denen wir ja hauptsächlich verliebt sein mußten. Paul lächelte über meinen Feuereifer und ließ sich wohl oder übel von mir umgarnen, da ich so gar nicht von ihm abließ. Er nahm mich zum Filmball mit, lud mich zum Essen ein und begann heftig mit mir zu flirten. Noch nie hatte ich so viel Erfolg bei einem Mann. Ich kam mir sehr verführerisch vor und schwelgte in den kühnsten Träumen ... man munkelte von seiner Scheidung ... ach, ich war grauenhaft verliebt! Aber auch dieser Film ging zu Ende. Ich fuhr in die Schweiz nach Bern, und Paul nach Ascona, wo inzwischen seine Frau eingetroffen war. Deswegen durfte ich ihm nur poste restante schreiben.

Nun saß ich in Bern mit meinen Erinnerungen und der Hauptrolle in dem Schweizer Film *Uli der Knecht*. Ich wohnte bei Papa und seiner Haushälterin am Malerweg, in dem großen, altmodischen Haus mit den unzähligen Uhren, die Papa jeden Abend um die gleiche Zeit aufzog, um dann, nachdem er seine Pfeife ausgeklopft hatte, ins Bett zu gehen. Obwohl das Haus tagsüber eine gewisse Behaglichkeit ausströmte, wurde es mit einbrechender Dunkelheit immer ungemütlicher, und wenn ich abends im Bett lag, sank die unheimliche Stille des leeren Hauses zentnerschwer auf mich herab. Ich fürchtete mich vor der Einsamkeit und begann zu verstehen, daß Mama in dieser düsteren Umgebung krank wurde.

Paul rief mich einige Male an, und hie und da kam ein Brief. Dann blieben Briefe und Anrufe aus. Meine Hoffnungen fielen zusammen wie mißglückte Dampfnudeln. Ich schlief schlecht und litt unter völliger Appetitlosigkeit.

Die Dreharbeiten strengten mich ungewöhnlich an. Spindeldürr und traurig spielte ich das elternlose Vreneli in Gotthelfs berühmter Bauerngeschichte; ich glaube, ich war sehr gut als arme Verwandte. Kurz vor Drehschluß besuchte uns Charlie Chaplin bei den Dreharbeiten, und er schrieb mir eine Widmung in mein Drehbuch. Es war nur eine kurze, aber unvergeßliche Begegnung.

Kaum war ich fertig mit diesem Film, fuhr ich nach München, wo der ganze Trübsinn von mir abfiel wie ein häßliches, muffiges Kleid. Lag es an der Großstadt, an den vielen neuen Freunden, die ich so vermißt hatte? Oder wollte ich nur der engen Kleinbürgerlichkeit meiner Heimatstadt entfliehen, wo ich doch als Kind so glücklich gewesen war?

Schmerzen und Schnupfen

»Guten Tag, hier ist Pulver, kann ich Frau Leuwerik sprechen?«
»Ja, am Apparat.«
»Äh, ich möchte Sie etwas fragen, es ist sehr wichtig, weil...
könnte ich Sie irgendwann kurz sehen, diese Woche... oder sind
Sie sehr... also... ich möchte Sie nicht stören, nur...« Mein
Stottern am Telephon versandete, da eine überraschte Pause einge-
treten war.
»Ja, natürlich«, kam schließlich die Antwort, »besuchen Sie mich,
wenn Sie mal Zeit haben.«
Ruth Leuwerik wohnte damals in Hamburg, wo ich auch gerade zu
tun hatte. Sie war als Partnerin von Hardy Krüger im *Letzten Sommer*
vorgesehen, und ich hatte das erfahren. Das war lange vor *Schule für
Eheglück*, als ich noch in Hardy verschossen war.
Ruth Leuwerik war damals ein großer Star und Maria Schells
Rivalin. Sie löste sie in den späten 5oer Jahren als Bambi-Siegerin ab
und hatte dann ebenfalls ein halbes Dutzend dieser vergoldeten
Burda-Rehe. Sie hatte mich mit ihrer Darstellung einer Krebskran-
ken in *Ein Herz spielt falsch* in helle Begeisterung versetzt. Ihr zartes,
empfindsames Gesicht wollte nicht zu der eher robust wirkenden
Figur passen und gab ihren Rollen etwas rätselhaft Widersprüchli-
ches.
Als ich eines Nachmittags von ihr empfangen wurde, fiel ich gleich
mit der Tür ins Haus und platzte noch vor dem Tee heraus, ich
würde gerne ihre Rolle im *Letzten Sommer* spielen, weil Hardy...
und weil es eine ernste Rolle sei...
Sie lächelte erleichtert: »Ich will sie gar nicht spielen und lege gerne
ein Wort für Sie ein.«
Jetzt bewunderte ich sie noch mehr. Was für eine tolle Frau!
Natürlich, deswegen war sie so gut in ihren Rollen, weil sie so
menschlich, so verständnisvoll war. Ich konnte ihr nicht genug
versichern, wie sehr ich sie verehrte. Natürlich übertrieb ich ein

bißchen vor lauter Glück. Sie schien es nicht zu bemerken. Freundlich gab sie mir die Hand, als sie sich von mir verabschiedete, nur ihr Blick war etwas nachdenklich geworden. Das war die Vorgeschichte.

Nun hatte ich die Rolle. Wie so oft, war ich überzeugt, daß von diesem Film mein Seelenheil abhänge. Auch die Produzenten schienen meine Ansicht zu teilen. Ich merkte es an der Gage.

Mit Volldampf stürzte ich mich in die Arbeit. Meine schwerste Szene mit Mathias Wieman war gleich am ersten Tag dran. Viel Text, viel Gefühl. Aber voller Schrecken hatte ich schon morgens beim Aufstehen entzündete, geschwollene Augen an mir bemerkt. Heuschnupfen! Und noch etwas anderes: unaufhörliche Blutungen. Zum Glück kam nach den ersten zwei Drehtagen das Wochenende. Aber es wurde nicht besser. Am Montag kam ein Arzt ins Atelier und gab mir eine Spritze. Resultat: Schweißausbrüche, Übelkeit und wahnsinnige Bauchschmerzen. Ich übergab mich und mußte mich hinlegen. An Arbeit war nicht mehr zu denken. Ich mußte einen Tag aussetzen; etwas Schlimmeres konnte mir gar nicht passieren. Mit einem Schlag wurde mir bewußt, daß ich Gefahr lief, umbesetzt zu werden, wenn ich ernsthaft krank wurde.

Am übernächsten Tag gingen die Dreharbeiten weiter, aber mein Zustand verschlechterte sich. Die Augenentzündung wurde immer schlimmer, und eines Nachts kriegte ich plötzlich keine Luft mehr. In der Luftröhre pfiff und rasselte es wie in einem altersschwachen Schornstein. Natürlich konnte ich nicht mehr schlafen. Erst riß ich das Fenster auf, weil ich glaubte, die Klimaanlage sei kaputt. Aber dann merkte ich, es war Asthma.

Es schien sich wirklich alles gegen mich verschworen zu haben, um mir diese große Chance zu vermasseln. Ich machte kein Auge mehr zu. Um 6 Uhr stand ich auf, bleiern und zerschlagen. Um 7 Uhr mußte ich im Maskenbildnerraum sein, um 9 Uhr drehfertig im Atelier erscheinen: frisiert, geschminkt, mit gelerntem Text und – bitte – ausgeschlafen!

Ich schleppte mich von Szene zu Szene, kam dann aber doch ganz gut über die Runden.

Das dauerte noch drei bis vier Wochen, und am letzten Atelierdrehtag war plötzlich alles vorbei. Der seit Wochen herunterprasselnde Regen hörte auf, und mit ihm Schmerzen und Schnupfen. Wir

fuhren nach Hintersee in Oberbayern, wo wir noch einige Außenaufnahmen hatten. Die klare Bergluft und der strahlende Sonnenschein wirkten Wunder. Die Spannung ließ nach und machte einem
ungeheuren Appetit Platz. Die Schlacht war gewonnen. Der Film
wurde allerdings ein Mißerfolg.

Sechs Filme innerhalb von zwölf Monaten! Mit Hängen und Wür-
gen und Alarm der meuternden Gesundheit. Aber darauf konnte ich
keine Rücksicht nehmen. Ich war einfach unersättlich. Jetzt wollte
ich Paris erobern. Bisher hatte ja immer alles geklappt: ich kam, sah
und siegte. Nach Deutschland kam jetzt Frankreich dran, dann
England, Italien und Amerika. Die Frage war nur, sollte ich erst das
Theater- oder das Kinopublikum beglücken?
Ich fuhr nur in die Schweiz, um meine Koffer zu packen, dann nahm
ich das nächste Flugzeug nach Paris.
Der französische Produzent, der mich eingeladen hatte, war aber
weniger an meiner Kunst, als an einem Abenteuer interessiert, und
als er die Aussichtslosigkeit seines Unterfangens erkannte, verreiste
er nach Biarritz. Von da an mußte ich mein Hotel selber bezahlen.
So flog ich wieder zurück, war aber fest entschlossen, bald wiederzukommen.
Nachdem ich mit Papa und Corinne eine Woche in Rom verbracht
und Tausende von Bildern, Kirchen, Museen und Denkmälern
bewundert hatte, kreuzte ich ein zweites Mal in Paris auf, diesmal
mit meinem neuen Studebaker. Es war der 9. Oktober 1954, zwei
Tage vor meinem Geburtstag.
Am 11. Oktober läutete plötzlich das Telephon – ich kam mir schon
ziemlich verloren vor –, wer war es: Maurice Chevalier. Ich hatte
ihn in Zürich kennengelernt, und er sagte damals, indem er mit mir
flirtete, ich solle doch mal nach Paris kommen.
Also, er lud mich zum Essen ein und schenkte mir ein silbernes
Kaffeeservice. Ich war sicher, daß Mama ihm telegraphiert hatte,
ich hätte Geburtstag. Die Überraschung war ihr auf jeden Fall
gelungen. Es war für lange Zeit die letzte: Mein neuer Beschützer
Claude, Filmproduzent, konnte sich plötzlich am Telephon nicht
mehr an mich erinnern. Die französische Agentin hatte keine Zeit,
der Regisseur Marc Allégret kein Interesse an mir. Ich wohnte in
einem kleinen, süßen Hotel direkt an der Seine, Quai St. Michel, im

vierten Stock. Es kostete nicht viel, dafür hatte ich die ersten drei Wochen etwa zwanzig Flohstiche.

Da saß ich nun und schaute auf die Seine. Tagelag sprach ich mit keinem Menschen, außer, wenn ich todesmutig irgend jemanden anrief. Ich fühlte mich von der ganzen Welt verlassen und verraten. So ging ich täglich in den Louvre und klapperte fast alle Theatervorstellungen ab. Einsam pilgerte ich durch die große, vielbesungene Stadt, die mir nun schon seit Wochen die kalte Schulter zeigte. Verbissen begann ich zwei Rollen auf französisch zu arbeiten, um sie Jean-Louis Barrault vorzusprechen. Ich hatte ihn im Schauspielhaus Zürich kennengelernt und seine Aufforderung, ihm in Paris vorzusprechen, für bare Münze genommen.

Maurice Chevalier, der einzige, der sich meiner von Zeit zu Zeit erbarmte, verschaffte mir einen Termin bei dem berühmten Theatermann. Nach tagelangem Büffeln an der Rolle – ich hatte die Constance aus der *Begnadeten Angst* ausgewählt – war es eines Dienstags soweit. Vorsprechen um 18 Uhr.

Ich fuhr ins Théâtre Marigny und meldete mich an. Ich wartete in einem Vorraum, durch den halbangezogene Schauspieler eilten, offenbar war heute Nachmittagsvorstellung, und ließ mich begutachten. Es wurde halb sieben, 7 Uhr 15, kein Jean-Louis Barrault. Um halb acht ging ich. Länger als eine Stunde läßt man auch das ärmste Schwein nicht warten, fand ich. Außerdem hatte ich ein Rendezvous um 20 Uhr mit Claude, der mir mit seinen entzündeten, klugen Augen und dem kurzen, grauen Römerkopf doppelt gefiel, seitdem ich erfahren hatte, daß nicht er, sondern ein anderer mich am Telephon hatte abfahren lassen.

Wenige Tage später fand das Vorsprechen bei Barrault doch noch statt. Ich erinnere mich nur noch, daß er ständig auf die Uhr schaute, mir auf die Schulter klopfte und bemerkte: »Sie haben zuviel Akzent.« Dann machte er, daß er wegkam. Unterdessen war es Anfang November, der Flirt mit Claude langweilig geworden und mein Geld endgültig ausgegangen. Ich fuhr mit meinem Prachtauto durchs Elsaß nach Baden-Baden und begann meine erste Live-Sendung beim Fernsehen: *Unsere kleine Stadt*, Regie Harald Braun.

Fernsehen

»So was würde ich nie machen«, sagte Hardy Krüger zu mir, als ich ihn bei der Premiere vom *Letzten Sommer* wieder traf. Damit meinte er »das Fernsehen«. Auch Kurt Hoffmann, mit dem ich zehn Filme gemacht habe, sagte noch Mitte der 6oer Jahre, er verstehe nicht, daß ich mich für ein solches Trinkgeld derartig abrackere. Für eine Hauptrolle beim Fernsehen bekam ein Schauspieler damals DM 2000,– pauschal. Spesen gab es keine. Aber gute Rollen!

Meine Partner waren Michael Heltau und Mathias Wieman. Das Stück war auf eine Stunde zusammengestrichen worden, und wir probierten nur ungefähr zwei Wochen. Aber es war nicht anstrengend, denn ich hatte ja die Emily schon gespielt.

So gemütlich die Proben verlaufen waren, so grauenhaft aufregend war die Sendung. »Bei einer Live-Sendung kommen sämtliche Nachteile von Theater und Film zusammen«, schrieb ich damals in mein Tagebuch. »Keine Souffleuse, Lampenfieber wie bei einer Premiere, Durchspielen des Stücks ohne Pause und ohne Bewegungsfreiheit wegen der Kameras. Rund 100 000 Zuschauer, die jeden Hänger oder Versprecher erbarmungslos registrieren . . . und das alles für einen einzigen Abend. Die folgenden Vorstellungen, auf die man sich beim Theater freut, fallen weg.«

Aber es ging gut, kein Versprecher, kein Hänger, nur die Tränendrüse versagte wieder einmal vor lauter Nervosität. Immerhin, ich hatte die Fleißarbeit bestanden, denn als solche betrachtete ich mein damaliges Fernsehdebüt.

Weihnachten verbrachte ich mit vollzählig versammelter Familie in Bern. Drei Tage später wurde ich in Zürich operiert, Blindarm und sonst noch was. Plötzlich waren die Bauchschmerzen wieder aufgetreten. Die Ärzte hatte es so eilig, daß sie mein mit großem Appetit verzehrtes Abendessen wieder herausholten und mich in den Operationssaal verfrachteten.

Als ich wieder zu mir kam, fragte ich die anwesende Nachtschwester, ob ich jetzt operiert werde und erfuhr, daß alles schon vorbei sei. Zufrieden wollte ich mich auf die Seite drehen, aber es ging nicht, ich konnte meine Beine nicht mehr bewegen. »Ich bin gelähmt«, schrie ich voller Entsetzen und bäumte mich in panischer Angst in meinem Bett auf. Ich bekam eine Spritze, wachte aber ständig wieder auf und versuchte mit Gewalt die Beine zu bewegen. Erst nach und nach, es kam mir wie eine Ewigkeit vor, fing es leise an zu kribbeln, das Gefühl kam wieder und damit beträchtliche Schmerzen im Unterleib. Man hatte mir außer der üblichen Narkose auch noch eine Spritze ins Rückenmark verpaßt, damit ich schön entspannt sei. Niemand hatte mich gewarnt, daß die Beine später aufwachen könnten als der Rest. Es waren die schlimmsten Minuten meines Lebens.

Ich erholte mich dann schnell, wurde beschenkt und verhätschelt und las jeden Tag die Zeitung. *Uli der Knecht* lief schon die zehnte Woche im größten Kino Zürichs und hatte alle Rekorde gebrochen. Ich war bester Laune, konnte mich aber noch schlecht bewegen, und Lachen war strengstens verboten, wegen der Narbe. Deswegen tat ich es ununterbrochen, klar, alles kam mir doppelt so komisch vor, wie in der Schule. Jeder Besuch, besonders der von Mama, war eine Qual, weil ich bei jedem Blödsinn einen Lachkrampf bekam oder mich beim Essen verschluckte. Einmal, als Mama gerade bei mir war, ging das Telephon, und jemand fragte, ob der graue, zottige Hund uns gehöre, er sei gerade im Operationssaal erschienen. Ich dachte, es zerreißt mich!

1955 drehte ich nur vier Filme. *Griff nach den Sternen*. Einen Jongleurfilm mit Erik Schuman als Rastelli, übernahm ich in zwei Tagen, weil eine Kollegin nicht konnte und ich voller Arbeitswut gerade in München eingetroffen war. Nun stand ich »zufälligerweise« zur Verfügung. Frisch gewagt ist halb gewonnen, die Rechnung schien wieder mal aufgegangen zu sein! Und was für eine Besetzung um mich herum: Gustav Knuth, Margarethe Haagen, Paul Henckels, Ilse Werner, Nadja Tiller, Sybil Werden, Carsta Löck! Aber ich lachte nicht lange. Die rosarote Wolke löste sich auf, und statt dessen verfolgte mich eine Pechsträhne nach der anderen. Als erstes erfuhr ich von einem erneuten Zusammenbruch Mamas, den mir Corinne in allen Einzelheiten am Telephon schilderte. Die Schreckensnachricht aus Zürich warf mich völlig aus der Bahn. Ich konnte an nichts anderes mehr denken und begann ständig und überall zu heulen. Warum passierte das immer, wenn ich nicht da

war? Konnte ihr denn niemand helfen? Verzweifelt, leer und kraft-
los vor Entsetzen stürzte ich mich in die Arbeit.

In der ersten Woche wurden fast alle meine Szenen abgedreht, so
daß ich vor lauter Textlernen kaum zur Besinnung kam. Als die
Anstrengung etwas nachließ, begann ich die Hiobsbotschaft langsam zu verdauen, galoppierte aber bereits einer neuen Katastrophe
entgegen.

Es handelte sich um eine gewaltige Feuersbrunst, die Erik Schuman
als Meisterjongleur in meiner trostbedürftigen Seele entfacht hatte.
Natürlich war er nicht mehr frei, so gut wie verheiratet und nicht
gewillt, sich meinetwegen von seiner langjährigen Freundin zu
trennen. Wir wohnten beide in Garderoben der Bavaria Filmateliers, Halle 4/5, aßen zusammen, lernten Text, quatschten . . .
Doch die Garderobenromantik begann aufzufallen, und schon wimmelte es von Freunden, die samt und sonders versuchten, Erik zu
retten. Noch bevor der Film zu Ende war, begannen die Qualen
vergeblichen Wartens, plötzlicher Hoffnungen und Blumensträuße,
und wieder – das Nichts. Diese Höllenpein dauerte ein Jahr. Dann
machte ich Schluß. Er war drei Wochen später als verabredet zum
Skiurlaub erschienen.

Aber vorläufig steckte ich noch mitten im »Schuman-Jahr«. Erst fuhr
ich mit Mama eine Woche weg, baute auf der Hin- und Rückfahrt je
einen Autounfall, was sie nicht im geringsten beeindruckte, und
lieferte sie völlig erholt bei Corinne in Zürich wieder ab.

Dann begann *Hanussen*. O. W. Fischer spielte und inszenierte den
Film über den berühmten Hellseher. »Alternder Page vom Burgtheater«, nannte er mich und verbot mir, Ponys zu tragen. Mit
strenger, freier Stirn spielte ich eine skeptische Journalistin, die
Hanussen am Schluß verfällt.

Kaum war ich *Hanussen* entronnen, stürzte ich mich in die Arme von
Uli der Pächter, dem zweiten Teil des vor einem Jahr gedrehten
Gotthelf-Films. Vreneli, das zur tüchtigen, lebensfrohen Bauers-
frau herangewachsen ist, aber pausenlos um ihren leichtsinnigen Uli
bangen muß und ihn um ein Haar verliert, war eine meiner schwersten Rollen überhaupt. Ich war abends nach der Arbeit so geschafft,
daß ich nach dem Essen nur noch bewußtlos ins Bett fiel. So kam der
Vertrag von *Ich denke oft an Piroschka* zustande, ein Film, gegen den
ich mich seit Wochen mit Händen und Füßen sträubte.

Erstens war ich der Ansicht, daß mir kein Mensch neunzig Minuten lang einen ungarischen Akzent glaube, und zweitens stand gleichzeitig ein Film mit Erik zur Debatte: *Studentin Helene Willfüer* nach einem Roman von Vicki Baum. Die wollte ich unbedingt spielen.

Eines Abends, als ich völlig k. o. aus dem Atelier nach Hause kam, saßen Agentin Ilse Alexander, die Partnerin von Elli Silman, und Produzent Georg Witt von München in unserer Wohnung auf dem Kanapee. Sie waren gekommen, um mich zur *Piroschka* zu überreden.

Nachdem ich ein halbes dutzendmal nein gesagt hatte, trank ich mir mit einigen Cognacs Mut an, was ich sonst nie tat, und wurde postwendend so betrunken, daß ich den Vertrag schließlich nur unterschrieb, um endlich ins Bett gehen zu können.

Am nächsten Tag kam der Vertrag für Helene Willfüer. Ich tobte. Aber es war zu spät. *Piroschka* hatte gewonnen, und ich wußte nicht, daß ich buchstäblich in mein Glück hineingestolpert war.

Piroschka

»Sonst hätte ich Brigitte Bardot genommen«, lästerte Kurt Hoffmann, der Regie führte. »Dein Glück, daß sie nicht mehr frei war.« Jetzt, wo ich mich ernsthaft mit dem Ungarmädel befaßte, konnte ich meine Absage überhaupt nicht mehr verstehen. Es war eine Traumrolle!

Hin- und hergerissen zwischen übermütiger Lustigkeit, verzweifelter Traurigkeit, wilden Temperamentsausbrüchen und zarten Liebesgeständnissen, erblickte ich in dieser Piroschka mein eigenes Spiegelbild. Und trotz der vielen burlesken Szenen schwebte, vom Dichter Hugo Hartung gewollt und von der weiten, geheimnisvollen Puszta vollendet, eine heitere Wehmut über diesem Sommermärchen. Gunnar Möller spielte den deutschen Studenten, der sich in das naive Pusztakind verliebt, Gustav Knuth den unnachahmlich drolligen Bahnhofsvorstand von Hódmezóvásárhelykutasipuszta, Rudolf Vogel den schrulligsten Briefträger aller Zeiten und Wera Frydtberg die kühle Rivalin.

Die Außenaufnahmen in Jugoslawien dauerten drei Wochen. Wir wohnten in Palič, einem Kurort an der ungarischen Grenze, denn wir durften nicht in Ungarn drehen. Aber die Landschaft war dieselbe, eine schnurgerade Bahnlinie führte durch endlose Weiden mit Pferde- und Gänseherden, an einsamen Ziehbrunnen, ausgefahrenen Sandwegen und Sonnenblumenfeldern sowie an unzähligen Hauswänden voll roter Paprika vorbei.

Wir arbeiteten von früh bis spät bei herrlichstem Spätsommerwetter und ließen uns den heißen Pusztawind um die Nase wehen. Wie gerne hätte ich mich verzaubern lassen, aber Gunnar war mir zu blond und mein Herz noch immer Erik verfallen. Nur abends in der Zigeunerkneipe vergaß ich meinen Kummer, wenn sich das ganze Team bei Ungarwein und knusprigen Spießchen um Gustav Knuth versammelte, um über seine Theatergeschichten Tränen zu lachen. Punkt 21 Uhr stand ich aber auf und wurde von Gunnar mit einer brennenden Kerze bis zu meiner Zimmertür begleitet. Die neun Stunden Schlaf gehörten zu meinem Arbeitsprogramm.

Einmal wachte ich mitten in der Nacht auf, weil jemand mein Zimmer betrat, das ich nicht abgeschlossen hatte. Es war Gunnar, der sich wortlos, eine brennende Kerze in der Hand, auf mein Bett setzte. Er sprach kein Wort und schaukelte einige Male vornüber. Dann ging er wieder. Am nächsten Tag erinnerte er sich an nichts mehr. »Ich war sternhagelvoll«, erklärte er lachend.

Das Ende der Außenaufnahmen wurde in unserem Stammlokal mit einer fürchterlichen Syphonwasserschlacht gefeiert, der ich einen verknacksten Fuß verdankte. Am nächsten Tag konnte ich das Flugzeug nur noch einbeinig besteigen, aber ich wurde ja im Moment nicht gebraucht. Auch der Wettergott machte Pause, schon in der Nacht hatte es wie aus Kübeln zu gießen begonnen.

Nach vier weiteren Wochen Innenaufnahmen in München war *Ich denke oft an Piroschka* abgedreht. Die Premiere fand am 29. Dezember 1955 in Köln statt. Der Applaus war freundlich, die Presse auch. Nichts wies auf einen besonderen Erfolg hin. Erst nach ein bis zwei Wochen waren die Kinos plötzlich ausverkauft und es regnete Preise. Auf einmal stand mein Telephon nicht mehr still, Kollegen, Journalisten, Produzenten, alle wollten mich einladen oder wenigstens meine Stimme hören.

Aber ich konnte es wieder einmal nicht genießen. Ich fuhr meinem Erik hinterher, wartete, telegraphierte, telephonierte, glaubte die aberteuerlichsten Ausreden, schlief nicht, aß nicht, hörte auf, fing wieder an, tat Gelübde, kochte vor Wut und sank wieder in seine Arme. Nachdem ich dann die Skiferien allein verbracht hatte, riß plötzlich der Faden. Sein asiatisches Lächeln verführte mich nicht mehr.

In München trafen wir uns wieder. Zum ersten Mal sagte ich nein. »Ich krieg' dich schon rum«, warf er leichtfertig hin. Der Rat eines alten Hasen fiel mir ein. »Achte drauf, was unter den Tisch fällt.« Es war Eriks Satz, der hinunterfiel, daß es nur so schepperte. Ich ließ den Brocken liegen. Der Appetit war mir vergangen.

Es stellte sich heraus, daß Erfolg anstrengend ist. Die ständigen Einladungen ermüdeten mich. Zum Glück mußte ich nicht lange nach Ausreden suchen, wenn ich mal früh ins Bett wollte, denn ich hatte meine zweite Live-Sendung vor mir: die *Smaragdengeschichte* mit »Blacky« Fuchsberger, Albrecht Schoenhals, Trude Hesterberg und Carl Wery.

Danach begannen schon die Vorbereitungen für den Film *Heute heiratet mein Mann*, wieder mit Produzent Georg Witt und Regisseur Kurt Hoffmann. Meine Partner waren Johannes Heesters, Paul Hubschmid, Gustav Knuth und Ingrid van Bergen.

Die Ereignisse überstürzten sich wieder einmal. Zuerst kaufte ich den Hengst Saturn, der mich haßte, biß, stieg, bockte und nicht im Traum daran dachte zu piaffieren. Mit dem Reitlehrer machte er es doch prima, und deswegen hatte ich ihn schließlich gekauft. Alles was ich fertigbrachte war, ohne herunterzufallen, auf ihm den kleinen Finger zu brechen.

Durch den behandelnden Arzt lernte ich Albrecht kennen, Jurastudent und voraussichtlicher Erbe eines großen Gutes in der Nähe von München. Mein erster Eindruck war – ein großes Doppelkinn. In diesem Alter! Aber während des Tees in einem stark nach Weihrauch riechenden Zimmer mit Tante Toni, Mutter und Großmutter stellte ich fest, daß er die schönste gerade Nase hatte, die mir jemals begegnet war. (Ich kannte ja damals Helmut noch nicht.) Ferner beeindruckten mich seine großen, assyrischen Augen, die dicken Augenbrauen und seine Größe, 1 Meter 90. Aber er sprach sehr bayerisch, und ich war mir noch nicht im klaren, ob ich das mochte.

Es paßte mir gar nicht, jetzt zu den Festspielen nach Cannes zu müssen, aber man konnte ja nie wissen... Ich verteilte auf jeden Fall ziemlich viele Photos – und flog schnurstracks nach München zurück. Aber ich hatte keine Zeit, lange Betrachtungen über meine Gefühle zu Albrecht anzustellen; am selben Abend mußte ich nach Hamburg, wo die Außenaufnahmen zu *Heute heiratet mein Mann* begannen. Nach einer Woche übersiedelten wir nach München, wo wir in den Bavaria-Ateliers weiterdrehten. Es war eine Riesenrolle, ohne einen freien Tag, außer Sonntag, und so wohnte ich wieder in einer Garderobe auf dem Filmgelände, wo man hinten im Wäldchen, zwischen längst vergessenen Filmdekorationen, so herrlich spazierengehen und Text lernen konnte.

Eines Tages kam ein Telegramm aus Paris. Louis François-Poncet, dem ich die vielen Photos gegeben hatte, ließ anfragen, ob ich eine deutsche Baronin in einem französischen Film spielen wolle, den Jacques Becker inszenierte. Ich Kuh antwortete nicht sofort. Allerdings steckte ich gerade in den turbulentesten Szenen, in denen ich Johannes Heesters die halbe Wohnungseinrichtung an den Kopf werfen mußte. Als ich endlich anrief, war es eigentlich schon zu spät. Mr. Becker sei in München, hieß es, und er fahre morgen früh wieder weg. Nun liefen die Drähte heiß. Ich rief Ilse Alexander an. Sie rief zurück, Mr. Becker sei nicht auffindbar. Später am Abend hatte sie ihn erreicht und richtete mir aus, er wolle mich morgen um 9 Uhr bei ihr treffen.

Nun war guter Rat teuer. Um 9 Uhr 30 mußte ich im Studio sein. Ich flehte Kurt Hoffmann an, mich erst um 10 Uhr zu bestellen, aber er wurde ärgerlich, er hatte so schon genug am Hals. Schließlich ging er auf 9 Uhr 45 ein.

Das war knapp, aber ich war zu allem entschlossen; ich bestellte die Maskenbildnerin für morgens um 6 Uhr, damit ich fertig geschminkt um 8 Uhr abflitzen konnte.

Natürlich war ich viel zu früh dran und wartete auf glühenden Kohlen, flatternd vor Ungeduld, ob er wunderbarerweise nicht etwas früher erscheine. Es wurde 9 Uhr, 9 Uhr 15, kein Jacques Becker. Endlich um 9 Uhr 20 kam er, grauhaarig, schnauzbärtig, grünäugig, schaute mich kurz an und sagte eilig: »Oui, ça va.« Dann fuhr er mit Ilse auf den Flugplatz und ich wie Niki Lauda nach Geiselgasteig zurück. Punkt 9 Uhr 45 stand ich im völlig leeren Atelier. Niemand wartete auf mich. Der Kameramann hatte einen Gerichtstermin und kam erst um 11 Uhr.

Frankreich

Nachdem ich mit meinem »unanständigen Kleid« und seinen zwei anstößigen, ovalen Löchern über dem Magen meinen Filmmann zurückerobert hatte, war *Heute heiratet mein Mann* abgedreht. Ich wurde beste Nachwuchsdarstellerin, für was weiß ich nicht mehr, aber statt mich auf meinen Lorbeeren auszuruhen und mit Albrecht anzugeben, wurde ich im Sommer 1956 Dauerpassagier fast aller europäischer Fluggesellschaften:

30. Juni Flug nach Paris zu Vorbereitungen für *Arsène Lupin*,

3. Juli Rückreise nach München,

5. Juli nach Zürich,

7. Juli nach Brüssel,

9. Juli Fahrt nach Ostende, wo ich den Prix Femina für *Piroschka* und den *Letzten Sommer* erhielt,

10. Juli Rückflug nach Zürich,

11. Juli Bern (völig k. o., kein Erholungsaufenthalt, Hausanstrich am Malerweg),

14. Juli Reise nach Paris. Im Studebaker.

Abrecht kam mit. Komischerweise, obwohl er mir äußerlich gut gefiel, tat sich nichts. Es sah danach aus, als sei das Ganze nicht von Dauer. Ich sparte mich. Erst als Corinne und Mama in Zürich bei seinem Anblick von einer Begeisterung in die andere fielen, fing ich Feuer.

So wurde die Reise nach Paris von verliebten Gedanken und Gesprächen vergoldet, und als wir auf halbem Weg übernachten mußten und weit und breit nur noch ein Zimmer frei war, ein Doppelzimmer, war das einfach Schicksal. »Bis Paris ist kein einziges Zimmer mehr frei«, bestätigte der Hotelbesitzer. Das war in Auxerre.

Am nächsten Tag nahmen wir das letzte Stück bis Paris unter die

Räder, müde, aber glücklich. Ich versuchte gerade etwas zu schlafen und dachte über einen Ausspruch Albrechts nach – »man kann ältere Frauen nicht so plötzlich sitzenlassen« –, als der Studebaker plötzlich ganz entsetzlich zu rumpeln begann. Ohä, dachte ich und schaute Albrecht an. Auf mein wiederholtes Fragen hörte er auch etwas. Der Öldruck war fast auf Null.

An der nächsten Tankstelle hielten wir an und erhielten den Rat, den Wagen am besten gleich dazulassen. Nach langem Hin und Her sagte der Mechaniker, wenn wir nicht schneller als 40 km führen, würden wir es vielleicht bis Paris schaffen. Dann warf er uns noch einige nie gehörte Ausdrücke an den Kopf, worauf wir uns aus dem Staube machten, jeden Augenblick eine Explosion erwartend.

Aber so etwas tut ein Studebaker nicht. Unserer schon gar nicht. Nie hätte er uns im Stich gelassen. Krachend und klappernd fuhr er dahin, aber er fuhr. Um 18 Uhr waren wir in Paris und parkten vor dem Hotel de Suède, das ich nicht so windschief in Erinnerung hatte. Hier wohnten wir und fielen nach dem Essen ohnmächtig ins Bett, zu nichts mehr zu gebrauchen.

Am anderen Tag flog Albrecht nach München zurück, und für mich begannen Schmink- und Kleiderproben und das ganze Drum und Dran der Vorbereitungen. Mensch, war ich müde! Ich hätte was drum gegeben, jetzt nicht arbeiten zu müssen. Wer weiß, was Albrecht in München alles anstellte . . . die ältere Frau . . . dann war da noch eine Südamerikanerin . . .

In den ersten Tagen hatte ich überhaupt keinen Appetit. Es war gar nicht leicht, in Paris Fuß zu fassen! Die Leute behandelten mich wie Luft, das war ich nicht mehr gewöhnt. »Die Leute« ist gut! In Frankreich waren Ferien, und wenn Ferien in Frankreich sind, steht alles still, weil auf einen Knall alle wegfahren. Auch die Reparaturwerkstätten waren samt und sonders verwaist, und ich saß da mit meinem kaputten Studebaker. Schließlich gab mir das Hotel eine Adresse, ich brachte den Studebaker hin und sauste jetzt im Taxi durch die Gegend.

Unter anderem mußte ich auch meine Haare rötlich-blond färben lassen, da ich ja eine deutsche Baronin spielte. Die Prozedur fand in einem sauteuren und selten hochnäsigen Arden-Salon statt und dauerte mehrere Stunden. Aber als ich Jacques Becker das Resultat zeigte, wollte er mich plötzlich weißblond haben.

Am nächsten Tag saß ich wieder bei dem Verein. Auf meine Frage, ob das Haar denn das aushalte, antwortete der Friseur mitleidig, er mache es selber, ich solle nur abwarten. Er setzte mich mit einem weißen Brei auf dem Kopf unter eine Haube und ließ mich eine Ewigkeit schmoren. Als ich es nicht mehr aushielt vor Hitze, rief ich um Hilfe. Es kam jemand, und als ich ahnungslos in meine Haare griff, hielt ich zu meinem Entsetzen ein großes Haarbüschel in der Hand. Dann kam der Haarkünstler und schmierte lächelnd einen neuen Brei auf mein strohgelbes Haupt. Eine Stunde später war ich fertig frisiert, schön hellblond und hatte die Hälfte meiner Haare verloren.

Trotzdem fingen wir etwa zehn Tage später im Studio St. Maurice an zu drehen. Meine Partner waren Robert Lamoureux und O. E. Hasse als Kaiser Wilhelm II. Ich genoß die Arbeit in Paris und gewann einen Haufen neuer Freunde. Mit Beckers Tochter Sophie, die Scriptgirl war, und seinem Sohn Etienne ging ich fast jeden Abend irgendwo essen, meistens kam Becker selber mit; und ich mußte nicht einmal auf die Uhr sehen, denn Drehbeginn war und ist in Frankreich um 12 Uhr. Alles lief wie am Schnürchen, außer meinem Studebaker, der nach der Reparatur noch mehr klapperte als vorher, so daß ich ihn wieder zurückbringen mußte.

Am 4. August besuchte mich Albrecht, und wir verlobten uns im Hotel de Suède. Wir sprachen von Heirat. Hätte er nur nicht gesagt, seine Mutter möchte, daß wir katholisch heiraten – ich war ja reformiert –, dann wäre mein Glück vollkommen gewesen. Aber nun begannen wir uns über das Thema zu erhitzen und mir schien, als ob in den kaum geschlossenen, zarten Banden bereits ein kleiner Riß entstanden sei.

Vielleicht war das der Grund, warum ich schon drei Wochen danach öfter als nötig mit Curd Jürgens ausging, der auch gerade in Paris drehte. Wir hatten die Außenaufnahmen in der Nähe von Paris wegen unseres krank gewordenen Regisseurs unterbrechen müssen, und ich hatte sehr viel Zeit.

»Na, du Knallcharge«, begrüßte er mich mit Donnerlache, als wir für eine deutsche Zeitung Photos machten. Von da an sahen wir uns fast täglich. Ich ging mit ihm in Bars, manchmal bis morgens um 3 Uhr und ließ mich von ihm küssen. Er vertraute mir an, daß er im Begriff sei, sich von Eva Bartok scheiden zu lassen.

Ich begann Curd mit Albrecht zu vergleichen. Curd, der mich mit Rolls-Royce und Chauffeur abholte, der ein Weltstar war und vier Sprachen perfekt beherrschte; auf der anderen Seite Albrecht mit Volkswagen, nur 1½ Sprachen und älteren Frauen. War ich jetzt auch schon so eine Filmzicke?

Als Curd mich einlud, ein paar Tage mit ihm nach Spanien zu fahren – ich hatte ein paar Tage nichts zu tun –, sagte ich nein. Das Strohfeuer war schon heruntergebrannt. Warum, das sage ich nicht.

Jacques Becker beendete die Aufnahmen in Paris, hatte aber immer noch Fieber. Wir fuhren ins Elsaß, ich mit neuer Kurbelwelle und neuen Lagern im zufrieden schnurrenden Studebaker; wir hatten noch einige Passagen zu drehen, das, meinte Becker, schaffe er. Wir installierten uns bei strahlendem Wetter im Hotel Schänzle in der Nähe des original kaiserlichen Schlosses Haut Königsbourg und bedauerten schon, daß wir hier, wo es so vielversprechend und gemütlich aussah, nur einige Tage zu tun hatten.

Aber es kam anders. Schon am Tag nach unserer Ankunft hatte Becker wieder 40 Grad Fieber. Niemand wußte, was er hatte. In Paris hatte man ihn auf Typhus behandelt. Der Arzt, den wir in aller Eile gerufen hatten, wollte ihn dann auch sofort nach Straßburg ins Krankenhaus transportieren lassen.

Aber Becker schrie ihn an, er lasse sich von keinem französischen Arzt mehr behandeln, er wolle in die Schweiz oder nach Deutschland.

Ich versuchte, ihm zu helfen und rief Albrecht an, dessen Vater Arzt war. Ich erfuhr, daß in Freiburg, das nur etwa 100 km entfernt war, die besten Kliniken seien, insbesondere für Blutuntersuchungen. Mit einiger Überwindung, denn nun lastete die ganze Verantwortung auf mir, schlug ich Jacques Becker vor, sich in Freiburg behandeln zu lassen und überzeugte auch Sophie und Etienne. Becker befahl mir, ihn sofort anzumelden und erklärte, daß er sich nur von mir hinfahren lasse.

Ich war sehr stolz darauf, aber als wir unterwegs nach Freiburg waren, wurde mir äußerst mulmig, ich wußte ja nicht, ob ich das Richtige getan hatte.

Die Untersuchung in Freiburg ergab: Becker hatte eine doppelte Brustfellentzündung und mußte mindestens sechs Wochen liegen.

Wir besuchten ihn fast jeden Tag, denn nun hatte es zu regnen begonnen. In Haut Königsbourg vertrieben wir uns die Zeit mit Reiten, denn wir hatten drei Pferde mit für die Reitpassagen. Jeden Abend galoppierten wir quer durch den Wald, verirrten uns oder entgingen haarscharf einem Sturz, wenn die Pferde über Hasen und Rehe erschraken. Es war wie im Märchen.

Serge, der Regieassistent, bemühte sich, nach Beckers Angaben die fehlenden Szenen zu Ende zu drehen, aber es regnete auch in der zweiten Woche ununterbrochen.

Natürlich waren wir während dieser Zeit nicht untätig im Hotel Schänzle. Jeden Tagen fielen uns neue Streiche ein, und abends fand man unweigerlich Besen, Schaufeln und sonstige scharfe Gegenstände im Bett vor, oder der eingeweihte Wirt mischte künstliche Regenwürmer in den Salat.

Aber der Höhepunkt war die Nacht der ausgehängten Türen. Etienne und ich hoben vier oder fünf Türen aus den Angeln und lehnten sie fein säuberlich wieder an. Darauf versteckten wir uns in seinem Zimmer und warteten. Kurz darauf krachte das erste Opfer mit seiner Tür ins Zimmer. Es war die Frau des Regieassistenten. Leider ging sie sofort hinunter und warnte die andern. Jetzt ging eine wilde Jagd durch das ganze Hotel los, an der sich auch der Wirt und die Serviertöchter beteiligten, aber wir hatten uns schon in ein leerstehendes Zimmer im obersten Stock geflüchtet. Während Etienne Wasser auf die Verfolger schüttete und anschließend übers Dach davonkletterte, konnte ich mich gerade noch in eine Toilette retten, bevor sich die Horde auf mich stürzte. Von da entwich ich durch das winzige Toilettenfenster und ward nicht mehr gesehen.

Als ich mich nach längerem Warten endlich in mein Zimmer wagte, waren alle meine Habseligkeiten einzeln in Packpapier eingewickelt, zugeschnürt und an der Decke aufgehängt. Das Bett stand frischgemacht auf dem Balkon.

Naja, auch diese himmlische Zeit näherte sich ihrem Ende. Gut war es vielleicht doch, denn meine Haare hatten sich in der Zwischenzeit so gelichtet, daß ich an den Schläfen und am Hinterkopf eine Glatze bekommen hatte und nur noch mit Hut spielen konnte.

»Die Lerche«

November in München. Es war grau und eintönig. Ich ging mit Albrecht zum Essen, ins Theater oder fuhr mit ihm auf sein Gut hinaus. Aber nach zwei Wochen begann es mich zu langweilen, insbesondere, weil ich schon etwas abgekühlt war und weil ich in Wirklichkeit nur an einem interessiert war: Arbeit.

Da rief Corinne an, die seit kurzem am Fernsehsender Stuttgart engagiert war, und fragte mich, ob ich in einer Live-Sendung *Die Lerche* von Jean Anouilh spielen wolle, Regie Franz Peter Wirth. Arbeitswut hin, Arbeitswut her, ich erschrak, denn ich kannte das Stück, die Riesenrolle, die endlosen Monologe. Ich erzählte Helmut Käutner und Curd Jürgens bei einem Nachtessen davon. Jürgens riet ab, Käutner riet zu.

Am nächsten Tag lehnte ich ab. Aber es ließ mir keine Ruhe. Kann man eine heilige Johanna einfach ablehnen? Ich sagte wieder zu. Es wurde zwar schon mit jemand anderem verhandelt, trotzdem richtete sich der völlig verwirrte Sender ein: 1. Dezember Probenbeginn, 30. Dezember Sendung. Nun konnte ich aber wirklich nicht mehr raus.

Am gleichen Abend rief Realfilm Hamburg an, ob ich den nächsten Käutner-Film machen wolle – Drehbeginn: 1. Dezember! So war es immer! Kaum hatte ich etwas zugesagt, kam etwas noch Wichtigeres. Wie gut hätte ich mich jetzt vor der Fernsehstrapaze drücken können. Aber ich erklärte den Filmleuten heldenhaft, ich sei erst am 1. Januar frei. Ilse Alexander und Elli Silman, meine beiden Agentinnen, informierte ich, daß ich aus der Fernsehsendung auf keinen Fall mehr aussteigen könne. Als ich aber in Stuttgart anrief, um dem Sender meine Mitwirkung nochmals zu bestätigen, versuchte Elli auf der anderen Leitung gerade den Fernsehdirektor Dr. Helmut Jedele zu überreden, mich freizugeben. Ich stellte sie zur Rede. Von da an war Elli nicht mehr gut auf mich zu sprechen. Und als sie sich von Ilse trennte, blieb ich bei Ilse.

Vorläufig blieb ich jedenfalls Siegerin; der Film – es handelte sich um *Die Zürcher Verlobung* – wurde verschoben, und ich machte beides.

Am 2. Dezember fingen in Stuttgart die Proben zur *Lerche* an. Ich kam an und konnte kein Wort Text. Schon in den ersten Tagen merkte ich, auf was ich mich da eingelassen hatte. Mir rauchte der Kopf. War es menschenmöglich, diese Rolle in vier Wochen zu lernen? Das heißt, es waren nur zwei, am 14. 12. begannen schon die Kameraproben und vom 23. bis 27. war Weihnachtsunterbrechung. Ich zog mit Corinne ins Parkhotel, wo ich besser zu lernen hoffte als in der kleinen, lärmigen Pension, wo Corinne sonst wohnte. Ich hatte sehr viel Blumen bekommen, lauter Fliedersträuße, und an den Fenstern wimmelte es von Marienkäferchen – das war ein gutes Zeichen.

Die Proben gingen voran. Warum hatte ich bloß nicht vorgelernt? Meine größte Angst war indessen nicht das Steckenbleiben, sondern das Verquatschen. Früher am Theater, kannte ich so etwas gar nicht. Erst beim Film fing das an. Wahrscheinlich, weil man sich da nie richtig vorbereitet.

Die erste Aufzeichnung war am 30. Dezember morgens um 11 Uhr. Das Lampenfieber begann schon drei Tage vorher, und jeden Tag wurde mein Puls schneller und schneller. Heute, am 30. Dezember, ratterte er wie ein Maschinengewehr.

Die Aufzeichnung lief fehlerlos.

Abends war Sendung. Live. 2 ¼ Stunden.

Das geht nie vorbei, dachte ich, als ich gegen halb sieben vom Hotel zu Fuß ins Studio wanderte. Ich kann ja mal anfangen, aber das geht nie zu Ende . . .

Ich war schnell geschminkt als einfaches Landmädchen Jeanne; und die inzwischen wieder dunkelgefärbten Haarstoppeln ließ man, wie sie waren.

Der Anfang der Sendung hatte wirklich etwas von einer Hinrichtung. Deshalb ging ich wohl immer um den Scheiterhaufen herum, als ich meinen Text wiederholte.

Dann sah ich auf einmal im Halbdunkel in den Gängen oberhalb des Studios Zuschauer auftauchen. Dicht gedrängt, Kopf an Kopf. Jetzt war es ganz aus!

Ich lief zu Franz Peter Wirth: »Wer hat die hereingelassen?« rief ich außer mir. »Das hat mir niemand gesagt, so kann ich nicht spielen . . .«

In diesem Augenblick kam die Durchsage: »Fünf Minuten vor 8 Uhr« – und Franz Peter flüchtete aus dem Studio.

Die Panik, die mich ergriffen hatte, war unbeschreiblich. Was sollte ich jetzt tun? »Vier Minuten vor acht«, tönte der Lautsprecher. Hastig schluckte ich zwei Beruhigungstabletten, die ich auf alle Fälle eingesteckt hatte. Noch drei Minuten . . . noch zwei Minuten . . . noch eine Minute . . .

Eine rote Lampe leuchtete auf. Darunter stand: »Achtung Sendung«.

Mein Herz klopfte wie rasend: 2 ¼ Stunden ohne Unterbrechung, ohne Souffleuse, ohne Rettung und 4 ¼ Millionen Zuschauer; und all die Kollegen . . .

Es begann. Ich war völlig benommen. Schon nach den ersten fünf Sätzen bildete ich mir ein, ich wisse nicht weiter. Aber ich redete wie ein Wasserfall, wie ein Automat. Die Kameras fuhren lautlos um mich herum. Es knisterte, es lief. Die Szene mit Paul Esser, der den Beaudricourt spielte, war die schwerste, ich hatte sie schon hinter mir; dann kam eine kleine Verschnaufpause vor der Hofszene mit Robert Graf; in den Gerichtsszenen mit dem leidenschaftlichen Ausbruch konnte ich mich hinter dem Gefühl verstecken – aber immer wieder fiel ich aus der Rolle und dachte: Jetzt ist es aus – und tauchte blitzschnell ins Spiel zurück.

Und dann ließ ich plötzlich einen Satz aus; es überlief mich siedendheiß; ich sprang in den nächsten und ließ wieder einen aus – blackout –! Ich dachte, ich falle tot um . . . aber es dauerte nur eine Sekunde . . . dann redete ich weiter, *es* redete weiter . . . es war der erste wirkliche Hänger meines Lebens. Niemand hatte es bemerkt.

Das Schwerste war nun hinter mir. Es blieb meine Lieblingsszene im Kerker, wenn Jeanne von allen verlassen wird. Ich wurde ganz ruhig und sprach den letzten Monolog, als sei ich ganz allein auf der Welt. Dann kam die Schlußeinstellung auf dem Scheiterhaufen, die Verklärung der Jungfrau.

Es war vorbei. Das rote Licht erlosch. Die Kameraleute kamen unter ihren Tüchern hervor, alles begann sich zu räuspern und sich zu umarmen. Es war geschafft.

Keine Panne, überhaupt keine. Ein unbeschreibliches Wonnegefühl durchfuhr mich. Franz Peter stürzte sich auf mich, Corinne, Helmut Jedele, Hans Gottschalk und alle meine Partner. Und die Anrufe! Das Telephon stand nicht still. Alle Sender gratulierten

Stuttgart. Helmut Käutner rief an, Kurt Hoffmann, Paul Hubschmid, Kollegen, Journalisten.
Viele behaupteten, es sei meine beste Rolle gewesen!

»Man ist im Schnellzug und kann
nicht mehr aussteigen«

. . . hörte ich O. E. Hasse mal zu Curd Jürgens sagen.
So ging es mir jetzt auch schon fast. Am 30. Dezember 1956 war ich
in Stuttgart noch »mehr Rohrspatz als Lerche«, wie Martin Morlock
mich in seiner Kritik liebevoll nannte; und am 2. Januar 1957 hatte
ich in Hamburg bereits den ersten Drehtag für die *Zürcher Verlobung*
nach dem Roman von Barbara Noack.
Wieder hatte ich keine Zeit zum Textlernen, wieder schwitzte ich
Blut und Wasser, weil ich nicht vorbereitet war. Ich lernte beim
Schminken, beim Essen, zwischen den Szenen; keine Einstellung
war ohne mich, von morgens um 9 Uhr bis abends um 19 Uhr. Nach
der Arbeit mußten dann noch die Kleider für den nächsten Tag
probiert werden.
Natürlich blieb da keine Zeit zum Flirten, weder mit Paul Hubschmid noch mit Berhard Wicki, meinen beiden Partnern. Albrecht
war zwar weit weg, aber er ging mir mit seinen eifersüchtigen
Anrufen und Briefen auf die Nerven. Er behauptete steif und fest,
ich sei in Berni verliebt. Er schickte mir sogar einen glatzköpfigen
Herrn auf den Hals, der immer kurz nach mir aus dem Lift stieg und
mir auch sonst überall begegnete; es war ein Detektiv. Dabei war
mir Berni völlig gleichgültig, er gefiel mir nur in seiner Rolle als
»Büffel«. Daß er mich auch privat mit den Blicken verschlang, war
schließlich nicht meine Schuld. Ich hatte im Augenblick wirklich
andere Sorgen. Außer dem unabsehbaren Textgebirge türmten sich
nämlich nun auch noch Terminschwierigkeiten mit der Thomas-
Mann-Verfilmung *Bekenntnisse des Hochstaplers Felix Krull* vor mir
auf, die Kurt Hoffmann zur gleichen Zeit in den Hamburger
Ateliers drehte; Kurt zuliebe hatte ich darin eine kleine Rolle
übernommen, die Zaza.
Zum Glück fuhren wir dann zu Außenaufnahmen in die Schweizer

Berge, wo ich vorläufig nicht zu erreichen war. In Zürich nahm ich Mama mit, die schon wieder einen Klinikaufenthalt hinter sich hatte. Meine Gegenwart schien ihr gut zu bekommen, und sie entwickelte sofort einen ungeheuren Appetit.

Nach einer Woche fuhr ich im Studebaker nach Hamburg zurück. Berni, immer am Ball, fuhr mit, löste mich beim Fahren ab und eignete sich auch sonst hervorragend als Klagemauer. Ich konnte endlich mal nach Herzenslust über meine Müdigkeit jammern.

Als wir in Hamburg ankamen, es war Samstag abend, war schon wieder der Teufel los. Da die *Zürcher Verlobung* Verspätung hatte und *Felix Krull* offenbar nur noch auf mich wartete, sollten wir nun auch am Sonntag drehen, um fertig zu werden. Das war morgen.

Alles Schimpfen half nichts. Sonntag morgen um 9 Uhr standen wir alle, mehr oder weniger zerknittert, im Atelier – aber wer nicht kam, war Berni. »Er hat ein riesiges Furunkel«, verkündete der Versicherungsarzt.

Ich traute meinen Ohren nicht. Zwei Tage frei, aus heiterem Himmel? Sollte Berni etwa . . .? Ich besuchte ihn, er wohnte ja auf demselben Gang wie ich, und er blinzelte mich pfiffig an . . .

Meine Besuche wurden dann aber immer kürzer, denn er wurde trotz seines Furunkels immer leidenschaftlicher, und dann mußte ich ja bei *Felix Krull* drehen. Als Berni gesund wurde, kam die *Zürcher Verlobung* wieder dran, und so raste ich denn ununterbrochen von einem Atelier zum andern.

Endlich kam der allerletzte Drehtag. Es war ein Montag, und wir drehten den ganzen Tag bis abends um 20 Uhr 30. Völlig erledigt, aber glücklich schminkte ich mich ab und ging mit Berni zu »Tschang« essen, dem alten Chinesen, der in einer kleinen Baracke neben dem riesigen Hotelpalast für jeden Gast ein höchstpersönliches Leibgericht zauberte. Berni ging heute aufs Ganze, aber ich warf ihm ganz brutal an den Kopf, ich hätte die Nase voll von verheirateten Männern. Wir redeten eine ganze Flasche Rotwein leer, und ich wurde so müde, daß ich beinahe auf meinem Stuhl einschlief. Was dann passierte, weiß ich nur noch bruchstückweise. Auf jeden Fall hatte Berni am nächsten Tag eine gebrochene Rippe.

Anschließend fuhr ich nach Karlsruhe zur Bambi-Feier, wo ich fünfte war. Dann nach Stuttgart, wo ich Albrecht den Laufpaß gab.

Irgendwann im März war in Hannover Premiere der *Zürcher Verlobung*, von wo ich, schon mit Feriengepäck bewaffnet, nach Griechenland fliegen wollte. Mit Buebi. Kurt Ris, der Pilot, hatte diesen Flug heimlich übernommen und freute sich schon auf meine Verblüffung, aber ich verfehlte wegen Nebels das Flugzeug. Selten so geärgert.

Ich hatte wirklich Ferien nötig und genoß mit Buebi, dem wandelnden Lexikon und Witzblatt, meine geliebten griechischen Ruinen. Akropolis, Kap Sunion, Korinth, Epidaurus mit dem berühmten Theater, Mykene, die Geburtsstätte Agamemnons. In Delphi trank Buebi aus dem gewissen Brunnen, trotz der Sage, daß man dann innerhalb eines Jahres verheiratet ist. Nach dem kühlen Trunk bemerkte er: »Entweder bin ich in einem Jahr unter der Haube, oder ich habe Typhus.« Ein Jahr später heiratete er seine Béatrice.

Die wohlverdiente Ruhe in Griechenland hielt leider nicht lange an. Ilse Alexander bombardierte mich mit Telegrammen, ich müsse zurückkommen, die Amerikaner warteten auf mich mit dem Lasso. Es ging um die Hauptrolle in *Zeit zu leben und Zeit zu sterben* nach Erich Maria Remarque, Regie Douglas Sirk, Partner Paul Newman.

Wir flogen also zurück, Buebi mußte wieder arbeiten, und ich offensichtlich auch früher, als ich dachte. In Frankfurt wurde ich von Mr. Al Daff, dem Chef der Universal, empfangen, als sei bereits alles perfekt. Douglas Sirk wollte sich erst noch die Aufzeichnung der *Lerche* ansehen, war aber dann auch mit mir einverstanden.

Und nun begann das größte Gestürm meines Lebens: Der Remarque-Film sollte Mitte August in Berlin beginnen, aber vorher mußte ich in Salzburg in Lessings *Emilia Galotti* die Titelrolle spielen, Proben ab 9. Juli, fünf Vorstellungen im August. Am 1. September begann der Hoffmann-Film *Das Wirtshaus im Spessart*, beide Verträge hatte ich bereits unterschrieben. Und da sollte ich den Ami reinquetschen? Aber wenn ich ablehnte, spielte Marianne Koch die Rolle. Das konnte ich nicht zulassen!

Trotzdem wurde ich immer unentschlossener. Kurt Hoffmann lehnte eine Verschiebung des *Spessarts* kategorisch ab. Der Produzent Georg Witt war nicht zu erreichen. Und an dem einen Film hing dieser berüchtigte Siebenjahresvertrag mit sieben Filmen. Was wurde dann aus meiner Karriere in Deutschland? Sollte ich nicht lieber den Film von Jacques Becker über Modigliani machen? Aber die Rolle war nicht so gut wie die amerikanische.

Ich traf mich wieder mit Albrecht. Er sah hinreißend aus. Plötzlich wurde ich wieder »scharf« und wahnsinnig eifersüchtig auf seine Weiber, denn statt mir zu helfen, meine Probleme zu lösen, fuhr er nach Ascona zum Golfspielen. Allein? Er ließ sich auf jeden Fall nicht erweichen, hierzubleiben und fuhr weg.

Ich hatte nicht erwartet, so schnell und so gründlich ersetzt zu werden.

Ununterbrochen kamen Anrufe und Telegramme aus Hollywood. Es ging immer noch um den Jahresvertrag. Douglas Sirk riet mir zu fünf Filmen in fünf Jahren. Ich wollte nur drei Filme in drei Jahren. Da man sich nicht einigen konnte, wurde beschlossen, mich nach Amerika kommen zu lassen. Der Probenbeginn in Salzburg wurde um eine Woche verschoben und der Abflug mit Ilse Alexander auf den 1. Juli festgesetzt. Am 28. Juni machte ich noch schnell das Reitabzeichen auf Georgette, der großen braunen, braven Stute. Nun konnte nichts mehr passieren, die Trophäe begleitete mich nach Amerika.

Nach 27 Stunden Flug über den Nordpol kamen wir völlig k. o. in Los Angeles an. Paul Kohner, der amerikanische Agent, holte uns ab. Wir waren aber so müde, daß wir sofort nach dem Essen ins Bett gingen. Am andern Morgen wachte ich in aller Herrgottsfrühe auf. Die Vertragsgeschichte ging mir ununterbrochen im Kopf herum. Fünf Filme in fünf Jahren – sollte ich nicht einfach absagen? In aller Ruhe die Festspiele in Salzburg hinter mich bringen und dann gemütlich das *Wirtshaus im Spessart*? Und die große Chance sausen lassen?

Ich frühstückte mit Ilse. Noch hatte ich Appetit. Der sollte mir aber bald vergehen.

Gleich am ersten Tag machte ich den Fehler, Douglas Sirk um Unterstützung wegen meines Jahresvertrags zu bitten. Aber natürlich vertrat er die Interessen des Studios und warnte mich, weitere Schwierigkeiten zu machen, hier in Amerika werde kurzer Prozeß gemacht.

Also fünf Filme in fünf Jahren und dieses namenlose Durcheinander mit Salzburg und dem *Spessart*.

Absagen, absagen, hämmerte es im hinteren Gehirnkastl. Chance, Chance, flötete es weiter vorn.

So vergingen die Tage, die Probleme wurden immer vertrackter und verfolgten mich bis in meine Träume. Jeden Morgen erwachte ich früher, jeden Tag wurde ich nervöser. Ich mußte aber schon Text lernen für die Probeaufnahmen und Kleider probieren. Georg Witt hatte unterdessen tatsächlich gegen eine Entschädigung den Drehbeginn des Hoffmann-Films auf den 1. Oktober verschoben. Und nun kam Paul Kohner und schlug mir vor, den Film abzusagen; oder Salzburg. Ich wies das Ansinnen entrüstet zurück. »Was sagen denn die Amerikaner dazu, wenn ein Schauspieler seinen Vertrag bricht?« fragte ich. Aber dann kam das Schlimmste. Paul Newman spielte gar nicht, sondern ein gewisser John Gavin, ein völliger Neuling, der gerade aus der Marine entlassen worden war. Er sah blendend aus. Aber hätte ich für meinen ersten Film in Amerika nicht von einem berühmten Namen mitgezogen werden müssen? War Douglas Sirk wirklich ein guter Regisseur?

Aber noch hatte ich nicht unterschrieben.

Der Tag der Abreise kam. Das Flugzeug ging um 24 Uhr über den Pol zurück nach Frankfurt. Paul Kohner brachte uns bis ins Flugzeug, wo er eine Mappe öffnete und mir etwa ein Dutzend Verträge unter die Nase hielt. Dann drückte er mir eine Feder in die Hand: »Unterschreiben«, befahl er. Ich starrte die Papiere an. Unterschrieb. Mir wurde ganz schlecht. Ich war in die Falle gegangen.

Ich verfluchte meinen Wankelmut und war überzeugt, daß das Ende meiner Laufbahn nun besiegelt sei. Ich war völlig am Boden zerstört, als wir nach 27 Stunden Flug wieder in Frankfurt landeten. Sofort stürzten sich Journalisten auf mich. Ich winkte müde ab: »Ja, ich habe abgeschlossen«, und stieg nach München um. Sofortiger Presseempfang. Ich gab fast den Geist auf: »Ich bin müde«, rief ich wütend dem Idioten zu, der das arrangiert hatte. Aber ich mußte hin.

Ich hatte mich furchtbar auf Albrecht gefreut; aber als er mich im Hotel nach dem Empfang besuchte, war mir so elend, daß ich mich nach einer Stunde verabschiedete und bewußtlos ins Bett fiel.

Ich war einfach restlos überfordert. Zweiundzwanzig Wochen ununterbrochene Rackerei lagen vor mir. Um mich selbst zu beruhigen, teilte ich sie in vier Etappen auf:

1. Etappe: Fünf Wochen Proben in Salzburg; 2. Etappe: Fünf Vorstellungen im August, mit viermal Hin- und Herfliegen von Berlin, wo die Vorbereitungen für den Remarque-Film beginnen sollten; 3. Etappe: Fünf Wochen Drehzeit in Berlin; 4. Etappe: Sieben Wochen Drehzeit *Das Wirtshaus im Spessart*.

Das war kein Spaziergang! Aber ich hatte ja Albrecht. Ich war fürchterlich verknallt in ihn und gedachte, mich aufs neue mit ihm zu verloben. Auf ihn setzte ich alle meine Hoffnungen.

Aber nun bekam ich von ihm die Quittung für die Entlobung in Stuttgart. »Ich habe genug gelitten letzten Winter«, trumpfte er auf. »Du kannst jetzt nicht einfach kommen und sagen: ›He, da bin ich wieder!‹« Sprach's und fuhr nach Ascona zum Golfen mit seiner früheren Freundin, »weil sie sonst Selbstmord macht!«

Das war am Tag nach meiner Ankunft. Ich hatte keine Zeit zum Grübeln, um 17 Uhr hatte ich in Salzburg die erste Probe zu *Emilia Galotti*.

Emilia hat zwei große Szenen und ist die schlechteste Rolle des Stücks. Dazu war sie verteufelt schwer. Ich arbeitete wie ein Roß, aber je verbissener ich mich hineinsteigerte, desto bedenklicher wurden die Mienen meiner Kollegen. Will Quadflieg und Maria Becker arbeiteten mit mir im Hotel, aber es kam einfach nichts heraus, wie bei allen ausgequetschten Zitronen.

Die Premiere rückte heran. Noch nie hatte ich vor einem so prominenten Publikum gespielt. Die berühmtesten Schauspieler deutscher Sprache waren meine Partner: Ewald Basler, Raoul Aslan, Ernst Ginsberg, Will Quadflieg, Maria Becker, Elisabeth Flickenschildt, Hannsgeorg Laubenthal. Jeder einzelne war eine Legende, eine Übermacht, die mich nicht mitriß, sondern erdrückte.

Ich war halbtot vor Angst. Zwei Stunden vor Beginn schlich ich nach Maria Plain, der Wallfahrtskirche mit der heiligen Treppe, auf der man sich nur auf den Knien hinaufbewegen darf. Heimlich, still und todesmutig erklomm ich mit meinen Knien die vielen Stufen, um mein Schicksal zu besiegen. Dann ging ich zur »Hinrichtung«.

Alles ging soweit glatt, bis zur Schlußszene. Ich stand am Auftritt und wiederholte meinen Text – und wußte plötzlich nicht mehr, hieß es in dem einen Satz, »es entstand« oder »es erhob sich so mancher Tumult« ... Stichwort – Auftritt. Maria Becker stand in der ersten Gasse und hörte mir zu. Genaugenommen hätte es mich nicht stören dürfen, aber eben, es störte mich. Der Satz war schon vorbei, da erinnerte ich mich: Habe ich jetzt »entstand« oder »erhob« gesagt – und vergaloppierte mich so hoffnungslos im zweiten Teil des Satzes, daß es der hinterste Zuschauer gemerkt haben mußte! Ich erstarrte vor Schreck. Der ganze Elan für den Höhepunkt meiner Rolle und des letzten Aktes war zum Teufel. Daran konnte auch mein Lieblingssatz nichts mehr ändern: »Eine Rose gebrochen, ehe der Sturm sie entblättert.«

Eine solche Panne war mir überhaupt noch nie passiert. Ausgerechnet in Salzburg mußte es sein. Die Presse war vernichtend. Nur die Süddeutsche Zeitung und der Wiener Kurier waren gut. Alle andern zerrissen mich in der Luft ». . . was suchen Filmstars beim Theater?« – »Ihr Lampenfieber ließ die Fehlbesetzung noch deutlicher werden.« – ». . . ungenügende technische Ausbildung – zu dürftige, filmische Ausdrucksmittel«. War ich tatsächlich so unbegabt? Hatten die Kritiker am Ende sogar recht? Oder lag es vielleicht an meinem mausgrauen, unscheinbaren Kleid mit der schwarzen Spitze auf dem Kopf, worin ich mager und verhärmt aussah, statt überirdisch schön und vollkommen, wie der Prinz allen vorschwärmt?

Es war mein erster großer Mißerfolg auf der Bühne. Diese vermaledeite Vertragstreue hatte mir außer den größten Terminschwierigkeiten nun auch noch einen phänomenalen Reinfall beschert.

Am nächsten Tag begann die zweite Etappe: Hin- und Herfliegen. In Berlin hatten die Vorbereitungen für den Remarque-Film begonnen. Die Amerikaner nahmen mich mit Text- und Kleiderproben in die Mangel und waren mit nichts zufrieden. Immer wieder wurden neue Probeaufnahmen angesetzt, weil dem Produzenten die Kleider nicht gefielen. Und natürlich gab es Ärger, weil ich ständig wegfuhr.

Am 14. August war wieder *Emilia*. Die Maschine flog morgens um 6 Uhr nach München, von da mußte ich mit dem Wagen nach Salzburg fahren. Abends Vorstellung bis halb elf. Das war hart. Ich hoffte, Albrecht würde mich hinfahren, aber er hatte keine Zeit. Er wurde überhaupt immer gleichgültiger und ich immer verliebter. So ist das immer.

Als ich wieder in Berlin war, besuchte er mich und wollte am 10. August mit mir nach München zurückfliegen, da war wieder

Emilia. Ich kam mit, er nicht, er hatte Warteliste. Aus seinem Wutanfall entnahm ich, daß er mit der anderen verabredet war, und es blieb ihm nichts anderes übrig, als es zuzugeben. Hatte er nicht versprochen, mit ihr aufzuhören? »Ich habe Geschäfte mit ihrem Mann«, erklärte er kalt. Ich hatte weder Zeit noch Kraft zu diskutieren und flog allein weg. Meine einzige Freude war nur noch der wartende, treue Studebaker auf dem Flugplatz in München, mit dem ich einmal mehr nach Salzburg gondelte.

20. August mit dem ersten Flugzeug zurück nach Berlin.

24. August *Emilia*. Ich hatte Papa, Onkel Viktor und Buebi eingeladen. Sie waren begeistert. Ich werde nie vergessen, wie Papa und Onkel Viktor, beide schwerhörig, sich in der Hotelhalle von Schloß Kleßheim noch lange nach Mitternacht ihre Eindrücke in die Ohren schrien, daß das ganze Schloß widerhallte.

Am 26. August begannen in Berlin die Dreharbeiten. Es war maßlos anstrengend und unerfreulich. Der Produzent mischte sich in alles ein, schrieb täglich das Drehbuch um und versuchte auch Douglas Sirk am Zeug zu flicken, bis dieser ihn nach Amerika zurückschickte. Mein Partner, der Seemann, brach ständig die Aufnahmen ab, weil er seinen Text nicht konnte, behauptete, ich halte mich nicht ans Drehbuch, und weigerte sich, Kußszenen zu drehen, da seine Frau hinter der Kamera saß und strickte. Alle, außer dem Regisseur, waren unfreundlich und nahmen mir meine Terminschwierigkeiten übel. Nach Drehschluß mußte ich Kostüme für den *Spessart* probieren und am Sonntag Photos machen. Dazwischen mußte ich noch dreimal nach Salzburg.

Als *Emilia* endlich begraben war – Ende der 2. Etappe! –, eröffnete man mir, vier Riesenszenen, die ich bereits abgestrichen hatte, müßten wiederholt werden. Das Ende des Films war nicht abzusehen. Nachtaufnahmen brachten mich um den heißersehnten Schlaf. Ich konnte nichts mehr essen und goß nur noch Gerstensuppe in mich hinein. Ich zählte die Tage bis zum Schluß dieses Martyriums. Schon kamen aus München Telegramme, eine weitere Verschiebung des *Spessarts* sei wegen der Außenaufnahmen unmöglich. Die Angst, Kurts Film zu gefährden, verfolgte mich nun schon den ganzen September. Alles hing von mir ab. Ein Albtraum.

Auch die Amerikaner wurden nervös. Jeden Sonntag wurde gedreht. Ich konnte kaum mehr krauchen. Endlich kam der 28. September, mein letzter Drehtag. Punkt halb neun standen alle drehbereit auf der Straße. Nur Herr Gavin nicht. Er war um elf noch nicht da. Die Spannung aller Beteiligten stieg ins Unerträgliche. Als er kam, war es beinahe Mittag. Seine Frau sei ins Krankenhaus gebracht worden, erklärte er leichenblaß; »Frühgeburt« munkelte man. Dafür ließ er alles stehen und liegen – und ließ sich später doch von ihr scheiden.

Um halb sechs Uhr abends war ich fertig, das war die Hauptsache. Ich war wie erlöst. Zentner, Tonnen, Wagenladungen fielen von meiner Seele. Ich hatte es geschafft. »Ende der 3. Etappe«, telegraphierte ich an Albrecht und verschlang im Hotel ein wagenradgroßes Schnitzel.

Freudestrahlend flog ich am nächsten Tag nach München, wo ich einen friedlichen Sonntag mit Albrecht verbrachte. Aber der Schein trog. Schon am nächsten Morgen eröffnete er mir, er könne mich nicht nach Haibach zu den Außenaufnahmen fahren.

»Warum nicht?« fragte ich.

»Ich muß nach Ascona«, antwortete er.

»Das ist wohl ein Witz?« rief ich entrüstet.

»Nein, ein Golfturnier«, wich er aus.

»Mit Ellen natürlich«, sagte ich.

»Ich brauche Erholung«, unterbrach er mich, »ich bin völlig fertig.« Es war nichts zu machen. Er hatte nur Ascona im Kopf. Ich gab es auf.

Ich fuhr weg wie ein begossener Pudel. Hatte er eigentlich noch alle Tassen im Schrank? Ich solle mich nicht in eine Filmschablone pressen lassen, nicht so viel arbeiten, auf ihn Rücksicht nehmen, keinen Nerzmantel tragen, seine Freundinnen schonen, katholisch werden..., meinte er.

Mißtrauisch, wütend und in Gedanken versunken fuhr ich auf der Autobahn dahin und entging mit knapper Not einem Frontalzusammenstoß mit einem Lastwagen, der nicht überholte, sondern entgegenkam: greller Sonnenuntergang, ein übersehenes Gegenverkehrsschild und ich auf der linken Fahrbahn! Es war noch mal gutgegangen; mein Schutzengel war schneller.

In Haibach wurde ich mit Hallo empfangen und ließ mich sofort von der vergnügten Heiterkeit der versammelten Räuber und Reiter anstecken. Kurt Hoffmann hatte mir meine amerikanische Eskapade verziehen, denn es war strahlendes Wetter, und er hatte schon eine Menge Szenen im Kasten.

Diese Außenaufnahmen sind vielleicht meine schönsten Filmerinnerungen. Ein Tag war sonniger als der andere, die Wälder leuchteten gelb, rot, golden, und es duftete nach Nüssen und Äpfeln. Wir stürmten mit den Pferden über Stock und Stein, machten das Schloß Mespelbrunn und seine Grafen unsicher und schnitten im echten, alten Wirtshaus im Spessart den Gästen die Krawatten ab. Carlos Thompson war mein Partner, leider gerade frisch verheiratet mit Lilli Palmer. Er war ein brillanter Reiter, zu ihm mußte ich aufs Pferd springen und mit ihm davonjagen. Aber ich war auch nicht von Pappe. Ich galoppierte mit drei Pferden auf einmal, zwei Handpferde an der rechten Hand, über Wiesen und Waldwege, und am letzten Tag mußte ich mit allen dreien über einen Bach springen. Zwei Reiter, die es mir vormachten, fielen ins Wasser und luden mich von dort aus ein: »Jetzt sind Sie dran.« Was ich nicht für möglich hielt, alle drei Pferde sprangen zur gleichen Zeit ab und landeten in Reih und Glied nebeneinander auf der anderen Seite. Kurt wollte die Szene dann rausschneiden, aber ich meuterte so lange, bis er sie drin ließ.

Diese herrliche Zeit hätte von mir aus noch Monate dauern können. Aber wir mußten zurück nach München, wo noch vier Wochen Atelier auf uns warteten. An den Wochenenden traf ich mich mit Albrecht – natürlich war es nicht aus, es ist nichts schwerer, als aufhören.

Amerika

Am 4. Januar 1958 flog ich mit gemischten Gefühlen nach Amerika. Einerseits, weil meine ersten US-Erfahrungen nicht gerade rosig gewesen waren, andererseits, weil mich das Abenteuer einer so weiten und langen Reise reizte.

Als ich nach einem endlosen Flug über den Pol in Los Angeles landete und mir beim Aussteigen die betörenden kalifornischen Blumendüfte um die Nase wehten, schlugen meine Zweifel in Begeisterung um. Mr. Arthur, der drehbuchändernde, nie zufriedene Produktionsleiter, holte mich mit seiner Frau ab und erschien mir plötzlich wie ein guter, väterlicher Freund. Es war offensichtlich, die Sterne standen günstig, das Glück lachte, und ich brauchte nur zuzugreifen.

Schon am nächsten Tag wurde ich im Studio der Universal erwartet, damals noch eines der weniger wichtigen. Nachaufnahmen, Synchronisation und Presse standen auf dem Programm. Zuerst besuchte ich Helmut Käutner, der hier einen Film mit June Allyson und Jeff Chandler drehte, und die ich bei dieser Gelegenheit kennenlernte. Ich schien ihnen sehr zu gefallen, denn sie nannten mich alle gleich »darling«, »sweety« und »honey«. Überhaupt wurde ich herumgereicht wie eine Kronprinzessin, pausenlos photographiert, interviewt und eingeladen. Sogar ein nagelneuer hellblauer Plymouth wurde mir zur Verfügung gestellt, und kaum hatte ich die mir fremde Automatik ausprobiert, brauste ich, nach einer vagen Beschreibung meines voraussichtlichen Heimwegs, los, mit viel Gottvertrauen und ohne Führerschein. Den hatte ich im Hotel vergessen. Schon an der zweiten Kreuzung stand ich ratlos beim grünen Licht auf der mittleren der drei Fahrspuren und wußte nicht mehr weiter. Plötzlich fiel mir ein, ich müsse nach rechts, bog ab wie ein Schiff, das durch nichts aufzuhalten ist – und schon stoppte mich ein weißer Helm. Klar! Kein Führerschein! Der Blick des Polizisten sprach Bände, als ich ihm das klarmachte. Der Paß, den ich unbegreiflicherweise dabei hatte, entlockte ihm ein Grinsen, und er fragte, ob ich glaube, ich habe ein Ticket verdient?

»Nein«, rief ich erschrocken, »ich weiß überhaupt nicht, wo ich bin.«

Er lachte gemütlich und erklärte mir den Weg.

Schon nach ein paar Tagen siedelte ich vom Beverly Hills Hotel zu Helmut Käutner um, der mit seiner Frau, Erika Balqué, ein kleines, modernes Haus in der Nähe des Sunset Boulevard gemietet hatte. Ich war selig über diese Einladung. Ich wurde überall mitgenommen, lernte eine Menge Leute kennen und vertrug mich mit beiden glänzend. Helmut war ein außergewöhnlicher Regisseur, liebenswürdig, witzig und in allen Lebenslagen von schwindelerregendem Tempo. Wir diskutierten nächtelang über Rollen, Kollegen und Stücke; er vertraute mir an, daß seine Hauptdarstellerin, June Allyson, alles besser wisse und sich hier Hinz und Kunz in seine

Arbeit einmische. Ich wiederum fand, daß er mich überhaupt nicht ernst nahm. Die Lerche, behauptete er, könne ich nur vor der Kamera spielen, und die Undine überhaupt nicht. Dagegen riet er mir zu, am Broadway mit Charles Boyer und Claudette Colbert eine Sexbombe zu spielen. Ich lehnte trotzdem ab. Ich brauchte mich doch gar nicht so zu beeilen. Wenn mein Film in Amerika rauskam, konnte ich sowieso zwischen Dutzenden von Angeboten auswählen. Das stand doch fest.

»Du hast einen Scheißfilm gemacht«, sagte Curd Jürgens zu mir und gab seiner zauberhaften französischen Freundin und späteren Frau Simone einen Kuß.
Dieser glorreiche Ausspruch fiel auf einem der zahlreichen Empfänge, ich glaube es war die Einladung Walt Disneys für Romy Schneider.
»Mach schnell einen hinterher«, lachte er, als er mein entsetztes Gesicht sah und verschwand im Gewühl.
Hatte er etwa recht? Das konnte doch gar nicht sein. Eben hatte ich ein Titelbild für »Life« gemacht. Die Journalisten rannten mir die Bude ein. Die Bosse der Universal behandelten mich wie eine Königin.
Nein, Curd konnte sich nur irren! Man ließ mich ja auch gar nicht weg. Drei Wochen waren vorgesehen, und nun war ich schon über einen Monat hier. Und auf meine Anfrage erhielt ich die Antwort: »Noch lange nicht. Sie müssen unbedingt bis zur Preview warten.«
So blieb ich also in Hollywood. Ich hatte nichts dagegen, denn bisher hatte ich von Amerika noch nicht viel gesehen. Wir waren jeden Abend unterwegs, waren bei Curd eingeladen, dessen Diners das Tagesgespräch der Flimmerwelt waren, bei Filmpremieren und Partys anderer Studios. Die Interviews nahmen kein Ende, an Reiten war nicht zu denken, und die Sprechübungen machte ich auch nicht jeden Tag. Einmal war ich in Las Vegas, erlebte Betty Grable, den ehemals höchstbezahlten und bestgewachsenen Showstar der Welt, live und Marlene Dietrich im Publikum. Jerry Lewis und Harry Belafonte mit seinem Bananasong hatte ich bewundert. Belafontes unverschämte Sicherheit und die starke Erotik seiner Person ärgerten mich.
Aber noch mehr störten mich die 75 Dollar, die ich mit dem Spiel 21

verloren hatte. Zum ersten Mal in meinem Leben konnte ich nicht mehr aufhören zu spielen, weil ich das verlorene Geld wieder reinholen wollte. Es war aber auch fast unmöglich. Auf Schritt und Tritt begegnete man Spieltischen und Automaten in der Hotelhalle, im Restaurant, in sämtlichen Korridoren. Aber am Schluß bekam ich eine solche Wut, daß ich mich mit den restlichen Silberdollars aus dem Staub machte.

Mexiko

Anfang Februar fuhren Curd Jürgens und Helmut Käutner weg, und ich mußte wieder ins Beverly Hills Hotel umziehen. Zwar wurde ich weiter herumgereicht und verwöhnt, aber die vertrauten Gesichter fehlten mir. Ein undefinierbares Frösteln in der Herzgegend machte sich bemerkbar – Heimweh! Aber bis zum 20. Februar mußte ich warten, bis zur Preview in Los Angeles. Ich beschloß, die Wartezeit auszunützen und nach Mexiko zu fliegen, wenn ich doch schon in der Nähe war. Mr. Matray, ein älterer ungarischer Filmregisseur im Ruhestand und Freund Helmut Käutners, begleitete mich als Anstandswauwau, ich konnte als alleinstehendes Fräulein ja unmöglich auf eigene Faust in Mexiko herumreisen!
Es fing damit an, daß auf dem Flug nach Mexico City einer der »motores« abgestellt wurde. Ich schien die einzige zu sein, die das spanisch-englische Kauderwelsch der Pilotendurchsage verstanden hatte, denn niemand reagierte auf den anschließenden leichten Schüttelfrost der Maschine. Irgend etwas Heißes breitete sich in meinem Körper aus, und ich erwartete den unvermeidlichen Absturz. Aber das Flugzeug flog ungerührt weiter und landete erstaunlicherweise butterweich an seinem Bestimmungsort.
Mr. Matray, der nichts gemerkt hatte, und ich nahmen eine Taxe und kamen etwa um 23 Uhr 30 Ortszeit im Hotel an und erfuhren, es sei nichts bestellt. Ich bestach sofort mit weltmännischer Überlegenheit den Nachtportier mit einem schönen Trinkgeld und erreichte damit, daß ich bleiben konnte. Mein Begleiter hingegen wurde umquartiert. Wir beruhigten uns noch mit einem Bierchen, bevor wir uns trennten, und als ich in mein Zimmer kam und ein

bißchen Musik machen wollte, war bereits das nagelneue Transistorradio verschwunden. Am anderen Morgen um halb zehn wurde ich dann ersucht, das Hotel zu verlassen; natürlich war der Nachtportier nicht mehr da, das Trinkgeld hätte ich mir sparen können.

Wir verbrachten den ganzen Tag damit, eine Bleibe zu suchen, bis uns der Schwager Paul Kohners dann doch noch in einem winzigen, aber sauber wirkenden Hotel namens Lincoln unterbrachte. An diesem Tag schafften wir es sogar noch, die Stufenpyramiden außerhalb der Stadt zu besichtigen, dank der Höllenfahrt eines schnauzbärtigen Taxifahrers, der einhändig mit 120 Sachen bei Rot oder Grün über die Kreuzungen raste und uns lachend zurief: »Thats's my way of gambling.« Es wäre wahrscheinlich besser gewesen, Mr. Matray hätte ihm nicht erzählt, wieviel Filme er schon in Mexiko gemacht habe und was für eine wichtige Person ich sei.

An einem der folgenden Tage waren wir in Taxco, der Silberstadt in den Bergen, wo man massive Silberkannen, -becher, -gürtel, -bestecke u. a. zu Spottpreisen einkaufen konnte und wo dem alten Buick unseres Fahrers zwischen schwindelerregenden Felsklüften die Bremsen versagten.

Auch Acapulco stand auf unserem Programm. Um 6 Uhr früh waren wir auf dem Flugplatz und erfuhren von einem gähnenden Angestellten, das Flugzeug sei schon abgeflogen, die Eintragung sei falsch und die nächste Maschine gehe um halb neun. Kurz vor halb neun hieß es, die Maschine sei voll, aber die nächste fliege um 9 Uhr. Als wir uns pünktlich einfanden, hörten wir, auch dieses Flugzeug habe keinen Platz mehr, das nächste gehe um halb zehn. »Good bye«, sagten wir und fuhren ins Hotel zurück. Das war Acapulco.

Wenn man über Stierkampf diskutieren will, muß man auch einen gesehen haben. Mr. Matray und ich hatten zwei Karten in der zweitvordersten Reihe aufgetrieben.

Ich hatte es immer abgelehnt, diesem grausamen Spektakel beizuwohnen, heute beschloß ich, es mir anzusehen, um mitreden zu können. 100 000 Zuschauer waren in der riesigen Arena anwesend und hatten lange vor Beginn ihre Plätze eingenommen.

Nach einem sehr farbigen, altertümlich-feierlichen Einzug der Pferde und Stierkämpfer begann die Schlacht. Ich war furchtbar aufgeregt; aber vielleicht war alles gar nicht so schlimm, wie es immer geschildert wurde? Vielleicht gewann sogar der Stier?

Zunächst erschien ein Reiter mit einem gepanzerten Pferd in der Arena mit zwei oder drei Hilfsstierkämpfern. Dann öffnete sich ein Tor auf der anderen Seite und ein lustiger, schwarzer, schlanker Stier trabte herein, blieb stehen, schaute sich um und trabte wieder zurück, von wo er gekommen war. Da stürzte sich einer der Gehilfen auf ihn, brüllte und schwenkte ein rotes Tuch, aber der kleine Bulle schaute nur interessiert zu und dachte nicht im Traum daran, anzugreifen. Und schon kam einer der Berittenen und stieß einen langen, spitzen Speer in seinen Rücken. Der Stier zuckte zusammen. Dann hob er den Berittenen aus dem Sattel. Langsam quoll dickes, rotes Blut aus dem Rücken des Tieres. Einige Hilfsstierkämpfer rannten herum, damit der Reiter sich in Sicherheit bringen konnte, und versuchten den Bullen mit Stichen und Schreien zu reizen. Aber er stand da wie einbetoniert, und seine großen, schwarzen Augen verfolgten unruhig die Quälgeister um ihn her. Und nun kam der Held des Tages, verbeugte sich wie ein Tänzer und begann seine Vorstellung. Der Stier begriff immer noch nicht. Bis er drei oder vier Speere im Rücken hatte. Da rannte er gegen das rote Tuch. Die Menge brüllte. Der Stierkämpfer verschwand eilig hinter einer Holzwand und erschien erst wieder, als die anderen den Stier ablenkten.

Ich schaute den Stier an. Er keuchte. Der ganze Rücken war offen und blutete fürchterlich. Geifer tropfte aus seinem halboffenen Maul. Wieder wurde auf ihn eingestochen. Da wich er zurück, Schritt für Schritt, ließ Wasser, wankte und blutete, blutete. Angstvoll richtete er seine schwarzen Augen auf seinen Gegner, der sich jetzt unter dem Johlen der Massen die Erlaubnis holte, den Stier zu töten. Mit großen, theatralischen Gesten erfolgte die Aushändigung des Säbels.

Aber der tödliche Stoß traf nicht. Der Säbel hatte den Knochen getroffen und sprang ab. Jetzt griff der Stier mit letzter Kraft an. Ein zweites Mal senkte der Matador die Waffe in den schon völlig zerfleischten Rücken. Wieder traf er daneben. Der Stier warf den Säbel ab, ein neuer Blutstrom schoß über seinen gemarterten Leib. Zum dritten Mal wurde dem Schlachter der Säbel gebracht. Wohlgemerkt! Gebracht! Ein Stierkämpfer holt sich seine Waffe nicht selbst. Jetzt endlich traf er das Tier tödlich.

Und nun kam das, was ich mein Leben lang nicht vergessen werde!

Die Menge schrie auf, johlte, tanzte, besoffen vor Blut- und Mord-
lust. Ein Orkan von 100 000 Olé- und Hurraschreien donnerte
durch die glühende Arena... Aber der Stier schaute nicht seinen
Mörder an, er wandte den Kopf und blickte in die rasende Menge,
erstarrt und unbeweglich. Dieser Blick war eine solche Anklage
einer unschuldigen, hingemetzelten Kreatur, daß es mir die Kehle
zusammenschnürte.

Dann brach der Stier zusammen. Zuerst in die Knie, dann auf die
Seite. Seine Füße wurden zusammengebunden, und drei Pferde
schleiften ihn hinaus. Und als sie zum ersten Mal anzogen, sah ich,
daß er den Kopf nochmals hob. Er lebte noch.

Ich stand auf. Ich wollte sofort hinaus. Aber es gab keinen Ausgang.
Über mir türmten sich die Sitzreihen. Nirgendwo konnte man seine
Füße hinsetzen. Meine mühsam bewahrte Fassung ließ immer mehr
nach, und während ich über unzählige Beine kletterte, begannen
unaufhaltsam die Tränen über mein Gesicht zu laufen. Zitternd vor
Abscheu und Mitleid, von Weinkrämpfen geschüttelt, gelangte ich
endlich irgendwo zu einer Öffnung, die hinausführte und sah, nach
einem Blick zurück, schon den nächsten Stier mit drei Spießen im
Rücken herumrasen.

Nie zuvor hatte ich einen solchen Zustand absoluter Auflösung
erlebt. Dieses namenlose Entsetzen, diese Demütigung ein Mensch
zu sein, wie alle diese Ungeheuer um mich her.

Ich konnte mich auch im Taxi nicht beruhigen und weinte ununterbrochen während der ganzen Fahrt und lange, lange im Hotel.
Gegen Abend erst konnte ich langsam wieder klar denken.

Immer wieder wurde mir erklärt, das Ganze sein kein Sport,
sondern ein Ritus, wie früher die Opferung von Tieren. Aber was
ändert das Wort Ritus an der Grausamkeit des Vorgangs? Wo ist die
Leistung des Stierkämpfers, der ja bis zu acht Gehilfen hat? Und
wenn der Stier seinen Gegner erledigt, ist er dann etwa der Sieger?
Dann kommt doch schon der nächste Matador frischgestärkt aus
seiner Garderobe und macht ihn fertig!

Der Stierkampf wird vom Staat geduldet und gefördert. Er ist ein
Ventil für die Massen. Ein Ventil der niedrigen, gefährlichen
Triebe. Der Mensch will Blut sehen. Solange er zum Stierkampf
geht, wird es keinen Frieden geben auf der Welt.

Am 19. Februar flogen wir nach Los Angeles zurück, am 20. war die öffentliche Preview meines Films.

Nach der Vorführung wurde mir beinahe übel vor Schreck. Durch die nachträgliche Synchronisation war der Ton völlig tot und monoton. Während meine Partner noch einigermaßen natürlich und kräftig sprachen, klang meine Stimme wie durch Watte. Douglas Sirk, dem meine normale Stimmlage nicht gefiel, hatte sie mit Gewalt nach unten gezogen und nicht an die Lautstärke der andern angepaßt, denn jeder synchronisierte getrennt.

»Ein Scheißfilm«, Curd hatte recht. Ich ahnte Schlimmes und war froh, daß ich gleich weiter nach New York geschickt wurde. Neben pausenlosen Interviews hatte ich aber Zeit, mir vier der größten Broadwayerfolge ansehen zu können: *Time Remembered (Leocadia)* von Jean Anouilh mit Richard Burton, Susan Strasberg und Helen Hayes, den *Entertainer* von John Osborne mit Laurence Olivier, *Two on the Seasaw (Zwei auf der Wippe)* von William Gibson mit Anne Bancroft und Henry Fonda sowie die *West Side Story*. Das Musical übertraf alle meine bisherigen Theatererlebnisse. Die Musik von Leonard Bernstein und die Choreographie von Jerome Robbins waren von überwältigender Harmonie, Schönheit und Dramatik und fanden in den beiden mir unbekannten Hauptdarstellern höchste Vollendung.

Tantalus

Am 1. März 1958 flog ich mit der Swissair nach Zürich zurück. Buebi holte mich ab. Er eröffnete mir schon nach fünf Minuten, daß er nach Ostern heiraten werde. Er trug es mit Humor und gab dem Brunnen in Delphi die Schuld. Sie hieß Béatrice, war klein, mollig, Bardame im Hotel Bellevue, hatte Zürcher Akzent und auffallend schöne, hellblaue Augen.

Nun war es besiegelt. Ich mußte mein Zimmer am Malerweg räumen, denn Buebi beabsichtigte, sich bei Papa einzurichten, der immer mehr zum Eremiten wurde. Daran änderte auch der plötzliche Familienzuwachs nichts. Aber ich hatte ja noch Zeit. In aller Ruhe wollte ich ein Häuschen oder eine Wohnung suchen, Briefe einordnen, Literaturgeschichte abschreiben, Quittungen für die Steuern zusammenzählen. Ich freute mich richtig darauf, Ordnung zu machen. Ein Angebot aus Frankreich, im *Spieler* nach Dostojewski die Pauline zu spielen, lehnte ich ab. Ich hätte sofort nach Paris fliegen müssen. Endlich hatte ich mal nein gesagt.

Aber schon am nächsten Tag bombardierte mich die Produktion mit Anrufen, und ich ließ mich wieder breitschlagen. Naja, ich hatte Gérard Philipe als Partner und Claude Autant-Lara als Regisseur. Ein weltberühmtes Gespann.

So flog ich also in der üblichen Hetzerei nach Paris zu Schmink-, Kleider- und Textproben und zu einer Besprechung mit dem gefürchteten Regisseur, von dem die Kunde ging, er lache nie und hetze seine Mitarbeiter herum wie ein Hirtenhund seine Schafe. Als die Proben vorbei waren, saß ich ewig in der Aufnahmeleitung, wartete auf Mr. Autant-Lara und redete mit seiner Frau und noch einem unwichtigen Herrn über das Drehbuch. Es wurde immer später, und schließlich fragte ich, wann wohl Mr. Autant-Lara komme. Stille. Endlich sagte der unwichtige Herr: »Autant-Lara c'est moi.«

Ich flog in die Schweiz zurück und ging vierzehn Tage skifahren. Den Papierkrieg mußte ich schweren Herzens verschieben.

Am 24. März fuhr ich mit Buebi und dem Studebaker nach Paris. Es war seine letzte Junggesellenreise. Er war nicht so übermütig wie sonst, aber entschlossen, sich und Béatrice glücklich zu machen.

Wir waren hundemüde vom vielen Fahren und Reden, als wir abends im Hotel Palais d'Orsay in Paris ankamen. Dort erwartete mich Tantalus persönlich – das ist der, dem im Hades die saftigsten Leckerbissen unerreichbar vor der hungrigen Nase hängen –, Tantalus erwartete mich in Form eines Telegramms aus Hollywood: die Hauptrolle in *Ben Hur*!

Ich mußte absagen. Die Franzosen gaben mich nicht frei. Die erste große Chance für eine Weltkarriere war verpaßt. Und wofür? Für eine Rolle, die ich gar nicht spielen konnte. Dostojewskis Pauline ist ernst, stolz und bringt sich um aus Liebeskummer.

Dann aber zweifelte ich keinen Augenblick daran, daß ich mit dieser Menschendarstellung den internationalen Durchbruch schaffe. Aber ob man mir Hochmut und unbeugsame Härte auch glaubte, daran hatte ich nicht gedacht. Erst in der Mustervorführung merkte ich, daß Heulkrämpfe nicht genügten, um eine Figur zu charakterisieren, und daß da oben auf der Leinwand keine unglückliche Pauline litt und liebte, sondern ein böses Weib herumkeifte.

Von nun an versuchte ich es mit echter Verzweiflung, aber Mr. Autant-Lara kam nach jeder Szene und verlangte, ich müsse viel lauter schreien. Dabei pfiff ich schon auf dem letzten Loch. Viel später erst klärte mich ein Kollege auf, Autant-Lara sei schwerhörig.

In den letzten Drehwochen hatte ich wieder Hochbetrieb. An jedem Wochenende tanzte ich auf einer anderen Hochzeit.

Am 19. April heiratete Buebi im Berner Münster. Er war von gutgelaunter Feierlichkeit, Papa weinte und Mama sang. Béatrice war ein frisches, blühendes Bräutchen, ihre hellen Augen leuchteten. Und ich dachte an meine vielen Theater- und Filmehen, die ich im Privatleben so gerne weitergespielt hätte ...

Als nächstes holte ich in München den Kritikerpreis ab, dann stellte ich in Cannes das *Wirtshaus* vor und synchonisierte es auf französisch.

Ende Mai war der *Spieler* abgedreht, und ich machte mich auf den Heimweg. Ausgerechnet jetzt wimmelte es in der ganzen Stadt von Absperrungen und Überfallwagen. In Algerien war der Teufel los und das Staatsoberhaupt abgesetzt worden. Man befürchtete einen Bürgerkrieg, und alle warnten mich, allein durch Frankreich zu fahren. Wollte man den Zeitungen und Radiostationen, besonders den ausländischen, glauben, stand bereits ganz Frankreich in Flammen. Trotzdem eilte niemand herbei, um mich abzuholen, so fuhr ich alleine los.

Und siehe da, alles war ruhig, die Straßen, von ein paar Streikenden abgesehen, menschenleer. Ich war sehr stolz auf mich. Und um eine Erfahrung reicher. Keiner meiner Freunde hatte Zeit für mich, als ich sie brauchte.

Der Spieler wurde trotz Gérard Philipe ein Mißerfolg. Er, vielleicht der größte Schauspieler seiner Zeit, war bereits schwer krebskrank. Am letzten Drehtag fuhr ich mit ihm in einer Taxe aus dem Studio, und als er sich eine Zigarette anzündete, setzte ein Funke das ganze Wageninnere in Brand. Ein Jahr später war er tot.

Es lebe das Tagebuch

...denn ihm habe ich den Film *Helden* nach George Bernard Shaw zu verdanken. Ende Mai 1958, als ich noch in Paris war, hatte ich den Film abgesagt, obwohl Franz Peter Wirth der Regisseur und O. W. Fischer mein Partner sein sollten. Ich wollte einfach mal faulenzen, in meinen Papieren wühlen, und – Tagebuch schreiben. Als ich meine Eintragungen über die *Lerche* nachlas, dachte ich plötzlich, in Erinnerungen schwelgend: Warum mache ich eigentlich den Film mit Franz Peter nicht? Er war ein treuer Kampfgenosse gewesen in der Monstersendung und einer der besten Regisseure, die ich jemals hatte.

Ich rief an und hatte die Rolle. Oder sie hatte mich! In zehn Tagen sollte in München der erste Drehtag sein, und ich hatte wieder einmal nur Wasserfälle zu reden. Mit größter Mühe verschob ich um drei Tage, mehr ging nicht. O. W. mußte weg. *Helden* war sein vierter Film in diesem Jahr, und der fünfte wartete schon. Ihm zuliebe feilschte ich nicht weiter, denn ich mochte ihn sehr. Seine fürchterlichen Witze wurden oft mißverstanden, weil er beim Erzählen keine Miene verzog. Er nannte mich aristokratisch und völlig vertrottelt; ich fand das gut beobachtet.

Wir drehten fünf Wochen an dem Film, und jedes Wochenende mußte ich irgendwohin. Dreimal allein nach Berlin: Synchronisation und Premiere von *Zeit zu leben*, Bundesfilmpreis. Dann auch noch Nachaufnahmen in Paris und die Schallplatte *Peter und der Wolf*.

Der Bundesfilmpreis war sehr eindrucksvoll. Ich kam mir vor wie ein gekrönter Stier. Stolz und sehr aufgeregt, aus lauter Angst, vor all den Zuschauern die Treppe hinauf- oder hinunterzufallen, nahm ich das Filmband in Silber als beste Hauptdarstellerin in Empfang. Warum nur Silber? fragte ich mich mit einem Seitenblick auf die Goldbänder der anderen Preisträger. Weil das *Wirtshaus im Spessart* nur ein Lustspiel war? Immerhin, ich hatte den Bundesfilmpreis, daran war nicht zu rütteln, und ich trompetete es in der ganzen Verwandtschaft herum. Ich habe nie verstanden, daß es Menschen gibt, die Preise oder Orden ablehnen. Das ist doch, als ob man ein Weihnachtsgeschenk zurückschickt.

Die *Helden* waren viel zu schnell abgedreht. Jeden Morgen wenn ich ins Atelier kam, zählte ich nach: noch fünf Tage, noch vier Tage, aber nicht weil ich genug hatte, sondern weil ich sie am liebsten festgehalten hätte. Selten hatte mir eine Arbeit solchen Spaß gemacht. Mir war ständig zum Bäume ausreißen, und ich hatte überhaupt kein Lampenfieber. Franz Peter wußte genau, was er wollte, aber er ließ die Schauspieler in Ruhe. Er stocherte nicht ständig in ihrer Achillesferse herum! In dieser Atmosphäre blühte ich auf und nahm sogar ein paar Pfunde zu, was mir während einer Produktion noch nie passiert war.

Aber auch diese glückliche Zeit ging vorbei, es wurde August, und die Ferien winkten. Wenige Tage nach Drehschluß kaufte ich mein erstes Haus, eine alte Hütte auf einem schönen Grundstück neben dem Filmgelände, dann flog ich mit Albrecht, Kurt Hoffmann und seiner Frau nach Mallorca.

Als wir auf der vor Hitze flimmernden Ferieninsel ankamen, war ich ziemlich abgekämpft, aber so sind Ferien am schönsten. Kurt Hoffmann und seine Frau wohnten im Haus seines Freundes und Mitproduzenten Heiner Angermeier und dessen Frau Eva-Maria Meineke. Albrecht und ich waren unweit davon in einem kleinen, gemütlichen Hotel untergebracht. Ich war Albrecht gegenüber wieder einmal ziemlich abgekühlt, traute mich aber nicht, Schluß zu machen; vielleicht bereute ich es dann wieder?

Albrecht hatte sein Staatsexamen abgebrochen, wegen Fieber und Erschöpfung. Ich konnte mir darüber kein Urteil erlauben, aber es störte mich. Und ich mochte nicht, daß er alle mit Komplimenten überschüttete, nur mich nicht, und um die Gunst von Hinz und Kunz buhlte. Hatte er das nötig? Er sah phantastisch aus und spielte märchenhaft Tennis. Er konnte hinreißend blödeln und zärtlich sein. Aber nur wenn wir allein waren. In Gesellschaft plusterte er sich auf und ließ mich links liegen.

Das änderte aber nichts daran, daß wir Sand, Meer und glühende Sonne in vollen Zügen genossen, herumalberten, fachsimpelten, Spanischstunden nahmen und so fraßen, daß wir aufgingen wie Pfannkuchen. Wir machten Ausflüge mit einer Jacht aufs Meer hinaus, oder in die umliegenden Dörfer und faulenzten, was das Zeug hielt. Ich erholte mich, und Albrechts Gebuhle regte mich nicht mehr so auf.

Bis Luitgart Im kam. Sie war mit Eva-Maria befreundet, bei Barlog in Berlin engagiert und hatte heftigen Liebeskummer. Sie tat mir leid, und da sie im gleichen Hotel wohnte, lud ich sie ein, an unserem Tisch zu essen. Von da an frühstückte Albrecht nicht mehr mit mir, sondern mit Imchen, denn ich kam manchmal etwas später herunter. Oder wenn ich mit ihm auf dem Zimmer essen wollte, teilte er mir mit, er sei mit Imchen verabredet. Am Tisch, am Strand, an Einladungen unterhielt er sich nur noch mit Imchen. Und dann diese Telegramme aus München!

Überflüssig zu bemerken, daß ich wieder Feuer fing. Aber das war es nicht, was ihn interessierte, überhaupt konnte von Interesse keine Rede mehr sein, wie und wo immer: als die drei Wochen um waren, flog er einen Tag vor uns allen ab. Das war ein Samstag. Am nächsten Tag bestiegen Hoffmanns, Imchen und ich das Flugzeug, aber nur Hoffmanns erwischten einen Weiterflug. Imchen und ich mußten acht Stunden auf den Anschluß warten. Von 14 Uhr bis 22 Uhr 15. Mir wurde auch nichts erspart. Etwa um halb zwölf waren wir in München. Albrecht holte uns ab. Imchens Bruder war auch gekommen. Ich war todmüde von der langen Warterei und fand auch prompt meinen Parkschein nicht für den Studebaker, den ich am Flugplatz eingestellt hatte. Naja, dann fuhr ich eben mit Albrecht und holte den Wagen morgen. Aber zu meiner grenzenlosen Verblüffung teilte mir Albrecht mit, er habe keine Zeit. Warum war er dann überhaupt auf den Flugplatz gekommen?

Es gelang mir tatsächlich, den Studebaker ohne Parkschein loszueisen, aber er war wieder mal ganz auf meiner Seite, er sprang nicht an. Albrecht blieb stur. Er schob an, es war unterdessen Mitternacht, und nun hustete er widerwillig aus der Garage. Bevor wir losfuhren, rief mir Albrecht noch zu, er fahre nur ein Stück weit mit, dann müsse er nach Hause. Wie bitte? Ich mußte mich verhört haben. Bestimmt fuhr er vor bis zum Hotel, das tat er doch immer? Bei der Von-der-Tann-Straße mußte ich geradeaus fahren, und Albrecht – bog rechts ab. Ich war völlig erschlagen. Das durfte doch nicht wahr sein! Der hatte doch was vor! Ich schaute nach links, nach rechts, hupte kurz, fuhr in die Kreuzung – wo kam plötzlich dieses Licht her? – und schon krachte es fürchterlich. Ein Motorrad donnerte gegen meine linke Wagentür, ein Mensch flog durch die Luft.

Wie gelähmt blieb ich sekundenlang sitzen. Dann fuhr ich den Wagen über die Kreuzung und stellte ihn ab. Als ich ausstieg, sah ich, wie Albrecht den Gestürzten aufrichtete. Er hatte den Fuß gebrochen. Trotzdem fiel mit ein Stein vom Herzen. Er hätte genausogut tot sein können.

Die Verhandlung war am nächsten Tag, Schnellverfahren für Ausländer. Ich bekam 100,– DM Strafe, das war gnädig, wahrscheinlich weil ich ununterbrochen meine Schuld beteuerte... aber schließlich war die Dreieckstafel auf meiner Straße unübersehbar.

Ja, ich war schuld, aber verantwortlich war Albrecht. Allerdings nützten dem Opfer diese feinen Unterschiede wenig!

Mit dem Unfall fing es an. Dann riß die Pechsträhne bis Ende des Jahres 1958 nicht mehr ab.

Zuerst zerschlugen sich sämtliche Film- und Theaterpläne; dann wurde Mama in Zürich aus der Wohnung geworfen, und ich mußte eine neue suchen. Aus Paris schneite mir ein Prozeß ins Haus, man hatte mich im *Spieler* synchronisiert, obwohl das laut Vertrag ausdrücklich untersagt war. Ich verlor den Prozeß mit der Begründung, »der Schaden, der durch eine einstweilige Verfügung verursacht werde, stehe in keinem Verhältnis zu einer Berufsschädigung meiner Person durch einen Vertragsbruch«. Ich hatte eine Indienreise abgesagt, um an der Verhandlung teilnehmen zu können. Ich wußte damals noch nicht, daß es bei Gericht nur Recht gibt, keine Gerechtigkeit.

Als nächstes kaufte ich in Köln ein Rennpferd, das nie in seinem Leben ein Rennen gewann, die Stute Punta Arenas, fuhr als stolze Pferdebesitzerin zu Corinne nach Frankfurt und erfuhr von ihr, daß sie ein Kind bekomme. Aus Verzweiflung und als Trost kaufte ich noch am selben Tag drei Pelzmäntel: einen für Mama, einen für Corinne und einen für mich.

Auch das Weihnachtsreiten endete mit einem Fiasko. Bei einem Probespringen schaffte ich am Tripelbarren gleich zwei Stürze: einen vorher, einen nachher. Herr Wahl, der spätere Trainer von Christine Stückelberger, riet mir, King zu nehmen, und es klappte fehlerlos, aber am nächsten Tag war er lahm. Blieb noch Maikäfer, doch seine Besitzer gaben ihn nicht her. Damit war das Weihnachtsreiten gestorben, und ich ging nach Arosa Skifahren. Dort zog ich

mir schon am zweiten Tag einen Bänderriß im linken Knie zu und
verbrachte den Rest des Winterurlaubs im Gips.

Mein Blut brüllte

Ich hatte nur noch Oskar im Kopf. Den »schönen Oskar«, Zürcher
Rechtsanwalt, Oberst der Schweizer Armee und Freund Buebis.
Das sparsame Lächeln, die herrlich blitzenden Zähne, das klassische
Profil, das an Tyrone Power erinnerte, es elektrisierte mich. Ach,
ich hätte ihn sofort geheiratet! Aber er war schon! Klar, daß ein
solches Exemplar nicht frei herumlief.
Zuerst sah ich ihn nur geschäftlich, denn ich suchte ein Haus für
meine Koffer und Corinne, die jetzt eine Weile verschwinden
mußte.
Mitten im Winter fuhren Oskar und ich nach Nyon und besichtigten
ein kleines Haus, direkt am Genfer See, in der Nähe des Strandba-
des, wo wir als Kinder in den Ferien immer gebadet hatten. Das
Haus hieß »Les Pierrettes«, und ich kaufte es, obwohl es mir
eigentlich überhaupt nicht gefiel. Auf der einen Seite schien die
Hälfte zu fehlen, auf der anderen klaffte eine Terrasse wie eine
Zahnlücke, und das Ganze stand in der Mitte eines handtuchartigen
Gartens, der sich bis zum See hinunterzog. Das Haus war ja auch
Nebensache, denn ich hatte nur Augen für Oskar, der malerisch
davorstand und die Verkäufer immer weiter herunterhandelte.
Im Schneckentempo fuhren wir nach Zürich zurück. Von da an
sahen wir uns jeden Tag etwas länger, obgleich die Formalitäten für
den Hauskauf längst erledigt waren. Wir saßen nächtelang im
»Rössli«, einem uralten Gasthof bei Rapperswil, flirteten heftig bei
Kerzenlicht und ließen das Essen kalt werden. Mein Widerstand
wurde schwächer, das Spiel mit dem Feuer wurde ein Tanz auf dem
Vulkan. Ich verbrannte vor Leidenschaft, aber vor der letzten
Konsequenz schreckte ich zurück. Ich wollte nie mehr die Geliebte
spielen. Nie mehr teilen. Ich wollte einen Mann für mich allein.
Die Eroberung fand nicht statt. Nachdem ich ein halbes dutzendmal
aufgehört und wieder angefangen hatte, riß ich mir den schönen
Oskar endgültig aus dem blutenden Herzen.

Ich zählte Wochen und Tage, bis ich mich in die Arbeit stürzen konnte, die mich bisher noch immer gerettet hatte. Ab 6. Mai 1959 ging es wieder nonstop bis Ende des Jahres.

Mama und Corinne zogen in das neuerworbene Häuschen mit der Zahnlücke, ich kam nach und half, wo ich konnte.

Nachdem Papa seinen Teil an Möbeln für »Les Pierrettes« beigesteuert hatte, machte ich mich mit dem Studebaker und seiner neuen Kupplung aus dem Staube, um beim *Schönen Abenteuer* alles zu vergessen.

Kurt Hoffmann war wütend. Ich tanzte ihm auf zu vielen Hochzeiten. Ständig mußte er auf irgendwen Rücksicht nehmen. Aber ich konnte doch nicht nur Hoffmann-Filme machen. Natürlich war es ein Fehler gewesen, ihm für *Wir Wunderkinder* abzusagen. Aber dafür hatte ich *Helden* gemacht, der sogar einen Bundesfilmpreis mehr bekam als die *Wunderkinder*.

Am 6. Mai begannen die Innenaufnahmen. *Das schöne Abenteuer* wurde ein harter Film, und ich drehte jeden Tag. Dazu kam dieser bestialische Heuschnupfen. Es war strahlendes Wetter, und die Blüten von ganz Bayern schienen es auf mich abgesehen zu haben. Sie drangen bis in die dunkelste Ecke des Filmateliers, in die hinterste Ritze meines Schlafzimmers. Etwa in der dritten oder vierten Drehwoche bekam ich eines Nachts einen solchen Asthmaanfall, daß ich in panischer Erstickungsangst gleich vier Asthmapillen schluckte. Das war zuviel. Es war ein Cortisonpräparat, und am nächsten Morgen kam die Reaktion. Wahnsinniges Herzklopfen beim Schminken. Und Angst. Den ganzen Tag war ich schwach und zittrig. Am nächsten Tag dasselbe. Wieder beim Schminken. Wieder dieses Herzjagen. Zwar schlief ich nachts gut, aber der Appetit ließ nach. Ich fühlte mich elend, müde, ausgeliefert.

Dann wurden Außenaufnahmen angesetzt, und ich mußte stundenlang durch blühende Wiesen radeln. Der Heuschnupfen brachte mich beinahe um. Ich schluckte ganze Schachteln voller Pillen und schleppte mich gähnend von Szene zu Szene.

In der Provence, wo wir noch drei Wochen weiterdrehten, hoffte ich auf Besserung. Aber weit gefehlt. Der Schnupfen verwandelte sich in einen pfeifenden Husten, der mich Tag und Nacht quälte. Vollgepumpt mit Mitteln stand ich jeden Morgen um 6 Uhr auf, benommen, bleiern von der brütenden Hitze und versuchte, lustig zu sein. Als die Autopassagen gedreht wurden, gab es auch keine Mittagspause mehr. Ich mußte mich in den Wagen setzen, obwohl man auf 200 m Entfernung nicht einmal einen Schimpansen von mir hätte unterscheiden können.

Manchmal, abends bei Rotwein und köstlicher französischer Küche, war es wie früher in Jugoslawien oder im Spessart. Aber am nächsten Morgen fing die Strapaze wieder von vorne an. Ich zählte die Tage, bis wir die Provence abgedreht hatten und nach Hause fuhren.

Ich hatte eine Woche Pause, bevor die *Buddenbrooks* in Hamburg anfingen. Alfred Weidenmann hatte in letzter Minute die Regie übernommen, da Harald Braun krank geworden war. Hansjörg Felmy spielte den Thomas, Hanns Lothar, die große Neuentdeckung, den Christian, Nadja Tiller die Gerda, Lil Dagover und Werner Hinz das Konsulehepaar. Traumrollen, allen voran meine Toni.

Aber jetzt merkte ich erst, was ich mir da eingebrockt hatte: zwei Filme auf einmal, eine Riesenrolle, seitenlange Thomas-Mann-Dialoge, an denen kein Wort geändert werden durfte, und anschließend, ohne einen Tag Pause, *Undine* von Jean Giraudoux in Berlin.

Alfred Weidenmann gab mir mein Selbstvertrauen wieder zurück. Schnell und wachsam beobachtete er hinter der Kamera die Schauspieler, und wenn es etwas zu korrigieren gab, so tat er das leise und verschwörerisch, aber meistens nahm er sich die Technik vor. So kam es, daß die schwersten Szenen wie von selbst abliefen, und wenn uns danach zumute war, durften wir sie wiederholen. Wir gingen für Alfred auf die Barrikaden und holten das Letzte aus uns heraus. In den Drehpausen kam der Produzent Hans Abich, stand mit uns in den Ecken und wartete nur darauf, daß Hanns Lothar anfing, Gott und die Welt zu imitieren, bis alle wieherten vor Lachen.

Hannsi, Hansjörg und ich waren unzertrennlich, saßen in der Kantine, wenn wir Pause hatten, oder trafen uns an den Wochenenden im Hotel Bellevue zum Essen und redeten uns die Seele aus dem Leib. Manchmal war auch Erika Mann dabei, dann wurde es immer spät.

Einmal, auf einem nächtlichen Spaziergang, vertraute mir Hannsi Lothar an, er habe etwas mit dem Herzen, leide unter Unruhe und Angst, und deswegen trinke er manchmal einen über den Durst. Er wurde als Christian Buddenbrook mit einem Schlag berühmt und mit Preisen überschüttet. Aber mit dem Erfolg wuchsen die Anforderungen und der Alkoholkonsum. 1967 fand ihn Hansjörg Felmy tot in seiner Wohnung, neben sich eine leere Flasche Whisky.

»Die kommt nicht«, hatte der Inspizient des Theaters am Kurfürstendamm gestern noch prophezeit. Heute stand ich vor ihm, und er gab mir verlegen die Hand. »Die vom Film«, murmelte er, »haben doch keine Zeit fürs Theater.«
Leonard Steckel, Noch-Intendant dieses Hauses und Regisseur unseres Stückes war da anderer Ansicht. Immerhin war er einer meiner Entdecker und kannte meine Theaterwut am besten. »Beule, Mensch«, strahlte er und schlug mir begeistert auf die Schulter. Martin Benrath, mein Hans, stand daneben und grinste. Ich wußte sofort, mit dem haut es hin.
Voll hin! Es mußte einfach. Denn leider, die *Buddenbrooks* waren kein Meisterwerk geworden; man hatte gespart, in Schwarzweiß gedreht und Erika Mann die beiden Teile zusammenschneiden lassen. Es hätte ein Welterfolg werden müssen – nun wurde es nur ein Kassenschlager. Mit der Undine wollte ich die Scharte auswetzen und die Welt, oder zumindest Berlin, aus den Angeln heben.
Ich hatte den ersten Akt wohlweislich vorgelernt, denn ich zitterte vor Stecki. Und natürlich, auf den ersten Proben kam nichts, ich stand herum wie der erste Mensch, und der Text glänzte durch Abwesenheit. Ich paukte und ackerte, machte Sprechübungen, lernte in allen Lebenslagen, beim Duschen, auf der Straße, in der Garderobe, wiederholte Bewegungen und Stellungen im Hotelzimmer, bat eine Komparsin, mich täglich abzuhören und ließ sogar einen Tänzer aus München kommen, damit er aus »Lord Pulver« eine Elfe mache. Dieses Theaterabenteuer mußte gelingen! Allen bösen Voraussagen zum Trotz.
Stecki hatte sich diesmal ein anderes Opfer als Blitzableiter ausgesucht. Ich gefiel ihm als Undinenkobold, er lachte und feuerte mich an, denn er wollte kein holdes Märchenwesen in seiner Inszenierung. Martin Benrath war skeptisch. Er hatte eine andere Auffas-

sung von dem Stück. Er wollte keinen mittelalterlichen Muskelprotz spielen, sonderen einen Träumer, der mit offenen Augen in den Abgrund stolpert.

Ein paar Tage vor der Premiere am 1. Oktober 1959 bekam ich Halsschmerzen. Ich konnte auf den Proben einfach nicht markieren, sprang auf Stühle und Tische, räkelte, schlängelte, wirbelte um Hans herum und schleuderte dazu endlose Redeschwälle ins Parkett. Das Publikum sollte in einen Strudel von Leidenschaften gerissen werden und keinen Augenblick zur Besinnung kommen. Atemlos und schwitzend kam ich von der Probe, schlang in Windeseile mein Essen hinunter und arbeitete im Hotel weiter an meinen Tiraden. Ich machte einfach zuviel. Jetzt hatte ich die Quittung. Jede freie Minute saß ich beim Halsarzt und inhalierte.

Die Hauptprobe kam. Der Zuschauerraum wimmelt von Photographen, die während des ganzen Stückes knipsten und über die Sitze kletterten. So kann man doch nicht spielen, dachte ich entsetzt – und spielte.

Dann rückte die öffentliche Generalprobe heran und am nächsten Tag unaufhaltsam die Premiere. Stecki weissagte einen Riesenerfolg. Aber vielleicht blieb ich stecken? Stotterte, fiel hin? Ach, hätte ich mich doch in irgendein Loch verkriechen können!

Um halb sieben mußte ich ins Theater, wo sich vor dem Bühneneingang und den direkt danebenliegenden Garderobenfenstern bereits eine schreiende, aufgeregte Schar von Autogrammjägern versammelt hatte. Während ich mich schminkte, wurde das Kreischen und Lachen ohrenbetäubend, mir schien, als seien es Hunderte da draußen. Und dann drückten sie auch noch das Fenster ein, hinter dem ich saß. Ich sah nur noch Köpfe, Arme und Hände auf mich zukommen, Blumen und Zettel herumfliegen und die schimpfende Garderobiere das Fenster wieder zuschlagen; ein markerschütterndes Protestgeheul war die Folge.

Ich hielt es nicht mehr aus. Flatternd vor Nervosität flüchtete ich zu Benrath hinter die Bühne. Wir waren halbtot vor Angst. Es wurde dunkel. »Ich habe gebetet«, flüsterte er.

Ich betete nicht nur hinter der Bühne. Ich weiß nicht, wie viele »Lieber Gott, hilf« ich während dieser Vorstellung zum Himmel schickte. Auf jeden Fall immer, wenn diese schweren Sätze kamen, streute ich es ein, ein »hilf«, und es half. Der Text prasselte den

Zuschauern nur so um die Ohren, und am Schluß hatte ich sie. Sie zogen die Taschentücher heraus und schneuzten. Ich hatte sie gerührt. Vorbei. Der Nixenritt über den Bodensee war beendet. Was für ein Gefühl, was für eine Ruhe nach der wilden Jagd!

Die Vorstellung war vom ersten Tag an ausverkauft, und für all die Blumen, die ich bekam, mußte ich im Hotel ein eigenes Zimmer mieten. Es war ein Riesenerfolg.

Siegesgewiß stürzte ich mich schon am nächsten Tag auf die Kritiken. »Verpulverte Phantasie – *Undine* ohne Undine – Das Nixenreich ist kein Wirtshaus im Spessart . . .« Ich erstarrte. »Keine elbische Unerklärlichkeit, keine Dämonie, nur naive Drôlerie und den Schalk im Nacken . . .«, so schrieben fast alle Berliner Kritiker. Nur zwei hatten traurig-wehmütige Töne bemerkt und als Höhepunkt empfunden. Die andern waren offenbar in der Pause nach Hause gegangen. Sie hatten das Publikum im letzten Akt nicht schneuzen hören.

»Sie müssen Stunden nehmen«, sagte Maria Landrock, die in meiner Garderobe saß, zu mir. »Ihre Stimme ist zu hoch.«

Ich fiel fast in Ohnmacht. Ich? Stunden? Mir konnte doch mit meinen Sprechübungen niemand das Wasser reichen?

Ich schluckte meinen Ärger herunter. Hatte die Kollegin etwa recht? In den Kritiken hatte etwas von »sprödem Organ« gestanden, von »hohen Tönen«. Warum hatte mir das niemand gesagt?

Ich meldete mich bei Herma Clement an, Berlins Sprechkönigin, bei der nur Koryphäen des Schiller-Theaters durch die Mangel gedreht wurden. Beleidigte Bratwürste wurden nicht vorgelassen. Also stieg ich von meinem Podest herunter und ließ von der zarten alten Dame mit der Donnerstimme meine gesamte heißgeliebte Technik umkrempeln, bis nichts mehr davon übrigblieb.

Vorbei war das Obenherumpfeifen, auf das ich so stolz war. Ein einziges »Was hallt am Waldbach da«, von Herma Clement hingeschmettert, und ich sprach fortan nur noch, wie mir der Schnabel gewachsen war, eine halbe Oktave tiefer, mühelos und dreimal so laut. Sie hatte meine Stimme wiederentdeckt.

Japan

Meine Reise nach Japan fing damit an, daß ich eine Stunde vor
Abflug meiner Maschine drauf und dran war, das Ganze abzusagen
und mich ins Bett zu legen.

Am 16. November 1959 hatte ich zum 46. und letzten Male die
Undine in Berlin gespielt, am 17. kam ich mit Sack und Pack in
München an, und am 22. ging das Flugzeug nach Tokio zur Deut-
schen Filmwoche. Ich hatte vier Tage Zeit für Kofferauspacken,
Koffereinpacken, Impfen, Besuche und andere Schicksalsschläge,
bevor ich wieder abdampfte.

Wie gesagt, an diesem 22. November fühlte ich mich jämmerlich,
schneuzte, nieste und hatte Fieber. Wahrscheinlich ein Abschieds-
geschenk des Heuhaufens, auf den ich mich gestern im Pferdestall
gesetzt hatte. Aber es war ja nun alles abgemacht, mein Ordnungs-
sinn siegte, ich flog.

Nach der ersten Zwischenlandung in Kopenhagen begann der Flug
über den Pol, und ich verbrachte fast die ganzen sechzehn Stunden
schlafend in meiner Liegekabine. In Anchorage wurde aufgetankt,
an alle Verwandten Postkarten geschrieben und anschließend sofort
im fliegenden Bett weitergeschnarcht.

Nach weiteren neunzehn Stunden tauchte endlich Tokio aus dem
Nebel auf, und der Pilot landete, nach einer atemberaubenden Berg-
und Talschraube über dem Meer, dann doch noch butterweich auf
dem Flugplatz.

Toni Sailer und Hannes Obermaier, der Münchner Journalist
»Hunter«, holten mich ab, sie waren mit der übrigen Delegation
schon einige Tage vor mir angekommen. Während ich mein ziemlich zerknittertes Gesicht einigen Photographen hinhielt, erfuhr ich
von Hannes Obermaier, Toni sei in Japan mindestens so bekannt
wie der Kaiser, und das bestätigte sich auch gleich, als wir in einem
offenen schneeweißen Thunderbird ins Hotel Imperial fuhren.
Überall winkten begeisterte Passanten, und viele junge Japanerinnen liefen sogar neben dem Wagen her. Toni saß am Steuer und
lächelte von Zeit zu Zeit ein bißchen verlegen zu mir herüber; zum
Zurückwinken kam er nicht in diesem höllischen Verkehr.

Da offenbar nur mit Vollgas gefahren wurde, reagierten die Japaner wie der Blitz und machten von dem Recht »Wer zuerst da ist, hat Vorfahrt« Gebrauch. Im Hotel wartete schon der Friseur, und auf ging's zu den ersten zwei Empfängen. Das einzige, was mir von diesem Abend in Erinnerung blieb, waren die lieblich-zarten Japanerinnen, die Grazie ihrer Bewegungen, der Zauber ihres Lächelns. Wie roh und ungehobelt, von asiatischem Grinsen zu sprechen, wie das europäische Maulwürfe so gerne tun. Auf jeden Fall ist mir äußerliche Höflichkeit lieber als tiefschürfende Ungezogenheit.

Auch die Gastfreundschaft war einmalig. Jeder, der mit uns nur entfernt zu tun hatte, überschüttete uns mit Geschenken und bot sich als Fremdenführer an. Daß das nicht nur leere Worte waren, bekam ich noch zu spüren, als ich am Ende der Festwochen allein zu Rande kommen mußte und auf den Beistand japanischer Freunde angewiesen war. Doch darauf komme ich später zurück.

Am nächsten Tag, dem 25. November, wurde die Filmwoche mit dem Remake von *Menschen im Hotel* eröffnet. Einem Empfang durch den Verband der japanischen Filmproduzenten im Imperial folgte die Eröffnungsansprache des deutschen Botschafters, Dr. Haas, im Premierenkino, dann erklommen die Schauspieler, Bernhard Wicki, Eva-Ingeborg Scholz, Ruth Niehaus, Antje Geerk und ich die Bühne. Der Beifall schwoll zu Donner an, als am Schluß Toni Sailer heraufkam. Dann stolperten wir das Treppchen wieder hinunter und schauten uns den Film an. Trotz Heinz Rühmann, O. W. Fischer, Sonja Ziemann, Gert Fröbe – ich finde, man sollte Garbo-Filme nicht aufwärmen.

So war das nun jeden Tag: Empfang vor der Filmvorführung, Umziehen, Amokfahrt durch die Stadt zum Kino, Verbeugen vor Beginn des Films, Platznehmen, Beifall, Abfahrt zum Essen ins Hotel oder für die Herren in etwas entlegenere Stadtteile.

Am 26. November kaufte ich die größte Perle, die ich je gesehen hatte. Sie war so groß wie eine Kirsche, schimmerte bläulich und sollte mich an die falsche erinnern, die ich als Undine trug. »Barocker Klumpen«, knurrte eine neidische Kundin neben mir.

Am Abend sahen wir nach der gewohnten Reihenfolge des Auf- und Abtretens den Film *Das Totenschiff*, den ich im Gegensatz zu den Kritikern ausgezeichnet fand; neben Horst Buchholz spielte schließlich Helmut Schmid mit, mein späterer Mann.

Am dritten Tag war *Jons und Erdme* mit Giulietta Masina an der

Reihe. Diesem Film ging ein besonders feudales japanisches Essen voraus, spendiert von Nagamazu Kawakita, dem Chef des zweitgrößten Filmverleihs in Japan. Alle hockten in Buddhastellung am Boden und bewunderten, während die Suppen kalt wurden, die alten Schwertertänze einiger besonders hübscher Japanerinnen. Dann verschlangen wir mit der gewohnten Todesverachtung unseren rohen Fisch, schlürften dazu Sake, den warmen Reiswein, und genossen noch eine Menge anderer fernöstlicher Leckerbissen. Dann eilten wir ins Hotel zum Umziehen. An diesem Abend machte ich mich besonders sorgfältig zurecht, denn die Tochter des Kaisers, Prinzessin Suga, kam in die Vorführung. Wir stellten uns in Reih und Glied am Eingang auf und warteten. Etwa 30 Sekunden vor halb acht gab es unter den Japanern ein aufgeregtes Gemurmel: die Prinzessin erschien. Ich muß sagen, als sie so die Treppe hinunterschritt, erstarb ich vor Bewunderung. Diese blöden Republiken, dachte ich, wenn es nur mehr Könige gäbe! Natürlich sah sie sehr asiatisch aus. Aber die graziöse Würde, mit der sie die mehr oder weniger geglückten Hofknickse entgegennahm, und das sanfte Lächeln, mit dem sie nach allen Seiten grüßte, all das war einfach phantastisch. Bernhard Wicki, der neben mir saß, fand es zum Kotzen. Er sagte das so laut, daß die drei Plätze weiter sitzende Prinzessin es verstehen mußte, wenn sie deutsch konnte. Wie auch immer, sie verzog natürlich keine Miene.

Am nächsten Tag wurde das *Schöne Abenteuer* gezeigt, die einzige Komödie dieser Filmwoche. Diesmal kam der Bruder des Kaisers. Ich saß nicht weit entfernt von ihm, und jedesmal, wenn ich ihn anschaute, ertappte ich ihn, wie er schallend lachte. Überhaupt habe ich nirgendwo auf der Welt Menschen so lachen sehen wie in Japan. Wenn sie ihre hinreißenden Raubtiergebisse entblößten, sahen sie manchmal aus wie gutgelaunte Tempeldrachen. Unvorstellbar war zum Beispiel das Gewieher, als ich Herrn Kawakita zu seinem Privathaus gratulierte, mit diesen vielen Angestellten, wo wir, während die Suppen kalt wurden, die Schwertertänze bewundert hatten . . .

Er brachte minutenlang vor Lachen kein Wort heraus, und alle Anwesenden hielten sich die Bäuche, als er, von immer neuen Lachkrämpfen geschüttelt, schließlich hervorprustete: »Das, ha-

haha, das war das teu … hahaha, das teuerste Teehaus Tokios …
haaaah. «

Im Theater waren wir übrigens auch. Zuerst gingen wir ins Kabuki-
Theater, wo die Schauspieler in riesigen Pappkulissen von morgens
um 9 Uhr bis abends 23 Uhr einen altjapanischen schnarrenden,
sich manchmal überschlagenden Singsang vor sich hinkrächzten. Es
handelte sich vorwiegend um Tanzdramen aus dem vorigen Jahrhundert, die wohl mehr zeremonielle Bedeutung hatten. Deswegen
schliefen die meisten Zuschauer, und ich glaube, daß auch die
Japaner nicht viel von den Vorgängen auf der Bühne verstanden.
Interessant war, daß die Frauenrollen nur von Männern gespielt
wurden, und der Souffleur ständig aus dem Kasten kam, um den
Akteuren überallhin nachzurennen.

Als nächstes besuchten wir das Kokusai-Theater. Dem Besitzer
dieser gigantischen Revuebühne gehörte ein Dutzend der größten
japanischen Kinos und eine Filmgesellschaft. Das Kokusai-Theater
betrieb er nur als Hobby.

Heute wurde die Geschichte vom *Drachen auf dem Berg* gegeben.
»Diese Aufführung ist von der alten japanischen Sage aus dem
zwölften Jahrhundert hergekommen«, hieß es im Programm. Schon
als sich der Vorhang öffnete, fielen wir beinahe von den Stühlen.
Die Bühne war etwa so groß wie ein Fußballplatz und dementsprechend kolossal die Ausstattung. Sie übertraf an Prunk, Überdimen-
sionalem und Phantastischem alles, was ich bisher gesehen hatte.
Die ungeheuerliche Bühnenverwandlung eines verwunschenen
Waldes in eine Flammenhölle war der unüberbietbare Höhepunkt.
Das ganze Theater schien Feuer zu speien, und als am Schluß auch
noch ein zwölf Meter langer Drache erschien, fehlte eigentlich nur
noch, daß einer der Beteiligten geschlachtet wurde.

Das war an einem Sonntagnachmittag; am Abend wurde Helmut
Käutners *Hamlet* gezeigt, mit Hardy Krüger in der Titelrolle und
Ingrid Andree als unvergeßliche Ophelia. Heute war der jüngste
Sohn des Kaisers anwesend. Er gab nicht zu erkennen, was er von
seinem fürstlichen Kollegen hielt.

Der letzte Tag der Filmwoche wurde durch Bernhard Wickis Film
Die Brücke zum Höhepunkt. Es war ein Meisterwerk. Der unaufhalt-
same Untergang von ein paar Kindern, die in den letzten Kriegsta-
gen eine sowieso zu sprengende Brücke verteidigen, stürzte die

Zuschauer in fassungsloses Entsetzen. Die anschließende Diskussion war ein aufregender und würdiger Abschluß.

Am 2. Dezember, einem Mittwoch, reiste der größte Teil der deutschen Belegschaft wieder ab. Aber vorher stürzten sich alle in einer Art Fernostwahnsinn in Perlen- und Seidenläden, um noch das große Geschäft zu machen. Es war ja alles so billig!

Zurück blieben Toni Sailer, der bald einen Film in Japan beginnen mußte, drei Herren der deutschen Filmindustrie und ich. Jetzt fing der Spaß erst richtig an. Schließlich wollte ich von Japan noch etwas anderes sehen als Wolkenkratzer.

Ich fragte Frau Kawakita, die Frau des Filmverleihers mit dem Teehaus, ob ihre Tochter vielleicht Lust hätte, mit mir nach Hakone zu fahren, wo ich gern die heißen Quellen besichtigen wollte. Es klappte.

Kazuko hieß die kleine, selbstbewußte, sehr gepflegte Tochter; sie sah eher aus wie ein Eskimo, war neunzehn Jahre alt und hatte schon einige Monate in Rom und Paris studiert. Sie sprach ausgezeichnet Englisch, Französisch, Italienisch und Deutsch und wirkte schon deswegen sehr europäisch.

Herr Omachi, ein Schüler Herbert von Karajans, kam auch mit. Er war ein Freund der Familie Kawakita und hatte sich schon vor einigen Tagen als Chauffeur angeboten, aber ich wollte nicht mit ihm allein herumreisen.

Also, wir fuhren nach Hakone, wo wir erst bei Einbruch der Dunkelheit ankamen, denn ich konnte mich einfach nicht vom Anblick des prachtvollen Fudschijama losreißen, bevor ich sämtliche Filme verschossen hatte. »Man bekommt ihn, wie eine Diva, nur sehr selten zu Gesicht«, wurde ich aufgeklärt.

Es war einfach alles aufregend in diesem Land. Wir quartierten uns in einem Badehotel ein und sprangen freudestrahlend bei eisiger Kälte in das heiße Quellwasser. Welch erhabenes Gefühl, mitten im Winter im Freien zu baden!

Kazuko, von uns kurz Kasko genannt, schlug vor, am nächsten Tag zu ihren Eltern nach Kamakura zu fahren, einer Stadt aus dem zwölften Jahrhundert, die durch ihre Militärdiktaturen berühmt wurde. Als Herr Kawakita mich sah, brach er sofort wieder in dröhnendes Gelächter aus und fragte mich, welches seiner Häuser mir besser gefalle, das mit oder das ohne Geishas.

Der große Buddha, der sich auch in Kamakura befindet, wurde gleich miterledigt, er ist 700 Jahre alt, ca. 15 m hoch und 100 000 kg schwer; leider wurde er gerade restauriert. Nachdem wir noch den Kotoku-in-Tempel aus dem Jahre 737 besichtigt hatten, fuhren wir nach Tokio zurück. Ein junger, japanischer Schauspieler, der auch mitfuhr, erzählte freundlich lächelnd, daß ein Durchschnittsschauspieler in Japan ca. dreißig Filme pro Jahr drehe. Dreißig! Nicht nacheinander, sondern gleichzeitig. Dabei passiere es, daß man 48 Stunden ohne Pause arbeite. Wenn man sich weigere, werde eben ein anderer genommen... Ich wurde schon vom bloßen Zuhören so müde, daß ich im Hotel gerade noch das Bett erreichte, bevor ich übergangslos und abgrundtief einschlief. Hoffentlich sind die japanischen Schauspieler inzwischen besser organisiert!

Nach einem Tag Pause fuhren Herr Omachi und ein übriggebliebener Münchner mit mir nach Kyoto, der alten Kaiserstadt. Diesmal nahmen wir den Zug. Als er abfuhr, zogen alle Zeitungs- und Kioskverkäufer auf dem Bahnsteig ihre Mützen, und auf dem gegenüberliegenden Bahnsteig wartete eine einsame Schlange von Menschen, stumm und regungslos, auf einen Zug, der noch gar nicht da war.

Es war schon Abend, als wir in Kyoto ankamen, das etwa 500 km von Tokio entfernt liegt. Es langte gerade noch zu einem Abendspaziergang durch dämmerige Gassen im Teehausviertel, die in krassem Gegensatz standen zu den unvorstellbar farbenprächtigen Lichtreklamen der belebten Hauptstraßen.

Erst am nächsten Tag besichtigten wir die größten und berühmtesten Tempel. Einer war schöner als der andere, aber nach den ersten drei war ich bereits todmüde. Es wimmelte von Meisterwerken, und ich schaffte gerade noch den Kaiserpalast und die vergoldete Pagode; ein Tag reichte einfach nicht aus für diese ganze Pracht. Aber am stärksten beeindruckte mich Nara, die älteste Stadt Japans, die ca. 40 km südlich liegt und im achten Jahrhundert vorübergehend Hauptstadt und Zentrum der japanischen Kultur wurde. »Nie wieder wurden so herrliche Tempel gebaut wie in dieser Blütezeit«, heißt es in einer Beschreibung.

Der Todakji-Tempel verschlug mir einfach die Sprache. Und der Daibutsu-Buddha im Innern war der größte und älteste Buddha der Welt: 16 m hoch, das Gesicht 4 m, die Ohren 2 ½ m und die Daumen

1,6 m. Aber erst der Park! Wir spazierten durch einen Märchenwald riesiger Fichten und Kiefern, die aus dem sonnigen Morgennebel auftauchten wie Phantome, zum Heiligtum der Shinto-Göttinnen; zweitausend Steinlaternen säumten den Weg, und die zahmen Rehe, die um uns herumsprangen, zwickten, wenn man den Reiseproviant nicht sofort herausrückte.

Die Bäume und Sträucher ringsum waren übersät von weißen Zetteln. »Was bedeutet das?« fragte ich Herrn Omachi.

Er erklärte ganz ernst: »Darauf steht das Schicksal, und wenn man will, daß sich der Spruch erfüllt, hängt man die Zettel an die Zweige.« Er deutete auf einen der vielen Kioske: »Dort kann man sie kaufen.«

Auf meinem Zettel stand: »Ihr Schicksal ist leicht wie man von einem Hügel hinunterschreitet. Alles fällt Ihnen leicht. In der Liebe geht es nicht so schnell, aber auch diese Wünsche werden erfüllt.« Sofort hängte ich den Zettel an den nächsten Baum.

Dann flogen wir nach Tokio zurück.

»Sage nie wundervoll, bevor du Nikko gesehen hast«, heißt es in Japan. Also auf nach Nikko mit Kasko und Omachi.

Der berühmte Wasserfall beeindruckte mich wenig; da gibt es größere. Auch die Tempel hinterließen keinen so gigantischen Eindruck, wie ich erwartet hatte. Der barocke Prunk war zwar ungeheuer, jeder Zentimeter war bepflastert mit kostbaren Schnitzereien, Mosaiken und Edelsteinen; aber die Pracht war zu niederschmetternd. Die alten Tempel waren mir lieber.

Dann kam mein letzter Tag in Japan. Nach einer üppigen Henkersmahlzeit wurde ich wie ein Staatsbesuch mit vollzählig erschienenen Getreuen zum Flugplatz gebracht. Kasko, Omachi, Frau Kawakita, Toni Sailer, Herr Schwier und Herr Metzger. Ich war gar nicht so fröhlich, denn ich mußte ja nun Japan verlassen, aber als die Zeit zum Aufbruch gekommen war, ließ ich mich von der übermütigen Laune aller mitreißen. Der Taxichauffeur wurde lachend kreuz und quer durch Tokio geschickt und hielt schließlich statt am Flugplatz vor einem Nachtlokal. Alle brüllten vor Vergnügen, und der Fahrer konnte am Ende nur mit Mühe dazu gebracht werden, zum Flugplatz zu fahren, wo wir leider noch rechtzeitig eintrafen. Als ich einsteigen mußte, rückte jeder noch ein Geschenk heraus, und ich erfuhr am eigenen Leibe: partir est un peu mourir!

Hongkong

Nun saß ich im Stratocruiser nach Hongkong, dem besten dreimotorigen Flugzeug der Welt, wie mich Kurt Ris aufgeklärt hatte. Kaum waren wir in der Luft, bekam ich eine Kostprobe, was in dem dickbäuchigen Flugzeugopa steckte. Die Passagiere wurden durcheinandergeschüttelt wie Eisstücke in einem Mixer, die Maschine krachte, quietschte und ratterte, flog aber unverdrossen. Zum Glück erfuhr ich erst nach der Landung, daß dieser Typ bereits aus dem Verkehr gezogen war und nur noch im Osten fliegen durfte.

Ich blieb zwei Tage in Hongkong, dieser beängstigend schönen und elendsvollen Stadt, die von weitem so malerisch aussah, aber bei näherer Betrachtung in Schmutz und Armut zu versinken schien.

Ein Schweizer Ehepaar, in deren Hotel ich wohnte, zeigte mir die Stadt, ließ mich mit einer Rikscha fahren und sorgte dafür, daß ich mich in den zahllosen Seiden- und Antiquitätenläden nicht restlos ruinierte. Trotzdem erstand ich einen solchen Haufen handgestickter Tischtücher, Servietten, Pyjamas, Jacken, Decken und Schmuckgeklirr, daß ich wohl bis an mein Lebensende an diesem Vorrat zu zehren habe.

Bangkok

Ich freute mich auf die drei Wochen in Siam, besonders deswegen, weil ich hier nichts organisieren mußte. Kurt Ris war gerade in Bangkok stationiert und hatte sich bereit erklärt, für mich den Fremdenführer zu spielen.

Als erstes hatte er am Strand von Pathia, das am chinesischen Meer liegt, für zwei Tage einen Bungalow gemietet. Zuerst wollte ich Einspruch erheben, aber ich war meiner viel zu sicher, als daß mich dieser harmlose Schachzug hätte in Gefahr bringen können. Ich willigte also ein, was für Kurt schon die Vorstufe eines Wunders bedeuten mußte. In der Tat wäre ein Umschwenken meiner Gefühle ein Wunder gewesen angesichts der Tatsache, daß ich ihm seit acht Jahren ein Happy-End mit mir auszureden versuchte.

Wie schade! Warum kann man sich nicht zwingen, verliebt zu sein? Die märchenhafte Umgebung forderte ja direkt dazu heraus. Schon die Fahrt nach Pathia war voller Zauber. Die Klongs mit ihren Pfahlbauten, Schiffchen und Fischernetzen, die Palmenhaine, die blau, rot und orange blühenden Bäume, es war wie eine Fahrt durch ein Land der Träume. Und dann die Tropennacht in Pathia. Vollmond, rauschendes Meer, Grillen, Frösche, fernes Hundebellen; schwankende Lichtlein auf dem Wasser, die langsam auf uns zukamen wie im Gruselmärchen – Krebsfänger. Eine Nacht, wie geschaffen für Verliebte. Aber wir saßen steif und mit verschiedenen Standpunkten nebeneinander und schon beim Gedanken an eine noch so freundschaftliche Berührung sträubten sich alle meine Haare.

Am nächsten Tag machte er mir einen Heiratsantrag. Mein Nein stürzte ihn in eine gekränkte Traurigkeit, die er im Genuß unseres restlichen Bieres zu ertränken versuchte. »Kameradschaft ist keine Grundlage für eine Ehe, und Gefühle kann man nicht erzwingen«, wollte ich ihn trösten, und machte damit alles nur noch schlimmer. Blieb noch das Wasserskifahren, dann fuhren wir nach Bangkok, ins Hotel Erawan zurück.

Kurt hatte am Sonntag einen Tokio-Flug und kam erst am Dienstag wieder. In dieser Zeit machte ich eine Tempeltour, auf der ich mir so ziemlich alle Sehenswürdigkeiten einverleibte. Besonders die roten Dächer der Tempel mit ihren grüngeziegelten Rändern und Schlangenhäuptern verwirrten mein naives Auge. Alles war einfach monumental: in einem Tempel saß ein 3 m hoher Buddha aus purem Gold, in einem anderen ein Buddha aus reinem Smaragd. Endlose Säulengänge, bedeckt mit kostbarsten Fresken und Goldmalereien. Sei es die Größe der Statuen, die Seltenheit des Materials, die höchste Verfeinerung im Detail – der Reichtum war ohne Beispiel. Den Floating Market besuchte ich am nächsten Tag, photographierte und filmte die farbenprächtigen Boote der Eingeborenen, auf denen sich Gemüse, Früchte und andere Fressalien türmten, dahinter Pfahlbauten und Palmenhaine – ich hätte es mir schenken können; auf den Filmen war hinterher leider nichts zu sehen als ein paar Blitze in rabenschwarzer Nacht. Auch die königlichen Barken schaffte ich noch, aber dann hatte ich vorläufig genug Kunst geschlürft und wandte mich turbulenteren Dingen zu.

Kambodscha

Angkor ist eine Tempelstadt in Kambodscha, südöstlich von Thailand, die man damals nur per Flugzeug erreichen konnte, mit der Air Cambodge. Eigentlich war es aber die Air France. Kurt imitierte die Piloten dieser Fluggesellschaft, indem er seine Mütze nach hinten schob und einen Zigarettenstummel aus einem Mundwinkel hängen ließ.

Alle erzählten Wunderdinge über die riesige Ruinenstadt im Urwald, also beschlossen wir hinzufliegen. An einem Mittwoch gegen 7 Uhr früh fuhren wir zum Flugplatz und wollten gerade in die DC 3 nach Siem Reap einsteigen, da kam von hinten der kleine, dürre Pilot, Mütze im Nacken, Zigarette im Mundwinkel, und schüttelte uns die Hand. Kurze Zeit nach dem Start erschien er in der Cockpittüre, begrüßte die Passagiere, setzte sich zu uns und zog uns die Würmer aus der Nase. Sich selbst stellte er als Georges vor. Als er herausgekriegt hatte, daß er mich schon im Film gesehen hatte, aber vor allem, daß er in Kurt einen Überseepiloten vor sich hatte, kannte seine Begeisterung keine Grenzen mehr. Wir mußten sofort mit ins Cockpit kommen, und er versprach, indem er sich wieder ans Steuer setzte, etwas tiefer über die Ruinen zu fliegen, damit wir besser photographieren könnten.

Er hebelte virtuos an dem verwitterten Armaturenbrett herum und verlor schnell an Höhe. Von weitem tauchten schon einige Tempel auf – wir sanken weiter. »Fräche Cheib«, hörte ich Kurt hinter mir brummen und lachen. Ich lachte auch, als er etwa fünf Meter über die Baumwipfel brauste. Es prickelte. Aber solange Kurt nichts sagte, war keine Gefahr. Von ferne tauchte die Piste auf. Sie kam näher und näher, wir flogen tiefer und tiefer, aber quer zur Rollbahn, und Kurt lachte immer noch. Georges blinzelte und zielte auf das Zollhäuschen, zog im letzten Augenblick hoch und hüpfte hinüber wie ein Rabe über einen Zaun. Zweimal umkreiste er Angkor-wat, die größte Ruine Angkors, bevor er wieder im Sturzflug auf den Flugplatz hinunterstach, diesmal um zu landen.

Uff: Ich war also in Kambodscha. Vor zwei Wochen wußte ich nicht einmal, auf welchem Erdteil das liegt.

Wir beschlossen, über Nacht in Angkor zu bleiben und am andern

Tag mit Georges über Phnom Pen, die Hauptstadt Kambodschas, nach Saigon zu fliegen. Dort wollte er mit uns Weihnachten feiern, denn er war in Saigon stationiert. Am Nachmittag flog er nach Bangkok zurück, und wir besichtigten die Ruinen. Ich hätte nie gedacht, daß all die Prachtbauten, die ich bisher gesehen hatte, durch irgend etwas noch hätten überboten werden können. Aber diese alten Tempelstädte waren wohl das unvorstellbar Großartigste, was es überhaupt auf der Welt gibt. Tempel neben Tempel, burgartige Schlösser, kilometerlange Gänge, jeder Zentimeter mit herrlichen Reliefs bedeckt. Türme in Form riesiger Köpfe, oft zwei übereinander.

Das Angkor-wat allein war eigentlich ein Tagesprogramm. Wir erklommen es nachmittags um 15 Uhr, nie in meinem Leben hatte ich so geschwitzt. Durch eine Allee mit fünfzig Steinstatuen flüchteten wir schweißtriefend durch ein Tor, das in einem überdimensionalen Kopf gipfelte, in den Urwald. Dort sei ein ganz besonderes Unikum von Tempel, hatte der *guide* versprochen.

Schon der Weg dahin hatte etwas Unheimliches; alle Geräusche waren ohrenbetäubend, das stupide Krächzen der Wellensittiche, das scharfe Zirpen riesiger Grillen, das Trommeln des Spechts, der an eine Pauke zu hämmern schien. Der Tempel, den wir schließlich durch Lianen und tropisches Pflanzengewirr erblickten, war wirklich bäumig: Vor kurzer Zeit erst ausgegraben, zwängten sich schon wieder die kolossalen Wurzeln der Käsebäume durch Fenster, Ritzen und Türen und sprengten das ganze Mauerwerk. Dieser Anblick war ganz unbeschreiblich aufregend. Die schneeweißen Wurzeln, die mitten aus den Gebäuden klafften, sahen aus wie herabhängende Schlangen oder Krokodile, die durch Türen und Fenster stiegen.

Wir photographierten drauflos und hatten den Eingeborenen nicht bemerkt, der plötzlich neben uns stand mit Hund, Armbrust und einigen riesigen Messern, die er uns zum Kauf anbot. Ich schüttelte den Kopf und photographierte emsig weiter, obwohl es schon ziemlich dunkel geworden war. Und während Kurt mit dem *guide* irgendwo hinter den Käsebäumen verschwunden war, folgte mir der Eingeborene auf Schritt und Tritt, grinste freundlich, stand, wo ich stand, stolperte, wo ich stolperte – und als ich so allein mitten im Urwald stand, bemerkte ich, daß der Knüppel, auf den er sich stützte, kein Knüppel war, sondern ein gewaltiges Beil. Aber der Schwarze grinste unverdrossen weiter und folgte mir, auf sein Beil gestützt, über Stock und Stein.

Am nächsten Tag war Weihnachten. Wir fuhren zum Flugplatz, wo Georges, mit seiner DC 3 von Bangkok kommend, in einigen Minuten landen sollte. Und da tauchte er auch schon auf. Quer zur Landebahn. Die Fluggäste, die neben uns standen, erbleichten, als das Flugzeug, das sie kurz darauf besteigen wollten, 2 m am Zollhäuschen vorbeibrauste, hochzog, eine Schleife drehte und nach wenigen Minuten die andere Seite der Baracke angriff, wobei beinahe eine Fahnenstange dran glauben mußte.

Die Landung beim dritten Anflug war musterhaft, Georges stieg aus, stürzte auf uns zu und übergoß uns mit einem Redeschwall. Der Bodenbeamte machte ein grimmiges Gesicht, aber als wir einstiegen, sahen wir ihn mit Georges unter einem Flügel stehen und furchtbar lachen. Dann bestieg auch Georges die Maschine. Es folgte ein letzter Sturzflug auf die nächstbeste Ruine, der Mechaniker brummte etwas von »noch nie so tief« – immerhin befanden wir uns auf einem Linienflug –, und ab ging die Post nach Saigon.

Das Weihnachtsfest ging auch vorbei, es war bedeutend weniger schrecklich als zu Hause, kein Amoklauf durch die Geschäfte, keine aufgelösten Familienmitglieder, kein Schlachtfeld nach der Bescherung. Höchstens ein paar zerbrochene Hoffnungen nach Kurts letztem Generalangriff lagen herum. Aber der Pulverturm ... blieb uneinnehmbar, trotz Weihnachten in Saigon.

Nach einer weiteren Woche in Bangkok hatte ich genug gefaulenzt und bestieg voller Tatendurst die Swissair Bombay – Karachi – Beirut – Genf.

»Für 1960 ist für Liselotte Pulver
das achte Haus maßgebend . . .

. . . Astrologisch ist dies das Todeshaus. Es könnte schweren Unglücksfall, Krankheit oder Schlimmeres bedeuten.«

Dieses Horoskop schickte mir meine ehemalige Agentin Elli Silman, sie hatte es aus einer Berliner Zeitung ausgeschnitten.

Nein, ich glaubte nicht an Astrologie. Wenn man an nichts mehr glaubt, glaubt man ans Horoskop. Ich nicht. Und nun ging es mir nicht mehr aus dem Sinn.

Also – kaum war ich von Bangkok zurück, ging's los. Schädelbrummen, Halsschmerzen, Fieber, geschwollene Hände und Füße sowie rote Pünktchen am Oberkörper; und jeden Tag mehr Tüpfelchen; sie brannten wie die Hölle.

Es war nicht Scharlach. Der Arzt zuckte ratlos die Schultern. Vielleicht eine Vergiftung . . .?

Wie auch immer, ich konnte keine Rücksicht auf meine Pickel nehmen. Als das Fieber herunterging, machte auch ich mich jukkend und kratzend aus dem Staub, tot oder lebendig mußte ich einen dreimal verschobenen Preis in Frankfurt entgegennehmen, in Paris synchronisieren, in Nyon mit Mama Weihnachten nachholen; und dann nach München, Albrecht wiedersehen. Wir telephonierten ziemlich oft, und ich versprach, so bald wie möglich aufzukreuzen, sagte aber nicht wann. Ich machte es wieder mal richtig spannend. Endlich war es soweit. Ich war in München.

Die Überraschung war mir wirklich restlos gelungen. Albrecht hatte keine Zeit. »Ich habe ja nichts gewußt«, entschuldigte er sich. »Moment mal – naja – also gut – dann morgen abend.«

Er holte mich ab, und wir gingen in die »Walliser Stuben«, eines unserer Stammlokale. Ich wohl frisiert und parfümiert, er im todschicken Blazer. Wirklich – ein schönes Paar. Ich freute mich auf die Schweizer Spezialitäten, das Münchner Bier, den letzten Klatsch – und überhaupt.

Der Abend war ein voller Erfolg, fröhlich, angesäuselt, vielversprechend auch der Heimweg, denn die Nacht war noch lange nicht vorbei. Es war wie Glanz und Elend am Gartentöri meiner Backfischzeit, als ich siegesgewiß die Haustür aufschloß und mich nach Albrecht umsah – aber Albrecht war stehengeblieben – reichte mir die Hand und verabschiedete sich . . .

Es war zu Ende. Er hatte eine andere. Ich brauchte keine seherischen Fähigkeiten, um das zu merken. Ein paar Tage lang spielte ich mir vor, alles sei in Ordnung, trotz Ausreden und Absagen; ich versuchte großzügig zu sein und wartete. Als er aber auch an seinem Geburtstag keine Zeit hatte, verlangte ich eine Aussprache. Er kam zu mir in die Wohnung, küßte mich väterlich und erklärte, indem er mich wie eine frisch gestrichene Stange von sich hielt: »Es geht nicht mehr, ich habe zuviel gelitten, diese vielen Trennungen, das hält kein Mensch aus. Wir würden nie glücklich, davon bin ich überzeugt, mein Entschluß ist gefaßt . . .« Und weg war er.

Es war wie ein K.-o.-Schlag. Ich stand mitten im Zimmer, starrte auf die Tür, durch die er verschwunden war und versuchte meine Gedanken zu ordnen. Was war denn los mit mir? Wochenlang hatte ich überhaupt nicht an ihn gedacht, und jetzt, wo ich im Begriff war ihn zu verlieren, war ich wie gelähmt vor Schreck. Natürlich hatte ich ihn vernachlässigt, alleingelassen, seinen Trösterinnen geradezu in die Arme getrieben. Schließlich konnte ich nicht von ihm erwarten, daß er Tag und Nacht neben dem Telephon oder dem Briefkasten saß, um auf ein Lebenszeichen von mir zu warten. Aber vielleicht konnte ich das noch reparieren? Ich beschloß zu kämpfen. Ich, die Zaudernde, Zögernde! Himmel und Hölle setzte ich in Bewegung, um ihn zurückzuerobern. Mit List und Tücke, Abendessen, Kerzenschimmer, Briefen, Anrufen; lockend, spottend, verführend, gleichgültig, dann wieder in Tränen aufgelöst. Aber alles, was ich erreichte, war seine Versicherung, wir würden immer gute Freunde bleiben! Wie bitte? Wohl um seine Freundinnen zum Film zu bringen? Nicht mit mir. Dann lieber ein Ende mit Schrecken.

Ich ging jeden Tag bei eisiger Kälte auf die Rennbahn, meine Stute reiten, um auf andere Gedanken zu kommen. Telephonierte wegen des Gagenstops herum, den die deutschen Produzenten verhängt hatten, um die Filmwirtschaft zu retten. Kein Schauspieler sollte künftig mehr als DM 100 000,– bekommen. Natürlich war ich eines der ersten Opfer. Es ging um *Das Glas Wasser*, ein Käutner-Film mit Gustaf Gründgens, der seit achtzehn Jahren zum ersten Mal wieder vor die Kamera trat. Ich sollte die Königin spielen, diese ewig verliebte, schöne, arme Queen, die niemand will – wirklich mein Ebenbild. »Zum Teufel mit dem Prestige«, dachte ich, »ich muß die Rolle haben«, und unterschrieb.

Ende Januar fingen in Hamburg die Dreharbeiten an. Hilde Krahl, Rudolf Forster, Hans Leibelt, Sabine Sinjen, Horst Janson waren meine Partner; aber alle wurden überstrahlt von Gustaf Gründgens. Unerbittlich-verbindlich machte er keine einzige Konzession, ein »monstre sacré«, ein Olympier, der sich schon dadurch von all den anderen Großen unterschied, weil es keiner jemals so weit gebracht hatte wie er. Überragend als Schauspieler, Regisseur, Intendant, im Zweiten Weltkrieg Generalintendant und Staatsrat, hätte er, ein Phänomen an Vielseitigkeit, genausogut Außenminister werden können.

Ja, ich hatte großes Lampenfieber, als ich ihm gegenüberstand, aber es war hinreißend, mit ihm zu spielen. Als ich einmal drehfrei hatte, schickte er mir einen riesigen Blumenstrauß ins Hotel mit seiner Visitenkarte, auf der stand: »Filmen ohne Sie ist halb so lustig.« Ich bewunderte ihn glühend und hoffte, er biete mir eine Rolle an seinem Theater an. Es kam nicht mehr dazu, er starb wenig später »aus Versehen«... Er litt unter rasenden Kopfschmerzen und hatte zuviel Tabletten genommen.

Viel zu schnell gingen die Dreharbeiten zu Ende, ich hätte noch wochenlang im schwarz-weiß-gold verkleideten Atelierschloß Königin spielen mögen... es war eine Belohnung im voraus für all das, was jetzt auf mich zukam.

Ich freute mich auf München, dieses urgemütliche, großstädtische Dorf; hier hatte ich meine Filmlaufbahn begonnen, hier hatte ich die meisten Freunde, hier war ich zu Hause. Der einzige Nachteil war, daß Albrecht in derselben Stadt wohnte. Da konnte ich mich auf einiges gefaßt machen. Aber ich rief nicht an. Nicht um die Burg! Irgendwo unter der Oberfläche glomm natürlich noch ein Hoffnungsschimmer, er habe es sich anders überlegt. Trotz ehrlicher Bemühungen konnte ich mich nicht anderweitig verlieben. Aber das war kein Grund zur Panik, für Unterhaltung war gesorgt, wenn auch nicht nur für erfreuliche.

Mama war seit Ende April bei mir in den Ferien, denn ich hatte das Gefühl, sie habe Ruhe nötig. Was war denn bloß in sie gefahren? Bei jeder Kleinigkeit regte sie sich auf, brach in Tränen aus und behauptete, ich denke immer nur an mich, sie könne nicht einmal ihren Brüdern helfen, ich gebe ihr viel zu wenig Geld. Überhaupt fing sie an, immer nur vom Geld zu reden und zitterte dabei so vor Aufregung, daß ich ihr alles versprach, nur um sie zu beruhigen.

Dann kam auch noch Corinne, obwohl ich versuchte, sie davon abzuhalten, denn jeder Rummel war Gift für Mama. Aber Corinne kam und riß, wie befürchtet, sofort das Kommando an sich; als ich denn doch meine Wohnung zu verteidigen begann, gab es einen

Krach, daß die Wände wackelten, sie warf mir Gleichgültigkeit, Kälte und Staralüren vor, bis Mama zu weinen begann und ich ihr zuliebe nachgab.

Erfreulich dagegen schien mein neuer Film, *Das Spukschloß im Spessart*, zu werden, Kurt Hoffmann hatte schon ein neues Drehbuch für mich fertig und drängte zur Unterschrift. Aber ich hatte ein französisches und ein italienisches Angebot und versuchte eines der beiden vorher hereinzuquetschen; natürlich ging es nicht, ich mußte wieder einmal auf das Ausland verzichten. Kurt wollte einfach nicht verstehen, daß ich auch in anderen Ländern berühmt werden wollte. Zähneknirschend unterschrieb ich endlich. Mein höchstes Ziel, einen Oscar zu erringen (das konnte man damals ja nur im Ausland), war wieder einmal in weite Ferne gerückt!

Um so näher wälzte sich dafür eine ganze Lawine von Problemen und Mißgeschicken heran. Die erste Nuß, auf der ich herumkaute, war Punta, meine Stute, was nicht heißen soll, daß sie eine Nuß war, denn sie war lammfromm. Trainer Prinzinger, mit dem ich fast jeden Morgen die Rennbahn unsicher machte, fand, ich könnte jetzt ruhig mal ein Rennen reiten. Der Gedanke elektrisierte mich! Ich im Renndreß, umgeben von Wettern, alle Amazonen hinter mir lassend, am Schluß auf dem Siegerpodest ... ha! Aber sofort fiel mir mein Horoskop ein: »Schwerer Unfall, Krankheit oder Schlimmeres.« Durfte ich diesen Wink des Schicksals einfach ignorieren? Insbesondere jetzt, wo sowieso alles schiefging? Und ganz ehrlich gesagt, ich war zwar trainiert, hatte Puste und konnte Punta auch wieder anhalten. Aber leider hatte ich nicht die geringste Chance zu gewinnen, außer wenn sämtliche Konkurrentinnen stürzten. Wozu also die ganze Mühe? Aber ich hatte so eine irrsinnige Lust – und Angst!

Ich sagte es Herrn Witt, meinem Produzenten – und der verbot es einfach. Es war also gar nicht meine Schuld, als ich absagte.

Das *Spukschloß* war kein anstrengender Film, ich sang ein bißchen, tanzte ein bißchen und hatte mir einen kurzen Bubikopf zugelegt, der aus mir einen ganz anderen Typ machte. Ich fand mich sehr sexy. Aber mit dieser Meinung stand ich so ziemlich allein da, denn ein letzter, verzweifelter Versuch, Albrecht zurückzuangeln – ständig lief ich seinen Freunden über den Weg –, endete trost- und hoffnungslos. Ich war am Boden zerschmettert. Um den Ausbrüchen nächtlicher Tränenfluten zu entgehen, begann ich eine ohnmächtige Betriebsamkeit zu entwickeln, ging jeden Abend aus, lud Leute zum Essen ein, die mich überhaupt nicht interessierten, fuhr zu Mama, zu Corinne, nur, um nicht allein zu sein. Wie hatte ich mich verändert! Alleinsein war sonst immer erholsam, erstrebenswert gewesen, eine Belohnung; jetzt, seit meinem Höllensturz, wurde es zur Qual. Dieser falsche Tatendrang führte denn auch zu der verheerendsten beruflichen Katastrophe meines Lebens, die ich, nur ich mir einbrockte und niemand anderes.

Neben den Dreharbeiten zum *Spukschloß* verwickelte ich mich in die ersten Vorbereitungen für den Film *Gustav Adolfs Page*, der im Anschluß gedreht werden sollte. Es war ein Projekt, das ich vorgeschlagen und durchgesetzt hatte. Ich war einige Male bei Curd Jürgens eingeladen, der den Gustav Adolf spielen sollte, aber er hatte Billy Wilder zu Besuch und schien das deutsche Filmchen nicht gerade ernst zu nehmen. Ich stellte ziemlich ernüchtert fest, daß es ihm nur ums Geschäft ging, und traute meinen Ohren nicht, als er dem Produzenten Goldbaum ein Happy-End einreden wollte. Aber gerade der tragische Schluß, der Tod von König und Page, war der Höhepunkt der Novelle und der Hauptgrund, warum ich diese Geschichte durchgeboxt hatte.

Ohne Ergebnis fuhr ich schließlich nach Zürich, um den Vertrag für die *Pygmalion*-Tournee zu unterschreiben. Aber Maria Becker, der das Tourneeunternehmen gehörte, teilte mir mit, ich habe zu lange gezögert, das Stück sei abgesagt.

Es wurde mir langsam unheimlich mit meiner Pechsträhne. Offenbar war es überall und immer meine Unentschlossenheit, die mir zum Verhängnis wurde. Oder es waren wirklich zu viele Hochzeiten. Warum konnte ich mich nicht mit diesen vielen herrlichen Rollen zufriedengeben, die man mir in Deutschland ja buchstäblich nachwarf? Warum genoß ich die Außenaufnahmen in Hildesheim nicht, wo wir die letzten Szenen für das *Spukschloß* abdrehten?

»Hubsi« von Meyerinck, aus den *Spessart*-Filmen nicht wegzudenkender Spaßvogel, versuchte, mich an einen der vielen Barone von Cramm zu verkuppeln, bei denen wir drehten, große, blauäugige Aristokraten, die in ihren niedersächsischen Märchenschlössern wie Könige residierten und sich unverhohlen für mich interessierten. Ich konnte nicht. Ich konnte mich nicht mehr verlieben.

Noch während der letzten Drehtage verdichteten sich die Gerüchte, *Gustav Adolfs Page* müsse wegen Finanzierungsschwierigkeiten verschoben werden. Warum wartete ich nicht in aller Ruhe auf die endgültige Entscheidung? Warum stürzte ich mich wie eine wildgewordene Haubitze in einen neuen Kampf, bevor der alte gewonnen war?

Nein, ich wollte nicht tatenlos zusehen. Ich schmiedete Pläne, kombinierte, kalkulierte – wie geht es weiter, höher, wie komme ich zu der Taube auf dem Dach?

El Cid hieß die Taube. Harry Friedman, von der MCA in London, der mit Ilse Alexander zusammenarbeitete, hatte schon vor Monaten über dieses Projekt gesprochen und von einer winzigen Möglichkeit, mir die Hauptrolle der Chimène verschaffen zu können. Aber *El Cid* fing am 15. Oktober an und der *Page* am 1. Oktober. Wenn nun der *Page* platzte, hätte ich sofort in den *Cid* umsteigen können . . .

Dafür mußte ich aber etwas tun und zwar schnell, denn wir hatten anfang September.

Ich flog nach London, obwohl Harry Friedman mir davon abriet: »Sophia Loren hat zwar abgesagt«, teilte er mit, »aber die Chancen für Sie stehen gleich null.«

Also, ich flog. Am Tag nach meiner Ankunft lud er mich zum Mittagessen ein, und ich ließ ihm so lange keine Ruhe mit *El Cid*, bis er seufzend versprach, mich dem Produzenten vorzustellen.

Ich eilte zum Friseur und fand mich wenig später in Harrys Büro ein. Kaum hatte ich mich gesetzt, öffnete sich die Tür, und ein Herr mit Hornbrille und grimmigem Gesichtsausdruck trat ein. Er musterte mich eisig, zündete eine Zigarette an und befahl: »Speak!«

Ich speakte englisch, denn er wollte natürlich wissen, wie weit es damit her war.

»Get up«, knurrte er mit durchbohrendem Blick.

Ich stand auf.

»Allright«, paffte er durch seine Zigarette. »Turn around.«

Ich drehte mich um mich selbst und wurde plötzlich rot vor Verlegenheit. Wußte er eigentlich, daß ich Nummer zwei war in Deutschland?

Es entstand eine kleine Pause, bevor er sagte: »Allright, we can make a deal«, und Harry mit dem Nachsatz: »I want to speak with her alone«, hinauswarf.

Erst jetzt, als ich mit ihm allein war, bemerkte ich die vielen Lachfältchen um die hinter dicken Brillengläsern versteckten Augen, die einen gutgetarnten Humor verrieten. Er wollte mich noch heute Anthony Mann, dem Regisseur, vorstellen, versprach er.

Der Abend mit Anthony Mann brachte die Entscheidung. Wir gingen essen und anschließend in einen Klub, wo lauter berühmte Leute wie Judy Garland herumsaßen. Als wir morgens um 2 Uhr das Lokal verließen, wußte ich, Anthony Mann war einverstanden, ich hatte die Rolle. Es war nicht zu fassen. Ein Wunder! Ich hatte es geschafft! Ich sprang fast an die Decke vor Wonne; gleichzeitig witterte das Unterbewußtsein Gefahr, Unbehagen kribbelte irgendwo in einem entlegenen Körperteil, aber es wurde erstickt von meinen Triumphgefühlen. Ich war auf der Siegerstraße, ich wollte glücklich sein, Hindernisse gab es nicht, hatte es nicht zu geben – sonst wurden sie umgerannt.

Der nächste Tag verging wie im Traum. Natürlich hätte ich längst München anrufen müssen, um meine Agentur über meinen Erfolg aufzuklären. Ich verschob es auf morgen, denn ich hatte eine Menge zu tun. Nachmittags schaute ich mir *The Visit* (Dürrenmatts *Besuch der alten Dame*) an, mit Alfred Lunt und Lynn Fontanne, abends in Begleitung von Anthony Mann das hinreißende Musical *Oliver!*. Wie berauscht vor Glück sank ich lange nach Mitternacht in mein Luxusbett.

Am vierten Tag meines Besuchs wurde der Vertrag perfekt gemacht und über Rolle und Kostüme gesprochen – ich war mit allem einverstanden–, dann, am Nachmittag, rief ich die Agentur in München an.

»Hier ist Hollywood«, trompetete ich glücklich in den Apparat.

»Lilo . . .«, antwortete die Stimme am andern Ende.

»Ich habe die Rolle«, jubelte ich, »alle sind einverstanden, Anthony Mann ist phantastisch, Charlton Heston spielt den Cid, wir drehen in Madrid . . .«

»DER *PAGE* IST DREHBEREIT, SIE HABEN UNTER-SCHRIEBEN, DER VERTRAG IST GÜLTIG, SIE KOMMEN NICHT MEHR RAUS!« krächzte es aus dem Apparat.

Mir wurde es schwarz vor den Augen. »Aber ich muß den *Cid* machen«, stöhnte ich. »Ruft den Anwalt an... er muß... ihr müßt... dazu seid ihr doch da...«, stotternd vor Erregung ließ ich den Hörer auf die Gabel fallen.

Phil Jordan, der Produzent, rang in komischer Verzweiflung die Hände, als ich ihm beim Abendessen die Hiobsbotschaft beichtete: »Bestellen Sie das Essen ab«, rief er grinsend dem Ober nach. Ich schöpfte Hoffnung. Er begann zu überlegen, ob er die Termine für mich zusammenziehen könne. Auch Anthony Mann versprach, sein Möglichstes zu tun. »May be we are lucky«, lächelte er.

Ich flog nach München zurück, rief den Filmanwalt Dr. Hass an, den Produzenten Goldbaum, den Regisseur Rolf Hansen, Ilse Alexander. Alle klangen bedenklich und warnten vor Vertragsbruch und unabsehbaren Schadenersatzforderungen.

Nur Curd Jürgens schien zu einem Komplott bereit zu sein. »Du verlangst einen lustigen Schluß und ich einen tragischen«, schlug ich ihm vor. Er lachte knarrend. Ich war sicher, er war meine Rettung!

Das entscheidende Treffen fand bei Curd Jürgens in Schliersee statt. Wie besprochen, lehnte ich alle heiteren Schlüsse ab, Curd alle tragischen. Der Produzent schlug vor, zwei Schlüsse zu drehen. Rolf Hansen schüttelte nur noch den Kopf: »Wenn Sie aussteigen, nehm ich's Ihnen nicht übel«, sagte er.

Wie, was? durchschoß es mich.

Gleichzeitig kam von Curd die Kehrtwendung: »Wir machen es so, Gustav Adolf lacht in einer Vorahnung dem Pagen ins Gesicht, er scheiße auf den Opfertod, Leben sei alles, ob er, der Page, denn Lust habe, mit ihm in einer Kirche aufgebahrt zu liegen? Er wolle nur das Gute, und tot könne er der guten Sache nicht helfen – Schnitt – seine Vision trifft ein, beide liegen tot in der Kirche. – Das ist nicht tragisch, das ist zynisch«, erklärte er befriedigt und lehnte sich in seinen Sessel zurück.

Dagegen konnte ich nichts mehr sagen. Nun hatte ich auch den ernsten Schluß. Es war mein Film. Ich hatte ihn durchgesetzt. Die Schauspieler und Mitarbeiter waren engagiert, zum Teil zur Bedingung gemacht, und – es war drei Tage vor Drehbeginn.

Ich streckte die Waffen; die größte und entscheidendste Schlacht meines Lebens war verloren. Die günstigen Vorzeichen blieben auf der Strecke – alle diese Termine, die gestört hatten und wie auf Kommando geplatzt waren, Sophia Lorens Absage, die Eroberung Anthony Manns und Philip Jordans – alles umsonst. Vergeblich waren auch die verstörten, aufgelösten Gebete, die ich zum Himmel schickte, mir diese größte und schwerste Enttäuschung zu ersparen. Aber als der erste grausame Schrecken verraucht war, entrang sich mir ein zweites Stoßgebet: »Ich spucke dem Teufel ins Gesicht, er ist schuld, er versucht mich zu vernichten, und gerade deswegen, diesem verfluchten Scheusal zum Trotz, bleibe ich zum Guten entschlossen.«

El Cid wurde ein Welterfolg. Meine Rolle spielte Sophia Loren.

Aber das Jahr 1960 war noch nicht zu Ende.

Die Außenaufnahmen für den *Pagen* in Rothenburg ob der Tauber bestanden für mich hauptsächlich aus Reitszenen. Ich ritt wieder die kleine braune Stute, die schon im *Wirtshaus im Spessart* der Liebling aller Reiter war, und freute mich jeden Tag darauf, mit ihr durch die herbstlichen Wälder und Felder zu brausen.

Heute war etwas früher Drehschluß als sonst, und da es ein herrlicher Tag war, ritt ich mit Klaus Hipp, Curds Reitdouble, noch etwas ins Gelände. Wir galoppierten ein Stoppelfeld hinunter, über einen Feldweg auf einen Graben zu – »ich glaube, ich springe das«, rief ich, dann wußte ich nichts mehr.

»So einen Sturz habe ich noch nie gesehen«, hörte ich Klaus murmeln. Es klang wie aus weiter Ferne, während ich bleiern die Augen öffnete.

Ich sah ein riesiges Stoppelfeld vor mir, zwei Pferde, und in einiger Entfernung Landarbeiter. Klaus erkannte ich sofort wieder, er saß neben mir und hielt meinen Kopf. Ich versuchte mich aufzurichten, aber ein messerscharfer Schmerz im Rücken ließ mich sofort wieder zusammensacken; gleichzeitig merkte ich – kein Gefühl im linken Daumen.

»Was ist los?« lallte ich und versuchte wieder aufzustehen.

Klaus stützte mich, stellte mich hin. »Gott sei Dank«, seufzte er, als ich langsam einen Fuß vor den anderen setzte, »ich dachte, Sie stehen nie mehr auf.«

»Wo sind wir?« fragte ich, während wir vorsichtig auf und ab gingen.

»In Rothenburg, wir machen Außenaufnahmen«, antwortete Klaus und schaute mir beunruhigt ins Gesicht.

Ich blieb stehen. »Aber wie kommen wir mit den Pferden hierher?« fragte ich, mein Gedächtnis war völlig leer.

»Wir haben auf dem Markt gedreht, Photos gemacht...«, sagte Klaus, indem er jedes Wort betonte, »daran erinnern Sie sich doch?«

Ja, es dämmerte mir. »Ich wohne im Hotel Eisenhut, das Pferd heißt Flicka«, ächzte ich – jeder Schritt schmerzte.

»Flicka ist nichts passiert«, berichtete Klaus, »sie ist über den Graben gesprungen, blieb mit den Vorderbeinen im Morast stecken und überschlug sich; dann rollte sie über Sie hinweg... und Sie rührten sich nicht mehr.«

Ich konnte mich an nichts erinnern. »Hoffentlich ist nichts gebrochen«, antwortete ich und versuchte Luft zu holen.

Klaus drückte mir Flickas Zügel in die Hand, die ruhig neben uns gegrast hatte. »Ich glaube, sonst können Sie nicht gehen«, meinte er. »Wollen Sie aufsitzen?«

Wir gingen zu Fuß nach Hause. Es dunkelte schon, als wir wie zwei müde Krieger die Pferde durchs Städtchen führten, erschöpft und dreckverkrustet. Während wir durch die alten Gassen stapften, kehrten meine Lebensgeister langsam zurück. Ich erinnerte mich – heute war der 4. Oktober –, wir hatten am Morgen auf dem Marktplatz gedreht; ich mußte mit Flicka über abschüssiges Kopfsteinpflaster um eine Ecke galoppieren, anhalten, vom Herrensitz in den Damensitz wechseln und wie der Teufel davonjagen. Flicka war um die Kurve gerutscht wie auf einer Eisbahn, und ich hatte furchtbar geschimpft. Dann mußten wir stundenlang Photos machen und zur Belohnung waren Klaus und ich noch ein bißchen ausgeritten.

Im Hotel wartete schon der Arzt: »Bruch«, stellte er sich vor und lachte: »Ich nehme Sie gleich mit, zum Röntgen.«

Die Untersuchung im Krankenhaus dauerte nicht lange: »Nichts gebrochen, nur Prellungen«, beruhigte er mich. »Nehmen Sie dieses Mittel und schlafen Sie den Schrecken erst mal weg.«

Eine Schwester trat ein: »Der Notfall ist da«, meldete sie und verschwand.

»Ein Kollege von Ihnen«, bemerkte der Arzt und verabschiedete sich. Ich konnte ihn nicht mehr fragen, um wen es sich handelte.

Erst im Hotel erfuhr ich, es war Helmut Schmid, mein späterer Mann. Er hatte eine Blutvergiftung.

Helmut

Unsere erste Begegnung war bei jenem denkwürdigen Boxkampf von Bubi Scholz, der nur eine Minute dauerte. Als ich meine Augen von Helmuts hünenhafter Gestalt losriß – irgend jemand hatte uns bekanntgemacht –, war Bubis Gegner bereits k. o.

Das zweite Mal sah ich ihn bei den Probeaufnahmen von *Gustav Adolfs Page* und versuchte ihm unentwegt ein Pferd aufzuschwatzen, denn er hatte als Graf Lauenburg mehrere Reitszenen. In Rothenburg, während der Außenaufnahmen, bekam ich ihn überhaupt nicht zu Gesicht, auch an meinem Geburtstag nicht, den ich mit einem Schlachtfest feierte.

Allerdings fiel es mir gar nicht auf, daß er nicht da war; meine Gedanken waren immer noch bei *El Cid*. Tag und Nacht zermarterte ich mein Gehirn, daß ich alles falsch gemacht hatte, daß es weit und breit kein Vorbild gab, an dem ich mich hätte orientieren können, daß meine Anständigkeit in Wirklichkeit Schwäche war und man für eine große Karriere über Leichen gehen muß. Ich haderte mit dem Schicksal, bis es mir ganz entsetzlich auf die Füße trat.

Das war am Schluß der Innenaufnahmen in Wien, als die einzige Szene gedreht wurde, die ich mit Helmut hatte. Er mußte als Bösewicht und Erzrivale auf Gustav Adolf losgehen, um ihn zu töten, und während er den Säbel zog, sprang ich als Retterin dazwischen.

In der Probe hatten wir nur markiert, in der Aufnahme gingen wir aufs Ganze. Helmut nahm von der einen Seite einen Anlauf, ich von der anderen, in der Mitte krachten wir zusammen, und ich bekam einen solchen Tritt von seinem Stiefel, als wäre ich gegen einen Dampfhammer gelaufen. Ich schrie, Helmut verlor den Säbel, der Regisseur rief »gestorben«, und alle begannen fürchterlich zu lachen. Die Szene war gelungen, und wir marschierten in die Kantine, um den Zwischenfall zu begießen: »Ich bin abgedreht«, verkündete Helmut und lachte, daß die Gläser klirrten. »Ich gehe heute abend zum Heurigen, kommen Sie mit?« Er schaute mich verwegen an.

»Ich muß aber morgen um halb sieben aufstehen«, zögerte ich und bereute sofort, nicht ja gesagt zu haben. Auf einmal bemerkte ich, was da für ein Kerl vor mir stand! Groß, muskulös, lässig. Auffallend waren die feinen, leicht behaarten Hände, die nicht zu seiner kraftvollen Erscheinung zu passen schienen. Ein bißchen brutal, sagen wir zärtlich brutal das Gesicht, die Nase klassisch, impertinent dreieckig die Nasenflügel; ich bemerkte das dunkle Blau seiner Augen, den leicht mephistophelischen Einschlag der starken, hellen Augenbrauen und den schönsten Männermund, den ich je gesehen hatte. Gesamteindruck: ein Brocken!

»Soll ich Sie bis zum Parkhotel mitnehmen?« fragte ich ihn, als wir ausgetrunken hatten, und hob ein Fünfzig-Groschenstück auf, das unter meinem Hocker lag.

Also, er stieg in meinen Studebaker ein, und während wir durch Wiens Straßen kurvten, rang ich mir ein heldenhaftes »Ich kann leider nicht heute abend« ab; aber als wir vor seinem Hotel angekommen waren und er aussteigen wollte, sagte ich so beiläufig wie möglich: »Naja, für ein halbes Stündchen . . .«

Ich brannte lichterloh! Beim Heurigen saßen wir uns gegenüber, und ich konnte meine Blicke gar nicht mehr von seinem Gesicht losreißen. Ich hatte nur noch einen Gedanken: mit ihm allein zu sein. Aber die Zeit rannte, im Handumdrehn war es 23 Uhr, und ich mußte zum Aufbruch blasen. Er brachte mich zum Hotel Sacher und verabschiedete sich, nachdem er mir mehrmals seine Adresse eingeschärft hatte.

Himmelhochjauchzend fiel ich ins Bett. War denn das zu fassen! Drei Wochen Außenaufnahmen in Rothenburg, drei Wochen Wien, nichts hatte sich getan, bis zum letzten Drehtag. Und nun stand ich da. Er war weg, ich mußte bleiben. Noch eine ganze Woche! Aber ich schäumte über vor Glück. Vergessen war der ganze Ärger mit Produzenten, Agenten, angehenden Juristen, weggewischt *El Cid* und das verpaßte Wunder, verziehen all den komischen Heiligen um mich herum, die keinen Finger gerührt hatten, als es um die Wurst ging. *Gustav Adolfs Page* hatte das Tor zum großen Glück aufgerissen – ich wußte es nur noch nicht.

Vorläufig saß ich aber noch in Wien und zählte die Stunden und

Tage, bis die letzte Drehwoche vorbei war. Am Samstag wurde synchronisiert, und ich überlegte, ob ich nicht Sonntag ganz früh losfahren sollte, damit ich Helmut gleich anrufen konnte. Aber wie immer, wenn man nicht mehr unbeteiligt ist, verliert man die Selbstverständlichkeit. Ich befürchtete, daß es Helmut sicher auffallen würde, wenn ich an einem Sonntag anrief. Daß er alles merkte, was er ja wahrscheinlich sowieso schon wußte. Und dann war immer noch die Möglichkeit – ich erzitterte bei dem Gedanken –, daß eine weibliche Stimme antwortete. Schweren Herzens verschob ich also meine Rückreise auf Montag und schlug den endlosen Sonntag mit Museen und Rolf Hansen tot.

Endlich kam die letzte Nacht in Wien, endlich waren die Koffer gepackt, und endlich saß ich im Studebaker auf der Heimfahrt. Sechs Stunden lang überlegte ich mir: Soll ich heute schon anrufen oder erst morgen? Und was sollte ich sagen?

Gegen 19 Uhr war ich zu Hause. Sofort suchte ich die Nummer im Tegernseer Telephonbuch: 0 80 22 / 87 18 . . .

Das Herz klopfte wie ein Preßlufthammer. Da läutete das Telephon. Es war Albrecht. »So ein Glück«, brüllte ich übermütig, »eben komme ich zur Türe herein.«

»Jaja«, grunzte Albrecht undurchsichtig, »wann sehen wir uns?«

»Ich kann heute nicht«, sagte ich und genoß meine Gleichgültigkeit, »vorläufig ist es unmöglich.«

»Schade, ich rufe wieder an«, antwortete Albrecht und legte auf. Ich hob gleich wieder ab und wählte, wartete –.

»Schmid«, hörte ich eine Stimme antworten – eine Frauenstimme.

Ohhhhhhh! Ich war so verdattert, daß ich überhaupt nichts herausbrachte, sondern wie ein hypnotisierter Backfisch wartete, bis das Weib abhing.

So! Genau das hatte ich kommen sehen. Und nun?

Nun mußte ich wohl oder übel bis am andern Morgen ausharren. Eine endlose Nacht abwarten. Und was sagte ich, wenn diese Stimme wieder ans Telephon kam? »Hier ist die Müllabfuhr, das Burgtheater?«

Am andern Morgen um 10 Uhr hob ich schweißtriefend den Hörer ab, wählte. Wieder die Frauenstimme. Ich sagte meinen Namen, dann kam er endlich an den Apparat. »Welche Freude«, schrie er vergnügt, »ich muß heute sowieso in die Stadt, ich rufe Sie von dort aus wieder an.« Natürlich stand das Weib neben ihm. Punkt 2 Uhr rief er an und verabredete sich fest mit mir.

Ich war im siebten Himmel. Ich war derartig verknallt, daß ich den ganzen Nachmittag an nichts anderes dachte, als wie ich mich am hübschesten herrichten könne, zog mich zwei Stunden zu früh an und schminkte mich ewig, bis endlich die Klingel ging.

Er sah wieder phantastisch aus in seinem sportlichen Anzug. Wir gingen zuerst ins Kino, ins *Loch* von Jacques Becker. Hach – so nah im Dunkel und doch nicht nah genug: Ich zitterte vor Bewunderung, Sehnsucht und heimlicher Angst, ich gefalle ihm nicht, gab mich aber äußerlich kühl und überlegen. Dann fuhren wir ins Chachacha-Lokal. Ich schwenkte die Hüften so verführerisch wie möglich, dabei fiel immer ein Träger meines Kleides herunter, aber er schien es nicht zu bemerken. Die Zeit verging im Sauseschritt, das Lokal füllte sich, ich wurde vom Rotwein heißer und heißer und dachte süß-benebelt nur noch eines: Wann küßt er mich? Aber er war auch auf dem Heimweg korrekt bis an die Zähne und verabschiedete sich vor der Haustüre mit dem oft gehörten Satz: »Wir telephonieren wieder.«

Darauf wußte ich nichts mehr zu sagen und machte, daß ich ins Haus kam. Im Bett flossen wieder die Tränen in Strömen; ach, ich war einfach unfähig, einen Mann zu verführen! Aber vielleicht rief er wirklich an? Nein, am Mittwoch nicht. Am Donnerstag nicht. Und abends mußte ich für die *Buddenbrooks* und *Das Glas Wasser* nach Brüssel fahren. Er rief nicht an. Und ich auch nicht. Ich konnte einfach nicht.

So bestieg ich abends den Schlafwagen und zählte die Stunden. In Brüssel raste ich von Empfang zu Empfang, von Interview zu Interview, vom Verbeugen zur Eröffnung eines Hallentennisplatzes – und zählte die Stunden. Endlich war der Freitag vorbei. Samstag spielte sich nochmals dasselbe in Antwerpen ab. Ich zählte und zählte. Endlich war ich wieder im Schlafwagen nach München. Vor dem Einschlafen überlegte ich schon wieder: Was soll ich ihn am Telephon fragen? Soll ich nicht lieber erst morgen anrufen?

Ich kam in München an, und zwei Stunden später umkreiste ich bereits das Telephon. Sollte ich oder sollte ich nicht? Endlich wählte ich, wartete. Wartete. Keine Antwort. Naja. Nicht da. Abends nochmals. Keine Antwort. Nichts. Wenigstens war auch die Frauenstimme nicht da. Ich rief Corinne an, die herausfand, er sei in Baden-Baden und komme am Donnerstag zurück.

Diese Warterei brachte mich um! Vier Tage, 112 Stunden und jede Minute eine Ewigkeit. Nichts geschah. Auch am Donnerstag nicht. Ich hielt es nicht mehr aus. Schon wieder war das Weib am Apparat. Ich richtete ihr aus, er solle mich anrufen. Freitag nichts. Es hatte einfach keinen Sinn. Er hatte eine Freundin und interessierte sich einen alten Hut für mich. Ich mußte mir das Ganze aus dem Kopf schlagen.

Am Montag rief er an. Er wollte wieder Chachacha tanzen gehen. Er holte mich mit seinem Porsche ab, und als er wieder um die bewußte scharfe Ecke quietschte, wurde ich, wie schon letztes Mal, unsanft-wollüstig in seine Arme geschleudert. »Entschuldigung, es war keine Absicht«, lachte er, und meine Felle entschwammen.

Wir ließen keinen Tanz aus, besonders keinen langsamen. Ich schmiegte und schmeichelte, schmolz und schmachtete, aber Helmut merkte nichts. Schon war es wieder spät, und der Porsche hielt vor der Wohnungstüre. Wieder schritt ich allein die Treppe hinauf. Wieder endete ein herrlicher Abend mit einem Tränenstrom.

Natürlich hörte ich nichts mehr von ihm, und ich mußte wieder diese verdammte Initiative ergreifen: »Wann kommen Sie wieder in die Stadt?« fragte ich ihn zwei Tage später durch die lange Leitung, er war zum ersten Mal selber am Apparat.

»Oh, diese Woche nicht mehr«, erwiderte er unbeschwert.

»Aha«, sprach ich und schwafelte noch irgend etwas Kühlklingendes. Am nächsten Tag las ich dann in der Zeitung, daß er noch am selben Abend in München zu Abend gegessen hatte. Mit meiner Rivalin. Nein, jetzt gab ich es auf. Mußte er schon Ausreden erfinden, um mich vom Halse zu halten? Schluß – aus – vorbei. Düster ging die Woche zu Ende, öde brach die neue an.

Am Dienstag, dem 13. Dezember, ging das Telephon, und Agnes, mein französisches Zugehmädchen, das hie und da auch Lichtdouble in meinen Filmen war, zwischerte: »Ehrr Schmide à l'appareil.« Wie der Blitz stürzte ich an den Apparat: »Wie wär's mit einem Chachacha-Training heute abend?« klang es etwas heiser aus der Muschel.

»Oh – ja – eh – jaja – klar, ich habe Zeit heute«, stotterte ich zerstreut scheinend.

»Ich hole Sie gegen sechs Uhr ab«, schlug er vor.

Als ich eingehängt hatte, machte ich einen Luftsprung bis an die Decke, und Agnes verschwand schmunzelnd in der Küche.

Ich richtete mich her, daß ich mich selbst kaum wiedererkannte. Heute oder nie, war meine Devise.

Ich hatte mir vorgenommen, ihm einfach das Du anzubieten, dem folgte ja zwangsläufig ein Kuß!

Nach dem Kino landeten wir wieder im Chachacha-Keller. Ich war während der ersten Tänze ziemlich einsilbig, da ich mit der Formulierung des lebenswichtigen Satzes kämpfte: »Und nun steht Ihnen ein gräßliches Abenteuer bevor, nämlich das Du.« Es waren verzweifelte Momente der Vorbereitung – aber, als ich den Satz endlich draußen hatte, wurde ich reichlich entschädigt; der Kuß, den ich einheimste, übertraf meine wildesten Erwartungen. Ich schauderte von oben bis unten vor Entzücken und vergaß nun fortwährend »Du« zu sagen, was jedesmal einen Kuß kostete. Bald waren es mindestens fünfzig, es lohnte sich gar nicht mehr abzusetzen, um die Beiträge nachzuzählen, sie wurden immer hitziger und länger, die Zwischenräume immer kürzer.

Als wir früher als gewöhnlich gingen, versanken wir im Auto in einer endlosen Umarmung. O mein Golem, mein Gorilla!

Es war ganz selbstverständlich, daß er bei mir oben noch einen Whisky trank. Was dann folgte, raubte mir die Besinnung. Aber an eines erinnere ich mich genau. Helmut sagte: »Du bist eine Frau zum Heiraten!«

Nach Weihnachten, das für uns eine kurze Trennung herbeiführte, besuchte ich Helmut in Baden-Baden, wo er mit Ingrid van Bergen *Zwei Krawatten* nach Georg Kaiser und Mischa Spoliansky fürs Fernsehen drehte.

Städte sind uns günstig oder ungünstig gesinnt, das war mir schon öfters aufgefallen; Baden-Baden zum Beispiel war für mich eine regelrechte Glücksinsel. Wir wohnten im christlichen Hospiz »Haus Taborhöhe«, das heute leider nicht mehr existiert, ein alter, gemütlicher Kasten, aus dem Pensionsmutter und -vater Schellenberg eine dieser sprichwörtlichen Theaterpensionen gemacht hatten.

Ich schwamm von Anfang an auf einem Strom herrlicher Stimmungen und Erlebnisse (obwohl es nur Etagenbad gab), und die zwei einfach möblierten Zimmer, von denen wir nur eines bewohnten, erschienen mir wie Fürstengemächer.

Am Tag meiner Ankunft, am 30. 12. 1960, gingen wir ins »Stahlbad« essen, ein familiäres Schlemmerparadies, wo die väterliche Umarmung des Oberhaupts zum Menu gehörte, und als das obligate Gästebuch gebracht wurde, schrieb Helmut unter seinen Namen: »Der Verlobte«. Dann küßte er mich auf den Mund, ich schloß die Augen, und als ich sie wieder öffnete, sah ich direkt über uns das Bildnis eines Mönchs auf uns herunterlächeln, als wäre er der Trauzeuge.

Ich fiel fast in Ohnmacht vor Begeisterung. Es war besiegelt. Wir wollten heiraten! Nichts konnte uns mehr aufhalten. Alles, was unser Glück hätte stören können, löste sich wie von selbst in Wohlgefallen auf. Der französische Film *La Fayette*, in dem ich die Marie Antoinette spielen sollte, wurde verschoben. Erst sollte ich schon am 2. Januar in Nizza anfangen, dann am 8. Januar, und schließlich hörte ich überhaupt nichts mehr davon. Ich konnte in Baden-Baden bleiben, baden, ausschlafen, lesen, schreiben, auf Helmut warten und mit ihm zu versteckten Landgasthöfen essen fahren.

Die Zeit, die wir zusammen verbringen konnten, war immer zu kurz, wir lachten und schwatzten, schmiedeten Pläne, wälzten Probleme, und während wir uns unser Leben erzählten, stießen wir auf allerlei erstaunliche Parallelen. Zwar hatten unsere Väter die denkbar gegensätzlichsten Berufe, sein Vater war Schauspieler und Intendant mehrerer Theater, meiner war Ingenieur; aber unsere Mütter waren beide Sängerinnen und am gleichen Tag geboren. Helmut im gleichen Jahr wie mein Bruder. Helmuts Mutter hieß Helene, ich Helene Liselotte. Seine Eltern hatten am 11. Oktober geheiratet, an meinem Geburtstag. Ich war der Ansicht, daß das kein Zufall war, sondern wieder ein Wink mit dem Zaunpfahl. Wir waren einfach füreinander bestimmt. Er war zwar kein Arzt, wie ich mir das immer gewünscht hatte, aber es war doch sowieso besser, denselben Beruf zu haben. Ein Arzt hätte sich niemals in mich hineinversetzen können, wenn Proben und Lampenfieber mich auffraßen. Helmut kannte das ja alles. Außerdem hatte er viel mehr

Theatererfahrung als ich, schließlich war er jahrelang in Kiel und an den Staatstheatern Saarbrücken und Stuttgart engagiert gewesen, hatte alle Helden und Intriganten gespielt und auch nicht Halt vor Operettenbuffos gemacht. Hier konnte ich nur was lernen.

So himmelte ich nicht nur seine aufregende Männlichkeit an, seine Kraft, seinen wilden Humor, sondern auch seine Beschlagenheit in Literatur und Musik. Da aber Liebe und Bewunderung Hand in Hand gehen, war ich schließlich überhaupt nicht mehr zu retten. Dieser oder keiner, jubelte und zitterte ich. Ich mußte gegen das Mißtrauen ankämpfen, das sich in meine unbefangene Natur eingenistet hatte. Helmut ist anders, redete ich mir ein. Er benützt mich nicht als Seitensprung oder Aushängeschild! Er hat mein ganzes Vertrauen! Ich sagte ihm das immer wieder, und damit war der Fall für mich erledigt. Aber – Ingrid van Bergen wohnte auch im christlichen Hospiz. Am Anfang fand ich ihre Berliner Schnauze sehr komisch – und dann – warum mußte sie immer und überall dabei sein? Warum stützte sie sich auf Helmuts Knie auf, wenn sie lachte? Warum versackte er nach seinen Playbackaufnahmen mit ihr und nicht mit mir? Warum begann sie bei dem einen Ball plötzlich zu weinen?

Ja, ich war eifersüchtig. Natürlich glaubte ich nicht, daß sie eine ernsthafte Konkurrenz für mich war, wer glaubt das schon. Aber ich witterte überall Gefahr, und das war kein Wunder, denn sie war im Anmarsch. Evelyn. Helmuts Ehemalige. Nachts um 12 Uhr kam er, dieser Anruf. Mir schwante Schreckliches. Das Gespräch dauerte ewig. Als Helmut wiederkam – wir hatten kein Telephon auf dem Zimmer –, schwieg er und hatte Tränen in den Augen. »Es war furchtbar«, murmelte er, »sie will es nicht glauben, ich fürchte, sie macht eine Dummheit . . .«

Einige Tage später sagte er: »Sie ist da. Sie will mich sehen.«

Ich war relativ ruhig, als er wegging, um sich mit ihr zu treffen. Ich war entschlossen, Vertrauen zu haben und mich durch nichts erschüttern zu lassen.

Helmut kam bald wieder. »Es ist aus«, sagte er kurz. Dann ging er Skat spielen. Ich ging mit. Wir redeten nicht mehr davon. Am Samstag danach kauften wir die Verlobungsringe.

Unsere Hochzeit kam erst beim dritten Anlauf zustande. Wir hatten einfach keine Zeit. Helmut drehte mit Elke Sommer in Paris, ich in Nizza *La Fayette*. Es war mein dritter französischer Film und ich eine von ca. siebzig Darstellern, zu denen auch Vittorio de Sica und Orson Welles zählten.

Es war die erste größere Trennung von Helmut, und das Telephon, dieser Teufelsapparat, die einzige Kontaktmöglichkeit. Jedesmal wenn wir uns verpaßten, sah ich Helmut in den Armen einer Rivalin entschwinden und stürzte in einen Abgrund von Angst und Eifersucht. Kaum hatte er angerufen, war ich wieder völlig aus dem Häuschen vor Glück, und so ging das jeden Tag. Ich war vernarrt, verschossen, versklavt und merkte, hier gibt es kein Entkommen. Unser Wiedersehen in Paris war denn auch so feurig, daß ich mich nicht erinnerte, jemals Ähnliches erlebt zu haben. So verliebt ich auch früher immer gewesen war, mit keinem Mann hatte ich solche Wonnen empfunden.

Es gab nur noch eines: heiraten! Wir liebäugelten mit dem 29. April, aber ich mußte als Jurymitglied nach Cannes zu den Filmfestspielen, und so verschoben wir den Termin auf den 22. Juli.

Und schon rückte eine neue Trennung heran. Helmut hatte in Berlin einen Film mit Sonja Ziemann angefangen, und ich wurde in München Billy Wilder als Sexbombe für *Eins, zwei, drei* vorgeführt. Die Rolle war klein, aber oho, mit Chatchaturians Schwertertanz auf einem ostdeutschen Tisch. Bei der Probeaufnahme imitierte ich Marilyn Monroe – und hatte die Rolle. Meine Rache für den *Cid*? Ich hatte auf jeden Fall Kai Fischer, Nadja Tiller und Ingrid van Bergen mit viel zu engem Rock und (falschem) Gewitterbusen ausgestochen!

Am 3. Juni begannen die Dreharbeiten. Zwar hatte ich auch einige Außenaufnahmen in Berlin, aber Helmut sah ich selten, denn er drehte vorwiegend nachts, an der Seite von Sonja Ziemann... Schon begannen meine Höllenqualen von neuem. Er äußerte sich so begeistert über seine Partnerin, daß ich das Schlimmste befürchtete, dabei war sie doch gerade frisch verheiratet. Obwohl Helmut über meine düsteren Andeutungen grinste, schien es mir nun wirklich an der Zeit zu heiraten, bevor er mir doch noch weggeschnappt wurde. Nach nochmaliger Überprüfung des Drehplans stand es fest: am 22. Juli war Hochzeit am Genfer See. Billy versprach, alles einzurichten. Juhui! Freudestrahlend überfiel ich Helmut mit der Neuigkeit. »Das muß ich dann in den *Mabuse*-Vertrag aufnehmen«, war seine Antwort. Auch Freudenfeste haben eben ihre sachliche Seite.

Sofort begannen in Bern fieberhafte Vorbereitungen. Buebi begann einen Generalstabsplan auszuarbeiten, als ob die Invasion der Hunnen bevorstünde; Helmut bestellte einen grauen Cut mit ebenso grauem Zylinder, Corinne besorgte in Rom ein Brautkleid aus weißen Spitzen; 45 Gäste, 28 Hotelzimmer, ein Dutzend Flugkarten, 1 Dampfschiff, 3 Kutschen, 2 Postautos, 1 Pfarrer, 1 Standesbeamter wurden angeheuert . . .!

Am 17. Juli morgens um 9 Uhr, als ich gerade singend das Studio betrat, kam eine Gruppe von Männern mit Billy an der Spitze auf mich zu und gab folgende Erklärung ab: »Liebe Lilo, Sie drehen am 22. Juli.«

Tschingderassabum! In einer für meine Verhältnisse ungeheuren Geschwindigkeit sammelte ich meine entschwindenden Lebensgeister wieder ein, denn ich merkte gleich, alles Seufzen und Stöhnen war umsonst. Außerdem war dieser Film vielleicht meine letzte internationale Chance, immerhin war Billy Wilder der zur Zeit berühmteste Regisseur der Welt. Und wahrscheinlich auch der witzigste. Er schoß am laufenden Band druckreife Pointen ab, doch sein leichter, undefinierbarer Akzent nahm dem beißenden Spott die Schärfe. Seine Geduld war beängstigend. Nie wurde jemand bei der Arbeit getadelt. Hatte man einen Fehler gemacht und die Aufnahme mußte wiederholt werden, sagte er unbeweglich: »Once more«, versenkte seine Hände in den Hosentaschen und klimperte mit einigen Geldstücken. Nein, mit diesem Mann konnte man nicht feilschen.

Eins, zwei, drei schien alle Voraussetzungen zu erfüllen, eine Sensation zu werden. Rasantes Tempo war Billys Rezept für einen ebenso rasanten Erfolg dieser Ost-West-Komödie, in der das Brandenburger Tor als Grenzübergang und Mittelpunkt halsbrecherischer Autojagden eine Hauptrolle spielte. Am 13. August 1961, mitten in den Dreharbeiten, wurde in Berlin die Mauer errichtet und die Zonengrenzen geschlossen. Das war das Todesurteil für *Eins, zwei, drei*. Zwar wurde das Brandenburger Tor auf dem Filmgelände in München-Geiselgasteig nachgebaut, aber die Handlung war mit einem Schlag nicht mehr aktuell, veraltet, uninteressant geworden.

Die Hochzeit

Als ich nach Billys Hiobsbotschaft zusammengesunken in der Garderobe hockte, tröstete mich Helmut mit dem Vorschlag, sofort einen neuen Termin anzusetzen – und Buebi, als Hauptmann der Schweizer Armee Kummer gewöhnt, machte »kehrrrt marsch« mit der Hochzeit. Am 8./9. September blies er erneut zum Angriff, mein Vertrag war endgültig zu Ende und nichts stand uns mehr im Wege.

Je näher aber der glücklichste Tag des Lebens rückte, desto mulmiger wurde es uns eingefleischten Junggesellen. Am 8. September 1961, dem Tag der standesamtlichen Trauung in Zürich, malten wir uns beim Frühstück aus, auf welches unauffindbare Eiland wir in letzter Minute entfliegen könnten – aber um 11 Uhr waren wir verheiratet und schluckten in der Kronenhalle Geschnetzeltes, Eis und Rührung hinunter, unterstützt von Götti und Manager, den beiden Trauzeugen. Dann fuhren wir Richtung Nyon, wo am nächsten Tag in der Nähe des Zahnlückenhauses die kirchliche Trauung stattfinden sollte.

Ich wachte früh auf an diesem Hochzeitsmorgen, denn zum ersten Mal nach langen Regenwochen strahlte heute die Sonne und drang bis in die hinterste Ecke meines Zimmers. Es war wie ein Wunder. Nach kalten, grauen Tagen war es plötzlich wieder Sommer. Ausgerechnet heute! Glücklich trällernd ging ich ins Bad, wusch zur Feier des Tages die Haare – ich hatte extra Dauerwellen machen lassen –, und als sie sich naß und winzig kringelten, fiel mir ein, ich hatte die Rundbürste vergessen mitzunehmen. Ich versuchte es mit einer anderen Bürste, umsonst, die Haare wurden zwar trocken, standen aber nach allen Seiten in die Höhe wie beim Struwwelpeter. Der verzweifelt zu Hilfe gerufene Friseur ließ mir ausrichten, er habe keine Zeit und ließ mich mit der ganzen Pracht sitzen. Nichts ging mehr, außer der glücklicherweise vorhandenen Perücke. Dann zog ich das römische Spitzenkleid an, dessen Krönchen den falschen Wilhelm sowieso fast verdeckte, und holte Helmut aus seinem Zimmer. Mit einem Freudentanz zog ich ihn hinter mir her zum Seeufer hinunter, wo ein rotes Segelboot auf dem spiegelglatten Wasser auf und ab wippte: mein Hochzeitsgeschenk. Als wir wieder oben im Haus waren, griff Helmut lässig in die Hosentasche und ließ an meinem rechten Handgelenk ein Brillantarmband zuschnappen: sein Hochzeitsgeschenk. So etwas Kostbares hatte ich noch nie besessen. Ich war ganz außer mir vor Aufregung, Glück und Liebe. Helmut sah in seinem grauen Cut und dem kurzen, blonden Stoppelkopf aus wie ein Gott.

Underdessen waren vier Taxis im festlich geschmückten Garten vorgefahren, wir mußten feierliche Gesichter machen, die Gäste begrüßen und einsteigen.

Papa und ich saßen im ersten Taxi, Helmut mit seiner Mutter, Mama und Corinne im zweiten, und in Taxi drei und vier Onkeln, Tanten, Neffen und Nichten. Langsam fuhr die Karawane die kurze Strecke zum Kirchlein von Luins, das weiß und verträumt, von sanft ansteigenden Weinbergen umgeben, in der Sonne leuchtete, schon von weitem an der riesigen Zeder erkennbar, die es bewachte.

Das einsame Kirchlein hatte heute Hochbetrieb, soeben waren die auswärtigen Gäste mit Buebis Bussen eingetroffen und ergossen sich auf den winzigen Friedhof. Lothar Winkler aus Berlin, der einzige eingeladene Photograph, knipste um sein Leben, Wolfgang Rademann, damals noch Journalist, machte Notizen, Onkel Viktor und Tante Margrit, das achtzigjährige Malerehepaar, weideten sich an den Pastellfarben der Weinberge. Dann betraten deutsche und schweizerische Gäste einträchtig die sonnenüberflutete Kapelle.

»Geben ist seliger denn nehmen«, war das Thema der völlig unsentimentalen Predigt Pfarrer Lauffenburgs, dann wurden die Ringe gewechselt und wir sagten »oui«. Die Orgel spielte noch, als wir wieder ins Freie traten, Photos und Gratulationen prasselten auf uns hernieder, dann bestiegen wir die bereitstehenden Wagen und Busse, von Buebi bestellt und dirigiert, niemand wußte wohin. Aber unten am Hafen ließ es sich nicht mehr verheimlichen: das riesige Dampfschiff Savoie wartete in einiger Entfernung vom Ufer, bis das Kursschiff ablegte – dann glitt es heran –, welch phantastisches Gefühl, um uns, nur uns und die Hochzeitsgesellschaft an Bord zu nehmen.

Bevor alle über die aufgetürmten Herrlichkeiten des Buffets herfielen, hielt Buebi noch eine köstliche Abschiedsrede, in der er mich Helmut sozusagen zur Aufbewahrung übergab; aber dann war die lustige Gesellschaft nicht mehr zu halten, alle stopften sich mit

Delikatessen voll, schwatzten und lachten durcheinander. Der einzige Schatten über dem glücklichen Fest war der Anblick Mamas. Sie war heute direkt aus einer Klinik gekommen, vollgepumpt mit Mitteln, bewegte sich langsam und mechanisch wie eine Nachtwandlerin in dem lustigen Getümmel und versuchte hie und da zu lächeln. Ich mußte den herzzerreißenden Anblick mit Gewalt verscheuchen und ging hinauf aufs Deck, wohin sich ein großer Teil der Gäste zurückgezogen hatte; dort schlief mitten in der laut schnatternden Gesellschaft Papa friedlich auf seinem Liegestuhl.

In Vevey, der Nescaféstadt, legte die »Savoie« wieder an, Helmut trug mich vom Schiff, und alle wurden zum Kaffeetrinken auf den Mont-Pellerin gefahren, wo schon zwei andere Hochzeitspaare feierten. Dort hielt Papa folgende unvergeßliche Rede:

Wir feiern heute das Ereignis, daß sich eine Künstlerin und ein Künstler die Hand zum Lebensbunde reichen. Da ist sicher die Frage, ob ein gewöhnlicher oder ein Künstlerhaushalt folgen werde, nicht so wichtig. Wesentlich ist dagegen, daß die Neuvermählten ihr künstlerisches Schaffen weiter entwickeln und vervollkommnen.

Wir haben eine große Hochachtung für die Künstler. Denn sie haben die hohe Berufung, aus dem Göttlichen, Ewigen zu schöpfen und die Begabung, uns das empfangene künstlerische Gut in einer nur uns faßbaren Form zu überreichen. Sie vermögen in uns blitzartig ein Licht aus dem Ewigen aufleuchten zu lassen, woraus wir erkennen, daß das biedere Haushalten doch nicht alles umfaßt, und daß noch etwas anderes, Höheres außerhalb unserer Welt da ist.

Ein alter Lehrer, der Liselotte als Schulmädchen gut kannte, erkundigte sich, als ich ihn kürzlich traf, wie es Liselotte gehe. Ich sagte, sie werde bald heiraten. Er bemerkte, weil ich beifügte, ihr Bräutigam sei auch Schauspieler: »Ja, hoffentlich wird das dann nicht so eine Künstlerhaushaltung.« Ich habe mir dann meine Gedanken gemacht und will euch, mein liebes neues Ehepaar, einige Winke geben:

1. Kauft euch keinen Familientisch mit ganz kurzen Beinen, wo das Tischblatt nur so hoch ist wie die Knie. Sondern kauft euch einen Tisch, dessen Tischblatt so hoch liegt, daß man auf einem Stuhl sitzen, die Beine darunterbringen, essen und arbeiten kann.

Das Niveau eures Tischblattes sei so hoch, daß nicht ein jeder Hund die Schnauze in euren Teller strecken kann. Das Niveau eures Tischblattes sei symbolisch für das Niveau eures Haushaltes und eures Lebens.

2. Ich habe Stühle genannt, auf denen man richtig am Tisch sitzen kann. Ja, Stühle sind zum Daraufsitzen. Stühle sind nicht Aktenschränke. Türmt also nicht Briefe, Haushaltbücher, Geschirr und Gläser auf den Stühlen auf. Damit, wenn Besuch kommt, wirklich auch Platz ist auf den Stühlen. Auch das sei symbolisch: Richtet das Haus so ein, daß es freundlich für einen Gast ist und jeder, der kommt, das Gefühl hat, er dürfe sich hier setzen und sei willkommen.

3. Am Morgen, sofort nach dem Aufstehen, sollt ihr das Bettzeug unter das Fenster legen, Decken und Leintücher. Das ist Schweizer Art. Auch das ist symbolisch: Liselotte, behalte deine Schweizer Eigenart, achte aber auch die Eigenart des Landes deines Gemahls.

4. Ihr kocht Milch. Unbemerkt kocht sie über. Der Kochtopf brennt an. Das kann jedermann passieren. Der biedere Bürger wäscht nun den Topf und macht ihn wieder glänzen. Macht es auch so und versteckt ihn nicht in eine finstere Ecke, der Topf kann ja nichts dafür, daß die Milch übergelaufen ist.

5. Im Künstlerhaushalt überstürzt man oft, wenn man zuwarten sollte. Ihr kommt abends nach strenger Arbeit müde nach Hause. Hier liegt ein Brief. Sein Inhalt ist böse. Sofort stürzt ihr ans Telephon und wollt den Schreiber so recht herunterkapiteln. Nein, macht das nie! Denkt an die Baba-Jaga in den russischen Märchen, welche dem Bedrängten sagte: »So leg dich hin und schlafe, kommt Zeit kommt Rat, der Morgen ist klüger als der Abend.«

6. Andererseits schiebt der Künstler gern etwas auf die Seite, das der biedere Bürger sofort in Ordnung bringt: Bei einem Besuch ist ein Stuhlbein abgebrochen. Nun dürft ihr den Stuhl nicht in eine Kammer beiseite stellen. Laßt ihn schon am nächsten Tag flicken. Andernfalls kommt später einmal großer Besuch, man sucht alle Stühle zusammen, hat vergessen, daß dieser Stuhl ein gebrochenes Bein hat, einer setzt sich drauf und fällt auf den Boden. Dann würden alle denken: Natürlich, ein Künstlerhaushalt.

7. Zum Schluß noch eines: Der schon erwähnte Lehrer sagte mir, er erinnere sich sehr wohl, daß Liselotte öfter Schnupfen hatte, aber nie ein Taschentuch. Ich glaube das nicht. Mutter Pulver hätte Liselotte, wenn sie Schnupfen gehabt hätte, gar nicht zur Schule gehen lassen oder hätte ihr ein Nastuch mitgegeben. Die Lehre, die ihr daraus ziehen sollt: Wenn einer berühmt wird, so breiten sich Anekdoten und Gerüchte um ihn aus. Viele davon sind frei erfunden oder verdreht, von Leuten, die sich dabei wichtig vorkommen. Laßt euch also nicht verdrießen, wenn solche Vorfälle, wie der genannte, über euch ausgestreut werden.

Nehmt diese Elternworte zu Herzen, sie kommen von Herzen, meine Frau und ich freuen uns, eine neue Familie sich bilden zu sehen. Das wird auch der verehrten Mutter von Helmut so gehen, und sie wird sich sicher uns anschließen mit dem herzlichen Wunsch, es möge Glück und Gottes Segen über Eurem Ehebunde walten.

Um halb zehn entschwanden Helmut und ich in einer Taxe Richtung Zahnlückenhaus, das uns in dieser Nacht, der Hochzeitsnacht, ganz allein gehörte. Wir waren wie berauscht vor Glück und Liebe – was für eine Hochzeit! Was für ein Zusammenspiel von Fahrplänen, Speisezetteln und Wettergöttern! Wenn es geregnet hätte – nicht auszudenken!

Am nächsten Tag kamen Mama und Helmuts Mutter, und unsere etwas ungewöhnlichen Flitterwochen mit zwei Schwiegermüttern begannen.

Das Kind

Wir hatten schon auf dem Dampfschiff beschlossen, nicht wegzufahren, sondern in Nyon zu bleiben und Mama zu uns zu nehmen, um ihr neuen Mut zu geben. Helmuts Mutter war einverstanden, auch zu kommen und ihr Gesellschaft zu leisten.

Es war kein leichter Entschluß gewesen, aber dafür der richtige. Nun waren sie da, und ein Tag war schöner als der andere, drei Wochen lang; Helmut segelte, ich lernte eine neue französische Rolle, Mama begann zu schlafen, zu essen, zu lachen. Wir wurden braun wie die Neger und lebten, von beiden Müttern verhätschelt, glückselig in den Tag hinein.

Zwischendurch mußte ich zu Außenaufnahmen nach Noirmoutier in der Vendée, und Helmut blieb bei den beiden Müttern. Er segelte bei unverändert phantastischem Wetter, rief mich täglich an und holte mich nach zehn Tagen wieder ab.

Der zweite Teil der Flitterwochen im Zahnlückenhaus begann mit zahlreichen An-, Um- und Abmeldungen, doch nichts konnte unsere gute Laune verderben; bei solchem Wetter und solchen Müttern, die jeden Tag neue Leckerbissen ersannen und immer neue Ausreden, um nach der Küchenschlacht spurlos zu verschwinden!

Am 10. Oktober aber ging der Ernst des Lebens wieder los, und wir fuhren nach Paris, wo die Innenaufnahmen von *Maléfices* begannen. Am nächsten Tag feierten wir noch meinen Geburtstag, dann fuhr Helmut zurück nach Wiessee und ließ mich drei Wochen allein. Mein diesmaliger Aufenthalt in Paris unterschied sich von meinen vorherigen ganz entschieden; erstens hatte ich ein beträchtliches Arbeitspensum und drehte jeden Tag, zweitens wurde ich nach der Arbeit kein einziges Mal zum Essen oder sonstwohin eingeladen. Lag es daran, daß ich nun verheiratet war?

Ich war eigentlich froh, denn ich lernte unaufhörlich an einem zehnseitigen Verzweiflungsmonolog, der Schlußszene des Films. So war das immer. Wenn ich traurig war, hatte ich lustige Szenen, wenn ich glücklich war, tragische. Und gerade jetzt schäumte ich beinahe über vor Lebensfreude. Wie sollte ich denn da die Tränendrüse in Gang bringen? Ich steigerte mich schon tagelang, bevor die Szene drankam, in eine künstliche Melancholie hinein, um im richtigen Moment nur auf den Knopf drücken zu können. Ob das funktionierte, wußten die Götter. Regisseur Henri Decoin hatte mir fünf bis sechs Einstellungen angekündigt, das bedeutete, daß ich in allen fünf bis sechs Aufnahmen tränenüberströmt sein mußte, sonst paßten die einzelnen Stücke ja nicht zusammen.

Der große Tag kam, und ich betrat das Atelier in einer solchen Weltuntergangsstimmung, daß ich die Tränen schon bei der ersten Probe kaum zurückhalten konnte. Die erste Einstellung gelang denn auch vortrefflich, ich weinte wie ein Wasserfall. Dann verkroch ich mich in eine unbenützte Dekoration und wartete, bis die Fortsetzung eingeleuchtet war. Dann wurde ich erneut in die Arena gelassen. Henri Decoin brachte es fertig, jede Einstellung ohne Panne zweimal in den Kasten zu kriegen. Bei solchen Szenen pflegt sonst unweigerlich der Kamera das Material auszugehen, das Mikrophon ins Bild zu hängen, oder ein Maskenbildner herbeizustürzen, der eine Locke und mit ihr das ganze Gefühl wegkämmt. Hut ab vor Henri Decoin. Er hatte es ermöglicht, daß ich sieben Stunden ununterbrochen weinen konnte!

Abends war ich ausgelaugt, aber glücklich. In der Nacht bekam ich dann einen fürchterlichen Schnupfen. Wahrscheinlich hatten sich die Tränendrüsen entzündet, und ich schlief trotz meiner Erschöpfung miserabel. Egal, es war gelungen, und morgen kam Helmut!

Das Wiedersehen war wie ein Vulkanausbruch. Zwei Tage später überfiel mich eine wahnsinnige Übelkeit, und ich mußte mich stundenlang übergeben.

Das passierte mir hie und da, wenn ich zuviel Wein getrunken hatte. Aber diesmal wurde es nicht besser. Auch in München nicht, wo ich an den Kammerspielen sofort mit den Proben zu Shakespeares *Wie es euch gefällt* beginnen mußte.

»Es ist sonnenklar«, verkündete der Professor, den ich schließlich aufsuchte. »Sie bekommen ein Kind.« Helmut schwenkte mich vor Begeisterung herum wie einen Besenstiel – wir hatten beide geglaubt, ich könne gar keine Kinder bekommen.

Aber die Proben wurden nun zur Qual. Ich mußte die Erfahrung machen, daß die Rolle der Rosalinde fast so groß ist wie die der Jeanne in der *Lerche* und daß die Übelkeit bei der Arbeit eher schlimmer wurde als besser.

Und ausgerechnet jetzt begann Helmut in Südafrika einen neuen Film. Wir hatten gerade Hauptprobe, als er sich von mir verabschiedete. Es war sicher gut, daß ich vor lauter Kostümen und Requisiten gar nicht zur Besinnung kam, denn nun standen mir Weihnachten und Neujahr ohne ihn bevor.

Am 16. Dezember 1961 war Premiere. Ich war weniger nervös als sonst. Wir hatten sechs Wochen Proben gehabt, für mich eine ungewohnt lange Zeit. Es klappte alles wie am Schnürchen. Kein Versprecher, kein Hänger, viele Lacher. Dennoch war ich enttäuscht: wenig Schlußapplaus und keine Blumen – außer einem riesigen Rosenstrauß aus Südafrika, einem Papierbukett von Mama und einem Kleestöckchen von meiner Sekretärin. In Berlin, bei

Undine, hatte ich ein ganzes Zimmer für die Blumen mieten müssen. War es etwa ein Mißerfolg? Aber die Kritiken waren nicht übel – nur Joachim Kaiser warnte vor einer »Pulverisierung« der Rosalinde. Er hatte also nichts von meinem Zustand gemerkt.

Kurz nach der Premiere war die Übelkeit plötzlich wie weggeblasen, und ich atmete auf. Aber meine Sehnsucht nach Helmut wurde immer größer, seine Telegramme immer spärlicher, seine Rückkehr immer ungewisser. Telephonieren war so gut wie aussichtslos.

Endlich kamen zwei Briefe auf einmal – ein Anruf – dann er selbst. Dunkelbraun verbrannt, mit blitzenden, blauen Augen, verführerisch, männlich, groß, breit wie ein Fels stand er auf dem Flugplatz. Ich rannte in seine Arme und vergaß alles um mich herum. Wir zogen nach Wiessee hinaus in seine Wohnung. Helmut fuhr mich zu den Vorstellungen, leider waren es sehr viele, und holte mich wieder ab. An spielfreien Tagen besuchten wir Theater oder Bälle und kamen spät ins Bett. Was für ein Gefühl, in seinen Armen einschlafen zu können. Wir genossen es, als hätten wir uns Jahre nicht gesehen. Das dauerte vierzehn Tage, dann fing Helmut in England einen neuen Film an.

Am 6. März war die 33. und letzte Vorstellung, und die Rosalindenhose zum letzten Mal weiter gemacht worden; die Herumtollerei auf der Bühne mit Purzelbäumen und Luftsprüngen wurde nun doch zu beschwerlich.

Noch vier Monate bis zur Geburt. Es ging mir phantastisch. Ich rauchte nicht, trank nicht, aß Schwangerschaftsdiät und übte die schmerzlose Geburt. Ich flog nach Paris, Berlin, Genf, synchronisierte die beiden letzten Filme, verkaufte ein Haus und erwarb ein neues in Perroy, 15 km von Nyon entfernt. Wirklich, ich war in Hochform. Aber die Schwangerschaft dauerte mir schon zu lange. Keine Arbeit, kein Sport, keine Liebe; nur essen, schlafen, lesen, spazierengehen. Und überall türmten sich plötzlich Schwierigkeiten über Schwierigkeiten auf. Helmuts Film, der sechs Wochen dauern sollte, zog sich über elf Wochen hin. Ich installierte mich mit Mama im Zahnlückenhaus und wartete auf Helmut, der ja irgendwann mal fertig werden mußte in England.

Es hätte zauberhaft sein können, den Frühling mit Mama in Nyon zu verbringen, in Ruhe und Harmonie. Aber Mama hatte eine schwere Depression, schlief nicht, ging verstört im Haus herum, saß zusammengesunken auf dem Bett, totenbleich, mit zuckendem Gesicht und leeren Augen. Alles was ich sagte, löste bei ihr Verzweiflung und Angst aus. Auch Kino und Essen im Restaurant heiterten sie kaum auf. Dazu donnerten vor dem Haus von morgens bis abends Straßenbaumaschinen, und beim Nachbarn wurden ununterbrochen Bäume gefällt.

Dann sagte ein von Mama sehnlichst erwarteter Besuch ab, ein zweiter verschob sich. Sie hatte sich wie ein Kind darauf gefreut. Der Lichtblick einer leichten Besserung erlosch. Enttäuscht und hoffnungslos saß sie nach diesem Anruf auf ihrem Bett, totenbleich, den Kopf in die Arme vergraben.

In dieser Nacht erwachte ich nach einem schauerlichen Albtraum und mein linkes Ohr begann zu läuten. Robert Schumann fiel mir ein mit seinem hohen Ton, den er hörte, bis er überschnappte.

Ich begann mich zu fürchten. Ich schenkte Mama noch einen großen Blumenstrauß zu ihrem Geburtstag und brachte sie zu Tante Friedi. Dann fuhr ich nach Bern zu Papa.

Am nächsten Tag hatte ich hohes Fieber. Das war die Erklärung für mein Ohrensausen. Ich mußte zehn Tage im Bett bleiben und verzappelte fast vor Tatendrang. Ich begann Helmut mit Anrufen und Telegrammen zu bombardieren, wann er denn endlich nach Hause komme und warum er so selten telephoniere. Ich weiß nicht, was ich noch alles ins Telephon jammerte, auf jeden Fall rief er dann überhaupt nicht mehr an, und ich entdeckte, daß das wichtigste in einer Ehe ist, die Klappe zu halten. Der Ehemann ist kein Abfallkübel, in den man seine Probleme ausleert.

Ich rief wieder an und wir versöhnten uns.

Aber schon tauchte eine neue Katastrophe auf: Finanzierungsschwierigkeiten mit dem neuen Haus. Ich hatte mich auf einen befreundeten Bankdirektor verlassen, der mir Hypotheken in beliebiger Höhe zugesichert hatte. Kaum hatte ich den Kaufvertrag in Höhe von Fr. 900 000.– abgeschlossen, wurde ein Hypothekenstop erlassen und mein Bankdirektor ging in Pension.

Am 20. April abends spät kam Helmut zurück ins Zahnlückenhaus, wo ich ihn bereits erwartete. Ich warf alle Sorgen über Bord und ließ mich von Helmuts Heiterkeit in unbeschwerte Regionen mitreißen. Ich nahm Kontakt zum Nachfolger meines Bankdirektors in Aarau auf, an dessen günstiger Gesinnung ich keine Sekunde zweifelte, und begann mit Helmut unser zukünftiges Traumhaus einzurichten. Da kam der Absagebrief der Bank. In ziemlich rüdem Ton wurde darin von einem bescheidenen Häuschen und einem spekulativen Unternehmen gesprochen, für das man keine Mittel zur Verfügung stellen könne.

Mir wurde es ungemütlich. Ich fuhr mit Helmut nach Zürich zu Dr. Hoffmann, der ja immer noch mein Anwalt war; vielleicht wußte er einen Ausweg. Als ich ihm alles erklärt hatte, lächelte er charmant, das sei alles gar kein Problem, er werde mit einer Privatbank verhandeln, der Chef sei allerdings gerade am Verreisen, er selber übrigens auch, und wir sollten noch eine Woche warten. Aber ich konnte nicht warten. Wenn ich Ende Mai nicht zahlen konnte, verlor ich das Haus und ein Reuegeld von 80000.– Franken dazu. Nicht zu reden von der Blamage, sämtliche Bestellungen bei Elektrikern, Tapezierern, Schreinern, Installateuren und Kaufhäusern abblasen zu müssen.

Als wir ins Hotel zurückkamen, war eine Nachricht für Helmut da, er müsse sofort nach München kommen.

Nun war alles im Eimer. Alles drohte zusammenzubrechen. Das Haus und ich dazu. Ich konnte mich gerade noch ins Bett retten, bevor eine Sturzflut von Tränen aus mir hervorbrach. Helmut löschte das Licht und tröstete mich sanft und zärtlich. Er glaubte, das Debakel mit der Bank sei schuld an meiner Verzweiflung. Dabei war es ja nur wieder diese neue Trennung, die dem Faß den Boden ausgeschlagen hatte. Denn es war offensichtlich, daß Helmut sich freute aufs Wegfahren. Natürlich nicht meinetwegen, sondern weil er die Hauptrolle in dem *Mabuse*-Film in der Tasche hatte. Aber ich bezog alles auf mich, ich hatte die Schwangerschaft satt, das Nichtstun brachte mich auf die abenteuerlichsten Gedanken, und ich verlor mein ganzes Selbstbewußtsein.

Eine Woche später sah alles anders aus. Der Präsident der Schweiz. Bankgesellschaft, Dr. Zehnder – mir war eingefallen, daß ich ihn vor einigen Jahren kennengelernt hatte –, empfing mich in seinem Büro. Er erkundigte sich eingehend nach meinen Rollen und zeigte nur am Rande Interesse an meinem Finanzproblem. Nach ein paar weiteren Tagen war seine Zusage da. Eine Hypothek von zwei Drittel des Kaufpreises, zurückzuzahlen in eineinhalb Jahren... Uff! Ich war noch einmal davongekommen. Nie wieder, schwor ich mir, ließ ich mich in ein so leichtsinniges und überstürztes Geschäft ein.

Der Erfolg dieses Abenteuers ließ mich auch Helmuts Abwesenheit leichter ertragen, obwohl er Deutschlands hübscheste Nachwuchsschauspielerin zur Partnerin hatte: Senta Berger. Er kam ja jedes Wochenende zu mir ins Zahnlückenhaus geflogen, und so ließ ich meiner Wonne über seine Besuche freien Lauf.

Die Zeit verging unerträglich langsam, wenn Helmut nicht da war. Als er Ende Juni endgültig zurückkam, sah ich aus wie ein Faß und konnte nur noch mit Anstrengung gehen. Trotz strahlenden Sommerwetters durfte ich auch nicht baden, und die Enthaltsamkeit erstreckte sich nicht nur aufs Baden. Mir reichte es jetzt. Vielleicht kam das Kind früher, und ich konnte endlich wieder ein normales Leben führen? Ich fand, daß das Kind schon vor der Geburt viel zu sehr in den Vordergrund rückte und Helmut zu verdrängen suchte. Also ein zweites Kind kam auf keinen Fall in Frage!

Hatte ich eigentlich Angst vor der Geburt? Überhaupt nicht! Ich hatte ja mit dem täglichen Training zur schmerzlosen Geburt vorgesorgt.

Am 30. Juli bestellte mich Professor de Watteville ins Krankenhaus. Es war schon neun Tage über die Zeit, und die Geburt sollte eingeleitet werden. Zwar hätte ich lieber noch etwas damit gewartet, denn ich hatte schon einige Male wehenähnliche Bauchschmerzen bekommen; leider hörten sie aber immer wieder auf. Helmut war zuerst auch gegen eine »Nachhilfe«, fand aber dann, eine solche Kapazität wisse schon was sie tue.

Wie gesagt, ich hatte nicht die geringste Angst vor der Geburt. Ich war meiner Sache sicher.

Wir fuhren also wohlgemut ins Krankenhaus, wo ich mich gleich ausziehen mußte, einem Einlauf unterzogen und in ein Geburtszimmer gelegt wurde. Dann bekam ich eine Nadel in die Vene, durch die ein Liter Flüssigkeit eintropfte. Als keine Reaktion erfolgte, wurde eine zweite Infusionsflasche angesetzt; nun kamen kleine, regelmäßige Kontraktionen, wahrscheinlich Vorwehen. Der Professor untersuchte mich und brummte: »Er erweitert sich nicht. «

Am Nachmittag kam Helmut und erzählte, der Produzent seines Afrikafilms wolle ihn umbesetzen, wenn er morgen nicht zum

Synchronisieren komme. Natürlich fiel der Termin genau auf das Geburtsdatum. Konnte der Produzent nicht auf die Aufregung Rücksicht nehmen, die ein Vater bei einer Geburt mitmachen muß? Ein brutales Geschäft, das mußte ich schon sagen.

Abends um halb sieben wurde die Einleitung abgebrochen, in der Hoffnung, daß sich nachts einiges tun werde. Ich aß noch ein bißchen und schlief dann herrlich und ungestört die ganze Nacht. Am anderen Tag morgens um 9 Uhr ging's wieder los. Dasselbe wie gestern: schwache Wehen kamen, aber nur solange ich am Tropf hing. War der zu Ende, hörten auch die Wehen wieder auf.

Mittags untersuchte mich der Professor nochmals gründlich. Er schüttelte den Kopf und sagte zur Hebamme: »Verflixt, er öffnet sich nicht, aber der Kopf ist unten.« Dann zerschnitt er die Fruchtblase und bemerkte im Hinausgehen: »Jetz git's nüt meh z'schtürme!« Das hieß, daß das Kind heute kommen mußte, denn ohne Fruchtwasser darf ein Kind nicht länger als zwölf Stunden im Mutterleib bleiben.

Es folgten Spritzen und ein neuer Tropf. Dann kamen die Wehen. Als Helmut mich gegen 16 Uhr verlassen hatte, fing es richtig an. Zuerst hielt ich mit den Atemübungen gut durch. Aber dann wurde es furchtbar. Nie im Leben hätte ich geglaubt, daß es solche Schmerzen gibt! Sie kamen jede Minute, manchmal sogar ohne Unterbrechung. Das dauerte bis halb sieben. Dann fingen meine Beine an zu zittern, die Arme, der Oberleib. Wie damals in St. Moritz. Das war das Schlimmste.

Als der Professor wiederkam, waren die Schmerzen auf ihrem Höhepunkt. Es war, als würde ich auseinandergerissen. Ich wurde untersucht. Es war grauenvoll. »Ich halte es nicht mehr aus«, stöhnte ich. Mit letzter Kraft versuchte ich ganz schnell zu atmen, um eine Linderung zu erzwingen, aber es kam nur noch ein qualvolles Röcheln.

»Der Col geht nicht auf«, konstatierte der Professor, »ich muß eine Anästhesie machen.«

Die Hebamme half mir aus dem Bett; ich mußte mich auf einen Stuhl setzen und wurde von ihr festgehalten; ich spürte einen Stich in den Rücken – und die Schmerzen hörten augenblicklich auf.

Warum hatte man bloß Helmut angerufen? Plötzlich betrat er das

Zimmer und meinte, das Kind sei da. Statt dessen erhielt er eine Gesichtsmaske, mußte sich in eine Ecke setzen und warten.

Etwa eine Stunde nach seiner Ankunft wurde die Hebamme unruhig: »Die Herztöne des Kindes werden langsamer«, sagte sie. Rasch hob sie das Fußende des Bettes hoch, bis ich fast auf dem Kopf stand, und gab mir eine Sauerstoffmaske. Helmut betrachtete mich erschrocken – ich sah nur seine Augen über der Mullbinde, aber das reichte.

Nach einer Weile wurde das Bett wieder heruntergelassen und die Sauerstoffmaske entfernt. Alle warteten. Die Kontraktionen gingen weiter, doch ich spürte nichts mehr. Nach einer Spritze hatte auch das Schlottern aufgehört. Sonst war nichts los; dann, um 23 Uhr 30 wurde ich ins Gebärzimmer gefahren. Herztöne – ab und zu die Sauerstoffmaske.

Der Uhrzeiger rückte vor. Mitternacht war vorbei – es war 1. August geworden.

»Wenn es ein Bub wird, nennen wir ihn Tell«, sagte Helmut und lachte leise. Dann wurde es wieder still. Nichts geschah. Langsam wurde ich mißtrauisch. Was war eigentlich los? Wie lange sollte das noch dauern? Mir war schon alles egal, wenn die Warterei nur aufhörte!

Endlich kam der Professor, kontrollierte irgend etwas und ordnete an, man solle ihn in einer Stunde holen.

Um halb zwei ließ ihn die Hebamme dringend rufen. Alles lief durcheinander und Helmut wurde hinausgeschickt.

De Watteville kam – er sah grau und erschöpft aus. Zum letzten Mal versuchte er die natürliche Geburt. Ich preßte, so fest ich konnte – nichts! »Es bleibt nur ein Kaiserschnitt«, erklärte er. »Wir brauchen die Blutgruppe.«

Das Bett wurde in höchster Eile auf den Gang hinausgeschoben und an Helmut vorbeigefahren, der mir mit entsetzten Augen zulächelte. Die Nervosität der Schwestern wurde immer schlimmer. Das Bett ging nicht in den Lift und krachte gegen die Tür. Helmut war kreidebleich geworden und starrte auf das fieberhafte Treiben. Irgend etwas stimmte nicht. Lähmende Angst kroch meinen Rücken hoch. Eine Operation – nach diesen vielen Mitteln und Spritzen –, konnte das ein Organismus überhaupt aushalten?

Zum Teufel mit der schmerzlosen Geburt. Ich hatte Angst – aber

nicht um das Kind – nein – um mein eigenes Leben – verzweifelte
Angst, Helmut vielleicht nie mehr zu sehen.

Auf dem Operationstisch hatte ich nicht mehr viel zu melden; der
Tropf wurde herangefahren, eine Nadel gestochen, ein goldener
Vorhang durchgeschüttelt und weg war ich . . .

»Es ist ein Junge«, hörte ich Helmut sagen, als ich aufwachte. Etwas
Rosarotes wurde hochgehoben.

»Ich habe die Wette gewonnen«, lallte ich glücklich.

1000.– Franken dafür, daß es ein Bub war. Ein Bub mit blonden
Haaren und blauen Augen. Marc-Tell sollte er heißen. Geboren am
Nationalfeiertag. Ein Witzbold behauptete, der Professor habe
absichtlich so lange gewartet. Aber de Watteville winkte ab: »Es war
eine schwere Geburt. Alles ging schief. Tell hat einen Kratzer
abgekriegt, aber sonst ist er gesund.«

Die Familie

Mein Söhnchen war offensichtlich etwas mitgenommen von seinem
ersten Hindernislauf ins Leben. Es war mager, aß schlecht und übergab sich mindestens einmal am Tag. Ich sah nicht viel besser aus,
hohläugig und hohlwangig, aber sonst von gesunder Gesichtsfarbe.
Vierzehn Tage lang wurden Mutter und Sohn nach allen Regeln der
Kunst gepflegt und verwöhnt, dann verließen wir die heiligen
Hallen der Genfer Maternité, um uns so gut es ging im Zahnlückenhaus zu installieren. Es war natürlich ziemlich eng geworden, denn
Rösli, die Kinderschwester, war gekommen und ein junges Mädchen aus Deutschland zum Aushelfen. Schwester Rösli stammte aus
dem Emmenthal, war ca. 60 Jahre alt, von peinlichster Sauberkeit
und Ordnungsliebe und genauso hingebungsvoll an Kunst interessiert wie an allen anderen pflegebedürftigen Pflänzlein. Viel weniger rücksichtsvoll war allerdings ihr Umgang mit der sechzehnjährigen Margarete aus Stuttgart, die lieb und nett, aber völlig ungeeig-
net für den Haushalt war und hervorragend malte. Die immer
ungeduldigeren Ermahnungen Schwester Röslis führten schon nach
kurzer Zeit zur Kapitulation Margaretes, und wir mußten ein
Inserat für eine Nachfolgerin aufgeben.

Etwa einen Monat nach der Geburt zogen wir nach Perroy um, in das neue Haus, das notdürftig umgebaut und eingerichtet, aber eigentlich noch nicht bewohnbar war. Es war mir gar nicht wohl in der neuen Umgebung. Jeden Morgen um 7 Uhr wurde man vom Getümmel irgendwelcher Handwerker geweckt, auf Schritt und Tritt lief man einer Angestellten über den Weg, und wenn man endlich ein ruhiges Örtchen gefunden hatte, klingelte das Telephon oder die Haustür. Mit einem Wort, es war vorbei mit der Gemütlichkeit. Zwar versuchte ich mich mit Tell anzufreunden, aber er war noch so klein und hilflos, und ich hatte Angst, ihn beim Wickeln fallen zu lassen; Schwester Rösli und Helmut machten das sowieso viel besser.

Ich fühlte mich den neuen Umständen in keiner Weise gewachsen. Ständig mußte eingekauft, beratschlagt, vorausgeplant werden. Und jeden Tag war etwas anderes kaputt. Entweder streikte der Fernsehapparat oder das Radio, die Schiffs- oder die Autobatterie; mal wusch die Geschirrspülmaschine zwölf Stunden ununterbrochen, oder das automatische Gartentor hatte beschlossen, sich nicht mehr zu öffnen; überhaupt waren die Kurzschlüsse, die den ganzen Haushalt lahmlegten, nicht mehr zu zählen, und Helmut entwikkelte sich zum perfekten Elektriker. Ich sah ihn nur noch mit Hammer und Bohrer herumwandeln oder in den Anblick einiger Schrauben versunken, die er in der Hand hielt. Ich bemühte mich dafür um Müllabfuhr, Telephonanschluß, Steuern, Versicherungen und dergleichen. Und wenn wir glaubten, es sei nun erledigt, fing alles wieder von vorne an. Aber das schlimmste war, daß wir nie allein waren. Kaum hatten wir uns irgendwohin gesetzt, kam jemand, fragte oder brachte etwas.

Nein, ich war alles andere als erholt, einen Monat nach der Geburt. Ich sehnte mich nach Einsamkeit und Ruhe.

Statt dessen begannen die Vorbereitungen für den Film *Kohlhiesels Töchter*.

Weder Schreck noch Schock

Unsere Version von *Kohlhiesels Töchter* war bereits die fünfte Verfilmung dieses Stoffes. 1920 spielte Henny Porten die beiden ungleichen Schwestern im Stummfilm, Ernst Lubitsch führte Regie, das Buch schrieb Hanns Kräly, sein Lieblingsautor. 1930 spielte sie die beiden Glanzrollen ein zweites Mal, diesmal in einem der ersten Tonfilme und unter der Regie von Hans Behrendt.

Kurt Hoffmann verfilmte den Kinohit 1943 zum drittenmal mit Heli Finkenzeller. Die vierte Fassung entstand 1955 unter dem Titel *Ja, ja, die Liebe in Tirol*, es spielte Carla Hagen, und Geza von Bolvary führte Regie.

Und 1962 war ich dran. Die Idee stammte von Helmut: »Das ist die Rolle deines Lebens«, grinste er, »der Widerspenstigen Zähmung.« Es war mein 33. Film, und ich feierte während der Außenaufnahmen in Spiez am Thuner See meinen 33. Geburtstag.

Die Arbeit war ungeheuer anstrengend, da ich ja zwei Rollen auf einmal spielte: die häßliche Susi und die schöne Liesel, die eine bös, die andere lieb; die Brave darf nicht hochzeiten, bis die Schreckschraube unter der Haube ist. Die mannigfaltigen Verwicklungen der Geschichte hatten zur Folge, daß beide Schwestern ständig gleichzeitig zu sehen waren, redend und singend – musikalische Einlagen gehörten nun mal zu einem Lustspielerfolg, nur daß ich diesmal fast jede Szene zweimal spielen und mir selber antworten mußte: »Es wimmelte nur so von Töchtern, die eine schiech, die and're schöchtern.«

Abgesehen davon, daß ich schon am ersten Tag ferienreif war, verliefen die Außenaufnahmen ziemlich planmäßig; pünktlich stellte sich das sprichwörtliche Durcheinander ein, wie immer wenn ein Film beginnt. Am 8. Oktober 1962 fiel die erste Klappe, und wir drehten ohne Geld, ohne Verträge und ohne Lampen, aber dafür bei strahlendem Sonnenschein.

Ich war hin- und hergerissen zwischen Spaß und Strapaze. Axel von Ambesser war der ideale Regisseur, denn ihm konnte es gar nicht wild genug zugehen. So ließ er Helmut, bevor er als unfreiwilliger Ehemann die widerspenstige Susi zähmt, mit einem Rivalen einen Ringkampf auf einem richtigen Mist vollführen, damit es auch richtig spritzte. Jede gelungene Szene war für ihn ein persönlicher Triumph, und dabei liebte er besonders das Unvorhergesehene. Zum Beispiel den Sprung des Stiers über meinen Pantoffel, den ich auf der Flucht verlor. Auch später bei den Innenaufnahmen in Berlin feuerte er uns zu immer neuen Schreckenstaten an, ersann und verbesserte unermüdlich Tips und Pointen. Aber er wußte genau, wie weit er gehen konnte, dann zog er plötzlich die Bremse: »Weniger und langsamer«, beschwor er uns immer wieder, und seine Augen glitzerten lachlüstern. Kaum zu glauben, daß aus dem gutgelaunten Schauspielervater, der gelegentlich hinter der Kamera einschlief, plötzlich ein kurzangebundener Ateliergeneral werden konnte, der einfach die Arbeit niederlegte. Warum, weiß ich nicht mehr, aber an den freien Tag erinnere ich mich wie an ein Göttergeschenk.

Der 14. November war der schönste Tag, nämlich der letzte, und die immer wiederkehrende Angst zu versagen fiel wie eine Zentnerlast von meiner Seele.

Ich mußte oft an Marilyn Monroe denken, die vor drei Monaten Selbstmord begangen hatte. »Vor lauter Angst, krank zu werden, wurde ich krank«, schrieb sie in ihr Tagebuch. Kein Wunder, in den amerikanischen Verträgen gab es einen Paragraphen, »daß einem Schauspieler gekündigt werden darf, wenn er länger als acht Tage krank ist«. Arme Marilyn. Ich schwor mir abzutreten, bevor ich zu Mitteln oder zu Alkohol greifen mußte.

Nach überstandener Knochenarbeit fuhren Helmut und ich nach Hause, wo bereits jede Menge Haushalt auf uns wartete. Schwester Rösli nahm alle angefallenen Freitage auf einmal und übergab den prächtig gedeihenden Tell ihrer Freundin, Schwester Vreni; ein dickes, blondes Elefantenbaby kochte an Stelle der verdufteten Grete; auf dem Schreibtisch türmten sich Briefe, Rechnungen, Mahnungen: Handwerker surrten im ganzen Haus herum wie ein Bienenschwarm, und Weihnachten stand vor der Tür. Voller Schrecken dachte ich an den langen Winter, der bevorstand, und als ich von Ilse Alexander hörte, Anthony Mann sei in London, um den *Fall des römischen Weltreichs* vorzubereiten, machte ich, daß ich nach London kam. Ich traf mich mit ihm zum Mittagessen, aber alles Winken mit dem Zaunpfahl war umsonst, Wunder wiederholen sich nicht, und so kehrte ich unverrichteter Dinge nach Zürich zurück.

Helmut holte mich ab, und wir verbrachten eine sehr lustige Nacht in der Limmatstadt. »Was sich wohl der Koffer dahinten denkt«, kicherte ich, als Helmut am nächsten Morgen das riesige schwarze Ungetüm auf den Porsche packte, »das ist sicher unter seiner Würde.« Wir lachten über den vorwurfsvollen Koffer und fuhren los.

Als wir etwa 30 km hinter Zürich getankt hatten, schnallte ich mich an, die Gurte waren gerade erst montiert worden, und Helmut ließ sich nach längerem Gebrumm auch dazu überreden. Dann fuhren wir gemütlich schwatzend weiter Richtung Genfer See. Am Ortsende von Kölliken, wo vor einiger Zeit ein Moped mit mir zusammengestoßen war, überholte Helmut auf schnurgerader Straße einen älteren Opel, dann den davor befindlichen Lastwagen. Ich schaute ganz woanders hin, denn links, auf der parallel zur Straße verlaufenden Bahnlinie kam eben ein Zug, auf jener Bahnlinie mit den berühmten zwei Bahnübergängen: dem kleinen in der Mitte, der sich ein bis zwei Minuten vor dem großen am Ende der geraden Strecke öffnete, so daß, wenn der Zug von links kam, bei schnell entschlossenem Abbiegen des Autofahrers die ganze Wagenkolonne weiter vorn abgehängt werden konnte . . .

Ich kam nicht mehr dazu, Helmut dieses allgemein bekannte Automobilistenschnippchen vorzuschlagen – mitten im Überholen hörte ich ihn plötzlich laut fluchen – ein gellendes Quietschen von Bremsen –, sah den links abbiegenden Lastwagen und sein überdimensionales Hinterrad auf uns zukommen – dachte: Wir sind ja angeschnallt – und machte die Augen zu; es folgte ein dumpfes Krachen, als der Porsche von dem riesigen Gummireifen abprallte, durch die Luft schoß – sich drehte – mit dem Heck nochmals gegen die Ladebrücke donnerte – und stand. Ich machte die Augen wieder auf, sah das hinter uns liegende Dorf Kölliken vor uns und den vor uns fahrenden Lastwagen hinter uns, rief: »Schon wieder das Knie« und wollte aussteigen. Helmut fragte immer wieder, ob mir etwas passiert sei, irgend jemand öffnete die klemmende Tür, dann standen wir auf der Straße. Seltsamerweise hatten wir nicht die geringste Reaktion. Weder Schreck noch Schock. Es war einfach zu schnell gegangen. Der Lastwagenchauffeur dagegen war käseweiß und konnte kaum reden. Er hatte von links den Zug kommen sehen, war »schnell entschlossen« abgebogen – und hatte den Winker vergessen. Seinem Lastwagen fehlte nichts, der Porsche war im Eimer. Aber da der Motor ja hinten war, fuhr er völlig zusammengewalzt noch in die nächste Werkstatt, auf dem Buckel den finster blickenden Koffer, der uns, mit den Gurten, wahrscheinlich das Leben gerettet hatte.

Eine Woche später war Premiere von *Kohlhiesels Töchter*. Der Film schlug bei Kritik und Publikum ein wie eine Bombe, lief wochenlang in den Kinos und noch zwanzig Jahre später in sämtlichen Fernsehprogrammen. Neben Piroschka und Spessartbraut stand nun auch Kohlhiesels Tochter als Erkennungsmarke hinter meinem Namen.

Mein nächster Film hieß *Frühstück im Doppelbett*, frei nach dem Theaterstück *Cyprienne* von Victorien Sardou. Regie führte wieder Axel von Ambesser, meine Partner waren O. W. Fischer und Lex Barker – Helmut wollte keinen Muskelprotz spielen; Artur Brauner, der seine Schauspieler mit Verträgen auf Papierservietten einzufangen pflegte, produzierte.

Keine besonderen Vorkommnisse, außer, daß sich meine Maskenbildnerin, die dicke Katschi, mit ihrem VW auf der Autobahn überschlug, die Dreharbeiten in einem ungeheizten Filmatelier stattfanden und auch sonst nichts stimmte, außer der Gage. Nach Beendigung dieses Werkes, das ich hauptsächlich aus Hypothekengründen angenommen hatte, erfuhr ich von Helmut, daß er sich beim Skilaufen die Hand gebrochen hatte, und von meiner Agentur, daß ich zur Royal Performance nach London eingeladen worden sei. Bei dieser alljährlich stattfindenden Zeremonie wurden dem englischen Königshaus einige Schauspieler vorgestellt und ein besonders wertvoller Film vorgeführt.

Es war sehr spannend, als wir am Abend des 18. März im Odeon-Theater auf die königliche Familie warteten. Von den anwesenden Berühmtheiten kannte ich nur Michèle Morgan, Rossana Schiaffino und Claire Bloom. Ich war begeistert und erschlagen zugleich von dem unbeschreiblichen Glanz um mich her. Soviel Schmuck und Pelze hatte ich in meinem Leben noch nicht gesehen. Meine Chinchillastola verblaßte neben einem bodenlangen Chinchillamantel, und mein Brillantarmband leuchtete bescheiden im Feuerwerk funkelnder Kronen und Ketten.

Plötzlich verstummte das Gesumm und Gebrumm der wartenden Gesellschaft, Totenstille trat ein und die königliche Familie hielt ihren Einzug; Königinmutter, Prinzessin Margaret, ihr Mann Tony, Prinzessin Alexandra von Kent und Gemahl – die Königin war gerade in Australien. Die Kleider der gekrönten Häupter waren konventionell, um so herrlicher der Schmuck. Am hübschesten war Prinzessin Margaret, deren Frisur ich in meinem nächsten Film kopierte; als sie vor mir stand, versank ich in einem sehr gelungenen Hofknicks, machte mich auf eine längere Unterhaltung gefaßt und sagte meinen Namen. »Oh!« sagte die Prinzessin, und ging weiter.

Am nächsten Tag verfehlte ich mein Flugzeug nach Berlin und mußte eine weitere Nacht in London verbringen. Als ich ins Hotel zurückkam, wartete Ilse Alexander mit einer Nebenrolle in *VIP* auf mich, einem englischen Film mit Elizabeth Taylor und Richard Burton. Drehbeginn: sofort! Aber in einem Monat mußte ich in Madrid eine deutsch-spanische Coproduktion anfangen... das wurde ja wieder ein furchtbares Gewürge! Sollte ich oder sollte ich nicht?

Bevor ich am 20. März wieder auf den Flugplatz fuhr, hatte ich beim Friseur einen Schwächeanfall. Ich hatte einen seltsamen, drückenden Schmerz in der Brust, kriegte keine Luft, rasendes Herzklopfen, ein steifes Kinn und hohen Seegang. Ich schaute in den Spiegel. Mein Gesicht war kreideweiß. Der Friseur fragte, ob ich müde sei. Tatsächlich, ich hatte tiefe schwarze Ringe unter den Augen.

Überarbeitung, stellte ein Arzt in Berlin fest. Ich sagte *VIP* ab. Am liebsten hätte ich auch das *Fast anständige Mädchen* abgeblasen, das ich mir von Ladislao Vajda hatte einreden lassen; aber ich hatte unterschrieben und mußte schon in einem Monat für mindestens elf Wochen nach Spanien.

Die Zeit zu Hause galoppierte nur so vorbei. Mein Söhnchen kannte mich überhaupt nicht mehr und fing in den ersten Tagen sofort an zu schreien, wenn es mich erblickte. Nur langsam eroberte ich sein Zutrauen und sein Lächeln zurück. Aber ich hatte auch viel zu wenig Zeit, mich um ihn zu kümmern. Besuche, Besprechungen, Familienfeste brachen über uns herein und diese vermaledeiten Heuschnupfenimpfungen. Das Telephon klingelte ununterbrochen, und im Haus war jeden Tag etwas anderes kaputt.

Aber es gab auch einige freudige Überraschungen:

Am 8. April, Helmuts Geburtstag, kam der Autohändler, der uns den zerknitterten Porsche abgenommen hatte, stellte einen anthrazitgrauen Jaguar E Type vor das Haus und pflanzte, während Helmut völlig versteinert das Autowunder anstarrte, auch noch drei Tannen in den Garten.

Ein paar Tage später war es an mir, bis an die Decke zu springen! Mir fiel fast der Telephonhörer aus der Hand: Ich war Bambi-Siegerin!

Dieser, von der Illustrierten »Filmrevue« vergebene Preis wurde jedes Jahr durch Publikumsumfragen ermittelt. Erst hatten ihn Sonja Ziemann und Marika Rökk, dann die Seriensiegerinnen Maria Schell (siebenmal) und Ruth Leuwerik (fünfmal). Ich war die ewige Zweite.

Jetzt aber . . .! Ehrlich gesagt, ich konnte dieses Fest nicht, wie es einem Höhepunkt geziemt, auskosten und genießen. Es war jetzt Ende April, und ich kam schon ganz abgehetzt von Madrid, wo ich mich seit einer Woche mit ganz besonders chaotischen Filmvorbereitungen herumgeschlagen hatte. Am 27. April abends holte mich Helmut vom Flugplatz ab und brachte mich nach Karlsruhe, wo die Bambiverleihung stattfand. Dort wurden wir gleich in ein überfülltes Lokal verfrachtet, wo wir kein Wort mehr zusammen sprechen konnten. Es wimmelte von Verlegern, Journalisten, Photographen, Produzenten; auf Schritt und Tritt stieß man mit großen und kleinen, schwatzenden, lachenden, zuweilen sympathisch gähnenden Kollegen zusammen. Es war ein Familienfest des Films, jeder kannte jeden und brannte darauf, den neuesten Klatsch zu erfahren – himmlisch, wäre ich nur nicht so müde gewesen!

Am nächsten Tag, dem 28. April, war die Bambi-Feier. Ich war in aller Herrgottsfrühe aufgewacht und überlegte, schlaflos, was ich denn heute abend sagen solle, denn es war Sitte, daß jeder Schauspieler, und besonders die Preisträger, auf der Bühne irgendeinen lustigen Satz losließen. Vor zwei Jahren hatte ich zur Begrüßung des Publikums die Perücke abgenommen. Das konnte ich heute natürlich nicht machen. Zum Kuckuck, es wollte mir einfach nichts einfallen. Wir jagten wieder von Empfang zu Empfang, schüttelten Hunderte von Händen, lächelten nach allen Seiten, versuchten Fragen zu beantworten, konnten keinen Satz zu Ende sprechen, und während wir interviewt, photographiert, vorgestellt, abgeholt und abgeliefert wurden, zermarterte ich mein Gehirn und wurde immer müder und dümmer.

Der große Augenblick kam näher und näher. Schon saß ich neben den anderen Bambigewinnern Heinz Rühman, Rock Hudson, Sophia Loren und vielen anderen Schauspielern auf der Bühne der Schwarzwaldhalle ... da wurde ich aufgerufen, schwebte nach vorn, hörte nichts mehr um mich her, sah nichts mehr als das heißersehnte goldene Reh, das man mir entgegenhielt. Da rief ich das einzig Richtige in den brechend vollen Saal hinaus: »Jetzt habe ich ihn!«

Die Kehrseite

Am Tag nach der Verleihung mußte ich wieder zurück nach Madrid, und das spanische Martyrium begann.

»Ich spare nie an Dingen, die man auf der Leinwand sieht«, sprach Regisseur Ladislao Vajda, Lazi genannt. Er hatte einen berühmten Film mit Peter Ustinov gemacht, *Der Hund, der Herr Bozzi hieß*, war ein großer, allerdings sehr amüsanter Sprüchklopfer und sparte gerade dort, wo man es am meisten sah, nämlich bei den Kleidern. Die Kostümbildnerin wurde gestrichen, und für sämtliche Darsteller gab es nur eine einzige Garderobiere. Jeden Abend nach der Arbeit schickte mich Lazi von Pontius zu Pilatus, wo irgend jemand irgend etwas für mich zusammengeschneidert hatte, was mir nicht stand, und mehr als einmal konnten wir nicht drehen, weil die Kleider erst geändert werden mußten.

Weiche Schale – harter Kern, dieser besonders typische k. u. k.-Charakterzug zeichnete auch Lazi aus, der sich den Anschein der Harmlosigkeit gab, um seinen Willen durchzusetzen, seine Schauspieler zu kriegen und seinen Film zu verwirklichen. Als ich ihm vor Vertragsabschluß von meinem Heuschnupfen erzählte, der mich genau während der Drehzeit heimzusuchen drohte, erklärte er, in Madrid gebe es so was nicht – er kenne viele Heuschnüpfler und den besten Heuschnupfenarzt aller Zeiten persönlich.

Wir gingen also zu Dr. Cuerez, der sofort von Lazis Wortschwall (spanisch mit ungarischem Akzent) übergossen wurde. Ich verstand inzwischen genug von dieser Halskrankheit, um dem Gespräch entnehmen zu können, daß Lazi überhaupt noch nie von einem Leiden namens Heuschnupfen gehört hatte und das Ganze für einen großen Humbug hielt.

Ende Mai kam der erste Anfall. Nachts. Augenbrennen, Nasenrinnen, Luftröhrenpfeifen. Ich fragte den Arzt, ob man während der Grasblüte die Impfungen nicht unterbrechen müsse. Aber er jagte mir immer stärkere Spritzen hinein, zweimal pro Woche, meist bevor ich zur Arbeit ging.

Auch heute. Ich kam von Dr. Cuerez und fuhr ins Studio. Dreißig Minuten später traten Atembeschwerden und Herzflattern auf – ich saß gerade beim Schminken! Aber ich hatte doch dieses Gezitter längst überwunden? Oder löste der Heuschnupfen eine Schminkallergie aus?

Es half alles nichts, Tag für Tag mußte ich eine Stunde lang stillsitzen auf dem Folterstuhl und mich von der Maskenbildnerin bemalen lassen. Auch zum Essen mußte ich mich zwingen. Mit Gewalt würgte ich zum Frühstück einen Zwieback und zum Mittagessen ein paar Fleischbrocken hinunter, worauf es mir sofort schlecht wurde. Und gerade jetzt wurde die Arbeit besonders anstrengend.

Tagesszenen wurden in die Nacht verlegt und nach mehrstündigem Warten morgens um 2 Uhr gedreht, meist bis zum Morgengrauen. Wir kamen kaum vorwärts, jeder Satz wurde von hinten und vorn, oben und unten, mit jedem nur möglichen Objektiv abgelichtet, und der verzweifelte Kameramann stöhnte, er mache nicht einen, sondern drei Filme.

Ich wurde dünner und dünner. Oft dachte ich, ich stehe es nicht mehr durch. Dabei lernte ich die hintersten und geheimsten Winkel Madrids kennen: den Escorial, Toledo . . .

Aber ich pfiff auf alle Sehenswürdigkeiten – ich wollte nach Hause. Noch vier Wochen! Dann endlich ein Lichtblick: Helmut besuchte mich an einem Wochenende.

Es wurde Anfang Juni. Schlagartig setzte die spanische Hitze ein. Mit hängender Zunge schnitt ich die abgedrehten Seiten im Drehbuch ab. Noch drei Wochen. Lazi begann Martin Held Schauspielunterricht zu geben, ließ ihn seine Szenen zehnmal wiederholen . . .

Noch zwei Wochen. Ich bestellte schon mal den Rückflug.

Da tauchte eine neue Komplikation auf: eine Hauptrolle in Amerika, Drehbeginn 5. Juli, Partner Bob Hope. Ich las das Drehbuch – also in Deutschland hätte ich es zum Fenster rausgehauen!

Aber es war da eine russische Vererbungsforscherin, eine sehr gute Episodenrolle, die konnte ich spielen – und später anfangen.

Hätte ich doch einfach nein gesagt. Nun ging Nacht für Nacht das Telephon, ganz Hollywood schien auf meinen Fersen zu sein. Plötzlich stand Jack Arnold, der amerikanische Regisseur, in meinem Hotel, um mich zu der größeren, aber schlechteren Hauptrolle zu überreden, die dann Michèle Mercier spielte. Ich blieb bei der Russin; Ilse Alexander, die aus München zu Hilfe eilte, sagte mir, Jack Arnold habe geweint, als er wegflog.

Ich blieb und wunderte mich, was ich so alles aushielt! Nun kam auch noch Claude Heyman mit einem französischen Film auf mich los, und aus Deutschland reisten zehn Journalisten an, mit denen ich jede drehfreie Minute und vor allem jeden Sonntag verbringen mußte. Einmal bat ich um einen freien Sonntag, schon hatte ich Starallüren! Nein wirklich, es war zum Davonlaufen! Ich zählte die Stunden . . .

Aber das Getümmel hielt bis zum letzten Tag an. Die Amerikaner beknieten mich weiter, Lazi erfand die abenteuerlichsten Filmparagraphen, um mich zu zwingen, meinen Aufenthalt zu verlängern und verlegte alle restlichen Tagesaufnahmen in die Nacht. Als ich dann aber auch noch Durchfall und Fieber bekam, war er rührend. Er brachte mir eimerweise Gerstensuppe von zu Hause mit. Das war das einzige, was ich noch essen konnte.

Die letzte Nachtaufnahme dauerte bis morgens 5 Uhr, um 6 Uhr war ich im Bett, um 8 Uhr stand ich wieder auf. Alberto de Mendoza, mein Partner, wollte mich um halb neun abholen, ließ sich aber nicht blicken. Ich fuhr mit einer Taxe allein zum Flugplatz, und um 10 Uhr war ich Madrid entronnen.

Helmut holte mich ab. Endlich ausruhen! Am liebsten hätte ich jetzt ein halbes Jahr ausgesetzt.

Aber jede Nacht klingelte das Telephon aus Übersee, mal wurde der Film nach vorn, mal nach hinten geschoben. Es sah so aus, als ob ich nach zwei Wochen Luftschnappen schon wieder abdampfen müsse. Wie sollte ich da meinen zusammenbrechenden Schreibtisch aufräumen, den englischen Text mit russischem Akzent lernen, Kleider, Haare, Haus in Ordnung bringen, Tell zurückerobern, der nicht mit mir spielen wollte? Appetitlos wälzte ich Tag und Nacht Probleme, bis ich »Sonja oder keine« über die Meere rief und damit vier Wochen Pause erkämpfte.

Postwendend erwachten Lebensfreude und Löwenhunger wieder, und ich genoß mit Helmut unser Sommerparadies am Genfer See. Wir kreuzten mit dem Segelboot herum, verschlangen Schwester Röslis Leckerbissen und krochen mit Tell durch die Büsche. Nun lachte er wieder, wenn er mich sah!

Aber die Zeit galoppierte vorbei und ich mußte wieder die Koffer packen.

Am 23. Juli knapp einen Monat nach meinem letzten Drehtag in Madrid, ging das Flugzeug nach Paris, wo ich eine Besprechung für einen Gabin-Film hatte, und am nächsten Tag über den Pol nach Los Angeles. Helmut kam mit, das hatte ich noch ausgehandelt, und mit solcher Rückendeckung verlor die neue Aufgabe ihre Schrecken.

Allerdings mußte ich feststellen, daß die Modernisierung der Flugzeuge fast nur Nachteile mit sich brachte. Früher verschlief man den größten Teil des endlosen Fluges in seinem Überseebett. Das gab es nun nicht mehr, die Flugzeuge waren zu schnell geworden; alle paar Stunden kam man irgendwo an, mußte aussteigen, essen oder zusammengekrümmt auf seinem Sitz die Ameisen aus Armen und Beinen schütteln.

Nach fast dreißigstündigem Flug landeten wir in Los Angeles. Es war morgens 5 Uhr. Zerknittert und zerzaust stolperten wir direkt in die Kamera eines Photographen, den der herbeigeeilte Filmagent mitgebracht hatte, und nachdem den Zollbeamten beinahe der Schlag getroffen hatte, als er versuchte, den Schuhkoffer mit dem versteckten Schweizer Käse zu öffnen, wurden wir endlich ins Hotel verfrachtet. Kaum waren wir in die Betten gesunken, mußten wir wieder aufstehen, und essen gehen; dann rief Billy Wilder an, und wir wankten zu seiner Party, statt zurück ins Bett. Wir lernten Jack Lemmon kennen, übergaben Billy den Schweizer Käse mit der Pointe seines Lieblingsrussenwitzes: »Totally unacceptable, full of holes«, und kämpften den ganzen Abend mit dem Schlaf. Am nächsten Tag begannen die Mühlen Hollywoods zu mahlen: Empfänge, Interviews, Vorstellen im MGM-Studio, Begrüßung von Bob Hope, Michèle Mercier und Elga Andersen. Jeden Tag war etwas anderes los: Füttern der Walfische in Marineland; Herumkreuzen auf dem Atlantik auf einer Motorjacht mit völlig unbekannten Leuten; Besuch bei Robert Taylor und Ursula Thiess; und in jeder freien Minute Photos: in Fundusbadeanzügen, Fundusnégligés – Fundusgewalle und -geglitzer. Helmut mußte mit, machte heroische Miene zum grausamen Spiel und Furore überall, wo er auftauchte. Aber er bemerkte das unverhohlene Interesse nicht, das ihm von allen Seiten zuflog, oder wollte es nicht bemerken. Nach einer Woche reiste er ab mit der Erklärung, sein Sohn aus erster Ehe habe sich in Perroy angesagt.

Aber auch mir war es diesmal nicht richtig wohl in Amerika. Widerliche alte Ziegen, die nicht frisieren konnten, ließen mich stundenlang warten oder weigerten sich sogar mich zu schminken, bis ich mich beschwerte und endlich zum Chefmaskenbildner vordrang. Zweimal ließ mich der Pförtner des Studios gar nicht rein. Warum ließ ich mir das gefallen und fuhr nicht einfach ins Hotel zurück?

Als Helmut wegflog, überfielen mich trostloses Heimweh und ein unüberwindlicher Widerwillen gegen diese Stadt, diese MGM-Bunker, diese quakenden Amerikanerinnen. Und dann setzte mein Agent dem Ganzen die Krone auf, als er mich in die Filmpremiere *The Caretakers* mitnahm. Ich wußte nicht, was das bedeutet und setzte mich ahnungslos in meinen Kinosessel neben Mr. Brenner. Während der Film begann, flüsterte er mir zu: »Das ist ein Film über Irrenärzte.«

Es war das schlimmste Psycho- und Horrorgemälde, das ich je gesehen hatte. Ich konnte es tagelang nicht vergessen, und die Schreckensbilder verfolgten mich bis in meine Träume. Am liebsten wäre ich sofort weggeflogen.

Aber Woche um Woche verging, ohne daß meine Szenen drankamen. Ich wurde in allen Studios herumgereicht, Produzenten und Regisseuren vorgestellt und kaufte mit meinen beträchtlichen Diäten die Kaufhäuser leer. Doch diesmal standen weder Helmut Käutner noch Curd Jürgens zur Verfügung, unter deren Fittiche ich mich hätte verkriechen können. Freudlos saß ich im Beverly Hills Hotel und zählte die Tage.

Endlich war es soweit: Erster Drehtag. Jetzt erst bekam ich so etwas wie Kontakt zu den Partnern und Mitarbeitern, Bob Hope schenkte mir ein goldenes Feuerzeug mit seinem Porträt, der Produzent nannte mich einen Profi und machte mir die schönsten Hoffnungen für die Zukunft.

Ich hatte nur vier Drehtage. Früher hätte ich noch ein paar Wochen angehängt, bis ich einen fetten Fang an Land gezogen hätte. Aber diesmal hielten mich keine zehn Pferde zurück.

Am 17. August flog ich nach San Francisco, um mit der berühmten Straßenbahn zu fahren, und am 18. mit der Lufthansa nach Hause.

Tells Taufe. Sie war unvermeidlich, von Buebi organisiert und dementsprechend gut besucht. Tell wurde mit Georg Hieronymus, Buebis drittem Sprößling und Patenkind Helmuts, zusammen getauft. Beide Buben schrien in der Kapelle um die Wette, so daß man von der Predigt des Pfarrers kein Wort mehr verstand. Sie war denn auch kurz, und wir begaben uns nach Hause, in unseren Garten, wo wir mit den ca. zwanzig Gästen bei strömendem Regen Kaffee und Kuchen vertilgten.

Das war nun also auch erledigt und hatte zur Folge, daß die rothaarige Françoise, die neue Küchenfee, von einem freien Tag nicht mehr zurückkam, »weil sie überarbeitet« sei. Da auch Schwester Rösli in die Ferien wollte, wurde das Haus für einige Wochen zugemacht und Tell Schwester Vreni in Bern anvertraut.

Helmut und ich fuhren nach Bad Wiessee und quartierten uns in seiner Junggesellenwohnung ein. Von Erholung war jedoch keine Rede. Tagsüber synchronisierte ich das *Fast anständige Mädchen* oder ritt mein neues Rennpferd Shakespeare, und abends jagte eine Gaudi die andere, unter anderem auch die Hochzeit von Karli, Helmuts bestem Freund. Ganz Rottach-Egern stand auf dem Kopf, als Karin Bachmair, die zukünftige Besitzerin des ländlichen Luxushotels Bachmair, heimgeführt wurde; drei Tage und drei Nächte dauerte das Volksfest. Mit hängender Zunge schafften wir noch die Premiere des *Fast anständigen Mädchens* und flüchteten dann mit dem unterwegs eingesammelten Tell schnurstracks heim ins eigene Reich.

Dann mußte ich ins Krankenhaus. Ein kleiner Eingriff war nötig geworden. Ich war unruhig und voller Zweifel. Machte Professor de

Watteville auch das Richtige? Und wenn er etwas Schlimmes entdeckte während der Operation? Wenn ich gar nicht mehr aus der Narkose aufwachte? Stand man nicht schon bei der Krankenaufnahme mit einem Fuß im Grab, wenn man alle diese Operationsrisiken durchgelesen und unterschrieben hatte?

Nach zwei Tagen konnte ich nach Hause, und wir stopften uns noch am selben Abend mit Kaviar und Champagner voll, wie immer wenn eine Abreise bevorstand. Am nächsten Tag flog Helmut nach Prag, wo er in Kurt Hoffmanns Film *Das Haus in der Karpfengasse* Regieassistenz machte. Für Helmut war das ein entscheidender Schritt Richtung Regie, seiner eigentlichen, immer heruntergespielten Begabung, für mich bedeutete es eine neue Trennung.

Trotz dem langsam wieder auftauenden Tell, dem allgegenwärtigen Rösli und einer frischgestärkten Françoise gähnte mir das Haus eisig entgegen, als Helmut weggefahren war. Allerdings hatte ich genug zu tun mit dem täglich wachsenden Papierberg auf meinem Schreibtisch, dem Einkleben von Photos in meine Drehbücher, allerlei Verhandlungen oder Einladungen bei Professor de Watteville und seiner Frau.

Am 22. November 1963 wurde John F. Kennedy ermordet. Ich war zwei Tage vorher in Prag angekommen, wo ich Helmut einen Besuch abstattete.

Die Schreckenstat von Dallas war auch hier Tagesgespräch, und niemand nahm ein Blatt vor den Mund. Überhaupt äußerten die Tschechen ihre Meinung ziemlich offen, obwohl es sicher überall Spitzel gab, aber eigentlich merkte man nicht viel davon. Die Russen sah man auch nur auf dem Flugplatz, sie lächelten verlegen, und wenn man zurücklächelte, fingen sie an zu strahlen. Natürlich blickte man nicht hinter die Kulissen, und wir begnügten uns damit, dieselben von vorn zu betrachten. Wir waren fast jeden Abend im Theater, Schauspiel, Oper und Ballett überboten sich gegenseitig mit den ungewöhnlichsten Inszenierungen und waren allabendlich ausverkauft. Es war hinreißend und mit nichts zu vergleichen. Auch die Stadt! Sie schien mit ihren Barock- und Jugendstilfassaden vom Betonzeitalter vergessen worden zu sein; und wenn man nach dem Theater durch die verwinkelten Steingassen wandelte, wo die Gaslaternen noch einzeln angezündet wurden, fühlte man sich in ein anderes Jahrhundert versetzt. Nach Venedig und Bern war das die schönste Stadt, die ich bisher gesehen hatte.

Das war 1963. Ein Jahr mit Hindernissen. Nichts wollte wirklich gelingen. Ich hatte kein Saff und kein Kraff ... Trotzdem trat ich am 6. Dezember mit Pferdeakrobaten im Circus Krone auf. Dort wurden jedes Jahr »Stars in der Manege« in einer Galavorstellung für alternde Künstler vom Fernsehen aufgezeichnet. Schauspieler, Sänger, Sportler und Politiker auf dem Drahtseil, im Tigerkäfig, am Trapez. Ich zum Beispiel mußte als Cowboy auf galoppierende Pferde springen, darauf herumturnen und wieder abspringen und zerrte mir schon bei den ersten Proben eine Leiste.

Der Abend kam, und ich befürchtete ein Ende mit Schrecken. Aber ich war zum Äußersten entschlossen. Das Zirkuszelt war brechend voll, die Kameras surrten. Manche Mitwirkenden, darunter ich, glaubten, ihr letztes Stündlein habe geschlagen und vollbrachten mehr tot als lebendig die erstaunlichsten Kunststücke. Allen voran meine Artisten, die mit ihren Kamikazesprüngen von Pferd zu Pferd begeistertes Entsetzen verbreiteten, besonders, als einer das Pferd verpaßte und direkt ins Publikum fiel. Direkt anschließend folgte mein Sattelsprung: Man renne von der Mitte der Manege auf das galoppierende Pferd zu, schwinge das rechte Bein über seine Ohren und setze sich vor die bereits Draufsitzenden ... Knacks machte es. Ich dachte, das Bein ist ab. Aber ich war oben. Zu viert sausten wir auf dem Pferd durch die Manege. Es gab viel Beifall – und es dauerte Wochen, bis ich wieder richtig gehen konnte.

Das Monstre sacré

1964 wurde ein Jahr der Höhepunkte. Ich konnte zwischen deutschen und französischen Angeboten wählen, bekam Höchstgagen und hatte weltberühmte Partner. Ich war auf dem Gipfel angelangt und niemand schien mir meinen Platz streitig machen zu wollen. Kein Wölkchen am Himmel, kein Windchen. Oder doch?

Nach und nach stellte sich heraus, daß man als Ehepaar nicht nur Vergnügen, sondern auch Verantwortung übernimmt. Es klingt banal, aber zu zweit bietet man doppelt so viele Angriffsflächen, und wer es darauf anlegt, trifft leicht zwei Fliegen auf einen Schlag. Ich lernte Produzenten und Regisseure, auch solche, mit denen ich befreundet war, auf ziemlich unerwartete Weise kennen. Sie begannen mich plötzlich unter Druck zu setzen. Das Druckmittel hieß Helmut. Sie kamen auf die verhängnisvolle Idee, uns Drehbücher zu schicken mit dem Hinweis, Helmut und ich seien die Idealbesetzung. Sagte ich ab, wurde auch Helmut abgesägt. Diese Taktik war nicht zufällig in einem besonders boshaften Filmhirn entstanden; sie machte Schule und wiederholte sich in immer neuen Variationen. Helmut ließ sich nicht viel anmerken, doch ich gab die wohlberechneten Ohrfeigen umgehend zurück und machte Helmut zum Vertragsbestandteil. Helmut war zwar nicht damit einverstanden, in der Schußlinie zu stehen, aber der Zweck heiligt die Mittel, und wir konnten damit viele Trennungen vermeiden, viele Stücke gemeinsam erarbeiten.

Aber es gelang nicht immer. Dieses Jahr zum Beispiel nicht. Es war Januar, ich hatte vom Nichtstun und der ländlichen Einsamkeit genug, außerdem brauchte ich Geld. Mit meinen Gagen hatte ich die Hypotheken des »bescheidenen Häuschens« abgezahlt, was übrig blieb, verschlangen die Umbauten. Helmut hatte ebenfalls alles ins Haus gebuttert und ein Theaterengagement in unserer Verlobungsstadt Baden-Baden angenommen. Ich fuhr mit, denn dieser Ort hatte uns immer schon Glück gebracht. Es war wie eine kurze Wiederholung der schönsten Zeit meines Lebens, der Verlobung. Aber schon nach ein paar Tagen mußte ich meine Zelte abbrechen, und in Paris den französischen Film *Monsieur* mit Jean Gabin anfangen.

Corinne bot mir an, in die möblierte Wohnung einzuziehen, die sie dort gemietet hatte. Aber ich bereute meinen Entschluß, ja gesagt zu haben, schon am ersten Tag. Die Wohnung war kalt und muffig. Die Asche im Kamin schien mehrere Wochen alt zu sein, ebenso die schmutzige Wäsche in einer Ecke. In der ersten Nacht wachte ich von jedem Krachen der alten, häßlichen Möbel auf, und mir fiel die Mutter der Besitzerin ein, die gerade gestorben war, vielleicht sogar im gleichen Bett, in dem ich schlief.

Die nächste Nacht ging es schon besser angesichts der Tatsache, daß ich 200 Francs pro Tag Diäten sparte. Weniger befriedigte mich, daß ich jeden Abend allein war und niemand für mich kochte. So mußte ich in ein Lokal essen gehen. Natürlich war ich die einzige Frau, die allein aß. Das verleidete mir. Zu allem Überfluß war plötzlich kein heißes Wasser mehr in der Wohnung, und ich wußte nicht, wie man es anstellt. Da ging ich ins Hotel.

»Er ist ein *monstre sacré*«, kündigte mir meine französische Agentin Olga Horstig an, als ich den Gabin-Film unterschrieb. »Eine erstaunliche Persönlichkeit; in jedem Filmatelier verbreitet er Panik, wenn er hereinkommt.«

Als ich ihm vorgestellt wurde, verzog er keine Miene, nur seine blauen Augen blitzten, und er knurrte, ohne die Lippen zu bewegen: »Ah Liselotte!«

Am 17. Januar hatte ich den ersten Drehtag. Auf dem Weg zu meiner Garderobe begegnete ich dem völlig aufgelösten Regisseur Jean-Paul Le Chanois, der mit Händen und Füßen auf den totenbleichen Produzenten einredete. Kurze Zeit darauf erschien Jean Gabin, blieb vor den beiden stehen und sagte nur ein einziges Wort: »merde«. Sein Gesicht zeigte keine Regung. Dann ging er ins Atelier, wo alle vor seinem Anblick erstarrten. Als ich gleich darauf eine Schwipsszene mit ihm drehen mußte, merkte ich nichts mehr von dem vorangegangenen Gewitter. Er probierte unermüdlich mit mir und ahmte zwischendurch knarrend meinen Schweizer Akzent nach. Der Regisseur stand stumm und schwitzend hinter der Kamera und atmete auf, als die Szene im Kasten war. Aber ich fragte Jean Gabin, ob ich sie nochmals machen dürfe, ich sei nicht betrunken genug gewesen. »Mais oui, ma petite«, antwortete er und stellte sich nochmals hin.

Das war typisch. Kollegen und Kolleginnen behandelte er behutsam, ja liebevoll; aber kaum näherte sich ihm ein Regisseur oder gar ein Produzent, verfinsterte sich sein Gesicht und es prasselte ein solcher Hagel der schauderhaftesten Beschimpfungen auf die Unglücksraben nieder, daß es fast wieder komisch war.

Daß ich meine Bewunderung burschikos übertönte, war mein Glück, denn übertriebener Respekt regte ihn auf, und je vorsichtiger man mit ihm umging, desto unfreundlicher reagierte er. Oft sah ich ihn morgens mit grimmigem Gesicht ins Atelier kommen. Wenn ich ihn dann lachend fragte, wie es ihm gehe, brummte er zwischen unbewegten Lippen: »Ça m'emmerde!« Damit meinte er die Filmerei. Es strengte ihn an, und manchmal spürte ich an einem unmerklichen Zittern seiner Stimme, daß er nervös war.

Er wäre viel lieber auf seinem Gut in der Normandie durch die Stallungen seiner Rennpferde gestapft als durch die staubigen Filmateliers. Aber seine Beliebtheit wuchs von Rolle zu Rolle, und er war der bestbezahlte europäische Star. Ein Heer von Autoren schrieb ihm eine Traumrolle nach der andern, und in jeder neuen Aufgabe übertraf er sich selbst. Obwohl er sich äußerlich kaum veränderte, verkörperte er die ausgefallensten Personen: Adlige, Clochards, Bandenführer, Bankdirektoren. Und jedesmal stellte man mit Verblüffung fest: »Das ist sein wahrer Charakter.« Bauer – das war seine Lieblingsrolle! In den Drehpausen erzählte er mir von seinen Rennpferden, und natürlich wollte er alles über meinen Vollbluthengst Shakespeare wissen.

Viele Jahre später besuchten ihn einige Reiter unserer Reitschule auf seinem Gestüt. Ich hatte ihnen einen Brief an Jean Gabin mitgegeben, worauf er sie persönlich durch alle Stallungen führte. Helmut, der auch dabei war, erzählte mir, daß er ganz enttäuscht gefragt hatte: »Et Liselotte, pourquoi n'est-elle pas venue?«

Ja, warum? Eine dieser Unterlassungssünden, die man nie wieder gutmachen kann!

Shakespeare

Name: Shakespeare. Geboren 1959, Engländer, Vollblüter, Schimmel.

Er kam sah und siegte.

»Dieser oder keiner«, sagte Hans Prinzinger, als er ihn auf der Kölner Jährlingsauktion erblickte und seinen Namen hörte. Er trainierte seit Jahren meine Pferde und kannte seine Pappenheimer. Ich war begeistert, als ich Shakespeare sah. Er war klein und kugelrund, hatte große, schwarze Augen und winzige Ohren. Zu meiner großen Freude jagte er jedem, der seine Box betreten wollte, einen höllischen Schrecken ein, weil er die Ohren ganz nach hinten legte und die Zähne bleckte, als wolle er einen auffressen.

»Ein grantiger Engländer«, lachte der Trainer, »der will seine Ruhe haben.« Wagte es trotzdem einer, den Stall zu betreten und Shakespeare zu streicheln, wurden ihm Hände und Hosenbeine abgeleckt, je nachdem, wo er den Zucker vermutete . . .

»Shaky«, wie er von allen genannt wurde, war der verhätschelte Liebling des Trainers und durfte nur von ihm geritten werden.

1961 lief er als Zweijähriger in Rennen, wurde auf Anhieb Zweiter und dann in Gegenwart von James Cagney, den ich mitgeschleppt hatte, zweimal Sieger.

1962 machte er bereits Schlagzeilen: »Shakespeare wieder in Stimmung« oder »Shakespeare ist nur gegen Wien«, hieß es. Befriedigt stellten die Münchner Zeitungen fest, daß Shakespeare in Wien nichts, aber in München alles gewann! Er war gerade bester Münchner Dreijähriger geworden.

Shaky war nicht nur schnell und schön, er war vor allem brav. Er würdigte die Stuten um ihn herum keines Blickes, und das will was heißen bei einem Hengst in seinem Alter.

Eines Tages durfte ich ihn reiten. Nicht nur ein bißchen herumtraben – nein, richtig, auf der Rennbahn.

Natürlich konnte ich ihn ebensowenig halten wie Punta Arenas, die auch bei Herrn Prinzinger stand. Mit ihr hatte ich die Erfahrung gemacht, daß sie am unteren Bogen von selbst anhielt. Das war bei Shaky auch so, dachte ich. Aber er hielt nicht an. Er war zwar schon in Trab gefallen, als das Ende der Geraden kam, aber dann »gab es Differenzen«, wie sich Fritz Thiedemann bei solchen Gelegenheiten auszudrücken pflegte, und Shaky schickte sich an, die Sandbahn ein zweites Mal unter die Hufe zu nehmen. In letzter Sekunde steuerte ich ihn in ein Gebüsch neben dem Ausgang und stand. Ich war oben geblieben. Ich war die Größte!

Jetzt war es Zeit, ein Amazonenrennen zu reiten! Herr Prinzinger hatte nichts dagegen; er fand auch, ich sei »sehr schnell!«

Natürlich kam immer etwas dazwischen, Filme, Reisen, Familie, der zweite Bambi.

Aber endlich war es so weit. Herr Prinzinger meldete mich an zum offiziellen Amazonenrennen am 10. Mai 1964.

Ursprünglich wollte ich schon am 10. April anfangen zu trainieren, da fiel Helmut in eine norwegische Gletscherspalte. Am letzten Drehtag eines französischen Fernsehfilms sollte er den Sturz, doppelt und dreifach abgesichert, selber machen und blieb mit einem Steigeisen hängen. Das Knie wurde völlig zerrissen und sah aus wie ein Kürbis. »Sofort operieren«, hieß es.

Obwohl er nicht mehr gehen konnte, wollte Helmut gleich nach Brasilien weiterfliegen zum nächsten Film . . .

Nein, nie im Leben konnte ich ihn allein lassen, nie im Leben konnte er in diesem Zustand nach Südamerika fliegen, nie im Leben konnte ich also das Rennen reiten . . . ich hatte wieder mal ein hervorragendes Alibi . . . wirklich, Helmut ging manchmal die unglaublichsten Risiken ein . . .

Naja, ich flog nach München, Helmut nach Brasilien; er wollte nicht operiert, ich nicht blamiert werden. Jeder hatte seinen eigenen inneren Schweinehund im Gepäck und rannte damit Kopf voran durch die Wand. Warum, o warum?

Meine Angst war unbeschreiblich. Aber ob gut oder schlecht, ob als erste oder als letzte, ich mußte dieses Rennen durchstehen! Dann konnte mir nie mehr etwas passieren, und ich konnte jede, auch die schlimmste Angst überwinden.

Eine Woche Training. Ich hatte gehofft, mit dem gemütlichen Riesen St. Pölten anfangen zu können, aber ich mußte sofort Shakespeare reiten. Herr Prinzinger begleitete mich auf die Rennbahn.

»Kommen Sie neben mich«, rief er, als wir beim 1600-m-Start angekommen waren, »Ab«, hörte ich noch, dann sah ich nichts mehr von ihm. Shaky legte sich in die Kurve wie ein Motorrad, und ich hatte alle Mühe, die Holzpfähle zum Schutz des Rasens nicht umzumähen. Als ich das Ziel passierte, hörte ich Klatschen. Einige Jockeys hatten von der Tribüne aus zugeschaut. Ich kam mir vor wie eine Königin!

Am nächsten Tag bekam ich St. Pölten, der in aller Seelenruhe einmal um die Grasbahn galoppierte. Einmalig. Wollte man schnell gehen, ging er los, wollte man langsam, ging er gemütlich.

Am Mittwoch wieder Shaky. Einmal langsam um die Sandbahn. Das ist leicht gesagt . . . aber er hatte das S-Gebiß, und ich redete ihm ununterbrochen die winzigen Ohren voll . . . so daß er ganz vergaß zu pullen.

Am Donnerstag St. Pölten. Noch drei Tage bis zum Rennen. Magengalopp, Schlafgalopp, Herzgalopp.

Helmut am Ende der Welt. Vielleicht sah ich ihn nie mehr wieder.

Es war ja möglich, daß mich schon vor dem Rennen der Schlag traf! Ich wachte jeden Tag früher auf, aß immer weniger, wurde immer dünner. Noch zwei Tage. Am Nachmittag nach der Arbeit besuchte ich Shaky im Stall, streichelte ihn und fragte, ob er denn morgen brav sein wolle. Er schaute mich unbeweglich an, dann hob er dreimal den Kopf und nickte dreimal bis zum Boden herunter. Ich war so platt, daß ich ihn nochmals dasselbe fragte. Wieder nickte er dreimal.

Samstag. Letztes Training. Spritzer über 500 m. Shaky machte einen Satz nach vorn und ward nicht mehr gesehen . . . es war völlig klar, er war gar nicht zu schlagen.

Die Nacht vor dem Rennen konnte ich kaum schlafen. Ist es vielleicht meine letzte Nacht? dachte ich. Geht er durch beim Aufgalopp? Wirft er mich ab? Werde ich umgeritten? Gibt es einen Massensturz?

Die wildesten Spekulationen jagten durch meinen Kopf und gipfelten in der ungeheuerlichen Hoffnung: . . . oder gewinne ich?

Um 5 Uhr früh war ich bereits wach. Mein Herz schlug wie wahnsinnig. Noch elf Stunden! Das geht nie vorbei, dachte ich.

16 Uhr. Ich stand im Führring wie ein richtiger Jockey. Die Order des Trainers lautete: »Am Anfang nicht schnell, sonst läuft er ab wie ein Uhrwerk.«

Ich hörte gar nicht zu. Hauptsache, ich kam mit dem Leben davon! »Aufsitzen«, rief jemand.

Da saß ich nun im weißen Dreß mit den schwarzen Sternen. Shakespeare war ruhig, wie mir schien, aber nach dem Aufgalopp merkte ich, daß er am ganzen Körper zitterte. Ich weiß nicht, wer von beiden mehr Angst hatte, er oder ich, und gerade das beruhigte mich. Ich werde an zweiter Stelle gehen und in der Zielgeraden nach vorn schießen, dachte ich, und schon flog das weiße Band hoch.

Shaky ging ab wie eine Rakete und verfolgte meine Hauptkonkurrentin Anneliese Seitz wie geplant an zweiter Stelle. Innerlich jubelte ich, als ich sie im Einlaufbogen bis auf eine halbe Länge geholt hatte und die Zielgerade kam – ich begann zu schreien: »Komm Shaky, komm los, los«, vorbei wollte ich, überholen, an die Spitze . . . da legte er die Ohren an, fiel zurück, alles Schreien half nichts, und Peitsche hatte ich keine mitgenommen. Statt vorbeizuziehen und alles hinter mir zu lassen, wurde ich selber überholt, einmal, zweimal, ich ritt mit Händen und Füßen, umsonst, ich war geschlagen und rettete mich schließlich noch als Vierte ins Ziel. Aber ich war fast so glücklich, wie wenn ich gewonnen hätte. Ich hatte heute ein echtes, ausgewachsenes Rennen geritten, Shaky war wohlauf, ich lebte noch, und man hatte sogar auf mich gewettet.

Ruhmbedeckte Rückkehr nach Hause. Dort war gerade Mari ...ne, die Nachfolgerin der endgültig überarbeiteten Françoise, angekommen, eine geschiedene Frau aus Deutschland, die sich noch weniger mit Schwester Rösli verstand als ihre Vorgängerin. Sie wußte alles besser, denn schließlich hatte sie auch ein Kind. Rösli wiederum ließ sich nicht hineinreden. Obwohl sie als staatlich geprüfte Hebamme und Kinderschwester meistens recht hatte, stach mir die gespannte und überdies heuschnupfengeladene Atmosphäre in die Nase und ich setzte mich nach Formentor – Mallorca ab. Den heißumkämpften Tell ließ ich in der Obhut der beiden Damen, denn ich wollte ja nicht lange wegbleiben.
Ich freute mich auf Helmut, aus dessen hoffnungslos verstümmeltem südamerikanischen Telephongespräch ich zu verstehen glaubte, er komme von São Paolo direkt nach Formentor.
Natürlich kam er nicht, sein Film *Der Satan mit den roten Haaren* wurde wieder mal nicht fertig.
Ich schlug also die Zeit mit Schlafen, »Stiller«-Lesen und Wasserski tot, lernte Mono und startete sogar mit Mono. Richtig Spaß machte es aber erst, als zwei junge deutsche Ehepaare, mit denen ich mich angefreundet hatte, ebenfalls auf die Bretter stiegen und mich zu ungeahnten Taten ansporten. Wir überboten uns gegenseitig an Verrücktheiten und spektakulären Stürzen, und wenn wir genug Wasser geschluckt hatten, machten wir den Speisesaal, den Minigolfplatz und die ganze Insel unsicher.
Ich erholte mich phantastisch, aber eigentlich war ich ja gar nicht müde. Ferien sind einfach am schönsten, wenn man abgekämpft ist. Ich platzte aus allen Nähten. Und wartete auf Helmut.
Endlich rief er an, ich solle nach Madrid kommen, er müsse gleich einen neuen Film anfangen.
Gut, gut. Nach zehn Tagen Madrid reichte es dann wieder mit Spanien. Tag und Nacht Kindergeschrei, Flamencomusik und Küchengeklirr vor dem Schlafzimmerfenster, Abendessen um 11 Uhr

nachts, überall Rattenschwänze von Männern auf den Fersen – und dann diese armen Stiere! Nein, ich konnte diese Stadt nicht leiden.

Nach dem Rennen am 10 Mai hatte ich zugesagt, am 20. September nochmals zu starten, denn es war ein Filmrenntag.

Es stellte sich heraus, daß niemand vom Film mitmachte außer mir. Anneliese Seitz zählte nicht, sie war ja nur die Frau des Filmproduzenten – allerdings meine schärfste Konkurrentin. Aber ich konnte nicht mehr zurück, ich war in allen Zeitungen, ja sogar auf den Plakatsäulen angekündigt.

Am 12. September, nachdem ich mit Helmut im Hafen von Barcelona – wie immer auf einem Schiff – unseren vierten Hochzeitstag gefeiert hatte, begann ich in München zu trainieren und nebenher gleich zwei Filme vorzubereiten: *Dr. med. Hiob Prätorius* mit Heinz Rühmann und *Le Gentleman de Cocody* mit Jean Marais. Letzterer sollte gleich im Anschluß an den Curt-Goetz-Film in Afrika gedreht werden.

Daß ich direkt nach dem frühmorgendlichen Galopp in Münchens elegantesten Modesalons aufkreuzte, meist noch in Reithosen, störte mich nicht und wunderte niemanden. Die Kleiderproben waren so etwas wie eine Belohnung nach der überstandenen Kraftanstrengung, und meine blendende Laune steckte alle an.

Aber je näher das Rennen rückte, desto plümeranter wurde es mir. Mal segelte ich auf meiner rosaroten Wolke durch die Lüfte, weil Shakespeare und ich vom Trainer gelobt worden waren, dann wieder in den tiefsten Keller, sobald mich die händeringenden Prognosen meiner Produzenten ereilten.

Herr Prinzinger, der Trainer, indessen machte mir die schwindelerregendsten Hoffnungen. Er war überrascht, wie leicht Shakespeare sich von mir reiten ließ, denn er galt als großer Puller. Aber er ließ sich um den Finger wickeln, wenn er Vertrauen gewonnen hatte.

Einmal, als ich rechts herum einen langsamen Canter gehen mußte, hörte ich hinter mir das Geschrei von drei heranpreschenden Jokkeys, die mich wohl aus dem Tritt bringen wollten. Aber ich redete laut in Shakys winzige, nach hinten gelegte Ohren – und siehe da, er ließ die drei Cowboys vorbei und galoppierte gemütlich weiter, ohne sie eines Blickes zu würdigen.

Auch im Stall war er sanft und liebevoll. Er verfolgte mich mit seinen schwarzen Augen, wenn ich im Stall herumging, schnupperte in meinem Gesicht herum, schleckte meine Hand oder lehnte seinen Kopf an meine Schulter.

Wir waren ein Herz und eine Seele. Diesmal konnte es einfach nicht schiefgehen! Aber er hatte einen geschwollenen Fesselkopf und ein Überbein. Der Tierarzt meinte, dieses Rennen würde es noch gerade halten . . .! Das machte mich wieder unsicher.

Zum ersten Mal dachte ich an einen Sturz. Nein, ich hätte mich mit dem einen Rennen im Frühling begnügen müssen . . .

20. September! Es goß in Strömen. Weltuntergang am Himmel und im Herzen. Als ich gegen Mittag auf die Rennbahn rausfuhr, betete ich heiß und innig, es möge nichts passieren, weder Shaky noch mir. Dabei blickte ich auf den vor mir fahrenden Wagen – auf dem Nummernschild stand: M – UT.

Ich machte den Aufgalopp als erste, und Shaky war brav wie beim ersten Mal. Als Herr Prinzinger ihm das S-Gebiß abnahm, wurde er etwas unruhig, ich beschloß plötzlich, ohne Brille zu reiten und machte zuviel mit den Händen. Der Starter, Sepp Unterholzner, ehemaliger Hindernisjockey, riet mir von der Startnummer 1 ab, aber Herr Prinzinger bestand darauf – ich hatte keine Zeit mehr zu diskutieren – Julian galoppierte neben mir an – Shakespeare begann zu pullen – Scheiße – das Startband war noch unten, ging aber in diesem Augenblick hoch – Gedränge mit Julian – Erdklumpen flogen links und rechts vorbei – ich wich aus – und sah nichts mehr vor lauter Dreck. Shaky wurde immer langsamer, und schon war ich an letzter Stelle. Es war wie ein Kanonenschlag, als ein riesiger Erdklumpen auf Shakys Stirn zerplatzte, da wachte er auf. Er schien zu fliegen, überholte ein Pferd nach dem andern, aber es war zu spät, 1400 m zu kurz. Wieder vierter Platz, diesmal von acht Pferden. Wir waren schwarz vor Dreck, aber glücklich und heil wieder zu Hause.

Am 2. Oktober war der erste Drehtag von *Dr. med. Hiob Prätorius* mit Heinz Rühmann. Für mich war er der größte lebende deutsche Schauspieler! Seit fünfzig Jahren war er ein Spitzenstar und einer der wenigen, der in die Nähe Charlie Chaplins reichte und bei dem man nie wußte, ob man lachen oder weinen sollte.

Ich merkte sofort, daß alle Schilderungen und Analysen, die ich über ihn gehört hatte, falsch waren. Sein ganzes Wesen war für einen Schauspieler völlig untypisch. Ich sah ihn weder wütend noch nervös, weder belehrend noch genial mit der Rolle ringend. Er erinnerte mehr an einen Wissenschaftler als an einen Künstler. Und so war auch die Arbeit mit ihm. Er überließ nichts dem Zufall; alles war wohlüberlegt und sorgfältig vorbereitet. Wenn er mit Kurt Hoffmann in einer Ecke scheinbar griesgrämig über eine Szene redete, warf er mir gleichzeitig einen dieser pfiffigen Blicke zu, die Generationen von Zuschauern zum Schmunzeln oder brüllenden Gelächter verführt haben. Er ließ sich nie erweichen, Kompromisse einzugehen, und er mußte sich erst daran gewöhnen, wie ich mich über die dümmsten Witze halb totlachte. »Du läßt aber auch nichts aus«, lächelte er, aber er erlaubte mir nicht, ihn in einer Szene statt »Herr Professor« – »Herr Brotfressor« zu nennen.

Ich begegnete ihm dann regelmäßig bei Preisverleihungen und Fernsehveranstaltungen oder im Zirkus. Er lachte laut, als er mich im Circus Krone in der Verkleidung eines weiblichen Dorftrottels erblickte, dabei war er selber in einem Clownskostüm. Als 1975 in der Monsterveranstaltung »Treffpunkt Herz« in Köln vierzig der größten deutschen Stars auftraten, waren sie nur so lange Stars, bis Heinz Rühmann auf die Bühne kam. Von da an war niemand mehr vorhanden. Ein ohrenbetäubender Beifallssturm brach unter den 5000 Zuschauern los, als er sich nach seiner Clownsnummer verbeugte. Ich hatte eine solche Begeisterung für einen Schauspieler noch nie erlebt; minutenlange Ovationen. Ja, er war der Größte!

Als leidenschaftlicher Flieger hatte er Verständnis dafür, daß man im Film auch seine anderweitigen Talente ausübt, schließlich hatte er früher auch ab und zu sein Flugzeug mitgebracht. Er hatte also nichts dagegen, daß man für mich einige Reitszenen eingebaut hatte und daß Shakespeare höchstpersönlich dafür engagiert wurde.

Ich mußte hinter einem durchgebrannten Pferd hergaloppieren, der Stute Flicka, mit der ich jetzt schon den dritten Film machte, doch die riesige Apokalypse, die ich reiten mußte, regte sich so auf, daß ich es mit dem ebenfalls herbestellten Shaky versuchte.

Es war kaum zu glauben, daß ein waschechtes Rennpferd völlig unbeeindruckt von dem Filmgewimmel auf der Wiese herumspazierte, Unmengen von Zucker verschlang, Tonapparaturen anknabberte und auf Verlangen in die Kamera blinzelte, wenn gedreht wurde, ohne sich um die Bocksprünge der beiden verliebten Stuten zu kümmern. Nur beim Anblick seiner ersten Kuhherde begann er ein bißchen zu zittern, doch schon am nächsten Tag galoppierte er mit mir durch ein Dutzend herumhopsender Kälber und ließ sich anschließend, angenehm befremdet, ein Hinterbein abschlecken.

Afrika

Nach einer Woche Originalaufnahmen in Prag war *Dr. med. Hiob Prätorius* abgedreht. Es folgte *Le Gentleman de Cocody (Pulverfaß und Diamanten)*. Ich hatte gerade genug Zeit, um nach Hause zu fahren und meine Koffer umzupacken. Immerhin drei ganze Tage und zwei halbe.

Ach, war dieser Tell entzückend geworden! Er plauderte in einem fort, sagte alles nach und sah aus wie ein Rokokoengel. Das Herz wurde uns schwer, als wir ihm auf Wiedersehen sagen mußten. Dazu kam das schlechte Gewissen, daß ich Helmut überredet hatte, mit nach Afrika zu kommen. Hätte nicht wenigstens einer von beiden zu Hause bleiben müssen? Kunst und Familie, war das überhaupt unter einen Hut zu bringen? Es wurde nach und nach zum Kernproblem unserer Ehe. Aber diesmal stand fest: ohne Helmut als Begleitschutz wagte ich mich nicht in den schwarzen Erdteil!

Am Freitag, dem 13. November, flogen wir nach Paris, wo es noch einige Formalitäten zu erledigen gab, und am nächsten Tag mit der Air Afrique nach Abidjan, der Hauptstadt der Elfenbeinküste.

Bei der Zwischenlandung in Dakar streckte ich die Nase aus dem Flugzeug, um zu testen, ob ich noch durchatmen könne. In den letzten Monaten bildete ich mir manchmal ein, ich kriege keine Luft. Aber hier in Dakar war trotz der Wärme alles in Ordnung.

In Robertsville war wieder ein Stop. Ich ging zum Ausgang, um etwas herumzuschnuppern, aber oha!, hier wehte ein anderer Wind, die Luft war heiß und schwer, wie flüssig. Ich glaubte, ich müsse ersticken und stürzte zu meinem Sitz zurück. »Helmut«, keuchte ich entsetzt, »das Klima – ich glaube, ich fliege morgen zurück!«

Helmut sah nur kurz von seiner Zeitung auf: »Du wirst dich schon daran gewöhnen, am Anfang geht das allen so«, antwortete er und las weiter.

Die Unbekümmertheit, mit der er meine phantastischen gesundheitlichen Befürchtungen abzutun pflegte, wirkte sofort. Auch jetzt. Ich kam mir vor wie eine hysterische alte Ziege.

Als wir in Abidjan ankamen, konnte ich gut durchatmen und war entschlossen, meinen eingebildeten Leiden ein Ende zu bereiten.

Es stellte sich schon in den ersten Tagen heraus, daß die feuchte Wärme für meine verschnupften Tropfsteinhöhlen geradezu ideal war. Die Arbeit strengte mich überhaupt nicht an. Waren es die immer gleichbleibenden Temperaturen, die nur achtstündige Arbeit oder sogar das unmäßige Schwitzen?

Es lief aus allen Poren, sobald man aus dem klimatisierten Hotel trat und sich irgendwohin bewegte, und das tat ich ausgiebig, denn meine Rolle bestand vorwiegend aus Verfolgungsjagden. Da sich Jean Marais auch bei den tollkühnsten Passagen über Treppen, Dächer, Urwaldgestrüpp und Fabrikruinen nicht doubeln ließ, versuchte ich es ihm nachzumachen. Das war gar nicht so einfach, denn er schreckte vor nichts zurück. Da wir ein Liebespaar spielten, bestanden wir alle Abenteuer gemeinsam, zum Beispiel die Flucht unter dem Hubschrauber hängend. Zwar wurde ich in diesen Hubschrauberszenen von Michèle, einer Fallschirmspringerin gedoubelt, aber bei einer Landung, die groß im Bild war, ließ ich mich nicht lumpen; die wollte ich selbst machen. Es war schaurig schön, mit Jean Marais an einem Seil 100 m über die Stadt zu fliegen, insbesondere, weil Jean sich bei einer Probelandung ein Bein angeknackst hatte. Der Ausklinkhaken war auch nicht übel, wie hypnotisiert schielte ich während des ganzen Fluges zu ihm hinauf, man mußte nur ein bißchen daran ziehen . . .

Als wir herunterkamen, war die gesamte städtische Feuerwehr anwesend; der Platz wimmelte von schwarzen Feuerwehrleuten mit knallroten Helmen und knallroten Feuerwehrwagen – und es gelang, diesmal hielt das Sprungtuch. Ich kam mir vor wie Gräfin Koks von der Gasanstalt; einziger Schönheitsfehler: der mitfilmende Helmut hatte Salat im Achtmillimetermonstrum.

Dafür strahlte Christian-Jaque, unser Regisseur. Die Szene war gestorben und der Drehtag zu Ende. Da wurde er ein anderer

Mensch. Witzig, höflich, voller Charme. Aber während der Arbeit rannte er wie von allen Furien gehetzt um die Kamera herum und schrie jeden an, der ihm in den Weg kam. (Ich hatte oft das Glück, mit solchen Regisseuren zu arbeiten, meistens waren es besonders gute, etwa Jacques Becker oder Leonard Steckel).

Auf die Eingeborenen hatte es Christian-Jaque besonders abgesehen, fuchtelnd und zappelnd vor Ungeduld überschüttete er sie mit den schauderhaftesten Schimpfwörtern, wenn sie etwas nicht sofort begriffen. Natürlich konnten sie mit dem Tempo der Weißen nicht mithalten und vergaßen alles. Wenn man im Hotel etwas bestellt hatte, sah man sie oft nach drei Schritten stehenbleiben und mit völlig leerem Gesicht überlegen, was sie eigentlich holen sollten. Die ängstlichen, Vergebung heischenden Blicke, wenn sie zurückkamen, um nochmals zu fragen, waren zum Steinerweichen. Machte man einen Witz, den sie sofort verstanden, begannen sie zu strahlen und aus vollem Hals zu lachen. »Sie haben Sinn für das Komische, aber keinen Humor«, behauptete Jacques Morel, der das »Superhirn« spielte. Wie auch immer, man konnte nur hoffen, daß sie sich kein Beispiel an den Urbewohnern des Landes nahmen: noch vor kurzem waren 20 km von Abidjan entfernt hundert Kinder geröstet worden – das nur nebenbei.

Aber so recht glaubte das natürlich niemand, Helmut sowieso nicht, und Jean Marais . . . Wirklich, Jean Marais ließ sich nicht leicht ins Bockshorn jagen, und er war auch so ziemlich der einzige, der noch lachte, als er mit knapper Not einem Absturz entkam: Jean und ich sollten vom Hubschrauber aus einem Boot entführt werden, und da es am Morgen schönes Wetter war, willigte ich ein, die Szene selbst zu machen. Nach dem Mittagessen, das auch im Urwald stets an weißgedeckten Tischen eingenommen wurde, erhob sich jedoch ein starker Wind, der sich rasch zu orkanartigen Böen entwickelte. Ich bekam kalte Füße: »Michèle soll mir das erst mal vormachen«, erklärte ich mit einiger Überwindung, denn ich haßte Verzögerungen.

Unterdessen kreiste der Hubschrauber bereits über uns. Aber das Drahtseil hatte sich verknotet und war zu kurz, der Pilot wiederum konnte die Maschine über dem Boot nicht halten und drohte gegen die nahen Palmen abgetrieben zu werden. Er mußte drehen, kämpfte sich wieder heran, einen Augenblick hing das Kabel direkt vor Jean und Michèle, alle schrien durcheinander, und schon wurden die beiden vom Boot weggerissen, aber nicht in die Höhe, sondern ins Wasser. Durch den Widerstand begann der Hubschrauber zu schwanken, beschrieb einen gefährlichen Bogen, Jean und Michèle wurden haarscharf am Bootsrand vorbeigeschleudert und drehten sich wie Kreisel um sich selbst. Dann entschwand die Maschine in einer heftigen Kurve hinter den Baumkronen.

Es dauerte ziemlich lange, bis wir wieder etwas von ihnen hörten. Michèle war die erste, die laut schimpfend aus dem Palmenhain stapfte: »Sauerei – Schwachsinn«, schrie sie übers Wasser Richtung Regisseur. Hinter ihr erschien Jean, er lächelte und zuckte die Schultern. Am Schluß kam der Pilot. Er war weiß im Gesicht und knurrte: »Ich habe zweimal Angst gehabt in meinem Leben, das war mit euch vom Film! Das erste Mal, als ich Jean am Boden mitschleifte, und jetzt! Daß sich die Maschine gefangen hat, ist ein Wunder. Ich wiederhole die Szene nicht mehr.«

Jean Marais sah das nicht so eng. Am Ende des Films sprang er von einem Haus auf einen fahrenden Lastwagen und brach sich beide Handgelenke. Dann ließ er sich unter den Hubschrauber hängen, mit beiden Armen im Gips.

Es gab aber auch besonders erfreuliche Nebenerscheinungen in unserem Abenteuerfilm. An einem Samstagnachmittag, kurz vor Drehschluß, wurde eine Szene mit drei rußgeschwärzten Schauspielern gedreht, die auf einem explodierten Auto hockten. Ich weiß nicht mehr, wer damit angefangen hatte, erst wurden einige Beleuchter, die neben dem Rußtopf standen, in Neger verwandelt, dann die ganze Belegschaft. Das Hallo war unbeschreiblich, und der kohlschwarze Regisseur versuchte umsonst, uns den Ernst einer Szene zu erklären. Jean Marais und ich waren die einzigen, die noch eine gesunde Gesichtsfarbe hatten, aber auch nur, bis die Szene im Kasten war. Als ich die Flucht ergreifen wollte, schossen aus jeder Ecke Regieassistenten, Requisiteure und andere Übeltäter hervor und verwandelten mich im Handumdrehn in einen Kaminfeger. Alain Poiré, Chef der größten Verleihfirma Frankreichs, wollte sich gerade mit der Produzentin aus dem Staube machen, als Christian-Jaque sich auf sie stürzte, doch Alain entkam uns halbgeschwärzt. Er lief um sein Leben, als ich seine Verfolgung aufnahm, aber er war schneller; noch nie hatte ich einen Filmproduzenten so rennen sehen.

Die Tänzerin, die Nonne und die Witwe

Die Tänzerin

Das erste was wir taten, als wir am 3. Januar wieder nach Hause kamen, war, Tell die ewige Flennerei abzugewöhnen. Er hatte mit untrüglichem kindlichen Instinkt herausgefunden, daß er nur zu brüllen hatte, um seinen Willen durchzusetzen. Aber er gewöhnte sich bald an die rauhen Spiele Helmuts und jauchzte vor Begeisterung, wenn er liebenswürdig-grob auf den Teppich geschmissen wurde.

Überhaupt schien sich das Familienleben in Perroy dank Schwester Rösli und Hanneli vom Zwieselsberg vorbildlich abgewickelt zu haben. Hanneli war die Bauerntochter des Hofes, wo wir *Kohlhiesels Töchter* gedreht hatten, und war schon vor einigen Monaten für die abgereiste Marianne eingesprungen.

Leider blieb für diesen wohlgeordneten Lebensabschnitt nicht viel Zeit. Ende Januar gingen in Baden-Baden die Theaterproben für *Die Dame vom Maxim* von Georges Feydeau los, unter der Regie des legendären dortigen Intendanten Hannes Tannert. Er hatte es fertiggebracht, in die doch ziemlich ruhige Badestadt eine große Schar berühmter deutscher Schauspieler zu locken und mit ihnen Großstadttheater, Kunst und Kasse zu machen: zum Beispiel Victor de Kowa, Lil Dagover, Stefan Wigger, Luise Ullrich, Harald Juhnke, den Bühnenbildner und Regisseur Jean-Pierre Ponnelle. Aber auch das Ensemble des kleinen, über hundertjährigen Stadttheaters konnte sich sehen lassen; und es versteht sich fast von selbst, daß in dem französisch angehauchten, kostbaren Musentempelchen, in dem schon Eleonora Duse, Sarah Bernhardt und Josef Kainz gespielt oder Albert Bassermann und Käthe Dorsch ihre ersten Lorbeeren geholt hatten, kein Platz war für Banales oder Durchschnittliches.

Das bekam ich schon am ersten Probentag zu spüren. Ich hatte die Tradition im Nacken und das Gefühl, sofort volle Pulle fahren zu müssen. Die Pariser Rotznase Crevette, die ich mir als leichte Kost vorgestellt hatte, entpuppte sich als ziemlich harte Nuß, die man nicht aus dem Ärmel schütteln konnte. Ich hatte drei Jahre nicht Theater gespielt und war nicht trainiert, ermüdete schnell und hatte Mühe, mich längere Zeit zu konzentrieren. Es war kein Wunder, daß eine harmlos-ironische Bermerkung von Heinz Rabe (unerreicht als blasierter Diener Etienne) einen meiner plötzlichen, nicht abzustellenden Weinkrämpfe auslöste, die mich etwa alle drei Jahre heimsuchten und ziemlich peinlich, aber kolossal reinigend wirkten. Auf alle Fälle wurde fortan weniger diskutiert, wer was über wen in Mutter Grüns Kantine gesagt, als wer wie und warum auf der Bühne etwas zu sagen hatte.

Zum Beispiel erhitzte sich das ganze Ensemble stundenlang über die Frage, ob Etienne in einem seiner unpassenden Auftritte »Hier ist die Zitrone« melden solle oder »Hier ist die Pampelmuse«. Ich gab zu bedenken, daß es im Original »citron« heiße und daß kein Mensch zum Tee Pampelmusen bestelle. Die Pampelmuse blieb. Naja, es war nicht meine Pointe, und ich hatte mit meinem Text genug zu tun, vom Chanson und Cancan ganz zu schweigen.

Die Premiere war am 26. Februar 1965. Es war jedes Mal das gleiche! Halb wünschte ich sie herbei, halb wünschte ich sie zum Teufel und mich auf eine einsame Insel. Die Regisseure, auch die besten, schienen während der letzten Proben von allen guten Geistern verlassen zu sein und kümmerten sich um alles, nur nicht um die Schauspieler. Am Tag vor der Premiere fanden zwei Hauptproben statt: morgens um 10 Uhr und abends um 19 Uhr. Das bedeutete einen Arbeitstag von 8 Uhr früh bis 1 Uhr nachts und nach nur 6 bis 7 Stunden Schlaf am nächsten Tag dasselbe, nur daß es sich um die Generalprobe und die Premiere handelte. Das Märchen von der Spitzenleistung des total erschöpften Schauspielers ging offenbar auch hier im verträumten Baden-Baden um. Auf jeden Fall war die lähmende Müdigkeit, die sich zu den Qualen des Lampenfiebers gesellte, weit davon entfernt, mich zu genialen Taten anzuspornen. »Es ist das letzte Mal«, murmelte ich immer wieder vor mich hin, als ich abends zum Theater pilgerte, und fiel über die Türschwelle des Bühneneingangs. Jeder weiß, das ist ein schlechtes Zeichen, und man sollte in einem solchen Fall unbedingt noch mal über die Stolperstelle zurückgehen ... hatte mir Helmut empfohlen ...

Ich tat es nicht. Im zweiten Akt mit meinen unzähligen Auf- und Abgängen redete plötzlich niemand mehr weiter. Totenstille. Vielleicht zwei Sekunden. Eine Ewigkeit. Was haben die denn? fragte ich mich, und im gleichen Augenblick fiel mir ein, daß ich hinter der Bühne einen Satz hätte rufen und auftreten sollen. Ich schoß aus den Kulissen, wie ein D-Zug, der seine Verspätung aufholen will und schmetterte Text, Chanson und Cancan auf die Bretter, daß nicht nur mir die Luft wegblieb.

Ich wurde reich belohnt! Ich hatte fast keine schlechten Kritiken, und eingeklebt wurden sowieso nur die guten: »L. P., für derlei Frivolität prädestiniert und vom Film eher trainiert als verdorben ...«

Das war mehr als erwartet und ließ meine Lebensgeister sofort wieder überschäumen. Helmut holte Tell und Hanneli und schickte Schwester Rösli, nachdem sie im Theater gewesen war, in die Ferien. Überhaupt war das christliche Hospiz, wo wir wieder wohnten, fest in unserer Hand und von Bekannten und Verwandten, die ins *Maxim* strömten, völlig ausgebucht. Ich kam keine Nacht vor 1 oder 2 Uhr ins Bett. Der pausenlose Rummel war zwar sehr unterhaltend, aber anstrengender, als ich wahrhaben wollte, und ich wunderte mich, daß mein Lampenfieber auch nach der Premiere nicht abnehmen wollte. Manchmal fiel mir ein Satz auf der Bühne buchstäblich erst ein, wenn ich ihn schon gesagt hatte!

Wir spielten 22 ausverkaufte Vorstellungen in Baden-Baden und Umgebung. Auf den Abstechern kam das Stück am besten an. Die Zuschauer quietschten und applaudierten – besonders, wenn am Schluß meines Cancans der Rock über den Kopf flog ... Sechzehnmal ging die Sache gut. Bei der 17. Vorstellung fand der Cancan nicht mehr statt. Am 24. März wachte ich morgens mit Halsschmerzen auf und befürchtete, abends heiser zu werden. Aber es kam ganz anders: wie immer krähte ich im ersten Akt: »Hoppla, Vater sieht's ja nicht«, voltigierte mit dem linken Bein über einen Schreibtischstuhl und schlug mit dem Fuß so heftig gegen die Schreibtischkante, daß ich fast den Schirm zumachte. Nur nicht aufhören, dachte ich, unerschrocken weiterschnatternd und sprang aufs Bett, wo die Szene weiterging. Dabei bemerkte ich etwas Buntes auf der Bettdecke, dachte: Aha, Konfetti, und schäkerte mit dem inzwischen aufgetretenen General weiter. Als ich wieder auf die Decke schaute hatten sich die Konfetti in einen riesigen Blutfleck verwandelt. Auch das Kissen war blutverschmiert, und aus meinem Strumpf quoll, wie bei Aschenputtels Schwestern, dickes, dunkles Blut.

Als mein Partner die Bescherung erblickte, versprach er sich und starrte fassungslos auf das Bett. Unentwegt weiterplappernd begann ich, die Schuhe anzuziehen, in der Hoffnung, damit die Blutung zu stoppen, aber nun rann das Blut über den Rand den Absatz hinunter auf den Bühnenboden. Jeder Neuauftretende fuhr entsetzt zusammen, um Haltung, Text und Entdeckung des Opfers bemüht, denn im Schlafzimmer Mr. Petypons sah es unterdessen aus wie nach einem Schlachtfest.

Als ich nach ca. 15 Minuten abgehen konnte und der geplatzte große Zeh verbunden worden war – er mußte nach der Vorstellung genäht werden –, konnte ich weiterspielen, der Cancan mußte allerdings bis auf weiteres ausfallen. Es war die erste Bühne, mit der ich Blutsbrüderschaft geschlossen hatte.

Als ich das Stück vierzehn Jahre später in Hamburg wieder spielte, sprang ich bei der Hauptprobe mit dem Kopf gegen einen Kronleuchter. Wieder wankte ich blutüberströmt von der Bühne, diesmal vom Ernst-Deutsch-Theater.

Corinne erwartete ihr zweites Kind. Sie war gerade bei mir zu Besuch, und wir hatten am Abend zuvor so gelacht, daß plötzlich die Wehen einsetzten.

Am nächsten Tag fuhr ich nach München, um meinen dritten Bambi abzuholen. Kaum war ich angekommen, erfuhr ich, Corinne habe, etwas zu früh, Töchterchen Manon geboren – immer noch ohne verheiratet zu sein. Sie war damit den späteren Emanzen um Jahre voraus. Insgeheim bewunderte ich ihren Mut. Oder war es einfach Egoismus? Skrupellosigkeit? Nein, das war es nicht. Es war eine ungeheure Wurschtigkeit gegenüber allem, was passierte oder ausgefressen werden mußte. Ihre Art von Abwehr und ein Bollwerk, hinter dem sie nahezu unverletzbar war.

Die Vorfreude auf die Bambi-Feier tags darauf ließ mich die nun sichtbar gewordene Komplikation bald vergessen.

Am Sonntag, dem 9. Mai, wurden im Deutschen Museum die Goldenen Bambis verliehen: Heinz Rühmann, Sophia Loren, Rock Hudson sowie Pierre Brice (beide hatten die gleiche Stimmenzahl) und ich waren die Gewinner, Blacky Fuchsberger der Conférencier – äh, Moderator! Keiner ahnte, daß er einige Jahre später einer der beliebtesten Quizmaster Deutschlands sein würde.

Dieser Bambi wurde zum absoluten Höhepunkt meiner Laufbahn, denn ich errang von allen Beteiligten die meisten Stimmen. Trotzdem mußte ich feststellen, daß sich die Reporter ausschließlich auf die um eine Stunde verspätete Sophia Loren stürzten, dabei war mein Kleid viel schöner. Das bestärkte mich in meiner Erkenntnis, viel mehr ausländische Filme machen zu müssen, um international anerkannt zu werden. Ein halbes Dutzend französischer und drei amerikanische Streifen reichten anscheinend nicht aus.

Ich fuhr über Bad Homburg, wo am 11. Mai die letzte Vorstellung der *Dame vom Maxim* stattfand, nach Hause und versuchte, eine neue Marschrichtung auszuhecken. Auf der einen Seite wollte ich ein neues Publikum erobern, auf der anderen den deutschen Markt nicht vernachlässigen. Also mußte ich pro Jahr einen Film in Deutschland und einen in Frankreich drehen. Letztes Jahr war es mir gelungen. *Monsieur* mit Jean Gabin war ein Heuler, *Prätorius* mit Heinz Rühmann ebenfalls. Aber *Cocody* ging daneben, allen Spekulationen zum Trotz.

Über mangelnde Angebote brauchte ich mich nicht zu beklagen: Christian-Jaque bot mir den *Fall Jaccoud* an, ein Mordfall, der gerade in Genf passiert war. Jean-Paul Le Chanois schickte mir einen neuen Gabin-Stoff. Kurt Hoffmann fragte an für *Hokuspokus* und *Liselotte von der Pfalz*. Franz Peter Wirth wollte den *Regenmacher* fürs Fernsehen drehen. Einige italienische Drehbücher lagen herum. Jacques Rivette versuchte mich für die *Nonne* zu überreden.

Ich schwamm wirklich obenauf. Aber die Entscheidungen fielen mir immer schwerer. Natürlich wollte ich meine Spitzenposition halten, aber gleichzeitig lechzte ich nach Ruhe, Mann, Kind und Pferden.

Ein italienischer Film mit Dino Risi als Regisseur zerschlug sich, ich glaube, ich gefiel ihm nicht. Statt dessen sagte ich Kurt Hoffmann für *Hokuspokus* zu, der erst am 8. November anfing, Heinz Rühmann machte vorher noch einen Film mit Fernandl. Vorher, vierzehn Tage in der zweiten Hälfte Oktober, *Suzanne Simonin, la Religieuse de Diderot* in Frankreich, der Termin konnte gar nicht besser passen.

Als Helmut das Drehbuch las, bekam er einen Lachanfall: ich mußte eine lesbische Äbtissin spielen, die aus Liebeskummer stirbt! Ich wurde wieder unsicher. Die Rolle war eine einzige Provokation und hätte von einer älteren Sexbombe gespielt werden müssen. Das war ich aber nicht.

Also ich sagte zu – ich hatte ja noch ein paar Monate Zeit.

Der Sommer kam. Die brennende, flimmernde, trocken duftende Hitze des Genfer Sees. Kein unmittelbar bevorstehender Termin. Ideale Voraussetzungen zum Faulenzen. Aber leider ohne Helmut. Er hatte eine Unterwasserserie angenommen und drehte überall, wo es Wasser gab, momentan in Spanien. Ich hielt zu Hause die Stellung, kümmerte mich um Corinne mit Rat und Tat, Wohnungssuche und Säuglingsbetreuung, als sie kurz nach der Geburt nach Paris mußte. Schwester Rösli freute sich auf die zwei Tage mit dem Neugeborenen, als aber zwei Wochen daraus wurden, ließ ihre Begeisterung merklich nach, denn sie war durch ein Hüftleiden nur noch begrenzt strapazierbar.

Wenn es zu ungemütlich wurde, flüchtete ich in die Reitschule zu Rafale: »Die besten Pferde sind die Füchse«, sagte Alexander der Große, »von den Füchsen die Stuten, von den Stuten die Fünfjährigen, von den Fünfjährigen die Jungfräulichen.« Rafale war eine Fuchsstute, jungfräulich und gerade sechs geworden! Ein bescheidenes, belächeltes Manegenpferd, das alles sprang, was ihm unter die Hufe kam, wie ein Vollblüter. Sie war heftig und bockte nie. Ich verbrachte unzählige herrliche Stunden auf ihrem Rücken. Sie hätte es verdient gehabt, Privatpferd zu werden. Aber ich hatte ja Shakespeare, dem die Beine zu schaffen machten und den ich bald von der Rennbahn retten mußte. Außerdem war ich immer mit einem Bein im Flugzeug.

Am 12. Juni flog ich mit Schwester Rösli und Tell nach Rosas in Spanien, wo Helmut drehte. Das Hotel war phantastisch gelegen, direkt am Meer, das war ein großer Vorteil. Daß abwechselnd Wasser, Licht und Telephon nicht funktionierten, nahm man in Kauf. Bedeutend weniger gefiel mir das 10-m-Sprungbrett des nahen Schwimmbades, an dem wir jeden Tag vorbeifuhren und vor dem es kein Entrinnen gab.

Am 14. Juni, bei einer feuchtfröhlichen Abendeinladung, machte jemand den Vorschlag, sofort in das Schwimmbad zu fahren und kopfvoran hinunterzuspringen. Helmut, der schon zweimal gesprungen war, überlegte keinen Augenblick, sagte ja und zwinkerte mir ermunternd zu; aber die Umsitzenden wurden merkwürdig einsilbig, hatten plötzlich Kopfschmerzen, Schnupfen oder keine Badehose. Schwatzend und sprücheklopfend verabschiedete man sich und bestieg die diversen Autos.

Die Fahrt zum Schwimmbad verlief schweigsam und unter schwersten inneren Kämpfen. Was mußte in diesem Kaff auch ein 10-m-Turm stehen!

Als wir am Tatort ankamen, war es halb zwei Uhr nachts. Einige Unentwegte tanzten im Badeanzug oder saßen an der Bar. Ein Spanier stieg gerade wieder vom 10-m-Brett herunter. Alle lachten. Ich nicht. Wir warteten, aber die Wettbrüder kamen nicht.

»Dann springen wir eben allein«, lachte Helmut.

Die Stufen nahmen kein Ende. Oben angekommen sah ich: es war wirklich doppelt so hoch wie das 5-m-Brett. Von unten hatte es gar nicht so schlimm ausgesehen.

Helmut kämpfte mit seiner Badehose, dann kam er endlich auch, nahm mich bei der Hand und sagte: »Also, ich zähle jetzt auf drei.«

»Ja«, piepste ich.

».. . dann springen wir«, schloß Helmut und stellte die Füße nebeneinander.

»Ja«, tönte ich tonlos.

»Eins, zwei, drei«, hörte ich noch . . .

Wir sprangen gleichzeitig, im Schwalbensprung, geradeaus, dann in einem Bogen nach unten, eine endlose Sekunde freier Flug. Der Aufprall war fürchterlich. Kopf und Nacken brannten wie Feuer, aber die Wonne war tausendmal feuriger, als ich ans Ufer schwamm und alle bravo riefen.

Als Helmut seine Badehose wieder gefunden hatte, entstieg er dem Wasser ebenfalls, in der nächtlichen Beleuchtung bläulich und naßglänzend wie Neptun. Wir waren die Größten! Dieses Gefühl war wie ein Rausch und durch nichts zu ersetzen.

Es waren herrliche, heiße, aber aufregende Ferien. Immer wieder drohte von fern der 10-m-Turm – nur eine in letzter Minute vorgefahrene Tanzfläche verhinderte einen zweiten Sprung. Dann fiel Tell aus einem als unkippbar geltenden Plastikschiffchen, das ich schwimmend mit den Füßen hinter mir herzog. Nie werde ich den siedendheißen Schrecken vergessen, als er hinter dem Schiffchen verschwand; aber ich schleuderte es zur Seite, packte den heftig um sich schlagenden Buben – und ging dabei selbst fast unter.

Ich kümmerte mich viel um Tell, und wenn Schwester »Öseli« frei hatte, spielte er stundenlang mit mir. Endlich schrie er nicht mehr, wenn ich ins Zimmer hereinkam, sondern wenn ich hinausging, oder wenn ich über etwas anderes lachte als über ihn. Das bereitete mir großes Entzücken, denn oft schien ihm nicht gerade viel an seiner Mutter zu liegen. Auf jeden Fall ging der Triumph seines ersten selbständigen Brünnleins ins Nachthäfi auf mein Konto.

Am 1. Juli flogen Tell, Schwester Rösli und ich nach Hause. Dort war alles unter Wasser. Glücklicherweise erst seit dem gestrigen Wolkenbruch. Die Freuden des Haushalts stürzten wieder auf uns ein: Keller ausschöpfen, Teppiche, Tische, Stühle, Schränke in den Garten schleppen und trocknen, retten was in Kisten und Kästen zu retten war. Am nächsten Tag Architekten, Schlosser, Schreiner, Maler anrufen, die im Dachgeschoß keinen Finger gerührt hatten. Schreibtisch, Versicherungen und Steuern entrümpeln. Einfangen einer neuen Haushaltshilfe; Hanneli hatte gekündigt, um zu heiraten. Ankunft von Curd Jürgens und seinem Boot zum Einstellen und benützen. Abgebrannte Corinne.

Helmut kam für einige Tage, und wir büffelten fleißig Nebelsignale, Beleuchtungen, Höchst- und Mindestgeschwindigkeiten für Motorschiffe im Hinblick auf die Bootsprüfung. Daneben fuhren wir fröhlich ohne Erlaubnis herum, um uns einzuschiffen. Die Prüfung selbst war glanzvoll, jedenfalls für Helmut. Ich bestand ebenfalls, obwohl sämtliche Knoten wieder aufgingen; ich solle zu Hause noch ein bißchen üben, empfahl mir der freundliche Experte, während er den Fragebogen unterschrieb. Dann gingen wir ein Gläschen trinken, das war wichtiger als das Gesetz.

Die Nonne

Am 15. September begann ich *Die Nonne* zu lernen. »Bekenntnisse einer Mädchenseele« nennt der französische Aufklärungsphilosoph, Enzyklopädist und Realist Denis Diderot dieses Werk. Mama war gerade zu Besuch und hörte mich ab. Manchmal auch Helmut, aber es fehlte ihm am nötigen Ernst, an den tragischsten Stellen brüllte er vor Lachen und stöhnte: »Wie konnte man dich nur mit dieser Rolle besetzen!« Ich war drauf und dran, das Drehbuch zurückzuschikken, aber ich hatte nun mal unterschrieben . . .

Wir verbrachten den herrlichen, sonnigen Herbst mit Tell, Text, Wasserski und Mama. Sie war wie verwandelt, schlief und aß wie ein Scheunendrescher, sah zwanzig Jahre jünger aus, lachte, sang und kam fast täglich mit aufs Boot zum Wasserskifahren. Sie machte einen glücklichen und entspannten Eindruck, als wir sie am 9. Oktober in Perroy zurückließen, um nach Avignon zur *Nonne* zu fahren.

Dort wohnten wir in einem kleinen Hotel am Rhôneufer, dem »Vieux Moulin«, in dem Helmut gerade vor einigen Wochen übernachtet hatte. Ich fand das ein günstiges Vorzeichen. Hier brauchte ich keine rosa Brille, die Umgebung war so lieblich und ländlich, in zarte Farben getaucht, wie von einem Impressionisten gemalt – und ich das Huhn im Korb. Als ich von meinen französischen Kollegen umringt und lebhaft begrüßt wurde, kam ich mir ganz international vor. Endlich hatte ich die Grenzen übersprungen – der Weg nach oben war frei!

Am Tag nach unserer Ankunft hatte ich Geburtstag. Helmut war ganz früh aufgestanden und überraschte mich mit einem riesigen Rosenstrauß. Ich war immer überzeugter, daß ich ihn wirklich liebte, seine blaublitzenden Augen, seine Männernase, seine Muskeln, seine unerschütterliche Gemütlichkeit und Liebenswürdigkeit. Nach einer Woche fuhr er nach Hause, wir hatten wirklich nicht viel voneinander.

Die Arbeit war sehr anstrengend. Ich drehte fast jeden Tag und ratterte ab 8 Uhr morgens kilometerlange Texte herunter. Jacques Rivette, der Regisseur, der auf den ersten Blick schüchtern wirkte, aber bei näherer Betrachtung geradezu fanatisch seine Ziele verfolgte, drehte alle Szenen in einem durch, ohne Rücksicht auf Größe oder Enge der Räume. Zum Glück konnte ich meine Rolle wie Wasser, und der formidable Originaltext Diderots machte mir mehr Vergnügen als Schwierigkeiten, obwohl wir manche Szenen bis zu 14mal machen mußten. Meine bisher längste Filmszene mit Anna Karina, die die Hauptrolle spielte, dauerte fünf Minuten. Sie wurde nur dreimal gedreht. Eine Liebesszene!

Am 27. Oktober war mein letzter Drehtag. Ich war hochbefriedigt, in so kurzer Zeit so viel Text in einer fremden Sprache abgeliefert zu haben. An die Premiere dachte ich lieber nicht. Ich sah im Geist, wie sich das Publikum auf die Schenkel schlug vor Lachen . . .

Der Film wurde kurz vor der Premiere von Charles de Gaulle verboten, man munkelte, wegen seiner Frau. Etwas Besseres konnte gar nicht passieren – *Die Nonne* wurde ein Sensationserfolg.

Die Witwe

Diesmal hatte ich eine Woche, um meine Koffer umzupacken und mir die neue Rolle überzuziehen, die falsche Witwe Agda in *Hokuspokus* von Curt Goetz. Heinz Rühmann spielte die Paraderolle des Peer Bille, Kunstmaler und Rechtsanwalt in einer Person, Ehemann Agdas. Die beiden beschließen, den Kunstmaler verschwinden zu lassen, weil seine Bilder erst nach seinem »Tod« verkauft werden können – aber die Sache fliegt auf, als Peer Bille Verteidiger seiner eigenen Mörderin wird.

Gedreht wurde in Berlin. Ungewöhnlich gute Dialoge, soweit sie schon fertig waren, denn natürlich wurde einiges verändert. *Hokuspokus* war zwar ein erfolgreiches Theaterstück, insbesondere durch seine brillanten Rollen, aber inhaltlich doch etwas schwächer als *Dr. med. Hiob Prätorius*. Mit Stil und Tempo versuchte Kurt Hoffmann die Mängel zu überspielen und besetzte auch die kleinen Rollen mit großen Namen: Richard Münch, Fritz Tillmann, Joachim Teege, Käthe Braun, Stefan Wigger, einer den anderen übertreffend. Die Dekorationen und Kostüme waren schwarz und weiß, Richard Angst photographierte aber in Farbe.

Ich war begeistert von Kurts Regie. Heinz Rühmann nicht. »Er verliert sich ins Kabarett«, kritisierte er. Hans Domnick, einer der Produzenten, gab ihm recht. Es entstand ein Riesenwirbel, und die Dreharbeiten wurden unterbrochen. Ich ergriff Kurts Partei, denn in diesem Film waren wir ein Herz und eine Seele: »Laß dir nicht dreinreden«, flüsterte ich ihm zu, mehr als Trost, denn auf meine Meinung hörte ja doch niemand.

Für mich war es ein gemütlicher Film, denn ich hatte ziemlich viele freie Tage. Letzter Drehtag war der 17. Dezember. Am 19. flog ich über München, um Helmut zu besuchen, der am Residenztheater den Tambourmajor in Büchners *Woyzeck* probierte, und landete zwei Tage danach in Wind und Nebel auf dem Genfer Flughafen.

Das Jahr 1965 ging zu Ende, und ich konnte zufrieden sein. Ich hatte eine Tänzerin, eine Nonne und eine Witwe abgeliefert. Das nächste Jahr sah ebenfalls vielversprechend, wenn auch nicht ganz problemlos aus. Im *Regenmacher* und in *Liselotte von der Pfalz* wünschte ich mir Helmut als Partner, aber taktvoll wie immer ließ man mir ausrichten, man wolle kein Familientheater. Als ob man noch nie davon gehört hätte, daß Film- und Theaterpartner manchmal auch im Leben verheiratet sind. Sollte ich hart bleiben? Kämpfen? Mich unbeliebt machen? Hatten Maria Schell und O. W. Fischer in ihrer Glanzzeit nicht auch alles durchgesetzt? Warum ging das bei mir nicht? War ich nicht Bambi-Siegerin?

»Der Regenmacher« und »Der Gärtner von Argenteuil«

Eigentlich haben die beiden nichts miteinander zu tun, außer daß ich 1966 in beiden Produktionen die Hauptrolle spielte.

Im Film *Der Regenmacher* hatte Katharine Hepburn das ältliche Mädchen verkörpert, das durch die Liebe schön wird. Helmut hatte das Stück, das er am Staatstheater Stuttgart gespielt hatte, wieder ausgegraben und mich für die Lizzie vorgeschlagen. Dr. Helmut Jedele, Hans Gottschalk und Franz Peter Wirth von der Bavaria, die für mich eine Hauptrolle suchten, waren einverstanden und gaben uns wenig später die Besetzung bekannt: Stefan Wigger, Walter Richter, Peter Ehrlich, Jochen Sostmann, Hans Hamacher, Heinz Baumann. Und wo war Helmut? Ich erhielt die erstaunte Antwort, die Titelrolle könne er nicht spielen, und der Noah – naja, den spiele Heinz Baumann.

Ich war zwar mit Dr. Jedele, Hans Gottschalk und Franz Peter Wirth seit der *Lerche* befreundet, alle drei waren kunstbesessen, lebenslustig und auch sonst Pfundsburschen; trotzdem brachten sie mich mit der Übergehung Helmuts zwischen sämtliche Stühle. Ich mußte alle meine Lebensgeister zusammenraffen, um dem lustigen Bavaria-Boß meine Absage in Aussicht zu stellen, falls...

Dr. Jedele versprach, alles zu tun, um die Panne zu reparieren und rief auch tatsächlich am nächsten Tag an, es sei in Ordnung. Aber Helmut war über meinen Triumph alles andere als begeistert, warf mir die ewige »Knochenbeilage« an den Kopf und hatte keine Lust mehr. Es war schon eine Ironie, daß er schließlich von Dr. Jedele, der ihn umbesetzt hatte, wieder eingefangen wurde. Wir wurden später allerdings nie mehr von ihm beschäftigt.

Am 26. Januar 1966 war in München die erste Probe. Leseprobe, nichts Besonderes. Wir hatten uns mit Tell und dem neuen Mädchen Béatrice in der Grünwalder Wohnung von Henry Sokal, meinem ersten Filmproduzenten, einquartiert. Schwester Rösli hatte Ferien, das zu organisieren gehörte auch immer zu unserem Schlachtenbummel. Nun waren wir in der wunderschönen Parterrewohnung, Tell hatte einen Garten und wir den nahen Wald zum Lernen.

Am Tag nach unserer Ankunft erlebten wir die erste Überraschung. Als wir aus dem Haus traten, um etwas Luft zu schnappen, erblickten wir ein unerwartetes Hindernis auf unserem Weg, das riesig und schwarzgefleckt vor der Tür unseres Nachbarn saß. Ajax, ein junger Neufundländer, schien uns erwartet zu haben. Er stand auf, wedelte, gab uns unentwegt die Tatze und begleitete uns über eine Stunde lang auf unserem Spaziergang. So war das nun jeden Tag, denn ich hatte meine Rolle wieder einmal unterschätzt... also nichts wie in den Wald.

Armer Franz Peter Wirth! Er ließ sich zwar nichts anmerken, aber ich benahm mich auf den Proben wie der erste Mensch, kämpfte mit meiner Langsamkeit, mit Text und Requisiten; warum hatte ich bloß so spät angefangen zu lernen? Zum Glück hatte ich immer wieder Zeit, die Proben zu verarbeiten, denn die meisten meiner Partner flogen öfters weg, weil sie irgendwo spielten; sehr ungern übrigens, vor ein paar Tagen waren die italienischen Schwimmer und Ada Tschechowa abgestürzt.

Ajax hatte nur noch das Spazierengehen im Kopf. Wenn ich von der Probe nach Hause kam, sah ich ihn meistens schon von weitem erwartungsvoll vor dem Gartentor sitzen, und als es einmal zu war, sprang er über den zwei Meter hohen Gartenzaun. Überhaupt war er gar nicht so harmlos. Tell knurrte er an, aber auch sonst jeden, der uns im Wald begegnete, und fremde Hunde spielten mit ihrem

Leben, wenn sie nicht sogleich Reißaus nahmen. Das gefiel mir, und ich ging oft nur Text lernen, um mit Ajax die Gegend unsicher zu machen. Kein Wunder, daß ich die Rolle dann doch noch schaffte.

Am 10. Februar begann die Aufzeichnung, da hatte ich nur wenig, am 11. dafür einen Alleingang. Diese endlose Frühstücksszene, in der nur ich redete, aß und trank und Löffel, Messer, Gabeln, Tassen, Teller, Töpfe immer beim gleichen Wort ergreifen und wieder abstellen mußte.

Es ging, wie immer bei fürchterlicher Angst, reibungslos. Das Hirn war schneller als die Zunge, vielleicht auch umgekehrt. Egal, wir drehten zweimal, und das Monstrum war gestorben.

Zwei Wochen probieren, zwei Wochen aufzeichnen. Das waren fast ideale Arbeitsbedingungen. Kein Publikum, keine Premiere, sicherer Text und Korrekturmöglichkeiten. Für das »Gefühl« war es weniger günstig, denn die zwei großen, stillen Szenen, in denen sich Lizzie verwandelt, fanden am Faschingsdienstag statt. Alle Produktionen der Bavaria hatten seit Mittag frei, nur unsere nicht. Ausgerechnet jetzt kam diese überdimensionale Großaufnahme dran. Ohne anzuspielen platsch – Klappe – Tränen! Also, ich drückte, das Gefühl strömte, der Klappenmann schlich heran – da schrie hinten die angesäuselte Cutterin nach der Meterzahl, der Kameramann rief die Meter zurück, Franz Peter brüllte »Ruhe«, und ich saß da mit meinem Gefühl.

Endlich drehten wir, es gelang, ich atmete auf, da riefen alle gleichzeitig: »Unbrauchbar.« Ich wollte gleich wieder loslegen, da blökte der Kamerassistent: »Einlegen!«

Ich erinnere mich nicht, jemals so die Beherrschung verloren zu haben. Ich schrie wie die Trompete von Jericho: »Jetzt gebe ich den Beruf auf«, und stürzte völlig aufgelöst hinter die Kulissen. Ich suchte meine traurigsten Gedanken zusammen, aber es nützte nichts, der Tränenkanal war wie zugemauert.

Da kam einer der ältesten Bühnenarbeiter hinter mir her, der mit dem vernarbten Gesicht, und sagte leise: »Nicht aufregen . . .«

Ich war so gerührt, daß sich alle Schleusen öffneten und die schönsten, dicksten Tränen hervorschossen, die man sich nur wünschen konnte.

Er hatte mir meine Szene gerettet!

Bevor der Gabin-Film losging (in Deutschland hieß er *Blüten, Gauner und die Nacht von Nizza*), machte ich noch einen Kopfsprung ins Privatleben. Unser Haus war allerdings im Moment mehr ein Verschiebebahnhof für Ankunft und Abfahrt der verschiedenen Familienmitglieder als trautes Heim.

Am 26. Februar kamen wir mit zwei Autos von München zurück – Helmut hatte seinem Agenten einen hellblauen Jaguar Sport abgekauft. Zwei Tage danach mußte ich schon wieder zur Premiere von *Hokuspokus* nach Hamburg und Berlin.

Fünf Tage zu Hause. Einarbeiten von zwei neuen Mädchen, Béatrice und Françoise III, Schwester Rösli kam nur noch aushilfsweise.

Fahrt nach Biel, Zürich und Bern, Besuch bei Papa. Er sah eingefallen und älter aus als sonst.

Neun Tage zu Hause. Handwerker, Briefe, Rechnungen, Reiten. Helmut flog nach München zu *Woyzeck*-Proben.

Helmut kam zurück.

Ich fuhr zu Hannelis Hochzeit an den Thuner See. Das Brautpaar kam zu spät in die Kirche. Ein Jahr später war der Bräutigam tot. Er fiel in einen Silo.

Helmut flog zum *Woyzeck*-Gastspiel nach New York.

Ich fuhr Tell jeden Morgen in den Kindergarten, reiten oder auf einen Bahnhof. Irgend jemand kam immer irgendwo an.

Helmut kam von New York zurück.

Ich mußte zweimal zu Kostümproben nach Paris.

29. April. Noch vier Tage zu Hause.

30. April. Ein geruhsamer Samstag, bis Tante Friedi anrief, ich solle sofort Mama holen kommen, sie sei bei ihr zu Besuch, und sie halte es nicht mehr aus. Tante Friedi war eine Schulfreundin Mamas, Patin Buebis und wohnte in Versoix, in der Nähe von Genf.

Als ich in Versoix ankam, fand ich Tante Friedi zusammengesunken in einem Sessel und Mama reisefertig unter der Tür. Ich verfrachtete sie sofort in den Wagen und fuhr mit ihr nach Perroy.

Beim Nachtessen brachte ich keinen Bissen herunter, Mama redete wie ein Maschinengewehr und ließ niemanden zu Worte kommen. Aus lauter Verzweiflung tranken wir drei Flaschen Rotwein. Doch der gute Tropfen verfehlte die erhoffte Wirkung, statt zu beruhigen, heizte er ein, und mir wurde sterbensübel. Ich flüchtete ins Bett, wo ich hohen Seegang bekam und mich die ganze Nacht übergeben mußte. Helmut erzählte es mir, denn ich konnte mich am nächsten Morgen an nichts mehr erinnern.

Mir war es hundeelend, als ich aufstand. Mama hatte in ihrem Zimmer das Radio so aufgedreht, daß das ganze Haus zitterte, und wallte gegen Mittag in einem feuerroten, mit Straußenfedern besetzten Morgenmantel die Treppe herunter. Es hatte etwas Großartiges, wie sie würdig und tragikumwittert die Stufen herunterschritt, auf die Terrasse hinaustrat und über den hellgrünen Rasen zum Ufer wandelte. Dort legte sie das rotwehende Samtgewand ab und ging in den eiskalten See schwimmen. Niemand wagte es, sie aufzuhalten.

Am 10. Mai begannen in Paris die Dreharbeiten für den *Gärtner von Argenteuil*. In der ersten Woche drehte ich in und um Paris und mußte dauernd in einem dünnen Kleidchen völlig durchnäßt irgendwo im Regen stehen. Schon morgens früh wurde ich geschminkt, frisiert und dann mit einer Gießkanne übergossen. Es war auch ohne Nässe eiskalt, und ich wunderte mich wieder einmal, daß ich mir dabei nicht einmal einen Schnupfen holte.

Ich hatte in diesem Film besonders starkes Lampenfieber. Ich weiß nicht, lag es an Gabin oder an den im letzten Moment geänderten Texten.

In der zweiten Woche kam die große Szene dran; sie war endlos und mußte in mehrere Einstellungen aufgeteilt werden. Auch Gabin war nervös und fluchte wie ein Holzhacker, denn immer ging etwas anderes schief. Beim 33. Mal hatte ich unmittelbar vor seiner großen Tirade einen Versprecher, nur einen klitzekleinen, aber er genügte, um Funken zu schlagen und ihn ein Feuerwerk abschießen zu lassen, daß es nur so knatterte. Gelungen! Wir blinzelten uns erleichtert zu. Anschließend trank ich mit Helmut, der zugeschaut hatte, mein erstes Bier seit siebzehn Tagen, von Rotwein wollte ich vorläufig nichts mehr wissen.

Am 25. Mai flog ich nach Nizza zu Außenaufnahmen. Ich wohnte im Hotel Negresco, diesmal mit Salon, nicht mehr wir bei *La Fayette* fensterlos.

Die Arbeit wurde ziemlich strapaziös. Mein langjähriger Pressebetreuer Hans Krüger-Franke schickte mir gleich vier Journalisten auf den Hals, sie überfielen mich an jeder Ecke, jedem Türpfosten, beim Essen, beim Schminken, beim Umziehen, vor und hinter der Kamera, nach Drehschluß und sogar am Sonntag.

Auch Pfingsten. Aus dem wohlverdienten, ruhigen Wochenende wurde nichts. Ich mußte zum Photographieren zu Curd Jürgens auf die Rosenfarm, denn er spielte in unserem Film auch mit.

Ich drehte fast eine Woche länger als geplant, das hatte ich kommen sehen. So erhielt ich einige gut bezahlte Übertage, und es wurde mein höchstbezahlter Film. Dafür konnte man ruhig ein bißchen die Zähne zusammenbeißen. Jean Gabin tat es ja auch. Obwohl er ziemlich pressescheu war, gab er den deutschen Journalisten ein Interview.

Den letzten Sonntag vor Drehschluß verbrachte ich wie üblich mit dem Photographen Lothar Winkler. Diesmal machten wir den Strand und die Badegäste unsicher, aber es gab nicht viel her, und wir begannen uns schon zu langweilen, als Lothar plötzlich mit dem Ausruf »Das ist er« davonstürzte. Er blieb vor einem kleinen, rundlichen Herrn mit einer Lücke zwischen den Vorderzähnen stehen und reichte ihm die Hand. Es war Rainer Barzel, von dem man damals munkelte, er würde bald Kanzler werden. Ich wurde vorgestellt, Lothar schoß aus allen Rohren und fuhr dann zum Glück mit jemandem auf den Flugplatz.

Der starke Mann von Bonn atmete sichtlich auf, holte mir einen Kaffee, plauderte über Vergangenes und Bevorstehendes (»Ich möchte mich nicht zum Feind haben«) und versprach, mir ein Autogramm von Konrad Adenauer zu verschaffen.

Nach etwa einer Stunde verabschiedete er sich, ungern, wie mir schien.

Noch zwei Drehtage. Es wurden alle Reste gedreht, und ich mußte nach jeder Szene Kleider und Frisuren wechseln. Dora, meine 8ojährige russische Garderobiere, die ich in jedem französischen Film hatte, gackerte wie ein aufgescheuchtes Huhn auf mich ein, da sie in dem Tohuwabohu nichts mehr fand, aber das machte sie ja immer. Mehr als einmal brüllte ich sie an, sie solle woanders herumschreien. Aber ich nahm sie immer wieder, sie war ein Unikum.

Am 8. Juni brach ich meine Zelte ab. Dora kam und half mir packen. Bevor wir uns trennten, mußte ich mich nach russischer Art einen

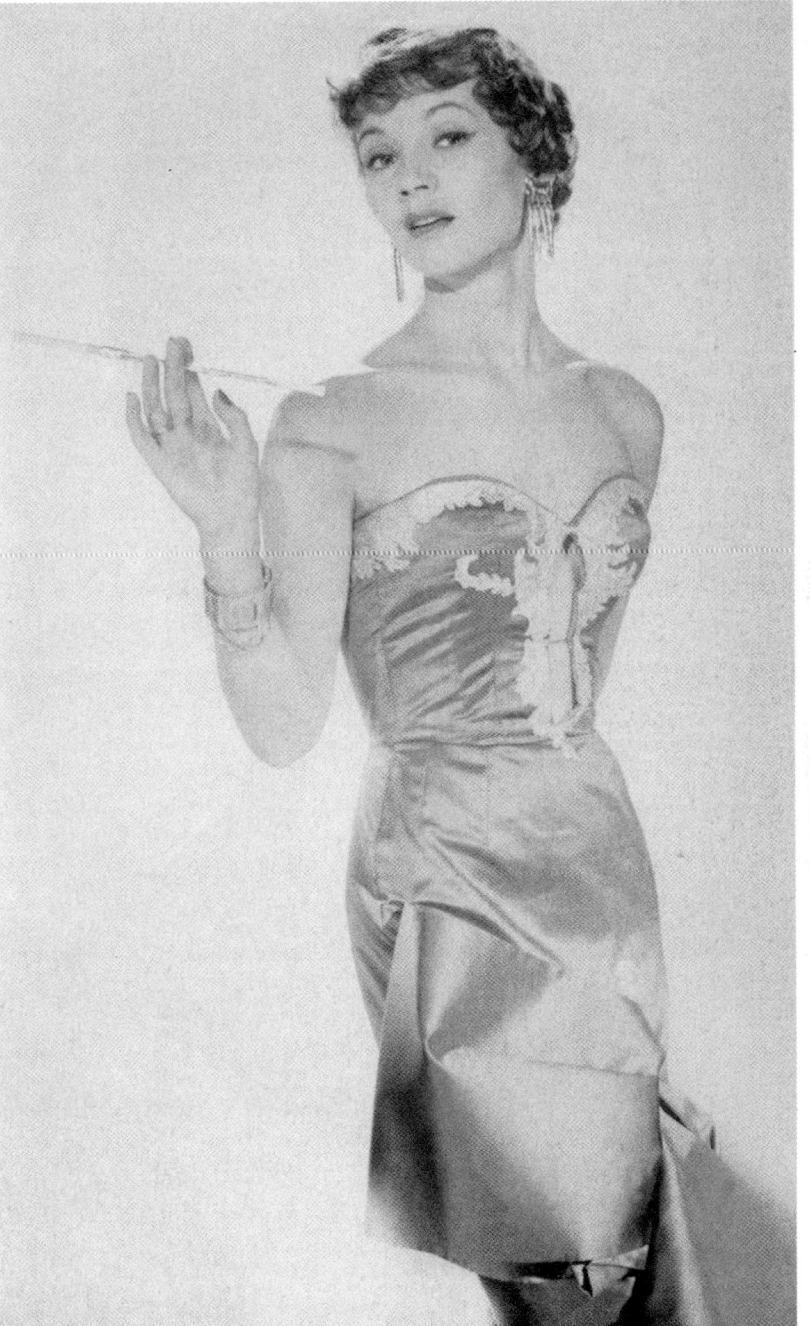

1/2 Papa und Mama in jungen Jahren

3 Mit acht Monaten

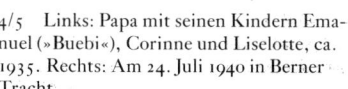

4/5 Links: Papa mit seinen Kindern Emanuel (»Buebi«), Corinne und Liselotte, ca. 1935. Rechts: Am 24. Juli 1940 in Berner Tracht

6/7 Corinne (links) und ich mit ca. 15 Jahren

8 »Vieux Clos / Coinsins, 23. April 1957«,
ein Aquarell meines Vaters

9/10 Links: Als Chinesin? Rechts: Mein
Bruder Dr. Emanuel Pulver

11 Papa 65jährig

12–15 Die erste Theaterrolle: Rhodope in »Sappho« von Franz Grillparzer, Stadttheater Bern, 1949 (links); Emily in »Unsere kleine Stadt« von Thornton Wilder, 1949 (rechts). Unten: »Don Carlos« – Page, 1950 (links); Luise in »Kabale und Liebe« von Friedrich Schiller, 1950 (rechts), alle drei Schauspielhaus Zürich

16 Mit Hans Albers 1950 in
dem Film »Föhn«

17 Privatfoto 1949 mit Sari
Barabas, Albert Lieven und
meinem Citroën, dem ersten
eigenen Wagen

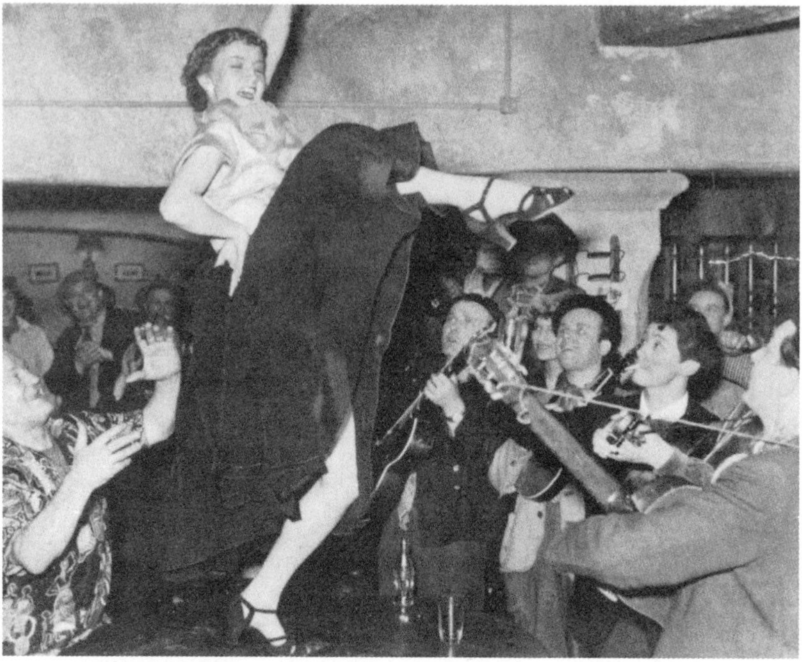

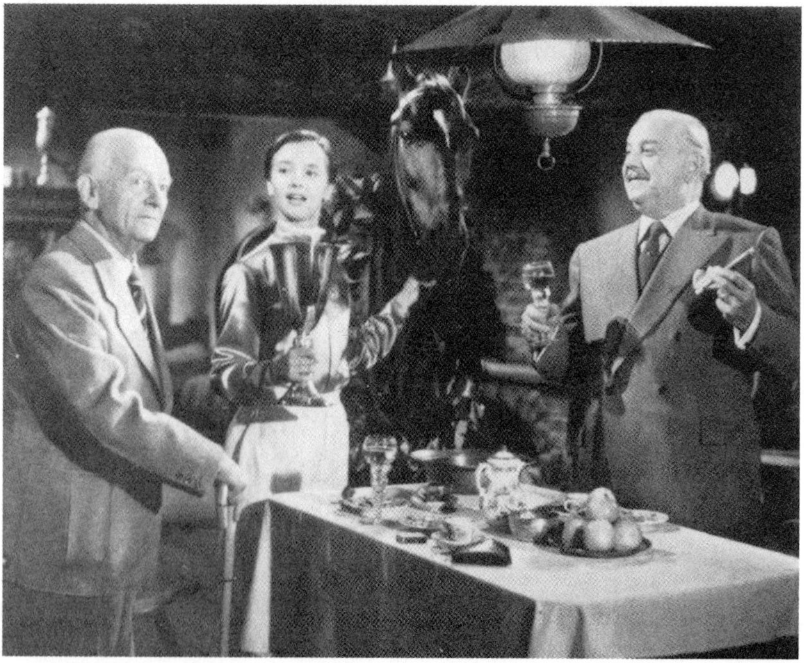

◁ 18 In meinem ersten Kurt-Hoffmann-Film, »Klettermaxe«, 1952. Links Josef Sieber

◁ 19 Unten: Meine erste Doppelrolle spielte ich 1952 in dem Film »Fritz und Friederike«. Hier mit Otto Gebühr und Hans Leibelt ...

20 ... sowie mit Albert Lieven (rechts)

21 Harald Braun war der Regisseur des 1954 entstandenen Films »Der letzte Sommer« mit Hardy Krüger.

22   Mit Mathias Wieman in »Der letzte Sommer« . . .

23   . . . und mit Paul Hubschmid in »Schule für Eheglück«, beide Filme 1954

24 Charlie Chaplin besuchte uns 1954 bei den Dreharbeiten zu dem Schweizer Film »Uli, der Knecht« mit Hannes Schmidhauser.

25 Bei den Proben zur Live-Sendung der einstündigen Fernsehfassung von Thornton Wilders »Unsere kleine Stadt« im Baden-Badener Atelier, 1954

26 »Dein Glück, daß Brigitte Bardot nicht mehr frei war«, lästerte Regisseur Kurt Hoffmann, nachdem ich die Piroschka eigentlich nicht hatte spielen wollen. In der Titelrolle...

27 ...sowie mit Rudolf Vogel und Gunnar Möller 1955 in dem Film »Ich denke oft an Piroschka«

28 Oben: Mein dritter
Film mit Kurt Hoffmann
war 1956 »Heute heiratet
mein Mann«.

29 Unten: Dreharbeiten
in Paris 1956 zu »Arsène
Lupin, der Millionendieb«
mit Regisseur Jacques
Becker

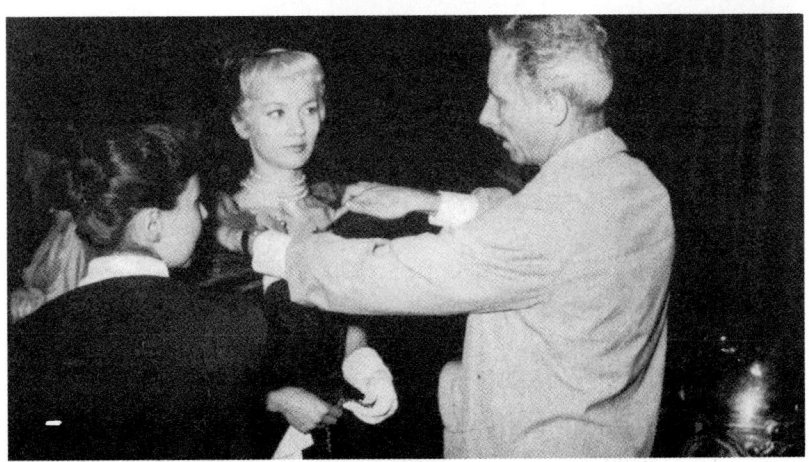

30 »Die Zürcher Verlobung«, 1957, mit Bernhard Wicki sowie (im Hintergrund) Maria Sebaldt und Erwin Linder unter der Regie von Helmut Käutner

31 Der erste von Kurt Hoffmanns drei Spessartfilmen war 1957 »Das Wirtshaus im Spessart« mit Carlos Thompson.

32 Salzburger Festspiele 1957: Titelrolle in Lessings
»Emilia Galotti«. Szene mit Ernst Ginsberg als
Marinelli

33 Mein erster amerikanischer Film war 1957 »Zeit
zu leben und Zeit zu sterben« mit John Gavin

34 Mit Gérard Philipe in dem Film »Le Joueur –
Das Spiel war sein Fluch«, 1958, nach Dostojewski

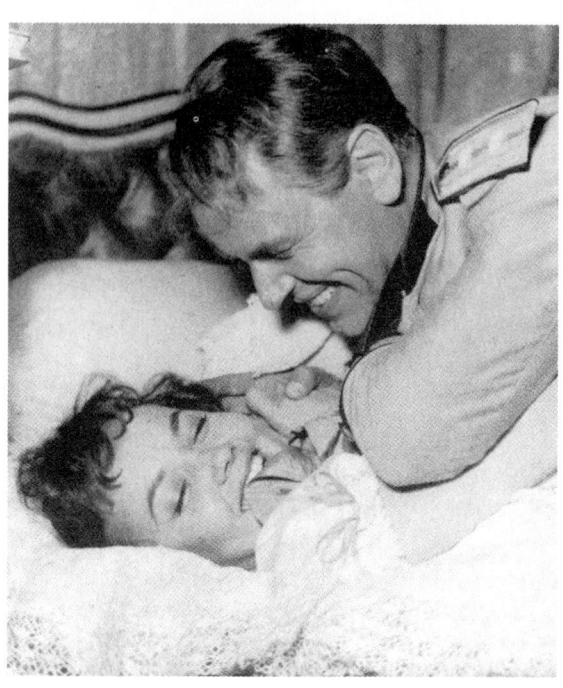

35 »Helden«, 1958, mit O. W. Fischer entstand nach der Komödie von George Bernard Shaw.

36/37 Unten: Alfred Weidenmann drehte 1959 eine zweiteilige Version der »Buddenbrooks« nach Thomas Mann. Einer meiner Partner war Hansjörg Felmy (links). Im Theater am Kurfürstendamm in Berlin spielte ich 1959 die Titelrolle in »Undine« von Jean Giraudoux. Szene mit Martin Benrath als Ritter Hans (rechts)

38 Oben: In »Gustav Adolfs Page« mit Curd Jürgens, 1960 ▷

39 Unten: »Schöne Queen, arme Queen, du hast alles, nur nicht ihn ...«, sang ich als Königin Anna von England in Helmut Käutners musikalischer Verfilmung von Eugène Scribes Komödie »Das Glas Wasser«, 1960. Hilde Krahl und Gustaf Gründgens waren meine Partner. ▷

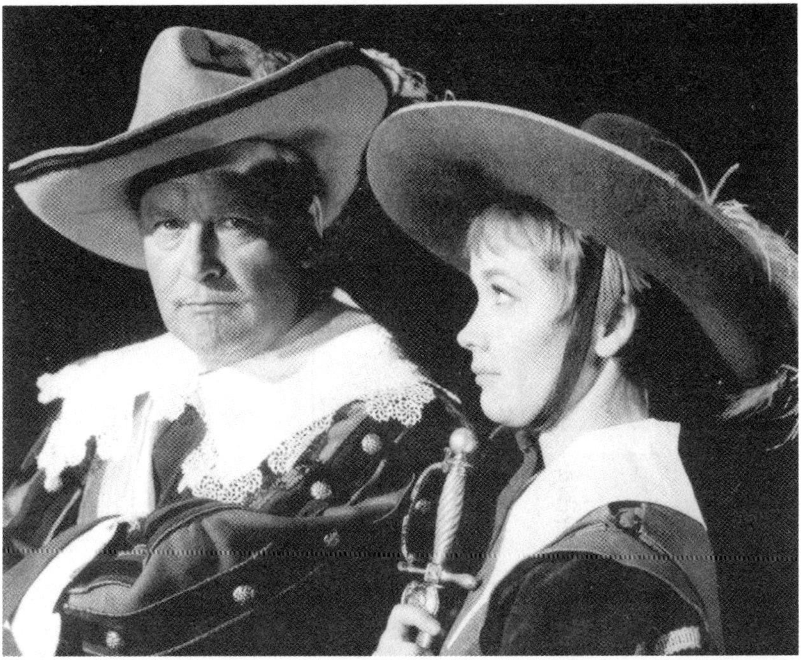

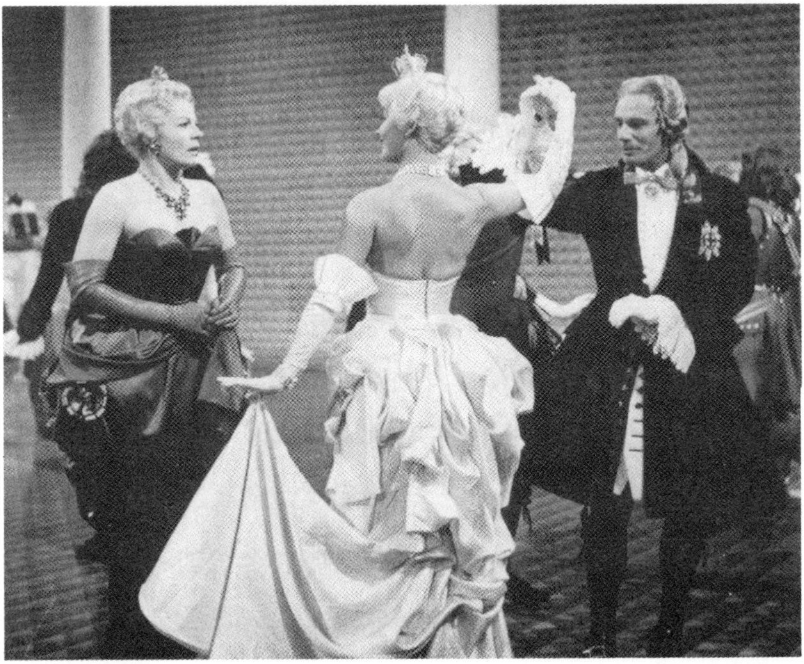

40 »Meine« Regisseure: Mit Kurt Hoffmann 1960 bei den Dreharbeiten zu »Das Spukschloß im Spessart«, . . .

41 . . . mit Leonard Steckel bei den Proben zu »Undine«, Theater am Kurfürstendamm, Berlin 1959, . . .

42 . . . und mit Billy Wilder sowie Hanns Lothar 1961 bei einer Szenenprobe zu der Ost-West-Filmkomödie »Eins, zwei, drei«

43 Besuch in Disneyland bei meinem zweiten
Amerika-Aufenthalt 1958

44 In der Tempelstadt von Angkor, 1959

45 Zur Deutschen Filmwoche 1959 in Tokio. Toni
Sailer holt mich vom Flugplatz ab.

46 Frisch verlobt, 1960   47 Hochzeit, 9. September 1961

48 Mein 33. Film: »Kohlhiesls Töchter«, 1962, mit Helmut als Partner

49 Mit Lex Barker 1963 in der Filmkomödie »Frühstück im Doppelbett« nach »Cyprienne« von
Victorien Sardou...
50 ...und 1964 mit Heinz Rühmann in »Dr. med. Hiob Prätorius« nach Curt Goetz

51 Filme in Frankreich und Amerika: Mit Jean Marais 1964 unter dem Hubschrauber in »Le Gentleman de Cocody – Pulverfaß und Diamanten«, ...

52 ... 1963 mit Bob Hope und Michèle Mercier in »Gobal Affair – Staatsaffären« (Mitte), ...

53 ... und 1964 mit Jean Gabin in »Monsieur« (unten)

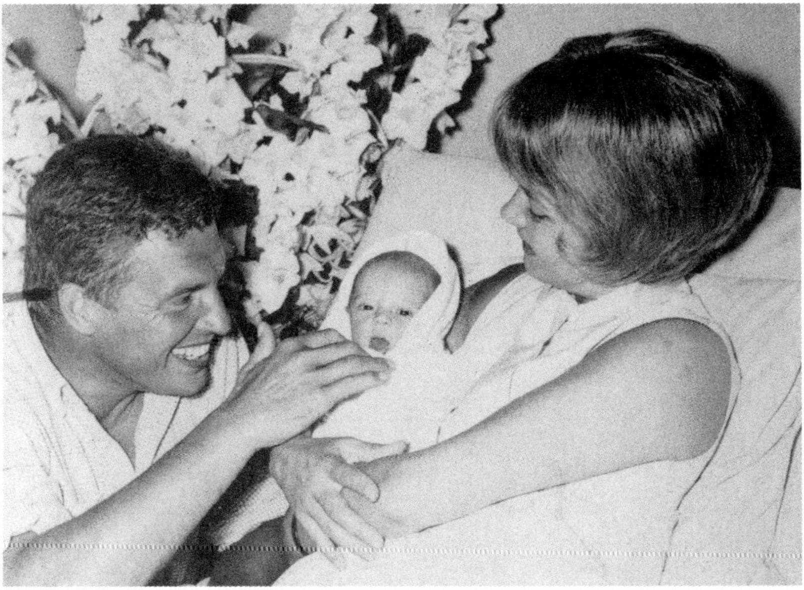

54 Tell drei Tage alt. Mit Helmut 1962

55 Mein erster Bambi. Mit Rock Hudson in Karlsruhe, 28. April 1963

57   Mit Corinne und Ninon sowie Tell im Genfer See vor unserem Haus, 1964, ...

58   ... sowie mit Mélisande und dem sechsjährigen Tell, 1968

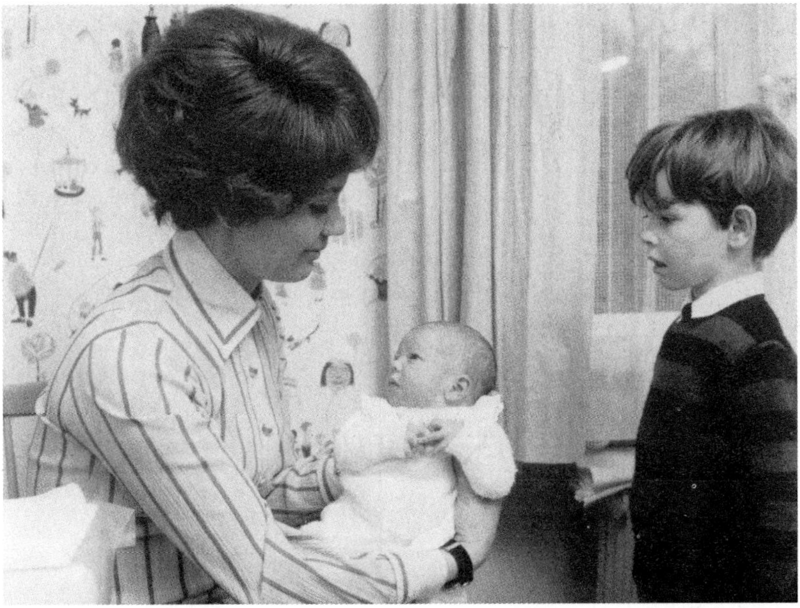

59 Empfang bei
Konrad Adenauer in
Bonn, 20. Juli 1966.
Vor dem Ölgemälde
von Winston Chur-
chill

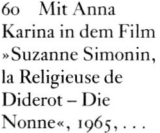

60 Mit Anna
Karina in dem Film
»Suzanne Simonin,
la Religieuse de
Diderot – Die
Nonne«, 1965, . . .

61 . . . und wieder
mit Heinz Rüh-
mann, 1965, in un-
serem zweiten Curt-
Goetz-Film,
»Hokuspokus«

62   Auf Shakespeare, Amazonenrennen 1964

63 Fernsehen und Theater-
tournee: Mit Helmut und
Walter Richter in »Der
Regenmacher« von Richard
N. Nash, 1966

64 Links: Mit Helmut als
Petruchio in Shakespeares
»Der Widerspenstigen Zäh-
mung«, 1970. In dieser Tour-
neeproduktion spielte ich sowohl die Katharina als auch
die Bianca.

65 Musical in Wien: Als
Consolazione in »Evviva
Amico«, Theater an der
Wien, 1976 (oben)   ▷

66 Mit Helmut in dem Fern-
sehsketch »Juanita Banana«,
Süddeutscher Rundfunk
Stuttgart, 1966 (unten links) ▷

67 Probe zu Jacques Offenbachs »Orpheus in der Unterwelt«, Hamburgische Staatsoper, 1971. Als Öffentliche
Meinung mit Kurt Marschner
in der Titelrolle (unten rechts)
          ▷

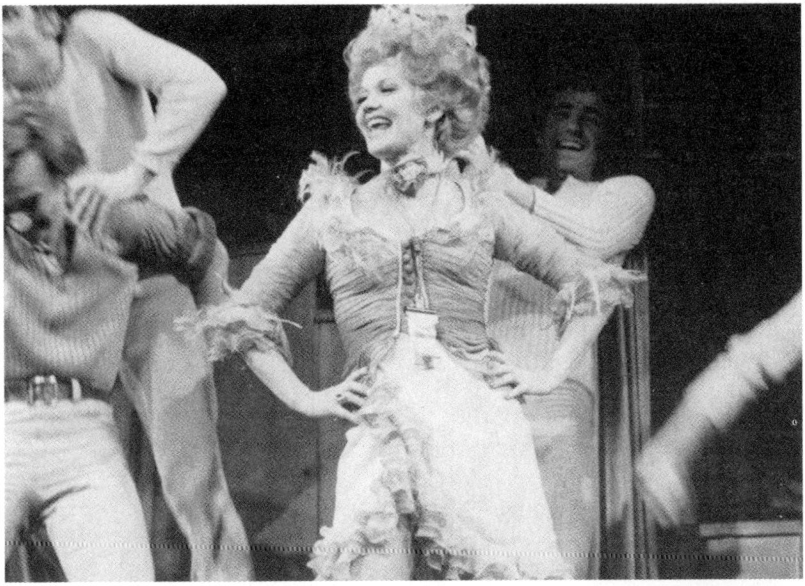

THE GUAR
DIE
SVENS
terheute

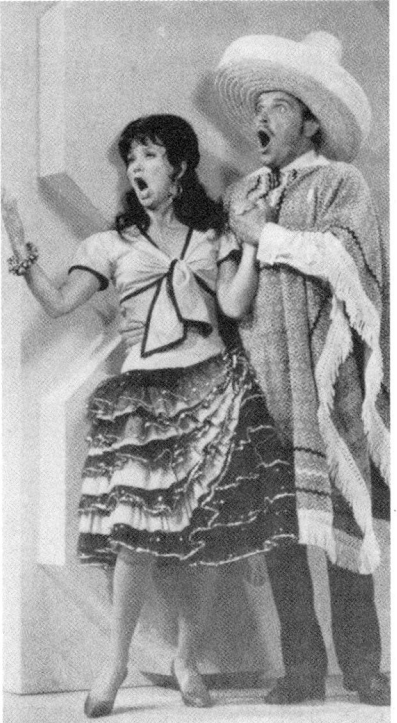

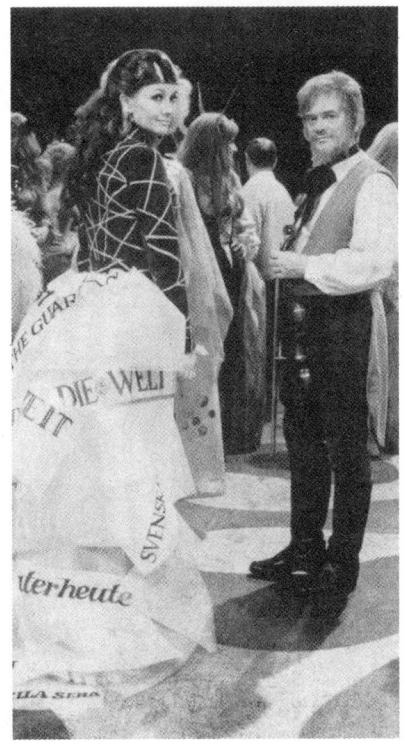

68 Im Circus Krone bei »Stars in der Manege«, München 1981

69   »Je später der Abend« mit Joachim Fuchsberger, München 1983

70   Mit Barbara Schöne, Günther Pfitzmann, Wolfgang Spier und Herbert Herrmann in der
ZDF-Komödie »Jeden Mittwoch«, 1981

71/72 Zweimal »Sesamstraße«, die Kleinkinderserie von Studio Hamburg, 1980

73 In der ZDF-Serie »Mit Leib und Seele« mit Günter Strack, 1988

74   Mélisande, 1983

75/76   Oben: Tell, 1980. Mitte: Donalds Schiffsuntergang

77   Mit Helmut bei Tells Vereidigung in Mürvik,
17. September 1981. Links Admiral Ehrhard

78   Mit Hans-Dietrich
Genscher auf dem Münchner
Filmball, 1986

79   Silberne Hochzeit 1986

Augenblick mit ihr hinsetzen. Trotzdem sahen wir uns nie mehr wieder.

Ich zweifle keine Sekunde daran, daß mein zweiter Gabin-Film genauso einschlagen werde wie der erste. Ungerührt lehnte ich daher zwei amerikanische Angebote ab, weil sie weniger zahlen wollten als die Franzosen. Bei Bob Hope gab es eine Sexbombe, bei *Casino Royal* kein Drehbuch; ich wollte endlich wieder mal ernstgenommen werden. Außerdem mußte ich zu Hause die Stellung halten, den Garagenbau beaufsichtigen, Tell zurückerobern, die beiden Hausgeister überlisten, Mama beschäftigen, Obst ernten, den Schreibtisch besiegen, Handwerker einfangen, Wasserski fahren, reiten; mit Helmut konnte ich zur Zeit nicht rechnen, er war in Wunsiedel zwecks *Zähmung der Widerspenstigen*.

Konrad Adenauer

Am 20. Juli fand der langersehnte Empfang bei Konrad Adenauer in Bonn statt. Helmut hatte vor fünf Tagen in Wunsiedel Premiere der *Widerspenstigen* gehabt, die ich, nicht nur vor Kälte zitternd (es war eine Freilichtaufführung), im Parkett miterlebte. Am Tag zuvor hatte Helmut die Generalprobe wegen einer Kehlkopfentzündung absagen müssen. Der Arzt, der vorsichtshalber auch zur Premiere gekommen war, hatte seine Stimme zwar in letzter Minute wieder hingekriegt, aber niemand wußte, ob sie einen ganzen Abend lang durchhalten würde. Sie hielt. Nur Eingeweihte konnten die Heiserkeit heraushören, er hatte Auftrittsapplaus, und es hagelte nur so Lacher und Beifälle.
Eigentlich wollte ich am folgenden Tag nach Hause fliegen, aber es lohnte sich nicht mehr, es waren ja nur noch vier Tage bis zum 20. Juli. Helmut, der auch eingeladen war, hatte, o Wunder, an dem Tag spielfrei, und wir wollten um 8 Uhr früh losfahren.
Um 6 Uhr 45 standen wir auf. Ich frühstückte schon mal, Helmut ging den Wagen holen. Es dauerte ziemlich lange, bis er wiederkam: »Er ist im Eimer«, stöhnte er, als er sich endlich zu mir an den Tisch setzte. Sein Tee war unterdessen kalt geworden.

Die ganze letzte Woche war ich mit dem Jaguar herumgekurvt, um ihm auf die Schliche zu kommen; er zog beim Bremsen nach rechts, kochte sofort und stellte plötzlich ab. Der Stein in der Bremstrommel war mittlerweile entfernt worden, aber für die kaputte Wasserpumpe mußte erst ein Ersatzteil bestellt werden. Trotzdem wollte Helmut die 400 km nach Bonn mit dem Wagen fahren.

Also, er sprang tatsächlich wieder an, und wir dampften ab. Gegen 11 Uhr, wir waren kurz vor Würzburg, setzte zum ersten Mal der Motor aus. Stotternd und mit rotem Lämpchen kamen wir noch bis zur nächsten Tankstelle. »Lichtmaschine«, meinte der Mech, »aber es geht auch ohne bis Bonn.«

Wir stiegen wieder ein. Nach 800 m gab der Jaguar endgültig den Geist auf.

Was nun? Um halb fünf mußten wir in Bonn im Bundeshaus sein, und wenn möglich nicht im Räuberzivil.

Ein zufällig vorbeikommender ADAC-Wagen schleppte uns bis Würzburg ab und organisierte einen Mietwagen, auf den wir allerdings fast eine Stunde warten mußten. Unterdessen war es halb eins und über die Hälfte der Strecke noch vor uns. Aber Helmut war Kummer gewöhnt. Um 15 Uhr waren wir in Bonn im Hotel.

Dort erwartete uns eine neue Überraschung. Als ich die sorgfältig eingepackte Galagarderobe aus dem Koffer nehmen wollte, quoll mir ein hoffnungsloser Stoffhaufen entgegen, und meine Haare sahen nicht viel besser aus. Das eiligst herbeigerufene Zimmermädchen versicherte, morgen früh könnten wir die Kleider frischgebügelt wieder haben – danke –, ich schlug die Türe zu, rannte ins Badezimmer und ließ heißes Wasser in die Wanne: der Rat irgendeines Junggesellen. Ich hängte das zerknautschte Zeug über den Dampf, stürzte zum Telephon, befahl dem Portier, mir einen Hut zu besorgen und raste ins Badezimmer zurück, um eine Überschwemmung zu verhindern. Ich stellte das Wasser ab, erwischte aber leider den falschen Hahn, es war die Dusche. Sie gab nicht nur den Kleidern, sondern auch mir den Rest.

Eine Minute vor halb fünf waren wir im Vorzimmer von Dr. Adenauer.

Wir wurden sofort in sein Büro geführt, gefolgt von einigen Journalisten. Er stand kerzengerade und braungebrannt vor seinem Schreibtisch und begrüßte uns mit einem festen Händedruck. Er war einen halben Kopf größer als Helmut und dadurch gezwungen, sich im Gespräch leicht zu uns herunterzubeugen, was ihm etwas Väterliches gab. Er war allerdings nicht besonders freundlich zu den Journalisten, und als die unvermeidlichen Photos geschossen worden waren, schickte er sie hinaus.

Wir setzten uns, und er eröffnete das Gespräch, indem er mich kritisch betrachtete: »Sie sind also in Bern geboren. Wie haben Sie es denn geschafft, Ihren Schweizer Akzent loszuwerden?«

»Es ist so«, antwortete ich, »wenn ich müde bin . . .«

». . . schon ist er da«, lachte er, und über sein Gesicht verbreitete sich eine zerknitterte Lustigkeit. Ich atmete auf, der tödliche Respekt, den ich vor ihm empfand, ließ etwas nach.

»Sie interessieren sich für Politik?« fragte er dann ziemlich übergangslos.

»Ja; ich interessiere mich dafür«, nickte ich eifrig, »aber ich verstehe nichts davon.«

Dr. Adenauer hatte offenbar nichts anderes erwartet: »Erzählen Sie mir ein bißchen von sich«, schlug er vor, »dann erzähle ich von mir.«

Ich begann zu stottern, das wollte er doch bestimmt nicht so genau wissen: »Also – ich äh – ging zur Schule – äh – bis ich achtzehn war, und machte ein – wie sagt man – Handelsdiplom. Dann nahm ich Privatunterricht bei einem Regisseur in Bern, dort spielte ich auch meine erste Hauptrolle am Theater – die Marie im *Clavigo*.«

Dr. Adenauer ließ mich nicht aus den Augen.

Ich wurde immer verlegener und dachte nach, was ich noch zu bieten habe: »Ich habe 42 Filme gemacht, 20 Theaterstücke gespielt, besitze ein Haus, einen Sohn und einen Mann . . .«

»Der Mann kommt zuletzt«, stellte er belustigt fest, in seinen Augen wetterleuchtete es kurz.

»Die letzten werden die ersten sein«, gab ich etwas stumpfsinnig zurück.

Dr. Adenauer nach einer Pause: »Wo wohnen Sie eigentlich?«

Ich: »Im Kanton Waadt, in Perroy, direkt am See, in der Nähe von Lausanne.«

Dr. Adenauer: »Ich bin jahrelang in die Schweiz in die Ferien gefahren, doch man wollte mich dort nicht.«

»Warum nicht?« fragten Helmut und ich gleichzeitig.

Dr. Adenauer: »Das ist eine Frage der Neutralität. Sie wollten nicht, daß ich von der Schweiz aus Deutschland regiere. Dann ging ich nach Italien, die nehmen es nicht so genau. Aber ich war früher einige Male mit meinen Kindern im Wallis in den Ferien. Ich liebe diesen Menschenschlag. Wir mußten das letzte Stück immer zu Fuß gehen, da kamen die Einheimischen und trugen die Kinder auf den Armen bis zum Haus.«

Helmut: »Auf jeden Fall gibt es dort einen guten Wein.«

Ich: »Fendant und Dôle. Fendant ist die Bezeichnung einer ganz bestimmten Traube, die beim Zusammendrücken tropft...«

Erstaunter Blick meiner beiden Zuhörer. Sie schienen nicht sehr überzeugt von meinen Weinkenntnissen zu sein. Statt dessen begann ich die sieben schweizerischen Bundesräte aufzuzählen, da konnte nicht so viel passieren, die kannte ja sowieso keiner...

Dr. Adenauer war auch nicht besonders davon beeindruckt und wandte sich nun an Helmut: »Ist es nicht manchmal schwer, sich immer wieder in andere Rollen hineindenken zu müssen?«

»Manchmal schon, es kommt auf die Rolle an...«

»Politiker sind auch Schauspieler«, fuhr Dr. Adenauer fort, »aber schlechte!« Er lachte und beobachtete uns pfiffig.

Das veranlaßte Helmut zu der Bemerkung, es gebe Politiker, die ihre Rolle geradezu virtuos spielten, und eine Bundestagsdebatte sei für ihn der beste Krimi. Zum Beispiel die Pariser Verträge...

»Wo haben Sie das gesehen?« erkundigte sich Dr. Adenauer.

»Im Fernsehen.«

»Ich sehe nie Fernsehen«, entgegnete Dr. Adenauer, »aber meine Angestellten. Jeden Abend. Da ist mein Hund klüger. Wenn er mich am Fernsehen sieht, geht er dicht an den Kasten, schnüffelt, überlegt, geht hinter den Kasten, verliert jegliches Interesse und schläft ein.« Er angelte nach seinen Memoiren. »Was soll ich Ihnen denn nun in Ihr Buch schreiben? Frau Pulver, Frau Schmid, Frau Schmid-Pulver oder Frau Pulver-Schmid?«

»Frau Schmid-Pulver«, entschied ich.

Er schrieb: Frau Schmid-Pulver zur Erinnerung. 20. 7. 66 Adenauer.

Und während er auch Helmuts Buch unterschrieb: »Was braucht es Ihrer Ansicht nach zu einer guten Ehe?«

Helmut: »Also – intelligent – ja – intelligent muß sie schon sein...«

Dr. Adenauer: »Ja, die Frau hat es weitgehend in der Hand!«

Ich: »Das Wichtigste ist das Taktgefühl.«

»Wie?«

Ich wiederholte: »Das Wichtigste ist das Taktgefühl. Damit können Sie praktisch alles sagen. C'est le ton qui fait la musique.«

Er hatte Helmuts Buch fertig und klappte es zu: »Wer hat denn schon Taktgefühl? Ich habe hier noch ein Buch. Aber das verschmähen Sie natürlich . . .«

»Nein, das nehme ich auch«, rief ich, stolz über das Angebot, »das andere habe ich auch schon zur Hälfte gelesen.«

Er musterte mich ungläubig: »Haben Sie wirklich? Der nächste Band wird viel interessanter.« Er stand mit einem jugendlichen Ruck auf: »Morgen ist ein schwerer Tag, da kommt de Gaulle. Man hat es ihm schwergemacht. Kein Wunder bei dem Außenminister. Ich bin der Ansicht, daß Deutschland und Frankreich dasselbe Schicksal haben. Wenn sie nicht zusammenkommen, werden sie beide gefressen.«

»Hat er auch so viel Humor wie Sie?« erkundigte ich mich.

»Ich glaube nicht«, gab er zurück.

Großes Gelächter.

»Es ist wichtig, nicht zu zeigen, was man denkt«, fuhr er fort. »Ich habe in Bremen einmal eine Rede gehalten, und mittendrin ging ein Pfeifkonzert los. Als es ruhiger wurde, sagte ich: ›Sehen Sie, meine Damen und Herren, seit meiner Jugend war es mein größter Wunsch, so pfeifen zu können. So –‹ (er steckte zwei Finger in den Mund, aber es kam nichts), ›ich habe es bis heute nicht gelernt.‹ Alle lachten, keiner pfiff mehr. – Und das ist Erhards Fehler. Er ist kein schlechter Redner, aber wenn etwas Unvorhergesehenes eintritt und der Saal ist gegen ihn, wird er unsicher.«

Eine Sekretärin brachte den Rohdruck eines Photos herein: »Das ist wirklich sehr gut«, murmelte er, unterschrieb es und legte es sorgfältig in einen Aktendeckel, den er mir in die Hand drückte. Dabei schaute er an die gegenüberliegende Wand: »Was glauben Sie, von wem dieses Bild ist?« Es war ein Ölgemälde mit griechischen Säulen. »Winston Churchill!« Stolz zeigte er auf die Initialen. Dann drehte er sich zu mir um: »Ich möchte Sie gerne mal auf der Bühne sehen.«

»Natürlich, wir machen in einem Jahr eine Theatertournee mit dem *Regenmacher*«, verkündete ich. »Wir spielen auch in Bonn.«

»Das sehe ich mir an«, lächelte er, und mit einem Blick auf die Bücher und Aktendeckel, die ich Helmut aufgebürdet hatte: »Sie haben ja einen Mann, der Ihnen alles abnimmt!«

Wir lachten. Dr. Adenauer gab uns die Hand. Die Audienz war beendet.

»Toi, toi, toi für de Gaulle«, wünschte Helmut zum Abschied.

»Morgen ist der 21. Juli«, antwortete Dr. Adenauer.

Was meinte er damit?

Er begleitete uns zur Türe, die er freundlich und zögernd hinter uns schloß.

»Wie war's?« bestürmten uns im Vorzimmer die Journalisten. »Man hat euch ja durch beide Türen lachen hören.«

Ich hatte ganz heiße Backen: »Konrad Adenauer ist der größte lebende Politiker«, teilte ich ihnen mit, »und der humorvollste.«

»Das war mein größtes Erlebnis«, bestätigte Helmut, als wir wieder allein waren. »Nach unserer Hochzeit natürlich.«

Es kam nicht mehr zu dem versprochenen Theaterbesuch. Konrad Adenauer starb ein Dreivierteljahr später, am 19. April 1967, in seinem 91. Lebensjahr.

Vorsicht Kurve

Am 21. Juli flog ich nach Genf zurück.

Am nächsten Tag nach Paris hin und zurück. Als ich abends nach Hause kam, fand ich Corinne, Paul und Ninon vor. Sie gingen aber bald. Die Nachtruhe war kurz, in aller Herrgottsfrühe erschütterten einige Detonationen das ganze Haus – sie kamen heute aus dem Kinderzimmer; Françoise III hatte verschlafen. Kaum war ich aufgestanden, kam Curd Jürgens mit Simone und einigen Damen und Herren und wollte Boot fahren. Da es zu wellig war, tranken sie einige Aperitifs, überredeten mich, Fisch essen zu gehen und blieben dann noch den ganzen Nachmittag.

So war das immer. Kaum war ich angekommen, verwandelte sich das Haus in einen Bienenstock. Am 1. August, Nationalfeiertag und Geburtstag Tells, konnte ich einen absoluten Besucherrekord verbuchen. Obwohl Helmut nicht da war, wagte ich es, sämtliche längst fälligen Einladungen mit einem Schlag zu erledigen. Morgens fuhr ich nach Genf, besuchte Mme. de Watteville und holte im »Vieux Clos« mehrere Gepäckstücke Corinnes ab. Dummerweise lud ich die ganze Familie meines Vetters ein, die ich dort antraf. Ich fuhr schon mal nach Hause, Corinne kam mit weiteren Koffern und Kindern nach, worauf wir uns zu Tisch setzten und mindestens 5 kg Spaghetti fraßen. Nachdem Tell seine Geschenke geöffnet hatte, dekorierten wir den ganzen Garten mit Lampions, Fähnchen und Papierschlangen, Paul installierte das Feuerwerk, und die beiden Mädchen arbeiteten wie die Neger, um den Rapskäse zu rapsen. Plötzlich erhob sich ein rasender Ostwind, der strahlende Sommertag war verflogen, und wir mußten ins Haus flüchten, wo wir sicherheitshalber noch Salon und Keller herrichteten. Leider hatte ich in letzter Minute auch noch Herrn und Frau Professor de Watteville eingeladen – es sollte sich zeigen, daß man nicht Kraut und Rüben durcheinander mischen soll.

Um 20 Uhr 30 war so ziemlich alles fertig. Tell wurde süß angezogen, und wir stapften schlotternd durch den heulenden Eissturm ins Dorf hinauf zum Feuer und zu den Reden. Tell begann zu jammern, er sei müde, so daß ihn Françoise tragen mußte, und kaum näherten wir uns dem wild lodernden Feuer und dem Raketengeknatter, begann er aus Leibeskräften zu brüllen, und Françoise mußte sofort mit ihm zurück.

Als wir wieder zu Hause waren, erwartete uns bereits Henri Heller, Helmuts Agent, den ich idiotischerweise auch eingeladen hatte. Bald darauf erschien der Syndic Pierre Martin mit Frau, Töchtern und ungeratenem Sohn sowie dessen ausgelassenen Freunden, an denen wir noch viel Freude haben sollten. Fast gleichzeitig kamen de Wattevilles, und schon begann das Dilemma mit dem Vorstellen. Die Terrasse, die sehr hübsch und festlich ausgesehen hatte, als sie noch leer war, wurde immer ungemütlicher, je mehr Gäste kamen. Alle saßen aufgereiht auf Stühlen, die nicht zusammenpaßten, und redeten kein Wort. Frau de Watteville saß neben unserer Putzfrau, und der Professor, den ich in ein Gespräch zu verwickeln versuchte, sah sich vergeblich nach einer Sitzgelegenheit um. Die beiden Mädchen und ich liefen wie aufgescheuchte Hühner hinter den Gästen her, um ihre Gläser zu füllen. Paul wiederum sorgte dafür, daß das Feuerwerk rechtzeitig und schön laut krachte. Tell war zum Glück bereits im Bett.

Dann spielte die Musik laut und falsch, aber von Herzen, und es wäre alles gar nicht so übel gewesen, wenn sich nicht auf einmal eine Horde mir unbekannter junger Leute in den Salon ergossen und auf den Sesseln herumgewälzt hätte, wo der Sohn des Syndic und seine Freunde schon mit gutem Beispiel vorangingen. Dann tauchten irgendwelche betrunkenen Nachbarn auf und begannen, ohne mich überhaupt zu grüßen, unter den wildesten Verrenkungen zu tanzen, als ob sie geradewegs aus dem Urwald entsprungen wären. Ich war mir im klaren, daß ich diese Gesellschaft nicht mehr so schnell los wurde, dafür hatten die Wattevilles und Henri bereits die Flucht ergriffen. In letzter Verzweiflung drehte ich die Sicherungen heraus, worauf es im ganzen Haus stockdunkel wurde und die Walpurgisnacht unter lautem Indianergeheul erst richtig anfing. Plötzlich ging das Licht wieder an, denn Béatrice hatte von der künstlichen Panne nichts gewußt und die Sicherungen wieder eingeschraubt. Einige Paare, die sich gerade auf dem Fußboden rollten, erhoben sich protestierend, wurden nun aber von der empörten Béatrice, die aus dem katholischen Fribourg stammte, hinausgeschmissen. Alle gingen, außer Françoise und ihrer Familie, die ich gegen halb drei Uhr früh auch aus dem Haus gähnte.

Corinne übernachtete bei mir, aber sie trug am nächsten Morgen nicht gerade zu meiner Erheiterung bei; ihr fortwährendes Wiederkäuen sämtlicher Mißgeschicke machte mich noch müder, als ich ohnehin schon war, draußen schiffte es gottsträflich, und Ninon kreischte unaufhörlich, während Paul in aller Seelenruhe Corinnes zahllose Gepäckstücke in seinem Wagen verstaute, dabei fuhr ihr Zug in wenigen Minuten. Als sie endlich zum Tor hinausfuhren und ich schon aufatmen wollte, kamen sie wieder zurück, erklärten, es sei jetzt zu spät und blieben zum Mittagessen.

Vier Monate Privatleben folgten, bis Anfang Dezember die Proben im Theater am Neumarkt in Zürich losgingen: *Der Liebhaber* von Harold Pinter und *Ein unglücklicher Zufall* von James Saunders. Helmut führte Regie, ich hatte die beiden Hauptrollen.

Ich hatte noch nie in einem Zwei- bzw. Dreipersonenstück gespielt und realisierte nicht, daß ich doppelt so viel Text hatte, wie sonst.

Immer wieder fand ich neue Vorwände, um mich vorm Lernen zu drücken. Mal mußte ich nach München, um mein neues Rennpferd Szobrasc laufen zu sehen; mal nach Heidelberg, um als Marie Antoinette in einem Helikopter vom Himmel zu schweben; dann wieder kamen auf einen Knall ein halbes Dutzend Journalisten und stellten das ganze Haus auf den Kopf; oder ich mußte ein Reiterfest veranstalten . . .

Ja, diese Reiterei! Wie oft schleppte ich mich müde und verdrossen in einen Pferdestall, ein zerknittertes Hunger- und Angstgerippe, bis ich im Sattel saß – eine übermütige, glücklich plappernde Heuschrecke, wenn ich wieder heruntersprang. Helmut ging es ähnlich und einem überanstrengten Bäckerehepaar ebenfalls, das uns regelmäßig begleitete.

Jean-Pierre und Olgi Monod hießen die beiden, und unsere Ausritte fanden meistens am Montagmorgen statt, weil da die Bäckerei zu war. Jean-Pierre, ein 1,90 m großer und etwa 100 kg schwerer Witzbold, den nichts, auch nicht die gelegentlichen Wutanfälle seiner Frau, aus der Ruhe bringen konnte, bestimmte Zeit, Weg und Tempo dieser Ausflüge, und ich kann, unter Berücksichtigung des üblichen Reiterlateins, wohl behaupten, daß er kein Sonntagsreiter war. Kein Zaun, kein Graben, kein gähnender Abrutscher war vor ihm sicher, auch nicht die halb verfallene Hindernispiste im Wald, mit ihren heruntergerissenen, querstehenden Stangen. Es wurde nicht gemeckert, vorausgesetzt, man blieb oben.

Verschwitzt, aber stolzgebläht versorgten wir nach bestandenem Abenteuer Ramoneur, Rafale, Laboureur oder Feinschmecker in ihren Ställen, stopften sie voll mit Äpfeln und anderen Leckerbissen und erwähnten an der Reiterbar lässig abwinkend nur die Beinahkatastrophen. Dann fuhren wir mit oder ohne Anhang in eine Dorfkneipe, aßen, tranken und kegelten bis spät nachmittags. Diese Montage, an denen wir völlig erschöpft vor Lachen und Anstrengung nach Hause wankten, wurden zur fieberhaft herbeigesehnten Kraftprobe, trotz schlotternden Knien und Herz in den Hosen, denn hinterher waren wir die Größten!

Als am 25. Oktober dann auch noch Shakespeare eintraf, da er wegen seiner Sprunggelenke keine Rennen mehr laufen konnte, wurde ich in der Reitschule sogar vorübergehend ernstgenommen. Shaky warf sämtliche Theorien über die Wildheit von Vollblütern im allgemeinen und Hengsten im besonderen über den Haufen. Schon in den ersten Tagen betrat er ohne mit der Wimper zu zucken, die Manege und trabte unbeeindruckt mit den Reitschulpferden im Kreis herum. Reitlehrer und Pferdepfleger trauten ihren Augen nicht, renommierte Reiter und Reiterinnen begannen mich plötzlich zu grüßen. Doch ich konnte meinen Triumph nicht lange auskosten, ich mußte wieder mal weg: Besprechung für die Stücke in Zürich und Entfernung eines Weisheitszahns.

Am 1. Dezember war die erste Probe in Zürich. Wir waren zwei Tage früher gekommen, um uns in aller Ruhe in einem Landgasthof in Küsnacht, fern vom Theatertrubel, zu installieren. Aber das nächtliche Gepolter, Geklapper, Gedonner und Geschepper von Türen, Treppen, Betten und frühmorgendlichen Preßlufthämmern ließ uns das ehrwürdige Haus schon am nächsten Morgen fluchtartig wieder verlassen. Dieser turbulente Beginn war und blieb wegweisend für unser Zürcher Abenteuer.

Da war zum Beispiel mein Partner Peter Maertens, Sohn des ehemaligen Hamburger Thalia-Intendanten Willy Maertens. Helmut hatte Peter engagiert, obwohl er ihn nur als Schiffshauptmann in *Was ihr wollt* gesehen hatte, weil er englisch aussah und mit der winzigen Gage einverstanden war. Der gute Peter machte aber vom zweiten Probentag an nichts mehr, was Helmut von ihm verlangte. Teils aus Prinzip, teils weil er wußte, es war Helmuts erste Regie. Er trat auf und diskutierte. Jeder Satz, jeder Gang wurde zur Staatsaffäre. Am dritten Probentag waren wir immer noch nicht über die ersten Sätze hinaus.

Und schon krachte es. Ich hatte es kommen sehen. Helmut bekam dreieckige Augen und begann plötzlich und unerwartet so zu brüllen, daß die Wände zitterten. Dann brach er die Probe ab.

Aber Peter war nicht das einzige Problem. Wir wußten zwar, daß ein kleines Theater mit einem bescheidenen Budget auskommen muß, aber daß überhaupt kein Personal zur Verfügung stand, erfuhren wir erst nach und nach. Jeden Tag erschien eine andere Schauspielschülerin und betätigte sich als Souffleuse, Garderobiere oder Inspizientin. Nur einer war vom Fach – Charly: Beleuchter, Maler, Bühnenmeister, Abendregisseur und unersetzlicher Star des Theaters. Aber gerade er machte die größten Schwierigkeiten. Er sagte einfach zu allem nein. Keine Beleuchtung, kein Podest zum Probieren, und eines Morgens auch kein Tonband mehr. Diesmal bekam Helmut viereckige Augen, und dementsprechend war auch die Lautstärke der anschließenden technischen Unterhaltung. Nach diesem zweiten Krach begann sich die festgefahrene Maschinerie zu bewegen.

Am 23. 12. wollte Helmut eine Beleuchtungsprobe machen, weil dann die dreitägige Weihnachtspause begann. Leider war die Dekoration nirgends zu erblicken, so daß die Hauptprobe und die Premiere verschoben werden mußten. Glück im Unglück – Stille vor dem Sturm.

Weihnachten in Perroy war wie immer am schönsten, als es vorbei war. Der Baum war herrlich anzusehen, die Geschenke türmten sich wie noch nie, und Mama strahlte mit den Kerzen um die Wette. Aber Tell war ein Bild des Jammers, mußte sich vor Aufregung übergeben und saß trotz einiger herrlicher Lastautos und seiner ersten elektrischen Eisenbahn müde und traurig da. Am nächsten Tag hatte er Fieber, der Arzt mußte kommen, und am Schluß beschimpfte mich die Köchin.

Alles andere als erholt fuhren wir am 27. 12. wieder nach Zürich zurück, Helmut mit fast unlösbaren Beleuchtungsproblemen, ich hin und her gerissen zwischen Familien- und Premierennöten.

Am 28. 12. waren zwei Hauptproben, von morgens um 11 Uhr bis Mitternacht. Es lief gut, außer, daß meine beiden Partner Helmuts Inszenierung bis zuletzt anzweifelten. Sie fanden gerade das unangebracht, was die Aufführung attraktiv machte: die verrückten Metallkleider Paco Rabannes, von Kostümberater Jean Palmerio eigenhändig aus Paris herbeigeschafft – und das absurd-witzige Bühnenbild Ambrosius Humms.

29. 12. Abends Generalprobe. Um 23 Uhr war alles vorbei.

30. 12. Premiere. Ich hatte zu meiner maßlosen Verwunderung phantastisch geschlafen und merkte gleich, ich hatte einen guten Tag. Der Kopf war frei, das Herzklopfen allerdings beträchtlich. Nach der Durchsprechprobe am Vormittag gingen wir vollzählig chinesisch essen und schlugen dann den restlichen, qualvollen Nachmittag jeder auf seine Weise tot.

Die Vorstellung begann um 20 Uhr 30. Um fünf vor halb stand ich bachnaß, wie von jetzt an jeden Abend, an meinem Auftritt. Durch den Schleier, den ich aufzuziehen hatte, sah ich, wie sich das Parkett zu füllen begann und erkannte Buebi, der rechts außen neben Peters Frau saß. Das halblaute Murmeln des Publikums, das mich bei jeder Premiere aufs neue in Panik versetzte, verstummte schlagartig, als es dunkel wurde. Es geht nicht, fuhr es durch meinen Kopf, aber schon zog ich den Schleier weg, trat auf, ging automatisch nach vorn, hörte Applaus und setzte mich beinahe neben den Stuhl. Der Schreck war so gewaltig, daß ich endlich aufwachte; von da an passierte nichts mehr, von den paar Sekundenhängern (blitzartigem Wegbleiben und Wiederkehren von Satzteilen) abgesehen.

Das erste Stück war im Handumdrehn vorbei. Doch dann kam der große Ritt über den Bodensee. Ich weiß nicht, wie oft ich zwischen den rasenden Tiraden dachte: Lieber Gott, hilf! Auf jeden Fall schoß ich durch die Tunnels, daß es nur so knatterte, und als ich den letzten Satz, ».... schlecht geschrieben, schlecht gespielt und offenbar ohne jeden Regisseur«, ins Publikum geschleudert hatte, war ich völlig aus dem Häuschen; ich sauste auf der Bühne herum, umarmte Helmut und schrie ununterbrochen: »Ich träume, es ist vorbei, ich träume...«

Buebi, seit Weihnachten aus Japan zurück, wo er eineinhalb Jahre lang eine Nestlé-Fabrik geleitet hatte, sorgte für einen würdigen Abschluß der Premiere. Er war von Bern direkt ins Theater gekommen und hatte kein Zimmer reserviert. Als wir nach der Premierenfeier morgens um 3 Uhr ins Hotel zurückkamen, war niemand mehr am Empfang; wir nahmen einfach einen Schlüssel vom Brett, nach uns kam sicher niemand mehr, und besichtigten wie drei Einbrecher das dazugehörige Zimmer. Die Betten waren nicht bezogen, so holten wir einen anderen Schlüssel; in diesem Zimmer war keine Heizung. Buebi schickte uns dann ins Bett und erzählte uns beim Frühstück, er habe noch vor Morgengrauen eine Dachkammer gefunden, wo er ausgezeichnet geschlafen habe.

Es folgten dreißig Vorstellungen en suite mit einigen freien Tagen. Jeden Abend pilgerte ich im Schweiße meines Angesichts ins Theater, voller Angst, ob es gelinge oder nicht. Kein einziges Mal fühlte ich mich wirklich sicher. Was war nur los mit mir? Spielte ich nicht mehr gerne Theater?

Ich kam einfach nicht zur Ruhe. Jeden Tag war etwas anderes los, sagten sich neue Besuche an, mit denen ich mich befassen mußte. In Perroy zogen sich Gewitterwolken zusammen, eines der Mädchen stritt sich mit Mama und lief weg. Nun mußte der Umzug des verbleibenden dienstbaren Geists und des immer noch kranken Tell organisiert werden. Und jeden Abend spielen.

An den beiden letzten Freitagen mußte ich nach München fliegen, um meinen vierten Bambi abzuholen – ein inzwischen spindeldürrer, aber idealer Kleiderständer für den Klapperrock aus Drähten und Schrauben von Paco Rabanne.

Zurück in Zürich, folgte eine weitere Preisverleihung auf der Bühne, der »Goldene Bildschirm« für den *Regenmacher*. Ich war stolz und glücklich über die Auszeichnung, lachte über die Journalisteninvasion, freute mich über den Besuch meines ersten Filmproduzenten F. A. Mainz, mit dem es kein Wiedersehen mehr geben sollte.

Aber es war zuviel. Die Ereignisse überschlugen sich, und ich rannte von einem Termin zum anderen. Ich wurde immer unkonzentrierter und abergläubischer, und dachte auf der Bühne an alles, nur nicht an meinen Text.

Drei Tage vor Schluß überfielen mich rasende Halsschmerzen, und ich konnte kaum noch sprechen. Magen und Kehle waren wie zugeschnürt. Mit äußerster Anstrengung spuckte und gurgelte ich meine Sätze heraus. Ich zählte die Tage ... zwei ... eins ... aus! Am 2. Februar 1967 war die letzte Vorstellung.

Papa war nicht nach Zürich gekommen, um sich die Vorstellung anzusehen. Als Buebi 1962 in das norddeutsche Kappeln übersiedelte, um die dortige Nestlé-Fabrik zu leiten, erlitt er seinen ersten, leichten Schlaganfall. Er erholte sich zwar wieder, begann aber von da an zu kränkeln und sich noch mehr abzukapseln. Er hatte sein ganzes Leben lang den harten Mann gespielt, um sich von seinen hysterischen Schwestern und seiner verbitterten Mutter nicht unterkriegen zu lassen. Aber seit er vor ein paar Jahren pensioniert worden war, fehlte ihm die Arbeit, Mamas schwere Krankheit rieb ihn auf, und Buebis Wegzug aus dem Haus am Malerweg raubte ihm seine letzte Stütze.

Um Papa kümmerte sich in Wirklichkeit niemand mehr, wenn man von Viola, der italienischen Haushälterin absieht, die sich jedoch immer mehr zum Drachen entwickelte. Er wollte ja auch seine Ruhe haben, haßte Besuche, vergrub sich hinter Büchern, Bildern, Briefen, Blumenbeeten und kurvte weiterhin mit mathematischer Pünktlichkeit durch das Leben wie ein einsames Gestirn.

Jetzt schien alles wieder zu sein wie früher. Auch ich erwartete, ihn jederzeit als unumstrittenen Herrn im Hause vorzufinden, wenn ich mal hereinschneite und merkte nicht, daß das bei derlei Überraschungen übliche ärgerliche Gebrumm müde und der grimmige Blick vorsichtig geworden waren. Ich wunderte mich nur, daß er sich von Viola so herumkommandieren ließ. »Sonst fährt sie nach Italien zurück«, antwortete er.

Ja, er fürchtete sich davor, alleingelassen zu werden; aber wir hatten uns an seine Einsiedelei gewöhnt. Niemand kam auf den Gedanken, daß er jetzt Gesellschaft suchte und brauchte. Der mürrische Eigensinn, mit dem er sich immer umgeben hatte, mit dem er vierzig Jahre sein Amt als Kulturingenieur des Kantons Bern versah, mit seinem Beamtenlohn ein ganzes Haus durchboxte, Ferien organisierte, drei Kindern Schulen und Studien errackerte und auch noch Zeit für seine geliebte Malerei fand – dieser Bernerschädel wurde ihm jetzt zum Verhängnis. Die Verwandtschaft hatte ihn zu meiden begonnen und rümpfte über ihn die Nase, weil er sich nur alle zehn Jahre einen neuen Anzug leistete, jeden Abend am Schreibtisch arbeitete und nie ausging. Unversöhnlich war leider auch meine Schwester Corinne. Während Buebi und ich als Kinder über den Schatten des gestrengen Vaters zu springen vermochten, versteinerte sie in panischem Schrecken. Als sie von der brotlosen Graphik zum Journalismus umsattelte, zahlte sie Papa ihre Kindheitsängste rücksichtslos in Buch- und Illustriertenberichten heim.

Im September 1965 übersiedelte Buebi nach Japan, um vorübergehend eine Nestlé-Fabrik zu übernehmen. Prompt erlitt Papa einen Rückfall, der sich in einer Lähmung der rechten Hand äußerte. Durch den Wegzug Buebis ans Ende der Welt brach für ihn, wie schon vor drei Jahren, die lebenswichtige Schutzmauer zusammen, die der Sohn für ihn bedeutete. Das Tauziehen um sein Ferienhaus, das »Vieux Clos«, tat ein übriges. Es gehörte zur Hälfte dem Sohn seiner verstorbenen Schwester, Hans-Ueli, der die Abtretung notariell erzwingen wollte.

Es stellte sich heraus, wie schon so oft, daß er klüger war als wir alle zusammen. Dank peinlich genauer Einhaltung ärztlicher Vorschriften und systematischer Regelmäßigkeit seines Tagesablaufs kehrten seine alten, unerbittlichen Lebensgeister zurück, nicht zuletzt durch seine virtuose Fähigkeit, sich jeden Ärger vom Leib zu halten. Aber als ich ihn im März 1966 wiedersah, erschrak ich über sein um Jahre gealtertes Gesicht.

Es dauerte kein halbes Jahr bis zum nächsten Tiefschlag. »Bitte wegen Papa Tante Elsi anrufen«, stand in einem Telegramm, das mir Mama nach Heidelberg schickte. Papa war vorübergehend bei Mamas Schwester Elsi, da Viola in den Ferien war. »Papa ist verunglückt«, teilte sie mir am Telephon mit – dann, nach geheimnisumwitterter Pause: »Er ist eine Böschung hinuntergefallen.«

Helmut fuhr sofort mit mir zu Tante Elsi. Ich war richtig beruhigt, als ich Papa im Badezimmer laut schimpfen hörte, bevor ich ihn überhaupt zu Gesicht bekam. Sein Anblick war allerdings weniger komisch. Er sah aus wie nach einer schweren Schlägerei, die Nase verbunden, die Lippen genäht und den ganzen Kopf voller Schürfwunden. Er wußte nicht, wie es passiert war, redete langsam und wie aus einem Faß, hatte offenbar eine Gehirnerschütterung und stand unter starken Mitteln. Mir wurde ganz elend vor Mitleid, denn er bedauerte sich überhaupt nicht und ärgerte sich über das ganze Getue.

Zum Glück kam Buebi Ende 1966 von Japan zurück und zog mit seiner Familie wieder an den Malerweg. Aber Papas körperlicher Verfall war unaufhaltsam, die Krisen kamen in grausam regelmäßigen Abständen.

Wieder ein paar Monate später, kurz nach der letzten Vorstellung im Theater am Neumarkt, sah ich Papa in Bern wieder. Er war im Krankenhaus nach einem neuen schweren Schlaganfall. Er hatte Mühe mit Sprechen und konnte sich nicht selber an- und ausziehen. Immer wieder fragte er, wie lange er noch bleiben müsse, voller Angst, er dürfe nicht mehr nach Hause. Diese Befürchtung war nicht ganz unbegründet, Buebis Umgang mit Papa war ungeduldiger als sonst, wie mir schien. Sicher war er kein bequemer Patient, denn er wußte, wie es um ihn stand und konnte seine wachsende Unruhe nicht mehr verbergen. Es folgte eine Lungenentzündung, die er aber noch einmal überwand.

Am 31. März 1967 besuchte ich Papa und Mama in Bern, dann

mußte ich für zehn Wochen nach Deutschland, um den dritten *Spessart* zu machen. Helmut war immer noch in München, wo er am Residenztheater Paul Claudels *Seidenen Schuh* spielte und *Die Plebejer proben den Aufstand* von Günter Grass vorbereitete, beides Lietzau-Inszenierungen.

Herrliche Zeiten im Spessart hieß der dritte Spessartfilm, der am 29. März 1967 in Berlin begann. Ich werde mit den drei Gespenstern Hans Richter, Rudolf Rhomberg und Joachim Teege in den Weltraum geschossen und lande mit der Rakete, deren Uhren falsch gehen, mal bei den Germanen, mal bei den Minnesängern, mal in der Zukunft.

Für uns Schauspieler war der Film ein Fressen, da wir uns ständig verwandeln mußten, für den Regisseur Kurt Hoffmann ein Schlachtfeld voller Irrungen, Wirrungen und technischer Tücken. Da er in diesem Film auch Produzent war, mußte er sich auch noch um die Finanzen kümmern, und das war einfach zuviel.

Auch ich war nervös und angestrengt, die Zürcher Strapaze steckte mir noch in den Gliedern. Wenn mich Kurt hinter der Kamera mit seinen stahlblauen Augen fixierte, merkte ich, wie mir die Angst den Rücken hochkroch, die Angst zu patzen, den Text zu vergessen und die Szene wiederholen zu müssen. Ich wurde unsicher, bekam schon beim Schminken Herzklopfen und verlor jeglichen Appetit. Ich begann diesen Dauerstreß zu hassen und dachte voller Bitterkeit, wie wohl es mir beim Reiten, Stricken oder Aufräumen war, wo ich keine fehlerlosen und endgültigen Texte ausspucken mußte.

Hubsi von Meyerinck, mit dem ich fast in jedem Hoffmann-Film zusammentraf, war auch diesmal dabei. Am 14. April schickte er mir einen Blumenstrauß mit den Worten: »Adieu, Dein Freund Adenauer liegt im Sterben.« Als ich zwei Tage später aus dem Zimmer ging, hörte ich gerade noch im Radio: ». . . ist nicht mehr.« »Jetzt ist er tot«, sagte ich zum Zimmermädchen.

»Naja, er ist ja auch schon so alt«, antwortete sie.

Auf der Straße hörte ich schon von weitem sämtliche Glocken der Gedächtniskirche läuten. Ich ging an einem Hochzeitspaar vorbei ins Innere, stand ein paar Minuten unter den unzähligen, blauleuchtenden Kirchenfenstern und dachte an den großen alten Mann.

»Aber sie bringen immer noch Unterhaltungsmusik«, bemerkte der Hotelportier, dem ich die Trauerbotschaft als nächstem überbrachte. Zum Glück hatte ich kein Telegramm geschickt. Das »ist nicht mehr« der Radiosendung betraf wohl etwas anderes. Konrad Adenauer starb drei Tage später, am 19. April 1967.

Die Innenaufnahmen in Berlin dauerten sechs Wochen und blieben bis zum letzten Tag qualvoll anstrengend. Meine vielleicht wichtigste Szene kam ganz am Schluß dran, wenn ich als junge und greise Anneliese mit mir selbst spiele. Aber dann winkten ein paar freie Tage bis zu den Außenaufnahmen in Heppenheim.

Als Ritter verkleidet geisterte ich eine Woche lang in dem verträumten, hessischen Städtchen herum, es fing direkt an Spaß zu machen. Aber nur so lange, bis von der Stadt ein Photowettbewerb und eine Horde Touristen auf uns losgelassen wurde. Sie lauerten schon morgens um 6 Uhr, wenn wir völlig verschlafen aus dem Hotel wankten, mit gezückten Kameras hinter Bäumen und Mauervorsprüngen, liefen hinter den Autos her, die uns abholten, stiegen auf Bänke und Fenstersimse, wenn wir geschminkt wurden und sprangen fröhlich vor der Kamera herum, wenn wir eine Szene drehen wollten. Kurz bevor uns allen der Kragen platzte, rückten die Pfingstfeiertage heran und jeder flüchtete in irgendeine Versenkung.

Ich freute mich wahnsinnig, Helmut und Tell in Rottach-Egern am Tegernsee wiederzusehen, wo unser Haushalt vorübergehend untergebracht war, denn Helmut spielte ja immer noch in München. Aber obwohl wir im Hotel Bachmair, das Helmuts Freunden gehörte, wie die Fürsten verwöhnt wurden, konnte ich mich einfach nicht richtig entspannen. Es waren weniger die Anstrengungen, die hinter mir lagen, sondern die Strapazen, die mir in diesem Jahr noch bevorstanden und die mir wie ein Albtraum auf dem Magen lagen: die Theatertournee mit dem *Regenmacher*, die wir vor einem Jahr abgeschlossen hatten und die unaufhaltsam näherrückte. Warum hatte ich das bloß unterschrieben? Das Tourneeleben war uns von den lieben Kollegen in den abenteuerlichsten Farben ausgemalt worden: täglich andere Theater – jede Nacht in einem anderen Bett –, und das drei Monate lang, die Proben nicht mitgerechnet. Der einzige Trost war, daß Helmut mitspielte. Um so mehr gab es keine Möglichkeit, zu entkommen, es sei denn, ich kriegte ein Kind.

Eine Woche Außenaufnahmen in Wien, eine Woche in Berlin folgte.

Am 1. Juni war der letzte Drehtag, am 3. Juni flog ich nach München, am 4. Juni traf ich mit Tell und dem Mercedes zu Hause in Perroy ein.

5. Juni. Als ich gegen 9 Uhr frühstückte, bemerkte ich einen Mann beim Bootshaus unten, der am halb heruntergelassenen Schiff hantierte. Es war Curd Jürgens. Er erzählte mir von seiner Herzoperation und daß er morgen zu einer Kontrolle müsse, bei der ein Katheder direkt ins Herz eingeführt werde. Ich merkte, er hatte Angst. Deshalb nahm ich ihm die Bemerkung, sein Boot sei schmutzig, nicht übel. Ich hatte sowieso andere Sorgen – meine Periode war seit fast vierzehn Tagen ausgeblieben, heute mußte ich deswegen zum Professor. Ich hoffte auf eine Hormonstörung.

Nachdem mitten in der Stadt Genf der Mercedes kaputtgegangen, allerdings dann noch hustend und spuckend bis in eine Werkstatt gestottert war, traf ich mit einer Stunde Verspätung beim Professor ein. Er war über meine Vermutung, ich erwarte wohl Nachwuchs, sehr erstaunt, untersuchte mich und brummte: »Ich glaube eher ja . . .« Dann machte er einen Test. Er war negativ.

8. Juni. Der Test wurde morgens wiederholt. »Rufen Sie am Nachmittag an«, sagte der Professor, »dann habe ich das endgültige Ergebnis.«

Ich rief an – dann mußte ich mich vor Schreck eine halbe Stunde hinlegen. Ich war schwanger.

Ich fühlte mich miserabel. Heuschnupfen und Übelkeit überfielen mich abwechselnd, und ganz weit weg kribbelte etwas in meiner Erinnerung, wie ein Frösteln – die Angst vor der Geburt.

Helmut tröstete mich am Telephon, jubelte überzeugend, es werde sicher ein Mädchen und stellte meine gute Laune wieder her, indem er seine baldige Rückkehr aus München ankündigte.

Aber sein Gastspiel war kurz; wir machten einige Male Wasserski, das durfte ich, gingen essen oder alberten mit Tell im Garten herum, das war alles. Als Helmut wieder wegfuhr, fielen mir Hitze und Haushalt so auf den Wecker, daß ich mit Tell ein paar Tage in die Berge fuhr. Dort, am Fuße der Jungfrau, schien jeden Morgen um 6 Uhr ein Treffen sämtlicher schweizerischer Schulklassen stattzufinden, und auch auf die eisige Kälte mitten im Sommer waren wir nicht gefaßt. Tell war es langweilig, mir übel, der Hotelleitung unangenehm, und so packte ich den quengelnden Tell schon nach

drei Tagen wieder in den Wagen und machte mich auf den Heimweg. Wir fuhren in Iseltwald bei Tante Marguerite und Onkel
Viktor Surbek vorbei, den beiden berühmten, über achtzigjährigen
Berner Malern, die vor Vitalität nur so strotzten – und besuchten
auch Papa im Berner Burgerspital. War für ihn zu Hause kein Platz
mehr? Bedrückt fuhr ich gegen Abend mit Tell weiter nach Perroy,
wo uns niemand empfing.

Es wurde ein heißer Sommer und alles andere als erholsam. Wenn
nicht gerade Photos für irgendeine Illustrierte gemacht wurden oder
Fernsehaufnahmen für eine Sendung Corinnes über die »Glücklichen«, schneiten täglich ganze Völkerwanderungen von Bekannten,
Verwandten und Handwerkern ins Haus. Damit nicht genug,
wurden wir von den immer rabiateren Vorschlägen unseres Cousins
Hans-Ueli überrascht, der nun die Abtretung des »Vieux Clos«
gerichtlich erzwingen wollte. An einem der schwülsten Tage fuhr
ich mit Helmut, der endlich Ferien hatte, nach Villeneuve, ans
Ende des Sees, um Hans-Ueli sein Vorhaben auszureden. Er hatte
seinen Sohn Jean-Claude mitgenommen, der sich später das Leben
nahm.

Aber es nützte alles nichts. Umsonst beschwor ich sie, den Plan
aufzugeben, daß Papa schließlich noch lebe, daß Buebi und ich nicht
mitmachten, und daß das alles kein Glück bringe. Hans-Ueli
meinte, dann müsse das Gericht entscheiden. Er setzte seinen
Willen durch: Papa sollte entmündigt werden. Papa, der Unbe-
stechliche, Unabhängige, Allwissende! Als er davon erfuhr, erlitt er
einen so schweren Rückfall, daß er sich nie mehr davon erholte.

Unterdessen war es August geworden – unentrinnbar nahte die
Tournee. Am 16. August begannen die Proben in Bregenz. Regie
Franz Peter Wirth, Helmut als Starbuck, nachdem er in der Fern-
sehinszenierung mit dem undankbaren Noah besetzt worden war.
Da die Tournee ja erst am 15. September losging, hatten wir Tell
und das Kindermädchen Béatrice mitgenommen und wohnten vollzählig in Schloß Hofen in der Nähe von Bregenz.

Die Proben wurden anstrengender als erwartet, denn Franz Peter
hatte nur etwa die Hälfte seiner Fernsehbesetzung übernommen
und arbeitete meistens morgens und abends. Zahn-, Kopf- und
Bauchweh waren meine ständigen Begleiter, und richtig wohl war

mir eigentlich nur im Bett, wenn es das Geknatter der Bohr- und Baumaschinen, die uns während der ganzen Tournee nachzureisen schienen, zuließ.

Am 14. September war ich im fünften Monat – und abends öffentliche Generalprobe. Wir waren alle froh, daß es endlich losging, wir waren völlig überprobt, seit vierzehn Tagen rasselten wir das Stück nur noch durch, und der Text kam uns schon zu den Ohren heraus. Trotzdem ging heimliches Lampenfieber um, denn niemand hatte einen solchen Ansturm von Zuschauern erwartet. Das Stück kam denn auch groß an, und wir beschlossen, das sei die Premiere gewesen; also durften wir uns mit einem heißersehnten Bier belohnen, dem ersten seit Wochen! Die Premiere am nächsten Tag war noch voller, das Bier noch besser.

Aber nun begann der Ernst des Lebens, Enthaltsamkeit auf der ganzen Linie, und 87 Vorstellungen in mindestens achtzig verschiedenen Städten.

Es wurde eine Zerreißprobe. Ich wurde immer dicker. Dauernd mußten die Theaterkostüme weitergemacht werden, und privat trug ich Umstandskleider, die ich haßte. Ich sah aus wie eine Tonne und hatte bei dem Zigeunerleben keine Zeit, etwas dagegen zu tun. Nach der Vorstellung zog Helmut alleine los, denn ich mußte ins Bett, um mich auszuruhen. Wir hatten getrennte Zimmer. War Helmut mal ungeduldig oder nervös, haderte ich mit meinem Schicksal und bezog alles auf mich und meinen Zustand.

Überhaupt schien über dem ganzen Unternehmen ein Unstern zu stehen. Schon bei der dritten Vorstellung, in Erlangen, begannen die Umbesetzungsproben; Franz Rudnik, der den Noah spielte, war heiser und seine Rolle mußte gelesen werden. Gleichzeitig wurden Proben mit Dinah Hinz angesetzt, die irgendwann für mich einspringen mußte. Flirtete Helmut mit meiner Nachfolgerin? Unterhielten sie sich nicht etwas zu ausgiebig über die Rolle? Sollte ich nicht lieber doch bis zum Schluß spielen?

In der fünften Vorstellung, am 20. September, hatten wir wieder einen neuen Noah, nach Sigurd Fitzek übernahm Tenor Gaffron die Rolle. Als die Umbesetzungen vorbei waren, brachen Halsschmerzen und Schnupfen über mich herein und zur Belohnung besonders weite Strecken bis zum nächsten Spielort.

Die freien Tage retteten uns. »Einen pro Woche, sonst unter-

schreibe ich nicht«, hatte ich Alexander Francke vom Grünen
Wagen bei Vertragsabschluß gesagt und bei der Gelegenheit erfahren, daß das noch nie jemand verlangt habe. Die meisten Tourneen
hätten überhaupt keine freien Tage. Wie gesagt, wir hatten welche, und dieses Glücksgefühl, einen Tag nicht unter Druck zu
stehen, beschwingte uns, Zentnergewichte fielen von der Seele,
Schnupfen und Erschöpfung waren wie weggeblasen, kurz, das
Gleichgewicht war wiederhergestellt. Aber wir waren ja noch ganz
am Anfang.
In Freiburg erlebten wir einen vorläufigen Höhepunkt. Beifalls-
stürme, begeisterte Presse. Seit meinen Anfängen in Bern hatte ich
das nicht mehr erlebt.
Bern, 18. Vorstellung. Ja, Bern übertraf alles bisher Dagewesene!
24 Verwandte und Bekannte waren anwesend. Hochspannung!
Volltreffer! So hatte ich mir das damals vor neunzehn Jahren
vorgestellt, als Rache für Bergfrieds kalte Schulter: unzählige Vorhänge, Trampeln, Bravos! Es war ein Triumph, die Erfüllung
eines Wunschtraums.
Und doch war es mir nicht ganz wohl in meiner Haut, irgendwie
wehte da oben auf dem Gipfel ein ziemlich kaltes Lüftchen . . .
Als ich aus dem Theater kam, wartete Papa in Buebis Wagen auf
mich, direkt vor dem Bühneneingang. Er saß ein bißchen schief auf
dem Beifahrersitz, bleich und gebrechlich, aber seine Augen
strahlten, als er sagte: »Es isch schön gsi.« Es war das letzte Mal,
daß ich ihn sah.

Und weiter ging die wilde Fahrt von Ort zu Ort, von Hotel zu
Hotel, von Theater zu Theater. Nicht selten fuhren wir sechs
Stunden und mehr, standen in kilometerlangen Autoschlangen,
verfuhren uns und fanden weder das Hotel noch das Theater. In
ganz Deutschland schien es keine einzige Straße ohne Baustelle zu
geben, und es grenzte manchmal an ein Wunder, daß die Vorstellung überhaupt stattfand und trotz der allabendlichen Pannen auch
zu Ende ging. In Kempten zum Beispiel ging mitten im vierten
Bild der Vorhang zu und am nächsten Abend mitten in Helmuts
Schlußpointe – das war in Aalen, an meinem Geburtstag. In Her-
born standen wir nach einem Riesenstau um 19 Uhr 45 vor dem
geschlossenen Konzerthaus, kein Mensch zu sehen. Dort fischte

uns der Busfahrer auf, und die Vorstellung in der nahen Turnhalle ging dann doch noch – im wahrsten Sinne des Wortes – glatt: erst fiel Jochen Sostmann auf dem frischpolierten Parkett der Länge nach hin, dann Hans Hamacher und am Schluß Helmut. Ich nicht, ich sah es kommen.

Aber manchmal verging uns dann doch das Lachen. Zum Beispiel, als einem Zuschauer in Düren ein Leuchter auf den Kopf fiel und die Feuerwehr mitten im Stück das Theater stürmte. Oder als Helmut krank wurde und nur noch mit schweren Spritzen spielen konnte. Es gab keine Möglichkeit sich auszukurieren, man hatte zu fahren und zu spielen, Tag für Tag, ohne Pardon. Manchmal, wenn wir in einem Autobahnstau festsaßen, fiel mir ein, daß ja plötzlich die Wehen einsetzen konnten.

Nein, diese Tournee war ein Wahnsinn, eine Herausforderung, eine einzige Strapaze, und kein Mensch erfuhr jemals etwas davon. Aber der allabendliche Kassensturz brachte mich immer wieder in Galopp, und ich erwog wieder, die Tournee bis zum Schluß durchzustehen – ehrlich, ich gönnte meiner Nachfolgerin diese Bombenrolle nicht.

In Münster zum Beispiel hatten wir insgesamt vierzehn Szenenapplause; beste aller Vorstellungen, die sogar Frankfurt, Bern und Freiburg verblassen ließ.

Es folgte das Ruhrgebiet, das wir von Dortmund aus bespielten. Hier wurde es direkt gemütlich, wir wohnten drei Wochen im Hotel Römischer Kaiser und fuhren abends nur in die umliegenden Städte zur Vorstellung. Anschließend saßen wir in der Hotelklause bei »Schneewittchen«, aßen, lachten und schwatzten. Ich war jetzt im sechsten Monat.

Am 25. November rief Buebi an, Papa gehe es sehr schlecht. Ob ich bald kommen könne. Am gleichen Tag entschied ein Telephongespräch mit Professor de Watteville, daß ich höchstens noch ein halbes Dutzend Mal spielen könne, das Einschnüren sei zu gefährlich.

25. 11. Opladen. Ich versuchte, ohne Korsett zu spielen, aber in Anbetracht dessen, daß ich eine alte Jungfer darstellte, zog ich es in der Pause wieder an.

27. 11. Lünen. Wir spielten im Heinz-Hilpert-Theater. Gestern war Heinz Hilpert gestorben. Überall drückte und zwickte mich

etwas. Ich konnte kaum mehr stehen und mußte frontal oder mit dem Rücken spielen, so sah man am wenigsten.

28. 11. Nochmals Lünen. Dinah Hinz war angekommen. Es wurde immer schwerer, die Rolle abzugeben.

30. 11. Hamm. Vorletzte Vorstellung. Heute ging es mir richtig gut. Sollte ich nicht doch weiterspielen? Noch war es Zeit! »Nun hör endlich auf«, stöhnte Helmut.

1. 12. Iserlohn. Letzte Vorstellung. Als wir um 18 Uhr in den Bus stiegen, saß Dinah Hinz schon drin. Sie wollte sich alles noch mal ansehen. Es gab mir einen Stich. Die Würfel waren gefallen, es gab kein Zurück mehr! Als der letzte Akt dem Ende zuging, weinte Hans Hamacher, der meinen Vater spielte, plötzlich los, und Werner Schumacher, dem es nicht besser erging, sagte so laut und heiser: »Lizzie, bleib«, daß ich nach Worten rang, einen Satz ausließ und schließlich in einen Tränenstrom ausbrach. Völlig benebelt erblickte ich den krampfhaft schluchzenden Jochen Sostmann und Vater Hamacher, der sich schleunigst abwandte. Helmut erstarrte, als ich ihm hemmungslos heulend ins Gesicht sah und den letzten Satz kaum mehr herausbrachte. Zum Glück war sowieso Stückschluß, und während der Vorhang sich senkte, verwischte der allabendlich einsetzende Bühnenregen die Tränen auf unseren Gesichtern.

Dieser Zwischenfall hatte etwas merkwürdig Dramatisches, Endgültiges. Es war ein Abschied. Ein Abschied von einer anstrengenden, aber erfolgreichen, turbulenten und glücklichen Zeit.

Wir fuhren nach Dortmund zurück und saßen ein letztes Mal in der Klause zusammen. Da kam ein Anruf von Buebi. Ich wußte es, bevor er es aussprach. Papa war heute gestorben.

Am 5. Dezember wurde Papa in Bern beerdigt. Am Fuß seines Sargs, der mit dem Zunfttuch bedeckt und mit prachtvollen Kränzen geschmückt war, standen in einem großen Gefäß die 74 roten Rosen, die ich geschickt hatte, eine für jedes Lebensjahr. Während der ganzen Predigt kämpfte ich gegen die unaufhörlich herunterrinnenden Tränen, und als der Sarg hinausgetragen wurde, verlor ich so die Fassung, daß mich ein nicht abzustellender Weinkrampf schüttelte.

Ich fuhr am gleichen Abend nach Perroy zurück und versuchte in den folgenden Tagen etwas Ordnung in meine Gedanken und meinen Alltag zu bringen.

Etwa eine Woche später, am 11. Dezember, teilte mir Ilse Alexander mit, daß ich den Bambi nicht mehr bekomme. Senta Berger heiße die Siegerin. Senta Berger, diese wunderschöne Wienerin, die zwar in vielen Filmen mitgespielt, aber kaum Aufsehen erregt hatte . . .

Es war offensichtlich, der Burda-Verlag, der den Preis verlieh, konnte keine schwangere Bambi-Siegerin brauchen, die kurz vor der Entbindung stand.

Es traf mich wie ein Keulenschlag. Die Auswirkungen konnte ich noch nicht erkennen, nur ahnen.

Wieder eine Woche später verunglückte Hans Hamacher schwer mit seinem Wagen, als er ins Theater fuhr. Schädelbruch, Koma, Intensivstation. Die drei letzten Vorstellungen vom *Regenmacher* mußten gelesen werden.

So ging das Jahr 1967 zu Ende.

Das zweite Kind

Zunächst ging der Alltag unverändert weiter, wie es schien. Tell entwickelte sich zum Alleinunterhalter und seine Aussprüche erfreuten die ganze Familie. Er besuchte jetzt die Dorfschule mit seiner kleinen Nachbarin Ninette, und die beiden mußten zweimal pro Tag über die Straße gebracht und nach der Schule wieder abgeholt werden, so daß man nur noch mit der Uhr in der Hand herumlief. Josianne, das neue Mädchen, das seit Anfang Dezember Béatrice zur Hand ging, war gutmütig, sensations- und heiratslüstern, zudem mit schlechten Zähnen ausgerüstet und mußte ständig zum Zahnarzt gefahren werden. Dazu kam eine unabsehbare Brieflawine, die mit der Erbschaft zusammenhing, denn Papa hatte kein Testament hinterlassen.

Aber bei all diesen mehr oder weniger wichtigen Ereignissen war ich nur halb bei der Sache. Professor de Watteville hatte bei einer Visite einen Kaiserschnitt angekündigt. Nach den gemachten Erfahrungen habe es keinen Sinn, eine natürliche Geburt zu erzwingen.

Am 26. Januar händigte er mir bei einer Untersuchug die Einweisung ins Krankenhaus für den 1. Februar aus. Er sah müde und verschlossen aus, gestern hatte er seine Frau operieren müssen. Zum Glück war alles gutgegangen.

Die fünf restlichen Tage verbrachte ich hauptsächlich an der Schreibmaschine. Aber der Papierberg schien trotz mehrerer Dutzend Briefe, die ich fluchend und schwitzend zusammenhämmerte, täglich größer zu werden, denn nun war ich auch noch zu Mamas Beirätin ernannt worden.

Aber vorläufig war nun Pause. Am 1. Februar trat ich in die Maternité in Genf ein. Ich hatte dasselbe Zimmer wie letztes Mal. Als die diversen Untersuchungen vorbei waren, begann ich es mir gemütlich zu machen und an Helmuts dreifarbigen Pantoffeln zu stricken, plauderte mit den Schwestern und Hebammen, die sich schon auf mich freuten, und fühlte mich richtig wohl. Heute war ja auch noch nichts los. Und morgen? Ob ich wohl Angst bekam?

2. Februar. Gestern war noch die Narkoseärztin gekommen und hatte mir nahegelegt, zwei Schlafmittel zu nehmen. Nun war ich etwas groggy, denn ich war das nicht gewöhnt.

Helmut kam um 8 Uhr 45. Ich war ziemlich ruhig, denn es gab ja sowieso keinen Ausweg. Vor einer der Glastüren küßte mich Helmut zum Abschied, denn er mußte nun draußen bleiben.

Den Raum kannte ich, in den ich jetzt gefahren wurde. Ich mußte nochmals auf einen anderen Tisch umsteigen, wo man mich festband. Dann wurde mein Bauch orange eingefärbt und Sauerstoff angefahren, während ich nebenan den Professor sein Personal anbrüllen hörte, weil der Oberarzt noch nicht da war. Mir war alles egal, ich hatte mir vorgenommen, beim Narkosestich Lieber Gott hilf zu denken, was konnte dann noch passieren?

Frau Dr. Weiss, die Narkoseärztin, setzte die Spritze. »Dreht es sich schon?« fragte sie.

»Nein«, krächzte ich und ward nicht mehr gesehen.

Als mich Frau Dr. Weiss mit »Es ist ein Mädchen« weckte, war es halb zwölf.

Ich wurde in mein Zimmer gefahren, wo ich wieder zu schlottern begann, wie immer nach Narkosen, bekam aber sofort ein Medikament. Ich schlief fast den ganzen Tag, und wenn ich mal aufwachte, sah ich Helmut an meinem Bett sitzen, oder mit dem Professor am

Fenster stehen. Die Nacht verbrachte ich platt auf dem Rücken, jede Bewegung schmerzte, so daß ich auf meinen gewohnten Bratwurstschlaf verzichten mußte. Am Morgen danach fühlte ich mich hundeelend. Erschöpft und von greulichen, wellenförmig an- und abschwellenden Bauchschmerzen gepeinigt, dachte ich voller Schrecken: Mußte das sein? Wie soll ich jemals wieder gehen können, arbeiten oder auf ein Pferd aufsteigen?

Bleiern und verzweifelt starrte ich an die Decke und bekam nur löffelweise Tee zu trinken. Dann kam Helmut und kurz darauf die Tochter. Erst heute nahm ich sie richtig wahr. Sie war zauberhaft! Kein Fältchen im Gesicht, rote Backen, dunkle Haare. Plötzlich waren die Bauchschmerzen weg. Ich erinnerte mich, bei Read gelesen zu haben, daß im Augenblick, da die Mutter das Kind berührt, die Gebärmutter sich schlagartig zusammenzieht.

Nach zwei Tagen konnte ich schon ein paar Schritte gehen und bekam anschließend einen beleuchteten Tunnel über den Bauch. Außerdem bekam ich eine Spritze zur Milchunterbindung.

Am vierten Tag kam die Krise. Ich war wie immer schon frühmorgens vollauf beschäftigt. Um 7 Uhr kam das Thermometer; Frühstück, ungewaschen, ungekämmt, dann aufstehen. Waschen und Einölen. Dann wurde Mélisande gebracht. Sie schlief den ganzen Tag, wachte manchmal für zehn Minuten auf, piepste einige allerliebste Tönchen und schlief wieder weiter. Ich tat mittags dasselbe und wachte mit einem rasenden Brennen in der Brust auf.

In der Nacht hielt ich es vor Schmerzen nicht mehr aus und mußte ein Mittel nehmen.

Aber oho! Hatte ich LSD bekommen? Mir war, als würde ich im ganzen Zimmer herumgeschleudert und als dröhnte das Gebrüll einer Gebärenden vor meinem Fenster. In Schweiß gebadet wachte ich auf. Draußen stürmte es. Ich traute mich kaum wieder einzuschlafen. Ich sah auf das Pillenröhrchen – es war nur Treupel.

Am Morgen waren die Schmerzen fast weg, ich bekam endlich etwas zu essen. Es war der fünfte Tag. Nach dem Mittagsschlaf schaute ich mir mit der zwitschernden Mélisande im Arm die Eröffnung der Olympiade in Grenoble an. In der Nacht schlief ich dann hervorragend.

Gegen Mittag kam der Professor und nahm die Klammern raus, die er durch ein Pflaster ersetzte. Er redete wie ein Buch über Blutgruppen und den Blutaustausch bei einem Neugeborenen, dem er soeben das Leben gerettet hatte. Er schien von einer Zentnerlast befreit zu sein, etwa so wie ich nach einer Premiere.

Ich erholte mich in Windeseile, und der Professor nannte mich eine Musterpatientin. »Das ist ja direkt langweilig«, lächelte er.

Helmut besuchte mich jeden Tag, manchmal mit Tell und Ninette. Natürlich kamen auch Mama, Corinne, Tanten, Cousinen, Schulfreundinnen, Reiterinnen und Photographen. Einmal, als der Professor kam, rannen mir bei der Lektüre von Steinbecks »Straße der Ölsardinen« gerade die Tränen über die Wangen. Er fand das gar nicht peinlich und begann sofort über seine Lieblingsdichter zu plaudern, während die Schwestern heimlich und auf glühenden Kohlen um mein Bett herumtrippelten. Schließlich ging er widerwillig zur Tür hinaus und ließ mich hochgeehrt zurück.

Nach zwölf Tagen wurde ich aus der Maternité entlassen. Jetzt, wo alles gutgegangen war, verließ ich sie mit Bedauern. Ich war behandelt worden wie eine Königin, jeder Wunsch wurde mir von den Augen abgelesen. Frau Gibbs, die sich seit 1965 meiner Autogramme erbarmte, verabschiedete sich mit einigen Briefen, und gleich danach kam Professor de Watteville. Ich machte noch ein Nickerchen, dann holten mich Helmut und Schwester Rösli ab.

Sturmwarnung

Gesundheitlich ging es bergauf, aber ich war noch geschwächt, hatte Wadenkrämpfe, Schenkelbrennen, Narbenstiche und überhaupt keine Muskeln mehr. Dazu machte ich die eigenartige Entdeckung, daß zwei Kinder doppelt soviel Arbeit machen und nicht, wie öfters behauptet, ungefähr gleichviel wie eins. Tell mußte als ABC-Schütze noch mehr bewacht, Mélisande in nicht mehr steriler Umgebung noch peinlicher gepflegt werden. Wenn Schwester Rösli frei hatte, versuchte ich mit der temperamentvollen Tochter fertig zu werden, die aber bereits verführerisch lächelte und öfters den linken Arm gebieterisch in die Höhe streckte wie Amerikas Freiheitsstatue.

Dann bekam Helmut plötzlich diese rasenden Halsschmerzen. Ich wachte nachts von seinem Stöhnen auf, machte Licht und sah ihn keuchend und totenbleich im Bett liegen, halb sitzen. »Ich halte es nicht mehr aus, ich habe noch nie solche Schmerzen gehabt«, stieß er hervor und zeigte auf seinen Hals. Ein Zäpfchen, das ich nach fieberhaftem Suchen fand, ließ ihn wieder kurz eindösen.

Aber die beiden Ärzte, die ich am nächsten Morgen kommen ließ, zwei Brüder übrigens, schüttelten ratlos die Köpfe: »Vielleicht eine Angina? Eine Grippe?«

Helmut winkte ab: »Es ist außen, nicht innen!«

»Machen Sie sich keine Sorgen«, meinten sie und tranken wohlgelaunt meinen Whisky, während ich mich vor der Nacht fürchtete.

Helmut ging es immer schlechter. Wir gingen früh schlafen, aber ich wachte ständig auf und horchte auf jede seiner Bewegungen.

Gegen Morgen begann er sich herumzuwälzen. Grau und eingefallen lag er in seinem zerwühlten Bett. »Ich weiß nicht mehr, was ich tun soll«, murmelte er und bedeckte verzweifelt das Gesicht mit dem Leintuch.

Diese Bewegung erfüllte mich mit einem solchen Schrecken, daß ich aus dem Zimmer stürzte, um irgend etwas zu tun, bevor ihm etwas Gräßliches zustieß.

Schwester Rösli riet, Professor de Watteville anzurufen – aber so früh schon? Angstvoll ging ich zum See hinunter und legte mir ein paar Sätze zurecht, während ich die beneidenswerten Schwäne fütterte, die nur das Fressen im Kopf hatten.

Der Professor gab mir einen anderen Professor an, und wir bekamen einen Termin für den Nachmittag.

Professor Vanotti schien sich erst sehr zu langweilen, schoß aber bereits nach wenigen Minuten die ersten Witze ab. Gleichzeitig betrachtete er aufmerksam den hohläugigen Helmut, fragte nach Alkohol, Wintersport, Aufenthalt in den Bergen. Helmut nickte nur, worauf Professor Vanotti zielbewußt an Helmuts Hals faßte und sprach: »Schilddrüsenentzündung!«

Die Mittel, die er verschrieb, wirkten schon in den folgenden 24 Stunden. Es war wie ein Wunder und eine Lehre: Wenn schon zum Arzt, dann nur zum besten der Besten.

Unter solchen Umständen hatte ich natürlich keine Zeit, das Gras wachsen zu hören. Als ich es bemerkte, wuchs es mir bereits über den Kopf.

Niemand hatte mir gesagt, daß mein letzter Film, *Herrliche Zeiten im Spessart*, ein Mißerfolg war. Ich erfuhr es, als ich mich nach meiner Beteiligung erkundigte, die zum erstenmal zehn Prozent betrug. »Vergessen Sie es«, war die Antwort.

Schade, dachte ich. Aber in Frankreich war ja gerade *Die Nonne* mit Riesenerfolg angelaufen, nachdem sie ein Jahr verboten gewesen war. Nun brauchte ich nur auf die hereinregnenden Angebote aus Paris zu warten – und sagte alles ab: die beiden Fernsehspiele *Kaufmann von Venedig* und *Was ihr wollt*, einen deutschen, einen amerikanischen und einen französischen Film. Alles sollte im Juni gedreht werden, und da hatte ich Heuschnupfen, den ich fürchtete wie die Pest. Einmal konnte man doch auf mich Rücksicht nehmen! Aber niemand wartete. Weder *Charleys Onkel* noch *Mr. Bernard* noch *Der Gendarm von St. Tropez*. Louis de Funès wollte mich als seine Film-Ehefrau engagieren. Ich lehnte ab: »Im Juni nie.«

Das war meine letzte, große Chance und mein größter und entscheidendster Fehler. Als ich mir dessen bewußt wurde, war es zu spät, die Rolle vergeben. Ich hatte den Wecker nicht gehört, das Warnsignal verschlafen, als die falsche Weiche gestellt wurde. Der Zug hielt an. Nichts ging mehr. Der nächste Hoffmann-Film, *Liselotte von der Pfalz*, der für mich geschrieben worden war, wurde mit Heidelinde Weis angekündigt, angeblich, weil meine Gage zu hoch war.

Aber auch privat ging alles schief. Ein guter, alter Opa, mit dem ich geschäftlich zu tun hatte, entpuppte sich als Betrüger; auf der Autobahn entging ich um Haaresbreite einem Zusammenstoß; Shakespeare lahmte und mußte ins Tierspital; sämtliche Telephonnummern, die ich anrief, gaben keine Antwort, waren falsch oder besetzt; zwischen den Angestellten flogen die Fetzen, und auch die Gartenpartys endeten samt und sonders im Regen.

Die Wende

»Opas Kino ist tot.« Unter diesem Motto rissen die neuen Filmemacher alles vom Sockel. Studentenrevolten und sexuelle Befreiung, aus den USA importiert, eroberten Deutschland. Pos und Busen auf allen Titelseiten.

Sturm und Drang, Revolution und Terror, das hatte es immer schon gegeben. Was war diesmal Besonderes daran?

Die Raschlebigkeit unserer Welt in der Mitte des 20. Jahrhunderts; Veränderungen, die früher Jahrzehnte, Jahrhunderte brauchten und sich jetzt innerhalb von wenigen Jahren abspielten; die Technik, das Atom, die Geister, die wir riefen . . .

Die sozialen Formen mußten der rasenden Entwicklung angepaßt werden. Aber statt Ordnung entstand Chaos; Streiks, Demonstrationen, Drogen, Kriminalität – Prostitution, Korruption und immer wieder Gewalt!

Die Weltverbesserer wurden von den immer mächtigeren Medien unterstützt. Sie wollten den Autoren- und den Regiefilm, keine Stars mehr.

Ich merkte nichts davon. Ich war viel zu stark mit mir selbst beschäftigt und ging selten ins Theater oder ins Kino. Die Filme der französischen Neuen Welle und des Neuen Deutschen Films, die ich gesehen hatte, langweilten mich durch ihre tendenziösen Themen, die endlosen Dialoge und Nacktszenen. Für mich waren das keine Konkurrenten. Schließlich hatte ich jahrelang Lehrgeld zahlen müssen, und ich konnte mir nicht vorstellen, daß es auch ohne ging, daß junge Gesichter und nackte Tatsachen genügten, um Karriere zu machen. Der Thron wackelte. Aber das tat er ja immer.

Kurt Hoffmann machte noch einige Filme, darunter den Kassenknüller *Morgens um sieben ist die Welt noch in Ordnung*, dann zog er sich ins Privatleben zurück.

Erst jetzt merkte ich, was er für mich bedeutet hatte. Niemand suchte und schrieb mehr Rollen für mich. Niemand wählte mehr Partner und Technik so aus, wie sie am besten für mich paßten. Das mußte ich nun alles selbst machen. Im geheimen Kämmerlein bereute ich längst, voreilig alle Angebote ausgeschlagen zu haben, insbesondere den Film mit Louis de Funès. Ich hätte bedenken sollen, daß der Verlust des Bambis, ob verdient oder unverdient, Auswirkungen haben mußte, insbesondere auf die Gage. »Euch werd' ich's zeigen« zu sagen, tat zwar wohl, war aber zu diesem Zeitpunkt ein Fehler. Ich war 38 und konnte nicht mehr unbegrenzt warten.

Aber ich machte mir keine Sorgen und reiste nach Formentor in die Heuschnupfenferien, während Helmut in Spanien mit Götz George einen Wildwestfilm drehte. Bevor ich nach Mallorca flog, tröstete ich Tell, seine Gotte komme morgen und bringe ihm ein Geschenklein. Tell: »Nur eins?«

Nachdem Helmut und ich uns gegenseitig besucht hatten, hielt ich in Perroy weiter die Stellung, tobte mich mit Wasserski und Reiten aus und schreckte auch nicht davor zurück, eine Kurzfassung der Bibel anzufangen.

Am 9. Juli begannen im Münchner Theater in der Brienner Straße die Wiederaufnahmeproben vom *Regenmacher*. Von der Originalbesetzung waren nur noch Jochen Sostmann, Helmut und ich übrig, alle anderen waren neu.

Am 23. Juli war Premiere am Kurfürstendammtheater in Berlin. Sieben Wochen Berlin, eine Woche München en suite. Seltsam. War auf der Tournee noch einhelliger Pressejubel, so wurde das Stück jetzt plötzlich verrissen. Auf einen Schlag war es nicht mehr aktuell. Hatten die Studentenrevolten die Welt verändert?

Wir nahmen es nicht tragisch, das Theater war ja ausverkauft, und wir kamen sowieso nicht zum Nachenken. Jeden Tag überfielen uns Völkerwanderungen von Freunden und Bekannten, jagten sich neue Einladungen vor oder nach der Vorstellung. Dazu kam ein Überholungskurs bei Herma Clement einmal pro Woche und Helmuts Tennisturnier bei Rot-Weiß.

Höhepunkt: Einmal schlich ich in Berlin in der Pause in die unmittelbar nebenan liegende Komödie, wo *Ein Mädchen in der Suppe* von Terence Frisby mit Anita Kupsch und Claus Biederstaedt gespielt wurde. Die Pause war dort immer etwas früher zu Ende als bei uns. Helmut stand Schmiere und gab mir ein Zeichen, als es dunkel wurde. Darauf setzte ich mich unbemerkt auf das fremde Bühnensofa und begann zu stricken. Das Licht ging an, sofort fingen die Leute an zu tuscheln und zu lachen. Anita Kupsch, die keine Ahnung hatte, schoß mit einem Wortschwall aus den Kulissen,

stutzte und prustete los: »Tach, sind Sie nicht im falschen Haus?«
Claus Biederstaedt, der als nächster erschien, brachte gerade noch
ein »Tach, Frau Schulz« hervor, bevor ich das dritte Opfer namens
Oskar Sabo anschrie: »Na endlich, du kommst mir heute mal nach
Hause, das rat' ich dir . . .« und so schnell wie möglich verschwand.
Ich hörte gerade noch, wie Sabo mir nachrief: »Die hat mich ganz
schön angepulvert.«

Ein weiterer Lichtblick war Elsa Wagner, 89. Ganz in Weiß, mit
weißem Propeller auf dem Kopf, saß sie im Parkett und krähte vor
Vergnügen, besonders, wenn sonst niemand lachte. Nach der Vorstellung trompetete sie im »Kopenhagen« Erich Jelde entgegen: »Sie
könnten mein Sohn sein.« Er war 75. Ferner verkündete sie: »Max
Reinhardt hat mich nur engagiert, weil ich als Baltin die russischen
Namen so gut aussprechen konnte. Ich erfand immer noch ein paar
dazu.«

Am 8. September war in Berlin die letzte Vorstellung. Um die
traditionelle Bootsfahrt am 9. 9., unserem Hochzeitstag, nicht zu
versäumen, stiegen wir um Mitternacht in ein Ruderschiff des am
Lietzensee gelegenen Hotels Seehof; und während wir bei Lampion-
beleuchtung auf dem Teich herumkreuzten, sang Jean Madeira, die
weltberühmte Opernsängerin, hellbeleuchtet am Hotelfenster für
uns die Carmen.

München war nicht mehr so lustig. Die Berliner Strapazen machten
sich bemerkbar. Mit hängender Zunge, Kreislauf-, Text- und Ver-
dauungsstörungen ging auch das vorbei. Ich lernte wieder einmal
meine Grenzen kennen.

. . . und fiel die Schloßtreppe hinunter

Das Jahr 1969 könnte ich eigentlich überspringen. Alles ging schief.
Das Fernsehmusical *Pistolen Jenny (Calamity Jane)* mit Helmut, Ralf
Wolter, Siegfried Rauch, Regie Alfred Weidenmann, ging in die
Binsen; es war schon mit Doris Day ein Mißerfolg. Dazu kam, daß
Alfred unmusikalisch war. »Was, schon wieder Musik?« fragte er,
wenn die Chansons drankamen. Und ich wollte mich bei den
Musiknummern nicht doubeln lassen . . .

Artur Brauner, der diese vorläufig letzte Hosenrolle mit mir produziert hatte, rief mich nach Drehschluß hin und wieder an, um mir mitzuteilen, welches Filmprojekt gerade gescheitert sei; und bei Reisen nach London und Paris war außer Spesen nichts gewesen. Dabei war mir das Glück immer noch günstig gesinnt – ich gewann bei einer Tombola den zweiten Preis, eine Fünftagereise auf der »France« für zwei Personen, ich zog ihn selbst aus der Trommel! *Italienische Reise* hieß Artur Brauners Film, den ich schließlich abschloß. Mit einem Herrn Hallowegen oder so ähnlich, notierte ich. Nie gehört. Naja. Es war Dieter Hallervorden. Das einzige, was mir an ihm gefiel, war sein Heuschnupfen. Er hatte in diesem Film, der später *Die Hochzeitsreise* hieß, die absolute Hauptrolle; ich war eigentlich nur Dekoration, Stichwortgeberin.

Als ich das Drehbuch las, wurde mir fast schlecht vor Ärger. Aber es war zur Zeit kein besseres Filmangebot da. Und zu Hause war Tohuwabohu total. Mélisande hatte *faux croûpe*, nachts schien sie zu ersticken, und ich machte vor lauter Angst kein Auge zu. Béatrice löste mich ab mit Füttern, Wickeln, Wasserdampf, Fiebermessen, Hustensirup, Nasentropfen. Mittendrin Besuch von Corinne, Paul, Mama, Ninon und Manon, trotz Ansteckungsgefahr. Treppauf und treppab rennen, Tische, Stühle, Flaschen, Gläser holen, Tee kochen, dazwischen Kinderzimmer, Dampfkontrolle, Mélisande auf den Topf, von dem Topf, unten Weiterpokern, alles gleichzeitig, bis zum Umfallen. Es war zum Heulen. Ich war nur noch eine Haushaltsmaschine. Auch Helmut war zur rasenden Ameise geworden, Vorräte, Kind und Kegel schleppend, ohne Rast und Ruh. Der Alltagstrott rieb uns auf, ununterbrochen waren wir im Geschirr und wußten abends gar nicht, wovon wir so erschossen waren.

Nur meiner immer unbändiger werdenden Arbeitswut war es zuzuschreiben, daß ich Artur Brauner das »geänderte« Drehbuch nicht zurückschickte. Meine Rolle war genauso schlecht wie in der Rohfassung, und auch die übrigen Vertragsbedingungen schienen nur da zu sein, um nicht eingehalten zu werden. Weder meine Lieblingsmaskenbildnerin Katschi, noch mein jahrelanger Pressebetreuer Hans Krüger-Franke, noch meine gewohnten Kostümbildnerinnen Charlotte Flemming oder Elisabeth Urbancic waren bisher engagiert worden.

Das beste wäre gewesen, gar nicht nach Rom zu fliegen, wo der Film gedreht wurde. Aber ich flog.

Ich hatte zunächst nur kleine, unwichtige Szenchen; aber ich merkte gleich, die Stimmung im Stab war miserabel. Regisseur Ralf Gregan konzentrierte sich offenbar nur auf die Szenen seines Freundes Hallervorden. Er versuchte, mir die mäßigen Dialoge für gut zu verkaufen und weigerte sich, irgendwelche Änderungen vorzunehmen.

Auch mit Richard Angst, Starkameramann seit der Stummfilmzeit, gab es Spannungen. Das war allerdings auch kein Wunder, denn Richard, der alte Fuchs, hatte mindestens hundert Filme auf dem Buckel, lehnte den Neuling Gregan ab und fand alles schlecht, was er machte.

Ich hatte Richard zur Bedingung gemacht, weil er 1950 meinen ersten Film *Föhn* photographiert hatte und später fast alle Hoffmann-Filme. Von ihm ging die Kunde, er habe in seiner Glanzzeit Meinungsverschiedenheiten öfters mit den Fäusten entschieden. In den letzten zwanzig Jahren war er viel ruhiger geworden, das konnte ich bestätigen. Aber hier spie er Gift und Galle, so daß auch dem ausgeschlafensten Mitarbeiter das Lachen verging. Er erzählte mir schreckliche Dinge von seinen rauschgiftsüchtigen Söhnen, die ihn zugrunde richteten. Mitten im Film drohte er wegzufahren, blieb aber dann, stand mit schwarzglühenden Augen hinter der Kamera und schwieg seinen Gegner in Grund und Boden. Er tat mir leid – es wurde sein letzter Film.

Aber es gab da natürlich noch andere Probleme. Im Hotel Quirinale, wo ich wohnte, wurde mir mein gesamter Schmuck gestohlen; der Heuschnupfen kündigte sich an; Ende Mai kam der erste Asthmaanfall und kurz darauf eine Presseinvasion aus Deutschland. Hans Krüger-Franke, mein altes Schlachtroß, war endlich engagiert worden und schickte mir seine lebenslustige blonde Vertreterin, Fräulein Glashuber. Sie interessierte sich vorwiegend für unseren italienischen adligen Architekten Daniele, der mir am Schluß des Films seine Abschußliste zeigte, auf der sie auch stand.

Je näher das Ende der Dreharbeiten rückte, desto gemütlicher und entspannter wurde die Arbeit. Wir drehten in einer etwa vierhundert Jahre alten Villa in Frascati bei Rom, deren Besitzer entmündigt worden war, warum, weiß ich nicht. Dieser kleine Palast und die umliegenden, klassisch verwilderten Gärten wurden an Filmgesellschaften vermietet, die herrlichen Decken, Böden, Möbel, Statuen und Bilder seit Jahren als Kulisse benützt und mit eiliger Achtlosigkeit beschmutzt, beschädigt und ruiniert.

Hier drehten wir einige der letzten Szenen, die sehr lustig waren, und ich hoffte, der ganze Film werde so.

Am 13. Juni war der letzte Drehtag. Die Italiener arrangierten das Abschiedsfest. Nun tat es allen leid, daß es vorbei war. Alle hielten Reden, sogar Richard Angst, der einen gewaltigen sitzen hatte. Die Italiener flirteten mit mir, auch mein Fahrer Pino, ein ganz langsamer, müder Sizilianer mit Grübchen und schneeweißen Zähnen, oder Daniele mit seiner Abschußliste. Die Stimmung wurde immer übermütiger, und plötzlich hielt die italienische Sekretärin ein brennendes Streichholz an einen 2 m langen Luftballon, es gab eine Stichflamme und ihre Perrücke fing Feuer. Mit Brandwunden an Gesicht und Armen mußte sie ins Krankenhaus.

Das war kein gutes Omen. Ich erinnerte mich an den letzten Drehtag mit Gérard Philipe. Beim Anzünden einer Zigarette explodierte das Streichholz und setzte das Wageninnere in Brand. Ein Jahr darauf starb er.

Es folgte die achtteilige Fernsehserie *Die Baumwollpflücker* nach Bruno Traven, in der Helmut die Hauptrolle spielte.

Eine Katastrophe jagte die andere. Es begann schon auf dem Flug nach Mexico City: Bummelstreik in Frankfurt, Bummelstreik in New York. Durch die mehrstündige Verspätung verfehlten wir das Anschlußflugzeug, und bei der Gelegenheit wurden mir die Reiseschecks gestohlen.

Am 30. Juni begannen wir auf einer Hazienda in Cocoyoc zu drehen. Zwei Tage später fiel Regisseur Jürgen Goslar in einen Teich, brach sich den Fuß und arbeitete mit Gipsbein weiter. Am gleichen Tag fand die Entlassung der Maskenbildnerin statt und im Anschluß daran die Höllenfahrt nach Tecolutla.

Wir waren morgens um 5 Uhr aufgestanden und hatten den ganzen Tag gedreht. Trotzdem wurden wir um 20 Uhr auf die Nachtfahrt durch den Dschungel geschickt. Es regnete in Strömen. Die Straße war kurvenreich, die Gegend bergig. Nebelschwaden kamen uns entgegen und frisch heruntergefallene Felsbrocken lagen auf dem

Weg. Helmut löste den Fahrer ab, weil er immer einschlief. Um Mitternacht war noch keine größere Stadt in Sicht. Der Regen prasselte immer heftiger, die Schluchten am Straßenrand gähnten immer wilder. Riesenhafte Lastwagen tauchten aus der undurchdringlichen Waschküche auf und verschwanden ebenso plötzlich wieder, als wären sie verschluckt worden. Endlich, um 3 Uhr morgens, erblickten wir am Horizont ein Licht, aber es war nicht Morgenröte, sondern das Feuer der Ölraffinerie von Rosa Rica, das den schwarzen Urwald unheimlich erglühen ließ. Da waren es immer noch 70 km bis Tecolutla.

Um 5 Uhr morgens kamen wir an. Wir waren nun 24 Stunden auf und bemerkten nur am Rande, daß in dem Urwaldhotel von allen Decken Wasser herunterfloß; wir sagten nichts, hier hatten schon ganz andere Koryphäen übernachtet. Wir bekamen Brigitte Bardots Zimmer und schliefen hervorragend in ihrem Bett.

Nach einem Ruhetag ging es wieder auf in den Kampf. Helmut hatte in dieser Serie eine Riesenrolle und in jeder Einstellung zu tun, ich dagegen nur in Folge 7 und 8. Aber die Pechsträhne riß nicht ab. Nachdem sich Helmut bei einer Reitszene, die wir zusammen hatten, mit seinem Pferd überschlagen hatte und anschließend mit einem Kalb durch einen Tropenfluß schwimmen mußte, in dem ab und zu Krokodile gesehen wurden, war ich bedient und zum Glück abgedreht.

Ich fuhr mit Wolfgang Preiss und seiner Frau (ich hatte seine Filmfrau gespielt) noch nach Tula, um die berühmten Kolosse und Pyramiden zu bewundern und allerlei, wahrscheinlich gefälschte Kostbarkeiten zu erfeilschen. Dann machten wir uns auf den Rückweg nach Mexico City – bei Tag! Es war ein Erholungsausflug im Vergleich zu der nächtlichen Schreckensfahrt vor zwei Wochen. Das hätten wir uns schenken können.

Überflüssig zu bemerken, daß das Pech nicht etwa in Mexiko geblieben, sondern mir sozusagen nach Hause vorausgeeilt war. Als ich am 12. Juli gegen 11 Uhr eintraf, berichtete mir die neue Haushälterin, eine österreichische Witwe, Schwester Rösli habe vor ein paar Tagen den Oberschenkelhals gebrochen und sei im Krankenhaus. Tell war erkältet, hatte fast 39 Grad Fieber und bekam gerade Masern. Als ich der österreichischen Witwe Vorwürfe machte, weil sie nichts bemerkt hatte, kündigte sie.

Die Hochzeitsreise war ein Mißerfolg.

Die Premiere fand am 22. August in Berlin statt. Der Gloria-Palast war bis zum letzten Platz ausverkauft, die Leute lachten wahnsinnig, aber nur am Anfang. Dann wurde es immer stiller im Saal, da sich der Fehler von zwei nebeneinander verlaufenden Handlungen auswirkte. Immer wenn Didi Hallervordens Gangsterjagd spannend wurde, kam ein Schnitt auf die Pulverschen Seitensprünge, und wenn die anfingen zu interessieren, sprang die Geschichte wieder zu Didi zurück. In einer Frankfurter Kritik stand dann, noch sehr nachsichtig: »Man könne dem Paar nur wünschen, daß es bald wieder nach Hause fährt.«

Der Film wurde nach drei Wochen abgesetzt. Meine Hoffnung, daß er trotz seiner Mittelmäßigkeit wenigstens ein Geschäft sei, erfüllte sich nicht.

Ich machte mich fertig zum Abstieg. Eigentlich mehr zum Absturz. Aber ich fiel auf die Füße; ich hatte vorgesorgt. Trotz allgemeinem Kopfschütteln hatte ich in den 50er und 60er Jahren regelmäßig Bühnen- und Fernsehrollen übernommen, und mehr als einmal hielten mir Filmproduzenten und Kollegen vor, Riesenrollen für ein Butterbrot zu spielen, während ich doch sonst so gut rechnen könne. Tatsache war, daß die Filmangebote manchmal sehr zu wünschen übrigließen und nur deshalb abgeschlossen wurden, weil die Kasse stimmte. Bei Theater und Fernsehen war es umgekehrt, ich ließ mich durch Superrollen einfangen, trotz nicht stimmender Kasse. Wobei ich das Fernsehen nicht einmal als zukünftige Weltmacht erkannte – sondern lediglich als Rollenlieferanten.

Vierzig

Gladiolen von den beiden Angestellten, Parfum vom Götti, Brombeerkuchen und Reithandschuhe von Marliese; eine zu kleine Hose, eine Goldkette und eine Ledertasche von Helmut, voller Verzweiflung ausgesucht; Karten, Telegramme Anrufe; Essen in einem Landgasthof: etwas Hirn und Mineralwasser; Ende gegen Mitternacht – uff.

So verliefen die meisten Geburtstage. Aber dieser hier war anders.

Ein Einschnitt. Mein Leben veränderte sich schlagartig. Auf einmal spielten alle verdeckt oder offen auf mein Alter an, Produzenten ließen sich am Telephon verleugnen, riefen nicht zurück und besetzten mir zugedachte Rollen mit anderen Damen.

Vielleicht bildete ich mir das nur ein, weil ich gerade vierzig geworden war – projizierte meine Befürchtungen in Freunde und Bekannte hinein, denn viele wußten ja von meiner magischen Zahl gar nichts. War es ein Zufall, daß sich die *Hochzeitsreise* kurz vor meinem vierzigsten Geburtstag als Flop erwies? Oder ereignete er sich, weil man in diesem Alter anfängt, Fehler zu machen? Weil die Kräfte schwinden – oder sogar die Ausstrahlung?

Ich glaubte nicht an eine Midlife-crisis. Nie war ich tatendurstiger als jetzt, nie ritt ich besser, nie enervierte mich allerdings auch der Haushalt mehr als jetzt. Ich lechzte nach einer Rolle, nach atemloser Arbeit, nach Erfolg.

Als Wolfgang Rademann mir einen Auftritt in Peter Alexanders Fernsehshow *Spezialitäten* anbot, sagte ich sofort ja.

Ich nahm diese neue Dimension unseres Berufs allerdings immer noch nicht ernst. »Es ist ja nur Fernsehen«, grinste Helmut, und ich grinste mit. Naja, wir hatten wieder mal geschlafen. Das Stiefkind Fernsehen hatte sich in wenigen Jahren zum Riesen entwickelt, der unersättlich alles auffraß, was ihm in den Weg kam. Dieser Gigant, von dem man sich anfangs nur ein paar unterhaltsame Stunden nach Feierabend erhofft hatte, den man gehegt, gepflegt und verhätschelt hatte, war zum unbezwingbaren Monstrum geworden, das die ganze Welt zu verändern und zu unterjochen begann.

Davon merkte ich zunächst noch wenig; ich saß immer noch auf der zweitobersten Stufe des Erfolgstreppchens, betrachtete das Treiben da unten mit mässigem Interesse und träumte vom Oscar.

Der Drehbetrieb im Fernsehstudio unterschied sich, dessen wurde ich mir diesmal zähneknirschend bewußt, verdammt eindeutig von der Arbeit im Filmatelier. Die Scheinwerfer standen nicht mehr allzeit bereit wie stumme Diener in der Dekoration, sondern hingen schwer erreichbar hoch oben an der Decke, wo sie ungenau und ungern bedient wurden. Statt einer langweilten sich vier Kameras mit ihren Kameraleuten, die wie Vermessungsingenieure unbeweglich in irgendwelche Öffnungen starrten, anscheinend ohne sich für das zu interessieren, was sie sahen. Beleuchtung war nicht ihre

Aufgabe, und dementsprechend sahen die Schauspieler auch aus. Der Regisseur war zwar anwesend, ließ sich aber nur selten oder gar nicht im Studio blicken, denn er gab seine Anweisungen ausschließlich durch die Lautsprecher ab. Das unübersehbare Heer von Mitarbeitern, die selber nicht wußten, warum sie engagiert worden waren, stimmte im großen und ganzen mit der Stabliste eines Filmteams überein, nur waren es – Parkinsons Gesetz! – etwa fünfmal soviel bei gleicher Arbeit.

Ich hatte schon in einigen größeren Fernsehproduktionen mitgewirkt und mich ohne nennenswerte Schwierigkeiten an die verschiedensten Arbeitsmethoden angepaßt. Allen war eines gemeinsam: der Film wurde in größere und kleinere Einstellungen aufgeteilt, abgelichtet und notfalls wiederholt. Nie wäre jemand auf den Gedanken gekommen, Zuschauer einzuladen, damit sie die Entstehung großer Szenen miterleben konnten. Die Gegenwart der Produzenten, der Geldgeber und deren Freundinnen störte schon genug.

Aber nun wurde ich zum ersten Mal mit einer der neuesten Errungenschaften des modernen Fernsehens konfrontiert: der Aufzeichnung vor Publikum. Einer Technik, die es fertigbrachte, die Vorteile der intimen Kamera mit Hilfe des offenen Zuschauerraumes ins Gegenteil zu verkehren. Weder Kamera noch Publikum kamen fortan auf ihre Kosten. Entweder war man zu leise für die Zuschauer oder zu laut für die Kamera. Dazu kam, daß das Programm in einem durchlief wie eine Theatervorstellung, mit dem Unterschied, daß statt vier Wochen Proben nur vier Tage zur Verfügung standen.

Als ich erfuhr, daß meine große Szene mit Peter Alexander schon übermorgen vor Publikum aufgezeichnet werden sollte, erwog ich die sofortige Abreise. Aber ich blieb. Ich konnte mir meinen neuen Arbeitgeber nicht schon wieder vergraulen. Mit Hilfe einer rechtzeitig eingefangenen Halsentzündung gelang es mir, die Aufzeichnung zu verschieben und ein Minimum an Proben und Sicherheit zu erzwingen. Ich gewöhnte mich so an die hektische Umgebung und erhielt später sogar einen Bronzenen Bildschirm für meine berndeutsche Odyssee von Albert Meyer und die Sketche mit Peter Alexander. Kunststück, bei dem Partner. Peter hatte sich in dieser Sendung selbst übertroffen und ein Meisterstück der Unterhaltung fertiggebracht. Peter der Große hieß er von nun an. Oft kopiert, nie erreicht.

Das konnte ich von mir nicht behaupten. Ich war überrascht von meinem unerwartet heftigen Lampenfieber, das in keinem Verhältnis zu der vergleichsweise anspruchslosen Leistung stand. Ich wußte noch nicht, daß es an diesem unseligen Phänomen »Kamera – Publikum« lag: dem unwiederholbaren Ausspucken von Perfektion ohne Vorbereitung; einer Premiere ohne Proben. Es begann mir zu dämmern, daß Fernsehen keine neue Kunstform war, sondern nur ein Medium. Ein Mordmedium, jawohl.

Zurück

Die österreichische Witwe hatte uns verlassen, und an ihrer Stelle kam Hermine, klein, kräftig, mit hellem Teint und sensiblen blauen Augen. Nach 24 Stunden teilte sie uns mit, sie sei kein Dienstmädchen, sondern Kinderpflegerin und wollte gleich wieder wegfahren. Erst als wir ihr unsere baldige Abreise in Aussicht stellten als Entschuldigung, daß wir überhaupt noch da waren, ließ sie sich erweichen zu bleiben.

Am 28. November, also in etwa einer Woche, begannen in Wien die Proben für *Der Widerspenstigen Zähmung*, einer Theatertournee der Firma Landgraf, die bis Mitte Mai 1970 dauern sollte. Helmut führte Regie, übernahm selbst den Petruchio und ließ mich die beiden Schwestern Bianca und Katharina als Doppelrolle spielen. Unser Film *Kohlhiesels Töchter* hatte ihn auf die Idee gebracht. »Er ist eine Variation der *Widerspenstigen*«, erklärte er dem begeisterten Veranstalter, der ja nun für beide Rollen nur eine Gage bezahlen mußte.

Es war allerdings ein Haufen Arbeit. Es wäre von Vorteil gewesen, die Proben mit gelerntem Text zu beginnen. Aber je näher die Abreise nach Wien rückte, desto dringender wurden die häuslichen Pflichten. Alles mußte gleichzeitig erledigt werden: Briefe, Einzahlungen, Winterkleider für die Kinder, Verteilung der Hausgeister, Tierspital für Shakespeare, Antrag meiner deutschen Staatsbürgerschaft, die 1970 ablief. Wie sollte man da noch Zeit für das Wichtigste finden, unser Theatermarathon? In diesem Taubenschlag war Lernen einfach unmöglich, außer man flüchtete an den See oder in die Weinberge. Wie stellten das bloß die anderen Schauspieler an mit noch mehr Kindern?

Dabei waren sie doch absolute Heuler. Tell war der bravste, Mélisandchen die lauteste der Familie. Ihre Schreikrämpfe dauerten selten unter vier Stunden, und wenn wir dann so richtig genug davon hatten, versöhnte sie uns mit einigen frisch aufgeschnappten Worten, neuerdings mit »ähä« in allen Tonarten oder auch mit »jaja ähä«, womit sie auch gelegentlich das Telephon abnahm.

Am 1. Dezember begannen die Proben im Schönbrunner Schloßtheater. Helmut hatte sich einen linearen Stil ausgedacht. Die Schauspieler bewegten sich in Halb- und Vierteldrehungen auf einem einfachen Holzpodest mit beweglichen farbigen Holzlamellen, die bei jedem neuen Bild verändert wurden. Aber leider sträubten sich einige Kollegen gegen Helmuts Regie, allen voran Norbert Hansing, der den Hortensio und die Regieassistenz übernommen hatte. Dadurch ermutigt meuterten nach und nach fast alle Darsteller, überboten sich gegenseitig an Widerborstigkeit, stolperten mit Duldermienen auf der Bühne herum, stotterten schon bei den einfachsten Sätzen, schüttelten die Köpfe und fingen wieder von vorne an. Die Probe wurde immer öfters unterbrochen, jeder glaubte mitreden, das Stück erklären und Vorschläge machen zu müssen.

Es kam, wie es kommen mußte. Plötzlich brüllte Helmut wie ein Stier, zum Beispiel, Schauspieler sollten nicht diskutieren, sondern spielen und verließ die Probe.

Ich war stocksauer, denn ich war ja auf Helmuts Seite. Als ob Regie und Hauptrolle nicht schon anstrengend genug gewesen wären, mußte er auch noch gegen das eigene Ensemble ankämpfen – natürlich mit Brachialgewalt und auf Kosten seiner Stimme.

Schon vor einer Woche mußte er wegen einer Erkältung eine Probe absagen – nach diesem Donnerwetter bekam er einen schweren Rückfall. Am nächsten Tag, dem 16. Dezember, waren wir in Dietmar Schönherrs erster *Wünsch dir was*-Sendung und gerieten nach der Veranstaltung auf der Suche nach einer Taxe in einen Schneesturm, der Wien seit Tagen lahmlegte. Dazu kam eine Panne der Hotelheizung. Wir schlotterten schon beim Frühstück vor Kälte, und Helmut konnte kaum mehr sprechen.

Aber die Grenzen waren abgesteckt, und die Proben verliefen von nun an weitgehend ungestört. Am 19. Dezember war die erste Probe mit Photos und am 21. Dezember Halbzeit. Jeder, auch wir, fuhren über die Festtage nach Hause.

Weihnachten, das Fest des Schreckens. Tell hatte hohes Fieber, niemand hatte es bemerkt. Hermine, die neue Perle, machte bei uns offenbar Urlaub, stand gegen 9 Uhr morgens auf und überließ die Kinder der viel jüngeren Françoise. Helmut fuhr ununterbrochen zum Arzt und drehte mit unserem fabrikneuen Mercedes ein paar Pirouetten um einen Brückenpfeiler der vereisten Autobahn. Die Bescherung an Heiligabend glich einer mittleren Türkenschlacht, Tell hustete, Mélisande kreischte, Hermine blickte stumm auf dem ganzen Tisch herum, Françoise III fuhr mittendrin in den Urlaub, Helmut kämpfte mit dem windschiefen Weihnachtsbaum, Mama war alles egal, und ich wühlte in Bergen von Geschenken, Papieren, Schnüren und Kärtchen, von denen niemand mehr wußte, wem sie gehörten. Das Ausmaß der Verwüstung im Salon offenbarte sich erst am nächsten Morgen bei Tageslicht, Hermine kündigte und Schwester Rösli mußte kommen.

Am 3. Januar 1970 nahmen wir die Proben wieder auf, diesmal in Bad Aibling. Das Stück nahm langsam Gestalt an, Helmuts Choreographie lief ab wie ein Räderwerk und behielt trotzdem einen Anflug von Improvisation.

Zwischen Helmut und Norbert Hansing begann sich sogar eine richtige Freundschaft zu entwickeln, nicht zuletzt wegen dessen entzückender Frau Erika, die vier oder fünf Rollen spielte, darunter das Double der Bianca, wenn die beiden Schwestern doch mal gleichzeitig auftraten. Aber Helmut hatte sich mit der Regie und dieser Riesenrolle die härteste Bewährungsprobe seiner Laufbahn aufgebürdet. Sicher, er verfügte über Bärenkräfte und eine lange Theatererfahrung. Aber die schwere Infektion und die unerwarteten Schwierigkeiten mit seinen Schauspielern fraßen ihn auf. Er schlief immer schlechter, aß immer weniger, wurde immer hohläugiger und heiserer.

Zwei Tage vor der öffentlichen Generalprobe schickte ihn Milia Fögen, unsere Witwendarstellerin und treueste Mitstreiterin, zu Professor Zimmermann in Starnberg, der versprach, Helmut mit einer Geheimkur in zwei Tagen hinzukriegen.

Am nächsten Tag waren die beiden Hauptproben. Die erste um

11 Uhr, die zweite um 19 Uhr. Alles hing davon ab, wie Helmut diese letzte und schwerste Strapaze überstand.

Es fing auf die Minute an mit einem von Helmut inszenierten Vorspiel, das die Schauspieler bei ihren Vorbereitungen auf der Bühne zeigte: Hortensio machte einen Kopfstand, »Sein oder nicht sein« murmelnd, Inspizient Robert zählte die Zuschauer, Tranio fragte die Souffleuse nach einem Satz, die Souffleuse rief: »Das ist gestrichen«, Grumio und Gremio wiederholten Sätze, die Witwe mit ihrem privaten Hund fragte nach ihrer Garderobe, Katharina (ich) rasselte eine Sprechübung herunter, dann begannen Lucentio und Tranio auf stockdunkler Bühne den ersten Akt mit plötzlichem Scheinwerfergewitter; großes Erschrecken, Wegrennen, dann fing es erst richtig an. Zweck dieses Vorspiels war das Einsammeln der Zuspätkommenden.

Am 14. Januar war die öffentliche Generalprobe. Sie war voll und lief ab wie eine Vorstellung, am 15. Januar 1970 folgte die Premiere.

Um halb sieben war ich im Theater. Ich war relativ sicher. Trotzdem überfiel mich die Panik – der Albtraum, das Gedächtnis versage und der Vorhang müsse fallen – die Tournee platze – die Tournee, die auf mir aufgebaut war. Tagtäglich wurde mir eingehämmert, daß die Theater nur meinetwegen voll seien, und daß es ohne mich nicht gehe. »Es ist mir viel wohler in der zweiten Rolle, wo man mich nicht zur Verantwortung ziehen kann... ich hasse Verantwortung, und immer habe ich sie«, schrieb ich vor der Premiere ins Tagebuch (Peters Pulver-Prinzip).

Natürlich ging alles glatt, Helmut hatte seine Stimme wieder, und mir fiel im achten Bild lediglich die Perücke herunter.

»Pulver mit doppelter Zündschnur« betitelte der atemlose Kritiker des Salzburger Volksblatts seine Eindrücke über die Premiere. »Shakespeares William, der gute alte, hat eine Doppelrolle geschrieben, ohne daß er davon wußte. Und niemand hat sie bisher entdeckt. Das blieb Schauspieler-Regisseur Helmut Schmid vorbehalten. Fast ein Dutzend sekundenschneller Umzüge, ich schwitzte selbst im Zuschauerraum mit.«

108 Vorstellungen! Schon nach vierzehn Tagen hing uns das Fahren – Spielen – Schlafen zum Halse raus, genauso wie das Gezitter, ob

das Hotel ruhig, die Stimme in Ordnung, die Familie am Leben
sei.

Natürlich erkälteten wir uns schon in der ersten Hälfte, kurvten
vermummt und verquollen von Stadt zu Stadt, von Theater zu
Theater, verfuhren uns, kamen zu spät an, kriegten nichts mehr zu
essen, zählten die Baustellen vor dem Hotel und pfiffen abends,
wenn es drauf ankam, auf dem letzten Loch. Kein Wunder, daß es
bei der täglichen Hetzjagd zwischen Helmut und mir zu Spannungen kam. Irgendwann fiel das Wort Scheidung, es war zwischen
Zug und Zürich, nach einer schlechten Vorstellung. Um solche
Gewitterwolken zu zerstreuen, becherte man mal einen über den
Durst, aber, wie schon beim *Regenmacher*, das wirkungsvollste All-
heilmittel war der heißersehnte freie Tag. Die Spiellaune erwachte
wieder, und es kam zu unvergeßlichen Sternstunden. Zum Beispiel
am 1. April in Herford, als Brigitte Erbacher, die Souffleuse,
glaubte, eine Rolle übernehmen zu müssen und als Witwe mit
Riesenhut im Souffleurkasten saß; als die Spaghetti mit Zucker
gewürzt waren; als in der Pause die Tafel »Ende« am Bühnenrah-
men hing und – April, April – wieder in »Pause« zurückverwandelt
wurde. Oder als in Erlenbach ein Journalist auf die Bühne kletterte,
sich photographierend unter Petruchios Diener mischte und mit
ihnen, da es gerade paßte, von der Bühne geworfen wurde. Beste
Vorstellungen: Eutin, Schaffhausen, Duderstadt, Iserlohn, Lud-
wigshafen. Schlechteste Vorstellungen: Zug, Nienburg, Einbeck.
Absoluter Höhepunkt dieses, meines längsten und wildesten Thea-
terunternehmens: Cham. Weder vor noch nach diesem 29. April
begegneten wir einem auch nur entfernt vergleichbaren Tempel.
Es fing damit an, daß an der Fassade des Theaters folgende Leucht-
schrift angebracht worden war:

Paul Robert
in
Der Widerspenstigen Zähmung.

Paul Robert war unser Inspizient.
Bemerkenswert waren auch die Garderoben. Es gab ein großes Loch
und zwei kleine. Das große Loch war unbeheizbar und von der
Decke, wo es gerade hereinschneite, drohten demnächst ein paar
Felsbrocken herunterzufallen. Auf der Seite der Bühne war Platz
für drei bis vier Personen, aber wir waren zwölf, die oft alle

zusammen auftraten. Von Abgehen war keine Spur, die Vorhänge hingen in Fetzen herunter, und wenn man auf die andere Seite mußte und sich unter Lebensgefahr hinter der Leinwand durchgequetscht hatte, gähnte einem eine durch Schnüre abgesicherte metertiefe Grube entgegen. Im Saal gab es für Publikum und Mitwirkende nur eine einzige Türe, die man erst nach längerem Suchen hinter einem Haufen Stühle entdeckte. Warum sollte es auch ausgerechnet heute zu brennen anfangen? Hauptsache, die Toilette funktionierte – jawohl, und zwar einwandfrei; es handelte sich um das weit und breit einzige, dafür garantiert echte alte Pissoir.

Diese unvorstellbaren Zustände versetzten uns in die beste Stimmung, eine solche vorsintflutliche Romantik war einfach unwiderstehlich, und es wurde ein völlig entfesselter Theaterabend. Wohin man auch schaute, überall wallten und wogten Köpfe, Arme und Leiber von hellerleuchteten Zuschauern, sie hingen aus altersschwachen Logen direkt über der Bühne und schienen jeden Moment auf uns herunterzustürzen. Niemand konnte sich mehr konzentrieren, nichts konnte man mehr ernst nehmen, und wir lachten noch abends, als alles vorbei war, lauthals in unseren Betten.

Recht gute Erholung!

Am 14. Mai 1970 war in Immenstadt die 108. und letzte Vorstellung. Jedes normale Ehepaar hätte nach einem solchen Marathon ausgiebig Ferien gemacht. Aber wir eilten zurück, in die Höhle der Löwen, wenn auch nicht ohne Murren. Denn wie immer, wenn wir mit hängender Zunge nach Hause kamen, prasselten die Probleme nur so auf uns herunter.

Schwester Rösli konnte nicht weiter arbeiten, sie war erschöpft und völlig verfallen. Wir mußten eine ältere, wohlproportionierte Blondine aus Bern engagieren, Madame Ecabert, die redete wie ein Wasserfall; die anderen Damen ließen nichts mehr von sich hören.

Dann fuhr ich ins Tierspital nach Bern zu Shakespeare. Auch er sah erschreckend alt aus, hatte gar keine Freude am Grasen, wagte das kranke Bein nicht abzustellen und wollte immer in den Stall zurück.

Der Pferdepfleger klagte, daß er noch nie einem Pferd so viele Spritzen gegeben habe. Dr. Stihl, der bekannteste Schweizer Tierarzt, bestätigte die Hiobsbotschaft. Der Hengst könne ohne Medikamente nicht mehr leben. Das beste sei, ihn im Stall zu erschießen, er merke nichts davon, nicht das geringste. Ich war wie erschlagen. »Dann sagen Sie mir aber nicht wann –«, brachte ich endlich hervor.

Shakespeare stand reglos vor mir in seinem Stall, den Kopf gesenkt, die Ohren leicht nach hinten gelegt, und starrte mit seinen großen, schwarzen Augen vor sich hin. Er bewegte sich auch nicht, als ich ihn zum Abschied streichelte. Ich glaube, er hatte mich nicht wiedererkannt.

Zwei Tage später besuchte mich Corinne mit Mama, Ninon und Paul. Sie wollte ein Darlehen von mir, denn sie hatte in Versoix ein Haus gekauft und konnte es wegen Hypothekarisierungsbeschränkungen nicht bezahlen. Mich traf beinahe der Schlag. Tag und Nacht wälzte ich Pläne, Vorschläge und Auswege in meinem Kopf herum, bis mir die rettende Idee einfiel: meine eigene Hypothek auf dem Zahnlückenhaus zurückzuzahlen und sie auf Corinnes Liegenschaft zu übertragen. Die Bank war überlistet.

Reiten und Wasserski mit Helmut und anderen Rabauken; Abschied von Madame Ecabert, die immer alles auf morgen verschob; Tell mit mähender Schweizerfahne mitten in den Margueriten; Mélisandes Temperamentsausbrüche; die Reportage mit meinem Sturz vom Motorboot, als es in den Bootssteg krachte; weggewischt, wie mit dem Zeitraffer.

Am Abend saßen wir in Gesellschaft oder allein auf der noch erhitzten Terrasse, eine Flasche Wein vor uns, erschöpft, aber glücklich. Der hellgekräuselte See mit einzelnen heimkehrenden Segelbooten vor uns, die beiden üppig aufgeblühten Rosenbäumchen – und manchmal, hoch über allem thronend, feurig glühend oder bläulich versinkend, Montblanc, der Superstar.

»Timo«

Timo – so hieß die zehnteilige Fernsehserie, in der Helmut und ich ein Ehepaar mit Kind und Hund verkörpern sollten. Alltägliche Geschichten von und um Walldorf bei Frankfurt, verfaßt von Ingmar Zeisberg. Ihr Mann, Rolf Hädrich, führte Regie und brachte es fertig, uns im Hotel Bachmair in Rottach-Egern für diese neue Knochenarbeit einzufangen.

Wir hatten uns wie schon so oft zu Helmuts Freund Karli an den Tegernsee geflüchtet. Seine Tochter Maxi war mein Patenkind und sollte mit Mélisande am 28. Juli im Gulbransson-Kirchlein getauft werden. Nach dem 1. August, Tells Geburtstag, wollten wir wieder nach Hause fahren und ein paar Wochen faulenzen.

Und nun sollte es schon wieder losgehen. Es blieb gerade noch Zeit, nach Perroy zurückzukehren, Kostüme zu besorgen und wieder wegzufliegen. Ich zuerst, Helmut etwas später.

Da saß ich nun, am Abend des 11. August, knapp drei Monate nach unserer Monstertournee, im Schwarzen Bock in Wiesbaden und kämpfte gegen Unentschlossenheit und Zweifel, wie meistens vor dem ersten Drehtag. Die Texte schienen mir unsprechbar, die Serie endlos und ohne Erfolgsaussichten. Das Baugeratter vor meinem Fenster tat ein übriges, und ich zog um in ein Zimmer mit Lifttürkrachen und Elefantengetrappel; nein, hier war meines Bleibens nicht. Die Koffer standen unausgepackt herum, ich fand nichts mehr, schleppte mich von einer Ecke in die andere und verfluchte mein Komödiantenschicksal. Ich suchte Zuflucht im Frankfurter Hotel Intercontinental, wo ich auch zweimal das Zimmer wechselte, aber nach vier Tagen von den intercontinentalen Preßlufthämmern genug hatte. Ich mußte in den Schwarzen Bock zurück.

Am 14. August fiel die erste Klappe. Rolf Hädrich nahm es gemütlich und begann mit kurzen Passagen. »Seit Jahrzehnten«, lobt Tagebuch Nr. 37, »fing eine Arbeit nicht mit Erschöpfung an.«

Rolf entpuppte sich als guter Freund und Kumpel, war für jede Ablenkung dankbar und schien sich jeden Morgen nur mühsam zur Arbeit aufzuraffen. Er war ein leidenschaftlicher Spieler, schleppte Helmut und Rudolf Schündler, der einen Professor spielte, in sämtliche umliegenden Spielcasinos, wo er fast immer verlor.

Manchmal durfte ich mit zum Pokern, störte aber nur, weil ich zu langsam rechnete. Auch beim Schachspiel hatte ich nicht viel zu bestellen, außer wenn er nicht bei der Sache war, zum Beispiel in Drehpausen. In Politik und Literatur war er unheimlich beschlagen, und keiner, bis auf Helmut, war ihm in Diskussionen gewachsen.

Der Drehbetrieb unterschied sich nicht wesentlich von anderen Produktionen, außer daß alles dreimal so lange dauerte wie sonst. Ein Spielfilm währte normalerweise 90 Minuten, diese Serie hier 270. Den Unterschied bekam man schon beim Textlernen zu spüren. Es nahm kein Ende. Wir drehten bis zu zwölf Stunden am Tag. Durch die fortgeschrittene Jahreszeit wurden die Innenaufnahmen plötzlich unterbrochen und Außenmotive angesetzt, da jeder Sonnenstrahl ausgenutzt werden mußte. Was liegenblieb, mußte an einem anderen Tag nachgeholt werden.

Wir kamen gut über die Runden, dafür sorgte Frau Fuchs aus Walldorf, die uns jeden Mittag die raffiniertesten Leckerbissen servierte, nachmittags Kaffee und Kuchen, und uns auch sonst jeden Wunsch von den Augen ablas. Sie war ein Zufallstreffer und wurde unser Mittelpunkt, unser Blitzableiter und Quell der guten Laune.

Dazu trug auch der spindeldürre einjährige Boxer Donald bei, der süß verspielt war, aber nur in der Probe. Kaum wurde gedreht, legte er sich hin und schlief ein. Auch Renate, meine Maskenbildnerin war eine komische Nudel, diskret, feminin und ganz anders als ihre Kolleginnen. Sie hatte ihren eigenen Stil, schminkte erst die Augen und dann den Rest. Fummelte nicht ständig an mir herum; puderte ab, wenn ich sie rief, und auch das nur, wenn sie nicht gerade auf den Flugplatz gefahren war, um einen Verehrer abzuholen.

Je weiter wir vorankamen, desto gemütlicher wurde es am Drehort, und Rolf korrigierte uns kaum noch. Er war inzwischen fest an den NDR engagiert worden und mußte schon am 19. Oktober wegfahren. Die letzten Szenen sollte Helmut fertig drehen, der sich natürlich mit Feuereifer an die Sache machte. Trotz der Doppelbelastung, spielen und Regie, entledigte er sich seiner Aufgabe wie Gustaf Gründgens persönlich, und am 25. Oktober war der letzte Drehtag. Ein unvorstellbarer Triumph. Und natürlich ein Knüller. Rolf war schließlich ein As.

Während der Serie, am 2. Oktober 1970, verunglückten Grethe

Weiser und ihr Mann, Dr. Hermann Schwerin, tödlich. Sie kamen von einer Behandlung in der Klinik Dr. Wiedemann. Er hatte einen neuen Wagen mit Automatic, mußte im Wagen etwas gesucht und den Fuß von der Bremse genommen haben. Nur so ist es zu erklären, daß er im Schrittempo auf die Kreuzung rollte, auf der er von einem Lastwagen mit Vorfahrt erfaßt wurde. Beide starben. Er an der Unfallstelle, sie auf dem Transport ins Krankenhaus. Es berührte mich wie ein eiskalter Schauer. Ich hatte beide gut gekannt. Er war mit F. A. Mainz der erste wichtige Mann in meiner Filmkarriere. Ein fideler, nie verärgerter Berliner.

Freunde, das Leben ist lebenswert

Die 70er Jahre hatten gut angefangen. Hart, aber herzlich. Die Rechnung ging auf, sowohl künstlerisch wie finanziell. Die Anstrengungen von Tournee und Serie verklärten sich zu rosaroten Abenteuern, von denen nur das Erfolgsgefühl in Erinnerung blieb. Was jetzt noch kam, war wie eine Belohnung nach überstandener Schlacht: Ich begann ein Drehbuch zu schreiben. Familienzuwachs durch Donald, unseren Fernsehboxer; und schließlich die dreiwöchige Synchronisation unserer Serie in Hamburg – ein paar Stunden am Tag Nachsprechen längst vergessener Texte. Abends Abklopfen unserer Hamburger Stammlokale »Ehmke«, »Cölln«, »Lembcke«, »Brahmsstuben«, »Fischereihafen«, ohne auf die Uhr sehen zu müssen, denn man mußte ja morgen nicht schön sein.
Weihnachten 1970 war mit dem üblichen Amoklauf durch die Geschäfte verbunden und endete mit einem Wirbelsturm rund um den Tannenbaum. Dann Essen mit Champagner und den beiden Mädchen zu Hause, sie schienen ganz glücklich zu sein, von Helmut und mir ganz zu schweigen, denn es war wieder mal überstanden.
Das nächste Fest war Mélisandes dritter Geburtstag am 2. Februar 1971. Sie begriff gar nicht, warum heute alle so besonders geduldig mit ihr spielten. Sie konnte unglaublich ermüdend sein, trotzig, eigensinnig, heftig und dabei schon raffiniert im »Kannitverstan«. Dann wieder entzückend lieb und lustig. Aber immer volle Pulle.

Manchmal fragte ich mich, ob ich überhaupt fähig war, Kinder zu erziehen.

Das neue Jahr hatte mit viel Privatleben begonnen – reiten, skifahren und schreiben. Ich arbeitete weiter an meinem Drehbuch, es sollte ein völlig verrückter Ferienfilm werden. Es ging um Papa, Mama und Junior, die mit einem altersschwachen Automobil in Urlaub fahren, weil das Dienstmädchen ausgerissen ist. Im Hotel verwickelt ein Personalstreik die erholungsbedürftige Familie in ungeahnte Katastrophen und endet mit einem Schiffsuntergang.

Ich schrieb und schrieb und schrieb. Helmut äußerte Zweifel. Das Kino sei tot, teilte er mir mit – doch als er mein erschrockenes Gesicht sah, schob er seine Bedenken auf die eigene schlechte Laune, die nur vorübergehend sei.

Tatsächlich sah es im Moment rollenmäßig gar nicht rosig aus. Außer dem Angebot der Hamburgischen Staatsoper, in Jacques Offenbachs *Orpheus in der Unterwelt* die Öffentliche Meinung zu spielen, war im Moment Schweigen im Walde.

So kam es, daß ich das zweiteilige Fernsehspiel *Hoopers letzte Jagd* mit Horst Tappert ernsthaft in Erwägung zog, obwohl die Rolle winzig war. Noch vor zwei Jahren hätte ich auf ein solches Angebot gar nicht reagiert.

Die Dreharbeiten, die am 2. Mai begannen, zeichneten sich vor allem durch fortwährendes Herumfliegen aus. Von Genf nach London, von London nach Berlin (erste *Dalli Dalli*-Sendung), von Berlin nach London, von London nach Portugal, von Portugal nach Hamburg, von Hamburg nach London, von London nach Genf.

Köln bzw. Bonn war allerdings mehr oder weniger privat. Es fand ein Empfang der Filmförderung statt. Ich erachte ihn deshalb als erwähnenswert, weil ich fast alle damaligen Minister kennenlernte. Erst wurden sämtliche Gäste dem todmüden, gerade aus Amerika eingetroffenen Bundeskanzler Willy Brandt vorgestellt. Als ich dran war, fiel mir kein einziger vernünftiger Satz ein, und ich war froh, als Dr. Burda kam und seine Hubschrauber verkaufte. Ich verzog mich diskret und lief Horst Ehmke über den Weg, der höflich meine Bewunderung für Konrad Adenauer entgegennahm, denn er war von der SPD, und auch gleich eine Schnurre über ihn wußte.

Beim Essen saß ich mit Artur Brauner, Romy Schneider und Curd Jürgens am Tisch und wurde gefragt, wie oft ich abgetrieben habe.

»Jamais«, antwortete ich, da alle französisch sprachen.

Romy fuhr herum.

»Jamais«, wiederholte ich.

Sie lächelte: »Nun ja, Sie halten sich da raus.«

Ich beteiligte mich an der Diskussion nicht weiter, meine Meinung interessierte sowieso niemanden.

Es folgte eine Rheinfahrt, dann ein Empfang beim Bundestagspräsidenten von Hassel. Er blieb bei mir stehen, um ebenfalls mehrere Anekdoten über Adenauer zu erzählen, zum Beispiel über seine Trinkfestigkeit, worauf er, zufrieden mit dem schallenden Gelächter, weitereilte. Die Vorführung eines Maximilian-Schell-Films ließ ich aus, denn es wartete schon wieder ein Empfang der Filmförderungsanstalt. Ich wurde dem damaligen Innenminister Hans-Dietrich Genscher vorgestellt, der innerhalb kürzester Zeit so viele Pointen abschoß, daß ich die meisten gar nicht verstand.

Das Fest endete in der Bar des Steigenberger Hotels, wo Hans-Dietrich mit mir tanzte, mir das Du anbot und von *Piroschka* schwärmte. Um 3 Uhr früh wankte ich glücklich in mein Hotelzimmer, im Bewußtsein, wenigstens bei einigen Politikern angekommen zu sein, was ich von den Produzenten nicht behaupten konnte.

Warum hatte ich bloß *Die keusche Susanne* abgesagt! Ein glänzendes Vaudeville, aber mit schwierigen Gesangsnummern. Ich ließ die *Keusche Susanne* sausen und vererbte sie einmal mehr Maria Schell.

Nun saß ich wieder zu Hause, räumte auf, wühlte in Bergen von Briefen, fing mit Helmut die Kinder ein und brach den Weltrekord im Kaffeekochen.

Es war ein heißer, trockener Sommer, wir ritten fast täglich aus, fuhren Wasserski, tobten im lauwarmen See und schliefen ohnmächtig bis spät in den Morgen, wenn Hund und Kinder uns ließen. Ende August wurde die Garmischerin Edith, die es ein Jahr bei uns ausgehalten hatte, von einer Einheimischen abgelöst; Rita war die Tochter unseres Zimmermanns. Kurz darauf wurde auch die zweite Perle aus der Fassung gerissen, ihr Name war Florida, und mehr gibt es über sie nicht zu berichten. Aber unser Familienstern schien jetzt doch ein menschliches Rühren zu bekommen, am 11. September meldete sich auf unser Inserat eine österreichische Bauerntochter, Irma, und die gegenseitige Sympathie am Bahnhof Bregenz wurde mit Handschlag vertragsgültig.

Während wir bei Helmuts Freund Karli am Tegernsee ein paar Tage Urlaub machten, erschien Herr Landgraf, um uns eine neue Tournee anzudrehen – ich dachte: Laß ihn reden, da hatte Helmut plötzlich schon unterschrieben.

Es war also beschlossene Sache, daß wir 1973 bei Landgraf wieder eine Tournee machen sollten. Er wollte ein Boulevardstück, das überall, außer in München, durchgefallen war: *Die bessere Hälfte*. Wir fanden *Monsieur Chasse* von Georges Feydeau besser. Am 30. September warf Helmut eine Münze hoch – Bild – *Monsieur Chasse* gewann.

Vorerst war aber noch Oktober 1971, und ich war gerade 42 Jahre alt geworden. Eine Woche vor meiner Abreise zu *Orpheus in der Unterwelt* bestand ich noch schnell eine selbstverschriebene Roßkur: ein Amazonenspringen unseres Reitclubs. Ich wußte, daß ich vor Angst beinahe verrecken würde. Aber es mußte sein. Wenn ich meiner Ängstlichkeit ein einziges Mal nachgab, breitete sie sich aus wie ein Waldbrand.

Es begann um 14 Uhr. Ich wachte schon um 6 Uhr 30 auf. Der Morgen wollte nicht herumgehen; ich packte meine Siebensachen, stahl beim Nachbarn verwaiste Äpfel für die Pferde, legte mich wieder aufs Bett, hin- und hergerissen zwischen Befürchtungen, einen gigantischen Blödsinn zu machen, und der wilden Hoffnung, gut abzuschneiden. Endlich war es soweit, ich fuhr zum Stall, wo sich die dunklen Ahnungen angesichts der noch aufgeregteren Rivalinnen zu verflüchtigen begannen. Kurz nach 14 Uhr stiegen wir auf, und ich war schon nach den paar Probesprüngen mit dem aufmerksamen, aber eher faulen Viking völlig außer Atem.

Ich startete als zweite, moralisch etwas aufgerüstet, da sich unsere Präsidentin eben verritten hatte. Die Glocke ertönte – ab in die Arena! Alles gestaltete sich nach Wunsch: Baumstamm, die zwei Stangen hintereinander, die gefürchtete, noch nie gesprungene Hecke! Mit ungeheurem Anlauf den Tonnenoxer. Aber nun befand ich mich vor einem Graben, der nicht dazu gehörte, mußte einen Bogen reiten zum Contrebas, sprang zu weit rechts, ritt wieder eine Volte, auf ein Hindernis bergab zu, dann links herum über ein einfaches, und wieder auf eine Art Terrasse. Leider wußte ich nun nicht mehr, wo ich war, mußte erneut einen Zirkel reiten und hörte von weitem erneut die Glocke bimmeln. Nanu? dachte ich und steuerte auf den Triplebarren zu – Viking sprang etwa 2 m hoch – und ich noch einen Meter weiter. Das Pferd blieb verwundert stehen, und ich rief am Boden, mit allen vieren in der Luft: »Fertig.« Einige herangaloppierende Herren klärten mich aber auf, daß ich ein Hindernis ausgelassen habe, halfen mir erbarmungslos wieder aufs Pferd und schickten mich, obwohl ich kaum noch japsen konnte, zum Doppelten. Ich schrie »Scheiße«, denn ich war der Ansicht, einen fehlerfreien Ritt abgeliefert zu haben, worauf Viking den zweiten Teil des Doppelsprungs verweigerte. Also noch mal, dann die zwei bereits gesprungenen und mit letzter Kraft den Triple. Mit den Probesprüngen achtzehn Hindernisse und nur ein Sturz. Das war ein Rekord. Und der siebte Platz im siebten Himmel.

Am 25. Oktober begannen die Proben in der Hamburger Oper. Nach einigen Urlaubstagen in Perroy ging es dann aber am 6. November richtig los. Ich hatte meine Rolle gut gearbeitet und hielt für den Sonntag nach einer anderen Beschäftigung Ausschau. So war mir das Angebot des Regieassistenten, im Sachsenwald reiten zu gehen, höchst willkommen.

7. November. Es regnete. Ich wollte absagen, fand aber die Telephonnummer nicht. Also mußte ich hin.

Ich hatte einen braven Schimmel, der gemütlich dahingaloppierte, während meine beiden Begleiter wie die Wilden davonfegten. In einem Waldstück warteten sie auf mich und wollten unbedingt die Pferde wechseln, was ich nur sehr ungern tat. Aber ich wollte nicht als Hase dastehen und bestieg Attila, worauf das Rennen weiterging. Schließlich hatten auch die beiden Jungs genug, und wir machten einen letzten, ruhigen Galopp einen Hohlweg hinauf. Auf einmal machte Attila einen Riesensatz, hatte irgend etwas gesehen, und schon ertönte wildes Hupen und Rattern eines Volkswagens, der unsere Verfolgung aufgenommen hatte.

Die Pferde sausten wie von der Tarantel gestochen davon, der Wagen knatternd und hupend hinterher. Als die beiden vorderen Pferde um eine Kurve verschwanden, wollte ich Attila durchparieren, aber er wurde nur noch schneller, nahm den Kopf hoch, wollte wahrscheinlich rechts herum, kriegte die Kurve nicht – und unten war ich. Der Sturz war fürchterlich, denn die Geschwindigkeit war beträchtlich, aber noch greulicher war der Schmerz in der rechten Hand. Als ich aufstand, wußte ich, sie war gebrochen.

Der Kavalier am Steuer stieg aus, schrie meine beiden Begleiter an, die schreckensbleich angetrabt kamen, brüllte etwas von Reitausweisen und verbotenen Wegen. Es dauerte eine Weile, bis er bemerkte, daß ich mich wand vor Schmerzen, dann allerdings fuhr er mich ins Krankenhaus.

Einer meiner Begleiter zeigte ihn an wegen Nötigung und riet mir, wegen Körperverletzung zu klagen.

Tags darauf erschien der Kavalier, der Gehrke hieß, mit dem Oberförster und einem Rechtsanwalt. Ich hatte den Regieassistenten dabei, nahm die vielen Entschuldigungen zur Kenntnis und hielt folgende Rede: »Wenn Herr Gehrke verspricht, in Zukunft Pferde und Reiter nicht mehr in Gefahr zu bringen, klage ich nicht.« Der Rechtsanwalt glaubte wohl an einen Schwächeanfall und trompetete nun etwas von Alleinschuld, worauf ich aufstand. Erst jetzt versprach Herr Gehrke Besserung. Ich erhielt einen großen Rosenstrauß, zog die Nötigung zurück und war stolz auf meinen Edelmut.

Anfang Dezember wurde der Gips an meinem rechten Handgelenk abgenommen, gerade rechtzeitig zur Fernsehaufzeichnung von *Orpheus*, und am 30. war Premiere in der Staatsoper.

Mein Prolog kam gleich nach der Ouverture. Ich stand an meinem Auftritt, unter mir der Zuschauerraum, riesig wie ein Fußballplatz. Mein Herz begann zu rasen, ich kriegte keine Luft mehr, als die letzten Akkorde verklangen und ich wie ein Kamikaze die Rutschbahn hinunter auf die Bühne sauste, nicht ohne, wie verabredet, »buh« ins Publikum zu rufen – schließlich spielte ich die Öffentliche Meinung. Kein Wunder, daß ein paar Spaßvögel am Ende der Aufführung buhten, als ich mich verbeugte. Intendant Rolf Liebermann gab mir dann den Rat, diese gute Idee in Zukunft wegzulassen.

Ehrlich gesagt war meine Rolle völlig nebensächlich. Abgeräumt wurde von Toni Blankenheim als Jupiter und vor allem von Theo Lingen als Styx. Inge Meysel, mit der ich die Garderobe teilte, war eine erstaunliche Juno, aber auch total überbesetzt und spielte nur zehn Vorstellungen.

Am 15. Januar fing ich in Südfrankreich einen französischen Film an: *Das fünfblättrige Kleeblatt*. Partner Philippe Noiret, Regisseur Edmond Freess, ehemaliger Maler und Bühnenarbeiter, den ich bei der *Nonne* kennengelernt hatte. Er hatte auch das Drehbuch geschrieben.

Die vier Wochen Drehzeit in der Provence verliefen ohne besondere Vorkommnisse, allerdings auch ohne weltbewegendes Resultat. Einmal mehr mußten wir erfahren, daß weder Schauspieler noch Regisseur einen guten Film zustande bringen, wenn das Drehbuch schlecht ist. Aber ich hatte wieder französische Filmluft geschnuppert und ein oder zwei hübsche Szenen mit Superstar Philippe Noiret ergattert, ein halbes Dutzend Schlösser besucht und einige altbekannte Tatorte aus dem Hoffmann-Film *Das schöne Abeneuer* besichtigt.

Am 14. Februar holte mich Helmut ab, und wir verließen das gelobte, liebliche Land der Provence mit dem weiten, lila, rosa und gelblich verschwimmenden Horizont und den wildumrankten, mächtigen Schlössern, an denen die Zeit spurlos vorübergegangen war. Ein Land zum Verlieben und Träumen, aber leider ohne See. Es gab nur noch einen schöneren Ort auf dieser Welt, das Waadtland, meine neue Heimat.

Mühsam nährt sich das Eichhörnchen

Dort erwarteten uns statt froher Feste saure Wochen. Außer den schon sprichwörtlich streikenden Haushaltsmaschinen versuchten wir die immer wilder spielenden Kinder unter Kontrolle zu bringen, die die dichtbefahrene Straße und den trügerisch plätschernden See vor und hinter dem Haus als Spielplatz betrachteten. Mal sahen wir die vierjährige Mélisande auf haushohen Wellen einem Stofftier nachschwimmen, mal war das Ruderboot samt Tell spurlos verschwunden. Mal schickte sich Mélisande an, im ersten Stock aus dem Fenster zu steigen, mal schwankte Tell in den obersten, dünnen Zweigen einer riesigen Zeder herum. Wir mußten uns auf ihren Schutzengel verlassen. Trotz unaufhörlicher Ermahnung und Bewachung entwischten sie uns fast jeden Tag. Ein Glück, daß

Mitte April Mélisandes erster Schultag in der Kinderklasse begann. Das spanische Nachbarskind hatte denselben Schulweg, so hatte sie Gesellschaft und Beschäftigung und wir ein paar ruhige Stunden.

Am 19. April fiel ich wieder mal vom Pferd, einer weißen Stute. Warum hatte ich nicht den ungarischen Witzbold Tokay genommen, mit dem ich in einer Dressur Dritte geworden war, obwohl er sonst spätestens nach dreißig Sekunden das Dressurviereck zu verlassen pflegte? Warum griff ich immer wieder nach der Taube auf dem Dach?

Mein Drehbuch war inzwischen von sämtlichen Produzenten und Verleihern abgelehnt worden: Artur Brauner, Lazarus Wechsler, Gyula Trebitsch, Erich Müller, »Buba« Seitz, Gloria- und Constantin-Film und von allen verbündeten Regisseuren. Nun hatte ich mich entschlossen, das Ganze auf französisch zu übersetzen und stellte mir vor, wie ich das verschmähte Buch in Frankreich zu einem Triumph machen werde.

Wo ich ging und stand, übersetzte ich. Auch in Klagenfurt, wo wir am 29. April ein Live-Interview im Radio abwickelten. Nach der Sendung, die von Sepp Prager mit vielen Musikeinlagen ausgeschmückt worden war, feierten wir ausgiebig im Hotel Landwirt. Ich verkrümelte mich etwa um 1 Uhr früh, während Helmut mit dem Rundfunkintendanten, einem Freund seines Vaters, noch sitzen blieb.

Etwa um 4 Uhr morgens wachte ich von einem Höllenkrach vor meiner Tür auf und dachte, Helmut könnte ruhig etwas leiser sein. Ich konnte nicht mehr einschlafen. Um 5 Uhr ging das Telephon. Der Nachtportier rief an, ich solle doch bitte meine Türe aufsperren. Helmut war überhaupt nicht böse, obgleich er vor der Tür auf einem Stuhl bereits eine Stunde geschlafen hatte. Er schwankte wie ein Segelschiff ins Zimmer und fiel sofort aufs Bett. Ich fragte mich, ob er überhaupt aufgewacht war.

Ich fuhr allein nach Hause, denn Helmut drehte bei Jürgen Roland einen Krimi. Ich wurde von den Kindern stürmisch empfangen und erzählte beim Essen, daß mir ein Polizist auf der Heimfahrt eine Buße verpaßt hatte, weil dem Jaguar das Temperament durchgegangen war. »Der Polizist hat sich dann sogar entschuldigt«, schloß ich. »Ist er tot?« krähte Mélisande über den Tisch.

1972 war ein kritisches Jahr, nichts wollte so richtig gelingen. Aber wir mußten anschaffen. Wir zeigten uns in Unterhaltungssendungen als Gast (Frankenfeld, Elstner), nahmen an sportlichen Veranstaltungen teil. In Hamburg, wo ich bei einem Trabrennen nur Blumen übergeben sollte, setzte ich mich für einen nichterschienenen Schauspieler in den Sulky und wurde Sechste. Helmut führte lange Zeit, verlor aber ein Eisen.

Dafür gewann am 2. August Mariello, mein halbes Rennpferd, in Baden-Baden ein Flachrennen.

Am 9. September vergaßen wir zum ersten Mal, unseren Hochzeitstag auf einem Schiff zu feiern. Fast hätten wir auf dem Riesenruderboot in Rottach-Egern Photos gemacht, aber nur fast.

Und plötzlich bot mir Rolf Schulz einen Vertrag für meine »Lachstory« an. Bedingung: ich mußte es als Kinderbuch umarbeiten. Vielleicht konnte ich jetzt, als Autorin, das Damoklesschwert jener Batzenspalter begraben, die mich mit einem Zehntel meiner früheren Gagen abspeisen wollten. Ich brauchte nur noch die Hand aufzuhalten!

Frischgestärkt durch den in Aussicht stehenden Millionengewinn nahm ich am 1. Oktober wieder an einem Trabrennen teil, diesmal in Berlin. Ich errang den dritten Platz und eine Kristallflasche. Helmut wurde disqualifiziert, es war kein Galopprennen.

Für die Umarbeitung meiner »Lachstory« hatte ich mir etwas ganz Besonderes ausgedacht: Verse und Karikaturen nach dem Vorbild von Wilhelm Busch. Corinne sollte die Zeichnungen übernehmen, sie war ja Graphikerin. Aber ich hatte große Mühe, die ereignisreiche Handlung in fünffüßige Jamben zu kleiden. Immer fehlte entweder ein Versfuß oder ein Reim. Außerdem hatte ich es mir zur Pflicht gemacht, die Fünffüßler mit Zweifüßlern zu unterbrechen und mit einem längeren Schnellvers in zweifüßigen Trochäen zu beenden. Jedes Kapitel hatte zwei solche Blöcke, wobei Block zwei noch mit einer Coda von sechs Fünffüßlern versehen war.

Ich war so beschäftigt damit, meine Verse zu zählen, daß ich mich mit dem Inhalt nur noch am Rande befaßte. Immerhin verbrachte ich mehrere Stunden am Tag mit Dichten und war insbesondere mit dem Lied auf meinen Studebaker am Ende des ersten Kapitels sehr zufrieden:

Früher war der
Studebaker
Ein ganz schneller
Unterteller.
Knallrot blitzend,
Feurig flitzend,
Voller Rasse,
Große Klasse.
Unterdessen,
Rostzerfressen,
Ungestrichen
und verblichen
Steht er müßig
und plattfüßig
In der Ecke
Ohne Zwecke.
Außen scheckig,
Innen speckig,
Voller Kratzer,
Parkplatzpatzer,
Hofft er leise
Auf 'ne Reise.

Die Riesentournee von *Monsieur Chasse* mit 94 Vorstellungen rückte näher. Es war nun Ende November, und ich begann schon mal die Rolle abzuschreiben. Aber zu Hause war ein derartiger Rummel, daß ich nicht länger als eine Stunde dranbleiben konnte. Mélisande tobte und schrie oft stundenlang, und ich fragte mich, ob sie überhaupt normal sei. Wenn man blitzschnell das Thema wechselte, auf den herumsausenden Hund oder ein gefährlich flatterndes Segelboot zeigte, vergaß sie ihre Wut und lachte. Tell dagegen beschäftigte sich ununterbrochen, spielte mit den Nachbarskindern oder reparierte an seinen Spielsachen herum.

Wir hatten fast jeden Tag Besuch, und reiten mußte ich auch, in einem Amazonenspringen wurde ich mit Tsar Dritte.

Kein Wunder, daß ich mit meinem Text nicht vorwärtskam. Die Proben begannen am 11. Dezember in München, da hatte ich gerade Akt I und II angelernt. Am 22. Dezember war Weihnachtspause mit dem üblichen Schlachtfeld in Salon und Umgebung. Daneben Text. Gegenseitiges Abhören. Es nahm kein Ende. Imo Moszkowicz, unser Regisseur, hatte sich in den Kopf gesetzt, das Stück ungestrichen zu spielen.

Die letzten Proben fanden in Wesel statt, und die Premiere ging am 1. Februar planmäßig über die Bühne. Obwohl das Stück fast drei Stunden dauerte, lachten die Leute bis zum Schluß, daß sich die Bretter bogen. Als sich der Vorhang senkte, zappelten wir vor Glück und Erleichterung wie eine Horde Knallfrösche in den Kulissen herum, ohne einen einzigen Gedanken an die noch verbleibenden 93 Vorstellungen zu verschwenden ...

Die Tournee wurde zum Albtraum. Die versprochenen spielfreien Tage wurden gestrichen, bis zu 36 Tagen ohne Unterbrechung gespielt mit täglichen Fahrten bis zu 300 km. Das Fehlen der Ruhetage wirkte sich sofort aus. Helmut wurde heiser und konnte kaum mehr sprechen, ich kämpfte gegen Schnupfen und Halsschmerzen, wahrscheinlich aus Sympathie. Wir husteten und schwitzten uns fast zu Tode.

Am 16. Mai war die endgültig letzte Vorstellung in Garmisch-Partenkirchen. Noch nie war ich so ausgebrannt gewesen. Nein, es hatte keinen Spaß gemacht. Ich dachte ans Aufhören.

1973 war nicht mehr viel los. Ende Mai verließ uns Irma, die es eineinhalb Jahre bei uns ausgehalten hatte; die während unserer langen Abwesenheit Haus und Kinder so umsorgt hatte, als seien es ihre eigenen; die nie ein böses Wort über die Lippen gebracht hatte, alles konnte, nie müde wurde. Sie besorgte uns sogar noch eine Nachfolgerin, Gerlinde aus Ludesch.

Ich war richtig froh, daß seit einigen Tagen auch noch Waltraut, eine Freundin Gerlindes, bei uns wirtschaftete, denn Tells Geburtstag stand bevor.

Es wurde ein Freudentag. Herr Schulz rief an, mein Buch sei unbrauchbar, er steige aus, und Corinne verlangte Schadenersatz für die nicht genommenen Zeichnungen.

Am 21. Oktober gewann ich beinahe ein Reitturnier. Ulysse hieß mein Wunderpferd. Leider wurde er am Tag vorher an eine zweite Amazone vergeben und mußte zweimal starten.

Noch nie war ich so gut geritten. Null Fehler, auch im Stechen. Aber eine andere Konkurrentin fiel nur beinahe herunter und kam auch ins zweite Stechen. Diesmal wurde die Zeit genommen, was ich nicht wußte. Ich war langsamer. Kunststück, Ulysse war nun schon das vierte Mal über die Hindernisse gejagt worden. Nun war ich Zweite. Es wäre mein erster Sieg gewesen.

Zum Trost interessierte sich plötzlich einer der größten, deutschen Verlage für meine »Lachstory«. Mein alter Freund Hans Krüger-Franke schleppte mich auf einen Empfang des Droemer-Knaur Verlags, wo Lilli Palmers »Dicke Lilli – gutes Kind« vorgestellt wurde. Abends hatte ich den Vertrag praktisch in der Tasche.

Moral und Schicksal

Ende Januar 1974 wurden Corinne und ich zu Willy Droemer bestellt, der uns beiden einen stattlichen Vorschuß für die »Lachstory« anbot.

Aber der Wurm sägte weiter. Wir kriegten einfach das Haus nicht in den Griff. Durch unsere kurzen, aber häufigen Reisen waren wir auf gute Angestellte angewiesen. Wenn wir dann endlich welche gefunden hatten, meist Ausländerinnen, erhielten wir keine Arbeitserlaubnis, kaum hatten wir sie, rauschten die Damen wieder ab. So konnten wir im ersten Halbjahr 1974 bereits auf eine stolze Sammlung hübscher Mädchen zurückblicken: Gerlinde, Waltraut, Christine, Ruth, Hanni, Priska, Angela.

Gerlinde schoß den Vogel ab. Eines Tages, als ich mit Mélisande vom Reiten zurückkam, hatte sie Besuch. Es war nicht das erste Mal. Diesmal saß er im Salon. Ein Herr und eine Dame. Ich verzog mich ins Dachgeschoß und überlegte, was das zu bedeuten hatte.

Etwa nach einer Viertelstunde hörte ich einen Wagen wegfahren und ging hinunter, um nach den Kindern zu sehen. Vor der Küche wurde ich von Gerlinde abgefangen, als Eiszapfen beschimpft und in Kenntnis gesetzt, sie gehe jetzt, Waltraut sei bereits abgereist.

Da stand ich nun, allein auf weiter Flur, denn Helmut war in Düsseldorf. Der Ärger war kurz. Madame Pilloud und Schwester

Rösli, die beiden alten Säulen, sprangen sofort in die Bresche, und am Tag danach wurde mir angekündigt, daß ich den Goldenen Bildschirm gewonnen hatte. Waltraut kam übrigens nach einer Woche wieder zurück.

Wir mußten wirklich höllisch auf die Kinder aufpassen. Die neuen Mädchen waren ja meist selbst noch nicht erwachsen und mit dem großen Haus restlos überfordert. Die kleinste Unaufmerksamkeit hatte Folgen. Tell und Mélisande waren dauernd krank. Tell bekam Furunkel mit hohem Fieber, Mélisande Anfälle von *faux croûpe*.

Am 4. März wurden sie Zeugen eines tödlichen Schulunfalls. Während einer Schneeballschlacht rutschte ein kleines Mädchen vor den Hinterreifen des Schulbusses, der gerade anfuhr. Der Chauffeur hörte das Schreien der anderen Kinder, fuhr zurück und überrollte das Kind ein zweites Mal. Tell saß im Bus, Mélisande stand neben dem sterbenden Mädchen. Wochenlang schrie sie fast jede Nacht und traute sich nicht mehr über die Straße.

Es wurde Juni, und ich hielt es vor Heuschnupfen nicht mehr aus. Endlich konnte ich die zwei Swissair-Tickets, die ich mal statt Gage für eine Werbung erhalten hatte, von Beirut nach Tunis umbuchen. Nach zwei kleineren Fernsehauftritten flogen Helmut und ich los. Diese Reise war wieder einmal gut bestrahlt. Schon als wir ankamen, wurden wir bester Laune, denn der Taxichauffeur fragte uns, ob er unterwegs seine Frau mitnehmen könne, wollte uns zum Kaffee einladen und schenkte uns, da wir schon welchen getrunken hatten, einen Strauß Rosen zum Abschied.

Wir wohnten in Hammamed im Sheraton, das aussah wie ein Schloß aus Tausendundeiner Nacht und fühlten uns wie Herr und Frau Sultan persönlich. Leider wurden wir jeden Morgen durch Kanonendonner geweckt. Dann bekam Helmut Zahnschmerzen, er hatte vor dem Abflug einen Zahn verloren. Nachdem er von einem ausgezeichneten tschechischen Zahnarzt in Tunis behandelt worden war, besuchten wir Karthago, flohen aus dem römischen Theater, wo Helmut einem Händler eine Lampe zerbrochen hatte, in ein Museum: Zwei zweitausend Jahre alte Sarkophage, eine Athene, eine Ceres sowie einige Bäder, die wir dringend benötigt hätten. Weiter nach Sidi Bou Said, verfolgt von drei Buben, die immer »Müller, Beckenbauer, Maier« schrien und zum Schluß »Hitler«. Sie sprangen um uns herum wie Flöhe, erzählten, einander übertönend, von einem Brauch mit angeketteten Hunden und zeigten uns in einem offenen Kämmerlein verbotene Dinge. Wir gaben ihnen viel zu wenig Geld, aber sie winkten begeistert und fragten, bevor sie verschwanden, wann wir wiederkämen.

Auch Sousse, das alte Susa, besuchten wir, wo wir auf kilometerlangen Märkten all das bereits Gekaufte für ein Drittel bekommen hätten.

Am 14. Juni kamen wir zurück und wurden von einer traurigen Überraschung empfangen. Als wir in den Garten hinaustraten, sahen wir unser herrliches, über und über mit rosaroten Knospen bedecktes Rosenbäumchen zerbrochen am Boden liegen. Ein Sturm hatte den dicken Pfahl, der das dünne Stämmchen stützte, umgerissen und mit ihm den Rosenbaum. Da lag die üppige Blütenkrone im Gras, und die vielen Knospen, die sich schon ein wenig geöffnet hatten, leuchteten in der untergehenden Sonne.

»Das wird nichts mehr«, sagte der alte Weinbauer, den ich zu Hilfe geholt hatte, und der Gärtner meinte: »Wenn sich dieser Baum erholt, bin ich Professor Barnard!«

»Aber man könnte es doch versuchen«, antwortete ich, »Knochen heilen doch auch, wenn man sie schient!«

Der Gärtner kratzte sich am Kopf. »Heute geht es nicht mehr«, brummte er und ging.

Am anderen Morgen geschah gar nichts. Die Sonne brannte auf den umgeknickten Baum, und die Blüten dufteten unbekümmert, als ob sie das alles nichts anginge. Nur die Blätter begannen sich müde zu kräuseln. Der Gärtner kam nicht. Ich schüttete literweise Wasser in den zerrissenen Stamm, der nur noch an einem zentimeterbreiten Stückchen Rinde hielt und wartete.

Endlich kam der Gärtner mit einem Freund und begann, einen dicken Holzpfahl neben dem Bäumchen einzuschlagen. Dann tauchte er seine bloßen Hände in einen Kübel harzigen Teers, den mir der alte Weinbauer gebracht hatte und bestrich die Bruchstelle. Dann richtete er das Bäumchen sorgfältig auf, schnürte das Stämmchen mit dicken Gummiriemen an den Pfahl und klatschte nochmals die klebrige, harzige Masse um die Bruchstelle. Erst jetzt wurde noch eine Eisenstange als zweite Stütze in die Erde geschlagen. Drei Stunden dauerte die Operation. Schwitzend, mit kohlschwarzen Händen standen die beiden vor ihrem Werk.

Der Baum stand. Die Rosen dufteten. Ich holte eine Schnapsflasche und eine riesige Gießkanne, und damit wurden Retter und Geretteter begossen.

Es war ein nasser Sommer. Die Rosen verblühten, und eines Morgens entdeckte ich in der Krone des Bäumchens einen neuen Trieb. – Im nächsten Jahr wurde das Bäumchen stark zurückgeschnitten und begann kurz danach kräftig zu treiben. Im Juni war das Bäumchen von unzähligen Rosen bedeckt und prangte in unserem Garten wie ein Symbol von Schönheit und Gesundheit.

Eine weitere Rettungsaktion gelang Tell und mir am 8. Juni, kurz bevor ich nach Berlin flog. Wir standen auf der Terrasse, als Tell auf einmal schrie: »Ein Milan ist ins Wasser gefallen.« Milane sind afrikanische Bussarde, die im Sommer nach Norden fliegen, nisten und im August wieder in wärmere Gegenden zurückkehren. Ich glaubte, er habe sich geirrt, denn ich hatte nicht mehr so gute Augen und lief mit Tell zum Ufer hinunter.

Tatsächlich – in einiger Entfernung schwamm der riesige Raubvogel wie ein Wasserflugzeug mit ausgebreiteten Flügeln im See und kämpfte mit rudernden Schwingen um sein Leben. Wir rannten sofort zum Ruderboot, zerrten es ins Wasser und eilten dem Bussard zu Hilfe. Als wir ihn erreicht hatten, hob ich ihn mit dem Ruder hoch und setzte ihn ins Schiffchen, wo er sich zitternd, wie ein nasses Huhn, in die hinterste Ecke verkroch.

Tell erzählte mir dann am Telephon, der Milan sei nach etwa anderthalb Stunden auf das Bänklein des Ruderboots gehüpft, dann auf das Brückengeländer, und nach einigen Flügelproben sei er weggeflogen.

Wieder zu Hause, floh ich fast jeden zweiten Tag vor unangemeldeten Besuchen, die meist mit der ganzen Familie anrückten, auf den See oder in den Fitneßclub. Aber natürlich kam es auch vor, daß wir uns über einen Hereingeschneiten freuten. Zum Beispiel über Rolf Hädrich, der im Wallis ein Ferienchalet besaß und öfters mal vorbeischaute.

Eines Nachmittags, Rolf hatte sich im Gartenhaus etwas hingelegt, schickte ich Mélisande hinunter, um ihn zum Kaffee zu holen. Sie trippelte unentschlossen vor der Tür hin und her und rief schließ-

lich, aus dem Französischen übersetzend, durchs Schlüsselloch:
»Die vier Uhren sind da . . .«

Ende August war es dann soweit. Die »Lachstory« hatte Premiere
im Hotel Bachmair in Rottach-Egern. Ich hatte mit Herrn Droemer
eine Kiste Champagner gewettet, daß die »Lachstory« ein Erfolg
werde und fragte ihn beim Aperitif: »Haben Sie die Kiste schon
bestellt?«
Er antwortete: »Nein, nein, das ist nicht nötig, so wie das aussieht
bei den Buchhändlern . . .!«
Ein Photograph: »Nun lachen Sie mal!«
Als ich an einem Kiosk fragte, wieviel Exemplare verkauft worden
seien, meinte die Verkäuferin: »Drei. Aber die Leute wollen sie
heute wieder zurückbringen!«
Am 30. August starb Helmuts Mutter. Gehirnschlag. Vor ein paar
Tagen hatten faustgroße Hagelkörner alle Fenster in ihrer Wohnung zerschlagen. Sie hatte sich von dem Schrecken nicht mehr er-
holt.
Es wurde Herbst. Besorgt beobachteten wir die immer noch lustig
zwitschernden Schwalben am trügerisch blauen Himmel, atmeten
erleichtert auf, wenn sie sich auf Telephondrähten sammelten und
hofften: jetzt fliegen sie! Aber am Morgen jagten sie wieder ums
Haus herum, näher als sonst und irgendwie angeschlagen. In den
Nachrichten hatten wir gehört, daß anhaltende Regenfälle ihren
Flug über die Alpen verhindert hatten. Während sonst um diese
Jahreszeit nur noch ein paar schimpfende Amseln im Garten herum-
steuerten, suchten jetzt Hunderte von Schwalben halb erfroren und
verhungert Schutz in Garagen und an Hauswänden. Zu Dutzenden
griff ich die erschöpften Tiere auf Fenstersimsen oder am Boden,
aber oft flogen sie mit letzter Kraft davon. Traurig saßen sie in den
Vogelkäfigen und wollten nicht fressen. Ich brachte sie in Schachteln mit großen Luftlöchern und feinen Körnern an den Bahnhof,
wo sie gesammelt und in den Süden verschickt wurden. Diese
öffentlich empfohlene Rettungsaktion stieß aber auch auf heftige
Kritik. Die vermeintlich geretteten Schwalben erstickten oder er-
drückten sich gegenseitig in den Kartons, in denen sie viel zu wenig
Platz und Luft bekamen.
Überhaupt war es zu Hause öde und leer. Beide Kinder waren bei

Schwester Rösli in den Ferien, Helmut in Marbella bei Karli. Ich war froh, am 19. Oktober nach Budapest fliegen zu können, wo ich in *Monika und die Sechzehnjährigen* (Regisseur und Kameramann Charly Steinberger) eine Rolle spielte. Kaum zu glauben, daß ich diesen Edelporno zugesagt hatte. Lauter halbnackte Mädchen, die einen Jungen verführen, der wiederum bei einer älteren Dame Sexunterricht nimmt. Ich spielte allerdings eine angezogene Direktorin.

Nun saß ich also im Hotel Gellert, in einem winzigen Zimmerchen, unruhig, einsam und verlassen. Abends tröstete ich mich mit einer großen Portion Kaviar in Begleitung der ebenfalls nicht sehr glücklichen Kostümbildnerin. Lichtblick: Klausjürgen Wussow, der meinen Bruder spielte. Er war immer schwarz angezogen und nahm kein Blatt vor den Mund, insbesondere, was das Burgtheater anbetraf, an dem er engagiert war.

Da ich nicht viel zu tun hatte, besichtigte ich Budapest, die Königin aller Hauptstädte. Der Blick von der Burg, der Stephanskirche und der Zitadelle war grandios. Die Seine und der Rhein waren gegen die Donau bescheidene Bächlein. Unvergeßlich war auch die Fahrt nach Hódmesövásárhelykutasipuszta, wo für den »Stern« eine Reportage photographiert werden sollte: »Die Suche nach der richtigen Piroschka.« Kleine weiße Höfe mit Baumgruppen, Ziehbrunnen und Gänsen, Schafe mit ihrem Hirten, an eine vergessene Zeit mahnend, die noch unberührt war von Zivilisation und Technik. Bauern, die auf ihren Fuhrwerken zum Markt fuhren. In Hódmesövásárhely aßen wir im Hotel Frosch zu Mittag, und es wurde uns geraten, ins 20 km entfernte Kutasipuszta zu fahren. Dort fanden wir auch das Bahnwärterhäuschen an der wohlbekannten Bahnlinie und bekamen die Adresse des alten Original-Polizisten Sandor, den damals Rudolf Vogel gespielt hatte. Auf dem sauberen, malerischen Höfchen wurden wir zunächst von einer Schar gerupfter Gänse begrüßt, dann sahen wir den alten Briefträger mit dicken Brillengläsern bewaffnet vor uns stehen. Er gab unserem ungarischen Photographen Auskunft, vermutete Piroschka in Stuttgart und servierte uns selbstgebrannten Barak. Als wir wegfuhren, begann er zu weinen, küßte den Photographen und murmelte, man habe ihm das Land weggenommen und nur den Hof gelassen. Er begleitete uns zum Wagen und winkte, bis er uns nicht mehr sehen konnte.

Etwa vierzehn Tage danach drehte ich schon wieder in Budapest, diesmal in der Fernsehserie *Café Hungaria*. Vier Drehtage. Ich wurde Zeugin eines Schauspieler-Albtraums. Wolfgang Schauer, der Hauptdarsteller in allen Folgen, der jeden Abend nach Wien zurückfliegen mußte, wo er *Monsieur Chasse* spielte, blieb schon am ersten Drehtag wegen dichten Nebels am Flugplatz sitzen. In Wien mußte ein anderes Stück angesetzt werden. Wolfgang Schauer trug es mit Fassung.

Nachdem ich mich in Visagrad an einem jahrhundertealten Hasenbraten beinahe vergiftet hatte und einen letzten Blick auf den unwirklich blauen Donaubogen geworfen hatte, verließ ich dieses Land der Sehnsucht und der Lebenskünstler.

Auch dieses Silvester verbrachten wir mit den Kindern in Rottach-Egern bei Karli und Karin. Haushalt und Papierkrieg abzuhängen, Klima- und Tapetenwechsel genügten schon, um uns in die übermütigste Ferienstimmung zu versetzen. Boxer Donald konnten wir leider nicht mitnehmen und ließen ihn bei Tante Elsi in Bern.

Frisch gestärkt nahmen wir das neue Jahr in Angriff, das mit der Heimreise am 4. Januar erst richtig begann. Die Kinder stürzten sich mit Todesverachtung in die Schule, Helmut und ich auf die *Moral*. Imo Moszkowicz, der inszenierte, hatte uns dazu überredet und eine glanzvolle Besetzung zustande gebracht. Hans Caninenberg, Richard Münch, Peer Schmidt, Alexis von Hagemeister, Käthe Haack, Inge Langen, Siegmar Schneider, Friedrich Schütter, Helmut Schmid. Eigentlich wollte ich ja nicht mehr Theater spielen, aber die Mme de Hauteville hatte nur eine große Szene, und ich durfte sie mit französischem Akzent spielen. Das mußte ich doch noch schaffen.

Am 26. Februar begannen in Recklinghausen die Proben. Alle hatten Mühe mit dem Thoma-Text, der natürlich auch Wort für Wort kommen mußte. Aber die Kollegen waren einfach unüberbietbar. Nie wieder begegneten wir solchen Originalen. Sie übertrafen sich gegenseitig mit den wildesten Theateranekdoten, spielten ihre zum Teil historischen Karrieren grinsend herunter und stießen auf ihre baldige Pensionierung an. Hans Caninenberg warf hellgrüne Blicke in meine Richtung, Richard Münch spielte immer neue

Kortner-Geschichten vor, und Peer Schmidts Rentenversicherungsnummer wurde jeden Tag fürchterlicher, so daß auch Nichtdazugehörige wieherten vor Lachen.

Während wir uns so von der anstrengenden Arbeit erholten, rückten die letzten Proben und die Premiere heran, die in Salzgitter stattfanden. Bei der Generalprobe weigerte sich Richard Münch, zur Applausordnung zu erscheinen, weil das ZDF mitdrehen wollte. Offenbar hatte er gestern schon mit dem Redakteur gestritten und den Regieassistenten geschlagen. Imo Moszkowicz ordnete vor versammelter Mannschaft an, Herr Münch habe zu erscheinen, er interessiere sich nicht für seine nächtlichen Sauftouren. Das hätte Imo nicht tun sollen. Richard hatte bestimmt seine Gründe, warum er nicht kam. Wir erfuhren dann, der vom Fernsehen habe ihn einen »lemurenhaften Patriarchen« genannt.

Da die öffentliche Generalprobe richtig bejubelt worden war, ging auch die Premiere glatt. Außer einem mittleren Zungensalat am Anfang passierte mir rein nichts. Wenn man das vorher wüßte.

Wir hatten nur vier Vorstellungen in Salzgitter und konnten bis Anfang Juni nach Hause fahren. Wir kamen gerade recht, um Onkel Viktor zu beerdigen. Er wurde neunzig Jahre alt. Bis zuletzt hatte er in seinem einsamen Atelier gemalt, mit seiner um ein Jahr jüngeren Frau, der ebenso berühmten Malerin Marguerite Frey-Surbek, riesige Ausstellungen organisiert. Nun war die alte Dame allein. Lächelnd, wie immer, empfing sie uns zum Essen oder zum Kaffee, nur etwas blasser, durchsichtiger, müder. Sie überlebte ihren Mann nur um fünf Jahre.

Ich kann nicht behaupten, daß wir in den zwei Monaten bis zur Wiederaufnahme des Stücks untätig gewesen wären. Ich trat in der Berliner Philharmonie in Prokofjews *Peter und der Wolf* auf, dann beschloß ich, die Vorhänge an meinen Oberlidern liften zu lassen. Helmuts Freund, Professor Neuner, blies zum Angriff: »Sofort kommen!« Ich hatte eine schlaflose Nacht und wollte wieder absagen. Aber Helmut kündigte mir an, dann rede er nicht mehr mit mir. Also nichts wie hin.

Natürlich ging alles glatt. Dann sah ich allerdings zwei Wochen aus wie Frankenstein und konnte nicht viel mehr tun, als zu Hause sitzen und schreiben. Erst einen Beiratschaftsbericht. Da die Zunft mein Werk einen Dschungel nannte, obwohl ich ihn mindestens fünfmal neu geschrieben hatte, gab ich die Beiratschaft ab. Ich bezahlte den durch häufige Klinikaufenthalte entstandenen fünfstelligen Negativsaldo und übergab das blütenweiße Konto Corinne – der Mohr kann gehn . . .!

Mélisandes Aussprüche heiterten mich bald wieder auf. Als sie am Fernsehen eine irrsinnig dicke Frau singen sah, fragte sie: »Ist das die Königin?« Oder: »Wirklich, ich möchte keine blinden Eltern haben . . .«

Am 5. Juni begannen die Vorstellungen von *Moral* in Recklinghausen. Ich kam von Helgoland, wo ich drei Tage Heuschnupfenkur fertiggebracht hatte. Meine Zweitbesetzung Gisela Stork spielte die Hauptprobe. Ich hatte sie zur Bedingung gemacht, da die Asthmaanfälle während der Grasblüte in den letzten Jahren zugenommen hatten.

Die Premiere wurde von niemandem so richtig ernstgenommen, denn es war ja eigentlich die fünfte Vorstellung. Vielleicht hagelte es deswegen nur so Hänger. Helmut erzählte von mehrseitigen Sprüngen im ersten Akt, und daß die achtzigjährige Käthe Haack wieder von vorne anfing, so daß er eine doppelte Schraube rückwärts gemacht habe. Ich hatte keine Panne, denn ich hatte mich in der Durchsprechprobe schon genug verquatscht. Abgangsapplaus. Den größten Erfolg hatte Richard Münch, der überhaupt nichts machte.

Nun war das schlimmste überstanden. Wir konnten ausschlafen, herumbummeln und im »Barbarossa« oder »Drüppelken« unsere Heldentaten begießen. Tagsüber drehte Helmut mit seiner Schmalfilmkamera sogar einen Privatkrimi mit allen Beteiligten.

Am 11. Juni war Bundeskanzler Helmut Schmidt im Festspielhaus, aber leider nicht bei uns, sondern bei der Konkurrenz, dem Sartre-Stück *Im Räderwerk*. Wir gingen zu seinem Empfang. Er hielt gerade eine Rede, als wir kamen und sah aus wie John F. Kennedy. Er unterhielt sich ziemlich lange mit uns, und ich bin sicher, daß er sich viel lieber unsere *Moral* angesehen hätte.

Ein weiterer Höhepunkt war, als ich am 14. Juni nach der Vorstellung mit Blaulicht nach Köln gefahren wurde, wo ich an einer Veranstaltung der Deutschen Krebshilfe teilnehmen mußte. Nach dem anschließenden Empfang wurde ich wieder mit dem geheimnisumwitterten Polizeiwagen abtransportiert. Für so was hatte ich schon sehr viel übrig.

Nach fünf viel zu kurzen Tagen zu Hause flogen wir wieder nach Schrecklinghausen zurück (Richard Münchs Rache), wo leider gerade die Akazienblüte begonnen hatte; ich mußte Gebrauch von meiner Doppelbesetzung machen.

Am 25. Juni knatterte ich mit einem Sportflugzeug für vier Tage nach Helgoland, wo ich zwar beschwerdefrei, aber auf glühenden Kohlen herumsaß. Am 27. Juni lief ich den ganzen Tag herum wie von der Tarantel gestochen. Ab 20 Uhr saß ich appetitlos im Restaurant des Hotels. Ständig schaute ich auf die Uhr: 20 Uhr 20. Jetzt tritt sie auf. Jetzt geht sie nach hinten. Jetzt nach vorn. Setzen. Aufstehen. Die schweren Sätze. Noch fünf Minuten. 20 Uhr 35: Jetzt geht sie ab . . . Vielleicht hatte sie Abgangsapplaus, dachte ich neidisch, und alle flüstern, daß sie besser war als ich . . .

Wir hatten jetzt noch acht Vorstellungen, zwei im Juni, sechs im Juli, dann folgte die Fernsehaufzeichnung. Der zweite Akt kam zuerst, also war ich schon am ersten Tag abgedreht. Am gleichen Abend war das Kanzlerfest in Bonn. Die halbe *Moral* fuhr hin in einem Bus, leider ohne Helmut, der mit Magenkrämpfen im Bett lag.

Das Bonner Theater, in dem das Fest stattfand, glich einer Festung. Es wimmelte von Polizisten, denn im Februar hatte die Entführung von Peter Lorentz stattgefunden, die erste von einer Kette dramatischer Terroristenverbrechen, die noch glimpflich ausging.

Der Kanzler begrüßte in seiner Rede extra die »Recklinghäuser«. Er war sicher im Moment das schönste Staatsoberhaupt. Auch seine Frau gefiel mir. Gerade wegen ihrer Sprödigkeit und Natürlichkeit. Sie pfiff einfach auf den Glamour. Eine Frau, die ihrem Mann alles abnahm, damit er einen freien Kopf hatte. Er grüßte von ferne. Unerreichbar.

Als ich mich um zehn vor elf auf den Weg zu unserem Bus machen wollte, kam ein diskreter Herr und ersuchte mich, zu Hans-Dietrich Genscher zu kommen. Hans-Dietrich versprach, mich nach Recklinghausen zurückfahren zu lassen, ich solle bleiben. Also blieb ich.

Später kam Henry Kissinger dazu, und sofort baute sich eine

Mauer von Geheimpolizisten um uns auf. Ich weiß nicht mehr, warum ich Hans-Dietrichs Sauerbraten zerschneiden mußte, jedenfalls schob ich ihm ein Stück in den Mund, dann Henry Kissinger. »Das trägt zur Verständigung Deutschland-Amerika bei«, lachte HD.

Dieser Abschluß war ein Glanzpunkt, irgendwie eine Bergspitze. Denn nun ging es runter. Alles ging schief. Von dem restlos verwilderten Haushalt ganz zu schweigen, lag Unheil in der Luft. Wie meistens, entfloh ich allen Widrigkeiten auf irgendeinen Pferderücken. Diesmal handelte es sich um die Stute Lilona, mit der ich in Wien mein vorläufig letztes Galopprennen bestritt. Man hatte mir zu Lilona geraten, weil sie schneller sei als Pamina, und ihr Name schien mir erfolgversprechend. Obwohl ich erfahren hatte, daß die Stute schwer zu halten sei, sagte ich ja.

Als wir um 16 Uhr 15 aufsaßen, fiel ich beinahe auf der anderen Seite wieder hinunter und beim Start nach einem Riesensatz nochmals. Trotz meiner Wohnungsnot sah ich etwa zwanzig Längen vor uns ein Pferd einfach kehrtmachen und abspringen. Es war Pamina. Sie gewann. Die Siegerin fiel nach dem Ziel herunter. Ich protestierte nicht, ich war Drittletzte. Aber ich hätte auch mit Pamina nicht gewonnen, denn ich wäre ja nicht zwanzig Längen vor den anderen abgesprungen. Ich hörte hinterher, daß ein Sieg Lilonas nie zur Debatte gestanden hatte.

Diesmal flog ich ohne Vase unter dem Arm nach Genf zurück.

Der Herbst in Perroy war immer besonders idyllisch, die Temperaturen erträglich, der See spiegelglatt und wie gemacht zum Wasserskifahren. Das taten wir auch ausgiebig, Tell fuhr schon ganz frech, und auch Mélisande stand ein bißchen, ließ aber dann los, wenn wir zu weit hinausfuhren.

Am 18. September ging ich reiten, es war ein herrlicher, sonniger Tag. Als ich zum Stall zurückkam, sagte der achtzigjährige Vater unseres Reitlehrers, es werde Regen geben. Ich hatte in der Stadt noch einiges zu erledigen, kümmerte mich dann darum, daß die Kinder rechtzeitig ins Bett kamen, ging mit dem Hund spazieren und früh ins Bett.

Gegen halb zwölf erhob sich ein Gewitter, und es begann zu hageln. Minutenlange Blitze erhellten das ganze Haus, und dazwischen krachte ohrenbetäubender Donner. Es sauste und heulte und klatschte, als ob das Haus mitten in einem Wasserfall stünde. Ich schloß alle Fenster und Türen, doch es pfiff weiter durch alle Ritzen, so daß Donald zitternd in seinen Korb flüchtete. Ich legte mich wieder ins Bett, hörte aber immer eine Tür schlagen und ging hinunter. Schon auf der Treppe hörte ich ein Gurgeln, wie man es in der Nähe reißender Flüsse hört, mir schwante Fürchterliches, und ich sah es auch gleich bestätigt. Im Keller stand das Wasser bereits knietief, stürzte unter der geschlossenen Kellertür herein und ergoß sich durch ein Fenster ins Badezimmer, aber glücklicherweise in die Wanne. Das Spielzimmer mit den roten Kokosteppichen stand unter Wasser, ebenso die Heizung, und auf der obersten Treppenstufe saß die Katze und betrachtete das Ganze interessiert wie eine Theatervorstellung.

Als ich die Haustüre öffnete, kam mir vom Gartentor ein braunbrodelnder Gebirgsbach entgegen, der sich schnurstracks in unsere Kellerfenster ergoß. Ich rief unseren Feuerwehrhauptmann Daniel an, weckte ihn aus dem tiefsten Schlaf, aber er kam sofort, und gegen 1 Uhr früh war wenigstens das Wasser im Korridor gesunken. Kaum war Daniel gegangen, gab es einen Kurzschluß im ganzen Haus und ich mußte mit der Taschenlampe ins Bett.

Um 6 Uhr stand ich wieder auf, weckte die Kinder und die Mädchen, die nichts gehört hatten, frühstückte und begann herumzutelephonieren. André, dem der Weinberg vis-à-vis gehört, hatte keine Zeit und riet, die Gendarmerie in Rolle anzurufen; die Gemeinde Rolle behauptete, die Gemeinde Perroy sei zuständig; die Gemeinde Perroy erklärte, das sei eine Sache für die Versicherung. Ich versuchte die Wasserversicherung zu erwischen und erfuhr, daß ich die Feuerversicherung einschalten müsse. So rief ich die Etablissement Cantonal pour Incendie et autres dommages in Nyon an, wo ich von einer Dame angebrüllt wurde, das werde nicht bezahlt. Nun rief ich die Etablissement Cantonal pour Incendie et autres dommages in Rolle an – Tor! – sie zahlten.

Aber das Jahr war noch nicht zu Ende. Einen Tag vor meinem Geburtstag hatte ich eine Springstunde mit Star Glow. Alle rühmten, wie toll das Pferd springe. Ich hatte schon 18 von 24 Hindernissen geschafft, da blieb Star Glow am Wasser stehen. Beim zweiten Mal ritt ich schneller an, nichts zu machen, er brach aus, riß den Kopf nach hinten und traf mich mit voller Wucht auf den Mund.

Lähmendes Entsetzen überfiel mich, ein dumpfer Schmerz, etwas stand schief – ich drückte mit der Zunge dagegen. Der Albtraum, der mich seit Jahren verfolgte: die Zähne einzuschlagen. Aber Mr. Clavel, unser Direktor, der die Stunde gab, und Helmut, der das Ganze gefilmt hatte, beruhigten mich. »Alles da.« Ich sprang noch einige Stangen und Mäuerchen. Ich lebte noch. Aber mein Zahn! Wir fuhren gleich zum Zahnarzt. »Er wackelt«, sagte er. »Wenn Blut in den Zahn kommt, muß er abgetötet werden...«

O Gott! Mußte all das eintreffen, wovor man sich fürchtete? Ich begann an meinem Schicksal zu verzweifeln. Überall lauerten Pannen, Mißverständnisse, Pech und Unfälle. Was sollte ich tun? Im Lehnstuhl hoffen, daß es sich besserte? Vielleicht blieb das jetzt so! Vielleicht lag es an mir. Ich war verbraucht, ungeschickt, mißtrauisch und unfähig geworden. Vor allem unsicher, weil ich nur noch Mist baute.

Auf der Rückfahrt von Bern nach Lausanne zum Beispiel, wo Otto meinen Zahn retten sollte, bestieg ich völlig durchnäßt den eben ausgerufenen Zug nach Lausanne. Ich zog die Stiefel aus und wartete. Der Zug setzte sich in Bewegung, aber in falscher Richtung. Zum Glück hielt er wieder an. Ich stürzte mit offenen Stiefeln und wehenden Schuhbändeln aus dem Wagen, da fuhr der richtige Zug, der später ankam und gegenüber stand, gerade ab, aber ohne mich.

So war alles. Irene verabschiedete sich nach zweimonatigem Dienstjubiläum und machte Signorina Angela Platz.

Eine Riesenrolle im französisch-schweizerischen Fernsehen lehnte ich ab, sie zahlten zu wenig. Auch einen Nestroy im Schauspielhaus Zürich wollte ich nicht spielen, da ich mir den Wiener Akzent nicht zutraute.

Nun saß ich zu Hause und machte mir Vorwürfe – ein Spielball von Helmuts Tapeziererorgien, von Kindergebrüll und uringeschwängerten Teppichen Donalds, der gerade operiert worden war.

Vor mir die Sintflut

Zunächst merkte ich von dieser unheiltriefenden Überraschung noch nichts. Ich war viel zu sehr mit den Turbulenzen unseres Alltags beschäftigt.

Der Reigen unserer unhaltbaren Hausgeister setzte sich, schön auf das ganze Jahr verteilt, fort. Marliese erschien für Angela, Barbara für Marliese, Christine II für Priscau, Yvonne für Christine II, Béatrice II für Yvonne und Barbara.

Wenn wir nicht gerade die holden Damen zum Arzt, Einkaufen oder Bahnhof fuhren, bemühten wir uns, wenigstens körperlich auf Draht zu bleiben, wenn schon beruflich nichts los war. Helmut ging fast jeden Tag mit den Kindern skilaufen, ich ging mit oder kümmerte mich um Mariello, unseren Galopper; er war bei einem Rennen in ein Loch getreten und konnte nicht mehr laufen.

Ich holte ihn in die Schweiz, um ihn hier auskurieren zu lassen. Auf einem Mustergut, das auch eine große Manege unterhielt, brachte ich ihn unter und versuchte ihn zu reiten. Aber er konnte nicht mehr richtig galoppieren. Er sprang in die Luft, seitwärts, hielt plötzlich an. Kurz, ich fiel herunter. Ausreiten war ausgeschlossen. Sogar Aneke, Reitlehrerin und Dressurreiterin, winkte ab. Ich suchte nach einer anderen Lösung. Da ich in der schweizerischen Boulevardzeitung »Blick« gerade eine Kolumne hatte, schrieb ich über Mariello einen Artikel. Schilderte, wie er für die höchsten Augenblicke im Leben eines Pferdenarren gesorgt hatte, wenn er in der Zielgeraden an allen anderen vorbei ins Ziel gestürmt war. Und jetzt, wo er verletzt war, das Urteil: »Was willst du denn mit dem? Weg damit!« Mein Schlußsatz »Ein Tier ist kein Auto, das man abmeldet und in eine Ecke stellen kann« führte zu einem Kaufangebot.

Aber der Käufer behielt Mariello nicht. »Der kann ja nichts«, behauptete er. Wahrscheinlich hatte er Angst. Und Mariello hatte tatsächlich schon ganze Völkerscharen abgesetzt.

Was nun? Unsere SOS-Freundin Suzanne Baumann brachte das Unmögliche fertig: Charly de Stoutz, bekannter Schweizer Dressurrichter mit eigener Manege, übernahm ihn für seine Tochter.

Pascha hieß er von nun an und wurde auch entsprechend behandelt.

Das war bis auf weiteres mein letzter Triumph, denn nun wurde ich als Sängerin entdeckt. Ich hatte mich zwar schon in mehreren Filmen und Theaterstücken bemüht, die musikalischen Erwartungen, die man in mich setzte, zu erfüllen, denn ich verfügte ja über eine kräftige Sprechstimme. Daß man aber damit nicht unbedingt auch singen kann, mußte ich vor einigen Wochen bereits in der Hermann-Prey-Show erfahren.

Dem Dirigenten war offenbar völlig entfallen, daß ich nicht von der Oper kam, und er ließ mich mit einem Korrepetitor etwa zwei Stunden lang crescendi und parlandi üben, bis ich völlig heiser war. Dann erst kamen die Aufnahmen und zwar mit einem etwa zehnköpfigen Orchester. Es war verheerend. Die Streicher klangen ja völlig anders als das Klavier und hatten Soli, die ich abwarten mußte, aber nicht geprobt hatte. Ich hinkte hinter dem Rhythmus her, traf den Ton nicht, quietschte, knarrte und knödelte, daß es nicht nur mir durch Mark und Bein ging.

Ich hörte die Chansons ab und fiel beinahe in Ohnmacht. Entsetzt bat ich den Dirigenten, meine Nummern in einem Tonstudio zu wiederholen. Er lehnte ab. Vom 8. bis 12. März wurde im Studio Hamburg aufgezeichnet, und nun mußte ich das Gekrächze auch noch verkaufen. Der Kameramann rettete mich, ich sah aus wie mein eigener Sohn.

Im April nahte dann die Sintflut. Professor Kutschera vom Theater an der Wien bot mir die zweite Hauptrolle in dem italienischen Musical *Ein Platz am Tisch ist immer frei* an. Es handelte sich um die Vertonung von Giovanni Guareschis Roman »Don Camillo und Peppone«, und ich sollte eine Prostituierte spielen. Die Geschichte handelte von eben dem Landpfarrer, der von Gott angerufen wird, eine neue Sintflut werde über die Erde kommen und nur der Pfarrer und sein Dorf würden verschont bleiben. Die Arche wird gebaut, die Sintflut jedoch wieder abgeblasen.

Ich versuchte abzusagen, meine Stimmbandstrapazen bei Hermann Prey steckten mir noch in den Knochen.

Außerdem mußte Donald wieder ins Tierspital. Donald, unser bestes Stück. Er war kein Hund, er war ein halber Mensch! Zärtlich, launisch, störrisch, stur, wehleidig, himmelhoch jauchzend, zu Tode betrübt. Er hatte einen Kopf wie ein fernöstlicher Höllenhund und benahm sich manchmal auch so. Wenn er schnaufend und knurrend auf das Gartentor zustürzte, liefen die Besucher scharenweise davon – böse Zungen behaupteten, deswegen hätten wir ihn angeschafft. Er bellte nicht, er sprach. Bevor er ins Auto einstieg, hielt er ganze Volksreden, gurrte und gurgelte in höchster Verzükkung und regte sich dermaßen auf, daß er im Auto vor Erschöpfung sofort einschlief. Wenn wir das Boot ins Wasser ließen, konnten ihn keine zehn Pferde zurückhalten, hineinzuspringen. Manchmal fuhr er auch mit wildfremden Schiffen weg. Von den Kindern ließ er sich alles gefallen, wedelte und kläffte glücklich, und wenn sie noch so grob auf ihm herumklopften. Trotz seiner Friedfertigkeit wurde er oft von anderen Hunden angegriffen. Ein benachbarter Wolfshund fiel so plötzlich über ihn her, daß er in den eiskalten See stürzte und sich verletzte. Seitdem war er krank, hinkte, spuckte Blut und wollte nicht mehr fressen. Außerdem hatte er ein Geschwür am Bauch, das auch nach mehreren Operationen immer wieder aufbrach.

Helmut brachte Donald nach Bern. »Es besteht nicht viel Hoffnung«, berichtete er, als er zurückkam.

Ich konnte ihn nicht besuchen, ich war auf dem Weg nach Dortmund, wo ich mit Peter Frankenfeld in *Musik ist Trumpf* einen Sketch probieren mußte. In einer Pause rief ich Helmut an und erfuhr, Donald sei bereits tot. Ich glaubte es nicht, rief im Tierspital an, aber es war Mittag und alle bei Tisch. Schließlich erreichte ich den Professor, der ruhig und bedächtig antwortete: »Er lebt noch. Ich warte immer ein wenig, bis die Eheleute sich geeinigt haben. Mit Cortison hat er noch einen schönen Sommer . . .«

Professor Kutschera ließ nicht locker. Ich drehte und wand mich. Umsonst. Am 20./21. April war Vorsingen im Theater an der Wien. Wir redeten über den Vertrag, dann flog ich wieder weg.

Ich flüchtete in Hans Rosenthals *Dalli Dalli* und die Peter-Kraus-Show in München, um mich nicht entscheiden zu müssen. Aber Rolf Kutschera jagte mich wie einen Hasen. Wo ich ging und stand, holte man mich ans Telephon. Er erzählte mir später, er habe als Schauspieler solches Lampenfieber gehabt, daß er abgegangen sei. Er mußte also wissen, warum ich zu entkommen versuchte.

Er trieb mich auch im Sanatorium Wiedemann am Starnberger See auf, wo ich mich aber mit meinem Heuschnupfen herausreden konnte. Ich hörte nichts mehr von ihm und konnte in Ruhe meine Gratiskur ausprobieren. Es handelte sich um eine Serumtherapie von Dr. Fritz Wiedemann. In einem Naturheilverfahren wurde Kleintieren Organserum entnommen, den Patienten eingespritzt und eine Regeneration der Zellen versucht. Dabei spielte Alkohol-, Tee- und Kaffeeverbot eine große Rolle. Mir leuchtete dieses Verfahren ein, und ich erholte mich ausgezeichnet, wurde allerdings am Ende der Kur von rasenden Kopfschmerzen befallen. Vielleicht war es nur der Föhn.

Nach zwei Wochen machte ich mich auf den Heimweg nach Perroy. Dort wartete ein fünfseitiges Rechtsgutachten des Theaters an der Wien auf mich, aus dem hervorging, daß ich mündlich bereits gebunden und der Vertrag rechtsgültig sei.

Natürlich hätte ich rausgekonnt. Aber ich scheute Anwalt und Presse, biß in den sauren Apfel und schmetterte noch ein paar Bedingungen auf den Intendantentisch.

Naja, bis zum 1. Oktober war es noch weit, da begannen die Proben.

Wir fuhren mit beiden Kindern ohne festes Ziel nach Südfrankreich und fanden, o Wunder, im besten Hotel von Port Grimaud ein Appartement mit mehreren Betten. Ein Tapetenwechsel war dringend nötig gewesen. Wir tobten im Meer herum, brüllten, lachten, futterten und wurden schwarz wie die Neger.

Dann begannen die Aufregungen. Jean-Claude, der Sohn von Cousin Hans-Ueli, nahm sich das Leben, kaum dreißig Jahre alt. Ein paar Monate danach verübte Christoph, der Sohn von Cousin Johannes, Selbstmord.

Ich hatte keine Zeit, über das Schreckliche nachzudenken. In Wien begannen die Proben zu dem Sintflut-Musical.

Nun stand ich als Consolazione auf dieser riesigen Musicalbühne, war aber nur an kleine, intime Theater, wie das Schauspielhaus Zürich, gewöhnt. Ich mußte schwere Tänze abliefern, dazu singen und, völlig außer Atem – »bitte keine Pausen machen!«–, sofort perlende Dialoge aus dem Ärmel schütteln.

Ich war so verkrampft wie noch nie in meinem Leben. Ich hatte nicht das geringste Soubrettentalent. Entweder ich paßte auf die

Singerei auf und verwechselte die Stellungen, oder ich konzentrierte mich auf die Stellungen und vergaß zu singen.

Ich bekam Halsschmerzen, Schnupfen und Asthma, mußte zum Arzt. Dr. Kürsten, Hals-Nasen-Ohrenpapst aller Wiener Sänger und Schauspieler, hatte seine Praxis auf meinem Weg zum Theater. Ich verbrachte von nun an fast jeden Tag mehrere Stunden in seinem Behandlungszimmer. Denn je näher die Premiere rückte, desto kurzatmiger wurde ich. Helmut kam zu den letzten Proben und brachte mir schonend bei, ich müsse mir ein Mikrophon geben lassen.

Gesagt getan. Aber die Verstärkeranlage war neu und nicht ausprobiert. Helmut bemerkte, man verstehe kein Wort von mir. Nun drückte ich noch mehr drauf. Aber je mehr ich schrie, desto mehr drehte der Techniker ab.

Am Tag vor der Generalprobe kam nur noch heiße Luft. Dr. Kürsten verordnete Sprechverbot. »Njet«, sprach Professor Kutschera, »Photoprobe, das ganze Theater ist voller Journalisten.«

Ich markierte. Es ging. »Du warst noch nie so gut«, lobte Helmut.

Es gab drei öffentliche Vorstellungen oder Generalproben von *Evviva Amico*, wie das Musical jetzt hieß. Ich mußte nur einige kleinere Schnitzer verbuchen, die ich in Windeseile korrigieren konnte.

Premiere. Ich war kurz vor einem Schlaganfall. Schon morgens war mir übel, und der Schweiß rann mir in Strömen herunter. Aber ich war entschlossen, es durchzustehen. Abends, im Theater, ließ das Vernichtungsgefühl ja meistens nach. Auch diesmal. Dr. Kürsten kam gleichzeitig mit Helmut in meine Garderobe, schaute in meinen Hals und nickte befriedigt. Sie ließen ihre Mäntel bei mir. Nun konnte nichts mehr passieren!

Ich legte los wie Blücher. Auftritts- und Abgangsapplaus beim ersten Chanson. Ich muß furchtbar gewesen sein. Die italienische Consolazione, und überhaupt halb Italien waren in der Vorstellung. Das war zuviel für mich. Na ja! Ich schaffte es. Aber frage nur nicht wie.

Die Kritiker suchten vergeblich nach einem Grund für meine Mitwirkung in dieser »sympathisch-respektlosen Inszenierung«. In der Münchner Abendzeitung war ich ein Dame, die recht hilf- und nutzlos herumsteht, die Wiener Presse dachte versöhnlich an *Pi-*

roschka, und die »Welt« meinte entschuldigend, man hätte schon ältere Hutblumen gesehen.

Auf jeden Fall war die Premiere vorbei und ich jetzt ernsthaft angekratzt. Dr. Kürsten wurde zur ständigen Einrichtung und Bezugsperson, die ich brauchte, um die endlos scheinenden Strapazen durchstehen zu können. Zwei- bis dreimal in der Woche wurden Kehlkopf und Stimmbänder geschmiert und die Arbeitsmoral in kurzen Gesprächen aufpoliert. Er war etwa so groß wie ich und überhaupt nicht mein Typ. Trotzdem war er meine Rettung. Wie sagte doch Don Silvestro am Ende unseres Stückes: »Träume sind keine Sünden.«

Die andere unentbehrliche Stütze war Ekki Fritsch, der den Bürgermeister darstellte. Auch er brauchte einen Verbündeten, denn die Wiener hatten an dem lustigen Berliner gerade das auszusetzen, was ihn zu einem der unwiderstehlichsten Spaßvögel in deutschen Landen werden ließ. Aber Ekki wurde krank. Am 18. Dezember wurde er heiser. Ich schleppte auch ihn zu Dr. Kürsten. Drei Tage darauf hatte er einen Herzanfall. Als ich abends ins Theater kam, war die Vorstellung abgesagt. Ich ging zu ihm ins Hotel und strickte an seinem Krankenbett die weißen Socken fertig, die ich ihm Weihnachten zu schenken gedachte.

Obwohl alle Vorstellungen bis zum 25. Dezember ausfielen, durfte ich nicht nach Hause fliegen. Wir hatten Umbesetzungsproben. Vielleicht verdächtigte mich Professor Kutschera auch, daß ich nicht mehr zurückkomme. Jedenfalls wartete meine Zweitbesetzung umsonst auf ihre frühzeitige Chance.

Silvester hatten wir zwei Vorstellungen. An und für sich schon ein Albtraum. Aniko Benkö, die Hauptdarstellerin, spielte mit Gipsfuß. Schon gestern. Sie hatte sich den Fuß verknackst. Helmut konnte nicht kommen, Mélisande hatte Mumps.

Sigrun Quetes, meine Zweitbesetzung, war todunglücklich, als ich meine letzte Vorstellung vom 1. auf den 4. und dann vom 4. auf den 6. Februar verschob. Sie stellte mir ein Silberdöschen, das ein zerrissenes Photo von ihr enthielt, auf den Schminktisch. Sie hätte es Rolf Kutschera geben sollen. Er hatte wieder gesiegt. »Sie werden uns doch kein faules Ei auf den Tisch legen«, jammerte er am Telephon, denn ich wollte am 1. Februar verabredungsgemäß aussteigen. Zugegeben, er rannte offene Türen ein. Seit das Ende des

Tunnels nahte, wurde meine Laune immer besser, mein Appetit immer kräftiger und die ganze Consolazione etwas runder. Aber trotz Direktor Kutschera und trotz Dr. Kürsten unterschrieb ich die Wiederaufnahme nicht mehr. Mit neun Szenenappläusen in der zweitletzten, einer Nachmittagsvorstellung, und einer fast lampenfieberfreien letzten Vorstellung von insgesamt 69 ging diese aufregende, wenn auch nicht unbedingt erfolgreiche Episode zu Ende.

Die »Sesamstraße« und andere Geschäfte

Helmut holte mich am Flugplatz ab und überraschte mich mit der Sensationsmeldung, Ingrid van Bergen habe ihren Geliebten erschossen. Erste Reaktion: Mitleid. Sicher, sie war ein wildes Weib. Aber, was mußte dieser Tat vorausgegangen sein. Wut, Schmerz, Weltuntergang! Trotzdem wäre wahrscheinlich nichts passiert, wenn keine Schußwaffe zur Verfügung gestanden hätte, wenn der Verkauf an Privatpersonen gar nicht erlaubt wäre.
Wir kamen noch zurecht zum Mittagessen. Tell und Mélisande waren Riesen geworden. Sie stürzten sich auf mich und die Geschenke. Ungetrübtes Glück. An Ingrid van Bergen dachte niemand mehr.
Nun war ich also wieder daheim. Abends saßen Helmut und ich im Salon bei einem Fläschchen und schwatzten wie die Waschweiber – leider auch über die von Landgraf in allen Variationen angepriesene neue Theatertournee.
Es wurde mir klar, daß Helmut kaputt ging, wenn er nicht arbeiten konnte. Während ich immerhin noch hie und da eine Rolle ergatterte, schlug er sich nur noch mit Angestellten, Handwerkern und Alltagstücken herum – dabei interessierte er sich in Wirklichkeit nur für Theater und Wagneropern.
Ich haßte Tournen wie die Pest. Sie machten mich neurotisch und krankheitsanfällig.
Ich schob die Entscheidung vor mir her, hoffend, es komme die rettende Chance meines Lebens.
Aber es kam nur die *Sesamstraße*. Eine Kinderserie mit Puppen, fürs Fernsehen. Und die Langspielplatte. Ich versprach mir nicht viel

davon. Das, was ich bei anderen nicht ausstehen konnte, tat ich nun selber: singen ohne Stimme!

Aber die Plattenaufnahmen waren das wenigste. Nun mußte die Scheibe vorgestellt werden. Ein ganzer Rattenschwanz von Presse-, Rundfunk- und Fernsehinterviews wartete auf mich, damit »Die dümmsten Hunde«, »Der Clown«, oder »Grüetzi und Guet Nacht« gesendet werden konnten. Auch *Dalli Dalli*, populärste Ratesendung der 70er Jahre, war darunter. Gerd Thumser, mein Plattenproduzent, glaubte mir damit eine große Freude zu machen. Aber *Dalli Dalli* war live. Ich werde Hans Rosenthal bitten, mich mit Playback singen zu lassen, dachte ich sorglos und begann, den »Irren Film« zu arbeiten, weil er am wenigsten Text hatte. Ich durfte kein Risiko eingehen. Live war live. Auch mit Playback. Und wenn Hans Rosenthal mich zwang, original zu singen? Ich schlug meine Zweifel in den Wind. Aber die Unruhe blieb . . .

Und die Alltagshetze blieb; die Kindererziehung blieb; der Wirbelsturm in der Küche blieb; die Handwerkerjagd blieb; und Corinne blieb. Ihr Haus war zur Zwangsversteigerung freigegeben worden, Möbel, Bilder, Uhren waren abgeholt worden. Der Hypothekarzins war nicht bezahlt, die Hypothek gekündigt worden, erzählte sie mir Mitte März, als ich sie besuchte. Dann, am 4. April, Mamas Geburtstag, fuhr sie mit Paul und Ninon nach Mallorca, wo sie einen Film zu Ende drehen mußte. Mama, die jüngere Tochter Manon, und Anne, die Hausangestellte, blieben in ihrem Haus zurück.

Ich dagegen saß ohne Perle da, Béatrice II hatte uns an Helmuts Geburtstag verlassen, und schlug mich zwischen Staubsaugern und Geschirrbergen mit meinem Filmchanson herum, dessen Maschinengewehrtext ich unterschätzt hatte.

Da kam Corinnes Hilferuf aus Mallorca. »Sie nehmen mir das Haus weg«, schrieb sie verzweifelt.

Und schon riefen ihre Anwälte und Bankdirektoren an. Das muntere Filmträllern blieb mir im Halse stecken. Ein fünftägiger Ringkampf um Corinnes Haus begann.

Nach Dutzenden von vergeblichen Telephonaten mit den Behörden kam am 18. die Stunde der Wahrheit. Um 7 Uhr 10 holte ich Corinnes Eilbrief mit einer Vollmacht auf der Post ab, um 8 Uhr 20 war ich mit Helmut in Versoix.

Der Möbelwagen war schon da. Wir boten eine fünfstellige Abfindung an, riefen die Gläubiger an. Auf einmal traten sie zurück. Einer nach dem anderen.

Die Möbelpacker stellten den Abtransport ein, mußten aber noch den Segen von oben haben. Einer der Beamten übernahm den Anruf. Ein fürchterlich aufgeregter Herr kam an den Apparat, wollte mich sprechen und bellte mich an, es gehe weder um Gläubiger noch um Beträge, sondern um die Klage einer Privatbank wegen »Verschleppung der Pfändung durch die Behörden«.

Kaum hatte ich aufgelegt, rief der letzte Beteiligte an, er verzichte auf die Vollstreckung. Es war zu spät, alles umsonst. Es ging gar nicht mehr um das Haus, sondern um einen Krieg der Ämter.

Jetzt räumten die Arbeiter vor unseren Augen alles aus. Wir konnten gerade noch erreichen, daß sechs Stühle wieder zurückgetragen wurden, damit eine sechsköpfige Familie nicht auf dem Boden essen mußte.

Am 19. April flog ich nach München zu *Dalli Dalli*, ohne das Chanson nochmals angesehen zu haben.

Die erste Probe war eine einzige Katastrophe. Hans Rosenthal bestand auf den »Reifen Äpfeln«, doch ich ratterte den »Irren Film« herunter. Prompt blieb ich hängen, fing wieder von vorne an, verwechselte eine Strophe und hinkte hinter der davonrennenden Musik her. Es gefiel Hans Rosenthal nicht. Die Erklärungen über meine anderweitigen zeitraubenden Beschäftigungen hätten ihn auch kaum interessiert. Er merkte einfach, daß ich nicht vorbereitet war. Auch die Proben des nächsten Tages verliefen miserabel. Die Hoffnung, das Chanson habe sich über Nacht gesetzt, erfüllte sich nicht. Arbeiten ging nicht mehr. Ein Sänger probiert nicht, er singt. Und abends mußte ich auch noch die Langspielplatte feiern mit Journalisten und Produzenten, statt zu pauken.

Am Tag vor der Sendung versuchte ich nochmals, Hans Rosenthal zu erweichen, ein Playback zu verwenden: »Wir werden Ihnen ein paar Neger hinstellen«, antwortete er und ließ mich stehen.

Ekki, der in dieser Sendung schon seit Jahren den Schiedsrichter spielte, richtete mich auf: »Ich ziehe deine Socken an«, grinste er und zauberte die beiden weißen Ungetüme, die ich ihm gestrickt hatte, hinter seinem Rücken hervor.

Die Sendung kam. Live. Die beiden Durchläufe am Nachmittag

waren gutgegangen. Ich war etwas weniger nervös, aber ich schaute sehnsüchtig den startenden Flugzeugen des nahen Flughafens nach und schüttete einen großen Becher Kaffee in mich hinein.

Auftritt. 60 bis 70 Millionen Zuschauer. Aber man sah nur die paar zusammengewürfelten Personen irgendwo hinter den Kameras. Ich sang heute mit Haftschalen, um ja die Neger nicht zu verwechseln. Ich schaute nur nach der ersten Strophe hin und kurz nach der zweiten, dann wurde ich schon frech und lachte ziemlich natürlich. Juhui – Sieg – jetzt noch den Indianersketch, »Grüetzi und Guet Nacht« im Chor – Ekki zeigte die Socken – aus!

Wieder stellte ich fest, daß die Angst größer war als die Gefahr.

In Perroy traf gleichzeitig mit mir die neue Hausgehilfin Gerda ein, eine Bäckerstochter, die ausgezeichnete Dampfnudeln fabrizierte. Wir waren gerettet. Ich ließ Helmut und die Kinder nochmals ein paar Tage allein und ließ mir von Otto die Krähenfüße entfernen. Dann konnte ich mich endlich wieder um unser leibliches Wohl kümmern. Reiten mit Mélisande, die schon mutig auf einer edlen älteren Stute herumgaloppierte. Sie lachte und strahlte, schnatterte glücklich auf dem Heimweg, half in der Küche, ging widerspruchslos nach dem Nachtessen ins Bett. Leider übten ihre Freundinnen keinen so besänftigenden Einfluß auf sie aus. Sie ließ sich zu allerlei Missetaten anheizen und mußte dann erfahren, daß beim Ausfressen keiner der Anstifter mehr anwesend war.

Da war zum Beispiel Manon, Corinnes jüngere Tochter, die hie und da bei uns übernachtete. Anfang Mai hatten wir sie eingeladen, da sie Geburtstag hatte. Die beiden Gören tobten im Garten herum, verschwanden vorübergehend und erschienen auf einmal mit einem Büschel geköpfter Tulpen, die sie gefunden hatten, wie sie erzählten.

Kurze Zeit danach kam ich mit Donald bei einem Nachbarn vorbei und bemerkte vier oder fünf total verwüstete Tulpenbeete. Blüten, Stengel, Blätter lagen wild verstreut herum, als hätte ein Kampf zwischen Hunden und Katzen stattgefunden. Ich fragte Mélisande zu Hause, was sie mit Manon dort getrieben habe und erfuhr, sie hätten die Blumen mit dem Skateboard niedergemäht. Ich weiß nicht, welche von beiden die Initiative ergriffen hatte, aber die Standpauke steckte Mélisande ein, Manon war längst über alle Berge.

Ein anderes Mal waren Manon und Mélisande bei Tante Elsi in den Ferien. Dort lärmten sie die ganze Nacht in ihrem Zimmer herum, polterten an die Wände und schrien der entsetzten Tante Frechheiten ins Gesicht, bis die alte Dame Mélisande eine klebte. Helmut entlockte seiner Tochter dann die traurige Wahrheit: »Wir wollten nur die Katze rächen, die von Tante Elsi an einer Leine auf der Straße herumgezerrt wurde. Manon wollte dann nicht mehr, aber ich habe mich an unsere Abmachung, unartig zu sein, gehalten.«

Das gab mir zu denken. Was steckte hinter dieser Zerstörungswut? Waren es die Spannungen, die zwischen Helmut und mir auftraten, wenn wir im Chaos des Haushalts untergingen? Dann hätte ja auch Tell über die Stränge hauen müssen. Aber er grinste nur, rackerte in der Schule und im Fußballclub und fiel am Abend todmüde ins Bett. Vielleicht war sie überfordert mit Hausaufgaben, Klavier- und Tennisstunden. Dem ganzen Lernstreß einfach.

Der ging nun auch bei mir wieder los. Ich machte schon mal den Versuch, die kleinen Sätzchen der *Sesamstraße* zu lernen, die nach gar nichts aussahen, aber wie Instrumente in einem Orchester ganz präzise kommen mußten.

Am 27. Juni war Drehbeginn mit dem dicken Plüschbären Samson, dem frechen Vogel Tiffy, dem ewig beleidigten Hund Von Boedefeld und Henning Venske, meinem Partner. Am Anfang wiederholten wir, aus technischen Gründen, einige Szenen bis zu dreißigmal, und ich verfluchte meine Fehlentscheidung von 1968, als ich den Film mit de Funès absagte. Heuschnupfen – gut! Aber gestorben wäre ich nicht daran. Das war der Kreuzweg: auf der einen Seite der Durchbruch in Frankreich, auf der anderen das atemlose Geldzusammenkratzen mit Theatertourneen und Fernsehserien.

Am 27. Juli war für mich der erste Block der *Sesamstraße* abgedreht, und ich konnte wegfahren. Henning Venske drehte allein mit den Puppen weiter. Er hatte sich als völlig linker, aber humorvoller und friedlicher Partner herausgestellt, der höflich über meine konservativen Ansichten hinwegblödelte.

Der zweite Block begann am 29. August. An diesem Tag schickte ich auch den Tourneevertrag ab. Ich konnte die Entscheidung nicht mehr hinauszögern, Landgraf hatte alle Bedingungen angenommen. Gespielt wurde *Die Dame vom Maxim*. Ich war studiert, Wolfgang Spier führte Regie, Helmut spielte den Petypon. Dreißig Vorstellungen im Hamburger Ernst-Deutsch-Theater, hundert Tourneevorstellungen auf zwei Jahre verteilt. Mir wurde beim bloßen Drandenken schlecht.

Bevor ich ins Studio Hamburg rausfuhr, gab ich den Brief an der Hotelrezeption ab, holte eine Zeitung, ging beim Portier vorbei, sah den Brief noch daliegen. Ich hätte ihn wieder wegnehmen können – aber dann spielte Sonja Ziemann. Nein, diese Bombenrolle riß mir keine Rivalin aus den Zähnen! Es war ja sowieso erst in anderthalb Jahren. Und im Moment hatte ich andere Sorgen.

Das *Sesam*-Spektakel war anstrengender als erwartet. Ich war noch nicht daran gewöhnt, mit vier Kameras zu arbeiten, mit einer war es schon schwierig genug. Es wurde noch mehr Präzision verlangt, kaum geprobt und schon gedreht. Man hatte ausgeschlafen zu sein, unfehlbar konzentriert. Ob viel oder wenig Text, er mußte kommen, beim geringsten Fehler wurde abgebrochen. Natürlich versuchten wir trotzdem hie und da ein Späßchen, insbesondere die Puppenspieler, die ja alles ablesen konnten. Aber dann risikierte man eine Wiederholung, weil es erziehungswidrig war.

45 Drehtage. Es passierte eine Menge in dieser Zeit. Hanns Martin Schleyer wurde entführt, vier Begleiter getötet. Maria Callas starb mit 54 Jahren. Erfreulich wiederum: der 16. Hochzeitstag mit Helmut auf dem Alsterschiff.

Am 5. Oktober war der letzte Drehtag. Dieses durch nichts zu ersetzende Triumphgefühl verleitete mich immer wieder zu neuen Ritten über den Bodensee. Glücklich wie ein siegreicher Feldherr, trat ich mit Helmuts Jaguar die Heimreise über Baden-Baden an, wo ich meine wiedergewonnene Freiheit genießen wollte. Naja, im Hotel lag eine Nachricht für mich: »Hauptrolle in der Krimiserie *Der Alte*, Drehbeginn in vier Tagen in München.« Adieu Ferien!

Zu Hause stürzte sich Mélisande wild und schreiend auf mich, Tell blökte wie ein Stier in der Küche herum, und Helmut machte eine Führung durch das von ihm frisch tapezierte Treppenhaus.

Der Drehbeginn vom *Koffer* wurde um eine Woche verschoben – was wollte ich mehr?

Die fünf Drehtage in München waren bald überstanden. Meine Partner waren alte Bekannte: Siegfried Lowitz, Harald Leipnitz, Uschi Glas und Regisseur Michael Braun, treuer Verbündeter seit dem *Letzten Sommer* 1954. Er machte keine endlosen Wiederholungen, sondern Pickups und rettete damit die unwiederbringliche Frische der ersten Klappe.

Ich bestieg am 31. Oktober das Flugzeug nach Genf mit gemischten Gefühlen. Terroristen lauerten allüberall. Auf Straßen, Bahnhöfen, Flugplätzen. Die Lufthansamaschine »Landshut« war entführt, der Flugkapitän Schubert erschossen worden.

Weihnachten starb Charlie Chaplin, das größte Filmgenie aller Zeiten. In Amerika jahrelang mit Verleumdungen und Prozessen verfolgt und des Landes verwiesen. Sie konnten ihm nichts anhaben. Er wurde unsterblich.

1978 begann für Helmut mit einer Theatertournee als Partner von Will Quadflieg in Clifford Odets' Stück *Das Mädchen vom Lande*, für mich mit dem Scheitern hoffnungsvoller Verhandlungen für einen französischen Film. »Aufhören!« schrieb ich in mein Tagebuch. »Was anderes tun! Schreiben!«

Ich begann mit meinem Buch. Vorläufiger Titel: »Enthüllungen«. Ich entdeckte eine unbändige Freude an Ausdrücken und Formulierungen. Stundenlang brütete ich an einem einzigen Satz, schlief damit ein und wachte damit auf. Vielleicht war das die »seitliche Arabeske«, wie im »Peters-Prinzip« das Umsatteln auf andere Beschäftigungen genannt wird. Ich war überzeugt, daß sich meine Schauspielkarriere ihrem Ende zuneigte. Fließbandatmosphäre, Kasernenton und Küchenlicht gleichgültiger, festangestellter Mitarbeiter im Fernsehatelier verscheuchten auch die ausgelassenste Spiellaune. Ich sah in den Mustervorführungen aus wie ein abgearbeitetes Indianerweib und wurde vom zuständigen Kameramann aufgeklärt: »Sie sind 48 Jahre alt, und so sehen Sie auch aus.«

In der *Sesamstraße*, die mich den ganzen Sommer über 49 Drehtage beschäftigte, wagte ich das Unerhörte: ich verlangte einen anderen Kameramann. Michael Hopf hieß der Neue; nun hatte ich ein dreißigjähriges Gesicht auf der Mattscheibe und einen Feind mehr.

Ich genoß meinen Aufenthalt in Hamburg, meiner Lieblingsstadt, im Hotel Atlantik, meinem Lieblingshotel. Zwar mußte ich zeitweise den Schwimmbadlift benützen, weil das ganze Haus voller Russen war und ich die einzige Einheimische auf der Etage, aber ich wurde vom Personal immer noch mit unzähligen Privilegien verwöhnt, als wäre ich selbst ein Staatsoberhaupt. Wenn ich vor Maurern und Malern von Zimmer zu Zimmer flüchtete, durfte ich auch die fürstlichsten Gemächer ausprobieren, bis ich ein sturmfreies Bett gefunden hatte. Davon profitierte auch Helmut, der in Travemünde den Kapitän in *Ich spucke gegen den Wind* von Joan Lowell drehte, und mich als struppiger Seebär an den Wochenenden besuchte. Konnte er nicht kommen, ließ ich mich auch mal zu einem Theaterbesuch überreden.

So geriet ich in Begleitung von Richard Münch in Hans Neuenfels' berüchtigte *Hamlet*-Inszenierung im Thalia-Theater. Man konnte sich wirklich nicht über mangelnde Einfälle beklagen. Der missingsche Hamlet von Friedrich-Karl Praetorius war von erstaunlicher Wildheit, hatte aber einen starken S-Fehler, Dieter Kirchlechner war ein glaubhafter, aber total heiserer König, und Maria Emo eine sehr gute und sehr ordinäre Königin. Am besten war der jämmerliche Geist in seiner bleiernen Nacktheit, mit feuerrotem Ohr und vermoderten Haarschwänzen, absurd und grausig, ein Albtraum mit einem Schuß Wahrscheinlichkeit. Ebenso die geteilte Ophelia. Die junge in Kniehosen und Hosenträgern, ein hübsches Dienstmädchen, dem weder Liebe noch Leid anzumerken war – dagegen die siebzigjährige Melanie Horeschovsky als wahnsinnige Ophelia... es wurde totenstill im Zuschauerraum, als sie, dürr und humpelnd, anfing, von ihren Kuckucksblumen zu reden. Alle stapften in einer knirschenden Plastikmasse herum, über die man in der Pause die schauderhaftesten Vermutungen austauschte. Um 24 Uhr war das Drama zu Ende. Einzelne Verstümmelungen, wie die Streichung der Totengräberszene, von der einzelne Fragmente am Schluß wieder auftauchten, konnten dem Werk aller Werke nichts anhaben.

Helmut fuhr von seinem Dreimaster in Travemünde direkt nach Bad Gandersheim, wo er die Kapitänsmütze mit dem Herzogshut in Shakespeares *Der Liebe Lust und Leid (Verlorene Liebesmüh)* vertauschte. Und ich konnte nach 49 Drehtagen wieder einen letzten Drehtag feiern.

Endlich Ferien. Auch Helmut hatte seine Festspiele überstanden.

Er packte Kinder und Koffer und flog mit ihnen zu Karli nach Spanien.

Ich war richtig froh, ein paar Tage allein zu sein. Tell war offenbar in den Flegeljahren, rülpste am Tisch, sagte immer das Gegenteil und stellte mit seinen frechen Antworten sogar Mélisande in den Schatten. Vielleicht waren seine Examen schuld. Aber auf einmal war nicht mehr er mein Liebling, sondern die wilde, ruhelose Mélisande.

Während Helmut sich also mit den beiden Rabauken in Spanien an der Sonne röstete, stürzte ich mich in die Reisevorbereitungen für Jamaika, was uns Norbert Schultze eingebrockt hatte. Norbert war unser Regisseur in der *Sesamstraße*, ein gemütliches Unikum, mit dem man herrlich herumalbern konnte, der aber auf den verschiedensten Hochzeiten gleichzeitig herumtanzte und sich auch gelegentlich als Reiseleiter betätigte. Nun waren die Flugkarten bezahlt, und wir mußten nach Jamaika, obwohl es eigentlich gar nicht ging; denn ich mußte schon Anfang September in einem Schweizer Film mein Gesicht hinhalten.

Am 17. August dampften wir mit der Lufthansa ab. Der Flug dauerte fast zwanzig Stunden. Es war eine Qual. Ich konnte nicht schlafen. Nachdem uns ein amerikanischer Film gezeigt worden war, begann sich der Schwarze im Sitz vor mir zu langweilen und hörte bis Jamaika nicht mehr auf zu pfeifen. Ich setzte mich vorn zu den Stewardessen, ging aufs Klo, stopfte Ohropax in die Ohren, die alles verschluckten, nur das Pfeifen nicht. Ich wollte aufstehen, um den Fluggast zu fragen, ob er noch keinen Krampf habe, aber Helmut verbot es mir. Der Schwarze pfiff, bis wir um Mitternacht in Montego Bay landeten. Dann wurden wir noch zwei Stunden durch den Urwald nach Negril gefahren, wo wir halb bewußtlos in einem allerdings traumhaften Hotel in zwei luftige Luxusbetten sanken.

Wir blieben vierzehn Tage auf der Rhum-Insel, brüteten an der Sonne oder liefen Wasserski, wenn es nicht gerade pünktlich um 14 Uhr zu regnen begann. Manchmal lernte ich den Text für meinen Schweizer Film und lachte Tränen, wenn Helmut mir die berndeutschen Stichworte gab. Oder ich schleppte ihn mit auf die pflichtschuldigen Exkursionen: zu der Tante des Hotelbesitzers, die mitten im Dschungel auf einer verwilderten Farm die Hotelgäste zum Tee einlud; oder zum Rockhaus, einer kleinen Siedlung mondäner Hütten auf einem Felsen über einer glasklaren Meeresbucht, einem Liebesnest für Flitterwöchner oder Seitenspringer.

Und dann die Fahrt nach Accompong, dem Zwergstaat im Staat. Seit der Sklavenbefreiung regiert vom »King«. Dort gab es weder Elektrizität noch Telephon oder sanitäre Einrichtungen. Die Einwohner waren unabhängig, und niemand durfte sie ohne Genehmigung besuchen. Wir fuhren um 9 Uhr 15 ab, waren etwa 1 ½ Stunden danach in Montego Bay, wo noch ein halbes Dutzend Touristen zustieg und ein dicker schwarzer Fremdenführer. Helmut und ich saßen mit der Hotelsekretärin in einem altersschwachen Mercedes, die andern fuhren in einem blauen Amerikaner hinterher.

Kaum waren wir abgefahren, hielten wir schon wieder an, um in den sowieso schon durchhängenden Mercedes Eis und Lunchpakete einzupacken, dann nochmals an einer Tankstelle, wo der Führer den Reservereifen abholte, und nach zehn Minuten wieder, denn da stand eine winzige Hütte mit Andenken. Wir mußten alle aussteigen und einem wie aus dem Nichts aufgetauchten Neger, der sich als Buschdoktor ausgab, in einen Kräutergarten nachtraben, wo er uns Nüsse und Früchte zeigte, und ihre Heilkraft erklärte. Nachdem wir widerwillig davon gekostet hatten, bestiegen wir unsere gutmütig anspringenden Transportmittel, um schon eine Viertelstunde später abermals auf einen Aussichtspunkt gejagt zu werden, von dem man den Urwald überblicken konnte. Der Mercedes schlug während der Weiterfahrt bei jeder Unebenheit auf, und man mußte sich fragen, wie lange er das noch aushielt.

Nächster Halt war ein elender Schuppen mit einem Chinesen und unzähligen, in allen Farben ausstaffierten Kindern, wo wir etwas trinken mußten. Die Wagen setzten sich wieder in Bewegung, der Führer hatte gerade noch Zeit, uns einige Bäume zu zeigen, den Mangobaum, den Brotbaum, den Grapefruitstrauch oder den Blütenbaum Poncana (von dem ich als Kind immer träumte), und schon riß er von neuem einen Stop. Er zeigte uns ein Wasserrohr, das aus dem Straßenbord ragte und das wir bewundern mußten, weil es die einzige Quelle der Gegend war. Er zwang uns daraus zu trinken, aber ich lehnte dankend ab.

Als wir endlich weiterfuhren, waren wir bereits restlos groggy, doch diesmal dauerte es keine fünf Minuten bis zur nächsten Besichtigung. Wir standen vor einer verlassenen Markthalle, einer Bretterbude aus Holz-, Pappe-, Blech- und Ziegelstücken, abenteuerlich bemalt, elend, schmutzig, aber bunt wie die Bewohner. Dort mußten wir einen Bananenhain zu einer etwas größeren Hütte hinunterstapfen, vor der eine alte Negerin mit grauem Bart und winzigen Zöpfchen stand. Sie hieß Cleopatra und war Priesterin einer Sekte. Im Innern sahen wir den selbstgebastelten Altar, rohe Holzbänke und Bildtafeln, denn hier unterrichtete Cleopatra die halbwilden Kinder. Eine inzwischen eingetroffene Miß Franklin sang mit ihrer winzigen Tochter zu Gitarren- und Tamburinbegleitung ein paar Lieder und am Schluß die deutsche Nationalhymne. Sie sang den Text fehlerfrei bis zum Schluß, was man von den übrigen Anwesenden nicht behaupten konnte. Wir wollten gerade heimlich die Autos besteigen, als der Führer erschien und uns befahl, in die Markthalle zu kommen, da jetzt gegessen werde.

Weiterfahrt nach einer halben Stunde, Anhalten. Zusehen beim Waschen und Verladen riesiger Bananenberge. Dann endlich sanken wir wieder in unsere Sitze, wo wir entsetzlich durchgeschüttelt wurden. Die Straße war jetzt bedeutend schlechter geworden, und der Mercedes holperte krachend über die Schlaglöcher, so daß der Führer nochmals ausstieg, um wenigstens den Auspuff zu befestigen.

Der Urwald wurde dichter, die Straße schmaler, die Kurven enger. Wenn man hier liegenblieb, konnte man sein Testament machen. Wir fuhren und fuhren, man sah nur noch grüne Schluchten, Palmen, Schlingpflanzen, Hügel, endlose Wipfel, bananenschleppende Schwarze. Es war schon nach 17 Uhr, schattig und unheimlich. Mir fiel ein, gelesen zu haben, diese Gegend sei ziemlich unerforscht, es gebe »sinking holes«, diese Moordeckel, die nachgeben, und in denen man auf Nimmerwiedersehen verschwindet.

Helmut bemerkte sarkastisch, das sei wahrscheinlich unsere letzte Exkursion, da hielt der Wagen. Wir begriffen erst beim zweiten Hinsehen, daß wir angekommen waren. Einige elende Hütten standen da, und auch Captain Wright, der King: ein alter, dürrer Mann mit markantem Gesicht und sparsamen Bewegungen, der kurz und trocken grüßte, während seine Frau ein geschwollenes Auge kühlte. Der King führte uns in eine Bretterbude mit großen

Betten, auf denen der ganze Haushalt aufgetürmt war, und bat uns, an einem rohen Holztisch mit ebensolchen Stühlen Platz zu nehmen. Wir mußten uns in sein Buch eintragen und aus frischgepflückten Kokosnüssen trinken. Über eventuelle menschliche Bedürfnisse redete man nicht, die erledigte man im Hinterhof, wobei man von einem besonders häßlichen Schwein beobachtet wurde. Wir unterhielten uns mit dem King über die Lebensbedingungen, erfuhren, daß die bescheidene Landwirtschaft einen Teil ihrer täglichen Bedürfnisse decke und merkten, daß er stotterte. Wir schenkten ihm zum Abschied eine Flasche Wein, die er eilig wegbrachte, und fuhren durch lichte, grüne Bambustunnels heimwärts.

Im Hotel, wo wir um 20 Uhr 30 eintrafen, verfolgten wir unsere heutige Reiseroute. Wir hatten von Norden her das ganze Land bis zur Südküste durchquert und konnten Norbert und Jutta Schultze, die schon mehrere Stunden im Hotel gewartet hatten, natürlich nicht mehr vom Flugplatz abholen.

Dort hätten wir sowieso nicht viel Freude erlebt. Seit vier Tagen streikte die Air Jamaika, Tausende von hängengebliebenen Passagieren campierten im Flugzeuggebäude, und es war kein Ende abzusehen. Wir bedauerten mit der Großzügigkeit der Nichtbetroffenen die unverrichteterdinge zurückgekommenen Hotelgäste.

Aber nicht mehr lange. Am 31. August streikte die Air Jamaika immer noch. Wir fuhren zwar hin, aber ohne große Hoffnung. Ich jammerte einem Lufthansa-Angestellten vor, daß ich in vier Tagen einen Film anfangen müsse, da blickte er über das hin- und herwogende Menschengewimmel, überlegte und lächelte: »Piroschka...« Er winkte und bahnte uns einen Weg durch das Gewühl, beruhigte eine schreiende Frau, die auf einem verlassenen Flugschalter saß, und übergab uns samt Gepäck einem Kollegen, der machte, daß er mit uns davonkam. Auf die Schilderung des Ameisenhaufens, der uns bei der Zwischenlandung in Miami erwartete, verzichte ich. Der Flug verlief planmäßig und ohne Pfeifer.

Schon am Tag nach meiner Ankunft fuhr ich weiter ins Emmenthal, wo ich in dem Schweizer Film *Brot und Steine* von Mark Rissi eine achtzigjährige Bäuerin spielte und auch so aussah. Aber auch das ging vorbei. Obwohl ich die gute Absicht des Drehbuchs über

Tierfabriken und Pachtmisere unterstützte, hätte ich mir dieses Epos schenken können. Das ganze war zu dokumentarisch. Gute Absicht genügt nicht. Es wurde kein Erfolg und mein vorläufig letzter Film.

Voll auf meine Kosten kam ich dagegen, nach kurzer Stärkung bei Wiedemann, auf der *Winterkreuzfahrt*. Ein altes Jüngferchen fährt in ihrer Freizeit auf Frachtschiffen um die ganze Welt. Es war eine Folge einer Somerset-Maugham-Serie. Die Rolle zeichnete sich durch rasende Geschwindigkeit endloser Wasserfälle aus. Mein Partner war der spindeldürre Hannes Messemer, der sich vor und nach jeder Szene einen Schluck aus seinem Flachmann genehmigte, aber einen hinreißenden Dr. Osborne hinlegte. Nach drei Drehtagen in Berlin folgten noch die Außenaufnahmen auf einem Frachter, der die Route Marseille–Tunis abklapperte. Bevor wir uns einschifften, teilte mir Hannes Messemer mit, wir müßten auf dem Kahn in einem Schlafsack am Boden schlafen. Naja, ich weiß nicht, wo die Männer nachts ihr Haupt hinlegten, auf jeden Fall ergatterten wir vom schwachen Geschlecht doch noch Zweierkajüten. Die zwei Tage gingen zu schnell vorbei. Der Frachter sah zwar vor lauter Schauspielern, Beleuchtern und Requisiten auf Deck aus wie nach einer Seeschlacht, aber gleichzeitig schnupperte man den Duft der großen, weiten Welt. Claus Peter Witt, den ich schon von *Hoopers letzter Jagd* als Regisseur kannte, verzichtete auf seine Änderungen, da er wußte, daß er damit mein Maschinengewehr verstopfte und verhalf mir damit zu einer meiner besten Leistungen. Am Abschiedsabend mit dem singenden echten Kapitän und seinen Matrosen fehlte nur noch Hans Albers. Es war so wie man sich eine richtige Seefahrt vorstellt.

Leider hatte ich keine Zeit, mich lange über das gelungene Abenteuer zu freuen. Schon eine Woche später ging *Die Dame vom Maxim* in die Arena. Wolfgang Spier war wohl der rasanteste Regisseur, der mir je begegnet ist. Er inszenierte mit Vorliebe zwei Stücke gleichzeitig, meistens in verschiedenen Städten, und spielte auch noch in seinen eigenen Inszenierungen die Hauptrolle. So kam es, daß er sofort nach unseren Proben auf den Zug nach Köln rannte, wo er spielte, um in der Nacht im Schlafwagen wieder nach Hamburg zurückzukommen.

Die Proben waren nicht sehr anstrengend, ich hatte ja die Rolle schon gespielt. Helmut vertrat den Regisseur in seiner Abwesenheit, hatte aber selbst die größte Rolle im Stück und keine große Lust, zusätzliche Aufträge zu übernehmen.

Nach der Weihnachtspause wurde es ernst. Das Stück lief durch, keine Unterbrechungen mehr. Halsschmerzen und Husten kündigten sich an, schon im Flugzeug. Der Cancan gab mir den Rest. Zwar hatte ich schon Monate vor Probenbeginn im Fitneßclub trainiert, trotzdem schnappte ich nach dem Rad jedesmal nach Luft wie eine Kaulquappe. Etwa eine Woche vor der Premiere sprang ich kurz vor meinem Tanz in den Kronleuchter und mußte mit einem Loch im Kopf zum Arzt.

Die Premiere war wie immer mit ein bißchen Sterben verbunden. Ich fragte mich auch diesmal wieder, wie Herz und Hirn das aushielten. Vielleicht einfach, weil es so schön war – nachher!

Ich hatte fünf Szenenappläuse. Aber den größten Erfolg hatte Milia Fögen als bekloppte Hausfrau. Ich fand Helmut am besten. Sein verzweifelt herumhetzender Ehemann trug zeitweise autobiographische Züge.

Die Kritiker hatten sich vorgenommen, uns nicht zu verreißen. Auch ich wurde gelobt: »Der Cancan war Maxim-reif.« Unser Regisseur war weder bei der Generalprobe noch bei der Premiere anwesend. Er spielte selber – in Köln.

Die Vorstellung war jeden Tag ausverkauft, das Publikum in Hochstimmung. Die Spannung ließ nach; wir begannen uns zu erholen.

Da kam Corinnes Manuskript. Ich wußte, daß sie ein Buch über mich vorbereitete mit dem Titel »Lilo, meine Schwester«. Ich hatte ihr letztes Jahr einige Male Auskunft gegeben über meine Arbeit, Photos und Kritiken zur Verfügung gestellt. Ich machte mir keine Gedanken darüber, denn die Fernseh- und Ilustrierteninterviews, die sie über mich gemacht hatte, waren zwar kritisch, aber durchaus freundlich gewesen. Ich gab es Helmut zum Lesen.

Am nächsten Morgen gab er mir die Buchfahnen zurück. Er war völlig weiß im Gesicht. »Ist es nicht gut?« fragte ich ahnungslos.

»Furchtbar!« murmelte er. »Ich habe die ganze Nacht nicht geschlafen.«

Ich nahm die Seiten mit zum Friseur und begann zu lesen.

Die frischgekämmten Haare standen mir zu Berge. Was mußte ich da über meine Herkunft erfahren, über meine Ideale und Idole: daß wir aus einer heruntergekommenen Bürgerfamilie stammen; daß Papa ein launischer, unerbittlicher Tyrann gewesen sei, der niemals lachte; Mama durch ihr Doppelleben, bedingt durch ihre Gesangstudien, der Ruin der Familie, ich ein kontaktloser, liebeshungriger, verwahrloster Besen, Helmut ein schöner Hochzeiter und Prinzgemahl . . . o heiliger Ikonoklast!

Sie schob ihre eigenen Ängste und Probleme in die Schuhe der gesamten Verwandtschaft.

Ich versuchte, Corinne telephonisch zu bewegen, die schlimmsten Stellen zu korrigieren, aber sie erklärte ihre Entgleisungen als künstlerische Freiheit und drohte mit einem Skandal. Daß schließlich doch noch einige Giftblasen gestrichen wurden, hatte ich nur dem einsichtigen Verleger zu verdanken.

Diese zusätzlichen Aufregungen raubten mir den letzten Rest meines schwächlichen Appetits, ich wurde dünner und dünner und mußte meinen schwindenden Rundungen mit beträchtlichem Theaterdonner nachhelfen. Helmut ging es nicht besser. Nach einem Reeperbahnbummel kam er nicht mit der wiederhergestellten guten Laune zurück, sondern mit einem blauen Auge.

Am 10. Februar war der Bundeskanzler mit Loki in der Vorstellung. Sie saßen auf einem Notsitz. Ich fiel beim Tanz vor Begeisterung beinahe in den Souffleurkasten: »Das ist der Höhepunkt meiner Karriere«, schrieb ich in mein 57. Tagebuch.

Unser Gastspiel endete in einem noch nie dagewesenen Schneechaos. Autobahnen, Flugplätze, ja sogar die Bahnlinien waren gesperrt, der ganze Verkehr zusammengebrochen. Im Zuschauerraum klafften zum ersten Mal leere Plätze eingeschneiter Zuschauer, und der unterwegs steckengebliebene Pfarrer mußte vom Verwaltungsdirektor gespielt werden.

Vierzehn Tage Pause. Catherine stellte sich vor, die Gerda ablöste. Madame Pilloud hatte sie für uns gefunden. Madame Pilloud, unsere Feuerwehr! Ihre fast 2 m große Tochter heiratete den noch größeren Bruder unserer Perle Irma. Catherine, ein neunzehnjähriges kräftiges Mädchen aus dem Jura, eine Fellini-Blondine, aber ohne List und Tücke, sollte alle Bisherdagewesenen in den Schatten stellen. Sie war auch eine Waage!

Am 1. März fing in Opladen die Tournee an. Morgens fand die

chaotische Generalprobe statt, und wir fragten uns, wie das am Abend wohl über die Bühne gehen werde. Zuerst mußte ich meine neue Schminke zusammenpumpen, denn mein kostbarer alter Schminkkoffer, ein ehemaliges Nähkästchen, hatte in Hamburg einen Liebhaber gefunden. Die Maskenbildnerin war gar keine, der Techniker hatte das Regiebuch verloren, einer meiner Partner war gar nicht erschienen, ein ausgewechselter Statist strahlte mich an, statt die Gläser zu füllen, der herzogliche Stuhl und Helmuts Schuhe waren in Hamburg vergessen worden und Requisiteur, Inspizient und Souffleuse gestrichen. Trotzdem war abends eine Bombenstimmung in der Festhalle trotz einiger Musik- und Textpannen. Den größten Lacher hatte Helmut, als er beim Verbeugen der Länge nach über den Bettvorleger fiel, dort wo früher der Perser lag.

51 Vorstellungen, Opladen bis Fürth. Jeden Abend spielen oder wenigstens fahren. Nach Ostern auch keine Freitage mehr. Ob das gesund war? Buchführen über Szenenappläuse, Lacher, Versprecher, Hänger; Radschlagen in den Hotelgängen – wo sollte ich mich sonst anwärmen?

Helmut konnte die letzte Vorstellung nicht genießen. Schon zwei Tage später fing er in Lübeck mit den Proben zu dem Musical *Der Mann von La Mancha* an.

Während er als Don Quijote mit den Windmühlen kämpfte, schlug ich mich zu Hause mit Malern, Klempnern, Schreinern, Maurern und Dachdeckern herum, es wurde renoviert, repariert und entrümpelt, daß sogar dem Hund Hören und Sehen verging, denn er mußte ja bei jedem Neuankömmling bellen.

Aber schön war's daheim! Die blühenden Bäume und Büsche, das liebliche Seegeplätscher, das laut schmetternde Vogelorchester. In mondhellen Nächten sang die Nachtigall oder der Kuckuck, und morgens flötete süß und betörend ein ganzer Amselchor, in dem eine Solostimme trompetete wie ein Postauto.

Das laute Hämmern bei Tagesanbruch fand ich allerdings ziemlich rücksichtslos. Ich wollte schon hinuntergehen, um für Ruhe zu sorgen, da bemerkte ich im Garten einen Raben, der gegen das Bootshausfenster klopfte und sein Spiegelbild begrüßte.

Helmut kam nach seiner Marathonpremiere ein paar Tage nach Perroy und hatte so abgenommen, daß er seinem Helden alle Ehre machte. Ich sah eine der späteren Vorstellungen und zitterte umsonst. Helmut, ein begeisterter Wagnerianer, schmetterte seine Songs in die ausverkauften Ränge, daß Peter Hofmann vor Neid erblaßt wäre.

Da die Kinder unterdessen Sommerferien hatten und Tell mit seinen Vettern auf einem Dreimaster in der Ostsee herumsegelte, holten wir Mélisande nach Travemünde, von wo Helmut seine restlichen Vorstellungen abwickelte.

Mélisande war begeistert. Kein Trotz, kein Widerstand, kein Wutgeheul. Sie war mit allem einverstanden, kam schwimmen, Tennis spielen, spazieren, kämmte sich und zog abends sogar ein Kleid an. Wenn wir durch Travemündes Straßen promenierten, betrachtete ich heimlich und voller Stolz meine kräftige, langbeinige Amazone, die mit wehenden Locken neben mir herschlenderte und alle Blicke auf sich zog.

Helmut flog dann mit beiden Kindern nach Spanien zu Karli, ich nach Hamburg zur *Sesamstraße*. Ich hatte diesmal Uwe Friedrichsen als Partner und nur noch 32 Drehtage. Es war ein zweites Schauspielerpaar engagiert worden: Horst Janson und Ilse Biberti. Weniger anstrengend, aber auch weniger interessant. Zum Glück hatten wir aber die gleichen Puppenspieler: Peter Röder als Samson und Kerstin Siebmann als Tiffy. Sie waren unersetzlich.

Während der Drehzeit starb Donald. Aus Professor Freudigers 1976 prophezeitem »schönen Sommer« waren drei Jahre geworden. Mit Babynahrung, dann Reis und Hackfleisch hatten wir ihn hochgepäppelt, bis er wieder versuchte, den Briefträger zu fressen. Aber jetzt war sein Geschwür riesig geworden, und er konnte kaum noch gehen. Am 18. September rief mich Helmut an, er müsse ihn morgen einschläfern lassen. Am nächsten Morgen lag er tot in seinem Sessel.

Etwa eine Woche später teilte mir ein Journalist mit, Gunnar Möller habe seine Frau erschlagen. Mir fiel ein, wie Gunnar bei den Außenaufnahmen von *Piroschka* eines Nachts mit brennender Kerze in mein Zimmer kam, sich auf mein Bett setzte, lautlos wieder hinausging und am nächsten Tag nichts mehr davon wußte. Er war betrunken und hatte einen Blackout. So war es wahrscheinlich auch während des Streits mit seiner Frau.

Nach sieben Wochen *Sesamstraße* fuhr ich wieder nach Hause. Ich

fand kein vor Glück bewußtloses Empfangskomitee auf dem Wohn-
zimmerteppich vor, keinen juchzenden, freudegurgelnden Donald.
Auch sein Stuhl war verschwunden. An seiner Stelle stand eine
stumme und überflüssige Vase.

Ich hielt in Perroy die Stellung, bis Helmut, der in Harald Juhnkes
Tournee *Spiel mit dem Feuer* eine Rolle übernehmen mußte, Premiere
hatte. Ich konnte damit die Einladung zu Annemarie Rengers
sechzigstem Geburtstag am 7. Oktober mit meinem eigenen fünfzigsten, am 11. Oktober, verbinden.
Annemarie Renger war eine erstaunliche und gescheite Frau, die es
von der Sekretärin des ersten Nachkriegsvorsitzenden der SPD,
Kurt Schumacher, bis zur Bundestagspräsidentin gebracht hat.
Nach tagelangem Kopfzerbrechen wählte ich eine etwa hundertjäh-
rige Eisenbrille meiner Großmutter als würdiges Geschenk für sie
aus und verfaßte ein ebenso unpassendes Gedicht dazu.
Das Haus, in dem die Geburtstagsfeier stattfand, war von einem
Heer bewaffneter Polizisten bewacht. Ich kam mir vor wie Greta
Garbo, als ich an den grüßenden Polizisten vorbeischritt, ohne
kontrolliert zu werden.
Frau Renger nahm mein Päckchen mit Hallo in Empfang, obwohl es
mich schon wieder reute, als es auf einem Berg anderer Geschenke
landete.
Ich holte gerade beim Buffet etwas Verpflegung, da stand plötzlich
der Bundeskanzler hinter mir. Er gab mir, behindert durch seinen
Teller, nur drei Finger und rief laut: »Ich habe Ihnen ein Tele-
gramm geschickt!«
»Oh«, hauchte ich verzückt, »wohin?«
Helmut Schmidt: »Ich weiß es nicht, aber ich habe es abgeschickt.«
Ich zog sein Buch »Hart am Wind« aus meiner Tasche und bat ihn,
etwas hineinzuschreiben. Er suchte seine Füllfeder, nahm das Buch
und brummte: »Ach dieses«, signierte es und schrieb darunter mein
Geburtsdatum.
Ich verstaute es glücklich in meiner Tasche und verwickelte ihn in
ein längeres Gespräch, obwohl hinter ihm schon mehrere Minister
warteten. »Wissen Sie, Herr Bundeskanzler, daß man in der Halle
des Hotels Atlantik unter einem Steuerrad Kaiser Wilhelm II. gefunden hat?« fragte ich, während er einige Salatblätter aus den

Schüsseln angelte. »Sie müssen ihn wieder hervorholen, denn nun haben sie ihn wieder zugemauert.«

»Sie können ihn ja in der Schweiz aufhängen«, antwortete er, »dann hättet ihr auch mal einen König.« Er warf mir einen belustigten Blick zu und wurde weggezerrt. Bei meinem nächsten Besuch im Hotel Atlantik war das Steuerrad verschwunden. An seiner Stelle prangte in voller Größe der deutsche Kaiser.

Die Premiere der Juhnke-Tournee in Opladen fand nicht statt. Harald spielte nicht. Er war schon nicht zur Generalprobe erschienen. Das Publikum wartete von halb acht bis acht, man glaubte noch, er habe sich in der Zeit geirrt. Aber er kam nicht. Die Leute wurden nach Hause geschickt.

Harald wurde von einem Reporter in einer Kneipe gefunden. Betrunken. Er wurde ins Hotel gebracht, wo unterdessen auch die anderen Schauspieler eingetroffen waren. Helmut und ich bearbeiteten den Journalisten, nichts zu bringen, den Rückfall als Streß und Überanstrengung zu erklären, denn eine solche Situation könne einen Schauspieler völlig aus dem Gleichgewicht bringen . . .

Harald flog nach Berlin zurück, und die nächsten vier Vorstellungen fielen aus. Ich mußte Hans-Dietrich Genscher, der sich die zweite Vorstellung ansehen wollte, absagen. Aber er kam trotzdem wie geplant ins Hotel Ramada zu meinem fünfzigsten Geburtstag, den wir ohne Harald, aber mit dem gesamten Ensemble feierten. Hans-Dietrich unterhielt die ganze Truppe mit Anekdoten, und ich war sicher, daß von nun an alle Anwesenden die FDP wählten.

Helmut blieb bis Weihnachten auf Tournee. Regisseur Christian Wölffer hatte Haralds Rolle in vier Tagen übernommen, dann spielte Horst Jüssen.

Ich schob zu Hause Wache. Mir fiel auf, daß beide Kinder wenig oder gar nicht über kulturelle Dinge Bescheid wußten. Mélisande war trotz ihrer Klavierstunden nicht bekannt, was ein Komponist ist und nannte schließlich unseren Freund, den Musiker Günter Kallmann. Tell dagegen, über deutsche Literatur befragt, kannte immerhin Schiller, Goethe und Karl May. Er besuchte seit letztem Herbst das Gymnasium in Lausanne. Offenbar hörte der Bart der dortigen Propheten schon an der nächsten Sprachgrenze auf. Natürlich wirkten sich auch die nicht immer günstigen Schulfreundschaften aus, die aus einem völlig entgegengesetzten Milieu stammten. Mélisande vertraute mir viel später an, sie sei wegen ihrer Schauspielereltern gemieden und gequält worden. Sie, aber auch Tell, versuchten, sich mit ihren Klassenkameraden zu arrangieren, sich anzugleichen und ja nicht zu unterscheiden. Sie wollten keine anderen Jacken oder Hosen tragen, keine anderen Bücher lesen, keine andere Musik hören. Bei Tell hielt es sich in Grenzen, da er begann, sich abzusondern, wenn ihm etwas nicht paßte. Aber Mélisande wagte nicht, sich zu verteidigen. Sie tat fast alles, um von *copains* und *copines* akzeptiert zu werden, riskierte Kopf und Kragen, Vertrauen und Zuneigung der »Alten«, die vergeblich um sie buhlten.

Bevor Helmut zurückkam, betätigte ich mich nochmals als Zirkusreiterin in »Stars in der Manege«. Ich ritt diesmal Hohe Schule, galoppierte, piaffte und führte vor, wie eine Passage nicht zustande kommt, dafür aber ein sitzendes Pferd; und bei der »Freiheit« mit den sechs Schimmelhengsten konnte ich froh sein, daß ich die Manege nicht auch auf allen vieren verlassen mußte.

Schmetterlingsjagd

Am 2. Februar 1980 wurde Mélisande zwölf Jahre alt. Ich hatte ihr versprochen, sie könne einige Freundinnen einladen, aber sie erwiderte: »Entweder die ganze Schulklasse oder keine.«

Ich rief Helmut an, der mit Karli in St. Moritz Skiurlaub machte, und er fand das eine gute Idee. Ich teilte meiner Tochter die frohe Botschaft zwei Tage vor dem Fest mit und erhielt zur Antwort: »Jetzt ist es zu spät.«

Ja, plötzlich ist es zu spät. Drei Tage danach lag Tell im Krankenhaus. Er wollte einen Ball holen und fiel mit einem Eisengitter in einen Pfahl, der seinen Oberschenkel durchbohrte. Er hatte unheimliches Glück. Nur Fleischwunden. Nach der Operation konnte er nach Hause.

Der Wink mit dem Zaunpfahl. Er bedeutete: Aufpassen! Aber es passierte immer dort, wo man es am wenigsten erwartete. Nicht auf dem See, nicht auf der Straße. Auf dem Rasen, einer Treppe, einer Türschwelle. Und natürlich vergaß man es wieder.

Wir hatten auch schon wieder den Kopf voll mit der Wiederholungstournee der *Dame vom Maxim*. Obwohl ich letztes Jahr geschworen hatte, es sei das letzte Mal, wurde das Stück von unserer Tourneedirektion einfach weiterverkauft, und ich hätte wahrscheinlich meine Ehe aufs Spiel gesetzt, wenn ich nicht mitgemacht hätte. Vorher unterzog ich mich als »Stoffwechselruine« noch einigen Reparaturen bei Wiedemann und fuhr Anfang März mit Helmut zu den üblichen Wiederaufnahmeproben nach Berlin.

Bei der Premiere in Ülzen gab es viel Schönes: Helmut und Alexis von Hagemeister vergaßen das Stichwort zu meinem ersten Auftritt, dafür redeten wir dann alle gleichzeitig. Anschließend brach das Kanapee zusammen, und mitten im Jubel trat zehn Seiten zu früh der Diener mit der Zitrone auf. Milia war erkältet und vergaß einen Satz, dann fiel Helmut das Wort »Anatomie« nicht ein, und er sagte, ohne mit der Wimper zu zucken: »Das kam gerade aus dem Krematorium.«

Zehn Tage nach der Premiere hatte Alexis, der den Mongicourt übernommen hatte, einen Herzanfall, 48 Stunden später den zweiten und in der gleichen Nacht einen Infarkt. Helmut Jentsch, der Mongicourt vom letzten Jahr, sprang trotz Proben sofort ein, dann kam Horst Richter, und gegen Schluß Nr. 4, Rudolf Herget.

Nach fünfzigmal *Maxim* hatte auch Helmut die Schnauze voll. Jeder war erschöpft, jagte Lachern und Appläusen nach, änderte Text und Stellungen. Helmut als Abendregisseur versuchte erst witzig, dann hitzig die rasante Präzisionsmaschinerie dieses klassischen Vaudevilles zusammenzuhalten, erntete aber hauptsächlich fromme Augenaufschläge und Hinweise auf das baldige Tournee-Ende.

Nach nur zehn Tagen in Perroy begann schon wieder die *Sesamstraße* mit Uwe Friedrichsen, Horst Janson, der neuen Ute Willing und den Puppen. Ich war alles andere als ausgeruht. Es war einfach zu früh, schon wieder zu arbeiten. Ich hatte Mühe mich zu konzentrieren und steckte voller abergläubischer Schrullen und Marotten. Meine Textzwänge, die zu Hause völlig verschwanden, traten pünktlich am ersten Drehtag wieder auf.

Am 12./13. Juni konnte ich drei Fliegen auf einmal schlagen: Helmuts Premiere im Ernst-Deutsch-Theater (wieder mit Harald Juhnke), Ende des ersten Blocks der *Sesamstraße* und ein Bundesfilmpreis für Verdienste.

Dann sechs Wochen Ferien daheim – juhui – auf einer Baustelle. Diesmal wurde die Küche abgerissen. Catherine kochte im Keller auf einem Gasofen und gegessen wurde ebendaselbst, denn die Möbel des Eßzimmers standen auf der Terrasse. Die Kinder waren begeistert, endlich mal was Neues, und rissen sich gegenseitig das Geschirr aus den Händen, deckten, servierten, räumten auf, spülten ab und waren völlig aus dem Häuschen in dieser Zigeunerwirtschaft.

Sehr ungern nahm Tell zwei Wochen später Abschied von dem Durcheinander, da er in ein Tenniscamp nach Malta mußte, und Catherine machte eine Woche Ferien. Ich blieb mit Mélisande übrig und ging fast täglich mit ihr reiten, denn es war herrliches Wetter. Nach diesen mehr oder weniger zivilisierten Ausflügen konnte uns weder Krach noch Dreck erschüttern, denn nach dem Reiten war man wunschlos glücklich.

Leider hatte sie ein schlechtes Zeugnis nach Hause gebracht und wurde nur provisorisch versetzt. Ich mußte zum Direktor des Collège, das sie seit einem Jahr besuchte. Monsieur Rochat war gefürchtet, weil er ein eisernes Regiment führte, das seine Schule lange Zeit vor der um sich greifenden Drogenmafia bewahrte. In seinen hellwachen Augen blitzte es aber sofort belustigt auf, wenn er im Gespräch auch nur das Zipfelchen eines Witzes witterte. Seine Auskunft über Mélisande war ziemlich unverblümt: »Ihre Tochter lernt nicht und fängt an, freche Antworten zu geben«, berichtete er. »Es gibt so was wie einen Clan bei den Mädchen, mit einer Anführerin, die die anderen zwingt zu gehorchen. Sie dürfen nicht mehr tun, reden oder anziehen, was sie wollen und müssen sich genauso schlecht benehmen wie die Chefin.« Es wetterleuchtete kurz in seinem Gesicht. »Aber die hat genügende Noten.«

Er nannte mir ein oder zwei Namen von Mélisandes gefährlichen Freundinnen, die sie besser meiden sollte; nebenbei erwähnte er noch eine Gerichtsverhandlung wegen eines Medikamenten-Diebstahls in einer Apotheke, dann entließ er mich.

Mélisande fragte mich natürlich aus über das Gespräch, und als die Rede auf den Diebstahl kam, meinte sie bewundernd, sie kenne die Täter, sie seien sehr komisch. Auch sonst gaben mir einige ihrer Sprüche zu denken. Ich warnte sie vor Autostop, sie könne sich doch nicht wehren – aber sie antwortete: »Hauptsache ich kriege kein Kind«! Oder: ». . . dann macht man eben Selbstmord!« Angeberei – oder Geheimrezept der Gruppe?

Mélisande gab sich große Mühe, als Catherine nicht da war, half im Haushalt, ging schwimmen, Tennis spielen, reiten, begleitete mich in den Fitneßclub, zum Friseur und sogar zu einer Gesichtsbehandlung, wegen ihrer Pickel. Die Kosmetikerin war eine etwas ältere Schülerin ihrer Primarklasse von Perroy, an die sie sich gut erinnern konnte.

Während wir zurückfuhren, ich war unterdessen in einer Stepstunde für eine *Sesam*-Folge gewesen, erzählte mir Mélisande, das Mädchen von Perroy habe immer von dem überfahrenen Kind geredet, dessen Tod sie 1975 miterlebt hatte. Immer wieder fing sie davon an. Sie hatte das Unglück vergessen, nun träumte sie erneut davon. Ich hörte sie mitten in der Nacht schreien, fuhr hoch und rannte in ihr Zimmer. Ich machte Licht und sah sie in der Mitte des Bettes knien, das Kissen an sich gepreßt und murmeln: »Er fährt zurück – er fährt zurück!« Als sie mich sah, legte sie sich wieder hin und schlief weiter.

Ich versuchte sie mit möglichst vielen verschiedenen Beschäftigungen abzulenken. Am 27. Juli schickte ich sie in ein Tenniscamp, dann nach Hamburg in die Reitferien, wo ich gerade den zweiten Teil der *Sesamstraße* abwickelte. Sie besuchte auch Tell und Vetter Georg auf Hans Hermann Petersens Hof an der Küste, die unser Schicksal zu sein schien.

Leider war die gute Lilo in der *Sesamstraße* ein bißchen eine Wimmelrolle geworden. Aber am 29. und letzten Drehtag zeigte ich den erstaunten Redakteuren in den »Musikalischen Füßen«, wie man nach acht Stepstunden eine ganze Minute lang steppt, ohne hinzufallen, und genoß meinen triumphalen Abgang.

Und nun wurde ich von den *Schmetterlingen* gejagt. So hieß die deutsche Version einer englischen Familienserie in sechs Folgen, über die ich sehr lachte, als ich sie las. Die Bavaria, die produzierte, war schon den ganzen Sommer hinter mir her. Aber bei den Verhandlungen gab es Ärger. Ich schlug für meinen Fernsehmann Helmut vor, da es eine ähnliche Rolle war wie in *Timo*. Die Antwort der Fernsehgewaltigen lautete: »Wir wollen keinen Familienzirkus«. Daraufhin brach ich die Verhandlungen ab.

Aber sie ließen nicht locker. Schließlich sagte ich ja, die Rolle der wildgewordenen Ehefrau und Mutter war zu komisch. Klaus Höhne spielte den Mann, und Helmut schloß eine Tournee ab mit Grabbes *Scherz, Satire, Ironie und tiefere Bedeutung*. Er zigeunerte von Stadt zu Stadt, von Festhalle zu Festhalle, und ich wartete am herbstlich abgekühlten heimatlichen See, bis die Dreharbeiten losgingen. Ich wußte, daß wir uns jetzt Monate nicht mehr sahen. Es erfüllte mich mit Wut und Trauer. Und ich war nicht mehr bereit, mein Leben von anderen bestimmen zu lassen.

Helmut rief fast jeden Tag von unterwegs an. Er stöhnte über die stundenlangen Busfahrten, die primitiven Hotels, das flüchtende Publikum. Scheißberuf, elender!

Und ich stand selbst vor einem riesigen Textberg. Ich begann zu lernen und stellte entsetzt fest, daß es ein Alleingang war. Die Kinder hörten mich ab, aber die Szenen waren so ähnlich, daß sie mich immer wieder unterbrachen: »Aber Mama, der Satz kommt erst in der nächsten Folge.« Ich lernte mehrere Stunden am Tag, kam aber nur langsam vorwärts. Oft und gern ließ ich mich unterbrechen, fuhr zum Einkaufen oder begann zu lesen. Ich hatte ein Buch meines Onkels Dr. Max Pulver, Dozent für Graphologie und Psychologie an der Zürcher Uni, entdeckt: »Schrift – Charakter – Schicksal«. Vielleicht fand ich dort die Erklärung für meine Materialermüdung. Er schrieb: »Der Mensch projiziert seine Probleme in die Mitmenschen hinein. Er kritisiert an anderen Leuten, was er an sich selbst haßt. Er lernt sich nur dann selber verstehen, wenn er seine Art, mit Liebe und Haß zu reagieren, durchschauen lernt.«

Damit konnte ich ja jetzt gleich anfangen.

Am 20. Oktober war Drehbeginn in München. Wir fingen mit den Außenaufnahmen an, Szenen mit viel Bewegung und Statisterie, also nichts Weltbewegendes. Aber am 6. November drehten wir in einem kleinen Privathaus die Innenaufnahmen, in denen ich als überanstrengte Familienmutter pausenlos herumwirt-schaftete. Für sämtliche Damen und Herren stand nur je ein Zimmer als Schmink- und Ankleideraum zur Verfügung. Niemand bekam eine Garderobe, niemand konnte sich in den Pausen ausruhen oder auf eine schwere Szene konzentrieren. Die einzige ruhige Ecke war das Klo. Der Lärm und das Gewimmel machten das Ganze doppelt anstrengend. Und das war auch der Grund, warum keine Spielfreude aufkam. Ich hatte mich durchschaut, das war schon ein Fortschritt. Ich konnte ja was anderes machen – etwas, wo ich mal herumkommandieren konnte, nicht immer die andern. Schließlich war gerade ein Schauspieler amerikanischer Präsident geworden. Er stand vor seinem 70. Geburtstag. Und ich war erst fünfzig.

Die fünfte Drehwoche begann, da hatten wir gerade die Hälfte. Bei einem Spielfilm wäre ich jetzt fast fertig gewesen. Aber eine Serie zeichnet sich dadurch aus, daß sie nie aufhört.

Ich wurde immer müder und dünner. Bekümmert holte der Kameramann Hans Schmid immer mehr Schleier hervor, um meiner verwitterten Fernsehmutter doch noch ein wenig Abendglanz auf die zerfurchte Stirn zu zaubern.

Am 5. Dezember fiel die letzte Klappe. Ich hatte es geschafft. Vor lauter Dankbarkeit nach überstandener Schlacht besuchte ich drei schwerverletzte Wiesenopfer, die das Blutbad nach dem Bombenattentat auf dem Oktoberfest überlebt hatten, und brachte ihnen ein Weihnachtsgeschenk.

Pannen, Pech und Pleiten

1981 begann beschwingt und vielversprechend bei Karli in Rottach-Egern. Aber dann ging es Schlag auf Schlag. Wir fuhren in einem Schneesturm nach Hause und konnten froh sein, daß wir mit heilen Knochen ankamen.

Beim Öffnen der Post fand ich einen Brief meines Anwalts vor mit der Mitteilung, daß ich den Puch-Prozeß verloren habe. 1973 hatte ich an einem autofreien Sonntag in München Photos auf einem Fahrrad gemacht, mit ausdrücklichem Werbeverbot. Trotzdem tauchten zwei oder drei Jahre später Plakate in Fahrradgeschäften auf. Ich klagte. Den riesigen Rosenstrauß, den mir die Firma 1977 ins Theater an der Wien schickte, hatte ich dankend angenommen, aber nicht die versöhnende Hand. Nun mußte ich zahlen.

Ich hatte keine Zeit, lange über Recht und Gerechtigkeit nachzudenken, denn schon nahte die nächste Katastrophe. Das Stück von Lina Winiewicz, *Ehe oder Liebe*, war ein Jahr vorgezogen worden und sollte jetzt schon aufgezeichnet werden. Sigi Rothemund war Regisseur, Claus Biederstaedt mein Partner. Prima. Aber die Produktion hatte den Kameramann, der mir zugesichert worden war, durch einen anderen ersetzt. Ich sagte ab. Nicht einmal die Bombardierung sämtlicher Polyphon-Bosse konnte mich umstimmen, und das war ein Riesenfehler. Ich vergrämte ausgerechnet die Hamburger, meine besten Freunde. Ich verließ mich auf die Serie, die, dessen war ich sicher, ein Knüller war.

Eigentlich war ich stolz auf mich, einmal nein gesagt zu haben. Endlich hatte ich Zeit für die Kinder. Tell stand vor der Matura und mußte sofort im Anschluß daran seinen Militärdienst bei der deutschen Bundesmarine ableisten. Da er sowohl Schweizer als auch deutscher Staatsbürger war, gab es keine Probleme, aber etwa fünfzig Fragebögen auszufüllen und ebenso viele Telephonate mit Behörden und Seefahrern. Unsere norddeutschen Freunde Hans Hermann Petersen und Günther Caulier-Eimbcke hatten uns Anmeldungen und Empfehlungen abgenommen, und Helmut, der in Hamburg *Nicht von gestern* probierte, betätigte sich als reitender Bote zwischen allen Beteiligten. Der Rest blieb an mir hängen: Schweizer Papiere, Erklärungen, Bescheinigungen, Zeugnisse, Klamotten, Schuhe, Mäntel, Koffer, Adressen, Geld und Flugkarten.

Helmut fehlte mir sehr. Abends, wenn die Kinder im Bett waren, begann es in meinem Kopf zu rotieren: der Mist, den ich mit *Ehe oder Liebe* gebaut hatte; das Ersatzstück *Jeden Mittwoch* in Berlin, das sich zu zerschlagen drohte; Helmut, der nur noch durch Abwesenheit glänzte . . .

Ich beschloß, bei Dr. Meyer, der Hildegard Knef operiert hatte, meine Halsfalte wegmachen zu lassen. Aber als er mir einen kurzfristigen Termin gab, und etwas von Vollnarkose fallen ließ, stürzte ich aus dem Behandlungszimmer, an den Empfangsdamen vorbei

und aus dem Haus, als ob ich gerade auf der Guillotine gesessen
hätte.

Ich dachte mir etwas anderes aus. Nach längerem Familienrat
beschloß ich, mit Tell und Mélisande die Frühlingsferien in Israel zu
verbringen, und so die im Dezember abgesagte Reise (Helmut
wollte nicht mit) nachzuholen. Zwar brodelte es wieder einmal
gefährlich im Heiligen Land, und gerade war auf Ronald Reagan ein
Attentat verübt worden, aber die Kinder lachten mich aus – und
schließlich hatte Ronald überlebt. Ich besorgte also die Flugtickets
und Reiseschecks, holte die Sommerkleider aus dem Keller, und ab
ging's ans Rote Meer. Den Flug wollen wir mal vergessen. Wir
warteten in Athen vier statt zwei Stunden auf den Anschluß nach
Tel Aviv, wo wir wieder beinahe den Weiterflug nach Eilat verfehlten, weil wir in letzter Minute mit dem ganzen Gepäck auf einen
anderen Flugplatz fahren mußten. Zum Glück hatte die verwitterte
Viscount Turboprop Verspätung, und wir landeten knatternd, aber
sicher etwa um 22 Uhr 30 in Eilat. Während die Kinder in der Taxe
begeistert schwatzten, hing ich erschossen in den Sielen und freute
mich aufs Ausschlafen in dem luxuriös wirkenden Hotel.

Wir hatten es wieder glanzvoll getroffen: Etwa um 7 Uhr weckten
mich Lastwagengedonner, Sirenengeheul und Treppenhaustrap-
peln. Ich stand auf und erblickte ein Heer von Kränen und Baumaschinen, die zum Fenster hereingrüßten, eine Großbaustelle mit
Hunderten von schreienden Arbeitern, die wie Ameisen zwischen
krachenden Hämmern und Bohrern herumwimmelten.

Wohl oder übel stand ich auf und bestellte das Frühstück, mußte
aber erfahren, es gebe nichts, der Lift sei kaputt, und ich solle
herunterkommen. Nachdem ich im Badezimmer sämtliche Flaschen
heruntergeworfen hatte, weil auch das Licht nicht ging, kamen die
Kinder, und wir schlossen uns der Völkerwanderung auf der Not-
treppe an, um im Frühstücksraum wieder zu Kräften zu kommen.
Der Manager ließ sich nicht sprechen, die im Prospekt vielgelobte
Malkitta wollte mir kein anderes Zimmer geben, und meine Anzah-
lung von $ 200,– war unauffindbar. Aber ich hatte alle Belege
dabei, da tauchte die Überweisung wieder auf. Wir pilgerten dann
zum Schwimmbad, wo wir versuchten Mittag zu essen, mußten
aber zuerst zahlen und den Bon vorweisen, worauf man irgend etwas
auf den Teller geklascht bekam. Tells Steak war so hart, daß es ihm

beim Zersägen auf den Schoß fiel, und ich bekam sechs Limonaden, dafür kein Dessert. »Sie haben ja sechs Limonaden gehabt«, erklärte der Ober. Schließlich ließ er sich erweichen und brachte drei Melonen sowie drei weitere Limonaden.

Immerhin waren wir nun satt und Tell wollte ans Meer, vor dem mich Helmut so gewarnt hatte. Tell ging surfen, ich Wasserski fahren, und Mélisande trat in einen Seeigel.

Dafür schwamm ich am nächsten Tag in eine Meduse, so daß ich von nun an alle Seeungeheuer in die Bratpfanne wünschte, in der ich selbst zu schmoren schien. Es juckte bestialisch, und die Beine sahen aus wie eine Mondlandschaft. Trotzdem fuhr ich mit den Kindern nach Neviot, eine Oase weiter südlich von Cap David am Roten Meer. Märchenhaft. Unterwegs verfolgte uns ein Militärjeep. Kein Mensch weit und breit, nur Dromedare. Niemand hätte was gesehen, wenn wir überfallen worden wären. Aber er fuhr vorbei.

Nachdem auch noch das Wasser im Hotel abgestellt worden war, flogen wir nach Tel Aviv zurück, denn Tell mußte nach Köln zu einer Eignungsprüfung der Bundesmarine. Ich glaubte, sein Flugzeug gehe erst um 19 Uhr und buchte einen Ausflug nach Jerusalem. Da erst bemerkte ich, daß das Ticket auf 17 Uhr 05 lautete. Nun war die Tour aber schon bezahlt.

Wir wurden schon um 7 Uhr 30 abgeholt, und der *guide* versicherte, es sei früh genug, wenn wir nachmittags um 16 Uhr am Flugplatz einträfen. Um halb neun waren wir in Jerusalem, wo wir zu einer Reisegruppe stießen; lauter Genfer und Waadtländer. Wir stiegen bei eisiger Kälte aus und schauten auf Jerusalem hinunter, auf die Omar-Moschee, die Klagemauer, Minarette, Kuppeln und die Stadtmauer – weiße, schimmernde Gebäude, die biblische Stadt. Wenn ich nur nicht so gefroren hätte! Dann stiegen wir die Steintreppen hinunter zu den tausendjährigen Ölbäumen und schauten uns Kirchenfenster aus geschnitzten Steinen an; auch die Klagemauer, die etwa 30 m hoch ist und noch mal so tief. Es folgten zwei Moscheen, wo man Schuhe und Taschen draußen lassen mußte, es roch überall nach Füßen, und man sah hauptsächlich Leitern und Kräne. Eine davon, die Omar-Moschee, war die schönste, die es überhaupt gibt, und die einzige mit vier Türen. Jede der tragenden Säulen war aus einem anderen Marmor. Diese Moschee stand auf dem historischen Tempel, in dem Jesus die Händler zum Teufel schickte. Auch hier mußte man Schuhe und Taschen ablegen. Von hier aus machten wir uns auf die Socken, nachdem wir die Scuhe wieder anzogen hatten, zur Via Dolorosa, dem Leidensweg Christi nach Golgatha. Die steile Gasse war voller Läden, Händler, Touristen, gerade das, was Christus so verabscheute.

Dann erreichten wir den Ort, wo Golgatha gewesen war. Ein überladenes Heiligtum türmte sich über der Todesstätte Christi. Wir berührten den Felsen, auf dem Jesus eingeschlafen war, bevor Judas ihn verriet. Auch das Grab berührten wir. Es kostete 50 Shekel; dafür bekamen wir drei Kreuze und getrocknete Blümchen. Ich ging dann nochmals zurück, um für Tell auch eines zu holen. Ich glaubte fest an die Kraft und die Strahlen so geheiligter Orte, und wenn sie noch so zugepflastert waren. Es war jetzt 13 Uhr 15, und der Platz, wo Jesus das Abendmahl eingenommen hatte, stand noch bevor. Wir konnten überhaupt nicht mehr zuhören vor lauter Müdigkeit.

Schließlich gingen wir essen. Ich war wie auf Kohlen. Um 15 Uhr stand ich auf. In zwei Stunden ging Tells Flugzeug.

Der *guide* fand, das sei kein Problem, und fuhr ewig hinter dem Bus der anderen her, weil dort die Dias drinlagen, die er mir verkaufen wollte. Dann raste er wie ein Henker auf den Flugplatz, ließ uns raus und ging parken.

Es war 16 Uhr 05. Eine blaugekleidete Stewardeß, der ich den Weg abschnitt, erkannte mich zum Glück, sie war von der Lufthansa. »Die Abfertigung ist zu Ende«, sagte sie mehr zu sich selbst, stürzte in die hinteren Räume, kam zurück, rannte zu einem Ausgang, wir hinterher. »Wir müssen mit dem Gepäck direkt zum Flugzeug«, keuchte sie mit leuchtenden Augen, selber gespannt, ob sie es noch schaffe – Kuß links, Kuß rechts, und weg war der Tell. In diesem Augenblick kam der *guide* und trompetete: »Na, wie hab' ich das gemacht«?

In Tel Aviv war es kühl und auch sonst ungemütlich. Alle fünf Minuten patrouillierten Militärflugzeuge über uns, und direkt vor dem Hotel ankerte ein Kanonenboot. Wenn man eine Tasche irgendwo am Strand abstellte, kam sofort ein unauffälliger Herr und betastete den Inhalt. Der Hotelmanager tröstete: »Diese Patrouillen sorgen dafür, daß man sich sicher fühlt.«

Am 15. April flogen Mélisande und ich zurück.

Kaum hatte ich mich von den Reisestrapazen erholt, rief mich Georg Tressler, unser *Schmetterlings*-Regisseur, an: »Die Serie ist umgetauft worden«, begann er vorsichtig, »sie heißt jetzt *Drunter und drüber*. Ganz gut, nicht?« Pause. Dann: »Die Sendung läuft jetzt nicht mehr im Abendprogramm ... sondern im WDR ... regional.« Ich bekam beinahe einen Schlaganfall. Es war ein richtiger Schock. Ich hatte mir Arme und Beine ausgerissen für diese Fernsehmutter, nun wurde sie aus dem Programm geschmissen. Sicher war ich zu ernst. Immer wenn ich losgehen wollte, hatte mir Schorschi ärgerlich zugerufen: »Lach nicht!« Nun hatten wir den Salat.
Ich war völlig fertig. Aber niemand tröstete mich. Helmut probierte mit Richard Münch in Hamburg. Die Kinder führten sich auf wie Halbwilde, rülpsten und kreischten am Tisch, bis ich meinen Teller nahm und im Wohnzimmer weiteraß.
Ich stürzte mich auf das Textbuch von *Jeden Mittwoch*, nachdem die vertraglichen Geburtswehen (ich hatte keinen einzigen meiner Wünsche durchgesetzt) überstanden waren. Ich war also beschäftigt und begann das seitenlange Ehegeplätscher zu pauken.
Ich ackerte und rackerte an meiner Rolle. Aber ständig passierte etwas, oder ich mußte irgendwo hinfahren. Am 12. 5. war ein Fernsehauftritt in Zürich, am 13. 5. das Attentat auf den Papst, am 17. 5. ein Fernsehsketch in Berlin.
An diesem 17. 5. starb Tante Margrit Frey-Surbek; sie wurde, 95jährig, erlöst. Nach dem Tod ihres Mannes 1975 hatte für sie das Leben keinen Sinn mehr.

Helmut kam am 27. Mai zurück, ich flog vier Tage später nach Berlin. So war das in letzter Zeit immer. Wir konnten froh sein, daß wir uns überhaupt noch sahen.
Am 1. Juni begannen die Proben zu *Jeden Mittwoch*. Drei Wochen Vorbereitung, eine Woche Aufzeichnung. Ideale Arbeitsbedingungen. Von einigen Heuschnupfenanfällen abgesehen, fühlte ich mich leidlich. Ich verstand mich blendend mit Barbara Schöne und Günther Pfitzmann, mit Wolfgang Spier sowieso.
Während wir anfingen aufzuzeichnen, machte Tell in Lausanne seine Matura. Schon wenige Tage danach mußte er in Mürvik bei

Flensburg in die Kaserne einrücken. Wie mochte es in seinem Inneren aussehen? Vier Jahre Militär warteten auf ihn, 1000 km entfernt von zu Hause, ohne Freunde und Bekannte.

Am 3. Juli war ich abgedreht. Helmut, der Tell nach Mürvik gefahren hatte und mich dann in Berlin abholen wollte, kam nicht. Der Jaguar gab unterwegs den Geist auf. So flog ich wieder mal in einer dieser überfüllten Sardinenbüchsen zurück, ohne großes Vergnügen, besonders, da auch noch mein Gepäck unterwegs verlorenging.

Zu Hause war es leer ohne Tell, obwohl Mélisande sich bemühte, artig zu sein. Zum Glück kam Helmut kurz nach mir zurück, und wir tauschten unsere Abenteuer aus, die wir beide siegreich überstanden hatten. Mélisande saß schweigend dabei. Es war ihr nicht anzusehen, ob sie sich über unsere Rückkehr freute. Sie haßte unseren Beruf. Ich fragte sie über das Beethoven-Buch aus, das Buebi ihr besorgt hatte. »Das ist viel zu kompliziert«, meinte sie. »Mich interessiert das alles nicht, Theater und dieses ganze Bordell.«

Ihr Wortschatz erschöpfte sich zur Zeit in fünf bis zehn Ausdrücken dieser Art. Es war die Sprache ihrer Freundinnen Florence & Co., vor denen uns Monsieur Rochat so eindringlich gewarnt hatte. Es war sicher nicht böse gemeint, aber es traf uns jedesmal wie ein Keulenschlag.

Am Tag nach dem Bordellgespräch zeigte sie mir einen Artikel in der Abendzeitung über den Tod von Romy Schneiders Sohn. Er war in die Spitzen eines Gartentors gefallen und wurde regelrecht erdolcht. Er starb noch am gleichen Tag. Fast derselbe Unfall wie bei Tell. Aber Tell hatte Glück. Nur der Oberschenkel wurde durchbohrt. Ein wenig höher, und er hätte dasselbe Schicksal erlitten. Mir wurde eiskalt. Wie konnte eine Mutter eine solche Qual überleben? Ich schlief fast die ganze Nacht nicht. Ständig dachte ich an Romy und ihren Buben.

Ich war ab Mitte Juli allein zu Hause. Tell war in der Kaserne, Mélisande in den Reitferien, Helmut bei seinem Jaguar in Vechta. Ich benützte die Gelegenheit und meldete mich bei Dr. Piguet, einem anderen Schönheitschirurgen, zum Liften an. Er sagte, ich könne schon in drei Tagen kommen. Sofort bekam ich 200 Puls und hielt Ausschau nach einem Notausgang. Ich aß nicht mehr, schlief nicht mehr, holte mein Testament und schrieb es neu, denn nun, dessen war ich sicher, waren meine Tage gezählt.

Kurz bevor ich ins Krankenhaus eintreten mußte, kam ein Anruf von Helmuts Autowerkstatt in Vechta. Helmut sei mit dem Jaguar auf irgendeiner Autobahn verschollen. Also – dann konnte ich mich wirklich nicht einfach ins Krankenhaus legen. Ich rief den Arzt an – ich komme nicht. Er zeigte Verständnis. Helmut war unterdessen direkt ins Krankenhaus gefahren und wollte Frau Schmid trösten, aber es war eine ganz andere, bereits operierte, die ihm entgegenseufzte.

Tell hatte es gut in Mürvik getroffen, davon konnten wir uns bei seiner Vereidigung am 17. September persönlich überzeugen. Ich holte Helmut in Hannover ab (er probierte in Gütersloh schon wieder ein neues Tourneestück) und war mit ihm rechtzeitig zur Stelle.

Es war noch hell, als die vier oder fünf Matrosenzüge unter dem Takt der Marinekapelle einmarschierten. Der Platz, auf dem sie erst ein Probeexerzieren vorführten, sah eher aus wie ein Schloßhof, rechts und links gepflegte Rasenflächen und von vier Türmchen bewacht. Der Admiral Ehrhard hielt mit heller, fanfarenhafter Stimme eine Rede, dann mußten alle aufstehen und die Nationalhymne singen. Die Offiziersanwärter, inklusive Tell, erhoben die rechte Hand und sprachen den Schwur nach. Sehr feierlich.

Später trafen sich Eltern, Ausbilder und Kandidaten in den weißgetünchten Gewölben des ehrwürdigen Backsteinbaus bei Sekt und kaltem Buffet. Tell kam auch vorbei, mußte aber gleich wieder im Chor singen gehen. Nachdem Helmut noch mit einer riesigen Glocke zusammengestoßen war, so daß es dröhnte wie im Kölner Dom, verabschiedete er sich, denn er mußte noch vier Stunden bis Gütersloh fahren.

Mir blieben jetzt noch vierzehn Tage bis zum Beginn der *Sesamstraße*, die ich zu Hause mit Textlernen und Reiten verbrachte. Ich kaufte Nathalie ihr altes Springpferd Fleury ab, das von niemandem so gut geritten wurde wie von Mélisande. Damit hoffte ich ihre Freundinnen auszustechen.

Dann flog ich nach Hamburg. Am 5. Oktober begannen wir zu drehen.

Am 6. wurde Sadat ermordet. Er war der einzige Staatspräsident, der es gewagt hatte, den umherirrenden Schah von Persien aufzunehmen. Man schaute sich die Tragödie am Fernsehen an. Wartete auf das nächste Attentat. Schluckte seine Wut herunter.

Ich hatte 29 Drehtage und einen neuen Partner. Manfred Krug. Er hängte sich überall Zettel hin und las den Text ab. Das hatte ich noch nie gesehen. Eigentlich eine gute Idee. Aber ich versuchte es gar nicht. Es sah aus, als ob man sich seine Sätze nicht merken könne.

Sonst wie gehabt. An den Wochenenden kam Tell aus der Kaserne, und wir grasten Hamburgs Kneipen und Theater ab, wobei das Hansa-Theater den Vogel abschoß. Es war entzückend mit Tell. Er liebte Ruhe, Harmonie und Komfort, wie ich. Die kurzen Stoppeln standen ihm phantastisch. Er sah aus wie ein Ami. Ich war stolz und glücklich, wenn ich mit ihm essen ging oder wenn er mir in der Hotelhalle bei einer Portion Kaffee den Text abhörte. Er war schön, gescheit, sanft und ohne Falsch. Wie ich es mir gewünscht hatte.

Am letzten Wochenende vor Schluß fuhr ich nach Fürth, um Helmut in der *Geschichte eines Pferdes* zu sehen. Es war etwas vom besten, was ich je gesehen hatte. Regisseur Henryk Thomaschewski hatte Tolstojs »Leinwandmesser« in ein pantomimisches Drama umgearbeitet. Die Pferdedarsteller bewegten sich mit stilisiertem Mähneschütteln und Schwanzwehen ohne Pferdeköpfe oder -hufe, was naheliegend gewesen wäre. Die Wirkung war umwerfend. Besonders das Hauptpferd, der Leinwandmesser, von Karl-Heinz Martell, war eine Meisterleistung. Man vergaß richtig, daß er kein Pferd war. Helmut spielte einen jungen Husaren, der später zum Sabbergreis verfällt. Er war glänzend. Das Stück war ein Riesenerfolg.

Am 5. Dezember trat ich zum vorerst letzten Mal im Circus Krone bei »Stars in der Manege« auf.

Dann drohte wieder Weihnachten. Alle waren gereizt und müde. Es gab eine Auseinandersetzung mit Mélisande, weil es in ihrem Zimmer aussah wie nach einem Wirbelsturm. Helmut warf alles, was er unter ihrem Bett fand, in eine Ecke und eine Schallplatte aus dem Fenster. Offenbar hatten sie sich Ohrfeigen angeboten. Ich versuchte Mélisande zu besänftigen und bemerkte Zäpfchen auf ihrem Pult: »Was ist das?« fragte ich.

»Damit ich schlafen kann«, grollte sie. Es waren Abführzäpfchen.

Am nächsten Tag wiederholte sich die Szene, Helmut hatte mit ihr Frieden gemacht, aber sie fing immer wieder von vorne an: »Ihr verbietet immer alles, trotzdem mache ich, was ich will. Ich verzichte auf euer Geld ...«, und als Krönung: »Ich will in ein Internat.«

»Und das kostet Geld«, antwortete ich völlig zermürbt. Ich ging spazieren und wußte nicht mehr weiter. Diese Festtage waren wie ein Dampfhammer. Ich kam mir vor wie ein Mutterseelenalleinschwein.

Turbulenzen

Um Mélisandes Bude etwas zu entrümpeln, kaufte ihr Helmut ein neues Bett und Gestelle für Bücher und Platten. Drei Tage hämmerte und rackerte er in ihrem Zimmer. Er räumte sogar ihre Schulbücher ein, und das war ein großer Fehler. Gerade hatte er noch die Türe abgehobelt, da hörte ich Mélisande in ihrem neuen Reich herumschreien und die Schranktüren zuknallen. Ich ging sofort zu ihr hinunter, da saß sie vor ihren Platten, kreischte: »Jetzt ist ja alles wieder ganz anders«, und warf alles durcheinander. Ich machte, daß ich aus dem Zimmer kam, lief Helmut über den Weg und schnurstracks in ein Donnerwetter hinein. Das regte mich noch mehr auf. Ich begann zu heulen, packte einen Koffer, so daß es alle sehen konnten und stellte ihn in den unteren Gang. Aber leider wußte ich nicht wohin und packte alles wieder aus.

Naja, dieser trostlose Januar 1982 fiel einfach allen aufs Gemüt. Ich grübelte ständig über die mißratene Serie nach und kam zu der Erkenntnis, daß natürlich mein zerklüftetes Gesicht schuld an dieser Abfuhr war. So kam es zu meinem sechsten Liftungsversuch, diesmal in München bei Frau Professor Schmidt. Ich blieb genau eine Stunde im Krankenhaus. Dann verabschiedete ich mich von Frau Professor und der lachenden Krankenschwester, die mich mit den Worten zur Türe begleitete: »Ich würde es auch nicht machen.«

Am nächsten Tag besuchte ich Ilse Alexander, um ihr über meinen neuesten Salto Hospitale Bericht zu erstatten und mein schlechtes Gewissen abzuladen. Ihr schallendes Gelächter versetzte mich in die beste Laune und ich beschloß, als ich sie verließ, nicht mit der Taxe zurückzufahren, sondern mit dem Bus. Ich schlenderte zur Haltestelle, sandte einen letzten Blick zum gestrigen Krankenhaus hinüber – da donnerte und krachte es hinter mir wie bei einem Bombenangriff, und eine gewaltige Eislawine zerplatzte auf dem Pflaster, nur wenige Meter von mir entfernt. Eine Sekunde früher und ich hatte ausgelacht.

So wurde das ganze Jahr. Beinahkatastrophen, Vorwarnungen.

Helmut war bei Karli und kam gerade rechtzeitig zurück, um Handwerker und Architekten einzusammeln, die das Dach reparieren mußten.

Ich flüchtete vor dem Gehämmer und Gerumpel der Arbeiter in irgendeine vergessene Ecke, zum Buch, obwohl mir tagelang kein einziger Satz einfiel, oder aufs Pferd. Ich ließ Fleury in die große Manege in Châlet-à-Gobet transportieren, um mit Mélisande Dressurstunden zu nehmen. Aber sie sagte schon die erste Juniorenstunde ab. Mir blieb die Luft weg: »Aber du warst doch ganz begeistert«, drängte ich, »du reitest besser als alle anderen.« Sie starrte mich feindselig an. »Nein!«, sprach sei. »Ich habe eine Verabredung.«

Aus. Ich wußte nicht mehr, was los war. Warum interessierte sie das Pferd nicht mehr? Natürlich machte es mir Spaß, für sie einzuspringen, und ich belegte dann in einer Amazonendressur den zwölften Platz, sozusagen in einer Renndressur. Aber ich hatte Fleury für sie gekauft als Freund und Schmusetier. Plötzlich hatte sie ganz andere Interessen. Sie fuhr fast jeden Abend ins Städtchen, saß rauchend in den Kneipen herum oder schaute mit *copains* Horrorfilme an. Nach stundenlangen Gesprächen kam es an den Tag: »Ihr seid ja nie da. Ich habe mir Freunde gesucht und meinen Kreis gefunden . . .«

». . . und die Trennung hat sich vollzogen«, schloß ich, »daran wird sich wohl nichts mehr ändern. Und was das Niedasein betrifft, davon kann keine Rede sein. Letztes Jahr war ich monatelang da und zur Verfügung. Wer nie da ist, bist du. Ich sitze den ganzen Tag zu Hause und warte. Wenn ich mit dir etwas unternehmen will, höre ich immer nur ›Nein‹ oder ›Laß mich in Ruhe‹.« Ich war völlig fertig nach dieser Unterhaltung.

Eine Beratung mit dem Schuldirektor gab mir den Rest. Sie war weit unter dem Notendurchschnitt und mußte ein Jahr wiederholen. Sie schwänzte. Fälschte Entschuldigungen und Arztzeugnisse. Trieb sich auf Karussellplätzen und in Bars herum: »Drogentreffpunkte«, warnte Monsieur Rochat, sprühend vor Interesse, aber ungewöhnlich ernst.

Ich begann schlecht zu schlafen. Pausenlos galoppierten die Probleme in meinem Hirn auf und ab: Internat – nicht Internat; Drogen – keine Drogen; reiten – nicht reiten!

Rolles Haschkönig war ihr neuester Freund. Schon hatte die Polizei Fragen gestellt. Wir überredeten Mélisande, uns Robin vorzustellen, Robin mit einem Ruf wie Donnerhall.

Er erschien mit einem riesigen Hund, und wir waren überrascht, einen hübschen, blonden, etwas weichen Jungen vor uns zu haben, der sanft und lächend zugab, Hasch und Marihuana zu rauchen, aber nicht in Mélisandes Gegenwart. Als er uns darüber aufklärte, die Geschlechtsreife beginne bei den Mädchen mit vierzehn Jahren (Mélisandes Alter), nahm ich ihn beiseite und ihm das Versprechen ab, das Kind nicht zu verführen.

Das war am 29. Mai 1982. An diesem Tag starb Romy Schneider. Herzstillstand. Sie war am Tod ihres Buben zerbrochen.

Natürlich hatte diese Trauerbotschaft nichts mit uns zu tun. Aber im Nachhinein sah es beinahe wie eine Warnung aus.

Ich erzählte Corinne von Mélisandes Schulproblemen und erhielt von ihr den Rat, Franz Weber, den bekannten Umweltschützer, oder seine Frau zu fragen. Sie empfahlen uns die Privatschule Ecole Nouvelle in Lausanne, und wir meldeten uns sofort an. Der Direktor, Monsieur François Zbinden, war nicht sehr beeindruckt von Mélisandes Lerntief und schlug vor, sie provisorisch in die Klasse 9 aufzunehmen, ohne Wiederholung. Wir schrieben sie ein.

Zu Hause machte Mélisande einen Juchzer, als wir ihr die Neuigkeit mitteilten und verschwand strahlend in ihrem Zimmer. Als ich nachsehen ging, schlief sie bereits. All ihre Probleme schienen sich in Luft aufgelöst zu haben.

Aber die Strähne riß nicht ab. Ende April rannte ich mir mit Fleury beinahe die Birne ein. Er hatte eine Verletzung im Maul und konnte nur noch mit Hackamore geritten werden, also ohne Gebiß. Auf einem Waldweg ging er mit mir durch. Ich hatte überhaupt nicht die geringste Einwirkung mehr, so, als würde er mit einem Halfter geritten. Ich sah ihn schon auf die Straße rasen, riß wie wahnsinnig an den Zügeln, verlor die Mütze und traf bereits Anstalten, abzuspringen, da wurde er endlich langsamer, zappelte aber so herum, daß ich umdrehen mußte. Ich konnte von Glück reden, daß ich lebend im Stall ankam. Ich holte die verlorene Mütze und bestieg den Wagen, schaute zufällig auf meine rechte Hand und bemerkte, daß ich den kleinen Finger nicht mehr bewegen konnte. Er stand ab wie ein Stück Holz, ohne zu schmerzen. »Sehnenriß«, erklärte der Arzt. »Irreparabel.«

Ich wagte eine Operation. Umsonst. Die Sehne war unauffindbar. Verdammtes Pech! Was hätte es dem Schicksal ausgemacht, ein Auge zuzudrücken und die Sehne dort zu lassen, wo man sie wieder hätte annähen können?

Mélisande schien ihre Krise überwunden zu haben. Sie machte Pläne, longierte Fleury, leistete uns Gesellschaft vor dem Fernseher. Wohl fiel mir auf, daß sie zu den ungewöhnlichsten Zeiten zu Hause aufkreuzte, aber sie nahm ja an den Schlußexamen nicht teil, und so fanden wir nichts dabei. Und da Fleury wieder vorsichtig mit Trense geritten werden konnte, hatten wir Verständnis, daß sie bei der Junihitze schon morgens um 6 Uhr wegfuhr.

Mitte Juni kam sie auch mal mitten am Nachmittag in den Garten hereingeritten, holte sich in der Küche eine Stulle und zottelte wieder ab mit dem Pferd. Erstaunt sah ich sie schon eine halbe Stunde danach in ihr Zimmer hochrennen und zum Nachbarn verschwinden, wo ein Gartenfest im Gange war. »Ich bin bis in den Stall galoppiert«, rief sie mir zu, bevor sie mit hochroten Backen um die Ecke lief.

Nach etwa zehn Minuten rief Nathalies Mutter an, wo Fleury bleibe, sie mache sich Sorgen.

Ich holte das Kind: »Wo warst du?«

Sie: »Na drüben, bei meinen Freunden.« »Und das Pferd? Wo ist das?« »Na, bei Nathalie, im Stall.«

»Aha«, sagte ich. »Da ist er aber nicht, Madame Eynard hat gerade angerufen.«

Sie schwieg. Schaute zum Chalet. Ich folgte ihrem Blick. Dort stand Fleury, am Balken angebunden und betrachtete uns fragend.

»Ich wollte ihn über Nacht hier lassen«, erklärte sie trotzig, »es ist ja warm genug.« Sie band ihn los, stieg auf und ritt mit ihm zum Stall zurück.

Wir flogen dann nach Spanien, um auf andere Gedanken zu kommen, aber auch, um dem Arbeitergewimmel auf, im und ums Haus zu entfliehen, denn das Dach wurde gerade repariert.

Am 1. September fing Mélisandes neue Schule an. Erst einmal drei Monate intern. Zwischenstation.

Beruflich war in diesem Jahr nicht mehr viel los, denn die *Sesamstraße* fand 1982 nicht statt. Nun hatte ich keine Ausrede mehr und ließ mich von Helmut an unserem Hochzeitstag zum Schönheitschirurgen fahren. Nach zehn Tagen sah man nichts mehr, und ich kam mir vor wie ein Teenager. Na also. Endlich konnte ich meine Rollkragenpullover einmotten.

Und schon dräute wieder Landgraf. »Schluß mit dem Theater«, hatte ich geschworen, nun verhandelten wir wieder.

Lauf doch nicht immer weg hieß der Schwank von Philip King. Er war mir vor etwa fünf Jahren vom Schweizer Fernsehen angeboten worden, und ich hatte ihn in einem Berg von Rollenbüchern wiederentdeckt.

Im Haus war es still und leer ohne Mélisande, denn sie besuchte uns nur noch am Wochenende. Das war der Hauptgrund, warum wir nach Bayern entflohen. Helmut zu Karli, ich zu Wiedemann. Am Tag nach meiner Ankunft meldete ein Nachrichtensprecher im Fernsehen einen schweren Autounfall von Grace Kelly, Fürstin Grazia von Monaco, mit ihrer Tochter Stefanie.

24 Stunden später: »Grazia ist tot.«

Erstarrt blieb ich mitten im Zimmer stehen. Es würgte in der Kehle. Warum dieser sinnlose Tod eines Märchenwesens?

Irgendein Astrologe hatte behauptet, es bestehe eine Todeskonstellation für Künstler und Politiker: Romy Schneider, kurze Zeit später Curd Jürgens, Ingrid Bergman; dann Leonid Breschnew; und jetzt Grazia von Monaco. Sie war im gleichen Jahr wie ich geboren – nein, ich wollte nicht daran glauben! Der Tod hatte nichts mit Gestirnen zu tun.

Am 17. Dezember holte Helmut die Tochter nach Hause. Er wollte, daß sie die Matura extern mache, denn im Internat war sie nicht genügend beaufsichtigt. Die Nachricht, heimkommen zu dürfen, löste bei ihr ein markerschütterndes »Youpi« aus, obwohl sie durch den langen Schulweg künftig eine Stunde früher aufstehen mußte. Sie schloß mit Helmut sogar eine Wette ab, er dürfe vier Wochen nichts trinken, sie nicht rauchen. Beide hielten sich daran – uff –, vielleicht lösten sich jetzt die Gewitterwolken auf.

Der Winter verging mit viel Sport, Sauna, Papiergeracker. Helmut fuhr nach München, Mélisande und ich blieben in Perroy. Sie war plötzlich wie umgewandelt, blödelte, redete sich alles von der Seele, ging früh schlafen. Mit Robin wollte sie nichts mehr zu tun haben, da er, wie sie berichtete, harte Drogen nehme. Und die anderen Haschfiguren, non merci.

Nur reiten wollte sie nicht mehr. Fleury war verkauft, und mit Nathalie hatte sie Streit gehabt. Sie zog es vor, Gitarrestunden zu nehmen.

Beruflich war auch dieses Jahr nicht viel los. Ich trat in einigen Unterhaltungssendungen auf (Frank Elstner, Blacky Fuchsberger, Elmar Gunsch, Dieter Thomas Heck) und ergatterte in dem Boulevardstück von Marc Camoletti *Boeing Boeing* eine Abräumrolle; Aufzeichnung im ORF-Fersehtheater Mai/Juni. Die mußte ich jetzt lernen zwischen Versicherungs-, Steuer-, Werbe-, Schul-, Journalisten-, Arzt-, Bank-, Post-, Bahnhof-, Gymnastik-, Reit-, Buch-, Brief-, Telephongewühl. Diese Sauhütte fraß mich auf. »Hätte ich bloß eine Wohnung«, stöhnte ich und begann nun auch noch Mietshäuser zu sammeln.

Boeing Boeing begann am 8. Mai in Wien. Ein köstliches Stewardessen-Stück, in dem ich die alte Schachtel Berta spielte. Partner Klaus Wildbolz und Herwig Seeböck. Der Regisseur Herbert Fuchs spielte mir alles vor und wäre viel besser gewesen als ich. Auch sonst war ich in Hochform, denn ich war seit 14½ Wochen alkoholfrei. Ich hatte das ganze Stück vorgelernt und war völlig sicher, während meine Partner ihren Text nicht konnten. Das änderte sich allerdings sehr schnell. Nachdem ich an der Badezimmertüre meinen kleinen Zeh gebrochen hatte, und meine Partner keinen Text mehr vergaßen, machte ich nur noch wenig Fortschritte und büßte meinen ganzen Vorsprung ein. Außerdem hatte man uns mitgeteilt, Anfang Juni würden die Proben »strenger«. Man könne uns jetzt im ganzen Sender mitverfolgen . . .

Unser Regisseur, sonst ein gemütliches Zirkuspferd, wurde plötzlich hektisch und ungeduldig. Bei der Kritik nach dem ersten Durchlauf im Fernsehtheater hörte ich von ihm nur ein Wort: »Zuviel«.

Ich versteinerte. »Generell?« fragte ich entsetzt.

»Ja, alles«, beharrte er und verließ die Bühne.

Ich schlich wie ein eingeseifter Pudel aus dem Studio, erniedrigt und beleidigt. »Nein«, schimpfte ich in meinem Hotelzimmer. »Ich hänge dieses Robotergeschäft an den Nagel. Ich lasse mich nicht mehr von herumzappelnden Regisseuren abkanzeln wie ein abgetakelter Clown – bei dem Hungerlohn!«

Nach den drei Aufzeichnungen, zwei davon mit Publikum, schlug der Weltuntergang wieder in himmelstürmenden Jubel um, und nach ausgiebig begossenem Abenteuer verabschiedete ich mich mit einem großartigen »Bis zum nächsten Mal!« Ich hätte auch sagen können: »Bis zur nächsten Katastrophe.«

Helmut empfing mich mit der Neuigkeit: »Das Chalet ist ausgebrannt.« Mélisande hatte eine brennende Zigarette in den Papierkorb geworfen und war weggegangen. Eine Nachbarin bemerkte den Rauch, bevor das Häuschen und die riesige Blutbuche, neben dem es stand, in Flammen aufgingen.

Anschließend kündigte Catherine. Sie wollte heiraten. Mehr Freizeit. Wahrscheinlich mehr Lohn. Ich diskutierte stundenlang mit ihr, versprach das Blaue vom Himmel herunter. Dann fuhr sie in die Ferien.

Kaum war sie weg, krachte ein Hagelsturm über unser Haus, der alles bisher Dagewesene verblassen ließ. Er zerfetzte Blumen, Sträucher und Bäume, riß den halben Weinberg von der anderen Straßenseite mit und spie alles in unseren Keller. Innerhalb von fünf Minuten standen die unteren Räume knietief unter Wasser. Helmut war mit Mélisande in Spanien, aber, Glück im Unglück, Tell war da. Er schuftete wie Herkules in Augias' Stall, schleppte alles in den Garten, wo einige Reliquien noch getrocknet werden konnten, und ich ließ mich von den herbeigeeilten Rettungsmannschaften trösten, es sei bei den Nachbarn noch viel schlimmer.

Zur Belohnung verliebte sich Tell in einen wunderschönen blonden Engel mit langer Mähne. Claudia. Sie machte einige Häuser weiter Ferien. Als ihre Eltern wegfuhren, luden wir sie ein, in unserem rauchgeschwärzten, aber sonst sauberen Chalet ein paar Tage zu übernachten. Von da an sah man die beiden nur noch selten. Entweder waren sie auf dem Boot mitten auf dem See, spazierten im Mondschein am Ufer oder im Weinberg herum, vergaßen Ort und Zeit, Termine und Freunde.

Am 23. Juli fuhren die beiden weg, Claudia nach Hause, Tell in die Kaserne. Tell brauchte Jahre, um die verführerische Elfe zu vergessen – sie hatte einen anderen.

Inzwischen waren Helmut und Mélisande wieder eingetrudelt. Es traf sich gut, daß eine schweizerische Illustrierte gerade jetzt Modephotos mit Mutter und Tochter machen wollte, denn Mélisande hatte noch Ferien und langweilte sich ohne Tell. So fuhren wir nach Zürich, wo wir bei 35 Grad im Schatten in dicken Pullis und Skijacken photographiert wurden. Mélisande sah hinreißend aus; kindlich schüchtern und zauberhaft kichernd sprang sie vor den Kameras herum, und die Reporter konnten gar nicht genug von ihr kriegen. Sie bekam sofort ein Angebot, sich bei einer Fernsehansagerin, die für ihre Modeschule eine Fünfzehnjährige suchte, als Mannequinschülerin vorzustellen.

Es war sicher noch zu früh, denn sie hatte ohnehin ein beachtliches Programm. Erst flog sie drei Wochen nach England, dann mit mir nach Hamburg, wo wir Helmut und Tell besuchten. Helmut war schon wieder mit dem *Pferd* unterwegs, und Tells Minensuchboot »Wolfsburg« hatte zur Kaffeefahrt eingeladen.

Zurück zum Genfer See. Mélisande hatte wieder Schule. Es schien fast, als ob sie sich darauf freue. Sie schimpfte selten, bewunderte ihren Italienischlehrer. In Mathematik hatte sie Mühe, aber die Sprachen rissen sie raus. Sie war fröhlich, pünktlich, zufrieden.

Bevor nun zum letzten Mal die *Sesamstraße* losging (wir hatten schon zwei Jubiläumsfolgen an der Funkausstellung Berlin und im Circus Althoff in Bremen vorgedreht), machte ich noch einen Abstecher nach Ungarn für eine Freizeitsendung. Ich wohnte etwa 100 km von Budapest entfernt in Kecksemés im Hotel Sauna. Am ersten Tag drehten wir einen Ziehbrunnen auf einer weiten Ebene bei Jémeskut und einem Bauernhof in Székkutas mit mehreren Zuchthengsten. Der Hof hatte weder Wasser noch Elektrizität, das Geschirr wurde im Hof am Brunnentrog gespült, und das Klo stand im Garten. Überall gackerten Hühner, knatterten Tauben und Gänse durch die Gegend, und ganz weit weg bellte ein Hund. Sogar unser Fernsehteam ließ sich von der sommerlich-ländlichen Ruhe anstecken. Kein Geschrei, kein Getümmel. Es war richtig gemütlich.

Bei Sonnenuntergang drehten wir noch am nahen Bahnhöfchen Székkutas eine Szene und erfuhren von einem Einheimischen, sein Vater sei der berühmte Doktor in Hugo Hartungs »Piroschka« gewesen, aber nicht mehr am Leben. Also war der Originalbahnhof hier in Székkutas, denn er hieß früher Vasarhelykutas. Hugo Hartung hatte wohl sein Hódmezövásárhelykutasipuszta aus verschiedenen Bahnhöfen zusammengesetzt.

Die Fahrt nach Drehschluß erinnerte an ein vergessenes Paradies. In der herabsinkenden Dämmerung sprangen Rehe über die endlosen Maisfelder, Fasane rannten neben unserem Wagen her, und in der Ferne tauchten einsame Höfe wie verblaßte Gemälde auf, um plötzlich, wie ausradiert, wieder zu verschwinden. Ich flog wehmütig weg von diesem Land der Träume. Ich fand, daß unsere Mama und ihre Brüder eine frappierende Ähnlichkeit mit unseren ungarischen Mitarbeitern hatten. Vielleicht hatte eine unserer Urahninnen hier einem Husaren zu tief in die Augen geschaut. Wie gerne wäre ich eine richtige Ungarin gewesen.

Anfang Dezember lag eigentlich nichts mehr vor, als auf Helmut, Tell und Weihnachten zu warten. Außer *Boeing Boeing* und den achtzehn *Sesam*-Drehtagen hatte ich dieses Jahr keine größeren Fische gefangen und lechzte nach etwas Rechtem: ich versuchte ein letztes Mal mein Drehbuch unterzubringen. Ermutigt durch einen netten jungen Produzenten, Roland Arndt, nahm ich Kontakt mit Peter Ustinov auf, der in unserer Nähe wohnt. Es gelang mir tatsächlich, am 4. Dezember einen Termin bei ihm zu ergattern.

Ich takelte mich auf wie ein Schlachtschiff, ganz in Gelb und mit Mélisandes weißen Discostiefeln. Der Butler empfing mich freundlich, und Peter Ustinov erschien sofort. In seinem Wohnzimmer türmten sich Hunderte von Büchern, Drehbüchern, Ordnern, Briefen und andere Papierberge auf Stühlen und Tischen, und ich fragte mich voller Mitleid, wann er das wohl alles lesen wollte. Seit ich ihn das letzte Mal gesehen hatte, war er kaum älter, aber erheblich runder geworden und schoß wie immer einen Witz nach dem anderen ab. Aber das Buch hatte er noch nicht gelesen. »Es interessiert mich sehr«, lächelte er wahrheitsgetreu und betrachtete mich mit Wohlgefallen. »Leider«, schränkte er ein, »muß ich mein eigenes Stück in Amerika spielen, bis es nicht mehr voll ist.« Ich versprach, solange könne man ja warten. Von meinem Plan, selbst mitzufinanzieren, war er nicht begeistert. »Das habe ich mit meinem Stoff auch gemacht«, sagte er, »nun bin ich ruiniert.« Er gab mir den Rat, seinen Produzenten, Peter Köster, anzurufen und entließ mich.

Das Gespräch mit Herrn Köster besiegelte das Ende einer Illusion. Es war ein Griff nach den Sternen.

Helmut brachte mir zum Trost ein elektrisches Bild mit, das bei jedem Geräusch aufleuchtete. Ich war entsetzt über das Gebilde, das er über dem Kamin aufhing. Ich hatte schon genug von seinen unzähligen sprechenden Weckern, blinkenden Uhren und tickenden Radios. Nun hatte ich dieses Gestell gegenüber vom Eßtisch, das bei jedem Wort farbige Vierecke abfeuerte.

In Wirklichkeit haßte ich alle diese elektrischen Erfindungen, diese seelenlosen Automaten, diese Wichtigtuerei von Gegenständen. Aber dann mußte ich darüber lachen, und am Schluß vergaß ich, daß es überhaupt da war.

»Lauf doch nicht immer weg«

Das Jahr 1984 fing mit einer Wiedemannkur an, die ich dringend nötig hatte. Aber ich konnte nicht, wie gehofft, alles abhängen. Im März begann die Tournee mit *Lauf doch nicht immer weg*. Helmut führte Regie und spielte den Hauptpfarrer, ich seine Frau Penelope, ehemalige Schauspielerin.

Ich mußte also Text lernen und andere Vorbereitungen treffen, zum Beispiel Kostüme, Perücke und Plakat bestellen. Beim bloßen Gedanken an das bevorstehende Zigeunerleben wurde es mir ganz elend, und ich polierte meine leicht angesengte Laune mit langen Ausritten auf schneebedeckten Feldern wieder auf; Nicolina, Imperial-Tochter und fast so weiß wie der winterliche Boden, auf dem sie dahinfegte, war weich und federleicht in der Hand, aber nur an letzter Stelle, während sie vorn schlug und bockte. Es erfüllte mich immer wieder mit Stolz und Rührung, wenn ich Pferden, insbesondere Vollblütern, auf die Schliche kam. Ich versuchte das Rezept manchmal auch bei Freunden und Verwandten. Oder bei mir selbst. Aber da gab es dann doch ziemliche Unterschiede. Während man ein Pferd bald einmal durchschaut, erlebt man beim Menschen, auch beim vertrautesten, immer wieder die unerwartetsten Überraschungen.

Ende Januar wurde Mélisande von ihrer zukünftigen Schutzpatronin, Marie-Thérèse Gwerder, nach Zürich eingeladen, wo sie mit einigen weiteren Schützlingen, darunter einer »Miß Schweiz«, der Presse vorgestellt wurde. Ich fuhr als Verstärkung mit, beobachtete sie heimlich und stellte fest, daß sie weitaus die Hübscheste, aber auch die Schüchternste war. Ich schlug Marie-Thérèse vor, keinen Vertrag, sondern nur eine lose Abmachung zu treffen, da Mélisande ja noch in die Schule ging. Immerhin, ein Anfang war gemacht, und wir bestiegen abends gutgelaunt den Zug, um nach Lausanne zurückzufahren.

Ich machte mich auf ein munteres Wortgesprudel gefaßt, wie immer nach getaner Anstrengung. Aber sie kauerte einsilbig in der Ecke des Zugabteils, antwortete ärgerlich und starrte düster durch die beschlagenen Wagenfenster in die Nacht hinaus. Ich verstummte und überlegte, was ich falsch gemacht hatte. Ich glaubte, ihre neue Beschäftigung verschaffe ihr ein Glücksgefühl, einen Erfolg. Nein, sie empfand es als Last, und es erfüllte sie mit Angst. Ich konnte nur ahnen, was in ihr vorging. Zu viele Eindrücke und Gefühle stürmten auf sie ein. Vor vierzehn Tagen erst war einer ihrer Freunde in Lausanne von einer Brücke gesprungen. Das war nun schon ihre zweite Begegnung mit dem Tod.

Aber das Leben ging weiter. Natürlich. Sie hatte keine Zeit zu verlieren und arbeitete wie ein Stier, um versetzt zu werden. Schaffte plötzlich Bestnoten. Dann wieder nichts mehr. Immer wieder fing sie von dem toten Freund an. Mußte man das ernst nehmen? Oder war es wie eine Naturkatastrophe, die man wieder vergißt? Die Selbstmorde von Kindern waren erschreckend und lösten jedesmal einen Schock aus. Man tröstete sich – es sind ja die Kinder der andern.

Die Tournee rückte näher, und wir mußten Haus und Hof bestellen, damit es auch ohne uns weiterging. Catherine, die nun schon fünf Jahre bei uns arbeitete, übernahm für zwei Monate das Kommando und wohnte wieder im Haus. Der Form halber ging ich auch noch zum Arzt, wo ich wegen starker Wechseljahrserscheinungen eine Blutprobe machen mußte. Der Hormontest ergab abnorm hohe Werte, worauf ich eine Spritze kriegte, die ich während der Tournee wiederholen mußte. Mehr konnte man im Moment nicht tun.

Die Proben für unser Pfarrerstück begannen am 6. Februar in Selb, dem Porzellanstädtchen an der Grenze zur DDR. Ich genoß es sehr, Helmut als Regisseur zu haben. Er fand mich komisch und machte nur die dringendsten Korrekturen, besonders am Anfang, wenn man noch herumschwamm. Die Angst vor dem ungeduldigen Pauker fiel weg, ich konnte nach Herzenslust übertreiben und über mich selbst lachen. Wenn Helmut nicht mitlachte, ließ ich es wieder bleiben.

Lauf doch nicht immer weg war ein schweres Stück, und ich hatte am meisten Text. Wie bei allen Farcen mußten Dialog und Handlung abschnurren wie eine Maschine, ohne Gefühlskisten und Extrawürste. Die geringste Unsauberkeit verzögerte die Wirkung eines grandiosen, aber mathematisch eingespielten Durcheinanders.

Nach anfänglichen Besetzungsschwierigkeiten hatte Helmut ein festivalreifes Ensemble zusammengetrommelt. Allen voran Gerd Zemann als Clive, Penelopes ehemaliger Schauspielkollege und Pfarrer wider Willen. Pfarrer Toop wurde von Helmut gespielt, sein Vertreter von Rüdiger Weigang, und der ebenfalls schwarz verkleidete Kriegsgefangene von Harald Wieczorek. Schließlich hatte Helmut auch den ehemaligen Gründgens-Schauspieler Raimund Joob für den Bischof an Land gezogen, Susanne Kaufmann als rotzfreches Dienstmädchen, Milia Fögen als tragikomische Gummisohlenruine und Karl Spanner als nichts mehr kapierenden Polizisten.

Die unausbleiblichen Zweifel der Truppe Helmuts Regieanweisungen gegenüber verschwanden schon nach den ersten Proben. Er erklärte unwiderlegbar, ohne vorzuspielen, warum so und nicht anders. Die, die den Text noch nicht konnten, ließ er in Ruhe, die andern spielten. Nach zwei Stunden gab es eine Tee- oder Kaffeepause, und um 14 Uhr hörte er auf, denn nach vier Stunden Proben kam nichts mehr. Das hatte mir schon mein Lehrer Paul Kalbeck vor 35 Jahren gesagt. Aber der größte Trumpf dieses Abenteuers, das vier Jahre lang zu unserem Lebensinhalt werden sollte, war die fast unglaubliche Eintracht untereinander. Es gab keine Rivalität, keinen Störenfried. Jeder war eine Idealbesetzung und wußte es auch oder erfuhr es von Helmut.

Am 9. März war öffentliche Generalprobe. Ausverkauft. Einige kleinere Pannen – man dichtete darüber hinweg. Irrsinnige Lacher, etwa ein Dutzend Szenenapplause. Zwei davon in der Schlußtirade, wo Gerd und ich gleichzeitig, aber mit verschiedenem Text, das ganze Stück erzählen. Einer der besten je gesehenen Stückschlüsse, aber auch einer der schwersten.

Trotzdem am nächsten Tag Premierengezitter. Schraubstockgefühl: du mußt, du mußt, du mußt! Noch mehr Lacher, noch mehr Szenenapplause. Triumphgefühl. Premierenfeier mit den zufriedenen Stadtvätern im Probenraum ohne Besteck. Na und? Eine Panne mehr oder weniger konnte unsere Festtagslaune nicht verderben.

Wir ahnten es. Helmut hatte einen Riesenerfolg. Am nächsten Tag konnte man es schwarz auf weiß lesen: »Boulevardtheater erster Güte. Es gab viel zu lachen, und der Jubel war groß. Ein reibungslos funktionierendes Räderwerk. Kein Schuß geht ins Leere . . .« Helmut hatte es ihnen gezeigt.

Dann begann das Zigeunerleben. Jeden Tag ein anderes Hotel, ein anderes Theater. Nichts Neues. Schlafen, fahren, spielen. Vor jeder Vorstellung Sprechübungen, Textdurchsprechen. Es mußte sein. Es war zu schwierig, zu schnell.

Die Tournee war ein Knüller. Ausverkauft, Bombenstimmung, gute Presse. Hinter den Kulissen entwickelte sich eine eigene Handlung mit Höhen und Tiefen. Ida, das junge Dienstmädchen, und der ca. siebzigjährige Bischof, der schon mehrere Herzoperationen hinter sich hatte, wurden ein Liebespaar. Er starb einige Monate nach der Tournee.

Wirklich, an Aufregungen fehlte es nicht. In Steyr/Österreich fiel Helmut nachts eine Stufe hinunter, als er im Hotel aus dem Lift trat. Mit gebrochener Nase und zugeschwollenen Augenschlitzen spielte er den mehrmals überfallenen Pfarrer weiter und wunderte sich über die vielen, völlig neuen Lachsalven in seinen Szenen. Als Anerkennung kam an seinem Geburtstag das ganze Ensemble in unser Hotel und brachte ihm ein Ständchen sowie eine gravierte (mitspielende) Bettflasche.

Beste Vorstellungen waren Landau, Neckarsulm, Arnsberg, Schaffhausen 2×, Lahr, Gütersloh 2×, Nienburg, Lingen, Gester, Norderney, Borkum, Herdorf, Andernach. Beste der besten: Insel Norderney in einem zauberhaften, uralten Plüschtheaterchen.

In Trossingen gab es dann große Aufregung. Das Stück sollte auf Video aufgezeichnet werden. Alle flatterten und spielten um ihr Leben, um eine möglichst perfekte Verewigung abzuliefern. Die Tourneedirektion Landgraf war vollzählig erschienen, das Publikum ebenfalls. Große Lacher, viele Appläuse, wenig Pannen. Wir strömten glücklich schwatzend und schwitzend in die Garderoben, als es vorbei war – da sagte die Friseuse Frances: »Sie sind nicht gekommen.«

Das war zuviel. Ich setzte mich an den Tisch von Joachim und Hippie Landgraf, die ahnungslos ein Gläschen tranken, und wetterte, daß das ganze Lokal zitterte: »Warum macht man den ganzen Stall verrückt und hält es dann nicht einmal für nötig, uns Bescheid zu sagen?« Ich goß den ganzen aufgestauten Ärger über sie aus, der mit der Videoaufnahme überhaupt nichts zu tun hatte: »Eure Mitarbeiter sind hoffnungslos überlastet. Erwin ist Busfahrer, Reiseleiter, Tonmeister, Inspizient und Requisiteur; Frances schminkt, frisiert, näht, wäscht und packt für neun Personen.«

»Ich muß sparen«, war die Antwort.

Die Aufzeichnung wurde zwei Tage später abgewickelt. In Mühlacker. Noch bessere Vorstellung. Hätte ich bloß nichts gesagt. So ist es immer. Reden ist Silber, Schweigen ist Gold.

Am 10. Mai war die letzte von 55 Vorstellungen in Luzern. Dort hatte ich vor 35 Jahren erfolglos vorgesprochen und 1953 in einem Nachmittag eine Rolle übernommen. Heute waren siebzehn Verwandte und Bekannte anwesend. Auch Mélisande, die das Stück schon zum dritten Mal sah – Tell konnte nicht kommen, war aber auch schon zweimal drin. Als ich nachher vom Theater zum Hotel pilgerte, wo wir noch ein bißchen feiern wollten, kam mir der Weg über die alte Holzbrücke vor wie ein Gang durch einen Triumphbogen. Es war geschafft. Helmut hatte einen der größten Erfolge seiner Laufbahn einkassiert, und ich hatte auch eine Ecke davon abgebissen.

Dann mußte ich wieder zur Blutuntersuchung. Der Arzt war seltsam ratlos und empfahl, in ein paar Tagen nochmals anzurufen.

Hätte ich es doch nicht getan! Er teilte mir mit, die Werte seien genauso astronomisch wie im Januar, und ich müsse das Gehirn röntgen lassen. Er machte mich völlig wahnsinnig mit seinen Gonadotrophinen. Natürlich vermutete er einen Tumor.

Am nächsten Tag rief er an, er habe einen Termin im Kantonsspital in Genf. Ich bekam 200 Puls vor Angst und stotterte, ich müsse mir das überlegen und morgen könne ich nicht. Nein, mein Gehirn ließ ich nicht photographieren. Oh, warum war Professor de Watteville gerade jetzt gestorben? Er hätte meinen Gonadotrophinen heimgeleuchtet!

Aber es gab ja noch eine andere Koryphäe. Professor Käser in Basel. Er empfing mich sofort und machte eine nochmalige Blutuntersuchung. Damit war für mich der Fall erledigt.

Viel dringender war jetzt Mélisandes Examen. Sie schuftete wie ein Roß, Tag und Nacht. Ihr Direktor warnte uns zwar, sie sei hart an der Grenze, es fehle ein halber Punkt, aber es sei für ihn wichtig zu wissen, daß sie so arbeite. Um sie etwas zu entlasten, machte ich ihr einen Aufriß über Jeanne d'Arc, ihr Wahlthema, und begann Emile Zolas »Germinal« zu lesen. Ich benützte die Lektüre dieses französischen Meisterwerks als Fortbildungskurs und behielt von den ca. 800 herausgeschriebenen Vokabeln mindestens ein Dutzend. Als ich damit fertig war, erklärte Mélisande: »Das kommt nicht dran.«

Dann flüchtete ich nach Leukerbad, der Heuschnupfen hielt seinen Einzug. Ich machte Massagen, Thermalbäder, lange Spaziergänge. Wirklich, diese Berge mit ihren Alpenblumen und Sennhütten strahlten eine erlösende Ruhe aus. Ich war entspannt und glücklich und wäre am liebsten den ganzen Sommer über dort geblieben.

Etwa nach einer Woche, ich schlief noch selig und ahnungslos, weckte mich das Telephon. Es war Professor Käser. Ich müsse zum Röntgen kommen. Die Werte seien wirklich sehr hoch. Den Termin gebe er mir noch durch...

Mir brach sofort der Schweiß aus. Ich erinnerte mich gehört zu haben, die Hypophyse werde durch die Nase operiert.

Ich begann die Ärzte zu hassen. Mir ging es doch glänzend! Warum hackten sie ständig auf meiner Hypophyse herum?

Ich ließ mir ein Lunchpaket geben und stapfte über eine blühende

Alpwiese bergauf, schaute in einen Kuhstall, wo mich die Kühe bereits kannten, und beruhigte mich etwas. Auf einem sanft ansteigenden Sträßchen marschierte ich dann weiter bis zu einer kleinen Staumauer, ging auf der anderen Seite des Baches wieder zurück und kletterte auf einem abzweigenden Weglein weiter zu einigen einsamen Hütten empor. Ganz oben setzte ich mich unter eine riesige Lärche, meine Lärche, die ich später noch oft besuchte, um mit ihr laut über meine Sorgen zu sprechen. Aber diesmal betrachtete ich das weit unter mir liegende Dorf mit der weißen Kirche, den weitverstreuten Chalets und den gerade noch sichtbaren Schneebergen im Hintergrund fast wie eine Abschiednehmende. Tief im Innersten bohrte lähmende Angst vor einer geheimnisvollen Krankheit und dem Ende aller Dinge.

Die Ferien waren verdorben, und ich rief Helmut an, er solle mich abholen. Ich konnte mich auch in Perroy auf nichts mehr konzentrieren. Das Tomogramm war am 25. Juni um 15 Uhr angesetzt und unwiderruflich. Tagsüber zwang ich mich Post zu erledigen oder Mélisande Physik abzuhören, obwohl ich davon keine Ahnung hatte.

Helmut fuhr mich nach Basel, ich wäre dazu nicht imstande gewesen. Vernichtet saß ich neben ihm und starrte wie eine Verurteilte durch die Windschutzscheibe auf die sonnig leuchtenden Felder und Wälder, die ich vielleicht nur noch wenige Tage oder Wochen sehen durfte.

Viel zu früh waren wir in Basel, würgten in einer Brasserie appetitlos einige Spaghetti herunter. Auch im Röntgeninstitut mußten wir warten. Ich ging spazieren, las in einer Zeitung, Marianne Strauß sei vor drei Tagen tödlich verunglückt. Seltsam, wie einen die Katastrophen der andern beruhigen.

Um 15 Uhr 30 war es soweit. Ich wurde auf eine Pritsche gelegt, den Kopf nach unten, bekam ein Kontrastmittel gespritzt. Eine riesige Untertasse senkte sich über mich herab, brummte fünf-, sechsmal und drehte sich um meinen Kopf. Eine Ärztin kam, erkundigte sich nach meinem Befinden und sagte desinteressiert, es sei bald vorbei.

Wir brachten die Bilder zur Professor Käser, der nur einen kurzen Blick auf die weißen Atompilze warf und den kurzen Bericht überflog. Er schüttelte fast amüsiert den Kopf. »Nichts!« lächelte er. »Absolut nichts!«

Ich sprang auf, schrie »Juhui« und gab dem Professor einen Kuß. »Jesses, hatte ich eine Angst«, jubelte ich und fiel auch Helmut um den Hals.

»Ich konnte es mir auch nicht vorstellen, da es Ihnen so gut geht«, ergänzte der Professor, »obwohl – keiner von uns hat solche Resultate je gesehen!«

Im Juli erhielt ich wieder einen Anruf des Professors: »Trinken Sie viel Ziegenmilch?« begrüßte er mich.

»Nein«, antwortete ich. »Warum?«

»Dann sind es die Frischzellen«, fuhr der Professor fort. »Wir haben Ihre Resultate nach Belgien in die zuständigen Laboratorien geschickt. Es gibt in der Literatur nur sechs Fälle mit diesen abnormen Befunden. Sie sind der siebte. Alle andern ernährten sich häufig von Ziegenprodukten. Das gibt in ganz seltenen Fällen Antikörper, die sich mit den Hormonen decken. Es gibt falsche Werte, eine sogenannte Laborkrankheit. Sie haben also nichts. Sie sind gesund!«

Der sonst so kühle Professor verabschiedete sich richtig übermütig. Er war bestimmt genauso glücklich wie ich.

Der Sommer war heiß und gut besucht. Tell hatte Ferien, und so blieben wir in Perroy, am See. Mélisande hatte das Examen für die Versetzung mit der überragenden Physiknote 9 (10 ist die beste) bestanden. Sie war fröhlich und unternehmungslustig, räumte überall auf, pflückte ohne zu murren Kirschen und machte sogar Wasserski.

Tells Geburtstag wurde mit sämtlichen Verwandten und Freunden und einem ohrenbetäubenden Feuerwerk gefeiert, das wie durch ein Wunder keinen nennenswerten Schaden anrichtete, da sich Zuschauer und Pyromanen rechtzeitig in Sicherheit brachten. Um den entgangenen Kunstgenuß nachzuholen, luden Tell und Mélisande vier Tage später drei Freunde in Helmuts Motorboot und brausten nach Genf, um sich das prächtigste Feuerwerk Europas vom Wasser aus anzusehen. Obwohl der ganze See von Schiffen wimmelte, oder gerade deswegen, blickten Helmut und ich ihnen voller Sorgen nach und hielten Ausschau nach Wolken und Wellen, trösteten uns aber dann mit Tell als Marinehäuptling.

Etwa um 23 Uhr, wir waren bereits im Bett, hörten wir die fernen Detonationen der Schlußbomben und eine halbe Stunde neuerliches

Gedonner, diesmal von einem Gewitter mit anschließendem Wolkenbruch. Doch bevor wir uns beunruhigen konnten, hörten wir am Ufer unten Stimmen und sahen durch die Vorhänge die fünf lachenden und triefenden Gestalten den beleuchteten Garten heraufrennen. Ich machte geschwind eine große Kanne Pfefferminztee und hörte die übermütige Gesellschaft noch lange in der Küche schwatzen.

Die glückliche Zeit ging viel zu schnell vorbei. Die Knospen der Dahlien begannen sich zu öffnen und kündigten das Ende des Sommers an. Tell mußte in die Kaserne zurück, Mélisande in die Schule. Ich flog nach München, um in einer aller-allerletzten Besprechung meine »Lachstory« endgültig zu begraben und besuchte bei der Gelegenheit Ilse Alexander im Krankenhaus. Sie war nur noch ein kleines, federleichtes Häuflein und so zerbrechlich, daß sie sich nicht mehr bewegen konnte. Aber ihre Augen waren wach und leuchteten auf, als sie mich sah. Sie erzählte lückenlos und deutlich von Paul Hubschmid, nach dem ich mich erkundigte. Am nächsten Tag brachte ich ihr zwanzig Rosen. Sie war deutlich schwächer und fragte, als sie die Blumen sah: »Hast du das ausgeheckt?« Und nach einer Pause: »Von wem sind die Rosen?«

Ende Oktober kam Nelke, unser Tourneeungeheuer. Sie, halb Cockerspaniel, halb Basset, gehörte unserer Theaterfriseuse Frances und hatte eine schwache Blase. Ursprünglich hieß sie Candy, wurde aber von Helmut ... nelke genannt. Jetzt holte er sie ab, weil Frances und ihre Tochter zu wenig Zeit für sie hatten.

Ich sah natürlich wieder unlösbare Probleme auf uns zukommen. Nelke war ja sehr komisch – aber wer kümmerte sich um sie in unserer Abwesenheit? Wer gab ihr das Fressen? Führte sie spazieren? Mélisande wollte neuerdings in Lausanne ein Zimmer nehmen, weil ihr der Schulweg nun doch zu lang war. Und Catherine wohnte nicht mehr im Haus.

Ich hatte es kommen sehen. In aller Herrgottsfrühe begann das markerschütternde Begrüßungsgebell, wenn Catherine oder sonst jemand auftauchte, und wir schwankten, aus dem tiefsten Schlaf gerissen, an Nelkes Seen und Kakteen vorbei zum Frühstück. Unsere Ruh' war hin, den ganzen Tag tat sie ihre Pflicht, kündigte mit lautem Gekläff jede Türklingel, jeden Telephonanruf und jeden

Schatten vor den Fenstern an, bis sie abends total erschossen in ihren Korb fiel.

Helmut war gleich nach Nelkes Ankunft weggefahren. Nach ein paar Tagen holte ich ihn am Flugplatz ab und nahm Nelke mit, um ihm eine Freude zu machen. Schon unterwegs sprang sie im Wagen ständig über den Sitz nach vorn und nach hinten, in Genf angekommen, entleerte sie sich mitten auf dem Parkplatz und machte, während ich am Schalter nachfragte, auch noch einen Riesenhaufen in die Halle. Ich ergriff mit ihr die Flucht und wartete draußen – da krachte irgendwo ein Laden herunter, Nelke machte einen Satz, wickelte die Leine um meine Füße, riß sich los und galoppierte davon, ich hinterher. »Haltet den Hund«, schrie ich durch die Menge – rannte unter Lebensgefahr durch Taxen und Busse über die Straße, holte sie ein, trat auf die Leine und fiel über die plötzlich stoppende Nervensäge.

»Ein süßer Hund«, strahlte Helmut, als er uns endlich gefunden hatte.

Weniger wäre mehr

Es verging kaum eine Woche, daß wir nicht irgendwohin fuhren oder flogen. »Ihr habt einen Motor im Hintern«, behauptete früher schon Papa, dem das auf die Nerven ging.

Am Neujahrstag reiste ich bereits nach Ambach zur traditionellen Wiedemannkur, die wie immer mit rasenden Kopfschmerzen begann. Diesmal konnte ich sie nicht einmal fertig machen, da ich schon am 11. Januar vom ORF abgeholt wurde, um in Seefeld/ Österreich als Frau Pflümli herumzugeistern. Vier Drehtage bei wunderbarem Winterwetter. Ich weiß nicht, ob es wirklich lustig war. Meistens war ich die einzige, die lachte.

Helmut hatte währenddessen schon wieder Tourneevorbereitungen und fuhr überallhin, um einen neuen Bischof einzufangen. Richard Münch, der am besten gewesen wäre, mußte absagen, da er sich von einer schweren Krankheit erholte.

Nachdem Buebis und Mélisandes Geburtstage gemeinsam gefeiert worden waren, sie lagen nur einen Tag auseinander, wurden in

Perroy schon wieder die Koffer gepackt. Helmut fuhr zur Kur nach Ambach und nahm schon das ganze Tourneegepäck mit, Mélisande und ich nach Zermatt in die Skiferien.

Wir nahmen uns schon am ersten Tag einen jungen Skilehrer, Jörg, der sehr an Mélisande interessiert und der Sohn einer einheimischen Hotelkette war. Sie fuhr mir jetzt schon davon, denn wenn die Sonne nicht schien, und sie schien oft nicht, sah ich überhaupt nichts mehr und segelte wie ein Maulwurf in der weißen Sauce herum. Abends stopften wir uns in irgendeiner Kneipe mit Steaks und anderen Köstlichkeiten voll und redeten über Philosophie, Gott und das Weltall.

Am letzten Tag fuhren wir nochmals Ski, aber allein, da Jörg nicht frei war, und fielen prompt vom Lift. Als das Abonnement zu Ende war, verschlangen wir auf einer Terrasse noch irgend etwas Sportliches und das in voller Pracht herüberdräuende Matterhorn.

Dann fuhren wir mit dem Zug nach Perroy zurück. Es war ziemlich anstrengend gewesen, und wir schliefen in unseren eigenen Betten wie in einer Narkose.

Beim Frühstück sahen wir fast nicht mehr aus den Fenstern vor lauter Schnee. So etwas hatte ich hier noch nie erlebt. Erst konnte man die Türen gar nicht mehr aufmachen, dann versank man bis zu den Knien in der weißen Pracht.

Wir füllten fleißig die Vogelhäuschen auf und beobachteten dabei drei gewaltige Bussarde, die ausgehungert auf der Telephonleitung saßen und sich um irgend etwas stritten. Mélisande ging dann spazieren und kam bald wieder, einen der Bussarde tot in der Hand. Sie hatte ihn im Efeu eines Baumes am Boden gefunden. Uns drehte es fast das Herz ab. Ein bißchen früher, und man hätte ihn retten können. War er erfroren? Brach ihm ein anderer das Genick? Die Füße waren eiskalt, die Federn noch warm. Er mußte sich in einem Draht verfangen haben. Wir ließen ihn ausstopfen.

Dann ging schon wieder die Kofferarie los. Die Wiederaufnahmeproben fanden diesmal in Laufen an der österreichischen Grenze statt. Die beiden Umbesetzungen Günter Eisel als Bischof und Jons Dengler als Kriegsgefangener fügten sich problemlos in unsere Tourneefamilie ein. Am 8. März war öffentliche Generalprobe für alte Leute, die immer am meisten lachten, und ab 9. März wieder schlafen, fahren, spielen.

54 Vorstellungen. Bei jedem wirkte sich die Strapaze anders aus. Ida, das Dienstmädchen, tröstete sich mit dem Techniker, Helmut mit dem Fernseher, ich mit fast ununterbrochenem Schlafen. Aber die Übermüdung blieb. Einmal hatte ich unterwegs ein seltsames Erlebnis. Nach einer scharfen Linkskurve auf einer Landstraße sah ich sekundenschnell eine Wand vor mir auftauchen – Nebel? Wenig später auf der Autobahn stand plötzlich auf der Überholspur ein ähnliches Hindernis, ein riesiger Arbeitswagen. Ich konnte nicht einscheren, Fastzusammenstoß. Ich war gewarnt, konnte halten. Es war wie eine Gefahrenspiegelung.

Ich konnte das Ende der Tournee nicht richtig genießen. In der letzten Vorstellung in Kempten ging das Licht aus, dann fiel ich die Treppe hinunter und verknackste mir den Fuß. Am übernächsten Tag mußte ich damit nach Paris, wo ich eine übereilt abgeschlossene französische Fernsehserie mit Michèle Morgan absitzen mußte. Diese Serie war eine der größten Dummheiten, die ich mir je eingebrockt hatte. Im ersten Buch hatte ich eine vielversprechende Szene, in den folgenden Geschichten nur noch ein paar Sätzchen oder gar keine. Eine gut bezahlte Statistenrolle.

Ich jettete mehrere Male von Genf nach Paris und zurück in Sachen *Geheimschublade*. Anfang Juli nahm ich Mélisande mit, die nach tagelangem Bangen wieder einmal ein Examen bestanden hatte. Ich freute mich, ihr Paris zu zeigen und hätte ihr gerne nur die Sonnenseiten unseres Berufs vorgeführt. Leider wurde sie aber Zeugin von nicht bestellten Hotelzimmern, herumschreienden Empfangsdamen, halb aus- und wieder eingepackten Koffern, rasenden Fahrten zum Drehort, Abspulen der Dialogszenen ohne Mittagspause und Umzug in einen noch volleren Touristensilo. Pflichtschuldigst besichtigte sie dann mit mir den Flohmarkt, die Champs-Elysées und auf einer nächtlichen Stadtrundfahrt mit meinem alten Freund Claude Heyman das Panthéon, dahinter versteckte mittelalterliche Plätze, Kirchen, Paläste und Avenuen. Um Mitternacht standen wir auf der Place des Pyramides vor Jeanne d'Arc, ihrem Prüfungsthema.

Und ich flog weiter in der Weltgeschichte herum. Zuerst nach Lugano zu einer Geburtstagssendung von Kurt Hoffmann. Er war fünfundsiebzig geworden. Ich versuchte umsonst, ihn zu unserem elften Film zu überreden. Er hatte sich endgültig zurückgezogen: »Es fällt mir schwer, daß du wegfährst«, sagte er mir zum Abschied, »es war doch etwas Außergewöhnliches mit uns beiden!«

Anfang September war die *Geheimschublade* endlich abgeschlossen, und ich flog nach Berlin, wo Billy Wilders *Eins, zwei, drei* zum Kinohit geworden war. Nun sollte ich den 100 000sten Zuschauer begrüßen.

Der Delphi-Palast war ausverkauft. Der Film ein Meisterwerk. James Cagney unbeschreiblich als Coca-Cola-Oberhaupt. Ich mußte eine Rede halten und bemühte wieder einmal den Berner-blitz, »der 24 Jahre hatte, um einzuschlagen«.

Mélisande hatte das Vorabitur bestanden. Lohn der Angst: eine Reise nach Sizilien. Während Helmut in Bayern eine Kur machte, flog ich mit der erschöpften, aber glücklichen Tochter erst nach Catania und mit einer Taxe weiter nach Taormina, wo wir von einem wahnsinnigen Sturm empfangen wurden. Wir wohnten im Hotel Mazzarò am Meer, sehr schön und sehr teuer. Das Holiday Inn auf Naxos hätte die Hälfte gekostet, aber nach Besichtigung der abgeschabten Bienenwaben verzichteten wir auf einen Umzug.

Nach Abwehren eines 300pfündigen Restaurantbesitzers, der mit dem Kind tanzen gehen wollte, begannen die Kunstgenüsse. Bewunderung des griechischen Theaters in Taormina.

Syrakus. Kaum hatte ich die Taxe bestellt, wollte Mélisande nicht mehr mitkommen. Aber 170 000 Lire waren mir allein zu teuer, und ich versuchte sie mit List – »Ich zwinge dich nicht« –, dann mit Tücke – »Ich bitte dich darum« – zu überreden. Schließlich schlurfte sie hinter mir her zur Taxe und redete auf der ganzen Fahrt kein Wort.

Syrakus war denn auch beim Reinfahren selten häßlich, das griechische Theater weniger schön als das Taorminsche, das römische Theater verfallen, und das »Ohr des Dionysos« wegen Umbaus geschlossen. Der Dom hingegen war ein Ereignis, auf einem dorischen Athenetempel aufgebaut. Die mächtigen verwitterten Säulen waren in die Kirche eingegliedert und gaben dem Gotteshaus etwas Drohend-Ewiges.

Mélisande trottete leidend hinter mir her und schaute wütend an den Wunderwerken vorbei. Nach einigen weiteren Sehenswürdig-

keiten steuerten wir an der unvergleichlichen Hafenfassade entlang
heimzu. Im Hotel erfuhr ich endlich von Mélisande den Grund ihres
Denkmalhasses: sie war verabredet gewesen.

Nach einem Tag Fieber und Durchfall kam der letzte Tag und
schlechtes Wetter. Wir hatten uns den Ätna vorgenommen, mußten
aber auf der Zwischenstation bleiben, da der Gipfel im Nebel lag.
Wir kamen aber voll auf unsere Kosten, denn hier waren beim
letzten Vulkanausbruch sämtliche Seilbahnen zerstört worden.
Man konnte noch einige Reste davon erkennen und in einen Neben-
krater hineinsehen. Nachdem wir zwischen schwarzen Schlacken
und blühendem Ginster etwas Lava gesammelt hatten, fuhren wir
wieder nach Taormina zurück. Dort verschwand Mélisande, um
sich von ihrem Romeo zu verabschieden, und kam erst gegen
Morgen wieder.

Horrorflug Pisa – Mailand – Genf, ohne Verpflegung, Geld und
gute Worte. Ich konnte gleich weiterfliegen. Ilse war gestorben. Ich
kam gerade noch rechtzeitig zur Beerdigung.

Mitte Oktober *Lauf doch nicht immer weg* in Zürich. Riesenstimmung,
gute Presse. Ich war weniger nervös als sonst. Nach 110 Vorstellungen, mußte ich ja den Text langsam können. Wir spielten bis
24. November. Letzte Vorstellung mit über hundert hereingestell-
ten Stühlen. Die Kollegen bekamen von mir ein Stück Lava und
einen markanten Spruch von Philip King zum Abschied.

Wir waren völlig erschöpft. Am liebsten wären wir irgendwo untergetaucht. Aber es war kurz vor Weihnachten, und Tell fuhr am
16. Dezember mit seiner Handelsmarine wieder ans Ende der Welt.
Auch Mélisande brauchte Ruhe. Wir schenkten ihr eine neue
Skiausrüstung zum Fest und schickten sie nach Zermatt zum Skifahren. In dieser Nacht träumte ich, daß die Alpen einstürzten.

25 Jahre Schmid-Pulver

Am 24. Januar 1986 erhielt ich das Bundesverdienstkreuz.
Dieser ungeheuren Ehrung mußte ich mich als würdig erweisen,
auch äußerlich. Den ganzen Vormittag verbrachte ich mit meiner
Verschönerung und kam fast zu spät zur Verleihung. Umgezogen,

ohne Laufmasche und mit gepuderter Glanznase sauste ich gerade noch pünktlich die Treppe hinunter, mitten in die Ehrengäste hinein, wo Helmut schon fast verzappelte. Hans-Dietrich Genscher kam selbst, hielt eine Rede und steckte mir das Bundesverdienstkreuz Erster Klasse eigenhändig an.

Erster Klasse – Mensch! Das war eine Sternstunde. Dann gingen wir zum Fasching.

Ein vielversprechender Januar mit einem dramatischen Ausgang. Am 27. Januar verglühte die amerikanische Raumfähre Challenger mit sieben Astronauten an Bord. Am nächsten Tag starb Lilli Palmer. Niemand wußte, daß sie unheilbar krank war. Sie fuhr nach Amerika, um zu sterben.

Auch am Familienhimmel zogen Gewitterwolken auf. Corinne hatte ihr Haus in Versoix ihrer Tochter abgetreten und bewohnte ein kleines Chalet in den Bergen. Aber dort hielt sie es nicht aus. Sie mußte mit Allergien und Herzstörungen ins Krankenhaus.

Mélisande wurde achtzehn. Schlechte Noten. Aber statt Nachhilfe zu nehmen, begann sie mit Fahrstunden. Ich hatte ihr ein kleines Auto versprochen, falls sie das Abitur bestand, aber sie wollte es schon vorher. Begreiflich, denn er stand ja vor der Tür, Tells Polo, den wir ihm für sie abgekauft hatten. Aber sie wollte ohne Führerschein herumfahren, mit »Freunden«. Das erlaubte ich nicht. »Du machst mir alles kaputt«, warf sie mir vor, »immer gibt es Schwierigkeiten.« Sie begann zu weinen, und als sie mein erschrockenes Gesicht sah, murrte sie: »Es geht nicht da drin«, zeigte auf ihren Kopf und rannte aus der Küche.

Am 19. Februar bestand sie die mündliche Fahrprüfung und war natürlich blendender Laune. Bald folgte die praktische, dann konnte sie in die Schule fahren und sparte eine halbe Stunde Zeit. Sie blühte auf und redete über alle ihre Sorgen. Sie fand einige meiner Ratschläge gar nicht übel und ließ sich von mir sogar Autogenes Training zeigen. Hätte ich bloß nicht wieder wegfahren müssen!

Joachim Landgraf hatte eine dritte Wiederaufnahme der Tournee zustande gebracht. Seine Taktik bestand darin, alle Schauspieler, inklusive Helmut, unterschreiben zu lassen und damit an mein Gewissen zu appellieren. Da es Helmuts Inszenierung war und ich die Hauptrolle spielte, gab es kein Entrinnen. Zugegeben, das Stück war ein Riesenerfolg, brachte Betriebskapital und machte manchmal auch Spaß. Aber die täglichen Hetzjagden rieben mich auf, und ich fragte mich manchmal, ob es mir als einsamer Bücherwurm nicht wesentlich wohler gewesen wäre.

55 Vorstellungen. Jede Menge Aufregungen, erfreuliche und unerfreuliche. Am 18. März, eine Woche nach Beginn, verbuchten wir in Lohne den Rekord von 35 Szenenappläusen. Am 12. April mußte Milia ihren Hund einschläfern lassen, in Bergen-Enkheim ereilte ihn sein Schicksal. 169mal war Mumpelchen dabei. Zählte man *Die Dame vom Maxim* dazu, kam er auf genau 300 Vorstellungen.

Am 26. April explodierte Tschernobyl. Gerd Zemann klärte uns über die Zusammensetzung der Atomwolke auf, die sich auf Deutschland herabsenkte. Die Messungen ergaben in Südbayern die höchsten radioaktiven Werte; dort spielten wir gerade. Vielleicht waren wir bereits verseucht – jedenfalls gestalteten sich die letzten zehn Tage zum Albtraum. Wir waren so kaputt, daß wir wie angesengte Wespen herumkrochen, kaum essen und schlafen konnten und nur noch abhakten. Seit Tagen herrschten außerdem tropische Temperaturen, und wir schwitzten uns in den geheizten Theatern die Seele aus dem Leib.

In Lörrach senkte sich der Vorhang am 13. Mai zum vorläufig letzten Mal.

Zehn Tage nach meinem Schwur, nie mehr Theater zu spielen, rief Eynar Grabowsky an, ich hätte den Bernhard-Preis für die erfolgreichste Aufführung der Saison 1985/86 gewonnen, und wir könnten unser Stück im Bernhard-Theater aufzeichnen, wenn wir nochmals bei ihm spielten . . .

Ich floh nach Leukerbad und pilgerte zu meiner einsamen Lärche, setzte mich unter ihre mächtigen Äste und hoffte auf eine Erleuchtung.

Unentschlossener denn je tauchte ich nach einer Woche wieder in den brodelnden Alltag hinunter.

Als erstes mußte ich mich mit dem Umbau unseres Nachbarhauses abfinden. Klopfen, klappern, knallen, knattern, klirren. Jeden Morgen ab 7 Uhr.

Helmut setzte sich mit Mélisande nach Spanien ab, ich pflügte derweil meinen Schreibtisch durch. Dann begann ich mit Mélisandes Prüfungsthema »Bel Ami« von Guy de Maupassant. Die grandiose Schilderung eines Parvenüs, der über Leichen geht und ungestraft die höchsten Positionen an sich reißt. Die Frauen werden von ihm benützt und wieder weggeworfen. Am Schluß heiratet er die 60 Millionen schwere Tochter der vergewaltigten Mutter. Man dankt.

Tell kam fast gleichzeitig mit Helmut und Mélisande zurück und gerade rechtzeitig zu seinem Geburtstag. Dieses Jahr kamen nur einige Freunde Tells, Corinne, Mama und Paul. Es war schon sehr gelungen, als es dunkel wurde, alle Lämpchen und Lampions im Garten glühten und das Feuerwerk zu krachen begann.

Dann begann wieder der Ernst des Lebens. Ich hatte mich inzwischen zum Zankapfel der Nation entwickelt, den sich Grabowsky und Landgraf abwechselnd aus den Zähnen rissen. Helmut saß zwischen sämtlichen Stühlen, wurde von allen Seiten erpreßt und bedroht: wenn wir die Fernsehaufzeichnung machen wollten, mußten wir bei Grabowsky spielen, bekamen aber die Fernsehrechte vom Verlag nur, wenn wir eine neue Tournee bei Landgraf abschlossen. Ich wiederum fiel auf das Ränkespiel herein, weil ich den Knaller unbedingt aufzeichnen wollte.

Kaum hatten wir uns zu dem neuen Marathon durchgerungen, bekam Susanne Kaufmann, unsere Ida, ein Kind und mußte absagen. Auch der Bischof und der Hilfspfarrer waren nicht frei. Und als ob drei Umbesetzungen, Mélisandes unmittelbar bevorstehendes Abitur und das benachbarte Baugetöse nicht genügt hätten, kamen auch noch die Vorbereitungen für unseren 25. Hochzeitstag dazu.

Er sollte wieder auf unserem Eheschiff, der »Savoie«, stattfinden, mit allen damals anwesenden Gästen. Natürlich nur die, die nicht gestorben waren. Dampferbestellung, Orchester, Sitzordnung, Tischkärtchen, Menu, Filmvorführung, Einladungen, Unterbringung, Lokale vor und nach der Seefahrt. Das hatte ein hals-nasen-ohrenbetäubendes Telephongewitter zur Folge, alle machten die unmöglichsten Vorschläge und sagten am Ende ab.

Die ersten Besucher unserer großen Feier erschienen schon zwei Tage vorher. Hans und Margot Krüger-Franke, fast die ältesten Säulen unserer guten alten Zeit. Sie brachten uns zwei wertvolle Figurinen von Charlotte Flemming aus *Gustav Adolfs Page* mit, unbezahlbare Reliquien. Einen Tag vorher kamen Karli, Karin, meine Agentin Carla, Helmuts Vetter Werner mit Anne und das Harmonium. Dann brachen die Schrecken der Veranstaltung über uns herein.

Tell fuhr schon um 9 Uhr 45 mit dem Harmonium auf das Schiff nach Lausanne, um auf der Fahrt nach Rolle die Filmleinwand mit dem Projektor zu installieren und auch sonst alle Klarheiten zu beseitigen. In der Zwischenzeit füllte sich das Haus mit Bekannten und Verwandten und ihren unzähligen, eingepackten Flaschen und Gläsern, es wurde immer voller und ungemütlicher, denn unser Salon war nicht für mehr als vier Besucher eingerichtet. Wir drängten zum Aufbruch und machten, daß wir an den Hafen kamen, wo schon die auswärtigen Gäste warteten, frierend, lachend und zum Äußersten entschlossen. Ich versuchte mich an längst vergessene Gesichter zu erinnern, sie zu begrüßen und vorzustellen, wobei mir kein einziger Name einfiel, nicht einmal mein eigener. Zum Glück hörte man schon das Stampfen des Raddampfers, der langsam und elegant um die Insel herum auf uns zuglitt, und nachdem ich einige Teilnehmer zum zweiten Mal begrüßt hatte, bewegten sich alle auf den Landungssteg zu. Nun begann die 1000fränkige Blaskapelle zu spielen, Lothar Winkler, unser Hochzeitsphotograph von anno 1961, photographierte aus allen Löchern, und Paul filmte im halsbrecherischen Rückwärtsgang, während Helmut und ich wie zwei echte Jubilare als erste das Schiff betraten.

Kaum waren die etwa vier Dutzend Passagiere an Bord, legte die »Savoie« unter beträchtlichem Schnaufen und Schäumen ab und entfernte sich schneller, als die erstaunten Ausländer erwartet hatten.

Da sich einige Ortsunkundige auf dem Riesenschiff verirrt hatten, eröffnete Buebi den Aperitif auf dem Oberdeck mit Verspätung. Dann, nach seiner hintergründig-witzigen Ansprache, wurden alle wieder die Treppe hinuntergejagt, wo unter großem Getümmel der Kampf um den Eßtisch begann. Dazu jaulte bereits das Harmonium zum Hochzeitsfilm, man erkannte sich wieder, lachte Tränen, schwelgte in der glücklichen Vergangenheit, schlemmte und becherte, so daß ich nach vier Stunden den Kapitän bitten mußte, die Fahrt zu verlängern. Es folgten noch weitere Reden, auch Helmut schoß einige Juliläumspfeile ab, dann trug er mich unter großem Hallo vom Schiff.

In einem kleinen Landgasthof in Saubraz, wo es zwanzig verschiedene Fondues gibt, klang die turbulente Feier aus, und wir sanken gegen Mitternacht erlöst und völlig erschöpft ins Bett.

Mélisande fiel durchs Examen. Die Überraschungsnoten, mit denen sie sich sonst immer gerettet hatte, blieben aus. Sie ließ sich nicht viel anmerken. Wir versuchten es zu bagatellisieren, nach einem Ausweg zu suchen; Tell redete eine halbe Nacht mit ihr über neue Lösungen, und Direktor Zbinden schlug vor, auf das weniger überladene Baccalauréat umzusteigen.

Wenige Tage danach begannen in Zürich die Umbesetzungsproben. Die Kinder kamen mit, fuhren aber dann wieder zurück, da Mélisande einige Tests machen mußte.

Richard Münch als neuer Bischof war ein Traum; Dieter Stolz als Hilfspfarrer präzise; aber die neue Ida, als vorwitziger Trampel der rote Faden des Ganzen, geriet zur Kammerzofe und war überhaupt nicht vorhanden. Es stimmte nichts mehr. Dazu versagte die Technik, fehlten die Bühnenarbeiter, streikten die Requisiten. Nervosität machte sich breit. Es schien unmöglich, das Stück in acht Tagen mit drei neuen Schauspielern herauszubringen.

Am 27. September begannen wir zu spielen. Wir waren verzweifelt. Das Stück war nicht wiederzuerkennen. Die Aufzeichnung konnte man abschreiben. Wir brauchten ein Wunder.

Am 3. Oktober ging nachmittags das Telephon. Es war Milia: »Susi hat das Kind«, jubelte sie. »Sie kann sofort kommen.«

Nicht zu fassen. Eine Woche lang war Milias Telephon kaputt gewesen – als Susi anrief, funktionierte es plötzlich.

Die beiden Aufzeichnungen fanden in Illnau im Gasthof Rössli statt. Die Hitze auf der kleinen Bühne war bestialisch. Chaotische Zustände. Der Techniker war bei Kulenkampff. Wie sollte dieses Unternehmen jemals in den Kasten kommen?

Es kam in den Kasten. Und zwar für unsere Begriffe hervorragend. Bei der zweiten Aufzeichnung waren Tell, Mélisande und das frühere Kindermädchen Ruth im Theater. Es war besser als gestern. Leiser, schneller, Halleluja! Vorbei! Feier in meinen 57. Geburtstag hinein.

Drei Wochen Pause, bevor die elf weiteren Grabowsky-Vorstellungen losgingen. Ich verbrachte mit Tell ein paar Tage in Leukerbad,

während Mélisande in Lausanne eine Wohnung suchte. Ich hatte sie
darin bestärkt, vielleicht beruhigte sie sich in ihren eigenen vier
Wänden. Außerdem hatte mir Direktor Zbinden versichert, daß er
mit ihren Lehrern alle Möglichkeiten durchgerechnet habe. Sie
könne es in einem halben Jahr schaffen.

Ich atmete auf. Wenn sie bestand, war ihr Gleichgewicht wiederhergestellt, dessen war ich sicher.

Die Grabowsky-Minitournee begann am 4. November und versetzte uns ein bißchen ins Zeitalter der fahrenden Komödianten. In
der Garderobe kläffte Milias neuer Hund, zwischen Scheinwerfern
und Vorhängen wiegte Vater Fritz Susis Baby, und wir wickelten
auf den Brettern Menschenschicksale ab.

Letzte Grabowsky-Vorstellung war in Bern. Ich schenkte den
Kollegen zum Abschied Nierenwärmer, leider keine Schaffelle,
sondern Imitationen. Richard Münch trat im letzten Akt damit auf.
Erst trug er den Nierenwärmer über dem Pyjama, dann wickelte er
ihn ums Handgelenk. Das war mein letzter Eindruck von ihm. Er
starb ein halbes Jahr später.

Die Grenze

Weiße Weihnachten. Mélisande besuchte uns. Sie hatte eine kleine,
moderne Einzimmerwohnung gefunden und hauste seit Mitte Dezember allein in Lausanne. Helmut konnte sich gar nicht damit
abfinden. Er aß nicht, schlief nicht, redete kein Wort, saß die halbe
Nacht mit einer Flasche Wein vor dem Fernseher.

Mir wurde es ungemütlich, und ich meldete uns in Ambach an. Ich
flog schon am 1. Januar, Helmut wollte mit dem Wagen nachkom-
men. Nachdem er die Fahrt einige Male wegen Glatteis verschoben
hatte, kämpfte er sich am 15. Januar in einem Schneesturm durch
Bayern und kam völlig k. o. im Sanatorium an, als es schon stockdunkel war.

Kaum war er eingetroffen, rief Joachim Landgraf an und von jetzt an
jeden Tag. Er war einfach nicht abzuschütteln. Und obwohl Milia
abgesagt hatte, war Helmut fest entschlossen, das Stück auch ohne
sie auf die Beine zu bringen.

Der Arzt riet Helmut von einer Tournee ab. »Ihr Gesundheitszustand läßt sehr zu wünschen übrig«, warnte er, »Ihr Herz ist nicht mehr belastbar.«

Ich rief Joachim an und sagte ihm das.

Dann fuhr ich weg. Zu Hause ging der Ringkampf mit Landgraf weiter.

Ich hoffte immer noch, Milia wenigstens für zehn oder zwanzig Vorstellungen zu überreden, ohne Erfolg. Insgeheim bewunderte ich ihre Härte. Ich war dazu nicht imstande. Außerdem konnte ich Helmut nicht im Stich lassen.

Die Proben wurden auf den 3. März in Wiener Neustadt angesetzt. Drei Tage vorher trat ich in Hamburg in *Ein Abend für Joachim Fuchsberger* auf. Es war nicht ganz leicht, den langen Text zu lernen, den man mir vergessen hatte zu schicken. Ich wimmelte alle Kumpel ab, die mit mir essen gehen wollten – auch Katharina Trebitsch, die mich dringend zu sprechen wünschte. Schließlich versprach ich ihr, am Sonntagnachmittag zur Verfügung zu stehen.

Die Sendung ging gut über die Runden, und ich setzte mich am Tag danach mit Katharina Trebitsch in die Halle des Hotels Atlantik, nicht ohne sie auf den blaugekachelten deutschen Kaiser hinzuweisen, der in neuem Glanz auf uns herunterlächelte.

Katharina Trebitsch war voller Tatendrang, denn sie hatte *Eins, zwei, drei* gesehen und wollte mich unbedingt wiederentdecken. »Ich werde suchen, bis ich etwas für Sie gefunden habe«, versprach sie mit einem Seitenblick auf den frischgestrichenen Wilhelm, »dann sind Sie wieder oben.«

»Aber keine Serien«, stöhnte ich, denn die letzte hatte mir gereicht.

Am 2. März flog ich nach Wien, wo ich in einem richtigen Wintergewitter landete. Helmut war mit dem Wagen gefahren und wurde auf der Autobahn wieder mal eingeschneit. Der Wettergott schien wirklich nichts anderes zu tun zu haben, als uns mit seinen Schneehosen überallhin nachzufahren. Als Helmut mitten in der Nacht im Hotel auftauchte, erzählte er, daß er stundenlang in eisigem Wind auf der Straße gestanden und auf Hilfe gewartet habe. Hoffentlich hatte er sich nichts geholt.

Die Proben verliefen reibungslos. Premiere war am 9. März.

Helmut wurde schon nach der zweiten Vorstellung total heiser und mußte ins Krankenhaus. Er bekam Penicillin und spielte weiter. Er schien sich zu erholen, und ich gewöhnte mich daran, daß er überall einschlief. Auch im Auto, das vorwiegend von mir gefahren wurde.

Etwa nach einem Monat bemerkte ich morgens feuerrote Blasen an seinen Armen und Beinen. Es mußte eine Allergie oder eine Vergiftung sein. Am nächsten Tag ging der Ausschlag auf das Gesicht über. Von da an wurde es jeden Tag schlimmer. Die Blasen platzten auf und brannten wie Feuer. Es schien unmöglich zu sein, daß er die letzten drei Wochen durchstand.

Ein Arzt in Bad Kissingen vermutete eine Penicillinallergie und spritzte Calcium. In Bocholt bekam er von einer Hautärztin eine Cortisonspritze, die alles noch verschlimmerte, und in Witten mußte er das rechte Knie aufschneiden lassen. Ich bekam es mit der Angst. Aber er war nicht davon abzubringen, zu spielen. Abends stand er auf der Bühne. Er sagte keine einzige Vorstellung ab.

In Rheinau bei Zürich war die Höllenfahrt zu Ende. Ich unterschrieb den Vertrag nach der letzten Vorstellung und überreichte ihn Joachim Landgraf.

Dieses Kapitel war abgeschlossen. Für immer.

Anfang September rief mich Katharina Trebitsch an und bot mir eine Rolle in der Pfarrerserie *Mit Leib und Seele* mit Günter Strack an. Ich sollte seine schrullige Schwester spielen, die nach einer unglücklichen Liebesaffäre zu ihrem Bruder flüchtet, um ihm mehr schlecht als recht den Haushalt zu führen. Dreizehn Folgen à 45 Minuten, die Pilotsendung mit 90 Minuten.

»Nein«, war die erste, entsetzte Reaktion.

Sie schickte mir die Bücher. Die Rolle war sehr gut, klein, aber mit Witz und Herz. Ich erbat mir Bedenkzeit.

Ich schob die Entscheidung vor mir her. Mich drückten im Moment ganz andere Sorgen. Mélisande hatte das Baccalauréat bestanden und mit Tell sechs Wochen Ferien in Spanien verbracht. Ich hatte gehofft, sie erholt und voller Lebensfreude wiederzusehen. Das Gegenteil war der Fall. Sie war auch jetzt, nach diesem Erfolg, nicht glücklich. Sie ließ sich gehen, lief ungekämmt herum, trug immer dieselben schmutzigen Jeans. Ihr Gesicht war bleich und aufgedun-

sen. Ihre Stimmungen schwankten zwischen feindseliger Provokation und überschwenglicher Redseligkeit. Ich verstand die Welt
nicht mehr.

Auch Helmut ging es nicht besser. Er hatte einen qualvollen
Sommer hinter sich. Der Ausschlag brach immer wieder aus.
Dazu kam eine lähmende Müdigkeit und Appetitlosigkeit. Er
stand morgens nur auf, um sich im Fernsehraum gleich wieder
hinzulegen. Er ertrug weder Hitze noch Helligkeit und floh vor
der Sonne in den Keller. Dort suchte er Zuflucht bei Weißwein
und Bier, was ihn vorübergehend betäubte, aber gleichzeitig noch
mehr schwächte.

Manchmal zwang er sich zu irgendeiner Tätigkeit im Haus oder
im Garten. Zum Beispiel an diesem 20. Juli, als er sich besser
fühlte. Fröhlich stieg er auf den Kirschbaum, das tat er seit Jahren, um Kirschen abzulesen. Ich ging zur Garage und wollte gerade den Hund ins Auto verfrachten, da hörte ich ein kurzes,
scharfes Knirschen und wußte sofort: die Leiter! Entweder er
hatte sie umgeworfen oder er war heruntergestürzt.

Ich lief um die Ecke – da lag er unbeweglich am Boden, der Korb
neben ihm, die Kirschen weit verstreut. Tot, schoß es durch mei-
nen Kopf. Ich rannte zu ihm hin. Er atmete. Ich schrie nach
Catherine. Sie hörte nicht. Wo steckte sie denn? Endlich kam sie.
»Legen Sie ihn auf die Seite«, rief ich und lief zum Telephon.
Als der Arzt kam, war er aus seiner Ohnmacht erwacht.

Ich fuhr ihn zum Röntgen ins Krankenhaus, denn es schien nichts
gebrochen zu sein. Aber er fragte immer das gleiche: »Warum bin
ich denn da raufgestiegen? Was habe ich dort oben gemacht?«

Er mußte drei Tage im Krankenhaus bleiben. Ein oder zwei Rippen
waren angebrochen, der Kopf hatte nichts. Aber schon am nächsten
Tag mußte ich ihn nach Hause holen. Der Arzt hatte dienstfrei, die
Schwestern wußten nicht Bescheid, »und sonst komme ich zu Fuß
nach Hause«, drohte Helmut.

Es war viel zu früh. Ein paar Tage danach griff er sich an die linke
Brust und schrie vor Schmerzen. War es ein Infarkt? »Die Rippen«,
meinte der Arzt.

Wieder ein paar Tage später dieselben Schmerzen. Ich gab ihm
Strodival, fühlte seinen Puls: Herzrasen, dann wieder Aussetzen.
Der Arzt ordnete ein sofortiges EKG an. Aber Helmut tobte, er

gehe in kein Krankenhaus mehr. »Ich brauche nur Ruhe«, keuchte er und flüchtete in den Keller.

Ich konnte ihn gut verstehen. Auf der Tournee waren wir in jeder Stadt bei einem anderen Arzt gewesen, aber alle Salben und Tränke hatten ihm wenig oder gar keine Linderung gebracht.

Nun war der Sommer vorbei, und Helmut wurde einfach nicht gesund.

Nachdem ich ihn mit Müh und Not zu einem Lausanner Professor geschleppt hatte, konnte ich ihn überreden, mit mir nach Leukerbad zu kommen, wo ich seit Jahren Höhenkuren machte.

Es war der 14. September 1987. Eine Bullenhitze. Der See war spiegelglatt. Wie gemacht zum Wasserskifahren. Aber ich war früh aufgewacht, kurzatmig und wabbelig. So packte ich fertig und rief in Leukerbad an, daß wir jetzt kämen.

Ich ging dann wenigstens schwimmen und redete bei der Gelegenheit etwas mit Mélisande. Sie müsse sofort und ganz aufhören mit Hasch. Es lähme ihre Lebensenergie, ihren Willen, alle ihre Talente. Deswegen könne sie sich zu nichts entschließen. Wenn sie Geld verdienen oder sogar Karriere machen wolle, könne sie sich nicht die Nächte um die Ohren schlagen, trinken und rauchen. »Du glaubst nicht, was das für ein Hochgefühl ist, wenn alle langsam zu lallen anfangen, und du sitzt da mit einem Glas Wasser und gehst nach einer Stunde.«

Wie oft hatten wir schon darüber geredet! Immer wieder hing sie in den Kneipen herum, rauchte, schwatzte und verplemperte ihre Zeit. Dabei hatte sie gestern entzückend Mannequin gespielt mit meinem blauen Brokatkleid und hohen Absätzen! Atemberaubend schön, schüchtern, natürlich, wild und naiv. Sie hätte eine Riesenzukunft, wenn sie nur von ihren Gammlern abließe!

Nach dem Mittagessen legte sich Helmut hin. Ich machte Kaffee und wartete. Etwa um 15 Uhr kam er von den unteren Gefilden herauf, trank ein Täßchen. Stöhnte über die Hitze!

Seufzend stieg er in den Wagen. Es war wirklich wahnsinnig heiß! Kein Lüftchen regte sich. Ich gab ihm einen Eisbeutel, dann fuhren wir los.

Helmut jammerte über diesen Brutofen. Warum mußte bloß diese Höllenhitze losbrechen? Er war so schon schwach genug.

Im Hotel Bristol wurden wir wie die Könige empfangen. Helmut hatte im hinteren Gebäude das Eckzimmer, ich im achten Stock ein ähnliches.

Etwa um 20 Uhr gingen wir in den Speisesaal essen. Kaum hatten wir bestellt, mußte ich zum Telephon. Es war Frau Trebitsch. Sie wollte eine Antwort, eine Zusage.

Ich erzählte Helmut von meinem Dilemma. Einerseits eine gute Rolle und eine stolze Gage, wenn ich ja sagte; andererseits, lehnte ich ab, der endgültige Rücktritt.

Helmut hörte zu, stopfte das ungewohnt üppige Nachtessen in sich hinein. Er atmete schwer. Als wir außen herum zum Hotel 2 gingen, keuchte er.

Am nächsten Morgen ging ich etwa um 10 Uhr zu Helmut hinunter, obwohl ich schon lange wach war.

Es ging ihm miserabel. Er hatte kaum geschlafen und war in Schweiß gebadet. Ein Arzt stellte einen astronomischen Blutdruck und viel zu hohen Puls fest. Er mußte ins Krankenhaus.

Der Chefarzt der AMI Clinique in Sitten, Dr. Montani, kam gegen 18 Uhr. Schwarz, streng. Ich gab ihm nach der Untersuchung noch einige Einzelheiten an, der Ausschlag, der Sturz vom Kirschbaum, die Schmerzen in der linken Brust. Dann fuhr ich nach Leukerbad zurück.

Helmut mußte etwa eine Woche in der Klinik bleiben. Ich besuchte ihn jeden Tag und war überrascht, wie schnell er sich erholte. Er war gut gelaunt, aber undefinierbar geschwächt.

»Er muß sofort zur Kur«, ordnete Dr. Montani an. »Und keinen Tropfen Alkohol mehr.«

Also auf nach Ambach! Es war nicht leicht, Helmut dazu zu überreden, aber endlich willigte er ein.

Ich machte diesmal keine Kur im Sanatorium, verzichtete aber freiwillig auf Tee, Kaffee und Alkohol. Helmut blieb drei Wochen und unterzog sich den Serumspritzen sowie nochmaligen Untersuchungen. Er war jetzt munter und unternehmungslustig. Wir gingen mit seinem Freund Karli und Karin, die ein halbes Zelt gemietet hatten, aufs Oktoberfest und im Sanatorium zu Spanferkelessen oder Kegelabenden. Er las alle dreizehn Folgen von *Mit Leib und Seele*, während ich hauptsächlich meine Szenen herausgriff. Wirklich gut waren nur Folge 1, 2, 3 und 10. In den übrigen versandete die Rolle. Ich sagte ab. Denn nun kam noch eine Sendung mit O. W. Fischer dazwischen, die schon in vierzehn Tagen begann.

Doch Frau Trebitsch blieb mir auf den Fersen. »Wenn Sie wieder daheim sind, melde ich mich«, kündigte sie mir an.

Am 5. Oktober flog ich zurück. Frau Trebitsch rief schon am nächsten Abend an. Ich hatte gerade eine Pfanne mit Butter für eine Suppe aufgesetzt, und während ich mich am Telephon drehte und wand, begann es in der Küche zu rauchen und zu zischen . . . genau wie bei Else in der Serie . . . war das nicht ein gutes Omen?

Ich verschob meine Entscheidung auf morgen. Sie versprach mir eine Nennung an zweiter Stelle und die Vergrößerung der Rolle.

Die ganze Nacht träumte ich von Pfarrern und Kirchen.

Gegen 8 Uhr wachte ich auf. Was nun? Sinnlose Beschäftigung den ganzen Tag. Einkäufe. Kochen. Nickerchen. Hundesalon mit Nelke.

Um 19 Uhr war der Anruf fällig. Ich begann pausenlos herumzutelephonieren . . . dann war es eben besetzt . . .!

Etwa um 19 Uhr hängte ich einfach den Hörer ab. Hielt es nicht durch. Legte wieder auf.

Sofort klingelte das Telephon: »Hier ist Katharina Trebitsch.«

Ich schnappte nach Luft: »Grüß Gott . . .« Pause. »Leider nein«, rang ich mich durch.

»Was ist der Grund?« wollte sie wissen.

»Die Option«, antwortete ich. »Das kann ich nicht unterschreiben . . . und die Rolle ist kein wirkliches Comeback . . . ich müßte chargieren.«

Uff! Die Würfel waren gefallen. Wahrscheinlich war ich die größte Kuh aller Zeiten.

Quersumme 13

Der 11. Oktober 1987, mein 58. Geburtstag, fiel dieses Jahr auf einen Sonntag. Schon am Tag vorher sah ich ein trauriges Fest auf mich zukommen. Da Helmut noch in der Kur war, versuchte ich jemanden einzuladen. Tante Elsi, nicht da, Marliese, nicht da, Roger, ihr Mann, nicht da, Herbert und Stefanie, nicht da.

Ich verbrachte eine böse Nacht, wälzte Probleme über Probleme. Ich hatte richtige Zustände in dem leeren Haus. Wie sollte das in Zukunft werden? Mélisande ließ sich nicht mehr blicken, Tell war auf seinem Schiff, Catherine hatte nur noch frei, und Helmut wurde immer einsilbiger. Nein, im Winter allein in diesem Haus, es schien mir immer unmöglicher. Im Hotel war das anders. Überall waren Leute, und ich war zwar allein, aber nicht einsam. Vielleicht suchte ich doch eine Stadtwohnung. Aber wo?

Ich stand etwa um 8 Uhr 30 auf. Frühstückte. Öffnete ein paar Geschenke. Helmut rief an, sein Paket war noch ungeöffnet. Ich holte es. Eine Trachtenjacke. Er riet mir, Mama aus Bern zu holen. Mélisande, die gleich darauf telephonierte, winkte ab, als ich sie fragte, ob sie mitkommen wolle. Es war fast Mittag, als ich Corinne in Bern erreichte. Sie war einverstanden, mir Mama für heute abzutreten. Ich stürzte zum Auto, machte, daß ich wegkam. Es goß in Strömen, überall war es grau und scheußlich. Mir war alles egal, auch daß das Essen im Casino in Bern 250 Franken kostete.

Um 15 Uhr kam ich mit Mama nach Perroy zurück. Mélisande war inzwischen aufgetaucht und paßte auf den Hund auf. Hatte aber nichts zu unserem Empfang vorbereitet. Sie wolle heute abend in Lausanne schlafen, eröffnete sie mir. Ich verstand sie irgendwo... Aber dann brauchten Helmut und ich auch nicht mehr hier zu versauern. Ja, es löste sich alles auf. Die einzige Rettung war und blieb die Arbeit. Hoffentlich war es jetzt nicht zu spät für die Serie.

Nun war ich 58. Quersumme 13. Ich wußte immer noch nicht, was ich von dieser Zahl halten sollte. Auf jeden Fall war der 11. Oktober 1987 ein denkwürdiger Tag. An diesem trostlosen Regensonntag wurde Ministerpräsident Uwe Barschel in einem Genfer Hotel tot aufgefunden. In der Badewanne.

Selbstmord hieß es offiziell. Vielleicht auch Mord. Zu viele Widersprüche. Wie auch immer, es hätte nicht an meinem Geburtstag zu sein brauchen.

Zwei Tage später sagte ich die Serie zu, ohne Option, aber mit zwei Ausstiegsfolgen. Ich war erleichtert. Ich war noch die Alte. Ich traute mich noch. Und bei dieser Episodenrolle hatte ich keine

Überanstrengung zu befürchten, kein Schwitzen, keine Atemnot. Vielleicht ließ mein Lampenfieber bei geringerer Verantwortung nach.

Dann drei Drehtage in und um Lugano mit O. W. Fischer und Gunnar Möller. Es war eine Reise in die Vergangenheit, in die glückliche Wolkenstürmerzeit unserer Eroberjahre. Ich genoß den kurzen Aufenthalt in diesem herrlichen Hotel Villa Castagnola in Lugano, verbrachte meine Abende mit Gunnar und dachte oft an Piroschka.

Anfang November nahmen wir Mélisande nach Ambach mit, wo uns ein Jubiläum des Sanatoriums Wiedemann erwartete. Bei der Gelegenheit wollten wir Nina, Mélisandes Halbschwester, treffen, um durch sie erste Kontakte mit der Modebranche zu knüpfen. Aber wie immer, wenn sich unsere Tochter entscheiden mußte, fiel bei ihr der Vorhang – und das Thema Mode ins Wasser. So ließen wir die Festivitäten über uns ergehen und begegneten zum letzten Mal Gert Fröbe, der einige Monate später starb.

Mit Mélisande war einfach nichts anzufangen. Zu Hause versuchten wir, sie für Schreibmaschinen- und Computerkurse zu interessieren, doch als wir ihr die frohe Nachricht überbrachten, argwöhnte sie, man wolle sie in ein Büro abschieben und lehnte dankend ab.

Sie kam hie und da zum Essen, tankte ihren Wagen voll und fuhr wieder weg. Manchmal servierte sie ein paar Tage in einem Restaurant oder bediente in einem Warenhaus. Auch die Mannequinkurse besuchte sie schon lange nicht mehr. Meine kühnen Hoffnungen, damit ihren Ehrgeiz zu wecken, zerschlugen sich.

Wir verbrachten Silvester in Perroy. Helmuts Röntgenaufnahme nach Weihnachten hatte zwar außer der Bronchitis nichts Auffallendes ergeben – aber er sagte Karli ab, zu dem wir feiern gehen wollten. Er schlief miserabel, klagte über Nacken- und Rückenschmerzen, ertrug kein helles Licht, verließ das Haus nur noch selten und unter Protest. Es grauste ihm vor Autofahrten, Leuten, Lärm und Betrieb.

Am Silvesternachmittag kam Buebi zu Besuch. Helmut ging schlafen, und so machten Buebi und ich einen langen Spaziergang beim Golfplatz Beaumont und redeten von unseren versäumten Gelegenheiten. Er über seine nicht gemachte Karriere, ich über meine nicht gekauften Schlösser. Und über den Brief an Frau Barschel, den ich gestern geschrieben und nicht abgeschickt hatte. Darin stand, daß Uwe Barschel nach einem Flugzeugabsturz Gedächtnispannen gehabt haben mußte. Daß ich nicht an die Selbstmordtheorie glaube. Und daß sein Gesicht nicht das eines Lügners war, sondern das eines Gejagten. Buebi betrachtete mich erstaunt und ließ nicht erkennen, was er davon hielt.

Am Abend waren Helmut und ich wieder allein. Buebi fuhr nach Bern zurück, Mélisande zu *copains*.

Ich ging schon mal schlafen und wurde von Helmut um 23 Uhr 40 geweckt. Ich zog den neuen Loden-Frey-Rock an, dazu Helmuts Weihnachtsgeschenk, einen braunen Cashmere-Pullover, braune Pumps, Goldkettchen mit Tells peruanischer Opferschale, Hermès-Armband, Theaterring. Helmut hatte mein Weihnachtsgeschenk an, die Jacke mit den Lederecken und das Topasherz.

Wir mußten uns beeilen, die Zeit rannte. Kerzen anzünden – Champagner entkorken – und schon donnerten die Glocken im Radio: 1988! Wir stießen an, küßten uns und gingen auf die Terrasse, um die Glocken von Perroy zu hören. Sie läuteten etwa eine Minute später als im Radio. Es war grandios und feierlich. Drinnen brannte der Weihnachtsbaum und die verschiedenen Kerzen an Tellern und Ständern. Wir tranken langsam den Champagner und aßen einige Reste des Christstollens.

»Es war eines der schönsten Silvester«, sagte Helmut.

Es war so. Wir waren glücklich.

Am 6. Januar fuhr ich nach Zürich, weil ich am folgenden Tag im Fernsehen ein paar Worte über den Film *Zeit zu leben und Zeit zu sterben* sagen sollte, der, wie *Eins, zwei, drei* überall wieder aufgeführt wurde. Am 8. weiter nach Aschaffenburg. Eine Ankunft wie jede andere. Erst erschrak ich über den »Wilden Mann«, mehr Gasthof als Hotel; aber ich wohnte ja gegenüber in einem neuen Appartement. Wunderschön modernisiert. Aber das Tournéegesetz, daß die schönsten Hotelzimmer meistens auch die lautesten sind, galt auch hier: Heizungsbrummen, Pflastergedonner, Türenknallen. Nach einer unruhigen Nacht zog ich ins Hauptgebäude um, in zwei kleine, aber vielversprechend abgelegene Zimmer.

Heute waren Frisurenproben. Ingrid, die katzenäugige, golfspielende Maskenbildnerin, versuchte einen Kompromiß zwischen einem Omadutt – der mir gefiel, aber der Kostümbildnerin Irms nicht – und einem ältlichen Lockenturm, der ihr gefiel, aber mir nicht.

Abends, bei der Begrüßungsparty in der »Ringheimer Mühle«, war ich seltsam bedrückt und einsilbig. Außer Charly Steinberger und Irms kannte ich niemanden.

Günter Strack mit seiner hübschen Frau und Tochter schien es ähnlich zu gehen. Wir sprachen über allgemeine Schauspielerprobleme und die 150 Drehtage. »Angst machen gilt nicht«, beendete er das Thema.

An Hartmut Griesmayr, dem Regisseur, störte mich nur der Bart. Er gewann sofort mein Vertrauen, da er die gleichen Ansichten über die Schauspielerei hatte wie ich. Als er mich auch noch mit Audrey Hepburn verglich, war das Eis gebrochen.

Nun kam noch ein Sonntag. Lautes Hühnergegacker vor dem Fenster meines ach so ruhigen Zimmers. Draußen war es trüb und trist. Herzklopfen. Warum schon heute? Ich bummelte in der völlig ausgestorbenen Stadt herum mit dem finster drohenden roten Schloß im Hintergrund und dem bleiern dahinkriechenden Main. Auch das gemütliche Café Plausch, wo ich einen Cappuccino trank und das mein Stammlokal wurde, heiterte meine Schlachthofstimmung nicht auf.

11. Januar 1988. Der erste Drehtag. Am liebsten wäre ich weggefahren, aber ich tröstete mich damit, daß es ja allen so ging.

Ich kam erst am Nachmittag dran und hatte mit unzähligen Requisiten zu kämpfen, die ich aber schließlich besiegte. Dann mußten wir wegen der Presse unterbrechen. Ein wahnsinniges Photographengewimmel. Der ganze Marktplatz war voll. Auch in der Kirche wurde kein Altar, kein Heiliger von Scheinwerfern und Blitzlichtgewitter verschont. Christus am Kreuz als effektvoller Hintergrund, als Kulisse! Altarstufen als Kleider- und Gepäckablage. Früher wäre man weggejagt oder gar nicht hereingelassen worden. Das Fernsehen macht's möglich! Ich vergaß mein Unbehagen, als der Rummel vorbei war. Ich war müde und hatte nur noch den morgigen Text im Kopf, Christus hatte sicher keine Zeit, sich seine Vermarktung in Großostheim anzusehen. Oder doch?

Zweiter Drehtag. 9 Uhr drehfertig. Es war noch dunkel, als ich aufstand. Ich dachte, ich krepiere im Hinblick auf den endlosen Drehtag. Aber ich konnte den Text im Schlaf. Ich hatte zu Hause gepaukt wie ein Computer. Hatte bei der kleinsten Unsauberkeit immer wieder von vorne angefangen, bis ich manchmal nicht mehr wußte, was ich redete.

Tatsache war, daß ich dadurch praktisch keine Fehler machte. Aber das Lampenfieber blieb. Ich trank vor den großen Szenen kübelweise Kaffee, zur besseren Durchblutung. Resultat: Flattern. Nun mußte ich auch noch mein einziges Laster abstellen.

Schon nach der ersten Drehwoche bekam ich Magenschmerzen. Es war kein Ende der Serie in Sicht. Dazu kamen der unaufhörliche Regen und der Mangel an Bewegung. Helmut konnte mich nicht besuchen kommen, da er das Schlafzimmer renovierte und eine Arbeiterinvasion bevorstand. Von den Mitarbeitern sah ich nicht viel, sie fuhren alle übers Wochenende weg. Ich beschloß, dasselbe zu tun.

Als ich ein paar Tage frei hatte, fuhr ich nach Ambach. Nachteil: eine Woche keinen Tee, keinen Kaffee, keinen Alkohol. Vorteil: meine lang erprobte Herz- und Nierenärztin, Frau Dr. Hetzel, der ich meine Gebresten klagen durfte. Ich telephonierte mit Helmut, der erzählte, er esse immer allein und schaue abends Fernsehen mit dem Hund. Von da an flog ich an den Wochenenden nach Hause.

Am 10. und 11. Februar kamen meine beiden größten Szenen dran. Viel Text. Der Tag davor war besonders anstrengend. Ich mußte von 14 bis 20 Uhr warten, ein Schauspieler kam erst abends. Ich sah mich schon bis Mitternacht in der Kirche sitzen und am nächsten Tag um halb sieben aufstehen. Ich ging zu Hartmut und jammerte ihm vor, wie schlecht ich morgen aussehen werde. Er rettete mich und drehte mich vor. Außerdem verlegte er den morgigen Arbeitsbeginn auf 12 Uhr, da ja auch Günter Strack mal schlafen mußte.

Es ging hervorragend über die Bühne. Kein einziger Versprecher. Na also!

Nach ein paar Tagen schaute ich mir die Muster der beiden großen Szenen auf dem Monitor an. Sie gefielen mir nicht. Ich machte zu viele Pausen, war zu ernst, zu monoton. Zu hart photographiert. Ich war irrsinnig enttäuscht. Konnte es sein, daß ich mein Talent verlor?

16. 2. Heute war ich frei. Aber ich mußte noch auf Nachricht warten, ob ich wegfahren könne. Ich beschloß, nach Mespelbrunn zu fahren, der Stätte meines beinahe größten Erfolgs. Dort hatten wir *Das Wirtshaus im Spessart* gedreht. Ich landete erst in Hessenthal, wo ich eine Bratwurst aß und mich bei Gräfin Ingelheim anmeldete. Sie war entzückt.

Ich fuhr zum Schloß. O süße Erinnerung! Die Fassade war wie früher. Aber die Schloßkneipe war umgebaut und zu, drum herum leider pseudoelegante moderne Lokale. Die Gräfin empfing mich begeistert und ebenfalls erkältet, führte mich in ihre Gemächer, alt und kostbar. Sie servierte mir Mokka, erzählte lebhaft von ihrem hundertjährigen, eben gestorbenen Onkel, der das Drehbuch des *Spukschloß im Spessart* abgelehnt hatte, so daß wir bei den Baronen von Cramm in Olpe drehen mußten. Vom verunglückten Sohn berichtete sie, der wieder fast geheilt sei, und von der Enkelin, die gestern beim Reiten den Arm gebrochen habe. Auch zu einer Veranstaltung ihres Vereins für gestrauchelte Frauen lud sie mich ein.

Ich ging nach etwa einer Stunde.

Auf dem Heimweg fuhr ich wieder an dem Bach vorbei, den ich vor 31 Jahren mit drei Pferden übersprungen hatte. In Haibach hielt ich vor dem Haibacher Hof an, wo wir damals gewohnt hatten. Aber es war kein Hotel mehr. Disco oder so was. Mit gemischten Gefühlen fuhr ich in den »Wilden Mann« zurück. Wie glücklich und unbeschwert hatte ich mich damals in die Arbeit gestürzt. Ehrgeizig himmelstürmend, eine Lokomotive! Heute war ich eher ein alter klappernder Gepäckwagen.

Am 27. war das »Viertelfest«. Ich saß fast immer mit Gyula Trebitsch zusammen, Katharinas Vater, den ich seit meinen Anfängen beim Film kannte und der mich 1957 zur *Zürcher Verlobung* überredet hatte. Mit seinem unwiderstehlichen ungarischen Akzent schilderte er mir lachend, wie er von Papa Mainz reingelegt worden sei, als er dessen Europa-Film erwarb.

Wir waren als erste wieder im Hotel, tranken noch ein Bier und sprachen von den goldenen Zeiten, als man von Ruhm, Geld und Liebe träumte. Gyula küßte mir leidenschaftlich die Hand, bevor er sich zur Ruhe begab und drohte, bald wiederzukommen.

Nach zwei weiteren Drehtagen bekam Günter Strack Grippe, und ich flog einen Tag früher nach Hause. Ich konnte bis zum 14. März in Perroy bleiben und freute mich aufs Ausruhen. Aber immer, wenn ich nachmittags schlafen wollte, kam irgend jemand, blökte der Hund oder das Telephon. Ich hatte plötzlich Mühe zu lernen, kriegte die Sätze nicht heraus und mußte immer wieder von vorne anfangen. Das Herz raste bei jeder Tätigkeit, und ich trank seit meiner Ankunft nur noch Kaffee Haag. Irgend etwas stimmte einfach nicht. Aber was?

Helmut ging es nicht besser. Er hustete sich die Seele aus dem Leib und aß fast überhaupt nichts mehr. Trotz heftigsten Protests ließ ich wieder einen Arzt kommen. Er stellte bei ihm vereiterte Bronchien fest und warnte vor einer Lungenentzündung. Das war am 9. März. Am nächsten Morgen war ich schon um 6 Uhr 30 wach. Ich hatte einen dumpfen Druck auf der Brust und kriegte keine Luft. Am Ende dieses Tages schrieb ich ins Tagebuch: »Ich versuche nochmals, diese kritische Periode zu meistern. Wenn ich es nicht schaffe, trete ich ab.«

Abends machte ich den Text der drei Folgen, die nächste Woche drankamen. Es war eiskalt im Zimmer. Kein Wunder, daß nichts hängen blieb.

Freitag, 11. März. Ich wachte etwa um 6 Uhr auf. Das Herz raste und mir war sterbenselend. Ich konnte nicht mehr einschlafen.

Dann ging es los. Zuerst ein Vibrieren in den Oberschenkeln. Dann ein schwaches Schütteln. Immer stärker. Bald darauf die Schultern. Aber ich hatte keine Angst. Nicht wie damals in Sankt Moritz.

Es hörte nicht auf. Auch beim Frühstück nicht, im Sitzen.

Ich fuhr zu unserem Hausarzt, Dr. Ursenbacher. Er machte mir eine Spritze und ein EKG. Ich holte das verordnete Medikament in der Apotheke und eilte nach Hause, um Helmut die Krämpfe zu zeigen, bevor sie aufhörten.

Aber sie wurden stärker. Die Spritze hatte nicht die geringste Wirkung.

Ich legte mich ins Bett. Helmut begann herumzutelephonieren. Zuerst rief er die Produktion an, ich könne am Montag nicht drehen, dann das Krankenhaus. Er fuhr mich hin. Aber hier wußte niemand Bescheid, obwohl ich angemeldet war. Wir warteten drei Stunden und wollten gerade gehen, da kam endlich eine Notärztin, und ich wurde in die Neurologie geschoben.

Wieder warten. Schließlich erschien eine elegante junge Assistentin und begann Augen-, Mund-, Finger- und Handreaktionen zu prüfen. Ein weiterer Arzt schaute rein, aber auch er konnte mit meinen Zuckungen nichts anfangen.

Am nächsten Morgen kam Professor Regli mit seinem Assistenzarzt; er betrachtete meine zappelnden Beine mit unbeweglichem Gesicht und ging wieder. Die Gehirnströme wurde gemessen, der Kopf durchleuchtet, alles war normal.

Die Produktion rief an – Hartmut – Günter – Katharina. Helmut hatte ihr in der Aufregung gesagt, meine Rolle sei schlecht und mein Aussehen auch nicht viel besser. Diese nicht mehr ganz nüchterne Bemerkung trug wenig zur Beruhigung der aufgeschreckten Gemüter bei, insbesondere, da er in seiner rustikalen Art auch noch beifügte: »Der dicke Strack kann doch nicht alles alleine machen.« Dieser saloppe Ausspruch wurde von der mordlustigen Skandalpresse sofort aufgeschnappt, ausgeschmückt und herumposaunt, wohl wissend, daß Günter Strack mir das nie verzieh.

Am 14. hätte ich drehen sollen. Seit 1954 (ein Tag) hatte ich nie mehr gefehlt. Jetzt lag ich in der Universitätsklinik, wußte nicht, was ich hatte und erschien nicht zur Arbeit. Was ich seit fast vierzig Jahren gefürchtet hatte wie die Hölle – daß ich ausfiel –, dieser Albtraum war Wirklichkeit geworden. Das deprimierte mich. Und das Schütteln blieb.

Die Zeitungen bombardierten mich mit Anrufen. Sie interessierten sich nicht für meine Vermutung, es seien Herz- und Kreislaufstörungen, sondern schwelgten in Schauerberichten über einen totalen Kollaps, als läge ich bereits im Koma. Schließlich war ich ja auf der Neurologischen Abteilung. Wegen Schädeluntersuchungen, die nichts ergaben.

Nach ein paar Tagen kam mich Katharina Trebitsch besuchen. Sie tat mir sehr gut. Sie meinte, ich müsse diesen Erfolg »erleiden«. Ingmar Bergman zum Beispiel habe »bei jeder Arbeit eine Scheibe von sich abgeschnitten, bis nichts mehr übriggeblieben« sei.

Am 19. 3. wurde ich entlassen. Das Schütteln hatte seit zwei Tagen aufgehört, und ich lernte wieder Text. Aber ich war so schwach, daß es unmöglich schien, nächste Woche wieder arbeiten zu können.

Die erste Nacht in Perroy war mäßig. Ich wachte mit 200 Puls auf. Ich nahm den Betablocker, der mir verordnet worden war. Frühstückte. Frau Trebitsch rief an, sie komme mich morgen besuchen. Ich verabredete mich mir ihr im Bahnhofsbuffet in Bern, da ich morgen zu Corinnes Arzt fahren wollte.

Frau Trebitsch war pünktlich. Sie beschwor mich, vom 28. bis 30. März zu arbeiten, zu viele Schauspieler seien bestellt worden. Ich mußte es versuchen. Ums Verrecken.

Ich sagte zu.

Helmut war nicht einverstanden. Er hatte Angst. Ich nicht. Wenigstens momentan nicht.

Am 26. holte mich Frau Trebitsch in Genf ab und flog mit mir nach Frankfurt.

Ich brachte die drei Drehtage ohne Komplikationen hinter mich. Alle waren sehr diskret und fragten mich höchstens, ob es wieder gut gehe. Der »Wilde Mann« war allerdings unbewohnbar geworden, er wurde umgebaut.

Ich wechselte das Hotel und fuhr nach einer erfolgreichen Probenacht in strömendem Regen nach Perroy zurück, wo ich etwa um 19 Uhr 50 eintraf. Catherine war schon weg, sie hatte über Ostern frei.

Helmuts Husten war schlimmer geworden. Besonders nachts. Ich installierte mich also im Anbau, denn ich mußte einfach schlafen. Ich hatte jetzt Zeit bis zum 13. April. Bis dahin wollte ich wieder gesund sein.

Am nächsten Morgen um 7 Uhr 45 trat Helmut bleich und übernächtig in mein Zimmer: er sei in der Nacht aufgestanden und auf das eiserne Bettgestell gefallen. Es sei bestimmt was kaputt, stöhnte er . . . dazu dieser verdammte Husten.

Ich fuhr ihn ins Krankenhaus. Die siebente Rippe war gebrochen. Die Apotheke hatte zu, denn heute war Karfreitag. Erst abends machte eine auf.

Ich überredete Helmut nach Ambach zu fahren und sich dort behandeln zu lassen. Ich ging mit, es waren dann nur noch vier Stunden nach Aschaffenburg.

Am 5. April gegen 10 Uhr bestiegen wir unseren alten, treuen Mercedes. Helmut schlief fast ununterbrochen. Von Zeit zu Zeit wurde er von einem fürchterlichen Hustenanfall geschüttelt. Er hielt sein rechtes Bein fest und die Wagentüre, die jeden Moment aufzugehen drohte und keuchte, er kratze ab vor Schmerzen.

Um 17 Uhr 20 waren wir in Ambach. Als ich zum Kirchlein hochschaute, fuhr ich beinahe in den Straßengraben. In letzter Sekunde riß ich den Wagen auf die Straße zurück.

Helmut wurde sofort in die Mangel genommen und erholte sich rasch. Mir ging es dafür miserabel. Die Reise hatte mich maßlos angestrengt. Ich litt unter entsetzlicher Übelkeit, magerte immer mehr ab. Die einfachsten Tätigkeiten kosteten mich eine unnatürliche Anstrengung.

Trotzdem fuhr ich am 11. nach Aschaffenburg zurück. An jeder Tankstelle, in jedem Restaurant wurde ich nach meinem Befinden gefragt und erfuhr neue, furchterregende Details aus den Zeitungen. Ich war nun offensichtlich die Zielscheibe der Skandalpresse. Aber die drei Drehtage gingen ohne Pannen vorbei, und ich fuhr ganz glücklich nach Ambach zurück.

Helmut saß im Café Huber, hatte eine Tasse Cappuccino vor sich und las.

Ich schlug vor, er solle noch etwas in Ambach bleiben und mich am Mittwoch in Offenbach absetzen, wo ich im Tourotel wohnte.

Aber er wollte nach Hause fahren und zwar mit meinem Mercedes. Noch am gleichen Abend verstaute er das Gepäck.

Am nächsten Morgen versuchte ich nochmals, ihn zum Bleiben zu überreden – aber er fuhr um 9 Uhr weg. Nun war ich wieder allein. Ging spazieren, räumte das Zimmer auf.

Frau Dr. Hetzel versuchte, mich in langen Gesprächen zu trösten und aufzurichten. Sie tat meine Nöte als Aberglauben ab. Sie erzählte von einem bekannten Sänger, der die Schritte vom Parkplatz bis zur Bühnenpforte abzählte, um nicht mit dem linken Fuß das Theater betreten zu müssen. Passierte es trotzdem, sei er nochmals um den Parkplatz gefahren, um den Weg neu einzuteilen. Ich lachte erleichtert. Vielleicht war wirklich alles nur Lampenfieber.

Am 22. hatte ich wieder einen Drehtag.

Ich mußte einen Tag länger bleiben, denn morgen wurde das »Bergfest« gefeiert. Ich fuhr etwas mit dem gemieteten Mercedes

herum, schaute zwei andere Hotels an, ohne Lüftungsgeknatter.
Dabei wurde mir wieder sterbensübel. Vielleicht hätte ich mir
abends die Einladung abschminken sollen... aber ich konnte ja
früher gehen.

Und so feierte ich ab 19 Uhr 30 in Darmstadt die Hälfte einer Serie,
die, ich wußte es nur noch nicht, für mich bereits zu Ende war. Ich
hatte das bunte Kleid unseres 25. Hochzeitstags an, das gerade
deswegen gefiel, weil es so hoffnungslos weit um mich herumschlot-
terte. Ich trank meinen ersten Kaffee seit Menschengedenken,
spielte mir Appetit vor und stopfte mich mit Süßigkeiten voll. Ich
machte mit Günter Strack Duzis und plauderte mit seiner Frau über
Mélisande.

Ich war um 23 Uhr im Hotel zurück. Schlief spät ein, wachte früh
auf. Sofort begannen das Schütteln und die Übelkeit. Jetzt hatte ich
genug. Ich beschloß, zu Professor Käser nach Basel zu fahren und
packte.

Dann wartete ich auf Katharina Trebitsch, mit der ich um 16 Uhr
verabredet war. Sie kam nicht. Die Zeit verstrich. Um 17 Uhr 47
ging mein Zug. Es wurde 17 Uhr. Das Gepäck war schon unten, da
hielt ihr Wagen vor dem Hoteleingang. Sie sagte sofort, sie komme
mit. Sie trug meine Koffer, lächelte, tröstete. Dreimal mußten wir
in dem überfüllten Wagen die Plätze wechseln. Sie schleppte das
ganze Gepäck.

Der Zug fuhr wie der Teufel, und es gab einen herrlichen Sonnenuntergang. Mir war himmeltraurig zumute. Am liebsten wäre ich
gestorben. Statt dessen kamen die Grenze und endlich Basel.

Wir wohnten im Hotel International, bezogen unsere Zimmer und
erledigten verschiedene Telephonate.

Als wir unten essen gingen, formulierte sie vorsichtig, je mehr sie
darüber nachdenke, desto mehr glaube sie, ich solle aussteigen.

Ich erschrak und atmete gleichzeitig auf. Ich bat sie, nichts zu
überstürzen. Aber es war mir klar, diesmal war es ernst.

Professor Käser ließ mich ins Kantonsspital einweisen, wo ich von
Professor Kummer in Empfang genommen wurde.

Eine Woche lang wurde ich untersucht und beobachtet.

Helmut rief an und schlug vor, mir einige Kleidungsstücke zu
bringen. Übermorgen fliege er nach Paris, er müsse für einen

Kollegen einspringen. Er ließ sich nicht abhalten, obwohl ich einwendete, das sei zu anstrengend, er solle die Sachen schicken. Er kam schon am nächsten Tag, vergnügt, tatendurstig und voller Vorfreude, in Frankreich arbeiten zu können.

Kaum war er weg, betrat Professor Kummer mein Zimmer. Er setzte sich auf die Fensterbank und kam sofort zur Sache: »Ich habe da was . . . Sie haben Herzrhythmusstörungen am laufenden Band – der Puls verdoppelt sich – Arbeit ist ausgeschlossen. Bis Pfingsten müssen Sie aussetzen . . .« Er erhob sich und bemerkte beiläufig im Hinausgehen: »Da wartet ein Autgrammjäger schon seit einer Stunde vor Ihrer Türe.«

Es war ein Journalist von einer großen deutschen Illustrierten. Er hatte Professor Kummer seit Stunden belagert, bis dieser ihm ein Autogramm von mir versprach.

Der junge Mann, ein Österreicher, überreichte mir einen großen Rosenstrauß und fragte, ob er mich kurz sprechen könne, es sei sein erster Artikel und seine große Chance. Er schien harmlos und wohlerzogen zu sein, und so ging ich mit ihm Kaffee trinken.

Ich plauderte etwa eine Stunde mit ihm, allgemein, aber vorsichtig, denn ich war nicht sicher, daß er sein Tonbandgerät ausgeschaltet hatte. Ich erklärte, daß ich weiterarbeiten wolle, aber sicher einiges ändern werde im Sinne von »Weniger wäre mehr«. Helmut finde zwar meine Rolle zu klein, das wisse ich auch, aber sie sei für mich maßgeschneidert.

Er ging ganz glücklich weg und versprach, alles so zu schreiben.

Am 1. Mai wurde ich von Professor Kummer nach Hause geschickt: »Nehmen Sie dieses Signal ernst«, gab er mir mit auf den Weg. »Das unterscheidet die Dummen von den Gescheiten.«

Helmut war von Paris zurückgekommen und holte mich ab. Etwa um 15 Uhr waren wir in Perroy. Es war Sonntag. Laue Lüftchen, sanftes Seegeplätscher und verliebtes Amselflöten. Der Eichelhäher steuerte wie ein angeschossener Bomber durch den Garten zum Nachbarn hinüber, und Nelke lauerte scheinbar träge auf die Eidechsen unter den Terrassenstufen.

Ich begann mich zu entspannen. Ich schöpfte Hoffnung. Es war überstanden.

Es ist später, als du denkst

Der Sonntag war vorbei, der Montag brach erbarmungslos herein.
Nach dem Frühstück prasselten die Anrufe auf uns herab. Pausen-
los. Dutzende von Zeitungen, Neugierigen, dann Helmuts Franzo-
sen.
Auch am Nachmittag keine Ruhe. Kaum eingeschlafen, bellte der
Hund.
Wieder Telephon. Kaffee. Telephon.
Besuch einer unaufhörlich fragenden Bekannten.
Anruf der Entenzeitung. Es war nicht mehr zum Aushalten. Hatte
man denn die ganze Hölle auf mich losgelassen?
Helmut flog weg, ich blieb allein zurück mit diesem chaotischen
Hund, der ständig bellte, das ganze Haus vollschiffte und prinzipiell
nicht gehorchte.
Wühlen in einem Turm unerledigter Briefe und Rechnungen.
Anruf des wohlerzogenen Redakteurs, der mir seinen Artikel vorlas:
Ich als heulendes Wrack mit schlotternden Nerven. Ich verbot ihm
die Veröffentlichung und rief meinen Anwalt an. Er versprach
schweres Geschütz und knallhartes Recht. Ich war am Boden
zerstört. Womit hatte ich diese Schlachtung verdient? Hatte ich
jemanden umgebracht – ruiniert –, war ich über Leichen gegangen?
Am folgenden Tag begann der Hexensabbat schon am frühen
Morgen. Ich wagte nicht, den Anrufbeantworter einzuschalten,
falls Helmut anrief. So rannte ich alle paar Minuten zum Telephon:
Journalisten, Journalisten . . .
Dann kam Helmuts Anruf, er habe die Rolle zurückgegeben und
komme morgen nach Hause.
Ich holte ihn ab. Er trug es mit Fassung. Irgendwie humorvoll
schilderte er das babylonische Sprachengewirr der französischen
Fernsehproduktion.
Zu Hause begann er sofort das Gartenschach zu putzen und die
verblichenen Figuren anzustreichen – dabei rollten einige Köpfe!

Mélisande hatte ihr Zimmer in Lausanne aufgegeben und wohnte
wieder bei uns. Sie versuchte artig zu sein und zu trösten, verwik-
kelte uns in Diskussionen oder spielte Klavier. Manchmal trug sie

Prospekte aus oder servierte im Pub. Zu einer anderen Arbeit war sie nicht zu bewegen. Aber sie gab ihre Bemühungen bald auf, benahm sich plötzlich feindselig und abweisend, saß herum und rührte keinen Finger, kam die ganze Nacht nicht nach Hause und drohte sogar, mir demnächst ihren Teller an den Kopf zu werfen.

Helmut litt darunter wie ein Tier: »Ich versuche sie bei Karli im Hotel unterzubringen«, wiederholte er immer wieder, »das ist das letzte, was ich noch tun kann.«

Er telephonierte fast jeden Tag mit Karli, der sich bereit erklärte, Mélisande mit seiner Tochter Maxi in seinem Hotel eine Lehrstelle zu verschaffen. Alle anderen Vorschläge und Angebote, die mit viel Schreibereien und Telephonaten schon bis zur Anmeldung gediehen waren, hatte sie weit von sich gewiesen.

Triumphierend erzählte Helmut der Tochter von seinem Erfolg. Aber sie erstarrte. »Nein!« schrie sie entsetzt, »nein, nein! Dann muß ich Absätze tragen und mit allen freundlich sein!«

Und wie zur Besiegelung einer verlorenen Schlacht kam beinahe gleichzeitig ein Anruf von Tells Reederei, unser Sohn habe einen Unfall gehabt und sei auf dem Weg nach Hause.

Wirklich, was mit unserem Schicksal los war, wußten die Götter! Es kam mir vor, als ob der Hammer ständig herunterschlug und uns nur um Haaresbreite verfehlte.

Nichts ist anstrengender als Mißerfolg. Manchmal kam ich mir vor wie eine Greisin und überlegte, in welchem Altersheim ich mich anmelden solle. Aber noch suchte ich nach einer Lösung, kämpfte, überlistete. Alles andere war eine Flucht und endete im Nichts.

Die Reise mit Mélisande nach Rottach-Egern wurde auf den 16. Juni festgesetzt. Helmut hatte in stundenlangen Telephongesprächen die Hotellehre organisiert, einen bescheidenen Lohn ausgehandelt und ein Zimmer im Privathaus seines Freundes zugesichert bekommen. Schon zwei Tage vorher begann er zu packen, seit den vielen Tourneen eine Horrorbeschäftigung.

Mélisande schien sich mit ihrem Schicksal abgefunden zu haben, war lieb und ging gegen Abend mit Nelke und mir im Weinberg spazieren. Langbeinig, schlank, mit wehenden, wilden Locken schritt sie lächelnd neben mir durch die Rebstöcke. Sie hatte etwas kraftvoll Strahlendes, und ich war überzeugt, daß sie die Herzen der vielen neuen Menschen, die auf sie warteten, im Sturm erobern werde.

Ich ging früh ins Bett. Schlief unruhig. Mir war, als hörte ich um 22 Uhr noch jemanden wegfahren. Morgens etwa um 7 Uhr hörte ich wieder einen startenden Wagen. Mélisandes Polo. Das war nichts Ungewöhnliches, vielleicht mußte sie noch etwas besorgen.

Ich schlief wieder ein. Telephonierte am Vormittag herum wegen verschiedener Rezepte. Wartete. Keine Mélisande.

Sie kam auch nicht zum Mittagessen.

Ich besänftigte Helmut, den Mélisandes Abwesenheit in eine panische Unruhe versetzt hatte. Er flüchtete mit Tell zum Fernseher, wo ein Fußballspiel im Gange war.

Ich saß derweil auf der Terrasse und schaute auf den rosa, blau und lila schimmernden See, den ich in so atemberaubender Farbenpracht noch nie erlebt hatte.

Mélisande kam nicht.

Ich rief unseren Polizisten Schmidt an. Er versprach, sie nach Hause zu bringen, wenn er sie finde.

Helmut ging schon um 21 Uhr 30 ins Bett, denn morgen wollte er ja fahren. Als ich zu ihm ins Zimmer ging, saß er halb bewußtlos auf seinem Bett. Er war wie ein Nachtwandler und wiederholte immer wieder: »Ich bin fertig. Ich weiß nicht mehr, was ich tun soll.«

Ich stand in der Nacht einige Male auf, sah, daß Mélisandes Wagen nicht da war.

Sie kam nicht nach Hause. Mittags nicht, abends nicht.

Helmut stand nicht auf. Er lag im Bett und gab keinen Ton von sich. Die Koffer standen gepackt vor seinem Bett. Um 8 Uhr hatte er fahren wollen, zu Karli, in sein Traumhotel, wo alles vorbereitet war für eine große Zukunft unserer Tochter.

Er stand erst nachmittags auf und saß stumm vor dem Stück Fleischkuchen, den ich ihm gewärmt hatte. Er war wie gelähmt vor Gram und Enttäuschung. Immer wieder fing er von vorne an: »Ich bin fertig! Womit habe ich das verdient! Es ist doch mein Kind!«

Es wurde Abend. Keine Mélisande. Ich sah Helmut die Treppe hochtaumeln. Er schwankte in sein Zimmer und fiel krachend aufs Bett. Wir hatten es wirklich weit gebracht.

Am nächsten Morgen, ich hatte bei der Polizei gerade eine Vermißtenanzeige aufgegeben, ging das Telephon. »Hello«, flötete Mélisandes süße Mädchenstimme, »ich bin in Malaga. Der Wagen steht in Genf am Bahnhof.«

Tell und ich holten ihn in der Tiefgarage ab. Der Schlüssel war im Kassettenrekorder. Tell holte ihn mit seinem Militärmesser heraus.

Tell – unser Traumkind! Er sagte nicht viel dazu. Mit Mädchen hatte er bis jetzt noch keine herrlichen Erfahrungen gemacht.

Am 20. Juni fuhr ich nach Zürich zu Dr. Wyler, der die seltene Begabung hatte, Träume in Schäume und Elefanten in Ameisen zu verwandeln. Er hörte mir zwei Stunden lang geduldig zu, dann beruhigte er mich, die gefürchteten Muskelkrämpfe seien eine Stoffwechselstörung, ausgelöst durch falsche Ernährung und fehlende Mineralien. Und im übrigen müsse ich mich endlich um mich selbst und nicht immer nur um andere kümmern.

Ich war erleichtert und dankbar – ich hatte also weder eine Lähmung noch anderweitige Schäden zu befürchten.

Zu Hause war, wie seit Wochen, Mélisande Gesprächsthema Nummer eins. Ich wäre gerne etwas weggefahren, um auf andere Gedanken zu kommen. Aber es kam immer wieder etwas dazwischen, mal die Nachaufnahmen in Großostheim, mal eine Hiobsbotschaft aus Spanien.

Am 9. Juli hatte Karli Mélisande in Marbella, wo er ein Ferienhaus hat, aufgestöbert. Sie sei verwahrlost, aufgedunsen, ohne eine Pesete und habe nur noch unter freiem Himmel übernachtet. Sie sei völlig erschöpft, berichtete er am Telephon.

Wir riefen sie erst am nächsten Tag an. Sie wirkte schlapp und gleichgültig. Sie habe sich gut amüsiert, habe David Bowie getroffen und fahre jetzt nach Gibraltar . . .

Ich beschwor sie, zurückzukommen. Von Gibraltar sei es nicht weit nach Marokko – Tunis – oder noch weiter! Und dort könnten wir ihr nicht mehr helfen.

Sie protestierte schwach. Ließ sich aber nicht von ihrem Plan abbringen.

Irgend etwas stimmte nicht. Waren es Drogen? Eine Depression? Wurde sie bedroht? Sie war mit zwei Marokkanern gesehen worden . . .

Man mußte sie einfangen. Aber wie? Hinfliegen hatte keinen

Zweck, die Flüge waren ausgebucht, stundenlang verspätet, und bis wir eintrafen, war sie über alle Berge.

Das war sie schon am nächsten Tag. Karli hatte es uns mitgeteilt. Er habe sie nicht zurückhalten können. Er habe ihr Geld gegeben, um das Schlimmste zu verhüten.

Am 18. Juli drehte ich die Ausstiegsszene mit Günter Strack. Else, die Schwester des Pfarrers, fährt zu ihrem Liebhaber zurück. Ich spürte, wie Günter sich zwang, freundlich zu sein und bei einer schwesterlichen Berührung zusammenzuckte. Die Schauermärchen in der Presse hatten ihre Wirkung nicht verfehlt. In Günters Augen war ich offenbar eine Lügnerin und beleidigte Leberwurst. So stand es ja in den Gazetten.

»Die portugiesische Madonna« konnte erst abends gedreht werden. Wir mußten warten, und ich rief in der Pause Helmut an. Er meldete, Mélisande sei zurückgekommen. Heute früh seien ihre Koffer vor der Türe gestanden.

Da ich für den Stab ein paar Flaschen Sekt ausgab, konnte ich die frohe Botschaft gleich mitfeiern.

Und um 21 Uhr war ich abgedreht. Fertig!

Ich fuhr mit Hartmut in ein großes Hotel mit Restaurant außerhalb und redete mit ihm über alles – bis Mitternacht. Er bekniete mich, weiterzumachen. Es werde beabsichtigt, neue große Folgen für mich zu schreiben. Er kenne meine Situation. Er sei mit Monika Lundi verheiratet gewesen, sie sei nach einem Vergewaltigungsprozeß von der Presse genauso geschlachtet worden. Bis zur totalen Erschöpfung. Dann sei er von einem Baum gestürzt und habe sich sämtliche Knochen gebrochen. Er kannte also meine Gefühle.

Aber ich wich aus. Ich dachte an Brigitte Bardot, Audrey Hepburn, Grace Kelly, Ruth Leuwerik. Sie alle hatten rechtzeitig die Bremse gezogen.

Wir gingen in bester Stimmung auseinander. Ich hatte den Drehtag mühelos überstanden und begann wieder an mich zu glauben. Und an Hartmut hatte ich einen Freund gewonnen.

Gutgelaunt und ausgeschlafen fuhr ich am nächsten Tag nach Perroy zurück, wo ich etwa um 19 Uhr ankam.

Mélisande saß auf der Terrasse und murmelte irgend etwas, ohne aufzustehen. Sie wirkte blaß und dünn.

Als wir abends noch den *Derrick* ansahen, tauchte sie im Fernsehzimmer auf – und hatte die Haare abgeschnitten. Ihre herrlichen, geringelten, schulterlangen Locken!

Sie war völlig verändert. Sie begann mitten in der Nacht aufzustehen und wegzufahren. Als Helmut ihr einmal nachts um 3 Uhr auf der Treppe begegnete und sie fragte, was sie gemacht habe, antwortete sie: »Graffiti.«

Häuserverschmierung.

Sie verbrannte ihre Schulbücher am See unten und vollführte Freudentänze um das nächtliche Feuer, wischte mit einer Handbewegung den Inhalt ihres Kleiderschrankes auf den Fußboden, warf den Hausschlüssel samt Anhänger weg und mußte um halb ein Uhr mittags geweckt werden. Ich war entschlossen noch ein bißchen zuzuschauen, aber nicht mehr lange.

Helmut verkroch sich nach dem Frühstück meist ins Fernsehzimmer. Er aß fast nichts mehr, schlief überall ein. Abends verschwand er meist schon um 20 Uhr in seinem Zimmer. Er ging auch mir aus dem Weg. Meine sorgenvolle Bemutterung regte ihn auf, und Anfragen beim Arzt verbat er sich.

Wir hatten nun schon Ende Juli *Mit Leib und Seele* war beinahe abgedreht. Uwe rief an und lud mich für das Abschlußfest ein, das am 2. August auf einem Maindampfer stattfinden sollte. Ich zögerte. War das richtig? Wurde das nicht ein Spießrutenlaufen bei Presse und Kollegen?

Helmut riet ab. Ich schwankte zwischen Flucht und Angriff. Aber mein altes Selbstvertrauen siegte.

Am 1. August flog ich nach Frankfurt und übernachtete im Hotel Kempinski. Ich sah dem Abschiedsfest gelassen entgegen.

Der Morgen dieses ruhmreichen Tages begann ruhig und ohne besondere Ereignisse. Um 17 Uhr wurde ich abgeholt und nach Aschaffenburg gefahren, wo beim »Wilden Mann« Treffpunkt für die Schauspieler war.

Ich begrüßte die bereits Anwesenden gutgelaunt und ausgeruht, bemerkte jedoch großes Erstaunen allerseits; offenbar hatte niemand mit meinem Erscheinen gerechnet.

Nur Gyula Trebitsch, der anstelle von Katharina gekommen war, schien ehrlich erfreut zu sein mich zu sehen und setzte sich mit einigen charmanten Komplimenten neben mich in den Bus, der uns nach Miltenberg brachte, wo der Rest des Stabs zu uns stieß. Unter ihnen war Hartmut Griesmayr, auch er schloß mich liebevoll in die Arme. Ich hatte also den Graben übersprungen.

Die »Mozart« fuhr gegen 19 Uhr los, während bereits Champagner und Aperitifs serviert wurden. Gyula Trebitsch hielt eine umjubelte Rede und verteilte winzige Radios mit Kopfhörern.

Während des Essens setzte ich mich zu Hartmut und Charly und stattete dann Kapitän Vick einen Besuch im Führerhaus ab. Während er die erste von vier Schleusen passierte, erzählte ich von Tell und seinem Traum, ebenfalls Kapitän zu werden. Es war ein wunderschöner, lauer Hochsommerabend, beinahe lautlos glitt der Kahn auf dem grünen Fluß dahin, an dem dichtbewachsenen Ufer vorbei, wo unzählige seltene Vögel aufflogen, darunter zwei majestätische Reiher. Ein herrlicher, blutroter Sonnenuntergang; Wasser, glatt wie Öl, rosa Wolken, die sich in mattem Dunst auflösten. Ein Abend, der richtig zu einem Wiederbeginn einlud und zum Vergessen aller Widrigkeiten.

Ich stürzte mich dann wieder ins Gewühl und ließ mir von Michael Baier, dem Autor, Einzelheiten schildern, wie er meine Rolle auszubauen gedenke. Es war sehr komisch, und wir bogen uns vor Lachen.

Als ich einen Moment allein am Tisch saß, kamen zwei Journalisten. Uwe hatte versprochen, es werde nur für die Produktion etwas photographiert. Aber diese beiden waren Fernsehreporter. Der eine vom »Boing«, der andere von der »Ganz Schnellen«. Sie setzten sich gegenüber und links von mir, so daß ich nicht wegkonnte: »Sie stecken in einer Ehekrise«, schossen sie los. »Ihr Mann hat ganz andere Ansichten als Sie, da stimmt doch was nicht ... Warum sind Sie überhaupt hier? Sie sind doch ausgestiegen!«

Ich starrte sie an wie zwei Marsmenschen: »Das hier ist eine Abschiedsveranstaltung, zu der mich die Produktion eingeladen hat«, antwortete ich, »immerhin war ich in acht Folgen dabei.«

»Sie wollten doch einfach raus, weil Ihnen die Rolle zu schlecht war«, fuhr mich der eine an. »Ihr Mann hat gesagt, man habe nur Ihren Namen benutzt. Wir haben das auf Band.«

»Warum fragen Sie denn immer meinen Mann? Wenn Sie etwas

wissen wollen, warum rufen Sie nicht mich an?« Ich blieb ganz ruhig.

»Da scheint ja einiges schiefzulaufen in dieser Ehe!« schrie der Ganz Schnelle.

Ich verbot ihm weiterzureden. Aber er fuhr fort: »Sie sind doch nur zu dieser Party gekommen, weil Sie unbedingt weitermachen wollen. Aber es gibt da einige Kollegen, die nicht mehr so gerne mit Ihnen arbeiten wollen!«

Das saß! »Wer?« fragte ich. Es konnte nur Günter Strack sein. Ich stand auf: »Das kann ich ja gleich abklären.«

Ich ging zu Günter hinüber, der mit seiner Frau, Michael Baier, Gyula Trebitsch und Ulrich Matschoss in einer Ecke saß und von seinem selbstgekelterten Wein trank.

Ich setzte mich ihm gegenüber. »Die beiden da hinten«, sagte ich und deutete auf die Reporter, »behaupten, es gebe einige Kollegen, die nicht mehr so gerne mit mir arbeiten – bist du das?«

»Ich habe gehört, was dein Mann über mich verbreitet hat«, knurrte er. »Man hat es mir vorgespielt. Zum Glück wurde es nicht veröffentlicht. So was würde der Serie schaden.«

Mir blieb die Luft weg. So hatte er noch nie mit mir gesprochen. Wir hatten uns während der Arbeit blendend verstanden und in Drehpausen oft über die neuesten Theateranekdoten gelacht. Sein komisch verzweifeltes »Oh, Else«, wenn mir als seiner Fernsehschwester irgendein Mißgeschick passierte, wurde zur täglichen Begrüßung.

Um so unvorbereiteter traf mich, was ich jetzt von ihm zu hören bekam: »Man weiß nicht, ob du nicht wieder mittendrin aufhörst. Ich will in Ruhe arbeiten, du gefährdest die Serie. Wenn du noch einmal von den Fahnen läufst, dann ist das ein Risiko.«

Oh, Günter!

Ich erhob mich und ging langsam Richtung Führerhaus. Ich bat Gerd Bauer, den Verantwortlichen des ZDF, mit den beiden Journalisten, die sich dazugesetzt hatten, zu reden. Ich begegnete Hartmut an der Bar und erzählte ihm, was vorgefallen war. Gyula Trebitsch, der mir gefolgt war, begleitete mich auf das Hinterdeck. Ich war wie betäubt. Es war, als sei ein riesiges Tor hinter mir zugefallen.

Ich hätte es Helmut nicht sagen sollen. Aber er schien es schon zu wissen. Einer der Journalisten hatte ihn heute angerufen, erfuhr ich auf der Fahrt vom Flugplatz nach Hause.

Er konnte in der Nacht nicht schlafen. »Ab 3 Uhr 50 war es aus«, erzählte er am andern Morgen beim Frühstück. Er atmete schwer, und in seiner Brust gurgelte es, wenn er hustete. Das war am 4. August.

Am nächsten Tag, es war ein Freitag, fuhr ich nach Bern. Helmut brachte mich nach Lausanne auf den Bahnhof. Aber ich mußte mit dem Wagen weiterfahren, die Bahnlinie war durch einen Unfall gesperrt.

Beim Wegfahren sah ich Helmut verloren an der Parkuhr stehen; er hielt sich mühsam aufrecht, winkte mir müde und abwesend nach. Seine Jacke war verrutscht, seine Hose zu weit geworden. Durfte ich ihn überhaupt so allein am Bahnhof zurücklassen?

Ich war schon am Nachmittag wieder in Perroy. Helmut lag auf dem Fernsehsofa und schlief.

Ich beschloß, gleich am Montag den Arzt kommen zu lassen, wenn nötig heimlich und ohne Helmuts Erlaubnis.

Am Samstagmorgen ging es etwas besser. Wir fuhren mit dem Boot zur Reparatur, das tat ihm gut. Zu Hause mußte ich dann das Telephon abstellen. Die Journalisten ganz Deutschlands schienen sich unsere Musterehe gegenseitig aus den Zähnen zu reißen nach dem altbewährten Rezept: Nur kühn verleumden! Etwas bleibt immer haften.

Helmut aß den ganzen Sonntag weder mittags noch abends etwas. Er war einverstanden, nächste Woche nach Meersburg in ein Wiedemann-Sanatorium zu fahren, das war nicht so weit wie Ambach.

Am Montagmorgen um 7 Uhr weckte mich irgendein Geklapper. Ich hörte laute Rockmusik aus Mélisandes Zimmer und nebenan Helmuts herzzerreißenden Husten. Ich bat sie, den Apparat abzustellen. Sie tat nur so. Ich wiederholte: »Mach aus.« Sie rührte sich nicht. Jetzt befahl ich ihr, sofort für Ruhe zu sorgen, sonst hole ich Verstärkung. Endlich drückte sie auf die Taste.

War sie denn von allen guten Geistern verlassen?

Dr. Ursenbacher kam kurz vor dem Mittagessen, er untersuchte Helmut. Sein Gesicht war zum ersten Mal erschrocken: »Er muß sofort in ärztliche Behandlung. Er hat eine Herzschwäche und Wasser in der Lunge.«

»Wir wollen am Mittwoch in ein Sanatorium nach Meersburg«, antwortete ich.

»Donnerstag«, wehrte Helmut ab.

»Aber nicht in eine Schönheitsfarm«, warnte der Arzt. »Er muß unter medizinische Kontrolle.« Noch nie hatte ich ihn so ernst gesehen. Natürlich war ihm auch Mélisandes Veränderung aufgefallen. »Nehmen Sie das nicht auf die leichte Schulter«, bemerkte er im Weggehen.

Am nächsten Morgen ging es Helmut besonders schlecht. Er schloß sich im Bad ein wie immer in letzter Zeit und kam erst wieder zum Mittagessen heraus.

Ich schrieb Mélisande einen Zug nach Bern auf einen Zettel, Abfahrt um 14 Uhr 37. Ich hatte sie überredet, heute zu Buebi zu fahren und anschließend zu Corinne, denn übermorgen fuhren wir ja weg.

Gegen 16 Uhr rief Buebi an, der sie abholen wollte, sie sei nicht gekommen. Jede Menge Anrufe – aber keine Nachricht von Mélisande. Endlich um 20 Uhr war Buebi am Apparat: »Sie ist gerade eingetroffen«, meldete er. Wo war sie die ganze Zeit?

Mittwoch, 10. August. Als Helmut morgens die Treppe herunterkam, mußte er sich am Geländer festhalten: »Ich hatte eine furchtbare Nacht«, stöhnte er. »Ich habe es mir überlegt. Ich muß ins Krankenhaus zu Dr. Montani. Heute noch.«

Mir wurde es unheimlich. Ich rief sofort in der AMI Clinique in Sitten an. Dr. Montani war nicht da. Unruhig ging ich auf und ab, zu nichts fähig. Etwa um 11 Uhr 55 erreichte ich ihn.

»Kommen Sie sofort«, ordnete er an.

Ich war erleichtert, nicht bis morgen warten zu müssen. Helmut war mit allem einverstanden. Er sah fahl und erschöpft aus. Meersburg sagte ich ab.

Bei mäßigen Temperaturen fuhren wir los. Es war etwa 15 Uhr. Im Rhônetal wurde es dann brütend heiß. Helmut hatte die Augen geschlossen. Er saß schweigend neben mir mit bläulicher Nasenspitze und grauen Lippen. Wir waren schon etwa um 16 Uhr 20 im Spital. Ich erledigte die Formalitäten, während Helmut auf Zimmer 316 bereits untersucht wurde. Anne, die belgische Krankenschwester, suchte vergeblich Helmuts Puls. Wir lachten und hielten es für Ungeschicklichkeit.

Ich wartete Dr. Montani nicht ab, denn ich mußte noch über zwei Stunden zurückfahren.

»Bleib doch noch ein bißchen«, bat Helmut. Ich setzte mich wieder, bis er zum Röntgen geholt wurde. »Also, bis übermorgen«, sagte ich und drehte mich in der Tür nochmals um. Er stand am Fenster, etwas vornübergebeugt, lächelnd, blaß. Aber er war ja in guten Händen. Übermorgen, auf der Durchfahrt nach Leukerbad wollte ich ihn besuchen.

In Rolle besorgte ich mir die Zeitschrift mit dem Interview des Abschiedsabends. Ich war mit Günter Strack auf dem Titelbild. Schlagzeilen: »Schwere Krise – Lilos Musterehe in Gefahr.« Und im Innern: »Helmut, der Ausmanövrierte... Vorbei, die ausgelassene Traumfamilie...« Wenn Helmut das gelesen hatte, brauchte ich mich über nichts mehr zu wundern!

11. August. Ich wachte früh auf. Bullenhitze. Etwa um 10 Uhr 30 rief ich Helmut an. Ich richtete ihm Grüße von Karli und Karin aus, die angerufen hatten. Er war geschwächt, hatte schlecht geschlafen. Aber sonst war er wie immer.

Besichtigung einiger Zimmer für Mélisande in Rolle und Umgebung.

Buebi rief an, er komme gegen 16 Uhr in Lausanne an. Ich versprach, ihn zurückzurufen, da Mélisande gerade den Hund mit Zubehör im Auto verstaute, um damit zu Corinne zu fahren. Es dauerte, bis ich Buebi erreicht hatte. Er sagte, ich solle ihn in Morges abholen.

Mélisande dampfte ab, und ich besorgte noch etwas zum Abendessen: Kekse, Pastetchen, Käsekuchen...

Als ich zurückkam, richtete Mme. Pilloud aus: »Sie müssen in der Klinik anrufen!«

Dr. Montani kam an den Apparat: »Es ist etwas Dummes passiert...«, begann er. »Ihr Mann hatte einen Schlaganfall –!«

Ich spürte eine plötzliche Leere in der Herzgegend, so als käme kein Blut mehr. »Er ist linksseitig gelähmt und hat Mühe mit Sprechen«, tönte es aus der Muschel, »er muß sofort geröntgt werden.«

»Soll ich kommen?« fragte ich hastig. Ich spürte, wie ein krampfhaftes Schluchzen in mir hochstieg.

»Rufen Sie um 18 Uhr wieder an«, antwortete der Arzt. »Jetzt ist er sowieso nicht da.«

Ich holte Buebi am Bahnhof ab. Er war ein großer Trost und ließ mich nicht zu Atem kommen. Er wollte heute Mélisande, die inzwischen zurück war, ins Gebet nehmen und ihr erklären, daß sie während unserer Abwesenheit nicht allein im Haus wohnen könne und daß heute abend für sie im Hôtel de la Tête Noire ein Zimmer bestellt sei.

Ich wußte nicht mehr, wo mir der Kopf stand. Sollte ich nicht heute noch zu Helmut fahren? Aber konnte ich denn irgend etwas ändern? Nach dem Essen brachte ich Buebi zum Zug, rief nochmals in der Klinik an. Es gehe schon wieder, meinte die Schwester, aber es sei besser, nicht mit ihm zu sprechen.

Dann war es wohl nicht so schlimm, wie anfangs angenommen. Ich beruhigte mich etwas. Und Mélisande färbte sich abends ihre Haare schwarz.

Diese Nacht schlief ich miserabel. Um 9 Uhr rief ich in der Klinik an und hoffte, vielleicht schon mit Helmut reden zu können.

»Es geht ihm schlechter«, berichtete die Schwester. »Er muß an den Tropf.«

Ich erstarrte. Entsetzt hängte ich ein. Warum war ich bloß nicht gestern noch nach Sitten gefahren! Da hatte alles ganz gut ausgesehen. Heute hatte sich sein Zustand dramatisch verschlechtert.

Ich packte flatternd meinen Koffer voll, so, als ob ich nach Leukerbad weiterführe. Ich konnte keinen klaren Gedanken mehr fassen. Mußte noch den Anwalt anrufen, ich könne den Termin um 11 Uhr nicht einhalten.

Um 10 Uhr 15 stürzte ich mit Koffern und Taschen ins Auto, gab Catherine und Mélisande einige gute Ratschläge und raste Richtung Wallis.

Ich fuhr wie eine Verrückte, ohne Rücksicht auf Geschwindigkeitsbegrenzungen. Panischer Schrecken hatte mich ergriffen, zu spät zu kommen. Natürlich mußte ich auch noch tanken. Mir schien, ich komme überhaupt nicht vorwärts. Ich machte mir die heftigsten Vorwürfe, erst heute gefahren zu sein.

Völlig aufgelöst kam ich in der Klinik an. 11 Uhr 40. Es war drückend heiß; kein Lüftchen brachte Erleichterung.

Helmut lebte. Aber er war nicht bei Bewußtsein. Überall waren Schläuche und Kabel an seinem Körper – EKG, Blutdruckmesser, Sauerstoff, Antibiotika. Sein Atem ging stoßweise und rasselnd. Er versuchte die Augen zu öffnen, als ich mit ihm sprach und bewegte die Lippen. Aber er konnte nicht artikulieren. Die Atemnot war so schwer, daß er sich aufbäumte und angstvolle Laute ausstieß. Einmal erkannte er mich und artikulierte: »Leukerbad.«

Der junge Arzt, der ihn umsorgte, ließ keinen Zweifel über Helmuts Zustand aufkommen: schwere Herzschwäche, Lungenödem, Gefäßverschluß im Gehirn, Lebensgefahr.

Ich war erstaunt, wie gefaßt ich war. Ich holte mein Gepäck aus dem Wagen und bezog im vierten Stock ein Zimmer. Dann setzte ich mich zu Helmut, der zu sprechen versuchte und von Erstickungsanfällen geschüttelt wurde.

Am Nachmittag legte ich mich kurz auf das Bett in meinem Zimmer und nickte ein. Es war etwa 16 Uhr, als Dr. Puchel, der Assistenzarzt, mich weckte: »Ihrem Mann geht es nicht gut«, sagte er. »Kommen Sie herunter.«

Helmut bekam kaum noch Luft. Auf seinen Beinen bildeten sich dunkelrote Ringe. Er war in Schweiß gebadet und röchelte. Es war grauenvoll. Er lag im Sterben.

Ich bedeckte seine Stirn, seine Hand- und Fußgelenke mit Eau-de-Cologne-Tüchlein, die ich mittags besorgt hatte. Es schien ihn ein bißchen zu erleichtern.

Er rang nach Luft, fuhr hoch, wollte sprechen. Da beugte ich mich ganz nah zu ihm hinunter und flüsterte: »Bete, daß du atmen kannst!«

»Ja«, keuchte er.

Die Schwester machte ihm eine Spritze. Draußen zog ein Gewitter auf.

»Lieber Gott, ich brauche ein Wunder«, flehte ich. Es donnerte. Bald darauf kam ein heftiger Windstoß und es begann zu regnen. Das Wunder. Es wurde kühl. Helmut atmete ruhiger. Es war wie ein Zeichen aus einer anderen Welt.

Helmut verbrachte eine ziemlich ruhige Nacht. Trotzdem warnte Dr. Montani: »Die kritische Phase dauert eine Woche. Die Chancen stehen 50 zu 50.«

Der Puls und der Blutdruck schwankten; manchmal, wenn ich die Apparate beobachtete, glaubte ich, sein Herz stehe still. Aber wenn man ihn antippte, öffnete er sofort die Augen.

Wenn es nur nicht so heiß gewesen wäre!

»Lieber Gott, hilf!« betete ich immer wieder.
Ich lenkte mich mit etwas Fernsehen ab. Auf DRS wurde ein
Dialektlustspiel mit Stefanie Glaser gesendet. Als sich die Schau-
spieler am Schluß verbeugten, wurde mir schlagartig bewußt, daß
Helmut und ich nie mehr vor einen Vorhang treten werden. Ich
wußte, daß die glückliche Zeit von Erfolg und Ehrgeiz zu Ende war.

In der ersten Woche ging ich jede Nacht einmal zu Helmut hinunter. Aber auch tagsüber traute ich mich kaum aus seinem Zimmer.
Er bekam manchmal Hustenanfälle und vergaß weiterzuatmen. Puls
und Blutdruck stiegen plötzlich an, das Wasser in der Lunge gurgelte und hinderte ihn am Atmen. Einmal schrieb die Herzmaschine
völlig verrückte Figuren . . . ein Stecker der Infusion war herausge-
fallen.
Ich rief jeden Tag bei Mélisande im Hôtel de la Tête Noire an, wo sie
seit dem Tag meiner Abreise wohnte. So war sie nachts nicht allein
im Haus, denn Catherine, die sich tagsüber um sie kümmerte, hatte
eine eigene Wohnung.
Ich erreichte Mélisande fast nie. Weder im Hotel noch zu Hause.
»Ich mache eine kleine Tour«, pflegte sie zu sagen, bevor sie
verschwand. Auch nachts.
Aber ich konzentrierte mich jetzt vor allem auf Helmut. Er machte
langsam Fortschritte. Nach zehn Tagen wurden bereits die Herz-
und Pulsschreiber entfernt. Auch einige Schläuche. Bald darauf
versuchte man es ohne Sauerstoff.
Etwa nach zwei Wochen fuhr ich nach Perroy, um einige Kleider zu
holen und mit Mélisande zu reden. Corinne und Paul hatten ihr
Kommen ebenfalls zugesagt und wollten einen Psychologen mit-
bringen.
Mélisande war schon zu Hause, als ich ankam. Sie hatte ihren Kopf
kahl geschoren, die Augenbrauen abrasiert. Fahl, aufgedunsen. Sie
erzählte von ihren »Stimmen«, die ihr verboten, Wasser zu trinken
oder Fleisch zu essen. Sie schüttelte sich vor Lachen oder starrte vor
sich hin. Vor einigen Tagen hatte sie die Türe des Anbaus eingeschlagen: »Es machte mich wütend, daß alles zu war«, antwortete
sie, als ich sie fragte.
Das Gespräch mit dem Psychologen brachte nichts. Höflich beant-
wortete sie seine Fragen, müde verabschiedete sie sich.

Ende August ging das Gerücht, auf Tells Schiff habe es zwei Tote gegeben. Es hatte in einer westschweizerischen Zeitung gestanden. Ich erkundigte mich bei der Reederei und erfuhr: »Drei Tote. Beim Betreten eines verbotenen Laderaums...!« Tell war nicht dabei. Gott, o Gott! Der Tod ging um. Er schien uns einzukreisen, um Haaresbreite zu verfehlen.

Helmut begann nun schon Pudding zu schlucken und Wasser. »Ein Sieg«, jubelte die Schwester mit dem südländischen Akzent.

Am 6. September begrüßte mich Helmut mit der Nachricht: »Letzte Nacht ist Gert Fröbe gestorben.« Ich schaute den anwesenden Therapeuten an. Er bestätigte es. Helmuts Gedächtnis begann wieder zu arbeiten. Er hatte es im Fernsehen gehört.

Zwei Tage später rief Catherine an. Sie war völlig aufgelöst. »Kommen Sie sofort«, bat sie, stotterte etwas von »kaputt, entsetzlich, alles voll...«

Am frühen Nachmittag war ich in Perroy. Ich ging in Mélisandes Zimmer, das wir gerade völlig renoviert hatten. Es verschlug mir den Atem. Alles war gelb. Türen, Wände, Schränke vollgesprüht mit gelbem Spray. Riesige Buchstaben knallten mir entgegen, die sich zu wüsten Schimpfworten reimten wie »shit«, »merde«, »pisse«, dazwischen »parents«, »voyage« und an der Eingangstür »ha ha ha ha ha ha«. Die Lampen waren ausgehängt, alle Kleider auf einem Haufen mitten im Zimmer, Platten, Taschen, Schuhe, alles am Boden.

Ich fuhr mit Corinne und Catherine ins Hotel, wo Mélisande wohnte. Man hatte sie in ein anderes Zimmer umquartiert, obwohl man mir zugesichert hatte, sie könne im alten bleiben. Aber das Zimmer war leer. Nur ein Hemd hing über dem einzigen Stuhl. Sie war weggelaufen.

Aber noch begleitete sie ihr Schutzengel. Am folgenden Tag um 8 Uhr morgens lief sie in Genf Corinne geradewegs in die Arme. Sie war an der Seite eines älteren Mannes und konnte vor Übermüdung kaum noch gehen. Offenbar hatte sie die ganze Nacht nicht geschlafen. Sie wurde von Corinne sofort mitgenommen und ins Bett gesteckt. »Sie schläft den ganzen Tag«, berichtete sie, als ich sie am 9. September vom Krankenhaus Sitten anrief, wo ich mit Helmut unseren 27. Hochzeitstag mit 27 roten Rosen feierte.

Ein paar Tage später war das Kind wieder verschwunden. Corinne, Mama und Paul hatten uns im Krankenhaus besucht, Mélisande war nicht mitgekommen. Sie hatte Corinnes Abwesenheit benützt und mit dem roten Polo die Flucht ergriffen.

Ich gab an meinem Wohnort eine Vermißtenanzeige auf und fuhr sofort wieder nach Sitten zurück, wo mich die Nachtschwester schlecht gelaunt empfing. Es schien nicht üblich zu sein, daß Angehörige in der Klinik übernachteten. Aber viele Ärzte schreiben unerwartete Heilerfolge der Liebe zu, die Kranke empfangen, je mehr desto besser und möglichst ununterbrochen. Ich konnte zum Beispiel schon mit Helmut in der Halle Kaffee trinken gehen und mit ihm Ort, Zeit und Datum üben; oder lesen und schreiben. Ich konnte den Schwestern eine Menge abnehmen, wie Essen geben, Moltex wechseln, Barrieren, die er haßte, hinauf- oder hinunterlassen. Ich machte leise Musik oder Fernsehen an und wieder aus. Einmal lag er auf dem Boden, ein anderes Mal mit dem Kopf auf dem Tisch. Nein, ich war ganz gut zu gebrauchen. Manchmal, wenn drei Schwestern auf einmal um ihn herumschwirrten und auch noch der Therapeut dazukam, war es richtig gemütlich. Dann war ich wirklich überflüssig und stieg in den noch unbenützten Geburtentrakt hinauf, wo ich ein Gebärzimmer mit Blick auf den Mont d'Orge bewohnte.

Oft ging ich in die nahen Kiesgruben schwimmen oder kletterte auf den heißduftenden, ruinengeschmückten Hügeln herum, wo Reben und Kakteen wuchsen. Es war herrliches Spätsommerwetter, und wenn ich so auf einem Felsen oberhalb eines Weinbergs saß und das im Dunst verschwimmende Rhônetal hinunterschaute, war es fast wie Ferien.

Bis Dr. Montani vorschlug, mich nun nach einer Rehabilitationsklinik umzusehen. Ich erschrak. Sah diese riesenhaften Krankenfabriken vor mir. Und die Gefahren einer Umgewöhnung für Helmut. Ich kam nicht drum herum. Besichtigte welche. Sie waren indiskutabel.

Etwa eine Woche nach Mélisandes Verschwinden fuhr ich nach Perroy, um die Blumen zu gießen, trällerte gerade »Wunder gibt es immer wieder« und betrat das Chalet. Sah sofort, das für alle Fälle bezogene Bett war benützt worden. Mélisandes Gepäck lag auf einem Sessel.

Ich beschloß, einen Versuch mit der Dianetik zu machen. Diese

Leute haben große Erfolge mit unbewältigten Problemen, die sie aufspüren und wie Minen entschärfen. Ich lud also einen Herrn ein, mit uns am nächsten Tag zu Mittag zu essen.

Wir hatten uns gerade in den Salon gesetzt, da sah ich Mélisande über die Wiese zum Haus hinaufschreiten. Sie zögerte, als sie mich erblickte, begrüßte mich aber dann mit Kuß, wie immer.

Am Nachmittag fuhren wir nach Lausanne und ließen uns testen. Mélisandes Reaktion: »Da gehe ich nie wieder hin.«

Bevor ich nach Sitten zurückfuhr, gab ich Mélisande Geld, um den Wagen, den sie im südfranzösischen Narbonne hatte stehenlassen, zurückzuholen. »Und wenn du einsam bist«, schlug ich vor, »kannst du in Sitten in einem Hotel wohnen.«

Mélisande kam ohne Auto aus Frankreich zurück. »Es ist alles abmontiert worden«, meldete sie. »Batterie, Anlasser, Reifen. Scheibe eingeschlagen, Inhalt gestohlen. Er steht am Zoll, schrottreif.« Sie war richtig glücklich über dieses Ergebnis: »Ein Umweltverschmutzer weniger«! triumphierte sie.

Zehn bis zwanzig Anrufe, um das Wrack zurückzuschaffen. Beraten mit Corinne wegen einer Familie mit Gruppentherapie in Frankreich für Mélisande. Ab 7. Oktober war das Haus zu, Catherine in den Ferien.

Am 28. September fuhr Corinne sie hin. Mélisande schien sich darauf zu freuen. In Mont Luçon war sie unter Gleichaltrigen, nicht immer nur mit Alten, wie sie sagte.

Ich schöpfte Hoffnung. Vielleicht gefielen ihr der romantische Gutshof, die jungen Betreuer, die *copains*.

Es war nur Stille vor dem Sturm.

Am 4. Oktober erlitt Buebi einen Herzinfarkt. 24 Stunden später kreuzte Mélisande wieder zu Hause auf.

»Du mußt zurück«, beschwor ich sie, als sie mich in der Klinik anrief. »In zwei Tagen fährt Catherine weg, und das Haus ist zu. Das weißt du doch seit Wochen.«

Nichts zu machen, sie wollte im Chalet schlafen.

Aber ich hatte Angst, sie allein zu lassen. Sie machte nachts Feuer im Garten, verbrannte all ihre Habseligkeiten. »Nein«, rief ich verzweifelt ins Telephon.

Da sagte sie ganz ruhig: »Weißt du, was du bist? Du bist ein Saustück.« Und hängte auf.

Dann fuhr sie zu Corinne, denn sie wollte nicht ins Hotel.

Und ich bereitete Helmuts Umzug vor. Das war problematischer als erwartet, denn Helmut wollte um jeden Preis nach Hause. Vor ein paar Tagen hatte er seine Koffer fix und fertig gepackt. Aber es war zu früh. Er wußte einfach noch nicht, wo er war; wenn ich ihn fragte, antwortete er immer: »In Moskau.«
Am 10. Oktober war es so weit. Ich wechselte die Klinik.
Valmont in Glion/Montreux war ein riesiger alter Kasten, halb Klinik halb Hotel, mit herrlicher Aussicht auf den See und die Alpen. Hier hatte Rainer Maria Rilke die letzten Wochen seines Lebens verbracht. Der Hauptgrund, warum ich mich unter vielen anderen Möglichkeiten für diese entschlossen hatte, war Professor Vannotti, der 82jährige Chefarzt, den wir noch von früher kannten. Er war ein Meister der Diagnose und hatte mir am 26. September, meinem ersten Besuch in Valmont, zugesichert, Helmut könne kommen, auch wenn er noch nicht selbständig sei.
Am nächsten Tag wurde ich 59 Jahre alt. Jedes Jahr war für mich wie ein gewonnenes Rennen. Ich hatte Corinne, Paul, Mama und Mélisande zum Mittagessen eingeladen. Helmut saß heroisch drei Stunden lang am Tisch, antwortete meistens richtig, behauptete aber wieder, er sei gerade in Moskau gewesen.
Ich fuhr nun öfters nach Hause, denn Valmont war nur noch etwa dreiviertel Stunden entfernt. Langsam, aber sicher mußte ich Helmuts Rückkehr vorbereiten, die in einigen Wochen geplant war; Teppiche reinigen, Parkett versiegeln, Treppengeländer anfertigen lassen; Flügel zügeln, Schlafzimmer nach unten verlegen, medizinische Geräte bestellen, Krankenschwester und Therapeutin engagieren, Briefe und Rechnungen erledigen. Am 1. November ging ich Buebi im Sanatorium besuchen. Er hatte sich gut erholt, war voller Optimismus und bot mir Rat und Tat an.

Die Wogen glätteten sich. Mit Helmut ging es aufwärts. Ich begann mit ihm kleinere Ausflüge zu unternehmen, in Cafés zu fahren oder zum Friseur. Wenn wir Schach spielten, gewann er meistens. Aber wenn er allein gelassen wurde, verfiel er, verlor jegliches Interesse. Er brauchte unbedingt eine Beschäftigung. Und dazu mußte er nach Hause.

Catherine und ich hatten alle Hände voll zu tun, damit Helmuts neues Zimmer bis Ende November fertig wurde, denn er konnte noch nicht oben schlafen. Ich fuhr fast jeden zweiten Tag nach Perroy und abends wieder nach Valmont zurück. Es ging gut voran.

Plötzlich kam Mélisande Helmut besuchen. Ich verpaßte sie am Bahnhof. Zurück in der Klinik, sah ich sie mit Helmut in der Halle sitzen. Sie war ruhig und freundlich. Die Haare waren nachgewachsen, aber sie hatte immer dasselbe graue Hemd an, dieselben Jeans, dieselben Turnschuhe. Ich riet ihr, nach Perroy zu fahren und Catherine beim Möbelschieben zu helfen. Sie war einverstanden.

Und schon klapperte wieder das Damoklesschwert. Mama mußte ins Krankenhaus. Gallensteine. Sie war jetzt 87. Eine Operation stand bevor. Ich telephonierte mit ihr. Sie war zuversichtlich, redete aber mehr als sonst. Ich versicherte ihr, das sei wie eine Blinddarmoperation, also nichts. Sie war ganz ruhig.

Dafür fiel ich von einer Angst in die andere. »Lieber Gott«, betete ich, »mach, daß nichts passiert! Schenk uns noch ein paar Jahre, daß nicht jetzt schon das Ende kommt, ohne Mama, ohne Helmut...«

Der Eingriff verlief problemlos. Einen Tag später konnte ich schon mit ihr telephonieren, am übernächsten besuchte ich sie. Vergnügt zeigte sie mir den riesigen Gallenstein nebst ein paar kleineren im Spiritusfläschchen. Einfach grandios. Ein Vorbild für uns Schwächlinge!

Am 28. November durfte Helmut nach Hause. Er war begeistert und konnte es kaum erwarten. Weniger zufrieden war er mit Antonella, der Krankenschwester, die in den ersten Wochen bei uns wohnte. Eine sachkundige Betreuung war auch von den Ärzten dringend angeraten worden. Helmut schimpfte auf die ständige Bewachung und überschätzte seine Kräfte. Er hatte immer noch Mühe aufzustehen, ging aber schon langsam und vorsichtig mit zum Einkaufen, beschäftigte sich in der Garage und im Garten. Eine junge, hübsche Krankengymnastin übte freundlich und resolut zweimal pro Woche mit ihm, und er wurde rasch kräftiger und selbständiger.

Dann rief Mélisande an und wollte nach Hause kommen, aber ihr Zimmer wurde von Antonella bewohnt. Corinne erzählte mir, sie sei eines Nachts nach Perroy gefahren, sei in unserem Garten gewesen und habe dann im Wartesaal in Perroy übernachtet. Ich hatte keine Ahnung. Es brach mir fast das Herz. Aber ich konnte sie einfach im Moment nicht unterbringen. Ich fürchtete mich vor ihren Wutausbrüchen und einem Rückfall Helmuts. Ich war in einen unlösbaren Konflikt geraten. Auf der einen Seite das Mitleid mit dem völlig verstörten Kind, auf der anderen das überall und immer lauernde Risiko für Helmuts zerbrechliche Gesundheit.

Mélisande ging mir nicht mehr aus dem Sinn. Tag und Nacht grübelte ich über eine Lösung nach. Ich konnte nur von mir ausgehen, wie ich mir über die kritischen Situationen meines Lebens weggeholfen hatte. Es war immer irgendeine Beschäftigung gewesen, auf die ich mich freute, Arbeit oder Sport.

Ich meldete sie in einer bernischen Haushaltungsschule an. Dann konnte sie uns helfen, und wir verzichteten eines Tages auf eine Angestellte. Außerdem lud ich sie jetzt schon für Weihnachten ein. Zwei Tage später rief sie abends an, sie sei am Bahnhof, sie komme jetzt.

Ich holte sie ab. »Aber in deinem Zimmer schläft Antonella«, warnte ich, »du mußt in Tells Bett schlafen. Es ist besser, wenn du morgen nach Montana zurückfährst.« Ich überlegte, wie ich sie trotz der Krankenschwester unterbringen könne.

Am nächsten Tag fragte ich sie, ob sie bleiben wolle, aber sie antwortete zornig: »Nein, du hast gestern gesagt, ich solle nach Montana, also gehe ich nach Montana.«

»Naja, dann gehst du eben«, antwortete ich.

Sie sprang auf: »Ja, jetzt gleich, du brauchst mich nicht zum Bahnhof zu fahren!«

Sie stürzte die Treppe hinunter, gab Helmut die Hand und packte ihren Koffer. Ich sah, wie sie den Feldweg hochkeuchte, anhielt, die Winterschuhe aus dem Koffer riß und in den Weinberg schleuderte. Ich wußte, daß sie weinte. Ich sprang ins Auto und fuhr ihr nach. Oben beim Gemeindesaal holte ich sie ein. Sie saß atemlos und verlassen auf einer Bank. Sie stieg wieder ein. Ich drehte, hielt weiter unten an, und sie holte ihre Schuhe.

Aber sie wollte nicht bleiben. Ich brachte sie auf den Bahnhof nach Morges. Sie beschimpfte mich auf der ganzen Fahrt, und kurz bevor wir ausstiegen, begann sie plötzlich über Selbstmord zu reden.

Ich nahm es nicht ernst. In der Wut spuckt man so manches aus, was man nachher bereut.

Ich küßte sie auf beide Wangen und gab ihr etwas Geld fürs Restaurant. Dann fuhr ich wieder zurück.

Ich telephonierte lange mit Corinne und beriet mit ihr, wie man Mélisande zu der Haushaltslehre überreden könne; warnte, daß sie gestern zum ersten Mal von Selbstmord gesprochen habe. Sie wollte es nicht glauben.

Kurz darauf rief Mélisande an und teilte mir mit, sie gehe auf keinen Fall in diese Schule, und sie arbeite nicht für uns.

Heiligabend kam sie nach Perroy. Sie weinte hemmungslos, als sie zur Türe hereintrat. Aber sie beruhigte sich rasch, und ich hörte sie bald darauf fröhlich mit Catherine schwatzen. Abends, als Antonella ihren Dienst antrat, schien sie sogar richtig aufzublühen. Sie half beim Tischdecken und Auffrieren des im Tiefkühler vergessenen Fleisches. Bei der Bescherung spielte sie ihre gewohnten Klavierstücke, bedankte sich für die silberne Entensparkasse und ein Buch über Selbstanalyse. Auch die übrigen Geschenke fanden großen Anklang, und das Ganze wurde mit zwei Flaschen Champagner begossen.

Mélisande fuhr schon am 26. Dezember wieder zu Corinne zurück. Es vergingen keine 24 Stunden, da wollte sie wieder zurückkommen. David Bowie und seine Gehilfen verfolgten sie und wollten sie umbringen, behauptete sie. Sie suche ein Zimmer und Arbeit.

Ich erwiderte, man könne es versuchen, aber sie dürfe nicht vor Helmut drohen und diskutieren.

Ich beratschlagte mit Buebi, der gerade zu Besuch bei mir war, da rief Corinne an, Mélisande fange an durchzudrehen. Buebi ging ans Telephon, redete von Entschlüssen und Aufhören. Machte auch mir Vorschläge: Mélisande müsse behandelt werden, Helmut ins Krankenhaus und ich in die Ferien. Er meinte es gut, aber ich hatte Angst, Fehler zu machen und wehrte ab.

Es war ein Fehler gewesen, mich zu beraten. Ich hatte es mit Mélisande versuchen wollen, aber nun beschloß ich, mit Helmut wegzufahren. Seit Tagen saßen wir in dickem weißen Nebel, während auf 700 oder 800 m die Sonne schien. Ich telephonierte mit Mélisande. Ich versprach, morgen wieder anzurufen, überließ es aber dann Buebi. Auch das war völlig falsch.

Wir feierten Silvester ohne sie. Warum hatte ich bloß auf Corinne und Buebi gehört, die meinten, Mélisande solle nicht immer nach Hause kommen, so werde sie nie erwachsen...!

Neujahr 1989. Wir wollten in die Höhe fahren, um dort zu Mittag zu essen. Aber als wir endlich an der Sonne waren, fanden wir keinen Parkplatz, die Autos standen in Zweierreihen am Straßenrand, Hunderte von Menschen wimmelten auf den wenigen Schneeresten herum. Zweimal schnappten mir vorbildliche Automobilisten eine Lücke weg, einmal blockierte ich dagegen in einer tiefen Eisrinne den ganzen Parkplatz, ohne vor- oder rückwärts fahren zu können. Wenn das ganze Jahr so verlief, wie es begann...! Schließlich ließ ich den Wagen einfach hinter einem andern stehen und folgte Helmut ins Restaurant, wo wir zwei Stühle ergattert hatten. »Dieses Jahr muß ich kämpfen – auf keinen Fall aufgeben!« schrieb ich abends ins Tagebuch.

Der Tag schloß mit allgemeinen Gratulationen: Mama, Corinne, Paul, Mélisande, Buebi. Ich kündigte bei der Gelegenheit an, daß wir uns nun für die »Heiligenschwendi«, oberhalb Thuns, entschlossen hatten, wo Buebi seinen Herzinfarkt auskuriert hatte.

Wir hätten keine bessere Wahl treffen können. Die mittelgroße, hochmoderne Klinik war auf ca. 900 m nicht zu hoch, aber doch über der Nebelgrenze gelegen, mit Aussicht auf die ganze Berner Alpenkette. Wir hatten große, helle Einzelzimmer, Ärzte ohne Ironie und mit viel Zeit. Oberarzt Dr. Studers Geduld schien unerschöpflich zu sein, insbesondere, was meinen plötzlichen Kräfteverfall betraf. Schonend und unbarmherzig zugleich nannte er mein Prinzip, »Aufhören, wenn es nur noch mit Medikamenten geht«, unvernünftig. Zucker- und Infarktpatienten lieferten den Gegenbeweis. Sie könnten unter Kontrolle noch sehr gute Arbeit leisten!

Am 20. Januar fuhr ich für ein paar Tage nach Leukerbad. Helmut war ja in guten Händen, und ich wollte ein wenig auf andere Gedanken kommen. Ich rief Helmut täglich an, er war munter und zufrieden. Aber als er mir erzählte, er habe sich an einem Orangenschnitz verschluckt und keine Luft mehr bekommen, erstarrte ich vor Schreck. Schwester Christa, die ich sofort anrief, begütigte: es sei kein Rückfall gewesen. Er habe nur Atembeschwerden gehabt, und es sei alles wieder in Ordnung.

Ich hatte keine Ruhe mehr und brach meine Zelte ab, um das Wochenende mit Helmut zu verbringen.

Dann fuhr ich nach Perroy weiter, um meine Koffer umzupacken. Kaum war ich angekommen, läutete es. Zwei Journalisten standen vor mir. Es war bereits Nacht.

»Es geht um Ihre Tochter«, empfingen sie mich. »Rauschgift.«

Ich war so überrascht, daß ich nichts Besseres wußte, als sie hereinzubitten.

»Sie hatte Kokain bei sich. Spritzt. War in Kliniken!«

»Von wem haben Sie das?« fragte ich, bemüht, mir meinen Schrecken nicht anmerken zu lassen. »Anonym?«

Sie wollten es nicht sagen.

»Das stimmt nicht«, widersprach ich. »Sie hat in der Schule gehascht, wie alle. Sie wissen sicher, daß Haschisch in der Schweiz legalisiert werden soll. Sie war nie in einer Klinik. Das ist üble Nachrede. Sie können sich bei meinem Anwalt erkundigen.«

Die Reporter wurden unsicher. Verabschiedeten sich und versprachen, nichts zu bringen. Ich rief aber noch Corinne an, um sie zu warnen.

Am nächsten Tag hörte ich von der Polizei, die Journalisten hätten stundenlang über uns Erkundigungen eingezogen. Man habe aber nichts gesagt, berichtete der zuständige Beamte befriedigt. Als kurz darauf auch noch die Entenzeitung anrief, drohte ich wieder mit dem Anwalt und verbot, meine Tochter telephonisch zu belästigen. Irgendeine große Schweinerei war im Gange, davon war ich überzeugt.

Am Tag vor Mélisandes Geburtstag rief ich in Montana an. Niemand nahm ab. Beim dritten oder vierten Mal antwortete Mélisande. »Geh zum Teufel«, schrie sie mich an. Ich wollte etwas sagen, aber sie unterbrach mich mit denselben Worten: »Geh zum Teufel«, und hängte ab. Ich versuchte es nochmals, aber sie legte sofort auf.

Ich konnte in dieser Nacht kaum schlafen. Das Kind brach mir das Herz. Glaubte sie etwa, ich stecke hinter dieser Vernichtungsjagd? Ich rief sie an ihrem Geburtstag trotzdem nochmals an. Niemand nahm ab.

Am 3. Februar holte ich Helmut nach Hause, wieder in den Nebel zurück. Aber er strahlte vor Glück, so brauchten wir keine Sonne.

Und ich stürzte mich in die Papierschlacht. Die Steuern 1987: Schreckenszahlen. Kosten für Corinne, Mélisande und Mama machten über 45 000 Franken. Doppelt soviel für Versicherungen und Steuern.

Ich beantragte unsere Renten. Mußte vierzigjährige Papiere ausgraben, die ich nach tagelangem Suchen in vergilbten und zum Teil angefressenen Ordnern und Schachteln wiederfand. Zeugnisse, Schauspielverträge, Bewerbungen, Nebenverdienste. In Papas »Ausgaben für Liselotte«, die ich in einer Kiste hinter den Koffern entdeckte, befanden sich lückenlos die alten Rechnungen des Konservatoriums und Professor Kalbecks eingeordnet, Einzahlungen, Prüfungsgelder, Aktiven und Passiven. Liebe und Trauer um Papa. Er hatte sich für uns aufgeopfert und nur Vorwürfe, Verachtung und Einsamkeit dafür geerntet.

Dasselbe nochmals mit Helmuts Papieren: Zeugnis der Reife, Bescheinigung Bombenschaden, Entlassungsschein aus der Armee, Mitgliedskarte des Österreichischen Gewerkschaftsbunds, Lohnsteuerkarte Innsbruck, vier Bescheinigungen der Angestelltenversicherung 1947, Geburtsscheine Tell und Mélisande, Ersatzversicherungskarte, beglaubigte Kopie der Geburtsurkunde, Antrag auf Ruhegeld, privatärztliche Bescheinigung . . .

Alles photokopiert und an die Rentenversicherung geschickt.

Drei Monate später teilte man uns mit, daß wir nicht genügend Pflichtmonate hätten und damit keinen Anspruch auf Ruhegeld. Das hätten sie auch gleich sagen können.

Corinne berichtete, daß Mélisande in ihrer Abwesenheit von deutschen Zeitungen stundenlang verhört worden sei.

Ich rief meinen Anwalt in München an. Er mußte unter allen Umständen verhindern, daß Mélisande in die Mühlen der Skandalpresse geriet. Das konnte ihren Zusammenbruch bedeuten.

Gunter Fette versprach, an das Gewissen der betreffenden Chefredakteure zu appellieren. Unseren Hausarzt fragte ich auch um Rat. Während er von Helmuts Fortschritten ganz begeistert war, umwölkte sich sein Gesicht bei der Schilderung von Mélisandes Verhalten: »Sie muß in Behandlung. Allein schafft sie es nicht mehr.«

Helmut war im Garten nicht mehr zu bremsen. Er hatte begonnen, den abgeblätterten Gartenzaun zu streichen, mußte aber dann ein paar Tage ins Krankenhaus wegen einer Infektion. Als er wieder zu Hause war, rief Mélisande an und fragte, ob sie zu Helmuts Geburtstag kommen könne.

»Klar«, rief ich glücklich ins Telephon und holte Helmut: »Sag ihr, sie soll morgen Ostereier suchen kommen.«

Sie kam am Ostersonntag mittag. Wir warteten mit dem Suchen der Osternester auf sie und lachten über unsere Verstecke. Sie war beinahe schüchtern, verwirrt und lieb, begann aber fast umgehend von David Bowie und seinen Befehlen zu reden. Ich hörte ihr zu, versuchte ihre Angst und Unruhe als alltäglich zu erklären, als Wünsche, Träume und daß es ähnlich sei wie bei mir, als ich so unsterblich verliebt war. Ich forderte sie auf, über die Vergewaltigung in Spanien zu sprechen, von der sie berichtet hatte. Sie ging nicht darauf ein. Statt dessen schilderte sie, wie sie vor ihrer Flucht nach Spanien an einer Riesendosis Haschisch fast draufgegangen sei.

Während ich mit ihr redete, wurde mir klar, daß sie kein Theater spielte. Sie glaubte an ihre Phantasien. Oder war es die Wahrheit?

Ich begann, ihr mit ihren Ernährungsvorschlägen recht zu geben. Kaufte Margarine statt Butter, Diätkekse statt Schokolade, was ich sowieso gut fand. Ich verkaufte mit ihr die alte Gitarre, handelte mit dem Käufer – mit Erfolg. Seit langer Zeit sah ich sie wieder lachen. So wenig brauchte es also.

Manchmal saß sie allein auf der Terrasse und redete mit David Bowie. Mir fiel das Käthchen von Heilbronn ein und daß man seine Liebeskrankheit für Wahnsinn hielt. Aber Mélisande wollte das Reclambüchlein, das ich ihr gab, nicht lesen.

Am 1. April rief Tell an, er komme morgen nach Hause. Als Mélisande von Tells Rückkehr hörte, wollte sie sofort nach Montana zurück: »Ich habe mit ihm nichts mehr gemeinsam«, stieß sie hervor. Ihre Augen waren voller Unruhe: »Gib mir bitte Geld für die Fahrkarte.«

Ich stutzte: »Und das Geld von der Gitarre?« fragte ich.

»Dafür habe ich Shit gekauft«, antwortete sie.

»Dieser langweilige See«, hörte ich sie in der Küche weiterreden. »Nirgendwo hat man Ruhe. Seit Papas Krankheit gefällt es mir hier nicht mehr.«

Ich fuhr sie auf den Bahnhof. Riet ihr, doch eine Beschäftigung zu suchen, um sich das Nötigste selbst zu verdienen.

Sie stand bleich und verloren vor mir. Lächelte zum Abschied.

Zu Hause öffnete ich die Müllsäcke, die sie am Abend zuvor unaufhörlich vollgestopft hatte. Lauter Schallplatten. Ich holte sie wieder heraus, reinigte sie, legte sie in den Chaletschrank.

In ihrem Zimmer war nichts mehr, was ihr gehörte. Das Büchergestell, die Schrankfächer – leer. Auch ihre Pässe und Scheckkarten hatte sie weggeworfen.

Was bedeutete das alles? Ich hoffte auf ein Wunder. Vielleicht verliebte sie sich, interessierte sich plötzlich für Tiere, Sport, oder Geld.

Es war fast Mitternacht, als ich Tell in Morges am Bahnhof abholte. Er war munter, etwas dünner, aber voller Tatendrang. Er war wie ich, lachte über denselben Blödsinn, rackerte ununterbrochen, stürzte sich in gewagte, sportliche Abenteuer. Vor einigen Jahren schien Mélisande ihn beinahe zu überflügeln. Surfte wie ein Junge, ritt wie ein Indianer, fuhr auf den Skiern allen davon . . . und jetzt?

Zwei Tage vor Helmuts Geburtstag kam sie zurück. Helmut wurde 64. Ich stellte einen großen Strauß Forsythien in eine Vase vor das noch verhüllte Gymnastikfahrrad und auf den Frühstückstisch die übrigen Geschenke.

Mélisande machte Einkäufe, half im Haushalt. Abends feierten wir bei Kaviar und Champagner in der Küche ohne Tell, er war eingeladen. Mélisande war beschwingt und lachte: »Trink lieber einen Pikkolo statt dieser verdammten Hascherei«, alberte ich und schüttete nach.

Zwei Tage später mußte ich sie in eine psychiatrische Klinik bringen. Sie hatte völlig die Kontrolle über sich verloren. Wir saßen nachmittags beim Kaffe, da kam sie aus der Küche, setzte sich zu uns an den Tisch und schimpfte, wir seien alle krank, von der Umwelt vergiftet. Helmut wochenlang voller Schläuche im Krankenhaus, Tell kaputt, alles kaputt. Ich machte ihr Zeichen, aufzuhören, aber sie war nicht zu bremsen. Ein unaufhaltsamer Wortschwall über Atombomben, Weltuntergang, Vergewaltigungen, Warzen, gefüllte Tomaten brach aus ihr heraus, unterbrochen von Lachanfällen. Und immer wieder: David Bowies Befehle, denen sie nicht entrinnen könne.

Ich rief den Hausarzt an. Er kam noch vor dem Nachtessen, versuchte das Kind zu beruhigen. Als es ihm nicht gelang, fuhr er weg, um mit der Klinik zu telephonieren. Gegen 20 Uhr 30 kam er zurück. Nie werde ich das ungläubige Entsetzen vergessen, das sich in Mélisandes Gesicht ausbreitete. Widerstandslos stieg sie zu mir in den Wagen.

Sie blieb nur zwei Tage. Als man bei ihr eine Infusion machen wollte, rief sie mich in tödlicher Angst an, ich solle sofort kommen. Nie wieder wolle sie so furchtbare Dinge sagen. Sie werde arbeiten. Alles tun, was wir wollten. »Bitte, bitte, bitte«, schluchzte sie.

Ich holte sie wieder ab. Sie jubelte. Versprach, alles zu halten. Bewunderte alles, als sie nach Hause kam: den Garten, Tells Hemd, Catherines Augenbrauen, machte Pläne, lächelte, plauderte. Ich hatte es richtig gemacht. Vielleicht hatte sie jetzt die Kurve gekriegt.

Aber es war alles umsonst. Sie sprach wieder von Benzindämpfen, roten Fingern und Selbstmord. Immerhin kam sie mit zu Dr. de Perrot, bei dem wir ein Gespräch pro Woche vereinbart hatten. Auf dem Rückweg zeigte ich ihr das Haus mit dem Studio, das ich für sie gefunden hatte.

»Nein«, murmelte sie, »hier wohne ich nicht.«

Tell fuhr dann zwei Tage mit ihr zu Corinne, um skizufahren. So konnte ich mich auf eine französische Fernsehsendung konzentrieren, die in Genf stattfand. Dann war der zweite Termin bei Dr. de Perrot. Der Arzt nahm sich viel Zeit. Aber Mélisande wehrte sich mit Händen und Füßen, war erregt und mißtrauisch. Der Psychiater erzeugte bei ihr ein Gefühl der Bedrohung und des Widerstands, die Entspannungsversuche bewirkten das Gegenteil.

Am 20. April waren wir beim deutschen Generalkonsul Breitenbach in Genf zu einem Abendessen eingeladen. Am Nachmittag setzte ich mich zu Mélisande auf den Balkon des Chalets. Wir redeten lange. Ich hoffte, das Geheimnis ihres Weltschmerzes vielleicht ganz beiläufig ergründen zu können. Ihre Gedanken kreisten immer nur um ein Thema: David Bowie. Unerhörte Liebe zu David Bowie.

Ich nahm sie mit hoch, machte Kaffee. Sie saß bleich und starr am Tisch. Dann fuhr sie nach Morges, ins Reformhaus, wie sie sagte.

Helmut und ich machten uns etwa um 18 Uhr 30 auf den Weg zu

unserer Einladung. Es tat uns gut, unter Leute zu kommen, an den Problemen anderer Menschen teilzunehmen und die eigenen zu vergessen. Helmut war in Hochform, aß wie ein Gewichtheber, lachte, unterhielt sich mit Karl-Heinz Rummenigge. Etwa um Mitternacht waren wir zu Hause.

Als Catherine Mélisande zum Mittagessen holen wollte, war sie verschwunden. Das Bett war nicht benützt, ihre Sachen weg. Die zehn Zigarettenpackungen, die ich gestern auf dem Tisch entdeckt hatte, ebenfalls. Ich hätte merken müssen, daß sie etwas vorbereitete.

In ihrem Zimmer oben im Haus fehlte das Hi-Fi-Gerät, das sie hatte verkaufen wollen. Tell, der gestern abend ausgegangen war, berichtete, bei seiner Rückkehr sei das Gartentor offen gewesen.

Wieder ging ich zur Polizei, nachdem ich 24 Stunden gewartet hatte. »Die Jugendlichen machen das doch alle«, seufzte der Beamte. »Sie kommt schon wieder.«

Nach fünf Tagen kam ein Anruf von Marbella. Mélisande sei im Ferienhaus von Karli eingetroffen. Sie schlafe jetzt. Karli bot uns an, Mélisande könne bis auf weiteres bleiben. Uff!

Am nächsten Abend telephonierte ich mit ihr. Sie machte einen apathischen, trostlosen Eindruck.

Ich mußte jetzt einfach handeln. Ich fuhr in eine Klinik am Zürichsee und sprach mit der Chefärztin, einer dunklen, bleichen Frau mit Pferdeschwanz.

Ihre Aufklärung über LSD war frappierend: es löse Depotwirkungen im Gehirn aus, weshalb die Wahnideen zwar vorübergehend verschwinden, aber wiederkommen. Meine Schilderungen von Mélisandes Verhalten wiesen eindeutig darauf hin. Die Ärztin empfahl mir dringend, Mélisande wie eine Kranke mit 40 Grad Fieber zu behandeln. Dann zeigte sie mir die Wachsäle, wo Mélisande wegen Platzmangels hinkäme. Sechs bis acht Betten. »Ältere Frauen und ganz junge, ohne Unterschiede.«

Nein! Das war die Endstation. Hier ging das Kind zugrunde.

Die Ärztin nahm mir die Entscheidung ab. »Ich bin jetzt leider drei Wochen abwesend«, kündigte sie an, als sie sich verabschiedete.

Die Ereignisse überstürzten sich. Karli rief an, es gehe nicht mit Mélisande. Sie sei voller roter Flecke, esse nichts, liege nur im Bett. Da seien ja noch die beiden Kinder des Angestellten ...

Nach einigem Hin und Her kam Mélisande an den Apparat. Sie wirkte völlig normal. Ein rotes T-Shirt habe abgefärbt. Sie wolle nach Hause. Entschuldigte sich für den Wirbel. Aber sie wolle kein Flugzeug nehmen, sondern den Zug.

Ich verabredete mit dem Angestellten, sie solle am Montag, also in zwei Tagen zurückkommen, er möge die Fahrkarte auslegen. Sonntagmorgen rief er an: »Sie ist unterwegs.«

Ich konnte kaum mehr schlafen. Was nun?

Mitten in der Nacht fiel mir Professor Pöldinger von der Universitätsklinik Basel ein, Harald Juhnke war ein paarmal dort wegen seiner Alkoholprobleme. Obwohl es Samstag war, erreichte ich den Professor. Er sei das ganze Wochenende da, sagte er. Ich könne ihn morgen abend oder Montag erreichen. Nach meinen Schilderungen müsse sie zuerst auf eine Beobachtungsstation. Sie müsse aber einverstanden sein.

Montag morgen. Ich öffnete die Rolläden, da saß Mélisande auf dem Fenstersims. Sie war todmüde, zu jedem Kompromiß bereit.

Ich redete lange mit ihr nach dem Frühstück. Ich fragte sie auch, wo ihr Hi-Fi-Gerät sei. »Ich habe es auf den Müll geworfen«, bekannte sie. Die ganze Musikanlage! Weggeworfen! Wie alles, was sie besessen hatte. Mir wurde es unheimlich. Vorsichtig begann ich sie von der Notwendigkeit zu überzeugen, etwas zu unternehmen. Ich sei sicher, dann werde alles wieder wie früher.

Erst war sie dagegen, voller Angst, Abwehr, Angriff. Später versuchte ich es nochmals. Sie beruhigte sich. Legte sich dann schlafen. Ich beriet mich mit Professor Pöldinger. Er drängte mich, nicht zuzuwarten.

Am 2. Mai fuhr ich mit ihr in die Klinik. Zuerst war sie ganz friedlich. Aber je näher wir unserem Bestimmungsort kamen, desto erregter wurde sie. Immer wieder sprach sie über Atomkatastrophen, Weltuntergang, vergiftete Umwelt, die Verseuchung von Erde, Wasser und Luft. Über den Kaffee, der mich süchtig mache und über Hitler – sie wolle »Mein Kampf« lesen, er habe ja nichts fertiggebracht . . .?

In der Klinik versuchte sie dann, »normal« zu sein. Sie lachte, während sie dem Professor aufzählte, was sie so alles ausprobiert habe: Haschisch, eine Halbe Pille LSD, etwas Koks und Pilze. Das war mir neu. Im »Drogenproblem« von A. E. Wilder Smith hatte ich gelesen, daß Pilze von der Gattung Psilocybe dieselben Eigenschaften haben wie die psychedelischen Substanzen Haschisch, LSD und Mescalin. Sie führen zu Bewußtseinsveränderungen, Verzerrung der Wirklichkeit und Halluzinationen. Als Grund gab sie an, sie wolle high sein in dieser vergifteten Welt.

Nach einer Weile schickte mich der Professor hinaus und redete allein mit ihr. Als ich wieder hereingerufen wurde, erfuhr ich, Mélisande sei einverstanden, eine Woche zu bleiben. Ich küßte sie zum Abschied auf beide Wangen, bevor sie mit einer jungen Ärztin den Raum verließ.

Ich rief fast täglich an. Es schien Mélisande nicht schlecht zu gefallen. Manchmal war sie nicht zu sprechen, schlief oder ging im Park spazieren. Ich schickte ihr »Aufstieg und Fall des Dritten Reiches« von W. L. Shirer, legte ihr 100 Franken ins Buch, Toilettengegenstände und Schokolade. Der Professor, mit dem ich telephonierte, erklärte, sie bleibe noch eine Woche, wegen Röntgenaufnahmen, dann könne er sie nicht mehr zurückhalten. Aber bei mir war eine Zahnoperation fällig und eine Fernsehsendung über Hans Rosenthal in Mainz, die ich voreilig zugesagt hatte. Wie sollte ich das organisieren? Ich konnte Helmut noch nicht allein lassen und fand niemanden, der bereit war, ihn zu betreuen. Da Helmuts Husten schlimmer geworden und auch mein Heuschnupfen bereits ausgebrochen war, beschloß ich, auf die Bühlerhöhe zu fahren, denn sie lag in der Nähe von Mainz. Wir konnten in der Klinik ein paar Untersuchungen machen lassen, und Helmut war in Sicherheit.

Mélisande rief jeden Tag an, sie wolle zurückkommen. Aber ich sagte ihr, daß ich am 16. die Zahnoperation habe und sie nicht holen könne. Ich verfaßte einen langen Brief an den Professor, um ihn erneut auf ihr beunruhigendes, ja gefährliches Verhalten hinzuweisen und ihn zu bitten, Mélisande nicht nach Hause zu entlassen.

Am 16. Mai wurde dieser riesige faule Zahn gezogen. Als nachmittags die Schmerzen kamen, nahm ich eine Tablette und legte mich ins Bett. Abends telephonierte ich lange mit Corinne. Sie versprach, Mélisande am nächsten Tag in der Klinik zu besuchen, da sie in der Nähe zu tun habe. »Ich nehme sie auf keinen Fall mit«, beruhigte sie mich.

17. Mai. Trotz Zahnschmerzen kämpfte ich mich durch den alltäglichen Papier- und Telephonkrieg. Mittendrin rief Corinne an, Méli-

sande wolle um keinen Preis bleiben. Auch der Professor kam an den Apparat. »Ich kann sie nicht einsperren«, erklärte er. Wieder Corinne: »Dann nehme ich sie halt mit!« Ich ließ mich mit Mélisande verbinden. Versuchte sie zu überzeugen, daß die Kur nichts nütze, wenn man sie nicht fertig mache. Sie hörte gar nicht zu. Wollte nach Hause. Ich erinnerte mich an die Warnungen der Ärzte, bei solchen Fluchtversuchen im Interesse des Kranken nicht nachzugeben. »Bei uns geht es nicht«, wiederholte ich. »Wir fahren weg, du mußt noch etwas bleiben.«

Sie wechselte den Ton: »Geh zum Teufel«, tobte sie. »Verscheiß dich mit Papa! Nie wieder komme ich nach Hause!«

Entsetzt verlangte ich den Professor zu sprechen: »Um Himmels willen, lassen Sie sie nicht gehen«, rief ich verzweifelt ins Telephon.

Corinne schilderte mir am nächsten Tag Mélisandes Panik, als sie glaubte, bleiben zu müssen. Sie habe sie aus Mitleid mitgenommen, wisse aber auch nicht, wie es weitergehen solle. »Im Augenblick erledigt sie für mich leichte Büroarbeit und ist ganz zufrieden«, versicherte sie zögernd.

Am Tag bevor wir wegfuhren kamen Corinne, Mama und Paul bei uns vorbei. Mélisandes anfängliche Euphorie sei am Abklingen, sie lasse die Arbeit, die sie anfänglich freudig ausgeführt hatte, liegen und verkrieche sich in ihrem Zimmer. Sie nehme keine Drogen, meinte Corinne. Und die Diagnose des Professors sei falsch. Mélisande sei nicht schizophren.

Ich schickte Corinne das Buch über das Drogenproblem. Dort standen Mélisandes Symptome drin: Psychosen, Persönlichkeitsverfall, Schizophrenie.

23. Mai. Abreise. Die Koffer waren schon im Wagen, da rief Corinne an, Mélisande sei außer Rand und Band. Sie drohe mit Selbstmord und David Bowie. Sie verbiete ihr wegzufahren, ob ich einverstanden sei.

Natürlich stimmte ich zu. Helmut starrte mich entgeistert an – er hatte alles gehört. Er sah bleich und angestrengt aus. Ich konnte die Reise nicht mehr abblasen. Ich mußte zusätzliche Aufregungen vermeiden. So fuhren wir los.

Die Klinik Bühlerhöhe sah aus wie ein Schloß, vom Elektrokonzern Grundig teuer renoviert und auf den modernsten medizinischen

Stand gebracht. Große, helle Zimmer, geschultes und vor allem genügend Personal. Mehr Hotel als Spital. Leider sehr teuer.

Professor Dietze, der Chefarzt, wirkte grau und übernächtigt bei meiner ersten Visite. Letzte Nacht seien zwei junge Angestellte der Klinik tödlich verunglückt, erzählte er müde.

Der Tod. Schon wieder. Er war in der Nähe. Ich spürte den eisigen Gruß nicht. Dachte nicht mehr daran.

Die Gedenksendung über Hans Rosenthal, die eigentlich der Grund unseres Aufenthaltes auf der Bühlerhöhe war, fand am 28. Mai in Mainz statt. Fritz Eckardt, 1971 ebenfalls unter den Kandidaten der ersten Sendung, war auch gekommen, inzwischen 82 Jahre alt, voller Lebenslust und -witz. Ekki Fritsch, damaliger Schiedsrichter, den ich heimlich erwartete, erschien nicht. Er war tot.

Ich fuhr zur Bühlerhöhe zurück. Helmut war zur Pediküre gepilgert, begab sich überhaupt zu allen Behandlungen und Terminen ohne fremde Hilfe.

Abends rief ich Corinne an. Sie beruhigte mich. Mélisande gehe es gut, sie nehme die Mittel. Ich redete nicht mit ihr, ließ sie grüßen. Das letzte Gespräch steckte mir noch in den Knochen.

Helmut mußte hauptsächlich Herz- und Gefäßuntersuchungen über sich ergehen lassen, um jede Rückfallgefahr auszuschließen. Ich mußte eine Magenspiegelung vornehmen lassen und einige Kreislaufkontrollen.

Am Samstag, den 3. Juni, wollten wir ursprünglich zurückfahren, verschoben es aber auf den Montag, da Catherine am Wochenende frei hatte. Ich schrieb noch einige Ansichtskarten, auch an Mélisande. Sicher bekam sie sie noch vor unserer Rückkehr. Ich versprach, sie anzurufen.

Am Montag fuhren wir zurück. Ich war durch Baulärm früh aufgewacht, hatte noch Termine mit Professor Dietze und der Diätassistentin, zahlte die Rechnung und verstaute das Gepäck.

Gegen Abend waren wir in Perroy. Das neue Bad war schön, aber nicht so feudal wie erwartet. Catherine hatte wirklich geackert. Weniger erfreut war ich über die Berge von angesammelten Briefen. Darunter eine Karte und ein Briefchen von Mélisande. Verschob ich auf morgen. Ich war todmüde und ging früh ins Bett.

6. Juni. Ich wachte um 6 oder 7 Uhr auf, es war kalt im Zimmer. Schlief nochmals ein. Dann öffnete ich die Post. Mélisandes Nach-

richten auf Notizpapier und einer Postkarte waren gutgelaunt und lustig, wie immer in regelmäßiger, zierlicher Schönschrift abgefaßt. Sie bedankte sich für das Taschengeld, erzählte von ihrer Büroarbeit bei Corinne. Entschuldigte sich wegen ihres Betragens, aber sie leide so unter dieser vergifteten Welt. Und wir sollten doch achtgeben auf unser Essen.

Erleichtert und glücklich rief ich abends in Montana an, um mit ihr zu sprechen.

»Sie ist in Bern«, sagte eine fremde Stimme. »Frau Pulver ist am letzten Mittwoch weggefahren, und am Sonntag folgte ihr Mélisande nach Bern zu Tante Elsi.«

Ich hatte keine Ahnung, daß Corinne nicht zu Hause war. Warum hatte sie mich nicht benachrichtigt? Warum hatte sie Mélisande mit fremden Leuten in Montana zurückgelassen? Und warum hatte mir Catherine Mélisandes Karte und Brief nicht nachgeschickt?

Am nächsten Tag gegen Mittag rief Corinne an, Mélisande sei gestern wieder weggelaufen. Sie habe sich sterbenselend gefühlt, nichts gegessen, vor sich hingestarrt. Sie habe gegen 16 Uhr Tante Elsis Wohnung verlassen und sei nicht wiedergekommen. Sie habe nichts mitgenommen, keine Tasche, keinen Ausweis. Diesmal sei sie wirklich unruhig.

Ich tröstete sie, Mélisande habe sicher *copains* getroffen und verschlafe irgendwo den Tag.

Abends rief ich wieder an. Keine Nachricht von Mélisande. Der Traum, den ich letzte Nacht gehabt hatte, fiel mir ein. Sie kam vom See herauf und sagte: »Ich bin von Sitten bis hierher geschwommen!«

Letztes Mal, als sie nach Spanien ausgerissen war, dauerte es fünf Tage, bis sie sich meldete. Ich ließ nachts das Telephon eingesteckt, um auf jeden Fall erreichbar zu sein. Aber nichts passierte.

Am 11. Juni, es war ein Sonntag, fuhr ich mit dem Fahrrad nach Rolle, um eine Zeitung zu kaufen. Ging bei der Polizei vorbei. Mr. Berset, der Mélisande schon ein paarmal suchen ließ, riet mir, in Bern eine Vermißtenmeldung aufzugeben. Ich fuhr morgen sowieso dahin, um einiges zu erledigen.

Wieder rief Corinne an. Sie war in äußerster Sorge, denn sie hatte Mélisandes Scheckkarte und Ausweis zu Hause gefunden. Das war weiter nicht ungewöhnlich, denn sie fuhr ja auch öfters ohne Geld und Papiere mit dem Zug. Tatsächlich vermutete ich, daß sie in Drogenkreisen untergetaucht, vielleicht zu harten Sachen übergegangen war. Einen Unfall schloß ich aus. Sie war zu ängstlich und mißtrauisch. Aber vielleicht wurde sie festgehalten oder war eingesperrt worden?

Ich spürte auf einmal eine Totenstille, die mir bei ihrem vorherigen Verschwinden nie aufgefallen war. Dachte ununterbrochen über dieses unglückliche Kind nach. Wo trieb sie sich herum? War sie in Gefahr? Wurde sie bedroht?

Am Montag, den 12. Juni, fuhr ich nach Bern, wo ich um 11 Uhr einen Termin hatte. Anschließend ging ich zur Stadtpolizei, wo ich ewig warten mußte. Da kam ein bärtiger Mann herein, und ich glaubte, meinen Namen nennen zu hören. Als er gegangen war, fragte ich den Beamten am Schalter. Er schüttelte den Kopf, hatte mich nicht erkannt. Aber ich war jetzt sicher. Der Mann hatte nach mir gefragt. Ich hatte nicht geschaltet, nun war er weg.

Als der Kriminalkommissar endlich kam, hörte ich das alte Lied: »Ihre Tochter ist volljährig. Vielleicht ist sie bei Freunden. Sie wird sich schon melden.« Der Kommissar, ein sympathischer, älterer Familienvater, nahm das mitgebrachte Photo und die Personalien entgegen. Ging eventuelle Anzeigen durchsehen: »Wir haben niemanden«, berichtete er, als er wiederkam.

Ich ging zu Buebi an den Malerweg essen. Er erinnerte mich daran, daß ich für Mélisande nicht mehr verantwortlich sei, ich solle sie endlich wie eine Erwachsene behandeln. Ich schüttelte den Kopf, Mélisande tat mir so entsetzlich leid. Sie hatte kein Geld, keinen Ausweis, konnte sich vielleicht nicht wehren.

Ich fuhr dann nach Rubigen in ein Dianetik-Zentrum. Dort begann ich ein Seminar, um in die Geheimnisse des »clear« einzudringen und das Auditieren zu lernen. Vielleicht konnte ich dann die Probleme Mélisandes einkreisen und unschädlich machen. Dann fuhr ich wieder nach Perroy zurück.

Am Dienstag rief Corinne in höchster Aufregung an. Ich versuchte sie zu beruhigen. Ich hatte auf der Bank erfahren, daß Mélisande am 1. Juni ihr ganzes Taschengeld abgehoben hatte. Also war sie doch planmäßig irgendwohin gefahren.

Mittwoch. Corinne, Mama und Paul kamen vorbei. Ich war immer noch optimistisch. Redete nur allgemein von meinem Besuch bei der Berner Polizei, um Helmut nicht zu belasten. Corinne betrachtete mich lange und schweigend, als wisse sie mehr. Ich deutete es als Gedankenabwesenheit.

Donnerstag, 15. Juni. Schon vor 8 Uhr kam ein Arbeiter, um im neuen Bad etwas zu befestigen. Seit zwei Wochen dauerte die Klopferei jetzt schon.

Anschließend bestellte ich in Rolle eine neue Brille, die alte war auf der Bühlerhöhe in einer Waschmaschine verschollen. Mittags gingen Helmut und ich im Chinarestaurant essen, denn Catherine hat am Donnerstag immer frei. Und am Nachmittag, nach dem Kaffee, ging ich mit Helmut in den See baden. Er bezwang die steile Badetreppe schon sehr geschickt, konnte aber noch nicht schwimmen.

Abends rief Buebi an. Fragte nach Mélisande. Ich beruhigte mich selbst, indem ich ihm antwortete, sie sei sicher irgendwo untergetaucht.

Aber ich war nicht mehr so sicher. Diese lähmende Stille überall war neu.

Gegen 20 Uhr ging das Telephon. Herr Kammer von der Berner Kriminalpolizei war am Apparat: »Wir haben da jemanden. Wir dachten, es sei eine Jugoslawin, wegen der hohen Backenknochen. Ein schwarzes Stirnband, Jeans, eine farbige Bluse . . .«

Helmut kam von der Terrasse herein.

Ich stotterte irgend etwas, wartete, bis Helmut die Treppe hinunterging.

»Es ist auf der Plattform passiert«, fuhr der Kommissar fort.

»Passiert?« Ich begriff immer noch nicht. War sie verhaftet, in eine Klinik gebracht worden?

Der Kommissar wurde jetzt deutlicher: »Sie ist von der Plattform des Münsters gesprungen, »Dienstag vor einer Woche um 16 Uhr.«

Mein Herz begann wie wahnsinnig zu rasen.

»Es ist mir plötzlich eingefallen, daß da eine große Ähnlichkeit mit der Photographie Ihrer Tochter besteht«, fügte er bei.

Ich hängte ein. Rief später nochmals zurück, als Helmut im Bett war.

»Es ist fast sicher«, wiederholte der Beamte. »Die anfängliche

Differenz der Körpermasse ist inzwischen berichtigt worden. 173–174 cm. Sie müssen morgen nach Bern kommen.«

Ich ging langsam in mein Zimmer hoch. Meine Knie zitterten. Das Herz drohte zu zerplatzen.

Ich rief Corinne an, unseren Arzt. Ich brauchte Hilfe. Ich mußte Mélisande identifizieren.

Ich nahm eine Beruhigungstablette, aber ich konnte nicht schlafen. Gegen Morgen nickte ich ein. Aber um 6 Uhr war es aus. Um 7 Uhr rief ich bei der Polizei an, ich könne gegen halb elf in Bern sein. Dann Corinne. Sie versprach, ebenfalls zu kommen.

Ich nahm den Zug. Es war eine schreckliche Fahrt. Immer wieder hämmerte es in meinem Kopf: Es ist nur eine Ähnlichkeit. Sie ist weggefahren. Sie kennt sich nicht aus in Bern. Es ist eine andere!

Ich war schon um 10 Uhr auf dem Kommissariat. Das Photo der Toten war Mélisande. Älter – eckiger – härter. Aber die Nase, der Mund und das Stirnband auf dem Tisch . . .

Ich kämpfte verzweifelt. Ich konnte nicht sprechen. Vielleicht war es nur eine unglaubliche Verwechslung.

Etwa um 10 Uhr 30 kamen Corinne, Paul und Mama. Ich weinte hemmungslos. Es gab keinen Zweifel. Mein Kind war tot.

Wir mußten zur Identifikation ins Gerichtsmedizinische Institut. Ich hatte Angst, die erste Tote meines Lebens zu sehen – meine Tochter. Ich konnte nicht. Paul ging. Ich kämpfte. Corinne riet ab. Paul kam weinend heraus. Das letzte Körnchen Hoffnung zerrann.

Wir fuhren zur Polizei zurück. Dort sollte Paul die Identifizierung unterschreiben. Da riß ich mich zusammen. »Ich muß sie sehen«, würgte ich hervor, »das bin ich ihr schuldig.«

Wir fuhren zur Gerichtsmedizin zurück.

Im ersten Stock wurde eine Tür geöffnet.

Da lag sie, im Dämmerlicht, hinter einer Glasscheibe, wie Schneewittchen, das Gesicht im Profil, etwas erhöht, die kleine, hübsche Nase furchtlos emporgerichtet. Blaß, nur ein roter Fleck an der rechten Schläfe – Mélisande.

Warum?

Obwohl ich Mélisande am 11. und 12. Juni bei der Polizei als vermißt gemeldet hatte, veröffentlichten Tageszeitungen und Fernsehen am 14. und 15. Juni ein Bild unserer toten Tochter mit der Bitte um Identifizierung der »Unbekannten«. Wir hatten die Berichte nicht gesehen. Aber Freunde und Verwandte. Und die Presse. Sofort brach ein Sturm von Anrufen los, mit immer denselben Fragen warum, wann, wo und wie unser Kind gestorben war.

Ich versuchte, Ordnung in meinen Gedanken zu machen und Klarheit in ein Labyrinth von Vermutungen zu bringen, die in immer wilderen Spekulationen die Wahrheit unter sich zu begraben drohten.

Mélisande sei hinuntergestoßen worden, hatte der Notarzt von seinem Assistenten gehört.

Mélisande habe Faxen gemacht und das Gleichgewicht verloren, stand in einem anonymen Brief.

Mélisande sei jeden Tag auf die Plattform gegangen, erzählte Tante Elsi.

»Warum hat Corinne sie dann nach ihrem Verschwinden nicht dort gesucht?« fragte ich.

Antwort von Tante Elsi: »Corinne war gar nicht in Bern. Sie war in Deutschland.«

Corinne aber erklärte: »Ich war bis zum 7. Juni in Bern.« Und bei jeder Gelegenheit wiederholte sie mit fanatischem Eigensinn: »Es war Selbstmord.«

Woher wußte sie das so genau? Es gab keine Zeugen. Alle sogenannten Beobachtungen auf der Plattform waren laut Polizei Gerüchte.

Ich bekam keine Antwort auf meine vielen Fragen: Warum Mélisande ihre gesamte Barschaft bei sich trug; was der zusammengefaltete Joker im Portemonnaie bedeutete; woher der rote Fleck an der rechten Schläfe kam, der mit gelblichem Puder verdeckt werden sollte; und vor allem, warum diese ungeschützte, stark abschüssige Mauer, die schon so vielen zum Verhängnis geworden war, nicht endlich gesichert wurde . . .

Tell fuhr sofort nach dem Begräbnis nach Hamburg zurück, wo er einen technischen Lehrgang angefangen hatte, Helmut und ich nach

Rottach-Egern zu Karli und Karin, um den qualvollen Erinnerungen zu entfliehen. Doch an jedem Kiosk sprangen uns Schlagzeilen und Bilder über das Entsetzliche entgegen. Versteckte oder offene Anschuldigungen, seitenlange Horrorvisionen über Mélisandes Verwahrlosung im düsteren Elternhaus durch mich, die Rabenmutter. Signiert von Corinne.

Warum? Waren das die tröstenden Worte, die ich jetzt brauchte?

War das der Moment für makabre Geschäfte gewisser Medien, die mit primitiven Wildwestmethoden ihre Macht mißbrauchten?

Ich beschloß, nichts zu unternehmen. Es ging längst nicht mehr um unseren guten Ruf – es ging ums Überleben.

Wir griffen nach jedem Strohhalm. Wir besuchten Freunde, fuhren zur Kur. Helmut begann sich mit dem Computer zu beschäftigen, den er mir zum Geburtstag geschenkt hatte, und ich beschloß, mein Buch fertigzuschreiben.

Vierzig Tagebücher hatte ich in zwölf Jahren schon bearbeitet, achtundvierzig hatte ich noch vor mir. Ich schrieb vier bis acht Stunden, oft bis spät in die Nacht. Gab es auf, fing wieder an. Tagelang vertiefte ich mich in die alten Aufzeichnungen über Liebe, Glück, Trauer, Angst, Erfolg und die immer wiederkehrenden Wunder, wenn es nicht mehr weiterging.

Ich war so beschäftigt mit Lesen und Schreiben, daß ich kaum Zeit fand, mit Helmut zu Tells Hochzeit nach Hamburg zu fahren.

Ja, Tell hatte Anker geworfen. Er hatte in Hamburg Kerstin kennengelernt, den Kapitän an den Nagel gehängt und sein Studium angefangen.

Zuerst waren Helmut und ich gegen eine Heirat, sträubten uns, Tell herzugeben und auf eine lebenswichtige Stütze zu verzichten. Dann sahen wir das junge Paar nach der Trauung mit leuchtenden Augen nebeneinander stehen, ineinander versunken, verliebt und glücklich und durch nichts mehr zu trennen. Dem hatten wir nichts Vergleichbares entgegenzusetzen.

Am 2. Juni wurde ihr Sohn geboren. Ich hätte ihn gerne Kuno genannt, nach Wilhelm Buschs begabtem, pfiffigem Maler Klecksel. Es wurde ein kleiner Pascal.

ANHANG

Rollenverzeichnis Theater

Zusammengestellt von Liselotte Pulver

1949
Franz Grillparzer
Sappho
Rhodope
Stadttheater Bern

Johann Wolfgang von Goethe
Clavigo
Marie
Stadttheater Bern

Johann Wolfgang von Goethe
Faust II
Euphorion / Wagenlenker
Schauspielhaus Zürich

Lope de Vega
Die Launen der Doña Belisa
Doña Celia
Schauspielhaus Zürich

Thornton Wilder
Unsere kleine Stadt
Emily
Schauspielhaus Zürich

1950
Bertolt Brecht / Kurt Weill
Die Dreigroschenoper
Lucy
Schauspielhaus Zürich

William Shakespeare
Der Kaufmann von Venedig
Nerissa
Schauspielhaus Zürich

Friedrich Schiller
Kabale und Liebe
Luise
Schauspielhaus Zürich

1951
William Shakespeare
Viel Lärm um nichts
Hero
Schauspielhaus Zürich

Georges Bernanos
Die begnadete Angst
Constance
Schauspielhaus Zürich

1952
Oscar Wilde
Bunbury
Gwendolyn
Münchner Kammerspiele

1953
Heinrich von Kleist
Das Käthchen von Heilbronn
Käthchen
Schauspielhaus Zürich

Alfred Gehri
Sechste Etage
Thérèse
Schauspielhaus Zürich

1957
Gotthold Ephraim Lessing
Emilia Galotti
Emilia
Salzburger Festspiele

1959
Jean Giraudoux
Undine
Undine
Theater am Kurfürstendamm,
Berlin

1961/62
William Shakespeare
Wie es euch gefällt
Rosalinde
Kammerspiele München

1965
Georges Feydeau
Die Dame vom Maxim
Crevette
Theater der Stadt Baden-Baden

1966
Richard N. Nash
Der Regenmacher
Lizzy
Tournee

1966/67
Harold Pinter
Der Liebhaber
Sara

James Saunders
Ein unglücklicher Zufall
Sara
Theater am Neumarkt, Zürich

1968
Richard N. Nash
Der Regenmacher
Lizzy
Theater am Kurfürstendamm,
Berlin

1970
William Shakespeare
Der Widerspenstigen Zähmung
Bianca / Katharina
Tournee

1971/72
Jacques Offenbach
Orpheus in der Unterwelt
Die Öffentliche Meinung
Hamburgische Staatsoper

1973
Georges Feydeau
Monsieur Chasse
Léontine
Tournee

1975
Ludwig Thoma
Moral
Mme. de Hâuteville
Ruhrfestspiele Recklinghausen

1976/77
Garinei & Giovannini /
Armando Trovaioli
Evviva Amico
Consolazione
Theater an der Wien, Wien

1979
Georges Feydeau
Die Dame vom Maxim
Crevette
Tournee

1980
Georges Feydeau
Die Dame vom Maxim
Crevette
Tournee

1984
Philip King
Lauf doch nicht immer weg
Penelope
Tournee

1985
Philip King
Lauf doch nicht immer weg
Penelope
Tournee

1986
Philip King
Lauf doch nicht immer weg
Penelope
Tournee

1987
Philip King
Lauf doch nicht immer weg
Penelope
Tournee

Filmographie

(Kinofilme – soweit feststellbar)

Zusammengestellt von Herbert Holba

Die Filme wurden nach ihrem Kinostart aufgelistet.
Wenn nicht anders vermerkt, handelt es sich um Produktionen der BRD.
Erklärung der Abkürzungen: LP = Liselotte Pulver, BRD = Bundesrepublik Deutschland
Alternativ- und ausländische (Original-)Titel sind in Klammern gesetzt.

1949
Swiss Tour (Schweiz; Titel in der BRD: Ein Seemann ist kein Schneemann)
Regie: Leopold Lindtberg
LP, Cornel Wilde, Simone Signoret, Josette Day, Heinrich Gretler, Leopold Biberti

1950
Föhn
Regie: Rolf Hansen
LP, Hans Albers, Adrian Hoven, Heinrich Gretler, Antje Weisgerber

1951
Heidelberger Romanze
Regie: Paul Verhoeven
LP, O. W. Fischer, Gardy Granaß, Gunnar Möller, Ruth Niehaus, Paul Verhoeven, Margit Saad

1952
Klettermaxe
Regie: Kurt Hoffmann
LP, Albert Lieven, Charlott Daudert, Madelon Truss, Paul Henckels, Hubert von Meyerinck, Erna Sellmer, Josef Sieber

Fritz und Friederike
Regie: Geza von Bolvary
LP, Albert Lieven, Margarete Haagen, Loni Heuser, Otto Gebühr, Erika
von Thellmann, Hans Leibelt

1953
Hab' Sonne im Herzen
Regie: Erich Waschneck
LP, Carl Wery, Otto Gebühr, Traute Servi, Katja Penkert

Von Liebe reden wir später
Regie: Karl Anton
LP, Gustav Fröhlich, Maria Holst, Fita Benkhoff, Willy Fritsch, Paul
Hörbiger, Edith Hancke

Das Nachtgespenst
Regie: Carl Boese
LP, Hans Reiser, Elena Luber, Harald Paulsen, Paul Verhoeven, Ethel
Reschke, Hubert von Meyerinck

Ich und Du
Regie: Alfred Weidenmann
LP, Hardy Krüger, Lucie Mannheim, Doris Kirchner, Peer Schmidt, Arno
Paulsen, Ursula Herking

1954
Männer im gefährlichen Alter
Regie: Carl-Heinz Schroth
LP, Hans Söhnker, Annie Rosar, Wilfried Seyferth, Ilse Bally, Günther
Jerschke

Schule für Eheglück
Regie: Toni Schelkopf
LP, Paul Hubschmid, Cornell Borchers, Wolf Albach-Retty, Ingrid Lutz,
Alexander Golling, Michl Lang

Uli der Knecht (Schweiz)
Regie: Franz Schnyder
LP, Hannes Schmidhauser, Heinrich Gretler, Max Haufler, Gertrud Jauch

Der letzte Sommer
Regie: Harald Braun
LP, Hardy Krüger, Mathias Wieman, Brigitte Horney, René Deltgen,
Nadja Tiller, Werner Hinz

1955
Griff nach den Sternen
Regie: Carl-Heinz Schroth
LP, Erik Schuman, Gustav Knuth, Oliver Grimm, Ilse Werner, Nadja
Tiller, Michael Ande

Hanussen
Regie: O. W. Fischer
LP, O. W. Fischer, Erni Mangold, Klaus Kinski, Reinhard Kolldehoff, Siegfried Lowitz, Werner Finck, Helmut Qualtinger

Uli der Pächter (Schweiz; Titel in BRD: Und ewig ruft die Heimat)
Regie: Franz Schnyder
LP, Hannes Schmidhauser, Leopold Biberti, Marianne Matti, Fredy Scheim, Hedda Koppé, Sigfrit Steiner

Ich denke oft an Piroschka
Regie: Kurt Hoffmann
LP, Gunnar Möller, Gustav Knuth, Margit Symo, Wera Frydtberg, Adrienne Gessner, Rudolf Vogel, Annie Rosar

1956
Heute heiratet mein Mann
Regie: Kurt Hoffmann
LP, Johannes Heesters, Paul Hubschmid, Ingrid van Bergen, Gundula Korte, Charles Regnier, Gustav Knuth

Arsène Lupin, der Millionendieb (Frankreich / Italien; Titel in Frankreich / Italien: Les Aventures d'Arsène Lupin / Le Avventure di Arsenio Lupin)
Regie: Jacques Becker
LP, Robert Lamoureux, O. E. Hasse, Sandra Milò, Jacques Becker, Huguette Hue

1957
Die Zürcher Verlobung
Regie: Helmut Käutner
LP, Paul Hubschmid, Bernhard Wicki, Wolfgang Lukschy, Maria Sebaldt, Roland Kaiser, Rudolf Platte, Werner Finck, Sonja Ziemann

Bekenntnisse des Hochstaplers Felix Krull
Regie: Kurt Hoffmann
LP, Horst Buchholz, Ingrid Andree, Susi Nicoletti, Paul Dahlke, Ilse Steppat, Walter Rilla, Peer Schmidt, Alice Treff, Werner Hinz, Paul Henckels, Heidi Brühl, Heinz Reincke

1958
Das Wirtshaus im Spessart
Regie: Kurt Hoffmann
LP, Carlos Thompson, Rudolf Vogel, Ina Peters, Kai Fischer, Günther Lüders

Zeit zu leben und Zeit zu sterben (USA; Titel in USA: A Time to Love and a Time to Die)
Regie: Douglas Sirk
LP, John Gavin, Barbara Rütting, Dieter Borsche, Jack Mahoney

Helden
Regie: Franz Peter Wirth
LP, O. W. Fischer, Ljuba Welitsch, Ellen Schwiers, Jan Hendriks, Kurt Kasznar

Das Spiel war sein Fluch (Frankreich / Italien; Titel in Frankreich / Italien: Le Joueur / Il Giocatore)
Regie: Claude Autant-Lara
LP, Gérard Philipe, Françoise Rosay, Bernard Blier, Jean Danet, Nadine Alari

1959
Das schöne Abenteuer
Regie: Kurt Hoffmann
LP, Robert Graf, Oliver Grimm, Bruni Löbel, Eva-Maria Meineke

Buddenbrooks (1. und 2. Teil)
Regie: Alfred Weidenmann
LP, Nadja Tiller, Hansjörg Felmy, Lil Dagover, Werner Hinz, Robert Graf, Hanns Lothar, Gustav Knuth

1960
Das Glas Wasser
Regie: Helmut Käutner
LP, Gustaf Gründgens, Hilde Krahl, Sabine Sinjen, Horst Janson, Rudolf Forster, Hans Leibelt

Das Spukschloß im Spessart
Regie: Kurt Hoffmann
LP, Hanne Wieder, Georg Thomalla, Heinz Baumann, Hans Richter, Hubert von Meyerinck, Elsa Wagner, Curt Bois, Paul Esser

Gustav Adolfs Page (Österreich / BRD)
Regie: Rolf Hansen
LP, Curd Jürgens, Walther Reyer, Ellen Schwiers, Lina Carstens, Helmut Schmid, Axel von Ambesser

1961
Eins, zwei, drei (USA; Titel in USA: One, Two, Three)
Regie: Billy Wilder
LP, James Cagney, Horst Buchholz, Hanns Lothar, Pamela Tiffin, Arlene Francis, Leon Askin, Peter Capell, Hubert von Meyerinck, Ralf Wolter

1962

Der junge General (Frankreich / Italien; Titel in Frankreich / Italien: La Fayette / Lafayette)
Regie: Jean Dréville
LP, Michel Le Royer, Orson Welles, Vittorio de Sica, Wolfgang Preiss, Renée Saint-Cyr, Rosanna Schiaffino

Das Haus der Sünde (Frankreich; Titel in Frankreich: Malefices)
Regie: Henri Decoin
LP, Juliette Greco, Jean-Marc Bory, Georges Chamarat, Marcel Pérès

Kohlhiesels Töchter
Regie: Axel von Ambesser
LP, Helmut Schmid, Adeline Wagner, Heinrich Gretler, Dietmar Schönherr

1963

Frühstück im Doppelbett
Regie: Axel von Ambesser
LP, O.W. Fischer, Ann Smyrner, Lex Barker, Ruth Stephan, Loni Heuser, Edith Hancke

Ein fast anständiges Mädchen (Spanien / BRD; Titel in Spanien: Una Chica Casi Formal)
Regie: Ladislao Vajda
LP, Martin Held, Alberto de Medoza, Manolo Moran

1964

Staatsaffairen (USA; Titel in USA: A Global Affair)
Regie: Hall Bartlett
LP, Bob Hope, Michèle Mercier, Elga Andersen, Yvonne de Carlo, Miiko Taka

Monsieur (BRD / Frankreich / Italien: Titel in Italien: Intrigo a Parigi)
Regie: Jean-Paul Le Chanois
LP, Jean Gabin, Mireille Darc, Gaby Morlay, Philippe Noiret

1965

Dr. med. Hiob Prätorius
Regie: Kurt Hoffmann
LP, Heinz Rühmann, Fritz Tillmann, Fritz Rasp, Werner Hinz

Pulverfaß und Diamanten (Frankreich / Italien; Titel in Frankreich / Italien: Le Gentleman de Cocody; Donne, Mitra e Diamanti)
Regie: Christian-Jaque
LP, Jean Marais, Jacques Morel, Nancy Holloway, Philippe Clay

Die Nonne (Frankreich; Titel in Frankreich: Suzanne Simonin, la Religieuse de Diderot)
Regie: Jacques Rivette
LP, Anna Karina, Francine Bergé, Micheline Presle

1966
Hokuspokus oder Wie lasse ich meinen Mann verschwinden?
Regie: Kurt Hoffmann
LP, Heinz Rühmann, Richard Münch, Fritz Tillmann, Joachim Teege

Gauner, Blüten und die Nacht von Nizza (Frankreich / BRD; Titel in Frankreich: Le Jardinier d'Argenteuil)
Regie: Jean-Paul Le Chanois
LP, Jean Gabin, Curd Jürgens, Pierre Vernier, Jean Tissier, Noel Roquevert

1967
Herrliche Zeiten im Spessart
Regie: Kurt Hoffmann
LP, Harald Leipnitz, Tatjana Sais, Willy Millowitsch, Rudolf Rhomberg

1969
This Is Your Captain Speaking (Werbefilm, Schweiz)
Regie:
LP, Paul Hubschmid

Die Hochzeitsreise (BRD / Italien; Titel in Italien: Viaggio di Nozze)
Regie: Ralf Gregan
LP, Dieter Hallervorden, Ewa Stromberg, Memmo Carotenuto

1972
Le trefle a cinq feuilles (Frankreich; Film lief weder in Deutschland noch in Österreich)
Regie: Edmond Frees
LP, Philippe Noiret, Monique Chaumette, Ginette Leclerc, Jean Carmet

1974
Monika und die Sechzehnjährigen
Regie: Charly Steinberger
LP, Maria Zürer, Oliver Collignon, Terry Torday, Klausjürgen Wussow

1978
Brot und Steine (Schweiz)
Regie: Mark Rissi
LP, Beatrice Kessler, Walo Lüönd, Sigfrit Steiner, Henrik Rhyn

Fernsehen

(Fernsehfilme und -serien, Aufzeichnungen
von Theateraufführungen und andere TV-Arbeiten –
soweit feststellbar)

Zusammengestellt von Liselotte Pulver und Herbert Holba

1954
Unsere kleine Stadt
von Thornton Wilder
Regie: Harald Braun
LP, Mathias Wieman, Michael Heltau

2. 12. 1954
WDR
Livesendung

1956
Smaragdengeschichte
Regie: Kurt Wilhelm
LP, Joachim Fuchsberger, Trude Hesterberg,
Carl Wery, Albrecht Schoenhals

25. 2. 1956
BR
Livesendung

1956
Jeanne oder Die Lerche
von Jean Anouilh
Regie: Franz Peter Wirth
LP, Robert Graf, Robert Meyn, Mila Kopp,
Eva-Maria Meincke

30. 12. 1956
SDR
Livesendung

1966
Der Regenmacher
von Richard N. Nash
Regie: Franz PeterWirth
LP, Walter Richter, Stefan Wigger, Helmut Schmid

22. 5. 1966
WDR

1969
Pistolen Jenny (Calamity Jane)
Fernseh-Musical
Regie: Alfred Weidenmann
LP, Helmut Schmid, Siegfried Rauch,
Günther Lüders

17. 4 1969
ZDF

1970
Timo
Fernsehserie, 10 Teile
Regie: Rolf Hädrich
LP, Helmut Schmid

1971
Orpheus in der Unterwelt
von Jacques Offenbach
Regie: Joachim Hess
LP, Elisabeth Steiner, Inge Meysel, Theo Lingen,
Toni Blankenheim, Kurt Marschner

25. 8. 1973
SF/SRG
Aufzeichnung
einer Aufführung
der Hamburgi-
schen Staatsoper

1973
Die Baumwollpflücker
nach B. Traven, 4 Teile (Reihe »Novellen aus aller
Welt«)
Regie: Jürgen Goslar
LP, Jürgen Goslar, Helmut Schmid

1975
Moral
von Ludwig Thoma
Regie: Imo Moszkowicz
LP, Hans Caninenberg, Richard Münch, Peer
Schmidt, Helmut Schmid, Käthe Haack

12. 10. 1975
ZDF
Aufzeichnung
einer Aufführung
der Ruhrfestspiele
Recklinghausen

1976
Café Hungaria
Serie
Regie: Karoly Makk u. a.
LP, Götz George, Thomas Fritsch, Christiane
Krüger

14. 8. 1976 ff.
ORF

1977–1983
Sesamstraße
Kleinkinderserie
Regie: Norbert Schultze und Helmut Herrmann
LP, Henning Venske, Uwe Friedrichsen, Manfred
Krug

1977
Der Alte
1 Folge
Regie: Michael Braun
LP, Siegfried Lowitz

1980
Drunter und Drüber
6 Folgen
Regie: Georg Tressler
LP, Klaus Höhne, Helmuth Lange

1981
Jeden Mittwoch
Fernsehspiel
Regie: Wolfgang Spier

1983
Boeing Boeing   ORF
von Marc Camoletti
Regie: Herbert Fuchs
LP, Klaus Wildbolz

1985
Tiroir Secret
6 Folgen
Regie: u. a. Eduardo Molinaro
LP, Michèle Morgan

1986
Lauf doch nicht immer weg   Aufzeichnung der
von Philip King   Theater-Tournee-
Regie: Helmut Schmid   produktion
Fernsehregie: Thomas Hostettler
LP, Helmut Schmid

1987
Herbst in Lugano
O. W. Fischer-Special
Regie: Ulrich Stark
LP, O. W. Fischer

1988
Mit Leib und Seele
8 Folgen
Regie: Hartmut Griesmayr
LP, Günter Strack

Sketch-Auftritte

Zusammengestellt von Liselotte Pulver

1963 Circus Krone: Stars in der Manege
1968 Circus Krone: Stars in der Manege
1969 Peter-Alexander-Show
1970 UNICEF
1971 Dalli Dalli
1972 Kreuzverhör, Baden-Badener Roulette
1973 Begegnungen, Spiel zu zweit, Gästebuch aus der Schweiz, Circus Krone: Stars in der Manege
1974 Eurovision de la Chanson Schweiz, Hallo Peter, Der Große Preis, Dalli Dalli, Circus Althoff
1975 Der heiße Draht, Michael-Schanze-Show, Schaukelstuhl
1976 Hermann-Prey-Show, Peter-Kraus-Show, Musik ist Trumpf, Vico-Torriani-Show, Circus Knie
1977 Dalli Dalli, Die Montagsmaler, Chansons WDR, In Sachen Knuth, Wer wagt, gewinnt
1978 Dalli Dalli, Die Montagsmaler, Winterkreuzfahrt
1979 Circus Krone: Stars in der Manege
1981 Das kann ja heiter werden, Circus Krone: Stars in der Manege
1983 Wetten daß..., Ganz schön mutig, Je später der Abend, Die Pyramide, Freizeit
1984 Auf los geht's los. Komische Geschichten, Freizeit, UNO-Gala
1985 Schneezauber
1986 Mein Gästebuch, Willkommen im Club
1987 Showgeschichten, Ein Abend für Joachim Fuchsberger, Tele-As, UNICEF
1989 Nase vorn
1990 Verstehen Sie Spaß?

Namenregister

Komödiant
seiner Zeit

**HEINRICH
GEORGE**
KOMÖDIANT SEINER ZEIT
AUFGEZEICHNET VON PETER LAREGH

Peter Laregh zeichnet Lebensweg und Karriere Heinrich Georges gewissenhaft nach. Sein Buch läßt erkennen, warum gerade dieser, in seiner Zeit überaus beliebte Schauspieler so unvergleichlich Glanz und Elend seiner Epoche verkörpert. Dieser aufwendig gestaltete Band erscheint in einer Zeit, die solche elementaren Gestalten nicht mehr hervorbringt.

Langen Müller